Kuan-yin
The Chinese Transformation of Avalokiteśvara

觀音
—— 菩薩中國化的演變

作者—— **于君方**
譯者——陳懷宇、姚崇新、林佩瑩

獻給

我的母親——也是我的啓蒙老師

中文版序

于君方

《觀音 —— 菩薩中國化的演變》是 *Kuan-yin: The Chinese Transformation of Avalokiteśvara* 的中譯本。英文版在 2001 年出版。在這八年以來，雖然我開始關注一些書中提到卻因為時間及資料的限制無法進一步探討的問題，比如觀音與女性信仰者，或觀音與地藏及羅漢的關係。因為這仍然是一些不成熟的構想，我並沒有在中譯本中加進去。唯一跟英文版本不同的是書名。如果直譯英文版的書名，那應該是：《觀音 —— 阿婆盧吉低舍婆羅的中國化》，我在書中解釋，阿婆盧吉低舍婆羅（Avalokiteśvara）應譯為「觀自在」，如玄奘指出，但國人一向喜歡用「觀世音」或「觀音」稱呼這位廣被愛戴的菩薩，但這是另一梵文名字的意譯。雖然如此，觀世音和觀自在早在唐代就變成可以互用的稱號。所以如果以《觀音 —— 觀自在的中國化》為中文版的書名，會使人發生疑問。既然本書研究的是觀音菩薩在中國的信仰，及通過這一信仰所達成的佛教中國化，現在的這一書名可能對中文讀者更有意義。

我花了十五年的時間才寫出這本書，研究經過以及幫助我的學者、研究機構給予我的研究資助，我在原序中已做了交代。本書能以中文版出現在國人的面前，我首先必須感謝聖嚴法師。自從我在 1976 年跟他學禪並在他座下皈依三寶以來，在這三十多年的人生過程中，師父對我在做學問，佛法修行以及生活問題上的種種疑難，始終提供指導及支持。師父自己是觀音的虔誠信

徒，而法鼓山是觀音道場，供奉的主尊也是觀音菩薩。所以當他知道這本書仍然沒有中譯本時，他就建議由法鼓文化出版社負責此事。編輯蔡孟璇女士從接洽哥大出版社取得中文版授權書，招聘翻譯者，到審查譯稿，這一系列的作業全由她促成。這書能夠問世，主要歸功於她。除了向蔡女士致謝以外，我也謝謝陳懷宇、林佩瑩及姚崇新三位最初的譯者，還應該特別感謝方怡蓉女士，她不但仔細地把全部譯稿重新從頭修改及潤色，而且不厭其煩地補上不少協助國人容易了解的譯者註解。

很多年前，當我仍是十幾歲的時候，我一連做了三個夢。在夢中，我手裡抱了一尊很重的銅像，走了很長的路，中途還得爬上一座山。手裡的像愈來愈重，幾次我想放下，可是不知道為什麼覺得不應該中途而廢，最後到達了一座寺廟，裡面一排一排地供有很多佛像，但是中間卻有一個空缺。我把手中抱有的佛像放在那個空間，不大不小恰好適合。我當時不明瞭這個夢有什麼意義，其實那時候除了外祖母以外，家裡沒有人信佛。我只是高中學生，當然說不上懂什麼佛法。以後很多年我沒有去想這個夢，慢慢地也就淡忘了。可是在我開始做這個觀音信仰研究的那一年，我忽然想起了這個夢。雖然我們說「家家奉觀音」，但是卻一直沒有一本專門研究觀音的書，難道我夢裡抱著的銅像是觀音嗎？如果是的話，我是否成功地把觀音放置在他／她應該占據的學術地位，那只有讀者才能夠加以判斷了。

英文版序

于君方

　　我花了很長的時間撰寫這本書。在這一漫長的學術旅程中，曾有許多人、機構與基金會給予我諸多協助。向他們表達感激和謝忱之前，我想先簡單談談當初我為什麼決定從事這一課題的研究，因為多年來一再有人向我提出這個問題。觀音在中國佛教甚至東亞佛教中的重要性，對任何熟悉這些文化的人來說都是顯而易見的，而且自 1970 年代以來，隨著人們對「新時代」靈性運動日益濃厚的興趣，以致連現代美國人也知道觀音的名號。儘管觀音的知名度非常高，令人驚訝的是，過去對這位菩薩卻鮮有廣泛深入的研究，日本和西方的學術著作往往著重於某些藝術史或文獻層面的探討。

　　我對觀音的興趣來自我的外祖母。我生長在第二次世界大戰期間的中國，那時經常隨著家人逃難，從華北到華中，最後又遷往西部省分。如同那個極度動盪貧困年代中的大多數中國家庭，孩子們總是跟父母共住一間寢室，有時則是跟祖父母一起睡，我總是和外祖母同寢。她是虔誠的佛教徒，通常是每天早晨家中第一個起床的人，梳洗之後，她就對白瓷送子觀音像上香，持誦〈大悲咒〉，並向觀音說出她個人的祈願——這是她每天例行的第一件事。有時她還向觀音訴說使她憂心的事，對我的外祖母而言，觀音的確是「慈悲女神」，她將這位菩薩視為怙主和心腹之交。儘管她沒有受過正式教育，卻記得很多自古流傳的傳奇故事，我們每天最喜歡聽她說那些有關神、女神、鬼魂以及陰間的故事（我

們也常被這些故事嚇唬住）。她是第一個告訴我妙善公主故事的人，當時我大約五歲。當我八歲時，她還讓我初次親身體驗一樁感應事蹟。

這件事發生在戰爭結束後某日的黎明時分，地點是武漢的長江岸邊。當時我們為了取得返鄉的船票，已經等了三個月，最後，機會終於來了，於是全家整夜露宿江邊，等待上船。突然外祖母堅持不讓我們上那艘船，因為她看見觀音示現，菩薩站在江中，以右手示意她不要靠近，外祖母立刻明白觀音是在告訴她那艘船不安全。我母親起初不願聽信外祖母的話，因為她是大學畢業生，又是歷史教師，是深受五四運動影響的典型知識分子，但外祖母堅決無比，我母親最後終於讓步。結果那艘船離開碼頭後不久，就誤觸日本撤退部隊預埋的水雷，不幸沉沒。如果我們全家搭上那艘船，從船難中生還的機會能有多少？因為我們當中沒有一個人會游泳，而且當時孩子們年紀都很小（我弟弟五歲，妹妹兩歲）。從那時起，這個疑問一直縈繞在我心頭。

接下來我一直和外祖母一起生活，直到離家上大學為止，她也大約在那時去世。在那段共同生活的歲月中，我對觀音的了解逐漸和外祖母的認識一樣豐富，她喜歡一再講述妙善的傳說和其他觀音感應故事。我從未問她為什麼對觀音如此虔誠，因為我認為那是理所當然的事，對我而言，似乎每一個人都信仰觀音。但是當我現在仔細思考這個問題時，外祖母一生的境遇令她對觀音的信仰顯得特別辛酸。她在「義和團事件」（1900）爆發前夕成婚，當時只有十八歲，對象是一個年齡比她大兩倍的鰥夫。她挑起一個複雜大家族女主人的職責，生了兩個女兒，三十歲那年就守寡。夫家的伯叔和丈夫前妻的兒子剝奪了她的遺產繼承權，因此她為沒能生下兒子而悲嘆自己命苦，婚姻對她而言應該不是一段愉快的經歷。我外祖母向觀音祈求子嗣的願望，終於在我母親生下我

弟弟時得到了回應,外祖母也特別寵愛他。

　　所以,和大多數的中國人一樣,基本上我對觀音的概念跟我外祖母差不多。當我在哥倫比亞大學課堂上第一次接觸到 Avalokiteśvara(觀音的梵文名字)時,我的驚訝程度也就可想而知了,因為這位菩薩不但絕非女神,而且關於妙善公主根本隻字未提。事實上,佛經中很少有關這位菩薩的描述。Avalokiteśvara 為什麼會轉變成中國的觀音?又是怎樣轉變成中國觀音呢?對我而言,這變成學術上,同時也是個人感情上非常迫切的問題,雖然我很快就了解不可能輕易解開這個謎團。我必須做好準備,並學習許多過去不知道的東西,在這期間我還必須從事其他著述和研究計畫。

　　我對觀音的正式研究從 1983 年夏天開始,那是 1949 年我們舉家離開大陸、遷居台灣後,我第一次回到中國。承蒙「中國佛教協會」主席趙樸初先生,和中國社會科學院「世界宗教研究所」所長任繼愈教授的關照,使我能夠參觀幾處觀音信仰的主要寺院和朝山聖地,包括普陀山,並得以研究北京主要圖書館的檔案資料。「美國學術學會」(American Council of Learned Societies)於 1985 至 1986 年提供的研究獎助金,以及另一筆由「國家科學基金會」(National Science Foundation)管理的「美中學術交流委員會」(The Committee on Scholarly Communication with China)於 1986 至 1987 年提供的研究獎助金,讓我得以休假兩年,到中國從事田野工作。我要特別感謝位於北京法源寺的「中國佛教圖書文物館」館長周紹良先生,他慨然允借資料,以供我研究之用,甚至包括他私人的收藏。同樣地,我要特別感謝「中國社會科學院」文學研究所已故的吳曉玲教授,他是研究民間文學、戲劇的主要權威,他慷慨地與我分享私人收藏的寶卷;此外,在 1986 年冬天,我有幸和他進行多次深具啟發性的交談,討論中國戲劇、

小說和通俗文學中的觀音。李世瑜先生是研究中國民間宗教和寶卷的權威，在我早期探索這個領域的過程中，是另一位始終給予我幫助和支援的人。1987 年春天，他又陪同我在杭州和普陀從事田野工作，他不但教導我在田野中應該注意什麼，更親身示範應該如何觀察，他採訪朝山香客時真的是樂在其中，這讓我看到這類訪談可以是多麼愉快的經驗。和吳教授一樣，李先生同樣大方地出借自己所收集的資料，甚至惠贈我從事研究不可或缺的資料。如果沒有他們的幫助，我不可能找到十多本有關觀音的寶卷，更不用說閱讀這些文獻了。

這項研究計畫得以完成，我想特別感謝在美國的兩位人士，一位是何恩之（Angela Howard），另一位是韓書瑞（Susan Naquin）。1985 年，我和何恩之的共同朋友吳百益教授介紹我們認識，而且自 1990 年起，我幸運地與她成為羅格斯大學（Rutgers University）的同事。我在這項研究之初就體認到，要理解觀音在中國的轉變，有關這位菩薩的圖像知識是非常重要的，但遺憾的是，我沒有受過藝術史的訓練。在這個關鍵點上，何恩之助我一臂之力，十多年來她一直是我在中國佛教藝術史方面的老師和指導者。在這過程中，我所學到的已經遠遠超出觀音的圖像知識，但是如果沒有她的幫助，我不可能在這領域邁出第一步。我和韓書瑞的友誼也得追溯到 1985 年，當時我們發現由於各自研究所需，我們對朝聖有共同的興趣，於是我們決定合作，舉辦了一次學術會議，後來將會議論文編輯成冊，即《中國的香客和聖地》（*Pilgrims and Sacred Sites in China*）。這些年來，韓書瑞一直是一位具有建設性評論的摯友，每當我想提出個人觀點，檢驗自己的假設是否成立時，我總是先找她討論，她始終要求我思考得更精確、表達得更清楚。更重要的是，當這項龐大的研究工作不時讓我感到力有未逮而想半途而廢時，正是由於她不斷地鼓勵，才使

我打消了這個念頭。

　　撰寫本書的過程中，我曾將書中數個章節的初稿發表於哥倫比亞大學、耶魯大學、哈佛大學、芝加哥大學、史丹福大學、維吉尼亞大學、伊利諾大學、德州大學奧斯汀分校、普林斯頓大學、賓州大學以及台北「中央研究院」近代史研究所等單位舉辦的講座、座談會或學術會議，我從與會學者的批評和建議中獲益良多。我想致謝的對象很多，包括柏格（Patricia Berger）、柯素芝（Suzanne Cahill）、甘潘尼（Robert Campany）、陳志華、狄百瑞（Wm. Theodore de Bary）、杜德橋（Glen Dudbridge）、伊沛霞（Patricia Ebrey）、方天（Jan Fontein）、費俠莉（Charlotte Furth）、吉美羅（Robert Gimello）、葛雷格萊（Peter Gregory）、田海（Barend ter Haar）、熊秉真、黃啓江、卡斯坦（Matthew Kapstein）、康豹（Paul Katz）、高彥頤、郭麗英、賴瑞和、梁莊愛倫（Ellen Johnston Liang）、勞悅強、馬可威廉斯（Marc McWilliams）、梅維恆（Victor Mair）、曼索恩（Susan Mann）、永富正俊（Nagatomi Masatoshi）、馬可瑞（John McRae）、牟復禮（F. W. Mote）、大林浩（Hiroshi Obayashi）、大沼玲子（Reiko Ohnuma）、歐大年（Daniel Overmyer）、蒲慕洲、羅友枝（Evelyn Rawski）、夏洛（Paul Schalow）、石秀娜（Anna Seidel）、夏夫（Robert Sharf）、聖嚴法師、斯拉考爾（Conrad Shirakawer）、史帝文生（Daniel Stevensen）、司椎曼（Michel Strickmann）、孫康宜、太史文（Stephen Teiser）、王秋桂、魏納（Marsha Weidner）、吳百益以及余國藩等人，他們與我分享研究心得，指出需要進一步探討之處，或提醒我注意一些可能無法從其他管道得知的新資料。美國境內和其他國家的圖書館與博物館對這項研究也極爲重要，在此我想特別感謝羅格斯大學「東亞圖書館」的周甯森和傅海倫 (Helena Fu)、普林斯頓大學「葛思德圖書館」

（Gest Library）的何義壯（Martin Heijdra）提供書目檢索方面的協助。我也十分感激許多博物館相關人士所給予的熱情關照，特別是「大英博物館」（The British Museum）的韋陀（Roderick Whitefield）、「瑞特堡博物館」（Rietburg Museum）的盧茲（Albert Lutz）、聖彼得堡「冬宮（艾米爾塔什）博物館」（Hermitage Museum）的陸柏（Yevgeny Lubo-Lesnitchenko）和波特徹麗那（Maria Ptchelina）、台北「國立故宮博物院」的李玉峯、紐約「大都會藝術博物館」（Metropolitan Museum of Art）的荷恩（Maxwell Hearn）、舊金山「亞洲藝術博物館」（Asian Art Museum）的巴索羅姆（Teresa Bartholomew）、堪薩斯城「納爾遜阿特金斯藝術博物館」（Nelson-Atkins Museum of Art）的楊曉能、「芝加哥美術研究所」（Fine Art Institute of Chicago）的皮爾斯坦（Elinor Pearlstein）和「弗利爾美術館」（Freer Gallery）的斯圖爾特（Jan Stuart）。

　　此外，本書的寫作也獲得另外兩筆研究基金的資助，一筆來自台灣「太平洋文化基金會」，另一筆來自美國「國家人文科學研究基金會」（National Endowment for the Humanities），還有幾筆羅格斯大學研究理事會提供的金額較小的研究經費補助；羅格斯大學允許我有兩次學術公休假，這也對本研究有所助益。從這些個人、機構和基金會得到這麼多的協助和支援，我感到非常幸運。本書中若有任何錯誤，責任一概由我承擔，但同時我也希望沒有完全辜負上述人士與機構對我的信任。

　　我要感謝哥倫比亞大學出版社的總編輯克魯（Jennifer Crewe）和製作編輯托馬斯（Roy Thomas），在他們的帶領下，本書得以從手稿到成書；負責文字編輯的格瑞尼斯（Linda Gregonis）和負責詞語彙編及索引的荷姆斯（Anne Holmes），我也一併致謝。

　　最後我想以另一段個人的經歷作爲結語。我的兒子大偉（David）的幼年時期大半與這本書一起度過，因爲我是一個在大學任教的忙碌單親媽媽，由於研究不時需要出門在外，身爲獨生子的他備嘗辛苦。因此 1986 年他十四歲時，選擇和我前往中國，而不待在美國，讓我感到吃驚和感激——他是陪伴我追尋觀音足跡的進香夥伴。他經常問我：「你什麼時候才寫完這本書呀？」現在我可以回答：「完成了。」如果沒有他的容忍，這個研究計畫不可能完成；如果沒有他令人愉快的陪伴，這項艱苦的工作將是無法想像的。

目錄

第一章
導論

　　「觀音」（遍觀音聲者）或「觀世音」（遍觀世間音聲者），是代表大慈大悲的菩薩 Avalokiteśvara（阿縛盧枳低濕伐羅，或阿婆盧吉低舍婆羅）的漢譯名號。這位菩薩在整個佛教世界一向廣受信奉，1976 年鄭僧一發表了一篇研究觀音的長文，該文的副標題為「半個亞洲的信仰」，這是因為他主要運用的是漢文佛經、文學與歷史資料；「人人念彌陀，戶戶拜觀音。」這句中國諺語適切地描繪這位救世菩薩普受尊崇的程度。在漢語影響下，日語、韓語以及越南語也使用同樣的名號稱此菩薩（日語作 Kannon 或 Kanzeon，韓語作 Kwanse'um，越南語作 Quan-am）。然而，觀音菩薩的信仰當然不僅僅限於東亞，而是遍及整個亞洲。

　　觀音菩薩在歐美也廣為人知，這要歸功於女權主義和佛教法師移居西方這兩項因素。儘管佛教在十九世紀才傳入美國（Fields 1986），但是自第二次世界大戰以來，亞洲政治情勢加速佛教向西方的傳播。1949 年共產黨執掌中國，當時許多中國僧人逃往香港、台灣、新加坡和美國。同樣地，1959 年以後大多數西藏喇嘛逃往了印度，有些喇嘛則來到美國。隨著 1975 年越戰結束，以及自 1980 年代以來越南及其他東南亞國家新移民的出現，美國民眾接觸了多種不同形式的佛教，也認識到觀音菩薩不同的稱謂

與扮演的角色，因為這位菩薩存在於上述所有佛教傳統中。此外，美國女性主義學者一向對發掘女神傳統很感興趣，無論這種傳統存在於父權制基督宗教興起前的西方世界，或在非西方宗教傳統的神祇中。在非西方宗教的女神傳統中，觀音以及度母（Tārā）（譯註：亦稱多羅母，原為印度教女神，後來成為佛教的大菩薩之一，象徵慈悲救度。）、時母（Kālī）（譯註：印度教主神之一，為濕婆神之妻，象徵死亡、暴力、性與母愛）、難近母（Durgā）（譯註：意即「無敵」，是印度教最高女神的化身之一，象徵女性與創造力）乃是從事此類研究的學者最喜歡引用的例子。❶由於最近這些發展，二十多年以前鄭氏所提出的關於觀音的主張，未免過於含蓄。

當代集中關注觀音的偉大「女神」身分，是可以理解的，因為大多數東亞人就是如此看待這位菩薩。正如我在序言中所述，起初我透過我的外祖母所認識到的觀音，也是這麼一位女神。許多西方人是在博物館中初次見到這尊神祇，而館中陳列許多製作於十七、十八世紀的白瓷觀音像也確實是女性形象。然而，這尊菩薩在印度、西藏、斯里蘭卡或東南亞從來沒有被當作女神來信奉；起初中國人也確實沒有把觀音視為女性，因為許多出自敦煌的十世紀繪畫清楚地呈現蓄留鬍鬚的男性觀音像。❷從男性到女性觀音的這種性別轉變，似乎是中國特有的現象，這當然引起許多學者的興趣。

儘管我自己起初深深被這一謎團所吸引，然而，我逐漸認識到，雖然此一現象最有趣，但這並不是觀音菩薩唯一值得我們關注的面向，他的其他特點同樣令人著迷。例如，為什麼這位菩薩在所有信奉佛教的國家中變得如此盛行——不管這些國家主要受到初期佛教影響，或受大乘佛教和金剛乘佛教傳統的影響？菩薩致力於救度眾生，在完成這項神聖使命的過程中，他們選擇成佛，而不是像阿羅漢那樣僅僅追求個人解脫。因此，他們成為大乘佛

教和金剛乘佛教新的崇拜對象；而信仰初期佛教者只尊崇歷史上的佛陀，「菩薩」一詞僅用以指稱佛陀最後成道前的過去本生。的確，初期佛教與大乘佛教這兩種傳統最重要的差別之一，即是前者信仰的菩薩數量非常有限，僅有釋迦牟尼佛的前生與未來即將成佛的彌勒菩薩，而後者相信爲數眾多的菩薩，並且因應於此，呼籲人人皆發菩提心，也就是激發人們行菩薩道、希求覺悟之心。如果觀音菩薩是所有佛教國家的普遍信仰，那麼，對上述公認的信念我們將如何解釋呢？

　　關於觀音菩薩信仰爲什麼能在這麼多亞洲國家成功地扎根，至少有兩個原因。首先，在印度除了佛陀以外，只有少數幾位菩薩成爲廣受大眾信仰的對象，歷久不衰，而觀音菩薩即是其中之一。從西元初一直到十二世紀佛教從印度消失，這位菩薩一直受到信徒的虔誠信奉，而新的文獻和藝術形式也隨著時間的推移而發展。由於印度是佛教的發源地，觀音菩薩在印度舉足輕重的地位，使得他在其他佛教國家也一樣受到歡迎和接納。這位菩薩在印度以外的區域成功扎根的第二個原因，則與佛教這個宗教本身的特質有關。一如佛教在印度與信奉《吠陀》爲聖典的婆羅門教和印度教並行不悖，它傳入其他國家時，也從來沒有試圖取代當地的宗教。觀音菩薩的情形也是如此，他在柬埔寨、越南、爪哇等地被稱爲 Lokeśvara（世自在王），在緬甸稱爲 Lokanātha（護世主），在斯里蘭卡稱爲 Nātha Dēviyō（救護之神），在西藏則名爲 Chenresi（spyan-ras-gzigs，以眼觀察者）。他在各地的名號或許不盡相同，但南亞、東南亞和東亞佛教文化地區的佛教徒都知曉並且信奉這位菩薩。

　　儘管這位菩薩是慈悲的化身，但在其呈現方式上，不同文化卻有不同的選擇。中國以及日本、朝鮮、越南等在歷史、文化上與中國有關聯的國家，將觀音視爲禪修者智慧的典範與對婦

女特別仁慈的「慈悲女神」，而在斯里蘭卡、西藏以及東南亞，這位菩薩卻與王權息息相關（Boisselier 1965, 1970; Chutiwongs 1984; Holt 1991; Kapstein 1992; Monnika 1996）。君王的神格化、避邪神像的創作、以及基於這種神像的君權神授信仰，都是東南亞各地普遍流行的思想。坦比亞（Stanley J. Tambiah 1982: 5—19）探討這些信仰，並討論柬埔寨高棉王國（Khmer）、越南占婆王國（Champa）以及印尼諸王國中印度教、佛教神祇的偶像崇拜。例如，柬埔寨高棉王國建立前的一位君主拔婆跋摩二世（King Bhavavarman II）（七世紀中葉在位）以「世自在王」爲他個人信奉的神祇，並命人造像，供其膜拜。在南越的占婆王國，建都於因陀羅普拉（Indrapura）的諸王（約 875—920）是觀音的狂熱信徒，其中因陀羅跋摩二世（King Indravarman II）在 875 年修建一座寺廟，以示對此神的敬意，他將該寺命名爲「斯里拉克因陀羅世自在」（Śrī Laksmindralokeśvara），將自己的名字與 Avalokiteśvara 的名字合而爲一（Howard 1996a: 233）。

除緬甸以外，所有的東南亞國家都有「神王」（devarāja）的信仰，將統治者視爲印度教或佛教神祇。最著名的例子是十二至十三世紀修建於柬埔寨的吳哥窟（Angkor Wat），那是世界上規模最大的石構寺廟之一，當時被視爲神王與其他諸神所居住的宮殿。這座萬神殿混合了印度教、佛教諸神，以及代表「神王」的神格化國王。柬埔寨的觀音信仰在闍耶跋摩七世（Jayavarman VII）（1181—1218 前後在位）當政時達到顛峰，他在王城吳哥城（Angkor Thom）的中心建造巴戎寺（Bayon）組合式建築群，並立佛教爲國教。巴戎寺有許多帶有巨大頭像的高塔，這些巨像被認爲是依照「世自在王」形象而塑造的神王肖像。不僅這位國王被視爲觀音菩薩的化身，而且他第一任妻子闍耶跋闍德毘王后（Jayavajadevi）的雕像，通常也被認爲是度母（Tārā，觀音菩

薩的脅侍）（Jessup and Zephir 1997: 304; Bunnag 1984: 161; Zwalf 1985: 176）。

　　同樣地，自十五世紀開始，觀音菩薩就被錫蘭王奉爲國家保護神，而在十三至十五世紀，伊斯蘭教傳入爪哇之前，當地諸王也是如此看待這位菩薩。在西藏，觀音被奉爲護國之神，其中最著名的統治者松贊干布贊普（卒於 649）和達賴喇嘛都被公認是祂的化身。約當中國唐朝（618—907）、宋朝（960—1279）兩個時期曾在雲南建立南詔和大理王國的白族，也有類似的信仰，他們稱觀音爲「阿嵯耶觀音」，並供奉這位菩薩爲立國之主與王室的守護神（Yü 1991; Howard 1996a）。白族與來往密切的鄰近諸國一樣，都以這位菩薩爲王權象徵。的確，就像大乘經典和金剛乘經典所述，觀音菩薩乃是宇宙主宰，是一切世界的創造者和救度所有眾生的怙主。既然沒有先前特定或不可取代的象徵，在這種情況下，〔觀音便自然而然地合法化王權。〕

　　顯然地，觀音不一定要變爲女神。那麼爲何這位菩薩在中國沒有與王權產生關聯呢？難道是因爲在佛教傳入中國以前，中國的王權意識形態及象徵已經確立，因而不可能讓類似的發展出現？透過最早形成於周朝（1122 BCE—256 BCE）的天命之說，中國的皇帝獲得合法地位——他是「天子」（天的兒子），與天、地形成三元鼎立。這些思想都在漢朝（206 BCE—220 CE）經過進一步的去蕪存菁。在中國整個朝代歷史中，儒家思想一直支配著中國人對王權的理解，儘管每隔一段時間可能有個別統治者利用佛教思想來證明其統治地位的合法性，但是他們的努力有限，而且無法持久。例如，北魏文成帝（453—465 在位）下令在雲岡開鑿五處佛教石窟，每尊佛像皆代表一位先皇——此舉象徵他想創造神權政治的願望。另外，女皇武則天（684—704 在位）自稱是彌勒佛，而乾隆在位早期（約 1736—1765）則自稱是文殊菩薩

（Forte 1976; Farquhar 1978）。但是，除了十九世紀晚清慈禧太后為了消遣娛樂和戲劇效果扮演成觀音之外，我不知道還有哪位皇帝曾宣稱自己是觀音的化身。

觀音是充滿慈悲、普門示現的救度者，任何人只要出聲求救，他都會聞聲救苦，無論求助者的出身、性別，甚至道德品格——這種觀念是中國人所不熟悉的。這是一位嶄新的神祇，不僅能促使人覺悟，而且還能解救人們脫離世間困厄，給予物質上的滿足，並圓滿「善終」和死後得度的願望。在觀音出現之前，中國本土諸神中沒有一位擁有這一切能力。此外，儘管在觀音出現前中國已有女性神祇，但其中似乎沒有任何一位成為歷久不衰的信仰對象，因此，當時在中國存有一處宗教上的空白，讓觀音能夠輕而易舉地填補。

許理和（Eric Zürcher）在研究中國人為何在漢朝接受佛教的原因時，就其觀察而有如下評論：「儘管漢代佛教偶爾借用儒家和道教的術語（而且這種情況出乎意料地少見），此期佛教最顯著的特點是『新奇』。佛教被接受是因為它在某些方面符合中國本土傳統——這樣的觀點必須推翻；佛教之所以具有吸引力，並不是因為它聽起來很熟悉，而是因為它基本上是件新奇的事物」（1991: 291）。他將漢代佛教視為「外來的另類選擇」，這種看法同樣適用於此。觀音之所以吸引中國人，並不是因為他／她類似任何一尊中國本土神祇，反而正是因為沒有任何神祇與他／她相似。然而，一旦觀音獲得接納，中國人就以中華文化塑造的模式來看待、理解這位菩薩——正如同佛教一般被接受的模式。觀音在中國的轉變可以視為佛教漢化的一項個案研究。一個文化也許會被外來事物所吸引，但卻不由自主地將陌生的事物變為熟悉。在某種意義上，關於所有文化對待異文化的方式，薩伊德（Edward Said）的看法值得一提，他說：「人類內心在遭到未經處理的陌

生事物衝擊時會加以抵制，這是極其自然的。因此，任何一種文化往往強迫其他文化徹底轉變——不是接受外來文化的原貌，而是基於接受者本身的利益，接納他們心目中外來文化應有的面貌」（1978: 67）。

　　佛教提供東道國一些必要的象徵和觀念，而在適應亞洲各國不同的宗教和文化傳統時，佛教也發展出創新且互有差異的種種形態。就中、日佛教來說，天台宗、華嚴宗、淨土宗與禪宗的創立即是一個明顯的例子。儘管中國人的主要教義和宗教實踐，以譯自某些印度語原典的漢文經典為基礎，但是其特有的重點和思想體系卻反映出本土的思維模式和文化價值——研究中國佛教的學者將這一過程稱為「漢化」（sinification）。❸

　　我偏好以「轉變」（transformation）或「本土化」（domestication）等詞彙描述這種現象，這兩個詞彙用於觀音菩薩特別貼切，因為除了中國以外，這位菩薩在某些亞洲國家中也經歷了許多轉變——具有不同的身分、呈現不同的藝術造像，並且產生不同的宗教實踐與儀式。在這過程中，這位菩薩經歷了本土化，以滿足東道國本身的利益和需求。因此，我使用「本土化」一詞，一如其他學者在指稱佛教在中國以外文化區域的適應過程時運用這個詞彙。❹儘管觀音菩薩是到處受人敬愛的大菩薩，卻也同時具備各地的地方特徵。同樣地，隨著觀音在中國逐漸被人信奉，他／她也與特定的地域產生關聯，進而發展出地方信仰。東道國由於固有文化傳統所做的取捨，導致觀音菩薩的本土化。

　　我應當解釋為什麼我在本章指稱觀音時，同時使用陽性與陰性代詞（他／她）。當我們閱讀後面的章節時，就會發現觀音從初傳中土一直到唐末（618—907），都被視為男性，藝術造像也是如此。然而，到了宋代（960—1279）初期，大約十一世紀前後，有些信徒將觀音視為女性神祇，於是中國的藝術家便開始創

作女性觀音像，這位菩薩可能在元代（1206—1368）完全轉變為女性。自明代，也就是十五世紀以來，觀音通常被視為不折不扣的女性，並如此被描繪著。然而，即使文學、藝術作品如此呈現觀音，正統佛教僧侶仍然拒絕承認觀音是女性，即使在今天，佛教寺院供奉的觀音像也依然延續唐代確立的圖像體例來製作。例如，人們在寺院中看不到白衣觀音或魚籃觀音等女性造像被奉為聖像，供人禮拜，寺廟中的觀音像在外表上仍呈現為男性，或至少是中性。此外，明清以降有些個別的藝術家仍然選擇繪製蓄有鬍鬚的觀音，一如敦煌所繪的觀音像。因此，「他／她」這種包含兩性的代名詞似乎是指稱觀音的最佳方式，因為即使觀音經過女性化的轉變，仍然有人將這位菩薩視為男性。

為了提供中國觀音信仰一個可資比較的理論性架構，我現在要討論這位菩薩在印度的情況，接著概述中國的佛教史，然後解釋我這項研究所使用的方法，最後簡述本書各章，做為本章總結。

印度的觀音菩薩

儘管所有佛教徒都禮敬皈依佛、法、僧三寶，但他們對三寶的認識卻不盡相同。大乘佛教最獨特的一項特徵，是呼籲人人皆須發菩提心（覺悟之心），並且不為自己，而為一切眾生體證覺悟。這種前所未聞的誓願比早期的阿羅漢理想更受重視，因為後者的終極目標是達到覺悟即入涅槃，而菩薩的事業卻是漫長而艱辛的。菩薩發願之後，要修習稱為六度的種種德行（六度中，以布施為首）、精通禪法，並且參透空性的智慧（「空性」被理解為「萬事萬物皆無自性」之意），藉此在菩薩道上訓練自己。由於菩薩誓願救度一切眾生，因此留在世間，以便讓人容易親近，但唯有已達菩薩道甚高階位的上位菩薩才能成為善男信女虔誠信奉的

對象。觀音菩薩是「天上的」或「宇宙的」菩薩，大乘佛教稱之爲「大士」（Mahāsattva）（Snellgrove 1986; Robinson and Johnson 1997; Basham 1981）。❺正如彌勒菩薩與文殊菩薩，觀音菩薩已經達到菩薩道最高階位的第十地，由於被認爲是慈悲的圓滿化身，所以在印度成爲最受歡迎的菩薩之一。大乘經典（諸如四至七世紀編撰的《大乘莊嚴寶王經》〔Winternitz 1927, 2: 306-307〕）與強調虔誠信仰的印度教並行發展，又與之互相競爭。這類經典在描述觀音菩薩時，使用一些令人聯想到濕婆（Śiva）和毗濕奴（Viṣṇu）的象徵以形容其廣大無邊。人們將這位菩薩當作一尊至高無上的神來崇敬。

　　對於觀音菩薩信仰在印度出現的確切年代，藝術史學家和佛教學者看法不一。例如，馬滿（Marie-Therese de Mallmann 1948）和紹本（Gregory Schopen 1987）都主張此一信仰始於五世紀，但是屈媞望（Nandana Chutiwongs 1984）卻認爲，文學作品和圖像資料皆顯示觀音菩薩最晚在二世紀就出現於北印度和西北印度，到了五世紀則已在印度廣受信奉。❻觀音菩薩信仰在印度起始年代的不確定，正反映出對於大乘佛教起源及其早期歷史的持續辯論。最早提及這位菩薩的文獻資料出現於何時並不清楚。傳統意見多認爲，首先提及他的經典有：《無量壽經》、《大事》、《成具光明定意經》、《大樹緊那羅王所問經》、《法華經》，以及《心經》，這些經典長期以來都被認爲完成於西元 300 年以前，但現在這些經典的年代都有爭議。❼

　　學者提出觀音菩薩信仰的起始年代最早不超過五世紀，是因爲缺乏關於年代更早的信仰儀式及敘事文本。如同浩特（Holt）所指出的：

　　　相較於觀音在整個亞洲佛教圈出現的大量雕像，以及亞洲

各文化在歷史上以多種不同方式，賦予這位菩薩精神上（及世間生活上）的高度重要性，令人驚訝的是，我們發現專門描寫觀音菩薩的宗教文獻數量卻相當有限。當然是有很多包括祈求觀音菩薩威神力以滅「罪」或治病的「陀羅尼」（dhāraṇī）的梵文小冊子（現已由藏文還原），之所以撰述這些小冊子，是為了獲得菩薩的撫慰和寬恕。但是這些文獻很少有描述這位菩薩「性格」或「神格」的神話。人們製作這麼多觀音菩薩像，而與其「特性」、「歷史」相關的文獻數量卻相對不足，這個事實可能暗示，雖然我們知道觀音菩薩吸引了一些大乘出家信徒，特別被他們視為冥思禪修的對象，但在歷史上這種信仰普遍盛行於在家信徒的時間，是在大多數大乘文獻傳統確立之後。（1991: 30）

紹本利用出自五世紀北印度秣菟羅地區（Mathurā）某個佛教團體的碑銘資料，指出觀音菩薩成為信仰對象與若干現象有關，包括「在家布施者的數量，特別是婦女，明顯下降，而出家布施者的數量相對上升，而且還突然出現一群自稱『釋迦比丘』（śākyabhikṣu）的特殊僧侶團體，以及一種極為獨特的特定布施模式。」（1987: 116）這意味觀音菩薩初期主要是僧團中部分僧侶禮拜的對象，後來才得到一般僧、俗二眾的信奉。

但由於早期觀音菩薩像上並無銘文，也缺乏同時代描述這種信仰宗教實踐活動的歷史記錄，所以在我看來，很難斷言五世紀以前在秣菟羅以外的地區，觀音菩薩不是人們信仰的對象。例如，1961 年在印度西北部古城塔克西拉（Taxila）發現一件殘缺不全的西方三聖像，在這件文物中，觀音菩薩位於阿彌陀佛的左側，且有一段佉盧體（Kharoṣṭhī）（譯註：約西元前 500 年通用於印度西北部的文字體系）銘文。布羅（John Brough）（1982: 70）根據這

段銘文的字體，斷定此三聖像的年代爲二世紀，並認爲其中缺損的是大勢至菩薩。屈媚望也指出，考古資料提供有力的證據，顯示二世紀前，亦即大乘佛教崛起與佛像製作初興後不久，觀音菩薩像的創作最早出現於犍陀羅地區（Gandhāra）和秣菟羅地區。

　　雖然觀音最早出現於印度信仰生活的年代問題無法解決，但所有證據都證實，在五世紀以前，當時的記述已充分證明這位菩薩的存在。中國求法僧法顯約於西元 400 年至秣菟羅遊歷，根據他的記載，當地大乘僧侶造像供奉這位菩薩，以及般若波羅蜜多（Prajñā-pāramitā）和文殊菩薩（Legge 1965: 46）。到了玄奘於630—645 年間遊歷西北印度時，這種信仰已經確立，他留下親身見聞，記述觀音菩薩像回應上自君主下至僧侶、平民等各行各業善男信女的祈求。❽隨著新的經典與儀規出現，印度其他地區也創造新的觀音菩薩形象，對此菩薩的信仰一直盛行於印度，歷久不衰，直到佛教從印度這塊發源地消失爲止。

　　接著我將簡述印度藝術中觀音菩薩的不同造型，以及此信仰的各個主要發展階段。❾我相信這是必要的，原因有二：第一，除非我們對印度的觀音菩薩造像有所了解，否則無法判斷中國觀音像有幾分是印度既存典範的複製品，又有幾分是中國人的創造。第二個原因更具關鍵性，那就是這樣的概述充分凸顯一點：這位菩薩的印度造像沒有一尊呈現女性形象。

　　觀音菩薩在印度的造像始於貴霜王朝（Kuṣāṇa）。學界通常將佛教的振興與流傳歸功於貴霜王朝第三位統治者迦膩色伽一世（Kaniṣka I）。貴霜人（Kuṣāṇa, Kushan）原爲中國人所謂的「月氏族」中的一支，所居之地相當於現今中國西北的甘肅省，他們在西漢時期被迫西遷，大約西元前 135 年到達大夏（Bactria）。伽膩色伽一世的統治大約始於 120 年，他是佛教的大護法，在他統治期間，佛教藝術創作和傳教活動獲得極大的支持。結果，佛教不

僅興盛於西北印度，也在絲路沿線的國家蓬勃發展；佛教就是從那兒傳入中國的。早期漢譯佛典的譯經師並非來自印度本土，而是中國稱之爲「西域」的安息人（Parthian）、薩迦人（Scythian）、粟特人（Sogdian），以及其他西域諸國的居民。

韓丁頓夫婦（Susan L. 與 John Huntington）（1985）談到這個時期釋迦牟尼佛、彌勒菩薩以及觀音菩薩造像盛行的情況。觀音菩薩的造像或獨立出現，或爲三聖像之一，且經常被刻畫爲「蓮華手觀音」（Padmapāṇi，手持蓮花者）。以犍陀羅地區羅瑞延湯蓋（Loriyan Tangai）一帶出土的貴霜時期觀音菩薩像爲例，菩薩左手持蓮花，身著王族服飾，頂戴頭巾，顯示其王族身分，蓄有短髭，坐姿呈「如意坐」，右腿垂立（Huntington 1985: 139）。一件確定爲 152 年的三聖像中，佛陀爲中尊，有兩位菩薩侍立於左右，右側爲現忿怒相的金剛手菩薩（Vajrapāṇi，手持雷電者），左側爲面容和藹慈祥的蓮華手菩薩。❿金剛手菩薩穿著苦行者服飾，即下著短裙，肩繫獸皮；蓮華手菩薩則是印度王子裝束，有精緻的寶珠瓔珞等飾物，且頭戴王族頭巾（Huntington 1985: 154）。以這兩尊菩薩做爲佛陀的脅侍，這樣的選擇透露出佛教對於開悟的根本理解：既然佛陀是覺悟者，兼具智慧與慈悲，因此身旁兩位脅侍菩薩代表這兩種美好且同等重要的特性——蓮華手菩薩象徵慈悲，金剛手菩薩象徵智慧。後來文殊菩薩取代金剛手菩薩，成爲智慧的象徵，例如七世紀的伊羅拉（Ellora）地區，以及大約八世紀印度東部奧里薩邦（Orissa）的拉特那吉里（Ratnagiri）的造像（Huntingtong 1985: 270, 446）。

五世紀以後，觀音菩薩的造像開始產生變化。首先，其造像吸收了彌勒菩薩的特質，苦修色彩變濃，莊嚴豪華的王族特徵轉淡；其次，他的地位逐漸提昇爲獨立的神祇。屈媞望有一段話概述這種趨勢：

　　觀音菩薩是伊羅拉地區最流行的菩薩，他在該地的聖像數量多達 110 件，約為其他任何一尊菩薩像數量的三倍。摩訶剌陀邦（Mahārāṣṭra）佛教藝術中最受人喜愛的題材之一，即是所謂的「觀音的連禱」，其中的觀音菩薩被刻畫為「危難中的救助者」。笈多王朝（Gupta）晚期與後笈多王朝時期建於甘赫瑞（Kānheri）、阿旃陀（Ajaṇtā）、伊羅拉以及奧蘭加巴德（Auraṅgabād）等地的石窟寺院中，有許多作品正是表現這種題材……。這些景象顯然是觀音菩薩祈願文的形象化，也就是以圖像表現信徒在展開危險旅程之前或行經險途時求助菩薩的祈請文。在這一方面，這位菩薩無疑是商人、旅客與朝聖者的守護神。西印度以商業活動頻繁著稱，此一事實顯然與這種藝術創作題材高度盛行於印度西部有一定的關係。（1984: 45）

　　由於同樣的原因，《法華經》讚歎的救苦救難觀世音菩薩，在絲路終點──敦煌──壁畫中也是深受喜愛的題材。

　　一件出自鹿野苑（Sarnath）、年代斷定為五世紀後半的觀音菩薩像，很顯然是現男相，因為在透明的衣袍下，其生殖器官清晰可見。❶

　　到了六世紀笈多王朝末期，觀音菩薩顯然已成為一尊獨立的主要神祇，有自己的隨侍，並基於特定目的而受信眾供奉。由於成為主要的信仰對象，這位菩薩如同佛陀一樣，有其他菩薩脅侍。例如，在甘赫瑞石窟 90 號窟中有一尊年代甚早（六世紀中期）的觀音菩薩像，這位菩薩被刻畫為保護者，救人免於獅、象、強盜等十難，兩側各有一位女性隨侍，分別是右側的度母與左側的毘俱胝（Bhṛkuṭī，意即「成就圓滿菩提心」）（Huntington 1985: 264）。這兩位脅侍代表慈悲與智慧，相當於佛陀的兩位脅

圖 1.1　十一面觀音，甘
赫瑞石窟 41 號窟，印度
摩訶剌陀邦，五世紀末至
六世紀初。韓丁頓（John
C. Hungtington）提供。

侍蓮華手菩薩和金剛手菩薩。印度最早的十一面觀音也出現於甘赫瑞石窟 41 號窟，年代斷定為五世紀末至六世紀初（圖 1.1；Huntington 1985: 265）。密教佛教藝術典型的多臂觀音盛行於後笈多王朝的東北印度，這類造像有時具有兩臂，但有時多達十六臂，菩薩手持各具寓意的物件，包括其他流行於印度教、佛教中神祇的特有象徵：

> 　　水瓶（kamaṇḍalu）、三柄杖（tridaṇḍa）、念珠（akṣamālā）、書卷（pustaka）與拂塵顯露其個性中苦修的一面，而最後這兩項事物也同時凸顯他身為「偉大導師」與「遍知一切之主」的特質，等同於梵天（God Brahmā）。他的第三隻眼、長矛和三叉戟（triśūla）、絹索（pāśa）及彎鉤（aṅkuśa）使人聯想到「大自在天」（Maheśvara）或「萬靈之主」（Paśupati）；此外，永遠繫縛個體靈魂（paśu）與其主（pati）的無形絹索也變成觀音菩薩慈悲的不空絹索（amogha-pāśa），菩薩藉由此絹索將三界眾生拉近身邊，施以救度。寶珠（ratna）或如意寶（cintāmaṇi）象徵他重重無盡的布施，及讓祈願者有求必應，而錫杖（daṇḍa）或懲戒之寶杖偶爾也出現在他的象徵物中，作為對惡神、惡鬼與惡人的一種警示。在貴霜時期之後，這位菩薩造像中的王族色彩逐漸式微，但在中古時期的北印度藝術中又再度興盛。他在若干造像中，呈現典型的王者坐姿，即「如意自在坐」或「大王遊戲坐」（mahārājalīlāsana），這暗示他的至高無上──不僅在精神世界，在物質、世俗世界中也一樣享有無上的榮耀與聲望。其隨眾數量增加，重要性也提高，這更加顯揚位居中央主尊菩薩的崇高地位。（Chutiwongs 1984: 49—50）

　　隨後在波羅王朝（Pāla）期間，亦即八世紀至十二世紀，密教圖像資料提供更多證據，顯示觀音菩薩爲普世救度者或怙主。以十一世紀末那爛陀（Nalanda）的石碑爲例，此碑顯示觀音菩薩「右側有度母與善財童子（Sudhanakumāra）侍立，左側有毘俱胝與馬頭觀音（Hayagrīva）脅侍，其上方則俱現五方佛。此碑左下角有一獸首骷髏身，那是鍼口餓鬼（Sūcīmukha）……石碑描繪菩薩正在拯救注定永受飢餓之苦的餓鬼——他灑下甘露，讓餓鬼吸吮。」（Huntington 1985: 392-393）。⓬身爲救度陀羅尼的揭示者，觀音菩薩在很多密教經典中扮演核心角色。有趣的是，在比哈爾邦（Bihār）發現一尊造像，韓丁頓鑑定爲「六字世自在王（Ṣaḍakṣarī Lokeśvara）」菩薩，其年代大約在十一世紀末或十二世紀，是六字大明咒 Oṃ maṇi padme hūṃ（意爲「禮敬持有寶蓮的聖者！」）的擬象化此乃在觀音神咒中最有名的一個咒（Huntington 1985: 394）。

　　長久以來學界對觀音菩薩信仰的起源一直很感興趣。關於這種信仰，一部重要的早期經典是《無量壽經》，約於西元 100 年前後編纂於印度西北部。在這部經典中，觀音與大勢至一起做爲阿彌陀佛的兩位主要脅侍菩薩。如同阿彌陀佛，他也被形容爲光明具足，因此馬滿（Mallman）主張這位菩薩是源於伊朗祆教的太陽神。索普（Alexander C. Soper）也撰文討論佛陀和彌勒菩薩所現之光的象徵意義，並論述伊朗宗教思想與西北印度的貴霜藝術關係密切（1949—50），他認爲犍陀羅地區的佛像與印度、伊朗神話中的光明之神密斯拉（Mithra）、希臘神話中的太陽神赫利俄斯（Helios）有相似之處。⓭依馬滿所見（1948: 82），起初觀音菩薩類似太陽神阿波羅（Apolo）、密斯拉神、赫利俄斯神、以及赫密斯神（Hermes），後來則轉變爲「佛法護持者與驅散黑闇、無明和反宗教勢力的強大力量。」她認爲這種信仰可溯及二

世紀偉大的希臘化佛教君主迦膩色伽王統治的西北印度，最早期的觀音菩薩像就是在此處發現的。然而圖齊（Giuseppe Tucci, 1948）不同意這種看法，他不甚重視這位菩薩的光明象徵，而強調其造像中的「慈悲垂視」。浩特（1991: 30-39）綜合上述爭論，提出折中見解，認爲應該同等重視菩薩的光明象徵與慈悲特質。

　　圖齊和其他學者並未在佛教傳統外尋找觀音菩薩的前身，而是在大眾部說出世部（Lokottara Mahāsāṃghika）的《大事》中兩部較早的《觀經》（*Avalokita Sūtra*）裡，發現其前身。這兩部經的經名與這位菩薩的名號部分相同，而且是 avalokita（「觀」）一詞的最早用例，而其內容都是讚歎釋迦牟尼佛身爲菩薩時的行誼。儘管這些學者對這兩份文獻的年代意見分歧，但是他們一致認爲，強調「觀」和「光」的這兩部經啓發人們對觀音菩薩的概念。❶雖然 avalokita 的含義很清楚，但這位菩薩全名的意義卻模稜兩可，如同浩特所指出的，佛教學者一直未能對 Avalokiteśvara 這一稱謂達成一致的解釋，爲何會如此呢？「分開來看，梵文 avalokita 和 īśvara 的語意相當清楚，分別指『見』或『觀』以及『自在主』；但兩字複合形成 avalokiteśvara，作爲菩薩的名號時，此複合詞就有多種不同的詮釋，可表示『一切所觀萬象之主』、『所觀之主』、『（俯瞰）所觀之主』或『能觀之主』、『（俯瞰的）能觀之主』」（Holt 1991: 31）。遠赴印度求法的著名中國高僧玄奘（約 596—664）將 Avalokiteśvara 譯爲「觀自在」，然而這個譯名的普及度遠不如「觀音」或「觀世音」——「觀音」或「觀世音」源於 avalokita 和 īśvara 形成的複合詞，意爲「觀世間音聲者」。

　　我將在下一章說明，在佛典漢譯後緊接著出現觀音造像。印度觀音在圖像演化過程中經歷的各種不同階段也發生於中國，但中國又有進一步的創新。從十世紀的新造型「水月觀音」（此觀音兼具兩性特徵）開始，宋代（960—1279）以後的中國藝

術家逐漸將這位菩薩刻畫爲女性。此外，最晚自明代（1368—1644）開始，就出現描繪五身、三十二身或五十三身觀音的整組畫像。自鎌倉時代（1185—1333）以來，中日佛教藝術中也有所謂的「三十三觀音」。❺一般認爲，多種形式的觀音造像呈現出的是《法華經》中觀音的三十三種應化身，或《楞嚴經》中的三十二種應化身，但其實這些造像與經文並沒有相似之處。在中國藝術中，非常著名但卻沒有任何一部經典提及的觀音造像，除了水月觀音（第十二種）與白衣觀音（第六種）之外，還有另外三種，即魚籃觀音（第十種）、蛤蜊觀音（第二十五種）以及馬郎婦觀音（第二十八種），這三種觀音像是與中國創造的傳奇故事有關。❻

　　雖然不能說觀音的女性化是藝術家與工匠引進的，但是他們的確提供視覺上的輔助，促使人們形成女性觀音的概念，而助長這種趨勢；率先繪製或雕刻女性觀音的藝術家也必定反映出當時一般人對觀音的普遍看法。如此說來，藝術既是人們對觀音觀念轉化的指標，也是促成這種變化的原動力。爲什麼觀音的性別轉變只發生在中國？這個問題或許永遠也無法有令人滿意的答案，但對我而言，至少有兩項因素值得思考：第一項因素涉及中國文化與宗教，第二項因素則與佛典中觀音的「歷史」甚爲少見有關。或許正因爲缺少詳盡介紹這位菩薩的神話，才使新的神話得以在中國誕生。再者，關於觀音的這些神話，是根據中國人對於神明的觀念而創造的，因而能夠滿足中國人的宗教需求。

從「佛教在中國」到「中國佛教」：歷史概述

　　要了解印度的觀音 Avalokiteśvara 如何轉變爲中國的「觀音」，我們必須對於佛教在中國本土化的情形有所了解。因爲這

兩種過程都是外來事物本土化的實例，所以彼此息息相關；正如佛教從外來宗教逐漸演變爲中國佛教，觀音菩薩也同樣轉變爲中國的「慈悲女神」（Goddess of Mercy）。的確，這位菩薩的轉化過程可以做爲絕佳的個案研究，用以探討佛教漢化的過程。

將佛教傳入中國的是中亞人（尤其是安息人）與印度傳法僧。他們沿著商隊行經的絲路，在漢朝（206 BCE—220 CE）後半葉抵達中國。根據歷史文獻的紀錄，最晚在一世紀時，就有三個佛教教團存在，分別位於長江下游的彭城（今天的江蘇銅山）、華中的洛陽，以及今天越南的交州。起初中國人對於佛教的理解很貧乏，例如，佛陀與黃帝、老子兩位道教尊奉的主神共同受到供奉，人們認爲佛陀如同黃、老，是能傳授長生不老之術的神明。

藝術提供另一個實例，顯示佛教初傳時如何被移植於本土信仰中。西王母是道教首要的長生不老女神，也是第一位以藝術形式呈現的中國神祇。最晚不超過一世紀，中國人就在石頭或磚塊上雕刻西王母像，當作富貴人家的墓飾，並安放於墓室牆壁的上段──代表天界的部分。中國人開始創作佛像時，是以西王母像爲範本而塑造的。四川樂山麻浩、柿子灣等地的墓磚浮雕上發現有佛像，其年代爲二世紀晚期，佛像在墓穴中的造像與位置都與墓穴中的西王母像相同（Wu Hung 1986; Tang Changshou 1997）。對中國人而言，佛教「生死輪迴」（saṃsāra）的教義是一種全然陌生的觀念，這成爲更重大的理解問題。中國人了解輪迴的唯一途徑，是假定佛教相信人死後靈魂繼續存在，但這種觀念完全背離佛教的核心教義──「無我」。

早期傳法者與中國的助譯人員傾全力投入佛經的翻譯，翻譯者根據個人背景和興趣而選擇翻譯的經典，經典則可能屬於初期佛教或大乘佛教。中國人就這樣接觸各式各樣的佛教文獻，從佛陀的本生故事，到禪修指引以及《般若經》中闡釋的空性之理

——亦即諸法空無自性的教義。在此佛經初譯的階段，著名翻譯家包括安世高（約 148—168）、支婁迦讖（約 168—188）、支謙（約 220—251）以及竺法護（233—313）等。值得注意的是，除了竺法護於 286 年所譯的《正法華經》外，在這批早期譯經中，觀音菩薩若非完全不出現，就是縱然出現亦非要角，如支謙所譯的《維摩詰經》中，相較於文殊，觀音扮演的角色極為次要。

漢朝衰亡後，中國南北分裂，而佛教正是在這分裂動盪的年代成功地立足於中國這塊土地上。當時中國北方由胡人統治，北方佛教獲得皇室的護持，信奉者以具体的方式表示他們對宗教的虔誠，那就是分布在大同附近的雲岡和北魏都城洛陽附近的龍門等地的巨大石刻造像。

南方佛教的特色則是哲學思辯與貴族的參與。南方佛教的發展得益於人們對老莊思想與《易經》再度產生的興趣，這股趨勢稱為「玄學」，它提供一套辭彙與架構，用以詮釋某些初傳中土的佛教哲學。將佛教思想與中國本土傳統某些思想相比附的作法稱為「格義」，當時人們偏好此法，以使知識階層的佛教徒認識、熟悉佛教思想。儘管這是有效的權宜之計，但是後來翻譯大師鳩摩羅什（約 401—413）與其助譯者共同完成大多數重要大乘經典的翻譯定本，促使人們更正確地了解佛法，此時格義佛教就被擯棄了。

東漢與六朝時期，即西元最初六百年間，是佛教逐漸確立的時期，於此同時，中國本土宗教道教也經歷了重大的變化。由於儒家思想在漢代成為國家主要的思想體系，佛教和道教必須相互競爭，以獲取皇室與一般世俗民眾的護持；凡是佛教的可取之處，道教徒經常爭相模仿、複製，反之亦然（Zürcher 1980, 1982）。道教一開始是「天師道」（正一道），當時已成神仙的老子現身於四川第一代天師張道陵面前。此一宗教運動以其教區組織而聞

名，在道教教區中，男女皆可成爲領袖，此外，他們還有戒律清規、集體懺悔，並運用祈禱儀式以祈請神力治病。誦讀《道德經》也是天師道的特徵之一，只是他們以創新、打破傳統的方式詮釋這部經。四世紀期間，有兩個新興道教教派崛起於南方，上清派的經典是 364 年到 370 年間由諸神於夜間降臨茅山（位於今之江蘇），傳授給當地人士楊羲（330—386 ?）的。眾神之中有一位是魏華存夫人（251—334），也就是傳授道經給楊羲的主要人物，且是這支新興教派的開派祖師。魏夫人早在三十年前即已亡故，生前曾經擔任「祭酒」之職，這表示她是天師道徒（Strickmann 1977）。這些道書教導服食丹藥、存思內觀眾神、並與諸神冥然合一等方法，藉此達到個人的解脫成仙。眾神是人、天之間的仲介，而解脫成仙的關鍵在於了解天界的「眞形」及居住其間的天神。入道者與神明關係密切，神明是他們的依靠，會交給修道的行家天庭之鑰，並以仙氣加以滋養——有時由口灌授。神明降靈於修道的行家，與之攜手，飛升天庭」（Robinet 1997: 121）。楊羲的聽眾以士族爲主，這些經書以詩偈書寫，文辭典雅，頗能吸引這些菁英分子。

　　另一新興道教運動即靈寶派，此派約於西元 400 年前後出現，也就是在上清派出現後約莫三十年間，地點與上清派一樣，都在南京西南方的同一縣。一如上清派的興起，靈寶派的出現也與新出現的一批神授經典有關；但與上清派不同的是，此派刻意廣泛挪用佛經內容，並「以菩薩般的熱忱」關切所有眾生的解脫，而不僅限於同修道友（如天師道）或少數經過精挑細選的的入道者（如上清派）（Bokenkamp 1997: 8）。

　　讀者或許好奇我爲何在這段中國佛教概述中探討道教的發展，其實這與我的研究方法有關，我深信在檢視一個宗教的新發展時，同時必須關注其他宗教的發展現況。中國的各種宗教就像

中國人一樣，不是存在於孤立、分隔的空間中，它們彼此對話
——有時甚至爭吵——並相互借用、提供資源。道教有兩個發展
最令我感興趣。首先，「超世間」（the transcendent）並未與「世
間」（the immanent）截然劃分，人可以變爲神仙，而神仙也可降
生爲人；不僅老子之類的聖賢被視爲天神化身人間，而且如楊義
這樣沒沒無聞之人也能被指派爲天啓道書的接受者。其次，他們
強調經典的核心地位；經典的確如羅比涅（Robinet）所言，是
「神、人之盟的一種象徵」（1997: 44），此外也是眾神爲救度其
信徒而親口垂訓或傳授的。上述兩項特點可能啓發了妙善公主的
傳奇故事與觀音現身開示的本土經典（妙善的傳說和觀音親授的
本土經典分別於本書第八章和第三章中討論）。

　　中國於隋朝（581—618）時復歸一統，佛教也同時進入一個
新階段。隋、唐（618—907）兩代期間，佛教最顯著的發展是中
國本土宗派的創立，有些宗派，如天台、華嚴，以教理的整合著
稱，而禪、淨等其他宗派則以宗教實踐聞名。這些宗派在印度皆
無前例可尋，完全是中國首創。每個宗派各自挑出一部或一組佛
經做爲最高經典依據，於是華嚴宗、天台宗、淨土宗分別以《華
嚴經》、《法華經》與所謂淨土三經，作爲各自宗派的根本經典依
據。然而，天台、華嚴二宗皆透過「判教」這種詮釋學，分判所
有佛典中闡述的各種教理，並一一歸屬於佛陀一生弘法中的不同
時期，藉此認可一切教理。

　　正如中國人自立佛教宗派，同樣的自信也反映在佛教藝術創
作中。觀音逐漸成爲藝術家偏好的題材；由於觀音是《法華經》、
《華嚴經》以及淨土諸經提及的重要角色，因此隨著這些宗派的
重要性在唐代日益增加，觀音菩薩的聲望也理所當然地提高了。
觀音逐漸盛行的情形也反映於龍門石窟的石刻造像中。從 500 到
530 年第一個密集鑿刻時期，首要雕刻的神祇是釋迦牟尼和彌勒，

而阿彌陀佛與觀音是次要角色；但在密集鑿刻的第二個時期，即 650 到 710 年間的初唐時期，此種情況卻逆轉過來。塚本善隆（Tsukamoto）曾編列一套目錄，總計該地所有紀年與無紀年的造像，其中以阿彌陀佛像最普遍，凡 222 尊，其次依序為觀音像 197 尊、釋迦牟尼佛像 94 尊、彌勒像 62 尊（Ch'en 1964: 171－172）。龍門的觀音像一如諸佛與其他菩薩的造像，皆現男相，有時並帶有薄薄的髭鬚，此外，觀音像通常一手持蓮花（此即以蓮華手為名的觀音菩薩的造型特徵之一），另一手執淨瓶。

　　唐代密教經典的翻譯大大促進聖像的製造。密教特別強調設立聖壇的正確方法、嚴格遵循儀軌而為本尊造像、以及觀想本尊的聖像。這種為禪修而定的嚴格而精確的程序稱為「成就法」（sādhanas），這些內容一定包含在密教經典中。這些經典的另一特徵是含有「陀羅尼」（dhāraṇīs），也就是「將長段經文簡縮，或為達到心理效果而串集的一串單音」（Robinson and Johnson 1997: 125），而傳授這些陀羅尼且作為禪修觀想對象的本尊，總是現多臂相。唐代及唐代以前所創作的觀音像雖有個別的修改和創新，但通常以經典儀軌的規定或印度、中亞的範本為基礎。

　　中國自創的佛教宗派在中國一直延續至今，然而自宋代（960－1279）以來，諸宗派有顯著的融合趨勢。以教理見長的天台、華嚴稱為「教宗」（譯註：又稱「教下」，相對於教外別傳、不立文字而直接傳承佛陀心法的「禪宗」），中國佛教歷史中有教禪合一、禪淨合一等運動。這種融合不同佛教傳統的偏好也表現在融合佛教與儒家、道教的類似運動上，這種融合運動通稱為「三教合一」；儒生和道人也有相同的傾向。個人與朝廷倡導融合之趨勢起源甚早，例如，南齊（479－502）時在朝為官的學者張融，在臨終時左手執儒家《孝經》與道教《道德經》，右手則執佛教《法華經》（《南齊書》，41/8b）；個別君主或許會轉換護持的

宗教，但提倡三教融合卻是國家統治者的共通做法。這種交融的結果顯現於唐代佛教禪宗、宋代理學（新儒學）以及南宋和元代（1230—1368）道教全眞派的興起。

　　寺院佛教和理學皆富有陽剛、父權主義色彩。儘管禪宗侈言「不二」，但提供給女性的修行機會卻不如男性，畢竟過去佛教教義一向將生爲女人視爲惡業之果報。淨土宗最吸引人的一項承諾，就是西方極樂世界沒有女性的存在；一個人即使無法往生淨土，此生所造的善業也會保證來生不受女身。這樣的信仰和觀感既不賦予女性權能，也不認眞看待女性的宗教需求，更不曾培養對女性象徵的尊重或對女性神祇的崇敬。同樣地，理學是一種高度男性導向的父權階級思想體系，這套思想既不承認女神的存在，也不甚支持婦女在智識與心靈上的努力；儘管它昭告於世的綱領是大同世界的聖賢境界，但實際預設的宣導對象是男性知識分子。理學不鼓勵或提倡宗教信仰，也不欣賞宗教狂熱和強烈情感，因此其內在存有某種不平衡與匱乏，亦即陽剛過剩而陰柔不足。

　　相反地，全眞教既尊崇象徵女性的「陰」，又讓現實中的女性有機會發展宗教抱負。全眞教爲王喆（1123—1170）所創，提倡離俗出家以及藉由內丹修煉以達到自我轉化。王喆的主要弟子世稱「全眞七子」（或「北七眞」），其中的孫不二（1119—1182）是第二代教主馬丹陽之妻，亦有「孫仙姑」之稱。全眞教吸引許多婦女加入，而且此派著作中有大量詩偈是爲婦女而作的（Tao 1980: 57）。全眞教有一分支稱爲「內丹派南宗」，因白玉蟾（活躍於 1209—1224 年）而聞名於世，對婦女的接納與友好態度也同樣盛行於此派。白玉蟾本人曾記述、嘉許一位羽化成仙的婦女，對她大爲讚揚；他有兩名徒眾的妻子是著名的修道人，而且他的許多弟子也收女徒弟。❶

　　與此相關的一個現象是元代「八仙」信仰的出現，八仙因為元明時期的相關戲曲而廣為流傳。這些半虛構的戲劇人物是唐代及唐代以前之人，全真教將「八仙」中的鍾離權和呂洞賓奉為早期祖師。八仙中有一位女性，世稱「何仙姑」。在王朝中國的晚期，八仙之盛名不僅限於道教，歷代以來他們已成為民間耳熟能詳的人物，在大眾心目中始終佔有一席之地，他們不僅出現在戲劇、傳奇故事中，在繪畫和瓷器、刺繡之類的裝飾藝術中也可見到他們的身影。

　　有鑒於此，觀音的女性化與道教的新發展一樣，皆可視為對寺院佛教和理學的父權立場所作的回應——理學其實可說是中國宋朝以降的國教。如果這兩種傳統不乏女性象徵和女性修行者，觀音或許不會經歷性別的轉變。我們可以將這點與前已提及的兩項因素一併考量，亦即中國已具有王權意識形態，因此有別於觀音在其他亞洲國家的情形，觀音在中國並未與王權產生關聯；又因中國本土傳統中沒有普世救度者，觀音能夠也的確極為成功地填補此一空缺。依我所見，佛教的長處之一就是始終能補足本土傳統之所缺，這就是為何在所有的外來宗教中，唯有佛教能夠在中土落地生根，成為中國三大宗教之一，為中國人所接受。

　　隨著佛教的本土化，特徵鮮明的地域中心也跟著發展，不僅禪宗的五家之分是如此，敦煌、四川的佛教藝術也是如此。最早真正屬於中國的觀音像是十世紀的水月觀音，此後有數種本土觀音像陸續出現，這些造像皆現女相。與此同時，各地逐漸形成尊奉觀音的朝山聖地，與觀音有關的地方神話、傳說也隨之逐漸發展。因此，我們可以說，「地域化」（localization）是佛教也是觀音在中國「本土化」（domestication）的進一步發展。

本書的研究方法

　　對於印度的觀音 Avalokiteśvara 轉變爲中國的觀音所經歷的
漫長、複雜過程，我深感興趣。我將觀音的性別轉變置於他／她
在中國本土化的架構中觀察，而觀音在中國的本土化又必須在佛
教漢化這個更大的架構中加以考量。要獲得豐碩的研究成果，我
認爲首先應該採用的方法是，檢視讓觀音在中國家喻戶曉所憑藉
的眾多媒介，而負責掌控這些媒介的相關人物也同時創造這位菩
薩所代表的新寓意和新形象。

　　經典、感應故事、神話、藝術、文學、宗教儀式與朝聖活動
是以下各章討論的媒介，僧侶、文人、詩人、藝術家和一般老百
姓都對觀音信仰的創造和流傳有所貢獻。我希望在了解觀音信仰
如何確立於中國時，我們不再過分簡化地將它分門別類，貼上有
別於儒、道的「佛教」標籤，或有別於名流精英的「民俗」標籤。
舉例來說，我將論證說明送子觀音的信眾不僅是「無知的」婦女，
也包含儒家知識分子，而且將這位菩薩視爲送子觀音也絕對不是
中國民間的通俗化現象，而是具有穩固的經典依據。本研究因此
提供更進一步的證據，說明研究中國宗教時，精英、民俗上下相
對的雙層模式或劃分三教的研究方法不可行——所幸這種認知正
是近二十年來逐漸獲得廣泛接受的研究趨勢。

　　從事這項研究時，我運用什麼研究方法呢？我受過思想史與
中國佛教史的訓練，在大學開課講授世界宗教也已超過二十五
年，因此，就我的專業領域而言，我將自己界定爲宗教史學者。
在過去的研究中，我特別倚重經典、歷史文獻（佛教編年史和各
朝代史）、佛教僧侶和文人的個人著作，以及寺志和地方志等，
這些都是我在本研究繼續使用的標準工具。但由於這項研究主題
特殊，所以在這項研究計畫之初，我就決心額外運用其他資源
和學科。歐大年（Daniel Overmyer, 1998）近年提倡「THF 研究

法」（即結合「文獻」〔text〕、「歷史」〔history〕和「田野調查」〔fieldwork〕的方法），他認為這是研究中國宗教的有效途徑。若干年前開始這項研究時，我迫不得已採用這種方法，利用歷史與圖像文獻，同時進行田野調查。我不將個別觀音像純粹做為圖例使用，而是試圖了解觀音圖像的演化如何反映同時也影響人們對這位菩薩不斷改變的認知。我堅信對於本研究乃至一切中國宗教研究而言，絕對有必要利用文本文獻和藝術造像。本書大半章節皆以個人對當代觀音信仰中某些層面的觀察開始，然後再深入探討其歷史淵源和發展演變。這些觀察是基於我的田野調查筆記，因為觀音信仰不僅是一種歷史現象，也是當代中國宗教一項顯著的特色，所以我覺得有充分的理由這麼做。我也適時指出現代信仰與其早期形態的區別。順帶一提，本書所用的 cult（信仰）一詞，採用《牛津英語詞典》（*Oxford English Dictionary*）該詞條的第一義和第三義：「信奉、虔誠禮敬」，以及「信仰或禮敬……尤其表現於皈依的信徒或慕教者形成的團體中。」遺憾的是，這個詞在現代用法中帶有負面涵義，對許多人而言，它目前的用法正如《新編韋氏通用詞典》（*Webster's New Universal Unabridged Dictionary*）所示，是「一種公認為假冒、非正統或極端的宗教或教派，其成員往往在極具有群眾魅力的領導者指引之下，生活在傳統社會之外。」但這絕對不是本書「信仰」一詞的涵義。就這一點，我同意甘潘尼（Robert Campany）對這個詞的用法（1993: 262-63）。❶因為觀音不但是重要的佛教神祇，普受佛教僧俗二眾信奉，而且也是中國主要的女神之一，廣為一般民間和某些新興宗教派別的信徒所尊崇，所以有必要檢視民俗宗教文獻，特別是十六世紀為了宣揚佛教和新興宗教派別的教義，首先由僧侶和在家領袖編纂而成的《寶卷》。總之，在這項研究中，我運用各種不同文獻資料和方法，相信唯有採用跨學術領域的研究方法，才

能妥善處理如此複雜的主題。以下我將擇要介紹各章內容。

第二章討論觀音信仰的相關經典,因為在此信仰的引介與普及方面,經典無疑扮演重要的角色。最初啓發中國觀音信仰的源頭是佛經,而且佛經的權威也持續被人援用,做為信仰的依據。我將在此章探討顯、密二教的重要經典,藉此了解這位菩薩之所以重要的原因以及其重要性。然而,中國人並非一成不變地固守經典中對觀音的描述和定義,也並未嚴格遵循經典關於禮敬觀音的儀軌與指示,否則觀音在中國就不會發生任何轉變了。不過,我也將論證說明,在觀音的轉變中,有許多仍能依據某些經典加以解釋,甚至連本土經典(即所謂「僞經」或「疑經」)也不是憑空杜撰的,而是根據某些著名佛經內容所做的闡釋或修改。

唯有檢視創新之處,並且與原來經典中的典範兩相比較,我們才能開始追溯中國觀音信仰的起源和發展。隨著觀音的威名不斷提高,中國本土經典早在五世紀就已出現。這類經典有很多都已散佚,只有經名載錄於佛經目錄中,但有一部《高王觀世音經》被認可爲正統經典。由於相信末法時代即將到來,虔誠的佛教領袖爲了保存佛典免遭毀滅,所以 616 年決定刻經於石板上,保存在今天北京郊外的房山,《高王觀世音經》是獲選鐫刻的經典之一,其餘還有《法華經》、《維摩詰經》、《華嚴經》、《涅槃經》、《般若經》等。《高王經》在明代入藏,至今一直是信眾最愛刊印流通以造功德的一部經典,甚至在今天的台灣仍是如此。此經與其他著名且具影響力的本土經典是第三章的討論主題。

儘管讚歎觀音的漢譯佛典很早就已出現,但對觀音的認識與信仰不僅來自於佛經。與觀音相關的經典是因為親身經歷菩薩救度奇蹟的人提供見證,才得以確立其權威,同時,這些流傳至今的感應故事也往往符合經典中的敘述,因此,經典與感應故事這兩種文獻之間具有彼此交互證成的關係。我在第四章處理有關觀

音的感應故事，這種名為「感應」或「靈應」之類的故事構成佛教傳奇文學中的一種「次文類」（subgenre）。《法華經》漢譯後不久就出現祈求觀音而得救的靈驗故事（在這些故事中，最初人們稱菩薩為「光世音」，後來則改稱「觀世音」）。早在 501 年，包含更早以前彙編的兩部感應記而編纂的一部感應記中，就彙集了六十九則故事。雖然經歷奇蹟而現身說法的人來自社會各階層，但有一點相當有趣且值得注意，那就是早期感應故事的編撰者都是在朝為官的文人。在接下來數百年間，有更多類似的文集編纂成冊，這些故事證實觀音菩薩的慈悲救度之行。關於觀音的感應故事，甘潘尼（1993）的立論令人信服，他認為在觀音信仰的產生和鞏固上，感應故事發揮強而有力的作用。隨著唐代以降此類故事逐漸單獨結集成冊，其他頌揚《法華經》的靈感記中，有關觀音的故事便相對減少了（Matoba 1980, 1982, 1984, 1986），這樣的現象並不令人意外，因為《法華經》雖是觀音信仰最重要的經典依據，但觀音菩薩在中國扎根後就取得獨立的地位。

　　以上三章提供漢譯佛典和本土撰述中與觀音重要性相關的基本資料，以及有關這位大菩薩救度能力的見證。但是我們怎麼知道這些訊息流傳於社會中呢？在許多觀音的相關經典中，有哪些廣為人知？在眾多觀音的造像中，有哪些成為信奉禮拜的對象？為了建構這些文獻的背景脈絡，我們必須進而從描述觀音的經典研究轉向研究觀音信仰的表現形式，因此我提出經典中的觀音菩薩如何在中國本土化的兩個個案：第五章描述的是神僧信仰——一般認為這些神僧是十一面觀音的化身；而在第七、八章，我所描述的是千手千眼觀音菩薩信仰——一般認為妙善公主是祂的化身。寶誌（425—514）、僧伽（627—710）及與僧伽同時代的萬迴等三位僧人，以其神異能力而負盛名，且被奉為十一面觀音的化身。因此，以下三種現象必須相互對照，詳細檢視：那就是觀

音以出家相顯現於信徒所見異象或夢境中的大量報告、十一面觀音在藝術中的流行，以及神僧被視爲觀音化身等情況。

第七章探討大悲懺的救度思想及儀軌，這種懺儀以千手觀音爲中心，由宋代天台宗大師知禮（960—1028）創制，延續至今。第八章討論妙善公主的傳說，中國人認爲妙善公主是觀音的化身，而我的論證所主張的是，妙善並不是這位菩薩的任一化身，而是不折不扣中國本土化千手觀音的化身。自唐代以來，千手觀音信仰一向在中國流傳甚廣，透過藝術、《大悲咒》以及禮懺的形式普及於民間。我認爲，捨僧侶而選擇女性做爲觀音的化身，不但反映觀音在藝術中的性別轉化，也反映宋代新型居士佛教團體的興起，這種新興佛教型態主張在家居士的宗教實踐具有同樣的正當性，同時也可能提供更多機會，讓婦女參與宗教活動。

除了創作與觀音有關的中國本土經典、觀音造像以及神僧傳記，中國人也爲觀音準備了一個住處。佛典中提及的普陀洛迦山（Potalaka）是神話中的地點，傳統認爲它位於印度，但中國人卻將此山挪移至浙江省近海處的普陀島，朝聖進香的活動將這個中土景觀徹底地佛教化。將觀音菩薩定位於中國的土地上，藉此使他／她本土化的過程是第九章討論的主題。

在編撰靈驗記、寺志、懺儀或讚頌觀音的本土經典方面，僧侶和文人是主要角色，而在觀音女性形象的建立上，詩人、藝術家、庶民等其他角色和媒介則有更顯著的貢獻。第六章和第十章探討白衣觀音、南海觀音以及魚籃觀音，亦即盛行於宋代已降的三種中國本土女性觀音像。藝術和文學是創造這些形象並使之普及的媒介，佛教僧、俗二衆將女性觀音奉爲普世救度者和仿效的典範。儘管女性觀音像可能對婦女具有特別重要的意義，但是我認爲這三種女性觀音像人盡皆知，不分男女，而且普受社會知識精英階層與庶民大衆的信奉。

　　第十一章討論第四種女性觀音像，即觀音老母。對於此像的起源、祂與無生老母的關連、以及被新興宗教教派挪用的情形，我深感興趣，因此藉由檢視宣揚觀音老母的若干重要寶卷加以探究。這些寶卷通常作者無名，其中有人與新興宗教教派有關聯，而且在大眾面前講唱寶卷（即「宣卷」）也是常有的事（觀眾多為婦女）。這類文獻將觀音描繪為人類的創造者和救度者，等同於無生老母；根據其他某些教派的經典，無生老母是與觀音密切相關的首要女神。此外，我也運用諸如先天道、理教等教派的經典和科儀，顯示觀音在該教派的中心地位，這些宗教派別創立於十六、十七世紀，延續至今。在這些章節中，我也處理女性觀音與婦女之間的關係：女性觀音像對中國婦女傳達什麼訊息？女性觀音以何種方式賦予婦女更大的權能？同時，觀音信仰對儒家傳統採取什麼妥協的做法？因此，我又重回一開始提出的性別與本土化議題。

　　在第十二章中，我回顧本書的中心要旨，並重申若干重要發現。我在結論中邀請讀者共同思考這項研究的核心問題：觀音在中國發生的轉化何以能做為佛教在中國本土化的一項個案研究？中國本土傳統以何種方式影響中國人對這位外來大悲菩薩的認知與觀感？另外，觀音這位本土化的「慈悲女神」又以何種方式影響中國宗教？

　　起初決定著手這項研究時，我打算將研究範圍限定於宋代以後的女性觀音。然而，一旦開始處理觀音的起源與發展等複雜的問題，我不得不追溯到更早的時期，並且冒險跨越自己熟悉的資料及研究方法，除了佛教和史學文獻資料之外，我還運用藝術史和文學資料，同時也擴大觀音信仰的研究範圍，將其擴大至從三至六世紀的魏晉南北朝一直到今天，並側重在這種信仰的一些關鍵面向。由於我在討論觀音信仰時運用各種不同媒介做為組織架

構的原則，因此本書各章並未嚴格依照年代早晚的發展而編排。大體而言，前幾章探討早期觀音信仰的發展演變，後幾章則處理晚期的發展。例如，第二、三、四、五章所使用的資料，年代屬於魏晉南北朝和唐代，第六、七、八章主要涵蓋宋代觀音信仰的發展，而第九、十、十一章則考察明、清兩代的趨勢，然而，有時難免有部分重疊的情況。我無意提出一本歷代觀音信仰史，也不試圖描述觀音信仰在整個中國的發展。就書中提及的地區而言，依據主題，前幾章多半集中於北方，後幾章則有關中原和東南諸省，如河南、江蘇、浙江等，這大體反映出中國佛教發展史的地域變遷。

　　由於研究主題龐大，我不能說本書呈現了觀音信仰在中國歷代各地的概況，也不認為自己已經解答所有問題，只能說透過本書提出有關觀音的問題，運用這些研究方法，並且檢視本書中處理的資料，我自認滿意地解決了自童年就一直吸引我的問題——為什麼觀音在中國如此盛行？在中國宗教中，「盛行」代表什麼意義？以及觀音如何達到如此盛行的程度？

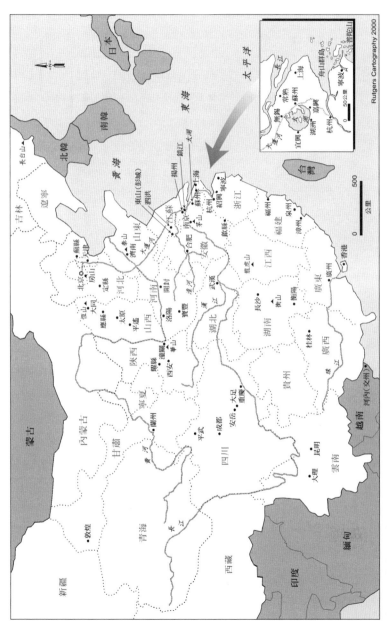

地圖一　本書相關地名

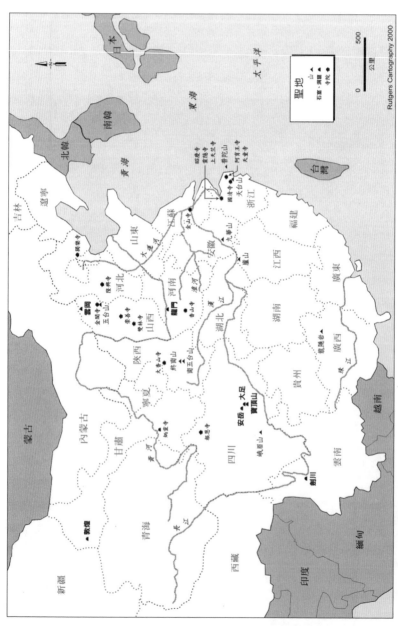

地圖二　佛教重要寺院及地名

第二章
觀音信仰的佛典出處

　　本研究首先回顧將觀音菩薩傳入中國的佛經。如此安排不是因爲我有意獨尊佛經，貶抑其他文獻資料，而是由於一個簡單的原因：如果沒有漢譯佛典，中國人就不會知道觀音。因此，佛經是觀音信仰形成及轉變過程中最初的媒介。然而，儘管佛典如此重要，而且佛教知識分子傳統上都將佛典視爲唯一、正統的經典依據，但如果以爲佛教徒曾廣泛研究這些文獻，或完全遵從經文的描述和指示，那就過於天眞了。一般佛學研究，特別是目前這項研究，研究者除了必須關注文獻中描述的理想狀態之外，還必須同樣關注碑銘、藝術史、儀式、文學等資料中人們的實際宗教實踐的資訊。正如紹本所指出的，當佛學研究（或宗教研究）的學者全然依賴佛教經典做爲主要的、有時甚至是唯一的資料時，其結果即使不是全盤錯誤，也往往是歪曲的（Schopen 1997: 1-14）。反之，只有了解佛教經典原本如何表現觀音，我們才能正確認識這位菩薩在中國經歷的獨特轉變；只有仔細考察中國觀音與這位菩薩在佛經根源之間的差距，我們才能得知關於他／她的始末。

　　與觀音有關的佛經數量眾多。例如，後藤大用（Gotō Daiyō）列舉了八十多部觀音出現其中的佛經（Gotō 1958: 283-288），但

這還不是最齊全的經目，因爲僅僅是與觀音有關的密教經典就多達八十八種，在《大正藏》第 20 冊中整整占了 506 頁的篇幅（《大正藏》是 1922 至 1933 年間在日本印行的現代版漢文佛教大藏經）。然而，當我們檢視這些佛經時，很快會發現它們論述觀音的方式顯然不盡相同。

　　觀音菩薩的角色變化極大，從身爲釋迦牟尼佛身邊的脅侍這種跑龍套的小角色，乃至普渡眾生大戲中的主角都有。因此，正如藝術作品或其他媒介所呈現的，這位菩薩在佛教經典中的面貌是非常多元、多義和多面的，但我們可以辨識出四種角色，依重要性遞增，排列如下：（1）做爲背景陪襯的脅侍人物；（2）無量壽／無量光佛（即阿彌陀佛）的脅侍與補處菩薩，因此是未來佛；（3）應釋迦牟尼佛的要求，開示持其名號或持特定神咒的感應法門，開始以救度者的身分出現，或被視爲過去的一尊佛；（4）一位獨立的救世怙主。儘管後三種角色均出現於中國（第一種角色理所當然地從未受到太多注意），但實際上眞正具影響力的是第四種。Avalokiteśvara 在佛經中呈現的不同角色可能反映出這位菩薩名望日增，另一方面也可能反映與之相關的不同信仰傳統，其中至少可以識別出三種明確獨立的信仰：第一種是以《法華經》刻畫的周遍法界大悲救世怙主爲信仰對象，第二種是以淨土經典中出現的阿彌陀佛主要脅侍爲信仰對象，第三種是以《華嚴經》中普陀洛迦島聖地的尊者爲信仰對象——密教經典通常認定觀音居於普陀洛迦島。這三種信仰傳統各自獨立發展。

　　在以下的佛經概述中，我採用的是依角色重要性遞增的類型學，而不是按照這些經典在中國佛教中的宗派歸屬而排列——諸如《法華經》與天台宗、《華嚴經》與華嚴宗、《無量壽經》和《觀無量壽經》與淨土宗，或《心經》、《楞伽經》與禪宗相關。儘管依宗派的分類可證明觀音在所有主要的中國佛教宗派中都受到

敬仰，但仍然有理由讓人不得不相信這種分類方式並不完善。這是因爲這些宗派雖然將這些經典納入根本經典，但中國僧人並未根據其宗派屬性來研究經典，更不用提一般在家居士了。無論哪一宗的觀音信徒都對這些經典和某些密教經典同等重視，所以堅持如此不自然的區分是沒有意義的。此外，如我在過去著述中所述，自宋代以來，宗派相互融攝的趨勢十分強烈，所以我們應謹愼，不要將流傳於日本的嚴格宗派區分強加在中國的現況中（Yü 1981, 1998）。

本章所運用的劃分類型是以觀音的角色與功能爲基礎。這有助於理解中國人爲什麼挑選某些特定經典做爲強調重點，因爲正是這些經典突顯了觀音做爲救度者的核心角色。在關注 Avalokiteśvara 各種角色的同時，我也密切注意不同譯者賦予這位菩薩的種種譯名，以及這些文獻所描述的菩薩外貌形象。

佛的脅侍菩薩之一

最早以「觀音」之名提及這位菩薩的一部漢譯經典是《成具光明定意經》，此經屬於般若經群，由印度薩迦人支曜於 185 年所譯，在經中三十位名爲「明士」的脅侍菩薩中，觀音是最後出現的一位（T 15: 451c）。這部經是最早的漢譯佛經之一，此經的譯出與安息僧安世高於 148 年初抵洛陽——亦即佛教眞正開始傳入中國的象徵，其間相距不到四十年。❶許多漢譯經典都被認爲是與支曜同時代的支婁迦讖（Lokakṣema）所譯。哈理遜（Paul Harrison 1993）曾廣泛地考證支婁迦讖的譯作，其中只有九部經典確定爲支婁迦讖所譯。探究這些經典時他發現一個有趣的現象：在支婁迦讖的譯作中看不到觀音菩薩，連當小配角也沒有。脅侍菩薩通常以文殊師利菩薩爲首，在某些情況下則是彌勒菩

薩。不難理解爲什麼這些佛經中提到的是文殊菩薩而不是觀音菩薩，因爲它們主要屬於般若系統，對大智文殊師利菩薩的頌揚自然多於大悲觀音菩薩。觀音菩薩在安息僧安玄所譯的《法鏡經》（*Ugraparipṛcchā Sūtra*）（約 180）中，其名號譯作「窺音」（即窺聽聲音的人，T 12: 15b），同樣的譯名也出現在支謙（約活躍於220—252）所譯的《維摩詰經》（T 14: 519b），這兩部佛經中，觀音菩薩和其他大約五十位菩薩一起出現。至於以阿彌陀佛這位大乘佛爲核心的經典，觀音菩薩則被挑選出來，與大勢至菩薩並列爲彌陀極樂淨土中最重要的兩位菩薩，因此扮演了更顯眼的角色。據哥麥茲（Luis Gómez）譯自梵本的《無量壽經》（*Longer Sukhāvatīvyūha Sūtra*），其中描述觀音菩薩的相關段落如下：

> 其中一位是 Avalokiteśvara，另一位是大勢至菩薩。二菩薩在此土命終後，往生極樂世界。生彼佛國的菩薩皆悉具足三十二大丈夫相，身形莊嚴。他們深入禪定，神通無礙，善觀諸法而精於析理。菩薩方便具足，諸根明利，智慧圓滿，不昏沉、掉舉，覺受敏銳，其德行廣博無量。（1996: 97-98）

此經是最早的漢譯大乘經典之一，先後翻譯了十二次，其中五個譯本留存至今。對於這些譯本的譯者歸屬問題，長期以來爭論不休（Fujita 1970: 13-115）。現存最早的譯本是支婁迦讖所譯，經題爲《佛說無量清淨平等覺經》❷，根據此譯本，觀音和大勢至總是脅侍在阿彌陀佛兩旁，而且能隨意前往十方無數佛土。對於光的象徵意義，經文中並未多加著墨，但宣稱「其世間人民善男子、善女人，若有一急恐怖遭縣官事者，但自歸命盧樓亘菩薩，無所不得解脫者也。」（譯註：T12: 290a。「盧樓亘菩薩」即Avalokiteśvara）然而，《佛說無量壽經》（傳統認爲此經爲康居人

康僧鎧〔Sanghavarman〕於 252 年所譯）❸則宣揚這兩位菩薩的
妙光威嚴，經文描述其光「遍照三千大千世界」。西元 1160 年，
淨土信徒王日休依據所有可取得的漢譯本，編纂《大阿彌陀經》，
對於觀世音菩薩的威光和救度力這兩方面，此經予以同等程度的
強調：

> 阿彌陀佛與其剎中諸菩薩、聲聞，頂中光明各有大小。諸
> 聲聞頂中光明各照七丈，諸菩薩頂中光明各照千億萬里。有
> 二菩薩，尊為第一。其一名觀世音，一名大勢至。常在佛側，
> 坐侍政論。佛與二菩薩對議十方世界、未來現在之事。佛欲
> 使二菩薩往他方佛所，神足而往，駛疾如佛，分身生此世界
> 助佛揚化。於彼剎中不失現在，其智慧、威神最為第一。頂
> 中光明各照千佛世界。世間人民，善男子、善女人若有急難
> 恐怖或值官事，一心歸命觀世音菩薩，無不得解脫者。(T
> 12: 336a)

人們對這部經典的關注不久就反映在藝術作品上。最早的西
方三聖像年代約在 420 年左右，是一石胎泥塑，位於甘肅東部的
炳靈寺石窟 169 號窟（《永靖炳靈寺》，圖版 21、24）。從龕中題
銘可以清楚辨識出兩位菩薩的名號，觀世音立於無量壽佛的左
側，手持蓮蕾。這件作品明白顯示中國淨土信仰的開端，藝術
作品很可能受到慧遠法師（344—416）極力倡導淨土信仰的啟
發，於是開始反映出阿彌陀佛與觀音的信仰，以及淨土的莊嚴
妙好。從四川成都萬佛寺遺址出土的石碑，正面刻有兩尊無首菩
薩（很可能是阿彌陀佛的脅侍菩薩——觀音和大勢至），背面是
阿彌陀佛位居中央，四周是庭園，象徵淨土，園中有渠道，代表
得生淨土者優游其中的往生蓮池。此碑無紀年，但同時發現的石

碑有明確的紀年，爲 523 年和 548 年之作。大約五十年後，同樣
對於往生淨土的關注，導致北方產生類似的藝術作品。例如，北
齊（550—577）開鑿的南響堂山石窟 2 號窟雕繪淨土與往生的場
景，類似四川的淨土變相石碑（譯註：依據經典記載，以圖畫或雕
刻加以描繪，稱為「變相（圖）」，略稱「變」）（Howard 1996a: 16-
17; Howard et al 2006; Yüan 1991）。淨土變相和西方三聖的描繪成
爲此後各時期中國佛教藝術的主要題材。

後繼阿彌陀佛的未來佛

　　幾部相當早期的漢譯經典以觀音授記成佛爲主題，其中兩
部已亡佚，但從經名可以斷定，其要旨類似于闐沙門曇無竭
（Dharmodgata）於 453 年所譯的《觀世音菩薩授記經》。❹釋迦牟
尼佛在經中開示：往昔他曾爲國王，當時住世之佛國土莊嚴，遠
勝彌陀淨土。有一天，國王在花園中修禪入定，從他身旁兩側地
面湧現兩莖蓮花，且從花中化生出兩個男童，分別是觀音、勢至。
阿彌陀佛入涅槃，正法滅後，觀音即成正等覺，名號爲「普光功
德山王如來」（T 12: 356a-357a）。曇無讖於 414 至 426 年所譯的
《悲華經》也有類似的故事，在這部經中，觀世音身爲轉輪聖王
一千個兒子中的長子，他在寶藏如來前發願行菩薩道，接著寶藏
佛便授記觀世音爲無量壽佛的後繼佛，佛號類似前述，名「遍出
一切光明功德山王如來」（T 3: 185-186）。

　　在這些經典中，阿彌陀佛與觀音菩薩的關係通常表現爲君主
和嫡子，或父與子的關係。此種王室、親緣關係想必讓中國人印
象深刻，因爲中國最早的僞經（即中國本土撰述的經典）《觀世
音菩薩往生淨土本緣經》，的確以此主題爲基礎。有一部 265 至
316 年間編撰的佛經目錄曾提到此經，但沒有註明譯者。這部經

指明釋迦牟尼佛爲父，阿彌陀佛爲母，兩個兒子分別是觀世音和大勢至，經中故事的主要情節是慈母不幸早逝，兩名幼子慘遭惡毒繼母虐待——從這部經可以看出，中國本土以一種有趣的方式來理解佛經中各角色間的關係。此經將於第三章討論。

　　早期的譯經往往交替使用「觀音」和「觀世音」這兩個名字。丁福保（1874—1952）等學者認爲「觀音」是「觀世音」的簡稱，而且在唐代才開始使用，因爲要避唐太宗李世民（627—649 在位）的名諱（Tay 1967: 17）。事實顯然並非如此，因爲「觀音」其實比「觀世音」更早出現，並且「觀音」一名因鳩摩羅什於 406 年所譯的《法華經》而十分著名。這些早期經典提到這位菩薩時，都沒有談及外形樣貌，也沒有解釋名號的意義。對於菩薩名號的釋義，我們得借助《法華經》等文獻。

眾生的救度者

　　《法華經》是頌讚這位菩薩的核心經典之一，先後六次漢譯，現存三個譯本。辛嶋靜志（Karashima Seishi 1992）曾對比研究此經的漢譯本與梵本、藏本。現存最早的譯本是月支人竺法護於 286 年所譯的《正法華經》，此經第 23 品爲〈普門品〉，專門禮讚 Avalokiteśvara。此譯本中，菩薩的譯名甚爲難解，亦即「光世音」（Abhalokaśvara，意指「光照世間音聲者」）。光世音菩薩救度世人免於七種危難，解脫貪、瞋、癡三毒，且使不孕婦女生兒育女。與菩薩名號相關的經文如下：

　　　佛告無盡意菩薩曰：「此族姓子，若有眾生遭億百千姟困　　　厄，患難苦毒無量，適聞光世音菩薩名者，輒得解脫，無有　　　眾惱，故名光世音。若有持名執在心懷，設遇大火然其山野，

燒百草木叢林屋宅，身墜火中，得聞光世音名，火即尋滅。
若入大水江河駛流，心中恐怖，稱光世音菩薩，一心自歸，
則威神護令不見溺，使出安穩。若入大海，百千億妓眾生豪
賤，處海深淵無底之源，採致金銀、雜珠明月、如意寶珠、
水精琉璃、車璖馬瑙、珊瑚虎魄，載滿船寶；假使風吹其船
流墮黑山迴波，若經鬼界值魔竭魚，眾中一人竊獨心念光世
音菩薩功德威神，而稱名號，皆得解脫一切眾患，及其伴侶
眾得濟渡，不遇諸魔邪鬼之厄，故名光世音。……[接下來
經文描述，由於稱念其名號，菩薩便會救人遠離風、兵器、
惡鬼、牢獄和盜賊的厄難。] 光世音境界，威神功德難可限
量，光光若斯，故號「光世音」。(T 9: 128c-129a)

《正法華經》清楚地表明，聽聞或稱念這位菩薩的名號是信
眾得救的主要原因。再者，由於菩薩與光的關係密切，所以稱爲
「光世音」。如同浩特在《寶冠中的佛陀》(*Buddha in the Crown*)
一書中提出的，在 Avalokiteśvara 的相關經典中，光的象徵意義
確實是最突出的特徵之一（Holt 1991: 31-34）。然而，各經典對於
這位菩薩與「音聲」之間的關聯卻未具體說明。本田義英提出一
項有趣又頗具說服力的論述：「光世音」這個稱謂與「現音聲」（顯
現聲音）的意思相同。「現音聲」是 Avalokiteśvara 在《放光般若經》
（T 8: 1b）中的對應譯名，此經是中亞佛教中心于闐國沙門無羅叉
（Moksala）於 291 年所譯，即竺法護的《正法華經》問世五年後
譯出。這兩部經都提到此菩薩透過自己的聲音光照、教化世間，
因此，能使眾生開悟的「音聲」是菩薩特殊的功德力，而非苦難
求助者所發出的「聲音」（Honda 1930: 15-17, 27）。

現存第二個譯本即是著名的龜茲譯經僧鳩摩羅什於 406 年譯
出的《妙法蓮華經》，第三個譯本是闍那崛多（Jñānagupta）和達

摩笈多（Dharmagupta）譯於 601 年的《添品妙法蓮華經》，這兩
個譯本採取的是另一種觀點，以「觀世音」（觀世界音聲者）稱
呼這位菩薩，後來「觀世音」就成為整個東亞地區公認的正統譯
名。〈普門品〉是鳩摩羅什譯本的第 25 品，在闍那崛多和達摩笈
多譯本中則為第 24 品，原先羅什譯本和竺法護譯本中〈普門品〉
並沒有品末偈頌，只有闍那崛多和達摩笈多譯本才有偈頌。在中
國，三個譯本中向來以羅什本流傳最廣，因此品末偈頌後來補入
這個譯本。此品經文中，無盡意菩薩問佛陀這位菩薩為何名為
「觀世音」，佛陀回答道：「善男子！若有無量百千萬億眾生，受
諸苦惱，聞是觀世音菩薩，一心稱名觀世音菩薩，〔即時觀其音
聲，〕皆得解脫。」（Watson1993: 298-299，中括弧為筆者所加）。
在此，若想解脫苦難，只要稱念菩薩聖號即可。引文加中括弧的
關鍵句，亦即「（菩薩）即時觀其音聲」，並未見於竺法護的譯本
中。「觀世音」一名，至此才有完全合理的解釋。

　　闡釋觀音名號時，中國的註釋家向來強調菩薩的觀照力與信
徒呼喊菩薩名號之聲兩者的關聯。僧肇（374—414）是鳩摩羅什
的傑出弟子，在其著作《注維摩詰經》中寫道：「什曰：世有危
難，稱名自歸，菩薩觀其音聲，即得解脫也。亦名『觀世念』，
亦名『觀自在』也。」（HTC 27: 350a）值得注意的是，鳩摩羅什
知道這位菩薩又名「觀自在」，但卻用「觀世音」來取代此譯名。
三論宗的創立者吉藏（549—626）註釋《法華經》時，解釋「觀
世音」一名為：「『觀』是能觀之智，『世音』是所觀之境。境、
智合題，名『觀世音』也。」（T 34: 624c），他還重述早期註解者
法雲（467—529）詳盡的四重釋名結構。法雲在《法華經義記》
中陳述：「觀世音者，可有四名：一名觀世音，正言觀世間音聲
而度脫之也；二名觀世音身，即是觀眾生身業而度脫之也；三言
觀世意，即是觀眾生意業而度脫之也；四者名觀世業，此則通前

三種。問曰：若爾，何故只名爲觀世音耶？解釋者言：但行口業，則易；身、意兩業行善，則難也。且娑婆世界多以音聲爲佛事，是故從觀世音受名也。」（HTC 42: 381a）

《觀無量壽佛經》向來被視爲淨土三經之一（另兩部經爲《無量壽經》和《阿彌陀經》），現行的唯一漢譯本，傳統將之歸屬爲中亞僧人畺良耶舍（Kālayaśas, 約 424—453）的譯作，推測其譯出年代約在 430 年。不過，現代學者已經對此提出質疑。首先，僧祐（445—518）於 515 年編撰的《出三藏記集》這部頗具權威性的佛經經錄中，畺良耶舍並未名列此經的譯者，僧祐將此經歸於失譯佛經類。曾廣泛研究這個問題的末木文美士（Sueki Fumihito 1986a, 1986b）指出，歷來對於《觀無量壽佛經》的來源有幾種不同的看法，儘管有些學者認爲此經編纂於印度本土（Hayashima 1964; Hirakawa 1984），但有些學者相信編纂地點在中亞地區（Kasugai 1953; Fujita 1985），還有一些學者甚至主張編纂地點是中國（Tsukinowa 1971）。

近來學界傾向於把這部經視爲經歷數個階段而完成的作品，雖然全經最初的架構確立於中亞，且很可能是位在吐魯番的高昌，但傳到中國後又有陸續幾次增補（Yamada 1976; Pas 1977）。該經以十六種「觀」爲主題，而「觀」在此是觀想的意思。其中第十觀主要是觀想觀世音菩薩，由於經文十分詳盡地指導修觀者如何觀想菩薩的色身，於是有些學者認爲其內容可能以某座實際的塑像爲本（Pas 1995: 38）。這些詳盡的圖像描述，特別是寶冠中有一尊化佛（一般認爲那是阿彌陀佛），後來成爲觀世音菩薩在藝術表現和身分識別上的一個標準。此外，前述《法華經》中已出現的威光象徵，在此經中更爲強調：「舉身光中，五道眾生一切色相，皆能現於其中。頂上毘楞伽摩尼妙寶以爲天冠，其天冠中有一立化佛，高二十五由旬。」（Takakusu 1969: 182）

　　《觀無量壽佛經》與出自中亞（也可能出自吐魯番）的其他五部觀想經典關係密切，這五部觀經從四世紀末到五世紀中葉先後譯爲漢文。❺這些經典都教導修行者觀想，以使佛陀或菩薩的化相現前。因此，心念的專注是這個法門的核心，而非在於稱念聖號。聖境的現前能保障觀修者得到解脫，經中說行者臨命終時，阿彌陀佛、觀世音菩薩及大勢至菩薩將顯現其前，接引他到西方淨土。既然如此，與其將「觀」解釋成「觀察」、「察覺」或「分析」，不如理解爲「憶念」或「觀想」更爲適宜。

　　《首楞嚴經》，傳統認爲是般刺蜜帝（Paramiti）於705年所譯，但這種譯者的歸屬已受到質疑，且現代學界也認爲此經是中國撰述的作品（Mochizuki 1946）。在這部經中，菩薩同樣名爲「觀世音」或「觀音」，但對於這個名號卻有不同的解釋，進而讓「觀」有第三種意思。這位菩薩首先描述他在一位觀世音如來的指導下，透過耳根聞修而入三昧：

　　　　初於聞中入流亡所，所入既寂，動、靜二相了然不生。如是漸增，聞所、聞盡，盡聞不住；覺所、覺空，空覺極圓；空所、空滅，生滅既滅，寂滅現前。（T 19: 128b）

　　此處提到的聲音並非信徒呼喊菩薩名號時產生的音聲，而是指菩薩用敏銳的洞察力審視（「慧觀」）時，引人悟入空性（śūnyatā）的一切音聲。儘管菩薩在《首楞嚴經》中也救度有情免於種種危難，且令眾生獲得十四種無畏功德，但是菩薩能這樣做的原因卻與《法華經》中所言不同。根據《首楞嚴經》：「我不自觀音，以觀觀者，令彼十方苦惱眾生，觀其音聲，即得解脫。」（T 19: 129a）❻這位菩薩最後將名號與修習耳根（圓通）法門兩者聯繫起來，做一總結：「彼佛如來歎我善得圓通法門，於大會中，授

記我爲觀世音號。由我觀聽十方圓明，故觀音名遍十方界。」（T 19: 129c）因此，在《首楞嚴經》中，「觀」既不能理解爲對信徒求救呼喊的覺察與回應，也非觀想菩薩的相好莊嚴，而是深入參透聲音的本質，並了知其自性是空。

接著讓我們依出現時序考察這位菩薩的名號。菩提流支（Bodhiruci）於 508 年翻譯《法華經論》時，結合菩薩的兩個名號，稱之爲「觀世自在」。「觀自在」一名首次出現於玄奘在 663 年翻譯的《大般若波羅蜜多經》和實叉難陀（Śikṣānanda）於 695 至 699 年所譯的八十卷本《華嚴經》（相對地，佛陀跋陀羅於 420 年翻譯的六十卷本《華嚴經》中，菩薩稱號爲「觀世音」）。玄奘的大弟子窺基（632—682）曾在其《般若波羅蜜多心經幽贊》中闡釋「觀自在」之名義，他認同玄奘的觀點，並指出舊譯「觀世音」的不當：

> ［觀自在菩薩］昔行六度，今得果圓。慧觀爲先，成十自在：一、壽自在，能延促命；二、心自在，生死無染；三、財自在，能隨樂現，由施所得；四、業自在，唯作善事，及勸他爲；五、生自在，隨欲能往，由戒所得；六、勝解自在，能隨欲變，由忍所得；七、願自在，觀所樂成，由精進所得；八、神力自在，起最勝通，由定所得；九、智自在，隨言音慧；十、法自在，於契經等，由慧所得。位階補處，道成等覺，無幽不燭，名「觀自在」。但言「觀音」，詞、義具失。（T 33: 524b）

爲什麼譯師對這位菩薩採兩種不同的譯名？儘管玄奘和窺基不以爲然，但「觀世音」或「觀音」仍被持續沿用。此外，也沒有證據證實早期的譯名有誤。事實上，菩薩的各種漢譯名

號乃是源自梵文兩種不同的拼法，觀世音是 Avalokitasvara 的翻譯，而觀自在則譯自 Avalokiteśvara。在法雲所編的佛典譯詞詞書《翻譯名義集》中，已指出菩薩這兩種譯名是源於兩種不同的傳本（T54: 1062a）。米洛羅夫（Mironov）於 1927 年所發表的一篇文章中肯定五世紀法雲的見解，他研究日本大谷大學探險隊獲自東吐厥斯坦（新疆）的三種《法華經》梵文寫本殘卷，指出：「從古文書體來看，這三套殘卷的年代應在五世紀末。在其中一套殘卷中，偶然發現三件第 24 品的斷片。在頌揚觀音的這一品中，菩薩的名號拼寫爲 Avalokitasvara。由於這個名字在同一張殘缺的貝葉上出現了五次，所以抄寫錯誤的可能性不大。寫本的這項發現特別重要，因爲在聖彼得堡收藏的彼得羅夫斯基（Petrovsky）寫本（喀什本梵文寫卷）中，菩薩的名字是常見的 Avalokiteśvara。至此，菩薩名號在印度原典和漢譯傳統之間缺漏的環節似乎被發現了，毋庸置疑，Avalokitasvara 是原型，後來由 Avalokiteśvara 所取代。」（Mironov 1927: 243）基於此一發現，後藤大用推論：從龜茲傳入漢地的佛經，如鳩摩羅什和其他中亞僧人翻譯的典籍，使用 Avalokitasvara（觀音）一詞，而 Avalokiteśvara（觀自在）則見於源於印度本土的佛典，例如玄奘遠從印度取經回來所翻譯的經典（Gotō 1958: 9）。

　　由此可知，漢文佛經的譯者知道在原典中此菩薩的名號有兩種不同拼法。有趣的是，儘管玄奘等人強烈反對使用「觀音」或「觀世音」，但是整個東亞地區仍以此名指稱這位菩薩。如前所言，注疏家也對菩薩名字中「音」的部分，提出各種別出心裁的詮釋。

　　接下來要討論的是密教經典，在這類典籍中，觀音以宣說神咒威力的怙主形象出現。但在此之前，我想先討論前述各經中的菩薩形貌。對於如何觀想菩薩，《觀無量壽佛經》有詳盡的說

明，除此之外，其他經典均未述及其身形樣貌。在缺乏詳細的文字說明下，雕像的工匠無法造出明確的菩薩像，只能因循印度和中亞傳入的圖像典範。現存若干五世紀的菩薩鍍金銅像，其銘文中稱之為「光世音」或「觀世音」，其中大多鑄於北魏太和年間（477—499）。在西方的收藏中，此類造像年代最早的一件是題名為「蓮華手」的鍍金銅像，年代為 453 年，藏於美國「弗利爾美術館」（Freer Gallery of Art）（圖 2.1；Howard 1993: 99）。如同一件 470 年造的銅像所呈現的，銘文中常表達出希望已故父母能永遠與觀世音菩薩同在的願望，或如一件造於 498 年的銅像銘文所記，願父母往生普陀洛迦，與觀世音菩薩共住（Matsubara 1995: I: 35, 88）。多數造像中的菩薩呈立式，右手持一朵蓮花，左手或牽帔帛，或執淨瓶。有時則雕成坐姿，右手托腮。所謂「寶冠中現化佛」乃觀音最重要的特徵之一，不過北魏時期的雕像尚未出現此種形式。根據何恩之（Angela Howard）的研究，直到六世紀中葉以後才開始出現寶冠現化佛的造型。事實上，在初期階段，觀音菩薩的造像與彌勒菩薩並無區別。❼

　　松本榮一提出同樣的看法，認為觀音菩薩與彌勒菩薩的造像十分相似，並舉例證實這一點。據《宋書》卷 53 及卷 93 記載，戴顒和江夷兩人是好友，戴顒擅長雕塑，元嘉年間（420—430），受居住於濟陽（今山東省）的江夷之託而造觀音像。戴顒全心投入這項工作，但歷經數年都沒有成功，後來做夢得知，由於江夷與觀音無緣，因此作品難成，應該另造彌勒像以代之。夢醒後，他決定將此事告訴江夷，但與此同時，江夷也寄信給戴顒，請他改造彌勒像，因為江夷在那個晚上也做了同樣的夢。結果戴顒沒做多少修改，很快便完成了雕像（譯註：《宋書》卷 53 記載的是江夷傳，而戴顒傳應出於《宋書》卷 93〈列傳第 53〉。然而，《宋書》這兩段描述並未提及兩人造觀音一事。參見《中央研究院·漢籍電子文

圖 2.1　蓮華手菩薩，453 年。華盛頓特區「弗利爾美術館」提供。

獻》。然此事載於唐代道世的《法苑珠林》,如註 8 所示,亦見於南宋志磐的《佛祖統紀》〔T 49: 341c〕)。❽事實上信眾的確為這兩位菩薩大量造像,這也證實觀音、彌勒的雷同(Matsumoto 1937: 8-9)。❾

儘管經典沒有描述觀音的外貌,但是某些經典確實談及菩薩所能應現的各種化身。一般而言,可區別出兩類化身。第一類是菩薩為救護眾生,基於善巧方便(upāya)而示現超凡、人或非人等各種形式的化身,這類化身見於《法華經》、《首楞嚴經》以及一部重要的密教經典《大乘莊嚴寶王經》。第二類出現於密教經典,觀音菩薩在這些經典中通常現多首、多臂相,且手中持有各種象徵性的法器,宣說感應不可思議的神咒。密教經典的另一項顯著特徵是詳細說明雕刻、鑄造或繪製觀音像的儀軌。

《法華經》說這位菩薩有三十三種化身❿,經文說:「善男子!若有國土眾生應以佛身得度者,觀世音菩薩即現佛身而為說法。」(T 9: 57a)觀音也依同樣模式化現辟支佛身、聲聞身、梵王身、帝釋身、自在天身(Īśvara)、大自在天身(Maheśvara)⓫、天大將軍身、毘沙門身、小王身、長者身、居士身、宰官身、婆羅門身、比丘身、比丘尼身、優婆塞身、優婆夷身、長者妻子身、居士妻子身、宰官妻子身、婆羅門妻子身、童男、童女身、以及天(deva)、龍、夜叉、乾闥婆、阿修羅、迦樓羅、緊那羅、摩睺羅伽等身,還有執金剛神身。敦煌幡畫中有這種種變化身的部分圖例。⓬

在此有必要澄清幾點。第一點,觀音的三十三種化身與古印度人才能理解的宗教宇宙觀有關。梵王、帝釋、濕婆都是印度教神祇,毘沙門、天與轉輪聖王則是印度宗教和認識論上的宇宙中重要的神祇與理想典範。即使是住在那個世界中的非人,如阿修羅、龍、夜叉等,也只有在印度文化環境中生長的讀者才能理解。因此,後藤大用的主張很有說服力,他說《法華經·普門品》的

作者預設的聽眾一定是熟悉《吠陀》、印度教神話與信仰的人，他讓 Avalokiteśvara 這位佛教菩薩有能力化現為佛教出現前和佛教以外的所有重要神祇，藉此提昇祂於諸神之上（Gotō 1958: 294-295）。再者，「三十三」這個數目只有在《吠陀》和印度教的背景中才有意義，這必定與三十三天或帝釋天（Indra，因陀羅）有關。帝釋天是《吠陀》最具威力的神祇之一，統領三十二位天神。三十三天位居六欲天的第二重，首府位於須彌山的頂峰，而須彌山則是整個宇宙的中心。由此可知，這個數字具有一種象徵意義，而非字面上的意義（Gotō 1958: 167-168）。

　　第二點，Avalokiteśvara 為了善巧說法所示現的各種化身是一種概括性人物，並沒有特定的個別身分。經典沒有說菩薩化為某個有名有姓的國王，更沒有提及國王的生平，而僅提到不具任何身分的國王，與其說那是某個特定的人，不如說是個人物角色。第三點也是最後一點，在 Avalokiteśvara 的化身中，只有七種現女相。在此先提出上述幾點，是為了凸顯 Avalokiteśvara 的化身與三十三種中國觀音化身之間的對比，後者最終取代了前者，其中有些化身擬於後面章節中討論。在中國的觀音化身中，一切帶有《吠陀》信仰和鮮明印度教色彩的化身都消失了。此外，中國的觀音化身絕大多數以女性為主，而且經常涉及某些中國的歷史事件，或中國聽眾熟悉的傳說故事。這是 Avalokiteśvara 轉變為觀音的幾個手法之一。

　　觀音的化身也是《首楞嚴經》和《大乘莊嚴寶王經》中的重點。儘管《首楞嚴經》提到的三十二種化身與出現於《法華經》的化身幾乎一致，但是主要的區別在於《首楞嚴經》一一解釋菩薩選擇各種化身示現的原因，著重於菩薩因應各種聞法者而適切地應現各種化身，由此凸顯善巧方便的重要。以下引用相關經文以說明：

- 若諸眾生欲為天王統領諸天，我於彼前現帝釋身，而為說法，令其成就。
- 若諸眾生欲身自在遊行十方，我於彼前現自在天王身，而為說法，令其成就。
- 若諸眾生愛談名言清淨其居，我於彼前現居士身，而為說法，令其成就。
- 若諸眾生愛治國土剖斷邦邑，我於彼前現宰官身，而為說法，令其成就。
- 若有女子好學出家持諸禁戒，我於彼前現比丘尼身，而為說法，令其成就。
- 若有女人內政立身以修家國，我於彼前現女主身，及國夫人命婦大家，而為說法，令其成就。
- 若有眾生不壞男根，我於彼前現童男身，而為說法，令其成就。
- 若有諸龍樂出龍倫，我現龍身而為說法，令其成就。

（T 19: 128b-129a，原書引文出處 Luk 1966: 136-138）

　　《首楞嚴經》顯然以《法華經》為模範，此經中的菩薩三十二化身大多仿傚《法華經》的內容，只是省略了金剛手，並以四天王取代毘沙門。此外，一如《法華經》，《首楞嚴經》也保證信仰者得救，脫離各種危難。《首楞嚴經》也與下文有關讚頌觀音菩薩的密教經典具有相同特徵，也就是一一列舉觀音菩薩施與眾生的種種福德，稱之為十四種無畏力。❸這部經以「聽」和「音」的詮釋為基礎，進而讓洞察諸法自性空的慧觀與隨之產生的無畏心之間，產生義理上的關聯。這一點令人想起《心經》的觀點：《心經》說觀自在菩薩徹見諸法皆空，於是「心無罣礙；無罣礙故，無有恐怖。」

《首楞嚴經》與密教經典還有一項共同特徵，亦即這些經典都提到觀音菩薩具有多首、多臂、多眼。

> 由我初獲妙妙聞心，心精遺聞，見聞覺知不能分隔，成一
> 圓融清淨寶覺，故我能現眾多妙容，能說無邊祕密，神現其
> 中。或現一首、三首、五首、七首、九首、十一首……如是
> 乃至一百八首、千百萬首、八萬四千爍迦囉首，二臂、四臂、
> 六臂、八臂、十臂、十二臂、十四、十六、十八、二十至二
> 十四……如是乃至一百八臂、千臂、萬臂、八萬四千母陀羅
> 臂。二目、三目、四目、九目……如是乃至一百八目、千目、
> 萬目、八萬四千清淨寶目。或慈、或威、或定、或慧，救護
> 眾生得大自在。(T 19: 129C)

於西元 1000 年前後由天息災譯自藏本的《大乘莊嚴寶王經》，也有一些密教特徵，收錄在《大正藏》密教部（T 20）。這是少數幾部展現觀音為普世救度者的經典之一，因此將於下文詳細論述。此處僅指出一點，根據這部經，Avalokiteśvara 為救度眾生，以下列二十種化身示現：佛、菩薩、辟支佛、聲聞、大自在天、那羅延（Nārāyana）、帝釋、梵王、日天子、月天子、火神、水神、風神、龍、頻那夜迦（Vināyaka）、藥叉（譯註：即夜叉）、多聞天王（譯註：即毘沙門）、人王、宰官、父母（T 20: 50c-51a）。值得注意的是，與前述的三十三或三十二化身相比，此經提及更多印度教神祇，這顯然試圖表現出這位菩薩既是宇宙的創造主，也是世間的怙主。此外，這種種示現中，只有母親這種化身是女性。

接下來討論 Avalokiteśvara 在密教經典中的化身，這些經典禮讚祂教授救度眾生的陀羅尼，《大乘莊嚴寶王經》就屬於這類經典。首先可能有必要說明此處所用的名相。中國和其他東亞地區

把佛典分為顯、密兩類，在我的翻譯中，「顯」相當於 exoteric，「密」相當於 esoteric。密教又稱真言教，其特色在於強調人人皆有即生成佛的可能，並且運用真言或陀羅尼、手印、曼荼羅和觀想來獲得法益和世間福德。再者，在這些「成就法（sādhana）」或儀軌中觀想的本尊是超自然、超世間的，譬如說現多臂、多頭相。

討論密教經典時，我並沒有遵循日本學術界建立的分類法，而將唐代以前翻譯的幾部佛典納入討論範圍中。日本學者有所謂「雜密」和「純密」的區分，認為只有唐代不空翻譯的經典才是「純密」，特別是法身佛毗盧遮那宣說的兩部經典，即《大日經》和《金剛頂經》；相對地，唐代以前所譯，且由化身佛釋迦牟尼所說的密教經典，都被視為「雜密」，即使這些經典的儀軌和修行目的與純密相似。這種分類顯然有區分等級高下的意味，以下這位日本學者不分青紅皂白的概括說法將這種意味表露無遺：「雜密信徒舉行儀軌是為了獲得世俗利益……而純密信徒則是為了成佛。雜密的經典內容與佛教思想幾乎毫無關係，但是純密經典則試圖融合密教儀軌與大乘佛教思想。」（Matsunaga 1979: ii）這樣的等級劃分反映出日本真言宗的宗派利益，他們想藉此提高空海所傳佛典的地位，因此現在學者都很謹慎，避免將這樣的分類強加在中國佛教的歷史實況上。❶

《請觀世音菩薩消伏毒害陀羅尼經》（簡稱《請觀音經》）是這類經典中最早出現的其中之一，由竺難提譯於東晉（317─420）後期。自從天台智者大師（538─597）以《請觀音經》做為經據之一，論述四種三昧中最後一種「非行非坐三昧」，此後天台宗一直特別重視這部經典（Stevenson 1986: 50; Donner, Stevenson 1993: 28, 275-280）。儘管觀音在這部經中現凡夫身，不像其他密教經典所述的多頭、多臂，但是與其他密教經典一樣強

調持念陀羅尼。

經文一開始就有一則故事，解釋此經經題。此事發生於毘舍離，當地人民飽受夜叉引起的種種惡病之苦，於是有一群長者代表來到佛前，懇求佛陀救助。佛陀告訴長者，應以楊枝淨水供養觀世音菩薩，懇請菩薩示現。菩薩現身佛前，開始教眾生三組陀羅尼。其中的最後一組由十五個短句組成，特別有感應，也就是有名的〈六字章句神咒〉。若人持誦此咒，並三稱觀世音菩薩的名號，即得解脫各種危難。舉例而言，觀世音菩薩將化為人身出現在迷路者面前，指引他們到安穩處；造泉井和提供食物給飢渴逼切者；因難產而瀕臨死亡的婦女也可得到救度；遇到惡賊盜其財富的商人，會因為惡賊突然改變心意而重獲財富。陀羅尼不僅能使眾生脫離現世的苦難，而且能令其不再落入地獄、餓鬼、畜生和阿修羅等惡道。更甚者，持誦者將往生到可以親覲佛陀的地方，並且在聽聞教法後獲得解脫。觀世音菩薩在此經中名「大悲菩薩」，表示他是一位「遊戲於五道」來救濟眾生的救助者（T 20: 34b-36b）。

從北周（556—581）開始，更多內含新的陀羅尼的觀音密教經典傳入中國。在這些經典中，這位菩薩不以常人的外形顯現，而現多頭、多臂的密教像。這類新造像中，最早傳到中國的是十一面觀世音菩薩。「十一」這個數字代表東南西北四個基本方位、東北東南西南西北四個偏方位、上方、下方及中央，是印度總數的象徵。馬滿（1948）認為，這種面首的聚集呈現梵文本《法華經》第 24 品品題賦予 Avalokiteśvara「多面」特徵（Samantamukha，普門）的稱呼（Strickmann 1996: 140）。有三部經典與此菩薩有關，分別由耶舍崛多譯於 563 至 577 年間、玄奘譯於 659 年，以及不空譯於八世紀。其次是持不空羂索的觀世音，菩薩用此羂索將苦難眾生接引到身邊，使其獲救。此種形象的觀世音出現於七

部經典中，最早是闍那崛多於隋代所譯，其餘譯本則由唐代的玄奘和菩提流支（卒於727）等人完成。接著譯出的經典是千手千眼觀世音菩薩的相關經典，共十三部，皆譯於唐代，除了智通（譯於627—649）、伽梵達摩（譯於650）之外，玄奘、菩提流支，以及密宗三大士善無畏（Śubhākarasiṃha, 636—735）、金剛智（Vajrabodhi, 670—741）和不空（Amoghavajra）各自都有相關譯本。第四種觀世音的密教像是手執如意輪，象徵菩薩無盡的布施和隨應普現滿願的慈悲。如意輪觀世音像是另九部經典的主題，皆譯於唐代，譯者為義淨、菩提流支、實叉難陀、金剛智、不空等人。

儘管這些密教經典著重於 Avalokiteśvara 的不同化身，但仍有共通之處。首先，這些經典自然都強調陀羅尼的持誦，如《請觀音經》和《大乘莊嚴寶王經》皆承諾救拔持咒者脫離各種災難，且獲得世俗利益和出世智慧。經典也常記數列舉各種持咒利益。其次，密教經典都強調巨細靡遺、正確無誤的儀軌程序，例如如何製作本尊的立體像（maṇḍala，曼荼羅），或如何在白色棉布或細毛布上繪製象徵圖像，如何準備修法儀式的空間，應該持誦幾遍陀羅尼，修火供時應該使用什麼供品供養本尊，儀式中應結何種手印，以及如何觀想本尊。此類經典也提及避免某些災難的神奇祕訣。最後，除了玄奘所譯經典之外，所有密教經典都稱這位菩薩為「觀世音」。

密教經典的漢譯次序，是不是反映印度 Avalokiteśvara 的各種密教像也以同樣的順序出現？這是一種想當然爾的假設，但卻難以找到文獻旁證，原因之一是並非所有密教形象同樣流行於中、印兩地。舉例而言，儘管十一面觀音和千手觀音像在中國十分盛行，且有若干造像留存至今，但是印度的情形卻不同。此外，觀音的密教形象有時同時出現於某些陀羅尼合集中，因此，

人們應當謹慎，避免將刻板的時間次序強加在觀音菩薩密教像的出現順序上。司椎曼（Michel Strickmann）指出兩部值得注意的陀羅尼合集，亦即十卷本的《陀羅尼雜集》與十二卷本的《陀羅尼集經》。前者無譯者名，但載於僧祐的經錄中，所以年代應該在六世紀前半；後者是 654 年中亞僧人阿地瞿多節譯自一部長篇且從未譯出的經典《金剛大道場經》（*The Sūtra of the Great Vajra Bodhimaṇḍa*）。由於陀羅尼經性質頗為獨特，以致當代佛教研究幾乎完全忽略這類經典——司椎曼對此甚感惋惜：「整體而言，陀羅尼經群太龐雜、分散，何況也過於『神奇』，以至於得不到嚴肅而長期的關注。此外，由於史料編纂傳統上著重在傑出人物上，因而很少討論陀羅尼經群這種大部分匿名且坦言以實用為主的文獻。」他稱陀羅尼經為「實效典籍」（efficient texts），因為「這類文獻的撰述是基於體證的目的，而不是哲學的反思。」它們「構成儀軌的基礎，我們也必須想像這些經典是因僧俗二眾的需求而發行流通的。」（Strickmann 1990: 80）

　　若有志研究祈請觀音的實際儀軌和這種法會中信眾真正的畏懼與願望，這兩部陀羅尼集提供非常重要的資訊，因此，我將討論這兩部經集關於 Avalokiteśvara 信仰的若干要點。《陀羅尼雜集》有三十七首此菩薩親授的陀羅尼，散見於十卷經文中的六卷。❶ 這些陀羅尼被認為有助持誦者滅罪，治癒眼疾、腹疼、發燒、中毒、昏迷、麻瘋病、失憶症、皮膚病、腹瀉、痢疾、恐懼、精神失常以及身體浮腫等多種疾病，且能驅魔避邪，還能助人實現所有願望，包括轉變自己的性別在內。祈請菩薩有幾種不同的方式，這無疑代表不同的儀軌傳統。其中之一規定信徒必須先齋戒七天（不能吃肉、飲酒、且禁食五辛——大蒜、三種蔥和韭菜），然後在菩薩像前燃檀香，持誦陀羅尼 108 遍。若一心稱念菩薩名三遍，願望就會實現，若是利根者，菩薩將現身於其夢中（T 21: 607b）。

另一種說法在祈請菩薩的方式上稍有不同，囑咐信徒以香泥塗抹菩薩像前的地面，日夜獻香、花於像前，晝夜六時（早晨、中午、傍晚以及夜晚、午夜、拂曉）各持陀羅尼 120 遍。菩薩會應其所求，以適當的化身示現，滿足此人一切願望（T 21: 607c）。

以上兩種「成就法」雖然都提到禮拜菩薩像，因爲這顯然是儀式的核心，但內文卻沒有敍述應該如何造菩薩像，也沒有描述此像的外形。所幸另有一部陀羅尼經提供這方面的資料：

> 行此陀羅尼法，應以白淨氈、若細布，用作觀世音像——身著白衣坐蓮華上，一手捉蓮華，一手捉澡瓶（kuṇḍikā，淨瓶），使髮高竪。行之於觀世音像前，于白月八日至十五日，著新淨衣，以牛屎塗地，又以香泥塗坌其上。生恭敬心，盛十二器生乳，以四瓦器盛好香，須極好香，華十六貫，須瓦燈十六枚。燒黑堅沈水香，須大瓦瓪四枚盛淨水，取種種諸華牒著瓪中，燃乳木薪，又須蓮華八百枚。誦陀羅尼，使音聲相續，善心不絕。誦一遍，投一華著火中。時觀世音菩薩從東來，現大神光於火上燃。時觀世音菩薩應於火中如所畫像，身著白衣，其髮高竪，手捉瓶華，於火中現。當見之時，心無眾怖，當知是人即閉地獄、餓鬼、畜生道門，隨其所欲，求願悉得。（T 21: 612b-c）

以上這段經文值得特別注意，原因如下：首先是如司椎曼所指出的，引文中有關佛教火供（homa，護摩）最早的描述。火供乃是古代吠陀教的主要儀式，顯然是非佛教的，佛教文獻中經常提到婆羅門和賤民巫師主持這種儀式。但最後佛教徒挪用火供，使這種儀式成爲密教修法儀軌的核心特徵。依司椎曼所見，發展成熟的佛教火供儀式，其實是一場供養神祇的宗教盛宴。佛教火

供的原型是較早出現的兩種並行的儀式：第一種是向火中拋撒芥
末籽以驅逐魔鬼，第二種是在聖像前燃各種香，召請特定的本尊
（Strickmann 1996: 141-142）。雖然先前描述的儀式代表第二種類
型，但在本章稍後討論跟 Avalokiteśvara 相關的密教儀軌文獻中，
也同樣出現第一種撒芥子於火中的儀式。這段經文值得關注的第
二個原因是，它堅持白色與這位菩薩的關聯，不但製作聖像所使
用的材料必須是白色的，連菩薩本身也必須描繪為身穿白衣。

　　因此，「白衣」（Pāṇḍaravāsinī）起初可能是 Avalokiteśvara 的
稱謂之一，但後來變成一位女神。根據八世紀初葉到十世紀間不
同時期編撰而成的《大方廣菩薩藏文殊師利根本儀軌經》第 2 品
描述的曼荼羅，白衣與度母、毘俱胝、般若、佛眼、佛頂尊勝
王等一同圍繞在 Avalokiteśvara 身邊（Przyluski 1923; Macdonald
1962）（譯註：詳見 T 20: 854c-855a）。此經梵文原典已佚失，但有
天息災的漢譯本，與下節討論的《大乘莊嚴寶王經》同一譯者。
對於 Avalokiteśvara 為教化不同類型的眾生而現種種化身（包括
女身），《文殊師利根本儀軌經》提供教義上的論據：「菩薩不但
能現種種身形，而且若要度化不同類別的眾生，這種因應不同環
境、情況而變的善巧方便其實是必要的。此外，在這些不同的化
身中（如鳥、夜叉等），經文也指明化現女身是一種『以世間法
引導一切眾生』的善巧方便。」❻

　　至於脅侍 Avalokiteśvara 的眾女神，與其說是菩薩的「眷
屬」，倒不如說是「侍者」或「具象的化身」，如史耐夫（David
Snellgrove）（1987: I, 150）所論，有別於印度教的神祇，
Avalokiteśvara 獨身禁欲，之所以在周圍安排女性隨從，必然是
因為受到當時習俗的影響——那時實際生活中王子出現的場景就
是如此。《文殊師利根本儀軌經》當時可能是女性白衣觀音的義
理依據，其他地方的民間信仰，如雲南、四川的明王（vidyarāja）

信仰，似乎同樣也以這部經典為本（Howard 1999）。

　　Avalokiteśvara 在第二部陀羅尼集，亦即七世紀成書的《陀羅尼集經》，也占有十分顯著的地位。這份文獻描繪密教諸神的階級位次，前兩卷專記烏瑟膩多王（Uṣṇīṣa），次一卷論「佛母」般若波羅蜜多，再接下來三卷（卷 4、5、6）專述 Avalokiteśvara 以十一面、千手、白衣、不空羂索、馬頭等五種形式呈現，第 7、8、9 卷以金剛手為主，第 10、11 卷記述諸神，最後一卷的重點則是都大道場法壇之會，亦即遍請諸神降臨證明的懺悔除罪大法會，司椎曼援引大村西崖（Ōmura Seigai）的說法，稱之為構圖完整的曼荼羅，也是胎藏界曼荼羅的原型（Strickmann 1996: 134; Ōmura 1918: 212-255）。

　　這部陀羅尼合集提到十一面、千手和不空羂索觀世音，雖然專論菩薩這三種形象的單行經典各自在不同時期譯成漢文。當這部合集於七世紀中葉編撰問世時，似乎所有觀音菩薩的密教像（除了如意輪觀音以外）都已經在印度出現，而且當時這些形象一定同樣盛行，因此悉數納入此陀羅尼合集。

　　接著討論有關觀音主要形象的單行密教經典。首先來看耶舍崛多於六世紀後半譯出的《佛說十一面觀世音神咒經》，這是最早將這位菩薩的密教像傳入中國的一部經典。

　　這部經規定每天早晨沐浴（如果無法達到沐浴的要求，至少也要漱口、洗手），然後持誦陀羅尼 108 遍。如此一來，現世即能獲得十種果報：

　　1. 身常無病。

　　2. 恆為十方諸佛憶念。

　　3. 一切財物衣服飲食，自然充足，恆無乏少。

　　4. 能破一切怨敵。

5 . 能使一切眾生皆生慈心。

6. 一切蟲毒一切熱病無能侵害。

7. 一切刀杖不能為害。

8. 一切水難不能漂溺。

9. 一切火難不能焚燒。

10. 不受一切橫死。

另外還可得四種果報：（1）臨命終時得見十方無量諸佛；（2）永不墮地獄；（3）不為一切禽獸所害；（4）命終之後，生無量壽國。若有人犯四波羅夷（pārājika，應逐出僧團之罪）及五逆罪（來生當墮無間地獄之罪），能讀誦此咒一遍者，則一切根本重罪悉得除滅。

經文接著描述禮拜的方式。首先以白檀木造一尊十一面觀自在菩薩像——經中有十分詳細的造像說明：木質必須堅固，紋理細密，不能取自枯死的樹；聖像身長一尺三寸，作十一首，正面三首作菩薩相，左側三首作忿怒相，右側三首也作菩薩相，但頂部突出狗牙，背面一首作大笑面，在這十首之頂安立一佛首。十一首各各面向其前，皆有光環圍繞，且飾以花冠，而每一頂花冠上均顯現阿彌陀佛。觀世音左手持淨瓶，瓶口現蓮花，右臂佩戴瓔珞，右手施無畏印。

造像完成後，將聖像置於高台，面向西方，地上鋪撒鮮花。從第一天到第七天，每天三時持誦陀羅尼：早晨 108 遍，中午 108 遍，晚上 108 遍。剛開始不獻食，但自第八天到第十三天，應供食、供水、供果，不要用平常食用的盤子盛供品，應該用淨草編成的托盤。行者面向聖像，跪在莎草墊上。到了第十四和第十五天，在聖像前燃白檀木，同時在行者面前放置一個清淨的銅器，內盛一升蘇摩油，然後取筷子般粗細的沉香木，分為 1,008

段，每段一寸，從第十五天中午開始，行者持一段沉香，塗上蘇摩油，對此香持咒，然後將香投入白檀木火中。如此不斷重複，直到 1,008 段沉香全數用爲止。在那兩天行者不能進食。到了第十五天的夜裡，觀自在菩薩進入道場，此時白檀木像自行震動，整個大地也同時震動。聖像最頂端的佛首出聲讚許行者，且確保行者所有願望皆得滿足。

經文最後提供各種祕訣，以對治月蝕、噩夢、人畜疾病、惡鬼侵騷等問題。在此略舉兩例：將等量的雄黃和雌黃放在樹葉上，面對觀自在菩薩像誦陀羅尼 1,008 遍，然後將黃土、樹葉放入溫水中攪拌，以此水沐浴，則所有障礙、噩夢、疾病都會遠離；想要驅走侵擾住處的惡鬼，則須於觀自在菩薩像前放置 108 段香，每持一段香即誦陀羅尼一遍，然後投香入火中，如此反覆不斷，直到香段悉數用盡時，一切惡鬼自然散去，不敢逗留（T 20: 149b-151c）。

另一組傳入中國的密教經典以不空羂索觀自在菩薩爲主，其中最早的一部是隋代闍那崛多所譯的《不空羂索咒經》。這部陀羅尼經是觀自在菩薩在其普陀洛迦宮殿中所宣講。持誦此陀羅尼者，效驗立現，因爲若有人斷食齋戒一日一夜，念誦此陀羅尼，頃刻衆病悉除，一切熱病、眼痛、耳痛、脣齒疼痛、舌齶疼痛、心痛、腹痛、膝痛、背痛或腰部疾病、關節炎、痔瘡、腹瀉、便秘、疥瘡、潰瘍、癲癇等立即消散。此人也可獲救，免於牢獄之災，且得保護，免遭侮辱、誹謗、打擊乃至殺害。這是因爲此陀羅尼能使人重罪輕受，降低前世所犯重罪造成的果報。此外，如前述諸經，這部經典也列舉一連串持咒利益與造像的準則。爲了獲得下列果德，人們應該在每月初八、十四或十五斷食齋戒一日一夜，白天持誦陀羅尼七遍，夜間再持七遍。在這段修行期間，不應思慮其他任何事務，也不得與任何人交談。如此一來，行者即可在

有生之年獲得下列二十種功德：

1. 一切病痛不惱其身，雖有病痛，以福業力故，速得除差。
2. 其身微妙，柔軟光澤，多人敬愛。
3. 諸根調伏。
4. 大得財富，所求隨稱，不被劫奪。
5. 火不能燒。
6. 水不能漂。
7. 王不能奪；凡所造業，常得吉利。
8. 惡雹不傷，惡龍攝毒。
9. 不被災旱，不畏惡風疾病。
10. 若人被蟲食於禾稼，當取其沙灰水等，任意咒之七遍，八方法界，上下諸方普遍結之，一切驚怖、一切蟲毒即得除滅。
11. 一切惡鬼吸人精氣，或於夢中為人夫婦，欲相壓魅，亦不能害。
12. 於一切惡眾生所，常得安樂，心恆敬重，無時暫捨。
13. 若有諸怨生於惡意，欲來讐對，亦自消滅。
14. 但有惡人欲相害者，不能為害，即自離去。
15. 一切咒詛、一切蟲道，速即自攝，不能加害。
16. 若處於眾中最強。
17. 諸有煩惱不能纏繞。
18. 當在陣敵鋒刃相害，一心誦咒，一切刀杖箭矢即不著身。
19. 一切善神常隨擁護。
20. 生生處處常得不離慈悲喜捨（四梵住）。

　（T 20: 399c-400a）

經文也保證虔心持誦此陀羅尼者得以「善終」，臨命終時可享以下八種福報：

1. 命終之日，觀世音菩薩當作比丘像，現其人前。
2. 命終之時，心不散亂，四大安穩，無諸苦惱紛繞其身。
3. 病雖困篤，亦無諸漏泄穢污屎尿不淨。
4. 命終之日，得正憶念，心不亂錯。
5. 命終之日，不復覆面而死。
6. 命終之日，得無量辯才。
7. 命終之日，欲樂生何佛國土者，隨意往生。
8. 常得善知識不相捨離。

（T 20: 400a）

菩薩的造像也是此經的關注焦點之一，經文如下指示：取一塊五尺寬、十尺長的白色細毛布，不得割斷。調顏料時不要摻膠水，而是將香、牛奶和顏料混合。繪製觀音菩薩像，形如濕婆神——束髮成頂髻，頭戴王冠，左肩披黑色鹿皮，周身遍覆種種瓔珞。畫師需持八關齋戒（不殺生、不偷盜、不淫欲、不妄語、不飲酒、不著華鬘香油塗身、不歌舞觀聽、不坐臥高廣大床），禁食不合宜的食物，並且沐浴更衣，穿著整潔。持咒者應該將菩薩像安置在清淨處，聖像前的地面以牛糞塗覆。道場十六尺見方，場中遍撒純白花朵，擺放八只水瓶，每瓶盛水一斗，瓶中插花……行者應斷食齋戒三天三夜（若無法達到這項要求，那麼至少須斷食齋戒一天一夜），如廁後必須沐浴。行者跪在聖像前，持誦陀羅尼1,008遍，則將自見其身在聖像前大放光明，亮如火炬，且因此心生大歡喜，觀世音菩薩也會現前，滿足行者所有願望（401c-402a）。

　　不空羂索菩薩也可以立體造像呈現，菩提流支譯於八世紀的三十卷本同本異譯中有相關規定（譯註：即《不空羂索神變真言經》）：「以金或銀鑄不空羂索觀世音菩薩身，長八指量，三面兩臂，正面慈悲，左面大瞋，怒目張口，右面微瞋，頻眉合口。首戴寶冠，冠有化佛。左手執羂索，右手揚掌。七寶瓔珞臂釧天衣，而莊嚴之坐蓮花座。」（T 20: 250a-b）

　　此經之後，又傳入一批頌讚千手千眼觀世音的密教經典。這類經典共有十三個譯本，皆譯於唐代，譯者之中不乏高僧，這表示觀音菩薩的這種密教像知名與盛行的程度。萊斯哈比托（Maria Dorothea Reis-Habito）曾詳細對比這部經典的不同譯本，她的研究以智通650年的譯本和伽梵達摩（Bhagavadharma）627至649年間的譯本為中心，這兩個譯本分別以兩種不同的梵文原典為底本（1993: 97-117）。這兩者之間有些重大的差異，雖然在智通的譯本中，有伽梵達摩本所缺的造像與持咒感應錄等重要資料，但在中國，伽梵達摩的譯本較為著名。討論智通譯本之前，我先概述伽梵達摩譯本。此譯本簡稱《千手經》，是中國所有密教經典中最重要的一部。

　　這部經由佛陀宣說，說法地點是位於普陀洛迦的觀音菩薩宮殿。當時空中驟然放大光明，三千大千世界皆變為金色，震動不已，日月之光相形見絀。於是總持王菩薩啟問佛陀為何發生這些現象。佛陀回答，這是因為觀世音菩薩即將宣說陀羅尼的緣故。然後觀世音菩薩成為法會中眾所矚目的焦點，以第一人稱自述：

　　　　我念過去無量億劫有佛出世，名曰「千光王靜住如來」。彼佛世尊憐念我故，及為一切諸眾生故，說此廣大圓滿無礙大悲心陀羅尼，以金色手摩我頂上，作如是言：「善男子，汝當持此心咒，普為未來惡世一切眾生作大利樂。」我於是

時始住初地，一聞此咒故，超第八地。我時心歡喜故，即
發誓言：「我若當來堪能利益安樂一切眾生者，令我即時身
生千手千眼具足。」發是願已，應時身上千手千眼悉皆具
足。……從是已來，常所誦持，未曾廢忘。由持此咒故，所
生之處恒在佛前，蓮花化生，不受胎藏之身。(T 20: 106b-c)

　　說明陀羅尼的緣起和效驗後，觀世音菩薩要求欲持誦此陀羅
尼者跟隨他發以下十種誓願，以生起對一切眾生的慈悲心：

　　　南無大悲觀世音！願我速知一切法；
　　　南無大悲觀世音！願我早得智慧眼；
　　　南無大悲觀世音！願我速度一切眾；
　　　南無大悲觀世音！願我早得善方便；
　　　南無大悲觀世音！願我速乘般若船；
　　　南無大悲觀世音！願我早得越苦海；
　　　南無大悲觀世音！願我速得戒定道；
　　　南無大悲觀世音！願我早登涅槃山；
　　　南無大悲觀世音！願我速會無為舍；
　　　南無大悲觀世音！願我早同法性身。
　　　我若向刀山，刀山自摧折；
　　　我若向火湯，火湯自消滅；
　　　我若向地獄，地獄自枯竭；
　　　我若向餓鬼，餓鬼自飽滿；
　　　我若向修羅，惡心自調伏；
　　　我若向畜生，自得大智慧。
　　　(T 20: 106c-107a)

　　若人發願後，應誠心稱念觀世音菩薩之名，亦應稱念其本師阿彌陀佛的名號。若有人誦此大悲神咒而墮惡道，或不生諸佛國土，或不得無盡三昧、辯才，或現世一切所求無法實現，觀音菩薩誓不成正覺。若有女人厭賤女身，願來世轉生為男，只要誦持此大悲陀羅尼，願望必能滿足，否則觀音菩薩誓不成正覺。

　　若有人偷竊、損壞寺院的財物，只要持誦此陀羅尼，罪行即可得到寬宥。若有人造五逆、十惡之罪，或誹謗佛法、違反戒律，或毀壞寺院、盜竊僧人財物，皆可以藉由持誦此陀羅尼而滅除罪障。但若有人懷疑此陀羅尼的效驗，即使小罪輕業也不會消除，更何況如此重罪。

　　持誦此陀羅尼者可得十五種善生，避免十五種惡死。這十五種惡死包括：（1）不令其飢餓困苦死；（2）不為枷禁杖楚死；（3）不為冤家讎對死；（4）不為軍陣相殺死；（5）不為豺狼惡獸殘害死；（6）不為毒蛇蚖蠍所中死；（7）不為水火焚漂死；（8）不為毒藥所中死；（9）不為蠱毒害死；（10）不為狂亂失念死；（11）不為山樹崖岸墜落死；（12）不為惡人厭魅死；（13）不為邪神惡鬼得便死；（14）不為惡病纏身死；（15）不為非分自害死。而十五種善生是：（1）所生之處常逢善王；（2）常生善國；（3）常值好時；（4）常逢善友；（5）身根常得具足；（6）道心純熟；（7）不犯禁戒；（8）所有眷屬恩義和順；（9）資具財食常得豐足；（10）恆得他人恭敬扶接；（11）所有財寶無他劫奪；（12）意欲所求皆悉稱遂；（13）龍天善神恆常擁衛；（14）所生之處見佛聞法；（15）所聞正法悟甚深義。

　　接著，觀世音菩薩宣說由八十四個短句組成的大悲心陀羅尼。❼宣說完畢後，

　　　　一切眾會皆獲果證，或得須陀洹果、或得斯陀含果、或得

阿那含果、或得阿羅漢果者，或得一地、二地、三地、四地、
五地，乃至十地者。無量眾生發菩提心。……誦持此神咒
者……住於淨室，澡浴清淨，著淨衣服。懸幡燃燈，香華百
味飲食以用供養。制心一處，更莫異緣。如法誦持，是時當
有日光菩薩、月光菩薩與無量神仙，來為作證，益其效驗。
我時當以千眼照見，千手護持。從是以往，所有世間經書悉
能受持，一切外道法術、韋陀典籍，亦能通達。誦持此神咒
者，世間八萬四千種病，悉皆治之，無不差者。亦能使令一
切鬼神，降諸天魔，制諸外道。若在山野誦經坐禪，有諸山
精、雜魅、魍魎、鬼神，橫相惱亂，心不安定者，誦此咒一遍，
是諸鬼神悉皆被縛也。若能如法誦持，於諸眾生起慈悲心者，
我時當敕一切善神、龍王、金剛密迹，常隨護衛，不離其側，
如護眼睛，如護己命。(T 20: 108a-b)

如同所有密教經典，《千手經》也十分關注修法事儀，經文
對於持咒儀軌中的結界法有詳細的規定：取一把刀，念誦陀羅尼
二十一遍，然後以此刀劃地為界；或取淨水，持誦陀羅尼二十一
遍，而後將水向四方潑散以劃界；或取白芥子，對之持誦陀羅尼
二十一遍，然後將此芥子撒向四方以為界。其他的替代方式有觀
想、或對淨灰或五色線念誦陀羅尼二十一遍，這兩種方法都可用
於劃地結界（T 20: 109b）。

如上所述，如法持此咒可獲得法益與世間利益。此外，這部
經也提供許多祕訣，以處理各種問題或達到特定目的，以下略舉
數例，示其梗概：若有人想使喚鬼靈，應取野地間的髑體，洗淨，
然後在千手千眼觀音像前設壇場，以種種香華飲食供養、禮拜，
日日如此，七日後，鬼眾必定現身，供人差遣；若有女人難產，
則取胡麻油，持咒二十一遍，然後將此油塗抹在產婦臍中及產道，

就能順利產下胎兒；若有幽暗恐懼症、夜間不敢外出者，取白線爲頸鍊，持咒二十一遍，作二十一結，繫在頸部，恐懼感就會消失（T 20: 109c, 110b-c）。經文最後以觀音四十種手印的名稱，以及每種手印饒益行者的內容作結（T 20: 111a-b）。

　　《千手經》只記載四十種手印的名稱與利益，但沒有圖例說明，不空的譯本（T〔1064〕20: 117a-119b）卻有這些手印的圖示。唐、宋時期的觀音造像中可見到上述所有手印或其中一部分，因此我認爲認識這些手印應該是有益的，故摘錄如下：❸

1. 若爲富饒種種珍寶資具者，當於如意珠手（cintamaṇi mudrā）。❶
2. 若爲種種不安求安隱者，當於羂索手（pāśa mudrā）。
3. 若爲腹中諸病，當於寶鈦手（pātra mudrā）。
4. 若爲降伏一切魍魎鬼神者，當於寶劍手（khadra mudrā）。
5. 若爲降伏一切天魔神者，當於跋折羅手（three-pronged vajra mudrā）。
6. 若爲摧伏一切怨敵者，當於金剛杵手（one-pronged vajra mudrā）。
7. 若爲一切處怖畏不安者，當於施無畏手（abhaya mudrā）。
8. 若爲眼闇無光明者，當於日精摩尼手（sūryamaṇi mudrā）。
9. 若爲熱毒病求清涼者，當於月精摩尼手（candramaṇi mudrā）。
10. 若爲榮官益職者，當於寶弓手（dhanur mudrā）。
11. 若爲諸善朋友早相逢者，當於寶箭手（bana mudrā）。

12. 若爲身上種種病者，當於楊枝手。

13. 若爲除身上惡障難者，當於白拂手（camari mudrā）。

14. 若爲一切善和眷屬者，當於胡瓶手（kalaśa mudrā）。

15. 若爲辟除一切虎狼豺豹諸惡獸者，當於旁牌手（bohai mudrā）。

16. 若爲一切時處好離官難者，當於斧鉞手（parasu mudrā）。

17. 若爲男女僕使者，當於玉環手。

18. 若爲種種功德者，當於白蓮華手（puṇḍarīka mudrā）。

19. 若爲欲得往生十方淨土者，當於青蓮華手（utpala mudrā）。

20. 若爲大智慧者，當於寶鏡手（darpana mudrā）。

21. 若爲面見十方一切諸佛者，當於紫蓮華手。

22. 若爲地中伏藏者，當於寶篋手。

23. 若爲仙道者，當於五色雲手。

24. 若爲生梵天者，當於軍持手（kuṇḍī mudrā）。

25. 若爲往生諸天宮者，當於紅蓮華手（padma mudrā）。

26. 若爲辟除他方逆賊者，當於寶戟手。

27. 若爲召呼一切諸天善神者，當於寶螺手（śaṅkha mudrā）。

28. 若爲使令一切鬼神者，當於髑髏杖手（munda mudrā）。

29. 若爲十方諸佛速來授手者，當於數珠手（akṣamālā mudrā）。

30. 若爲成就一切上妙梵音聲者，當於寶鐸手（ghaṇṭā mudrā）。

31. 若爲口業辭辯巧妙者，當於寶印手（mudrā mudrā）。

32. 若爲善神龍王常來擁護者，當於俱尸鐵鉤手（ankusa

mudrā）。

33. 若爲慈悲覆護一切眾生者，當於錫杖手（daṇḍa mudrā）。

34. 若爲一切眾生常相恭敬愛念者，當於合掌手（añjali mudrā）。

35. 若爲生生之眾不離諸佛邊者，當於化佛手。

36. 若爲生生世世常在佛宮殿中，不處胎藏中受身者，當於化宮殿手。

37. 若爲多聞廣學者，當於寶經手（sūtra mudrā）。

38. 若爲從今身至佛身菩提心常不退轉者，當於不退金輪手（cakravartīcakra mudrā）。

39. 若爲十方諸佛速來摩頂授記者，當於頂上化佛手（Uṣṇīṣa-Buddha mudrā）。

40. 若爲果蓏諸穀稼者，當於蒲萄手（āmalaka mudrā）。

（T 20: 111a-b）

　　伽梵達摩譯本中並沒有菩薩造像的規範，其他譯本則有相關記載。首先來看智通、菩提流支、蘇囉羅等譯本的情況。智通所譯的是《千眼千臂觀世音菩薩陀羅尼神咒經》，共兩卷。經文前的長篇序言詳述這部經的流傳，且在造像的重要性這方面，提供相當有趣的資料：

　　千手千眼菩薩者，即觀世音之變現，伏魔怨之神跡也。自唐武德之歲（618—626），中天竺婆羅門僧瞿多提婆於細氎上圖畫形質，及結壇手印經本，至京進上，太武見而不珍，其僧悒而旋蠻。至貞觀年中（627—649），復有北天竺僧齎千臂千眼陀羅尼梵本奉進，文武聖帝敕令大總持寺法師智

通，共梵僧翻出咒經並手印等。……又有西來梵僧，持一經夾以示智通，通還翻出。諸餘不殊舊本，唯闕身咒一科。有常州正勤寺主慧琳法師……爰有北天竺婆羅門僧名蘇伽施，常持此法，結壇手印，朝夕虔祈，琳罄折諮詢，每致歎阻。後同之洛下，漸示津途，即請一清信士李太一，其人博學梵書，玄儒亦究，紆令筆削，潤色成章，備書梵音，身咒具至。神功年中（697）有一仁者自京都至，將通師所翻後本，有上下兩卷，唯闕身咒，琳參入其中，事若一家，婉而備足。又佛授記寺有婆羅門僧達摩戰陀，烏伐那國人也，善明悉陀羅尼咒句，常每奉制翻譯，於妙氎上畫一千臂菩薩像，並本經咒進上。神皇令宮女繡成，或使匠人畫出，流布天下，不墜靈姿。（T 20: 83b-c; Reis-Habito 1993: 103-107）

　　智通譯本載有造觀世音菩薩像的規則。經文記載，根據梵本，聖像應繪製於一塊白色細毛布上，布寬十肘（相當於中國的十六尺），長二十肘（相當於三十二尺）。菩薩身像為檀金色，面部應有三眼，身有千手，且每一隻手掌中也應具一眼。顏料中不能摻膠水，只能以牛奶和顏料混合。菩薩頭戴七寶冠，身垂瓔珞。根據另一份文獻，因為這個國家沒有白色細毛布，所以用一幅白絹替代也可以；菩薩身長五尺，作兩臂，不須繪出千眼千臂，但須在菩薩前額加上第三隻眼。若有人想修此陀羅尼法，首先必須依規定，如法繪製一幅聖像。畫師必須持八關齋戒，每次如廁後都必須沐浴。聖像完成後，唯恐過程中有任何不如法，因此畫師和修持陀羅尼的行者都應該在像前懺悔。接著，將聖像安置於曼荼羅中，設供、修法滿二十一天，則千眼千臂觀世音菩薩像必然放大光明，其光勝於日月；除非修法者不夠真誠，否則菩薩必定放光（T 20: 93c-94a）。

經中解釋 Avalokiteśvara 爲什麼會有如此非比尋常的外表。早在毘婆尸佛（Vispaśyin, 過去七佛中的第一尊佛）住世時，菩薩即現此千臂千眼身以降魔。當時菩薩千眼各現一尊佛，千臂各化出一位轉輪王，因此在降魔者中名列第一。❷這部經也載有幾則顯示陀羅尼威神力的故事。如第三章所示，這些神異故事一字不漏地抄錄於唐代以來流傳至今的一組中國本土撰述經典中。第一則故事記述從前在罽賓國（Kashmir）瘟疫肆虐，感染者不過一兩日就病逝。當時有一位婆羅門依照經中所述儀軌，如法修持，瘟疫立刻消失，這是因爲導致瘟疫的鬼王被驅離這個國家。另一則故事敍述過去波羅奈國（Vārāṇasī）的一位長者，他只有一個兒子，偏偏相士預言這個孩子的壽命只有十六歲。孩子十五歲時，有一天一位婆羅門來到長者家乞食，卻見長者夫婦面容憂戚，憔悴黯然。當他詢問原因，得知其中原委後，就告訴長者無須憂心，因爲他有辦法能使這個孩子長壽。於是婆羅門修此陀羅尼儀軌一日一夜，修法圓滿時，閻羅王前來告知，這個孩子原來壽命只有十六歲，所以最多只剩一年的生命，但由於結此善緣，將可活到八十歲。長者夫婦獲悉此事，大喜過望，於是變賣所有家產，所得悉數供養三寶。因此，這種陀羅尼修持儀軌顯然有不可思議的神驗。

誠如前述密教經典，此陀羅尼也可以有特定用途，做爲消除困難、獲得利益的祕訣。例如婦女難產時，對酥油持誦此陀羅尼二十一遍，然後讓產婦服用酥油，必能順產，無論所生是男是女，都是相好莊嚴、終身幸福，且廣受敬愛。如果有人患眼痛，請咒師以菩薩千眼手印持誦陀羅尼二十一遍，然後將此手印封住病人的眼睛，眼疾便能痊癒（T 20: 87a）。

關於千臂觀世音菩薩的圖像和造像，另兩個譯本提供非常有用的資料。這兩個譯本都非常清楚地表明，前面討論的那些手印

是這位菩薩的基本特徵。據菩提流支譯本所述，菩薩頭戴寶冠，冠中有化佛，正面有十八臂，其中兩臂合掌當胸，另有十四手分持金剛杵、三戟叉、經卷、寶印、錫杖、寶珠、寶輪、盛開的蓮花、羂索、楊枝、念珠、淨瓶、一手施甘露，一手施無畏印，最後兩手於腹前結定印──右手在上，左手在下，掌心皆向上。其餘九百八十二隻手也依經中規定，各持法器或結手印（T 20: 101b）。

最後要討論的是蘇嚩羅所譯的《千光眼觀自在菩薩祕密法經》。此經並未載於任何經錄，現代《大正藏》收錄的是1125年的一個日本抄本（T 20: 126c）。這部經可能翻譯或編撰於唐代，因爲選用「觀自在」這個名號始於玄奘。經文解釋觀自在菩薩爲何被形容爲擁有「千光眼」，亦即他「以百千眼照眾生故」（T20: 125a）。撰述此經者熟悉菩薩的四十種手印，但予以分類，即如來、金剛杵、摩尼（如意寶珠）、蓮花和羯摩（Karma，業）五部，每一部類包含八種手印。如來部用以息災，其手印有化佛手、羂索手、施無畏手、白拂手、傍排手、鉞斧手、戟槊手、楊柳手；金剛部旨在調伏，其手印有跋折羅手（三鈷金剛手）、金剛杵手、寶劍手、宮殿手、金輪手、寶鉢手、日摩尼手、月摩尼手；摩尼部旨在增益，其手印有如意珠手、寶弓手、寶經手、白蓮手、青蓮手、寶鐸手、紫蓮手、蒲桃手；蓮花部用以令人敬愛，其手印有蓮華合掌手、寶鏡手、寶印手、玉環手、胡瓶手、軍持手、紅蓮手、錫杖手；最後的羯摩部旨在鉤召（誘導號令），其手印有鐵鉤手、頂上化佛手、數珠手、寶螺手、寶箭手、寶篋手、髑髏手、五色雲手（T 20: 120a）。

這部經依據各人希望達到和獲得的內容，指導人們製作具有適當特徵的菩薩像、結特定的手印、以及持誦相應的陀羅尼。舉例來說，若有人想解除病苦，應當修習楊柳枝藥法。如此修法中，菩薩像右手執楊柳枝，左手置於左胸，掌心向外。畫像完成後，

祈願者應如下結手印：曲右臂，右手手指散垂（如楊柳枝？），
然後持誦眞言，按摩全身。

　　這部經典有別於其他諸經的另一點是對觀自在菩薩的推崇。
釋迦牟尼佛在此經中宣稱，早在他成佛前，觀自在菩薩即已證得
佛果，佛號「正法明」，而且當時釋迦牟尼還在正法明如來的教
化下苦修成佛。我們即將在下一章看到，同樣的主題也出現於《觀
世音三昧經》這部中國本土撰述的經典中。對觀自在菩薩的頌讚
還不止如此，經文提到菩薩有教化十方諸佛的能力，這是因爲觀
自在其實是法身，從三昧光中湧現二十五位菩薩，每位菩薩具足
十一面、四十隻手，每隻手掌中皆有一眼。因此，「千手」不再
是一位觀自在菩薩獨有，而是這二十五位化現的觀自在菩薩所共
有，這些菩薩得觀自在菩薩威力加持，分別前往二十五界降魔度
眾。❹這表示此經應於下節討論，因爲它與《大乘莊嚴寶王經》
相同，視觀自在菩薩爲普世救度者。

　　在所有千手千眼觀世音菩薩經典中，伽梵達摩的《千手經》
一向是中國歷代以來最著名的一部。如萊斯哈比托所言，這是唯
一包含十大願、十五種善死，以及救人免於十五種惡死的譯本，
這部經的普及可能是因爲大悲心陀羅尼左右死亡的具體威神力，
以及觀音菩薩誓願的廣大周遍。或許正因爲此經沒有造像或觀想
方面的繁複規定，以致能夠迎合一般中國人的喜好。現存八世紀
的敦煌寫本證實《千手經》的流行，其中某些抄本節錄十大願，
稱爲《大悲啓請》，當時可能已有持誦十大願和陀羅尼的簡單懺
悔儀式（Reis-Habito 1993: 121-132）。原先「大悲」在其他經典
中只是用以形容觀音菩薩的一個普通稱謂，但由於此經的盛行，
從唐代開始，「大悲」就成爲千手千眼觀世音菩薩的特定名號。
經由宋代天台宗知禮大師（960—1028）以伽梵達摩譯本爲底本
而首創的《大悲懺》，這部經典及其眞言（即眾所熟知的〈大悲

咒〉）更是廣爲人知（詳見第七章）。大約與此同時的十一、十二世紀之際，這位來自異域的千手千眼密教菩薩也逐漸本土化，轉變成爲妙善公主（詳見第八章）。

在敦煌發現的經幡、壁畫和其他千臂觀音菩薩的畫像，沒有早於九世紀之作，然而，萊斯哈比托依據敦煌文獻中的《千手經》寫本，認爲伽梵達摩於七世紀中葉譯出此經之後，不久大悲觀音信仰就在當地生根。她推測箇中原因是敦煌的地理位置靠近于闐，于闐是今天新疆絲路南道上一處重要的綠洲，也是伽梵達摩翻譯《千手經》的地點。萊斯哈比托進而推論于闐可能是Avalokiteśvara 菩薩信仰的中心。的確，這項推論不但有朝聖旅行者留下的觀察所得爲佐證，也可藉由經典的傳譯情況而證實。法顯於 475 年到達于闐，在那裡得到《觀世音滅罪陀羅尼經》（已佚）；玄奘於 640 年行經于闐，發現當地舉國上下信仰極爲虔誠。至於源自于闐的經典，有于闐僧人曇無竭翻譯的《觀自在菩薩授記經》，而鳩摩羅什的《法華經》也出自于闐。勢力範圍一度達到敦煌的北涼王沮渠蒙遜（401—433 年在位），曾自《法華經》中抽出〈普門品〉，促使這一品成爲單獨流通的一部經典；他的堂弟沮渠京聲（卒於 464）曾在于闐學習大乘佛教，並翻譯得自吐魯番的《觀世音觀經》（已佚）。最後，實叉難陀於 695 年所譯的八十卷本《華嚴經》也源自于闐（Reis-Habito 1993: 24）。

關於觀世音菩薩密教像的經典，最後要討論的是如意輪觀音的相關經典。這類經典共有九個譯本，都完成於唐代，因此，從傳入中國的時間看來，這個如意輪的密教像與千手千眼像同時出現。菩提流支譯本名爲《如意輪陀羅尼經》，經中觀自在菩薩向釋迦牟尼佛解釋這個名稱的含義：此陀羅尼就像如意摩尼寶珠，能滿足眾生所有願望。當觀自在菩薩宣說此陀羅尼時，一切魔宮皆震動，所有地獄之門洞開，其中受苦眾生盡得解脫，往生天界

（T 20: 188b-189a）。經文又指示修行之法：修行者應在淨室中，晝夜面向東方盤腿而坐，觀想菩薩相好圓滿、放大光明，如初升之日，坐蓮花寶座上。行者面對此所觀之像，六時持誦此陀羅尼1,080遍，相續不斷。若能一心專念，觀自在菩薩將現身於行者夢中告知：「善男子！勿怖！欲求何願，一切施汝。或見阿彌陀佛，或見極樂世界……或見聖觀自在所住補陀落山七寶宮殿。」（T 20: 189b-c）如同前述諸經，這部經典也保證行者可得眾多世間利益，但不同的是，此經為不同社會背景的人規定不同的持咒遍數。在晝夜六時間，國王應誦陀羅尼1,080遍，后妃900遍，王子800遍，公主700遍、大臣600遍，婆羅門500遍，剎帝利400遍，吠舍300遍，首陀羅200遍，比丘108遍，男子106遍，女子103遍，童男100遍，童女90遍（T 20: 190a）。

　　相較於前述顯教經典，密教經典有幾項顯著特徵，形成兩者的鮮明對比。無論密教經典專論哪一種觀世音菩薩像，經文都強調（1）依規定樣式造像的重要性——經文中的規定必然包含菩薩形貌特徵的詳細描述，即手持蓮花、淨瓶，珠寶瓔珞嚴身等，以助觀像；（2）持誦陀羅尼的確切次數—— 21遍、108遍、1,008遍，或1,080遍；（3）若如法修持，觀世音菩薩就會現身行者面前，或現出家相，或以行者觀想的形相出現；（4）這樣的宗教修持能帶來世俗和精神層面的種種具體利益。

　　本文以相當長的篇幅描述以觀世音菩薩為中心的密教經典，這是因為可能除了《請觀音經》和《千手經》以外，這類密教經典並不廣為人知。大多數研究中國佛教的學者，包括我自己在研究觀音之前，通常避而不談密教經典，認為它們過於專門，結果造成當代中國密教研究的斷層。儘管現存的密教經典數量龐大（其中多半譯於唐、宋兩代），但除了司椎曼以外，很少有學者以這些經典為文獻依據，重新建構唐、宋時期漢地人民所見的宗教

信仰與宗教實踐。其實,即使是如上所示的粗略介紹,也許仍有助於具體認識這些文獻。

其次,如此詳細討論觀世音菩薩對信眾所做的種種承諾,是因為這類經典創造了祂在早期顯教經典中未曾出現的一種新的身分。儘管《法華經》、《首楞嚴經》和淨土《觀經》這三部六朝以來提倡觀音信仰最重要的經典都保證現世利益與遠離惡趣,類似密教經典應允的承諾,但是,在這三部經中,觀音附屬於釋迦牟尼佛或阿彌陀佛之下。相對地,在密教經典中,Avalokiteśvara 逐漸獨挑大樑,擔任普世救度者的角色。因應印度教濕婆信仰和毗濕奴信仰的發展,密教的 Avalokiteśvara 也展現類似這兩位印度神祇的全知全能。這個發展過程在《大乘莊嚴寶王經》達到巔峰,如以下內容所示,Avalokiteśvara 被稱為宇宙創造主,甚至連濕婆神也是這位菩薩所造。

普世救度者

就 Avalokiteśvara 信仰而言,《大乘莊嚴寶王經》非常重要,因為它是提到菩薩神話生平的少數幾部經典之一。浩特曾簡要概述這部經典,以下將引用其中某些部分。浩特認為《大乘莊嚴寶王經》成於四世紀到七世紀之間;他使用的梵文本或許與漢譯本所依據的底本不盡相同,因為兩者之間似乎存有若干差異。

一時,釋迦牟尼佛在祇樹給孤獨園修「一切清淨」禪定,四周有弟子眾與隨侍天眾圍繞。是時出大光明,遍照祇陀林園內外。除蓋障菩薩(Viskambhu)驚歎歡喜,問佛此大光明從何而來。佛陀回答,此光來自聖觀自在菩薩;菩薩正向身處阿鼻地獄(主要是一座可怕的大火池)的一切苦惱眾生

宣說涅槃法門。佛陀見除蓋障菩薩面帶疑惑，於是繼續說道：
由於觀自在菩薩說法，阿鼻地獄猛火悉滅，變為清涼蓮池，
地獄眾生得以解脫苦難。獄主閻魔天子（Yama）得知此事後，
凝神細想，不知是哪一位天人現此異象。當他得知是觀自在
菩薩所為之後，便以長篇偈頌讚揚菩薩功德。

　　除蓋障菩薩殷切企盼觀自在菩薩來到人間，故問佛陀：菩
薩何時現身此處？佛陀回答，觀自在菩薩隨後往詣餓鬼大
城，其中受苦的亡者現餓鬼身，聽聞菩薩以《大乘莊嚴寶王經》
[*Avalokiteśvara-Guṇa-Karaṇḍavyūha*] 演說佛法：菩薩身上一
一毛孔皆出水，如法雨潤澤，減輕餓鬼眾飢渴之苦，餓鬼從
而省悟——往昔因貪造惡業而墮惡趣，皆由執著身見之故。
於是餓鬼轉生為菩薩，安住阿彌陀佛極樂世界。

　　佛陀又說，久遠以前毘婆尸佛住世時，他曾生為商人之子，
聽聞毘婆尸佛細述觀自在菩薩的諸多功德——宇宙原初自性
佛從長時甚深禪定中放光，光中出現觀自在菩薩；從菩薩身
上（大士之身）產生我們所知的世界，於其眼中而出日、月，
眉出大自在天，肩出梵王天和其他諸神，牙出大辯才天，口
出風天，雙足出地天，胃出水天。（Holt 1991: 47-48）

漢譯本接下來的經文使該經作者的意圖更為明確，也就是主
張觀自在菩薩凌駕於濕婆之上：

　　時觀自在菩薩告大自在天子言：汝於未來末法世時，有情
界中，而有眾生執著邪見，皆謂汝於無始以來為大主宰，而
能出生一切有情。是時眾生失菩提道，愚癡迷惑，作如是言：
　　此虛空大身，大地以為座，
　　境界及有情，皆從是身出。（T 20: 49c）

下一段經文是觀自在菩薩前世的一則故事，當時菩薩是一匹名叫巴拉哈（Balāha）的聖馬，救過辛哈喇王子（Sinhala）一命，這位王子就是後來的釋迦牟尼佛。以下再次引述浩特的故事綱要：

辛哈喇帶領五百名商人出海尋寶，卻在海上遭遇暴風雨，在師子國 [Tāmradvīpa，即錫蘭，或稱 Lanka 楞伽島] 附近的海域失事。蒙辛哈喇信奉的天神慈悲，船上五百人都平安到達這座島，他們在岸邊受到一群天仙熱烈擁抱。這些美麗的仙女其實是羅剎女所變，意圖吞食全船的人，她們假裝同情這些商人的不幸遭遇，然後引誘他們，懇求與她們結為夫妻。一天夜裡，當辛哈喇與天仙共度春宵後，房裡的燈開始發出笑聲。辛哈喇問燈為何發笑？燈回答他說從前也有一隊遭遇船難的商人受到仙女同樣的款待，但最後都被囚禁並被吞食，因為這些仙女實際上是邪惡的羅剎女偽裝而成。燈又警告辛哈喇，他和他的同伴即將大難臨頭，要想獲救只有一個辦法：岸邊有一匹帶有白色翅膀的飛馬名叫巴拉哈，這匹馬可以載他和那五百名同伴脫離險境，但在抵達安全之處前，所有人都必須緊閉雙眼。由於燈的警示，辛哈喇迅速召集同伴，依照燈的忠告指引大家逃離。眾人急忙跑到岸邊，騎上正在等待的巴拉哈，然後這匹飛馬莊嚴地騰空而起，飛向天際。羅剎女看到獵物逃之夭夭，不禁大聲悲嚎，除了辛哈喇以外，其他商人都因憐憫和色欲而心生不忍，於是他們睜眼回顧，結果落入海中，立刻被羅剎女吞噬。唯有辛哈喇一人生還，他成功著陸後，便回到他父王位於辛哈卡帕（Sinhakalpa）的皇宮。（Holt 1991: 49）

　　在漢譯本中，這個故事以闔家團圓爲結局（譯註：詳見 T 20:
57b），沒有梵文本中那種令人毛骨悚然的收場。梵文本的結局是
這樣的：王子在海島的「妻子」，也就是迷人的羅刹女，尾隨他
返回皇宮，然後設法引誘老王娶她爲新王后。接著，她召集所有
羅刹女來到此國，最後吞噉國王和整個王族。王子後來終於使人
民了解眞相，於是眾人擁立他爲新王。新王成功地將羅刹女逐入
林中，讓國家恢復太平（Holt 1991: 49-50）。

　　漢譯本最後有一長段經文宣說、頌讚六字大明咒「唵麼抳鉢
訥銘吽」（譯註：參見 T 20: 61b。經文於「訥銘」下標註「二合」，表
示這兩個字合併，讀如一音。咒語用字標音不標義，這首陀羅尼雖然音
譯爲七字，但就讀音分判，仍只有六音，故名「六字」大明咒）。佛陀
宣稱，此陀羅尼是觀自在菩薩的「微妙本心」，是一顆如意摩尼
寶珠，但迄今無人能知。如果有人能知此陀羅尼，自己和過去七
世祖先皆可得解脫。不僅如此，持誦此陀羅尼的利益也可以嘉惠
所有與持咒者接觸的人，或甚至惠及持咒者腹中諸蟲：

　　　　彼持明人，於其腹中所有諸蟲，當得不退轉菩提之位。若
　　　復有人，以此六字大明陀羅尼身中、項上戴持者……若有
　　　得見是戴持之人，則……如見於舍利窣堵波，又如見於如
　　　來……。若有善男子善女人，而能依法念此六字大明陀羅尼，
　　　是人而得無盡辯才，得清淨智聚，得大慈悲。……是人於其
　　　口中所出之氣觸他人身，所觸之人發起慈心，離諸瞋毒，
　　　當得不退轉菩薩，速疾證得阿耨羅三藐三菩提［無上正等正
　　　覺］。若此戴持之人，以手觸於餘人之身，蒙所觸者，是人
　　　速得菩薩之位。（T 20: 59 b-c）

　　此經最後一卷泰半仍以六字眞言的妙用爲主（T 20: 59c-

64a）。身爲宇宙創造主的觀自在菩薩，可能是造於十二世紀末、十三世紀初吳哥時期（Angkor）的「散臂世自在王」（Lokeśvara with Radiating Arms）這種莊嚴聖像的靈感來源，此類造像有三件（目錄編號 97、97、98）曾在 1997 年於美國華盛頓特區「國家美術館」舉辦的「吳哥與古柬埔寨雕塑：千年榮華」中展出。展覽目錄提到，這三件雕像造於闍耶跋摩七世統治時期，當時觀自在菩薩信仰空前盛行。菩薩這種造型有一頭八臂，「身形極爲廣闊，周身幾乎覆滿無數小佛像，彷彿一一毛孔皆現一佛。」（Jessup、Zephir 1997: 314）

　　佛經普及的程度可由藝術創作呈現的主題來衡量，《法華經》的〈普門品〉就是一個廣爲人知的例子。根據《法華傳記》的記載，促使〈普門品〉成爲單行經典的是北涼王沮渠蒙遜，他是一位虔誠的佛教徒，曾經遭逢病苦，後來有人勸他讀誦〈普門品〉，因爲「觀世音此土有緣」。沮渠蒙遜因誦此品而康復，從那時起，〈普門品〉（又稱《觀世音經》）便開始以單行本流通（T 51: 52c）。敦煌藏經洞發現的佛經中，僅「大英博物館」就收藏 1,084 件《法華經》寫本，散藏於海外的《觀音經》寫本也幾乎達 200 件之多（Murase 1971: 41）。

　　最近的研究提供更完整的統計資料。根據方廣錩的研究，「北京圖書館」收藏兩千件《法華經》寫本，如果加上日本、英國、法國以及俄羅斯的收藏，估計該經寫本數量超過五千件。雖然有些寫本年代在隋代之前，但大部分完成於隋唐，這表示觀音在這個時期逐漸盛行。很多寫本內含題記，說明鈔經的緣由。方廣錩舉出幾件七世紀的寫本，其題記顯示鈔經動機包括祈求朝廷、王室太平興隆、求病癒，或爲家親眷屬祈福。此外，其中有三十五件寫本是單行本，乃唐高宗時期的宮廷寫本，年代爲 671 年（Fang 1997: 215-219）。在出自敦煌莫高窟第 16 窟（約封於 1035 年）

的文獻中有「講經文」，這是法會中僧人對在家信眾以長行（散文）、偈頌解說佛經的講詞，通稱「俗講」。敦煌出土的講經文中有一篇是〈妙法蓮華經講經文〉，以觀音信仰為核心主題，可能成書於唐代。文中宣稱，「禮拜觀音福最強」。佛陀也說：「若有善女、善男能受持觀世音菩薩名號，乃至一時禮拜、供養，與前來供養六十二億菩薩之人一般，功德一等。」（Wang et al. 1957: II.502、515）

　　村瀨實惠子（Miyeko Murase）搜集保存於敦煌的其他藝術表現形式，以證實觀音盛行的程度。現存敦煌莫高窟 492 個洞窟的壁畫中，〈普門品〉的變相圖超過 28 幅，描繪觀音救人脫離危難的景象。這些壁畫的年代從七世紀初到十一世紀，橫跨四百多年，如第 45 號窟（年代為八世紀）的壁畫中有一幅觀音像，呈現觀音化身多達三十五種（Murase 1971: 65）。從九世紀到十世紀短短一百年中，人們將觀音像繪於絹帛或紙上，附插圖的《觀音經》寫本也在同一時期出現。一件收藏於「大英博物館」的寫本，因為以水筆而非毛筆書寫，所以被推定為十世紀初的作品（圖2.2），「該寫本在場景選擇和故事描繪方面，都與敦煌石窟壁畫與卷軸畫中的觀音像十分相似，這表示當地藝術家可能形成一個畫坊，繪畫時使用範本或樣本，且使用範本繪畫是這種畫坊長久以來的傳統。」（Murase 1971: 43）北宋時期開始出現《法華經》經變的小型畫冊或手卷，這些作品似乎取代以往大幅的壁畫和懸幡。村瀨實惠子認為，當時這些「輕便的法華圖冊」變成虔誠佛教徒的私人收藏品；由於這類小型圖冊相當流行，於是開始大量印製。村瀨進一步指出，畫冊的產量在元代驟然增加，而且這種情形不斷出現於其後各朝代（Murase 1971: 66-67）。

　　顯示觀音為獨立救度者而非佛陀脅侍的另一種跡象是，信眾的造像開始將菩薩描繪為核心人物。四川成都萬佛寺遺址出土的

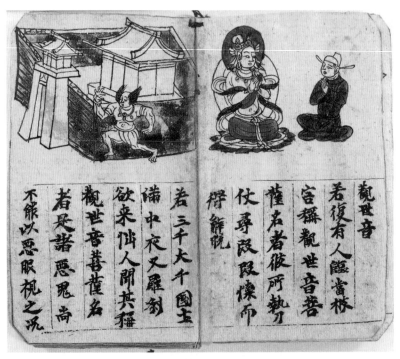

圖 2.2　敦煌插圖本《觀音經》，十世紀早期。「大英博物館」提供。

一件石碑是證明這種造像新趨勢的最早文物，這座造像碑的年代
為 548 年，現存於「四川省博物館」（圖 2.3）。此碑倣自年代較
早的一件造像碑（523），523 年的這座石碑以釋迦牟尼為主尊，
兩側有四菩薩、四比丘和二天王脅侍，座下還有一群栩栩如生的
人物，獻歌舞伎樂於佛前；觀音造像碑是一位僧人出資所造，布
局與上述釋迦造像碑相同，只不過四位脅侍菩薩都是觀音化身，
而且在此造像碑中，觀音顯然是主尊，比同佛陀（Yuan 1991: 27-
32）。另一件結構較簡單的例證是收藏於「印地安那波利斯博物
館」（Indianapolis Museum）的 538 年造像，石碑中的觀音由兩名
侍者脅侍左右。儘管刻造這些石碑是用以安置於寺院，供大眾禮

圖 2.3 四川萬佛寺遺址出土的五觀音造像碑,約 548 年。何恩之提供。

拜，但較小型的造像碑也可能專作私人供奉之用。例如「納爾遜阿特金斯藝術博物館」（Nelson-Atkins Museum of Art）收藏一件599 年的鍍金銅製觀音聖壇，其布局與上述造像相似，觀音居中，二菩薩及二比丘脅侍（圖 2.4），因為尺寸小（僅 8.5 英寸高），所以很有可能鑄刻用以供奉於信徒家中神龕，做為私人禮拜之用——第四章探討的感應故事也顯示這一點。宋代寺院的建築格局進而暗示觀音與佛陀地位相當。根據佛克（T. Griffith Foulk）的研究，「另一種常見的設計特徵是以觀音菩薩或『寶冠釋迦』為主尊，五百羅漢像、十六羅漢像、或五百羅漢加上十六羅漢像列於其後，善財童子和月蓋長者脅侍兩側。」（1993: 170）這種設計有《華嚴經》中出現的善財童子，可見該經的重要性。附帶一提，月蓋長者就是《請觀音經》中因國家正遭到瘟疫肆虐，帶領五百名代表向佛陀求助的人（T 20: 34c），這位人物的造像出現於宋代寺院中，《請觀音經》的普及度可見一斑。

　　觀世音菩薩在密教經典中呈現的普世怙主形象想必十分引人注目，其實我們從觀世音菩薩的新圖像資料中可以發現證據，證實人們對這種新形象的正面回應。自唐代以降，觀音的造像改為手持楊枝、淨瓶，取代以往持蓮花、淨瓶的造型。觀音像最初受印度造像典範的影響，所以呈現手持蓮花的造型，最早的例證是一件 453 年的鍍金青銅觀音像（圖 2.1），收藏於弗利爾美術館。但是由於《請觀音經》和其他密教經典的影響，圖像中的蓮花被楊枝所取代，這是因為根據《請觀音經》的儀軌，祈請觀音救助之前，行者必須獻楊枝淨瓶給菩薩，而以千手觀世音菩薩為主的經典則特別提到楊枝有療病之奇效（T 20: 88a; 122b）；當然楊枝手也是四十手印之一。從唐代開始中國藝術家逐漸刻畫觀音持楊枝的造型，如「東京國立博物館」（Tokyo National Museum）收藏的一件出自七寶台的西方三聖像（圖 2.5），在這

圖 2.4　觀音造像，599 年。「納爾遜阿特金斯藝術博物館」提供。

圖 2.5　出自七寶台的西方三聖像，703 年。「東京國立博物館」提供。

件 703 年的作品中觀音手持楊枝，而阿姆斯特丹「瑞吉克斯博物
館」（Rijksmuseum）收藏的一幅晚唐觀音像中，菩薩的造像也是
右手執楊枝，左手持甘露瓶，周圍還繪有菩薩救八難的《法華經》
變相（圖 2.6）。在觀音已現女相的明清時期，即使菩薩空手，不
持一物，身旁仍繪有楊枝淨瓶。

　　顯示楊枝淨瓶為觀音明確標誌的另一項例證，來自每年農曆
2 月 19 日、6 月 19 日、9 月 19 日慶祝觀音「誕辰」時所唱的讚
頌偈。1834 年刊印且內含前此文獻的《禪門日誦》中有〈觀世
音菩薩聖誕祝儀〉，此文採自《法華經》和《千手經》。根據〈祝
儀〉，須先三稱觀音名號，接著持誦〈大悲咒〉七遍，然後梵唄
吟唱以下偈頌：

> 菩薩號圓通，降生七寶林中，
> 千手千眼妙真容，端坐普陀宮，
> 楊柳枝頭甘露灑，普滋法界薰蒙，
> 千層浪頭顯神通，光降道場中。
>
> 觀音菩薩妙難酬，清淨莊嚴累劫修。
> 三十二應周塵剎，百千萬劫化閻浮。
> 瓶中甘露常遍灑，手內楊枝不計秋。
> 千處祈求千處應，苦海常作渡人舟。
> （佛教朝暮課誦，90-92）

　　還有一個例證證實中國觀音的造像可能受到密教經典的影
響，那就是龍女成為觀音的脅侍。頌讚不空羂索與和千手觀世
音的經典都提到菩薩前往海底龍宮，向龍宮眾生宣說救度陀羅
尼，龍女感念菩薩恩德，於是向菩薩獻上無價寶珠（T 20: 88b；

圖 2.6　楊枝觀音，晚唐。「瑞吉克斯博物館」提供。

252b）。在許多編寫於明清的民間寶卷中，故事情節的關鍵都有龍女向觀音獻寶珠一事（詳見第十章）。

唐代以後中國的觀音畫像與雕像中，這位菩薩身邊常有一對童男童女隨侍，這對脅侍通常被視為《華嚴經》中四處參訪的善財童子以及龍女。但這種造像最初的創作靈感可能來自一部有關禮拜千手觀音菩薩儀軌的經典，即善無畏所譯的《千手觀音造次第法儀軌》。這部經一開始便描述菩薩的形象：身呈金黃色，結跏趺坐於大寶蓮華台上，此花有三十二瓣，每一瓣中又有許多小蓮瓣，每片花瓣皆有無數摩尼寶珠嚴飾。菩薩身邊有三組脅侍，包括八大菩薩、二十八部眾，以及菩薩面前的「童目天女持可愛華，乃童子并持經僧座，其形七歲童子貌。」（T 20: 138a）。經文接著一一細述二十八部眾的名號、真言以及圖像。❷因為造像的工匠通常不具名，或即使知其名，我們也無法從中得知創作靈感來自何處，所以很難斷言哪部經是後期觀音圖像的直接經典依據。然而，可以肯定的是，中國工匠造聖像時必定遵循某些準則——雖然未必總是百分之百遵循這些規則，而是經常摻入一些個人的選擇和調整，有時他們或許仿造由弘法僧帶來中國的Avalokiteśvara繪像或雕像，而不是依照佛經規定的樣式。但外國傳入的造像到底有多少成分符合佛經的規範？那又是另一個懸而未決的問題。

所幸我們可以比對佛經中規定的樣式與一些實際完成的造像，由比對結果可見，二者之間往往有顯著的差異，實際造像的尺寸大小、材料及特徵很少完全符合經文的規定。在現存所有密教觀音菩薩像中，為數最多的是十一面觀音像，伍德（Donald Wood 1985）描述所有現存中國和日本的十一面觀音造像。現存七件十一面觀音菩薩浮雕屬於長安七寶台石雕群，於703年完成，當時武則天（690—705）當政，這些浮雕現藏於世界各地博

物館中。❷其中一件收藏於「東京國立博物館」（圖2.7），這件浮雕的菩薩頭像之上有十個小頭像，分三層安置，猶如菩薩的頭飾。

敦煌石窟中有許多密教觀音像，根據索仁森（Henrik Sørensen）的統計，十一面觀音像最爲流行，描繪此像的幡畫、壁畫合計超過一百幅；其次分別是千手觀音（四十餘幅）、如意輪觀音（三十九幅），最後是不空羂索觀音（六幅）（Sørensen 1991－1992: 302-305）。第334窟有一幅雙臂十一面觀音坐像，年代當在642年之前，第321窟有一幅六臂十一面觀音立像，菩薩左下方手中持淨瓶，右下方手中執楊枝，屬於武周時期作品（《中國石窟：敦煌莫高窟》III: 82、55）。❷約於同期開鑿的天龍山石窟第9窟中，十一面觀音是主尊，文殊、普賢脅侍在側（Lee、Ho 1959: 136）。其他精緻造像現存於日本，如法隆寺的八世紀唐代風格觀音像。不空羂索和如意輪觀音菩薩的相關經典於唐代譯出之後，這兩種造像也展現於藝術作品中。然而，所有傳入中國的密教觀音菩薩像中，最爲盛行的是千手千眼觀音，其中原因留待後面章節中探討。

由以上概述可知，顯、密二教的經典皆提供豐富的資料，作爲藝術家呈現觀音菩薩救度眾生的種種化身時的典範。的確有許多觀音菩薩的造像、畫像都是以這些佛經爲基礎，寺院中供眾人禮拜的菩薩聖像一向屬於這一類型；但從明代以降畫家專爲私人供奉瞻仰而繪製的成套觀音畫像看來，無論是五身、三十二身或五十三身觀音，都沒有跡象顯示與佛經資料間有任何關聯，這是中國畫家的本土創作，表現他們不受拘束的自由想像力，將觀音刻畫爲美麗的中國仕女。在佛典的運用方面也可以發現相同的模式，佛教寺院禮拜、念誦正統佛典，但中國本土撰述的經典經常做爲私人之用。如第三章所論，中國本土撰述以《法華經》、

圖 2.7 十一面觀音石雕，
703 年。「東京國立博物館」
提供。

圖 2.8（左頁及右頁）　觀音的五種化身，約 1579—1580 年，丁雲鵬作。「納爾遜阿特金斯藝術博物館」提供。

《千手經》之類的正統佛經爲本，因此反映出後者的普及和盛名；然而，一旦檢視這些本土經典的內容時，卻會訝然發現其中有大膽的想像與毫不遮掩的「本土」風貌。

在成套觀音畫像中，最早出現的可能是五身觀音，堪薩斯城的「納爾遜阿特金斯藝術博物館」即收藏一套丁雲鵬（1547—約1621）繪製的五身觀音像（圖2.8）。五身觀音都現女相，三十二身觀音和五十三身觀音也多半是女性。現存三十二身觀音畫像至少有四套：（1）十五至十六世紀明代女畫家刑慈靜所繪，現存於台北「國立故宮博物院」；（2）一般認爲是十五世紀中葉畫家杜菫的作品，現藏於「東京國立博物館」；（3）原有三十二身，但目前僅存二十八身，推定爲丁雲鵬之作，現藏於「安徽省博物館」；（4）著名畫家仇英 (1494—約1552) 之女的作品，由美國某位人士私人收藏（Laing 1988: 70-72）。四套觀音畫像風格一致，皆採白描畫法，但畫中所題偈頌時有差異。例如，有一身觀音坐在「犼」背上（這種坐騎是類似獅子的神獸）❷⑤——這是明代以前從未發現的造像——雖然杜菫和丁雲鵬作品中的觀音乘犼像與故宮所藏刑慈靜畫作（圖2.9）中的一模一樣，但偈頌卻不同。

胡應麟（1551—1602）曾編纂、刊印一套五十三身觀音像，且附序言，這套畫像被人一再重印，至今有好幾個現代版本。胡應麟是歷史學家，對觀音的傳說極感興趣。他編纂的觀音畫像包含上述三十二種化身，另外又增加不少新造像。五十三身觀音中有四十二身確定是女性，其餘十一身蓄留鬍鬚，包括化現爲佛陀、僧人、大臣等的觀音像，其靈感出自《法華經》和《首楞嚴經》。五十三這個數字，與《華嚴經》善財童子五十三參有關，亦即年輕的參學者善財爲了求法，遍訪五十三位善知識的典故。《華嚴經》是中國觀音信仰的另一部經典依據，798 年般若所譯的四十卷本《華嚴經》尤其重要，是《華嚴經·入法界品》的單

圖 2.9　觀音乘狻像（出自刑慈靜所繪三十二身觀音），十六世紀。台北「國立故宮博物院」提供。

本異譯，內容描述善財童子參訪的故事。觀音是善財童子參見求法的第二十八位「善知識」，菩薩坐在茂林中一塊空地的金剛石上，以「勇猛大丈夫相」對善財說法。

　　《華嚴經》中的觀音菩薩也具有救度眾生的力量，能令眾生脫離《法華經》提及的危難：只要呼喚觀音名號，便可毫無畏懼地進入強盜、野獸出沒的森林，解脫枷鎖杻械，或雖遇海難而能倖免；若被推落火坑時，稱念觀音聖號，火焰即刻化為池中紅蓮，可免一死。到了晚唐，藝術家偏好結合這兩部經中關於觀音的描

繪，敦煌十世紀的壁畫（Fontein 1967: 78）以及宋代以降刊印的木刻版佛經經變圖中，這是十分常見的題材。以 1432 年印製的一件木刻版佛經經變圖爲例，圖像上半部觀音化現爲宰官身，如《法華經》所述，而下半部圖像可見善財童子禮敬觀音，其典故出自〈入法界品〉（圖 2.10）。有意思的是，畫中觀音顯然皆現女相。

　　繪製這種觀音多重化身成套畫像的藝術家似乎偏愛某些女性觀音像，經常反覆使用這些造型。女性觀音像的問題，擬於第六、第十章討論。在此值得一提的是，中國藝術家之所以如此描繪這位菩薩，是因爲在五代以後，「男性的 Avalokiteśvara」已徹底轉變爲「女性的觀音」。這種驚人的變化發生於何時？如何發生？由誰促成？乃至最終的問題是，爲何有這樣的變化？這些問題將於本書以下章節逐一探討。藝術作品描繪的觀音將是探索此一轉變軌跡的重要資料之一，雖然藝術家總有創新之處，但在呈現觀音形相的取捨時，在某種程度上乃受制於當時人們對菩薩的觀念，反之，藝術作品展現的觀音像也可能同樣影響瞻仰聖像者對菩薩的想法。傳播媒介、創作來源與其影響之間存有一種循環關係，這種情形不僅限於藝術這項傳播媒介，也同樣適用於其他建構、傳播中國觀音信仰的傳播工具。

　　本章主要探討觀音信仰的相關重要經典。爲了眞正理解經典的影響力，必須研究經典和中國背景之間的關聯，亦即人們是否眞的閱讀、研究、遵循這些經典？如此實行的有哪些人？是僧侶？還是在家居士？抑或僧、俗二眾皆是如此？或許更重要的是，如何確定這些經典在中國的確廣爲人知？這些問題都不易解決，以下各章在某種意義上都試圖從各種不同角度切入，以回答這些問題。藝術、感應故事、中國本土撰述經典、寶卷等都提供豐富的資訊，讓我們了解中國如何接受、同化、以及修改這些經

典。在總結本章、領起下文之際，我想提出一個看法：中國人絕
非被動或全盤接受所有經典。某些經典很快深受大眾喜愛，如《法
華經》和《千手經》，而有些經典雖是學問僧和文人信眾必讀的
典籍，但一般民眾卻不甚重視，甚至完全忽略。至於密教經典，
由於修法儀軌繁複且要求嚴格，修行者必須花費大量時間和專注
力，因此這種經典只限於特定團體（某些經典明確表示以男性為
宣說對象），普通民眾修習的情形可說少之又少。此外，造像必

圖 2.10　結合《法華經》和《華嚴經》的經變圖，1432 年。周紹良提供。

須嚴守儀軌的規定也使密教的修持僅限於富人階級。以上兩項因素造成密教修持僅限於僧侶、男性為主的高級知識分子團體。不過，密教強調的造像和持咒確實對中國佛教的修行與觀音信仰的發展產生長遠的影響，我們隨處可見各行各業人士誦經（以《法華經‧普門品》最為普遍）、持咒（以〈大悲咒〉最常見），並為自己或家親眷屬祈福而請人造觀音聖像，藉此表達對觀音菩薩的虔誠信仰。稱念觀音聖號是最常用、最大眾化的法門，因為它完全沒有任何階級、身分或性別的限制，中國信徒就是透過這個法門試圖感通觀音，以獲得世俗利益與究竟解脫。

第三章
中國本土經典與觀音信仰

　　1986 年夏天我在台北的「國立故宮博物院」，發現兩件過去未曾見過的佛經抄本。第一件是明代著名畫家董其昌（1555—1636）1618 年的抄本，經名為《白衣大悲五印陀羅尼》，收藏於乾隆皇宮中，上有乾隆、嘉慶兩位皇帝的御覽鈐印，經中載有釋迦牟尼佛、阿彌陀佛、觀音與白衣觀音的名號，還有一段十三句陀羅尼，以及董其昌親筆書寫的簡短讚詞：「施求嗣者轉誦，以神咒功德，生福德智慧之男，紹隆佛法，無有窮盡。」第二件佛經抄本共有三卷，經名分別是《佛頂心觀世音菩薩大陀羅尼經》、《佛頂心觀世音菩薩療病救產方大陀羅尼經》和《佛頂心觀世音菩薩救難神驗大陀羅尼經》，用泥金書寫於磁青紙上，也是明代抄本。根據第一卷經名下的敍述，這些經典譯於唐代，譯者不詳，而明抄本根據的底本應該是寫於 1337 年收藏於鍾粹宮的元抄本。其卷首繪有水月觀音像，觀音坐在岩石上，接受善財童子和龍王的禮拜，同時還有龍女獻寶珠（圖 3.1）。上述這些佛經都不曾出現於任何現存的佛教藏經中。

　　四個月後，即 1986 年冬，我在北京法源寺「中國佛教文物圖書館」的善本藏書中，又看到同樣的經典。我在那兒發現的百餘冊佛經木刻本中，還有如《法華經‧普門品》、《高王觀世音

經》等其他經典,但是上述兩種經的刻本占絕大多數。這些經都
刻印於明代,年代最早為 1428 年,其餘大多數刻印於萬曆年間,
也就是大約西元 1600 年前後。這些小冊子都遵循相同的格式:
卷首是坐在岩石上的白衣觀音像,兩側有善財、龍女脅侍,身後
是竹林,右上方天空有一隻白鸚鵡盤旋,楊枝淨瓶立於右側(圖
3.2),有時菩薩懷中抱著小孩(圖 3.3)。此一畫面顯然結合了南
海觀音、白衣觀音和送子觀音三種圖像,這三種造像是自宋代
以後出現的主要女性觀音像(詳見第六章、第十章)。在每一本
小冊子最後都有韋陀像,然後是一個類似牌位的題額,註明發心
印經流通者的姓名、地點、原因及印經的日期,其後附有靈應故

圖 3.1 《佛頂心陀羅尼經》卷首插畫,明代(1368—1662),台北「國立故宮博物
院」提供。

事，記錄持誦此經者親身經歷的神異事蹟，有些發生的年代較爲久遠，有些則是編撰當代發生的故事，但是最早都不早於唐代，絕大多數都發生在元、明兩代。如果發生在助印者本人或其親友身上，故事的細節會有特別詳盡的描述，令讀者覺得那是個人親身經歷的見證。正如同現今台灣寺院中印贈、流通的書籍和小冊子，這些明代刻本的紙張品質和印刷水準參差不齊，主要取決於助印者的身分地位和經濟能力。紙張和印刷品質俱佳的一則實例是 1611 年明神宗萬曆皇帝的妹妹瑞安公主所施印的《白衣大悲五印陀羅尼》❶，亦即董其昌手抄的同一部經。

　　這些是所謂的「疑經」或「僞經」。在研究中國觀音信仰的過程中，我陸續接觸到其他提倡觀音信仰的類似疑經、僞經。爲什麼中國人信賴這類經典？既然「正統」佛經中已有許多宣揚觀音信仰的經典，爲什麼還需要「僞經」？「眞經」與「僞經」之間有何異同？在觀音信仰的建立和弘傳方面，僞經發揮了什麼功能？在思考這些問題時，我們顯然應該檢視、區別眞、僞經的傳統標準，看看是否有客觀、經得起驗證的一貫準則。我們擁有現代佛教學術研究的優勢，更能清楚了解整個佛教經典發展的歷史，因此也許有必要重新評估上述辨別眞、僞經的傳統標準。不僅如此，過去三十年來，學術界傾向於修正以往的論點。自 1970 年代起，牧田諦亮（1970, 1976）一直在各項研究中提醒我們注意疑僞經典的正面價值，他非但不將這些經典視爲「僞經」而不屑一顧，反而認爲它們顯示當時人們對佛教的理解，是十分有價值的文獻。近年來他的看法已獲得司椎曼、富爾特（Antonio Forte）、包士偉（Robert Buswell）、卡斯坦（Matthew Kapstein）、郭麗英（Li-ying Kuo）以及太史文（Stephen Teiser）等學者採納，他們在研究不同佛教傳承中的類似僞經時，也將這些經典視爲融合佛教教義、適應當地文化環境的創造性嘗試

（Strickmann 1990; Forte 1990; Buswell 1989, 1990; Kapstein 1989; Kuo 1998; Teiser 1988, 1994）。

　　「疑經」或「僞經」這兩個名詞最初爲中國佛教經錄編纂者所用。現在讓我們簡要地回顧傳統上對疑、僞經典的觀點，以及判定疑、僞經的準則。

圖3.2　《佛說觀世音救苦經》卷首插畫，鄭妃（1573—1615）施印，北京法源寺「中國佛教文物圖書館」提供。

經錄及其對本土經典的態度

　　編纂佛經目錄是中國註釋家的主要工作，到十八世紀爲止，共編有七十六部佛經目錄，其中有些已散佚，而大多數經錄（五十九部，或百分之七十八的經錄）編纂於唐代或唐代以前（Tokuno 1990: 31）。第一部經錄是道安（314—385）於 374 年編纂的《綜理眾經目錄》，此經錄現已不存，但其中有關疑僞經的「疑經

圖 3.3　《白衣大悲五印陀羅尼經》卷首插畫，1603 年。北京法源寺「中國佛教文物圖書館」提供。

錄」，僧祐在 515 年編撰《出三藏記集》時，將這部分抄錄於其中。道安將二十六部經典列爲此類，稱之爲「非佛經」，由此可知僞經早在四世紀就已出現。道安對眞、僞經混雜的情形頗爲憂惱，且認爲僞經是卑劣的。

現存最早經錄的編撰者是僧祐，他是第一位運用三項標準辨別眞、僞經的學問僧，他說：「夫眞經體趣融然深遠，假託之文辭意淺雜……進不聞遠適外域，退不見承譯西賓。」意思是僞經具三個特色：「辭意淺雜」、並非來自「外域」，以及最後一點——其譯者不是「西賓」（T 55: 39a）。第一項標準是主觀的，僅僧祐一人採用，但後兩項則爲後世所有經錄編纂者當作客觀標準而採納。

在後來所有經錄中，智昇（668—740）的《開元釋教錄》（成書於 730）影響最爲久遠，根據 1260 年編纂的《佛祖統紀》，智昇認爲眞實可信的經典才得以納入官方《大藏經》（T 49: 374c）。特別在《大藏經》開始刊印之後，即約從 971 至 983 年間以降，智昇的《開元錄》影響力更大，除了智昇之後譯出的經典之外，在其後的藏經中，只有他判定的「眞經」才得以刊印入藏。結果，即使某部經的來源有疑問，但若幸蒙智昇的認可，就能留存於東亞佛教的藏經中；貼上「疑經」或「僞經」標籤的經典則被摒棄於《大藏經》之外，除非有人以手抄或刊印的方式單獨流通（這種情形只發生於極少數的疑、僞經），否則大多已散佚而被人遺忘了（Tokuno 1990: 53）。至於純粹以觀音爲主題的本土經典，我們發現佛經目錄中內容已失而僅存經名的經典達十三部之多❷，而被判定爲僞經的兩部經典，即《觀世音三昧經》和《高王觀世音經》，則被保留下來。我在台北和北京所見的經典都未被列入任何經錄，然而從各種歷史文獻的記載可知，它們在唐代已非常流行。因此，儘管經錄編纂者都以維護正法爲己任，但他們卻無

法阻止本土經典的創作，最終也不能阻止其傳播。因此，從道安
到智昇所處時代的三百五十年間，在十種經錄中所記載的本土
經典數量，從 26 部 30 卷增至 406 部 1,074 卷（Makita 1976: 25-
27）。

　　或許經錄不能遏止本土經典擴增的原因之一，是因為不同經
錄對於「偽經」的判定往往意見分歧。試舉兩個實例來說明：第
一個例子是著名的尼子（法名為「僧法」），她是北齊末年太學博
士江泌處的女兒，從 499 年起開始造佛經，當時她只有九歲，最
後共造出二十一部佛經。僧祐依照道安的「疑經錄」，將這些經
列入偽經，原因是尼子「有時閉目靜坐，誦出此經。或說上天，
或稱神授。發言通利，有如宿習。令人寫出，俄而還止。」（T 55:
40b）。費長房在《歷代三寶記》（編於 597）重述了同樣的故事，
但他卻正是因為尼子從過去世以來（「宿習」）就知道這些經典，
因此將它們視為正統合法的經典，（T 49: 97a; Tokuno 1990: 38,
45）。

　　另一個例子是眾所周知的《高王觀世音經》（詳見下一節），
這部經的經名首次出現於道宣 664 年所編的《大唐內典錄》中的
〈歷代眾經感應興敬錄〉。道宣在這部分強調讀誦佛經導致的感
應，他稱此經為《救生觀世音經》，且將這部本土經典與《法華
經》、《大般涅槃經》和《華嚴經》並列（T 55: 339a）。《大周刊
定眾經目錄》（編於 695）的編纂者對此經持同樣的態度，然而三
十五年後，智昇所編纂的《開元釋教錄》卻將它列為偽經。智昇
的理由是：此經是夢中所授，而非來自翻譯，與僧法（尼子）所
造的經典沒有兩樣，因此同樣應該判為偽經（T 55: 675a）。

　　因此，經錄的編纂者對於真、偽經的判別標準不一致，但他
們通常堅持兩個準則：第一，佛經必須撰寫於異域，然後傳入中
國，因此，佛經的梵文原典或其他中亞文原典的存在是確保經典

真實性的有力證據。然而，僅此一項證據仍然不夠充分，因為無法確知外文佛典本身是否經過偽造，所以第二項必要的準則是譯經過程中須有外來的三藏法師參與，只有他們才能確定一部經典在其本土的真實性。因此，外國三藏法師的參與象徵經典的「正統性」，即使他們其中有很多人不諳漢語，也因而不可能成為佛經的真正譯者，但許多漢譯佛典仍歸為他們的譯作（Forte 1990: 243）。不過，如同早島鏡正早在四十年前所提出的見解，《大正藏》中 1,700 百部現存的印度譯經中，有 400 部（亦即其中四分之一）的譯者歸屬是錯誤的（Strickmann 1990: 79）。

　　基於以上這一切因素，學者已經開始質疑繼續使用「偽經」一詞是否適當。例如，牧田諦亮建議改用「中國人撰述的經典」，他認為這些經典代表庶民信仰，可以做為珍貴的資料，幫助我們了解中國人如何接受和吸收佛教（Makita 1976: 104）。得野京子（Tokuno 1990: 62）建議用「本土經典」，而司椎曼則選用「中國原創經典」，且為這些經典極力辯護：

　　　若論「真實性」，一部撰寫於四世紀喀什米爾的經典與一部撰寫於四世紀長安的經典相差無幾。就兩者自稱具備佛陀的聖言量而言，它們同樣是偽經；但從它們各自所處時代、地域的宗教條件來看，這兩部經可能都極為重要。我們甚至可以說中國偽經距離它們名義上的發源地愈遠，其重要性或許愈大，因為這些經典展現了廣闊的視野，讓我們看見印度佛教的要素在異域土壤中發生的文化適應與融合。（Strickmann 1990: 78）

　　關於「偽經」，這些「修正主義」觀點可能與學界更能全面理解南傳和北傳顯、密二教藏經整個成立過程有關。佛陀並未撰

寫任何經典，上座部佛教徒心目中的權威經典巴利三藏以口頭傳播為基礎，其源頭可溯及佛陀本人，到了佛陀入滅後約三百年的西元前二世紀才經過系統化的闡述。佛陀宣講佛法，但佛法並不限於佛陀所說之法，因為在釋迦牟尼佛出現以前還有其他諸佛，在他之後也會有另一尊佛出現，而一切諸佛都宣示佛法。其實，不僅其餘諸佛宣說佛法，甚至佛的大弟子和諸菩薩受到佛的啟發時也能說法，因為佛法存在於佛所說的真理，而不在他的音聲、文字（Davidson 1990: 294, 316）。因此，所有大乘經典當然都遠在佛陀涅槃之後才出現，但它們都可以被視為佛陀所說的法。此外，藏傳佛教的寧瑪派有「伏藏」（gTer ma）的傳承。多年來乃至今日，新的「伏藏經典」不斷被發現，且被視為真經。套用當代一位寧瑪派學者的話：「數以百計的掘藏者（Terton，發現伏藏者）已發掘成千上萬卷的經典和聖物，這些法寶隱藏在地底、水裡、空中、山間、岩石裡以及人心中。許多伏藏信徒由於修習這些教義，已經證得圓覺而成佛。西藏佛教各宗派都有自己的伏藏，但寧瑪派擁有最豐富的伏藏傳承。」（Tulku Thondup Rinpoche 1986: 13）。

對於接受這類經典，中國傳統已有充分的心理準備，因為佛教偽經在某些方面很像儒家的偽書。根據道爾（Jack Dull）的看法，王莽篡漢期間（9—23）是儒家偽書興起的一個轉捩點，中興漢室建立東漢（25—220）的光武帝也積極提倡這類偽書，且在 56 年敕令所有儒生必須熟讀這些典籍。儒家偽書有許多不同名稱，但最常見的是「讖」（預言）與「緯」（緯線，或織物的橫紗，因此與儒家經書互補——「經」字面意義即為經線，或織物的縱紗）。提倡這些文獻的人屬於「今文派」，他們聲稱這些偽書要不是由龍、鳳這類傳說中的動物傳授給未來的統治者，就是由孔子所著，用以解釋儒家經典的微言大義（Dull 1966: 479）。「古文派」

的學者則將這類典籍視為「俗儒」為政治目的而杜撰的偽作。隨著「古文派」獲得最後的勝利,偽書在 217 年遭到禁止,但是這並未阻止人們繼續參閱既存的偽書,或甚至無法阻擋新造偽書的出現。漢代以後的一千年中,至少又頒布過十次以上的禁書令,但似乎並沒有產生多大效果,因為東漢末年偽書首次遭禁時,其中已有部分以註疏的形式安全地依附於儒家正統經典。因此,「這些文獻以斷簡殘篇的形式流傳下來,成為儒家傳統非常重要的一部分。」(Dull 1966: 498)

道爾在這份研究的最後,呼籲學者探究儒家偽書對道教和佛教發展所產生的影響:「道教和佛教大體上都受到今文儒家學說的強烈影響,尤以儒家偽書為甚,特別是在東漢時期,道教或民間道教大量吸收儒家偽書思想,佛教似乎也間接自道教或直接自儒家偽書本身採用這些思想。」(Dull 1966: 443)我同意他的看法。下一章將探討「感應」之說,在儒家以陰陽為本的宇宙觀中,感應原理是核心要義,儒家偽書中有大量相關陳述,這種思想也顯然對佛教靈驗故事造成影響。不過在此我想提出的看法是,中國人對儒家偽書的接納的確使他們傾向以包容、開放的態度,看待道教的神授經典和本章所討論的佛教本土經典。

牧田諦亮將中國本土經典分成六類:(1)促進當權者利益;(2)批評當權者政策;(3)試圖調和或比對佛教與中國傳統思想;(4)勸誘人們皈依某種宗教信仰;(5)與特定人名相關;(6)保證能療病、賜福及其他「迷信」(1976: 40),然後將提倡觀音信仰的本土經典歸於第四類與第五類。然而,如同下文所述,有些經典大可歸於第一類和第六類。在中國本土經典中,觀音其實是非常受人愛戴的(女)英雄。我將在下一節論述,在這位偉大佛教神祇的本土化和漢化過程中,這些文獻扮演非常重要的角色。

若干頌揚觀音的重要本土經典

《觀世音菩薩往生淨土本願經》

　　儘管僧祐宣稱此經爲曇無讖在421年遊歷西域時所譯（T55:
12a-b），但現存的版本並無譯者姓名。包爾（Diana Paul）已將
全經英譯，且作了一些註解。她指出，此經沒有梵文或藏文的
版本，它可能是一部中國本土著作，而非印度撰述（Paul 1985:
264）。此經成立的年代很難確定，由於缺乏相關的外證（亦即在
年代確定的文獻中關於此經的使用或提及此經的記載），關於此
經的可疑出處，上述經錄中載錄此經的條目就成爲唯一的線索。
因此，我之所以選擇它做爲討論的第一部本土經典，與其說是因
爲它的年代久遠，不如說是因爲它具備的幾項特徵正是本土經典
整體上的典型代表。

　　此經是淨土信仰盛行的有力證據，它也強調一個觀念：觀音
未來必定成佛，因爲他是「一生補處」菩薩，僅此一期生命，來
生定可成佛。這兩個主題都出現於曇無竭於453年所譯的《觀世
音菩薩授記經》，這點我在前一章即已提及。儘管本節討論的這
部經典沒有提出任何新教義，但在觀音家庭生活及心靈之旅的相
關故事創作上，它絕非了無新意。首先讓我略述這部經的內容。
經文一開始，釋迦牟尼佛在靈鷲山頂，四周有人、非人等法會大
眾圍繞。此時，佛前突然出現一片燦爛光明，照亮南閻浮提，並
逐漸遍及他方國土。同時，在此光明中有偈誦曰：

> 成就大悲解脫門，
> 常在娑婆補陀山。
> 晝夜六變觀世間，
> 本願因緣利一切。

此一神奇光明與音聲的出現令大眾嘖嘖稱奇，彼此詢問為何有此奇異現象。最後，有位名為總持自在的大菩薩請教佛陀，而得到如下的解釋：

> 從此西方，過二十恆河沙佛土，有世界名為「極樂」，其土眾生無有眾苦，但受諸樂。其國有佛，號為「阿彌陀」，三乘聖眾充滿。其中有一生補處大士，名「觀世音自在」，久植善根，成就大悲行願。今來此土，為欲顯示往生淨土本末因緣。現此光明，普照世界，不久自來。汝等當問偈頌因緣。（HTC 87: 576a-b）

在十萬大菩薩的陪伴下，觀音來到靈鷲山頂，先禮敬佛陀，隨後成為法會眾所矚目的焦點，他告訴總持自在菩薩自己過去世中一段辛酸而動人的往事。在無量劫以前，南閻浮提有個國家，稱為摩涅婆吒（Manivati），當地住著一對富有的婆羅門夫妻。兩人膝下無子，因此極為悲傷。於是他們祈求天神，不久婆羅門的妻子懷孕並產下一子，三年後又生下一子。兩個孩子都相貌端正，令這位婆羅門極為欣喜。他請一位相士為兩個兒子算命，不幸的是，相士預見的卻是災難。猶豫良久之後，他還是勉為其難地告訴這對父母：「這兩個孩子雖然相貌堂堂，但很快就會與父母分離。你們的長子稱為『早離』，次子名為『速離』。」相士所言果真應驗，當這兩兄弟分別只有七歲和五歲的時候，他們的母親罹患重病，性命垂危。

對丈夫和兒子留下遺言後，婆羅門之妻就過世了。婆羅門起初不願再婚，但後來還是娶了另一位婆羅門的女兒，此女以貞潔有德聞名。不久，全世界到處鬧饑荒，這個地方也不例外，於是婆羅門決定到北方的檀羅山（Daṇḍaka）採集水果。這趟行程預

計七天，但十四天後❸他仍然沒有回來，此時，他的新婚妻子開始擔心，怕一旦丈夫回不來，自己無力照顧這兩個孩子；而且即使他帶著水果回來，也可能因為疼愛自己的兒子，什麼也不分給她。因此，她決定除掉兩個繼子。她雇船將他們載往一座「孤島」，告訴兩個孩子可以在島上找到食物，自己假裝在船上準備食物，卻要孩子們上岸尋找蔬果；等他們一上岸，她就偷偷駕船回家，把孩子留在島上。當兩個孩子發現被拋棄時，日夜哀泣。然後哥哥「早離」想起生母臨終的遺言，就說：「我須發無上道心，成就菩薩大悲，行解脫門，先度他人，然後成佛。若為無父母者，現父母像；若為無師長者，現師長身；若為貧賤者，現富貴身。國王、大臣、長者、居士、宰官、婆羅門、四眾、八部，一切隨類，無不現之。願我常在此島，於十方國，能施安樂，變作❹山河大地、草木五穀甘果等，令受用者，早出生死。願我隨母生處，不離父生處。」如是發一百願，壽終（HTC 87: 578a）。

　　當婆羅門採果返家時，立刻想見兒子，但妻子謊稱孩子們外出尋找食物。後來婆羅門向朋友打聽，才知道真相。於是他前往那座南海孤島尋子，但找到的只是一堆骸骨和散落在海邊的衣物。明白愛子已死時，他收拾孩子的衣物遺骸，流淚發願：「願我度脫諸惡眾生，速成佛道。或變大地，或水火風，或變草木叢林，為眾生作依止。或變五穀，增益佗身，或若天若人若神，一切貴賤種形色，無剎不現身。」他如是發五百誓願（HTC 87: 578a-b）。

　　觀音接著表明這個故事中關鍵人物的身分。那位父親就是釋迦牟尼佛，母親是阿彌陀佛，哥哥「早離」即觀世音菩薩，弟弟「速離」為大勢至菩薩，父親的好友是總持自在菩薩，檀羅山即靈鷲山，那座孤島就是普陀洛迦山。觀音特別指出，他將永遠留在此島：「昔為早離時發願處山頂，有七寶殿堂莊嚴奇妙，我常

在寶宮殿，示教利喜，昔呼父母處也。」（HTC 87: 578b）憑此一念往生淨土，證得不退轉位。

這部經最後以釋迦牟尼佛讚揚觀音，並印證觀音所說的往生淨土要件收場。佛陀進一步補充道：

> 我及阿彌陀一化始終也。譬如父母有一子，劫稚墮井底，其父入井底，救其子置岸上。其母在岸，抱取養育，諸親屬助母養志，結朋友儀，不還本井穢中。我如慈父，五濁眾生如墮井底，阿彌陀如悲母，在岸上如淨土，觀世音等如朋友，得不退如不還。當知入娑婆五濁穢中，教化六道愚癡眾生，今生淨土，彌陀引不捨，觀世音大勢至守護，令不退還，皆依往昔誓願因緣也。（HTC 87: 578b-579a）

由於若干因素，這部經值得注意。首先，不像第二章討論的任何「正統」佛經，此經有一整段關於觀音家庭背景及志業的敘述。他不但如淨土經典所言，與阿彌陀佛有關，而且也與釋迦牟尼佛有關，這兩尊佛是他的父母，而淨土信仰中的另一位大菩薩——大勢至——則是他的弟弟。此經第二項顯著特徵是佛與菩薩間親屬關係的建立。作者不願在這段描述中遺漏釋迦牟尼佛，也就是佛教的創教者與開示《法華經》的導師，解決之道就是將這兩尊佛變為夫妻，阿彌陀佛被刻畫為女性只出現在此經中。第三，儘管此經以往生淨土為最高目標，但是作者顯然熟悉其他經典傳承中的思想潮流。例如，觀音發願為無父母者現父母像，為無師長者現師長身等陳述，可能直接出自《法華經·普門品》。同樣地，觀音發願變為山河大地、草木五穀甘果等，令受用者，早出生死，令一切有情眾生皆能受用，這也使人想起《大乘莊嚴寶王經》描繪的無私奉獻。

　　對不同思潮採取兼容並蓄的態度是本土經典的共同特徵。最後，本土經典的作者都企圖以人們熟悉的模式，包裝外來思想。在中國文化中，有什麼比惡毒的繼母和赤子失足落井的意象更為人熟知呢？由於人們普遍認為繼母惡毒且不可信賴，以致漢墓中特意表彰特別守信好義的繼母，以供世人模做，例如齊義繼母（譯註：故事出自《烈女傳・節義傳》，描述戰國時代齊國一位繼母寧可犧牲親生兒子的性命，也要履行承諾，護全過世丈夫託付的繼子）（Wu Hung 1989: 264-266; 1995: 204-205）。六世紀時，顏之推在其名著《顏氏家訓》中也斷言：「後妻必虐前妻之子（Teng 1968: 13）」。至於赤子與井的意象，任何熟悉《孟子・公孫丑上》第六章（譯註：「所以謂人皆有不忍人之心者，今人乍見孺子將入於井，皆有怵惕惻隱之心」）的中國讀者看到這段經文時，必然心有戚戚焉。

《佛說觀音三昧經》

　　編纂於 594 年的《眾經目錄》，首次提及此經，但除了在敦煌發現的兩份殘卷之外，現存唯一完整的抄本寫於奈良時期（710—784），今保存於「京都國立博物館」（Kyoto National Museum）——這點牧田諦亮已經研究過了（Makita 1976: 212-246）。最近，茲格樂（Harumi Hirano Ziegler 1994）將此經英譯，並以此為主題撰寫碩士論文。她提出一個相當耐人尋味的看法，認為這部經是天台智顗（智者大師）所作，年代約在 560 到 568年間，撰述此經的主要用意是利用觀音信仰的盛行，接引社會各階層人士修習禪定。

　　這部經的其他特徵很顯著，例如它將觀音提昇到至高無上的地位，宣稱這位菩薩在過去世是「正法明如來」，釋迦牟尼曾是跟隨他修學的苦行弟子。此外，這部經也提到，凡是依止此經、圓滿七天禪期之人，觀音皆能滿足其願。這部經的經名的確在智

顗於 593 年之後所著的《觀音玄義》中首次提及，一般而言，智
顗和天台宗也的確宣揚觀音信仰。此外，不僅智顗，與他交遊往
來或天台宗的其他大師也都提到觀音過去已成佛，且曾指導釋迦
牟尼修行。❺

　　最後，此經強調禪定是達到覺悟和消除罪障的最佳途徑，如
同本書第七章所述，這也是天台宗特有的關切要點。由於以上這
些原因，儘管茲格樂並未斷言智顗確是此經的作者，但所有旁證
確實使他成為最有可能撰述此經的人選。即便他不是真正的作
者，但由於他和其他法師引用此經，所以也顯露他們對本土經典
抱持的寬容態度。這種態度是研究中國佛教的學者在評價本土經
典時應當注意的。

　　現在我簡述這部經，並從茲格樂的英譯中引用若干段落。經
文一開始，釋迦牟尼佛入三昧，良久不語。阿難感到困惑，於是
請佛陀開示，然後佛陀對弟子眾說：「我觀三界，空無所有，亦
無堅固，復無有實，亦無停息。諸法空寂，因緣故有，和合則生，
亦可演說，亦不可說。」（Ziegler 1994: 103）

　　此時，只有觀音回應佛陀的教示，闡釋、論述「空性」。接
著佛陀告訴阿難：「此經名《觀世音三昧經》。我於往昔為菩薩時，
常見過去佛讀誦斯經。今吾成佛，亦復讀誦，未曾休息。我今成
佛，良由此經。」（104）在此，釋迦牟尼佛承認，念誦此經是他
開悟的原因。稍後，他又重提此事，更加凸顯觀音崇高的地位。
他說：「我念觀世音菩薩於我前成佛，號曰『正法明如來』……
我於彼時，為彼佛下作苦行弟子，受持斯經七日七夜，讀誦不忘，
復不念食，不念五欲，即見十方百千諸佛在我前立，於斯悟道。
今得成佛，佛號釋迦牟尼。受持斯經，猶故讀誦，況復今日？」
（115）

　　這部經的核心是描述其禪修方法，以及禪修者在七日中因禪

修而經歷的精神境界：

> 若欲行此經，應淨房舍中，懸諸幡蓋，散花燒香。端坐七
> 日，念無異想，誦此《觀世音三昧經》。爾時，觀世音即自
> 現身，其形紫金色，身長丈二，項背日光，其色似白銀，手
> 提蓮花，現其人前。七日之中，日有一事。初一日時，現旃
> 檀勳陸香，使行人聞之。二日之時，於夜半中，現大光明。
> 行人得見，心大歡喜。三日之時，現一蓮花，大如車輪，其
> 花甚盛，猶白銀色。四日之時，現天人身，身長一丈，身著
> 天衣，現彼人前。行人見已，同共娛樂論諸法。五日之時，
> 即自現身，證得三昧，自見過去生死劫數。六日之時，復現
> 天宮，五色雜寶所作，有四菩薩，端坐說法。行人見已，漸
> 漸心明，明徹十方，即大歡喜，奉心敬禮。七日之時，觀世
> 音菩薩即自現身，其光晃曜，明過於日。行人見已，心其荒
> 迫。觀世音菩薩即舉左手，摩行者頂，心得安穩。（106-107）

　　仰仗觀音大威神力，不僅西方阿彌陀佛淨土，連東、北、
上、下其他四方佛土也顯現於修行者眼前。如此讀誦此經而產生
的利益包括證六神通、得智慧、罪愆漸消。佛陀接著教授陀羅尼
（111），勸人持誦。接著他繼續詳述讀誦此經未來可得的善報，
其中有些內容與第二章中所討論的《法華經・普門品》及其他密
教經典雷同——不過奇怪的是，此處卻省略求子遂願的果報。因
此，這部經允諾持誦者得生善道，了脫輪迴，往生佛土，不墮地
獄、餓鬼、畜生、阿修羅等惡趣，來世不受女身，並且保證：「彌
勒出世之時，當為三會初首。」（121）經文即將結束前，佛陀宣
說，由於讀誦此經，即使不得成佛的五種人也能成佛❻，這等於
是最後再次宣稱此經為普世救度的「福音書」。

　　如同第二章提及的《大乘莊嚴寶王經》，這部經不僅確保依
教修行者的得度與覺悟，即使聽聞、憶持此經的人，也可獲得這
些果報：「聞此《觀世音三昧經》，盲冥受悟。若有眾生得聞此
經，念而不忘，五劫不墮阿鼻地獄。」（104）經文預先警告，指
出未來有人「不信此經，自相謂曰：『此經非佛所說，魔所說耳。』
便相告語，焚燒此經，競共破壞。」（116）

　　如同本章討論的其他本土經典，這部經具有綜合的性質。此
經包含創新的教義，其中最大的變革是觀音過去世中曾是如來，
而釋迦牟尼為其弟子；儘管如此，這部經的主要成分仍然可溯及
「正統」經典。例如「空性」教義與七日精進禪修的結合，在《般
舟三昧經》中已受到強調。《般舟三昧經》是最早的漢譯佛典之
一，由二世紀支婁迦讖所譯（Harrison 1990），經中教導的修行
方法，是透過苦行觀佛以體證大乘佛教的根本「空觀」。一般認
為這部經是中國「念佛」傳統所依經典的先驅，它提到「念佛三
昧」，將它定義為：

　　一種心志集中的狀態，使精進修行者能夠看見「十方諸佛
悉在前立」。此經敘述，修行者應當一心念佛，從一日一夜到
七日七夜，最後阿彌陀佛若不在此人清醒時現前，則將在其
夢中出現。……根據《般舟三昧經》，念佛的過程分為兩階
段，一開始觀像或觀想阿彌陀佛，然後達到體證所觀的阿彌
陀佛（觀想的對象）與能觀者的心念不二。轉換到第二階段
的關鍵因素在於三昧的體證，而精進念佛導致能觀的主體與
所觀的客體合而為一。一旦證得三昧，修行者即覺悟，見空
性之實相，因而見一切事物不二，沒有能（主體）、所（客體）
的分別。（Yü 1981: 49-50）

　　《般舟三昧經》在六朝時影響極大，尤其是慧遠、智顗等人都奉行此經。在《觀音三昧經》這部本土經典中，除了以觀音取代阿彌陀佛之外，《般舟三昧經》的基本思想清晰可辨。同時，《法華經》以及《陀羅尼集經》之類的密教經典也顯然影響此經。不過此經關切的焦點不是觀想觀音，而是誦經、持咒。其作者從各種來源汲取不同的思想，然後重新包裝——這是本土經典中一再出現的特徵。如同下一章分析的感應故事，《觀音三昧經》詳盡描述由於禪修而產生觀音現前的體驗，如光明、菩薩的紫金色身、身長，以及親手摩修行者頭頂等，這一切細節也出現在經歷觀音神異感應者的敍述中。本土經典和感應故事是否相互影響？兩者是否都受到觀音口述傳統的影響？本土經典和靈驗感應故事是中國用來提倡、傳播觀音信仰的兩大媒介。如同我在本章後文所論，這兩者存在於相同的宗教環境，也肩負同樣的傳教任務，因此，它們有同樣的信仰和語彙也就不足為奇了。

《高王觀世音經》

　　在所有弘揚觀音信仰的本土經典中，《高王觀世音經》最為著名，不但廣受學界關注（Makita 1970, 1976; Kiriya 1990），也是信眾最喜歡刊印流通的經典之一，直到今天依然如此。這部經的確深受信眾喜愛，他們布施錢財，讓人以藝術的形式保存、流傳此經。例如，舊金山「亞洲藝術博物館」所收藏的一座造像碑，年代推定為北齊時代，此碑下半部刻有《高王觀世音經》的經文，上半部則雕刻七尊聖像，以觀音為中尊，兩旁有阿難、迦葉為脅侍，另外還有兩尊菩薩、兩尊天王（圖 3.4）。❼首先提到此經的是 664 年道宣所編的《大唐內典錄》。《高王觀世音經》現存五個版本：其中之一刻於北京附近的房山雷音洞中，年代約為 616 年；另一個版本刻於房山 3 號洞窟中（洞內有 665、669 年的紀年石

板）；第三個版本最初在吐魯番發現，現為日本出口常順收藏，牧田曾徹底研究過這個刻本，推定其年代為八世紀左右；第四個版本發現於敦煌；第五個版本則見於《大正藏》。最後這兩個版本年代不詳（Kiriya 1990: 10）。

這部經有若干異名，例如雷音洞的石刻版是《佛說觀世音經》和《大王觀世音經》，但它也以《救生觀世音經》、《小觀世音經》為名而流通，日本收藏本則稱為《觀世音折刀除罪經》。早期版本只包含一連串佛名，以及禮拜觀音可獲得的世俗利益，但版本年代愈晚，經文篇幅愈長，最後甚至包含禮懺文、祈願文，以及各種佛名與陀羅尼。此經的中心思想以許多漢譯大乘經典所宣揚的信念為基礎，這種信念到六世紀已經完全確立；換句話說，根據這些大乘經典，人們可以藉由持名念佛、誦經或持咒來贖罪。如《法華經》勸告信徒持誦觀音菩薩的名號，其他各種《佛名經》也鼓勵信徒持誦經中列舉的佛名，藉此禮懺和悔罪（Shioiri 1964）。

這部經源於一則故事，故事中有一個即將被處決的犯人，因為持誦觀音教授的這部佛經而獲救。這件感應事蹟讓「高王」深受感動，於是他赦免這名犯人，並令此經廣為流傳。但誰是那不幸的犯人？誰又是「高王」呢？根據佛教和一般歷史文獻，故事中的主角可能是下列三人：王玄謨（388—468）、盧景裕（卒於542）、與同樣生於六世紀的孫敬德。另一方面，「高王」只有一種可能，就是高歡（496—547），他是東魏丞相，位高權重，也是實際上奠立北齊帝基之人。

在此提到的三人中，盧景裕與高歡的關係最為密切，牧田詳細描述兩人長期而複雜的關係。盧景裕，河北人，出身士族。他的叔父於528年受封為伯，但他依然生活嚴謹簡樸。他與佛教僧侶關係很好，並為漢譯佛典作序。後來高歡擁立孝靜帝，遷都於

圖3.4　刻有《高王觀世音經》的造像碑，造於北齊。舊金山「亞洲藝術博物館」提供。

鄴（今河北），因而加速東、西魏的分裂，當時高歡徵召盧景裕與一批文人同往新都。儘管高歡名義上是丞相，但實際擁有極大的權力。537 年底，盧景裕的堂兄弟起兵反抗高歡，十個月後被平定，盧景裕因此受牽連，被捕入獄，等候判決。根據現存於《北史》的〈盧景裕傳〉所載：「景裕之敗也，繫晉陽獄，至心誦經，枷鎖自脫。是時，又有人負罪當死，夢沙門講經，覺時如所夢，默誦千遍，臨刑刀折。主者以聞，赦之，此經遂行，號曰《高王觀世音》。」（Makita 1970: 161-166）

《北史》的〈盧景裕傳〉以魏收所著的《魏書‧盧景裕傳》（已亡佚）為基礎，魏收與盧景裕私交甚篤，因此這份資料來源相當可靠。但是這段敘述其實包含兩個不同的感應故事，其中之一與盧景裕有關，另一段則是關於一位無名囚犯。傳記記載盧景裕念誦佛經，卻沒有說明是哪一部經。既然他是著名的儒家學者和虔誠的佛教徒，當然熟悉佛典，不需他人教導。然而，另一位死刑犯應該是在夢中得遇僧人教授佛經，這位僧人必然是觀音，因為觀音菩薩在陀羅尼經典中經常被如此描述，例如智通所譯的《千眼千臂觀世音菩薩陀羅尼神咒經》。這個犯人持誦此經千遍，結果「臨刑刀折」，他因而獲赦。這則故事的背景和細節非常類似下文有關孫敬德的故事。就史料而言，《北史》這段記載十分含糊，頗有缺失。這段記載將盧景裕和無名死囚的故事合在一起，暗示前者念誦的佛經就是後者夢見僧人開示的佛經，但是我們找不到任何證據證實這一點。另外，誰又是高王呢？這也同樣不清楚。盧景裕獲釋後，高歡延聘他來教導自己的兒子，其中兩位後來成為北齊的皇帝。高歡曾迫害盧景裕，後來又成為他的恩人，諷刺的是，這部經卻以高歡為名。毫無疑問地，「高王」最有可能是高歡。為什麼其他本土經典多半亡佚，而這部經典卻得以留存？這可能是由於此經得到當權者的倡導。

　　但是，另外還有王玄謨、孫敬德兩人奇蹟般地倖免於難，他們也和這部經的起源有關。王玄謨的故事比盧景裕的故事更早發生，然而，王、盧兩人同樣很少被佛教歷史文獻提及，因此讓孫敬德成為唯一「顯揚」此經的人。〈王玄謨傳〉見於沈約於478年所編撰的《宋書》（卷76），他是北征將領，但因戰事失利而遭論罪，被判處死刑。他在獄中夢見有人教他念誦《觀音經》千遍，可免一死，於是醒後依言誦經千遍，此時忽然接到赦令而獲救。值得注意的是，夢中人囑咐他念誦的經典名為「觀音經」，完全沒有提到「高王」二字。

　　自三世紀以降，《法華經·普門品》普遍以「觀音經」之名流傳於世。286年，竺法護譯出《正法華經》，這是《法華經》最早的譯本，此時〈普門品〉可能已經單獨存在。如同上一章所述，在曇無讖（385—433）的影響下，北涼統治者沮渠蒙遜（401—433在位）信奉〈普門品〉，由於他的推動，這一品的單獨流通大為盛行。❸406年，鳩摩羅什完成《法華經》的翻譯，佛教徒所謂的《觀音經》，指的就是羅什譯本的〈普門品〉——我們可以從983年成書的《太平御覽》（卷654）和《太平廣記》（卷111）中有關王玄謨的事蹟，確定這項事實。《太平廣記》相關記述如下：「夢人謂之曰：汝誦《觀音經》千遍，即可得免禍。謨曰：命懸旦夕，千遍何由可得？乃授云：『觀世音，南無佛，與佛有因，與佛有緣，佛法相緣，常樂我淨。朝念觀世音，暮念觀世音，念念從心起，念佛不離心。』既而誦滿千遍，將就戮，將軍沈慶之諫，遂免。」

　　王玄謨起初認為無法依夢中人之言誦經千遍，這是因為他以為《觀音經》是〈普門品〉，這一品經文的確很長。相對地，夢中人稍後教授的十句經文的確簡短，易於反覆誦念多遍。儘管這段記載並未指明這十句經文即是《高王觀世音經》，但志磐在

1269 年編撰的《佛祖統紀》中明確指出這一點，他提到這十句時
說：

> 此經止十句，即劉宋（424—479）王玄謨夢中所授之文，今
> 市肆刊行孫敬德所誦者是。後人妄相增益，其文猥雜，遂使識
> 者疑其非真。又本朝嘉佑（1056—1063）中，龍學梅摯妻失目，
> 使禱於上竺。一夕夢白衣人，教誦十句觀音經，遂誦之不輟，
> 雙目復明。清獻趙公刊行其事。大士以茲至簡經法，救人於危
> 厄之中。古今可紀者三驗矣，可不信乎？（T 49: 357c）

　　儘管前六句見於現存的《高王觀世音經》，但後四句卻已佚
失。不過，誠如志磐所言，這十句經可能確是這部本土經典的原
形（Kiriya 1990: 15-16）。❾有趣的是，志磐不但沒有斥之為偽經，
反且舉出三則感應事蹟，包括久遠前的兩人與年代相近的一人親
身經歷的故事，藉此鼓勵同時代的人信仰這部經。再者，隨著時
代的變遷，傳授這部經的角色也從僧人轉變為白衣婦人。從十世
紀開始，觀音逐漸以「白衣大士」的形象流傳於世，杭州上天竺
寺向來是白衣觀音的道場（詳見第六章），這說明為什麼龍學梅
之妻在該寺祈求之後，得觀音托夢。觀音救拔王玄謨、孫敬德免
於牢獄之災，得以倖免於難，而使龍妻雙眼復明，我們也許可以
看出普遍存在於所有本土經典的一項特徵：《高王觀世音經》不
但沒有固定的形式，經文的措辭也不是一成不變的，而且還必須
不斷引用時、地確切，有稽可考的真實靈驗故事，藉此維持其「合
法性」。如此一來，本土經典就如感應錄，將觀音的救度之行與
中國人的苦難生活緊密相連，透過這種方式讓觀音深植於中國。
　　志磐在《佛祖統紀》卷 36、38、52、53 等九個不同的地方，
以《高王經》、《十句經》和《解脫苦難經》這三種不同的經名

指稱這部本土經典。前已提及的三人分別擔任這些感應故事的主
角。這種兼容並蓄的態度已出現於收錄盧景裕、孫敬德兩人故事
的《太平廣記》(卷 102、111)。孫敬德不像盧景裕與王玄謨，他
既不是學者，也不是將領，只是一名「募士」，也就是下級普通
士兵。他的故事最早記述於道宣的《續高僧傳》(卷 29)，後代
所有的相關記載都以此爲根據：

> 昔元魏天平 (534—537)，定州 [今河北] 募士孫敬德，
> 於防所造觀音像。及年滿還，常加禮事。後爲劫賊所引，禁
> 在京獄。不勝拷掠，遂妄承罪，並處極刑。明旦將決，心既
> 切至，淚如雨下，便自誓曰：「今被枉酷，當是過去曾枉他
> 來，願償債畢了。又願一切眾生所有禍橫，弟子代受。」言
> 已少時，依希如睡。夢一沙門教誦《觀世音救生經》，經有
> 佛名，令誦千遍，得免死厄。德既覺已，緣夢中經，了無謬
> 誤。比至平明，已滿百遍，有司執縛向市。且行且誦，臨欲
> 加刑誦滿千遍，執刀下斫，折爲三段。三換其刀，皮肉不損。
> 怪以奏聞丞相高歡，表請免刑。仍勅傳寫，被之於世，今所
> 謂《高王觀世音》是也。德既放還，觀在防時所造像項，有
> 三刀迹。悲感之深，慟發鄉邑。(T 50: 692c-693a)

道宣深受此事感動，於是在另外三部佛教史書中重覆敍
述這個故事，這三部著作是 650 年編撰的《釋迦方志》(T 51:
972b)、664 年的《集神州三寶感通錄》(T 52: 420a, 427a)，以
及同年編撰的《大唐內典錄》(T 53: 339a)。這些記述中都沒有提
到王玄謨或盧景裕的名字，可能是受到他的影響，成書於 668 年
的《法苑珠林》、1333 年的《佛祖歷代通載》與 1354 年的《釋
氏稽古略》等其他佛教史書，也只提到孫敬德的名字（Kiriya

1990: 44-49）。也許我們可以斷言，孫敬德之所以成爲這個傳奇的主角，主要歸功於道宣。相較於王玄謨和盧景裕，孫敬德的故事更富戲劇性，而且還頌揚觀音像與觀音經典都是菩薩藉以示現慈悲的方便。因此，最晚不超過十三世紀，孫敬德就與這部本土經典形成唯一且密不可分的關係了。

這部經所表現的根本思想與宗教實踐法門，完全以《法華經·普門品》爲基礎。要不是〈普門品〉在社會上早已廣爲人知，《高王經》也很難在這麼短的時間內變得家喻戶曉。本土經典要想被接受，終究得仰賴「正統」經典的威名。正如我們將在下一章提到的，《法華經》第一個譯本在 286 年出現之後不久，就有許多人以竺法護譯本中「光世音」這個名號啓請菩薩，而得到感應。隨著鳩摩羅什新譯的《法華經》問世，其後不到一百年，陸杲（459—523）就於 501 年編纂一部感應錄，這些感應故事都是以羅什所譯的「觀世音」作爲這位菩薩的名號，而同時代的劉義慶（403—444）和王琰也編纂感應錄，其中包括了觀音的感應故事（Makita 1970: 168; Kiriya 1990: 21-22）。因此，有充分的證據顯示，由於〈普門品〉的流行，觀音在六朝已廣受大衆信奉。

〈普門品〉盛行的原因不難理解，因爲它保證誠心持誦觀音名號者都能得救，脫離「七難」（火、水、風或羅刹、刀、鬼、枷鎖和怨賊）和三毒（貪、癡、瞋），且可以滿足兩個願望（求男得男，求女得女）。這種具體而實際的利益不是藉助高深的知識或禪定而獲得，而只需透過稱念菩薩之名——這是最平等、最民主的修行法門之一，難怪普遍受到大衆的歡迎。仔細探究陸杲《繫觀世音應驗記》中所收錄的六十九則感應故事，我們發現其中有八則相當於「刀難」，二十二則相當於「枷鎖難」（牢獄之災），十四則有關「怨賊難」（怨敵），這些故事占全書一半以上的篇幅。西元 601 年的隋譯本《添品法華經》在這一品中添加偈

頌部分，此後七難擴增爲十二難，其中，「或遭王難苦，臨刑欲壽終……刀尋段段壞」以及「或囚禁枷鎖，手足被杻械……釋然得解脫」分別是第四難和第六難，正是孫敬德、王玄謨和盧景裕所經歷的災難。的確，《繫觀世音應驗記》中有些故事與這三人的經歷幾乎完全一致。一如《高王經》，這些感應故事也都不厭其詳地指出故事主角的姓名。爲了證實並未憑空杜撰，感應錄的作者特別留意註明這些故事的來源出處。此外，想要持誦靈驗，必須念滿一千遍。

　　人們一向不假思索認定佛教僧侶護持正統，只有粗俗凡夫才杜撰本土經典，這是以往經錄編撰者所採取的態度，但實際情況卻十分複雜。如前所述，道宣、志磐都不曾質疑《高王經》的眞實性，事實上，他們甚至在宏揚此經上發揮了若干作用。另一個顯著的實例是這部經獲選鑴刻於房山石經中。桐谷（1990）提醒人們注意相當有趣的一點，那就是這部經重複刻於兩個不同的洞窟中。最早是雷音洞（雕刻年代爲 616），這是由擘畫房山刻經的僧人靜琬最早開雕的八個洞窟之一。當中有 146 塊經石，共收藏 19 部經，其中 76 塊經石屬於法華經系，超過總數的一半以上，《高王觀世音經》是其中之一，其餘經石所刻的經典包括《維摩詰經》、《華嚴經》、《涅槃經》、《般若波羅蜜經》以及《勝鬘經》等，這些都是「正統」的大乘經典（Kiriya 1990: 28, 64）。因此，當靜琬深信末法時代即將來臨，而想爲後世保存佛經時，他選擇將這部「僞經」納入刻經的名單中。如同道宣和志磐，他並不因爲《高王經》來源可疑而鄙視這部經，這可以證明此經在七世紀初必定非常流行。此外，這部經出自河北，即東魏、北齊的故地，亦即高歡及其家族掌控的區域。這項事實或許可以解釋爲什麼這部經獲選爲房山刻經之列，當權者的支持在本土經典的創作和流傳上發揮了一定的影響力，這是無庸置疑的。

唐代以來流行的兩組陀羅尼經群

討論《高王經》的五種版本時，我們提到其中敦煌本和《大正藏》本都包含陀羅尼，本節有關讚頌觀音的本土經典也強調陀羅尼的樞紐地位。陀羅尼是密教經典不可或缺的要素。中國密宗由唐代三位大師建立，即善無畏、金剛智和不空，他們大量翻譯密教經典，並建立密教儀軌，其中尤以不空的影響最大，他先後受到玄宗、肅宗、代宗三位皇帝的護持和禮遇。一如其他所有密教修行者，不空也強調持誦陀羅尼的重要，例如他曾向肅宗進獻一首陀羅尼，那是他在 758 年翻譯的，他還請皇帝將此陀羅尼佩帶在身上不同的部位。毫無疑問地，這首陀羅尼是《大隨求陀羅尼》，敦煌莫高窟第 17 號藏經洞已發現它的木刻本，年代為北宋太平興國五年（980）6 月 25 日。

「大隨求」是觀音在密教中的一個化身，這個刻本有大隨求的畫像，描繪菩薩坐在大圓光中，八臂各執法器與兵器，圓光中寫滿了陀羅尼的梵文字母，下面有漢文經句，強調持誦此陀羅尼的種種利益，此外，題記榜刊署的施主與雕刻者的姓名也清晰可見（Whitefield、Farrer 1990: 106-107）。不空又於 762 年代宗壽辰當天進呈他所翻譯的另一首陀羅尼，並再次保證誦此陀羅尼便能實現所有的願望，於是代宗下令全國僧尼在一個月內熟記此咒，每天持誦二十一遍，且於每年新年伊始向皇帝稟告前一年念誦的總數。代宗還下令全國各地樹立經幢，刻此陀羅尼於其上（Ch'en 1964: 325-326）。

上一章討論了許多提倡念誦陀羅尼的重要密教經典，對於本節探討的本土陀羅尼經典而言，其作者可能都是以這些經典為範本，或至少從中汲取靈感。然而，在密教經典中，陀羅尼的持誦必須按照既定的儀軌進行：首先必須恭敬地於觀音像前念誦，而且持咒與較為繁複的灑淨、齋戒、火供或其他密教儀軌等形成一

整套儀式。這與本節討論的陀羅尼經不同,因為念誦陀羅尼似乎是本土撰述陀羅尼經的唯一要求。

本章在此之前討論的三部本土經典,經名都出現於經錄,但這一節探討的所有經典未曾有任何經錄提及。第一組陀羅尼經共三卷,應該譯於唐代,這點或許不會太牽強,因為伯希和(Paul Pelliot)1907 年從敦煌莫高窟著名的 17 號洞攜出的寫本中,的確有此經十一世紀前半的唐寫本(P. 3916)。❿此經盛行於十一世紀的另一條線索來自 1974 年一項偶然的發現。這一年在山西省應縣木塔中發現了這部經的兩個寫本,它們和其他經典一起藏在第四層主像釋迦牟尼佛像的內部。應縣木塔原名佛宮寺釋迦塔,建於 1056 年遼代統治時期。⓫同經 1102 年木刻本的卷首插畫刊行於鄭振鐸的《中國古代木刻畫選集》(圖 3.5),另外,除了台北寫本和北京木刻本之外,哈佛大學「賽克勒博物館」(Sackler Museum)和「印地安那波利斯博物館」也收藏其他刻本(圖 3.6)。很顯然,這組本土經典至少自十一世紀以來已相當流行。

卷上經文一開始,觀音向佛陀說:「我今欲為苦惱眾生說消除災厄臨難救苦眾生《無礙自在五智心印大陀羅尼法》⓬,以用救拔一切受苦眾生,除一切疾病,滅除惡業重罪,成就一切諸善種智,速能滿足一切心願,利益安樂一切眾生煩惱障閉……若有善男子、善女人得聞此祕密神妙章句,一歷耳根,身中所有百千萬罪,悉皆消滅。此陀羅尼經,能滅十惡五逆,誹謗闡提,非法說法,或於三寶師主父母前起憍慢心,或世世造業,殺生害命,或三朝滿月,嫁女婚男,橫殺眾生,犯無邊大罪……如是之人,捨此一報身,當墮落阿鼻無間地獄中,受其苦楚,一日一夜,萬死萬生,經八萬大劫,受罪永無出期。若有慈順男子女人欲報父母深恩者,遇見此《佛頂心陀羅尼經》文字章句,能請人書寫,受持讀誦,每日於晨朝時,向佛前燒香誦念此陀羅尼經,如是之

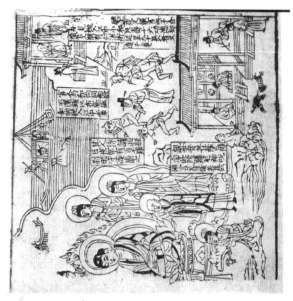

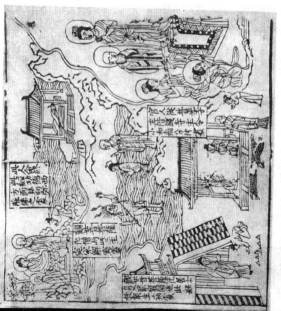

圖 3.5 《佛頂心陀羅尼經》插圖，1102 年刊印。摘自鄭振鐸《中國古代木刻畫選集》卷 1。

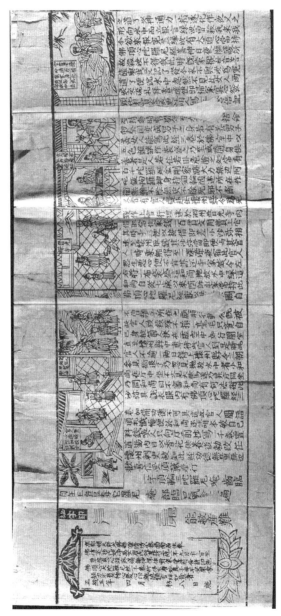

圖 3.6　《佛頂心陀羅尼經》插圖，附供奉榜題文字，1440 年。「印地安那波利斯博物館」提供。

人，終不墮於地獄中受罪，乃至到百年命盡，臨欲終時，心不散亂，見十方聖眾菩薩，各持花台幡蓋，猶如日輪，霞光滿室，來迎是人往生淨國，諸大菩薩舒金色手，摩頂受記，口稱：『善哉善哉！善男子善女人生我國中，護如眼睛，愛惜不已。』」

此經還有一處特別針對女性的開示：若女人厭女人身，願來世轉生為男，則應請人書寫此陀羅尼經，安奉於佛像前，「以好香花日以供養不闕者，必須轉於女身成男子。至百年命終，猶如壯士，屈伸臂頃，如一念中間，即得往生西方極樂世界，坐寶蓮華，時有百千婇女，常隨娛樂，不離其側。」

此經還保證能避免破財、噩夢、惡病纏身，此外，金剛密跡將保衛信奉者居家免遭邪魔侵擾。最後，若修行者僻處靜室，閉目念誦此陀羅尼七遍，則可面見觀音菩薩，同時也能看見佛陀，並得轉輪王降福。

由三部短經構成的這組經群中，只有卷上載錄一首陀羅尼，其中將近半數的咒句與《千手經》相同。這不可能是巧合，而是出於刻意的抄錄。如果能徹底搜尋，那麼在其他陀羅尼合集中發現此咒其餘部分亦不足為奇。

卷中是一件避免難產的護身符。分娩時，如果產婦被惡鬼糾纏，痛苦難當，此時應立即請人用硃砂書寫此陀羅尼與「祕字印」，並和著香水吞服（其灰燼？），就能產下聰明的男孩或漂亮的女孩。如果胎盤無法剝離，危及胎兒，結果造成胎死腹中、產婦死亡，或母子俱亡，在這種情況下，產婦應該採取上述方法，這會讓死胎順利脫離母體，此時應該立即將墮產的死胎拋入河中。此外，孕婦不可吃狗肉、鰻魚、鳥雀之類，且須常念「寶月智嚴光音自在王佛」的名號——《白衣大悲觀音五印陀羅尼》特別強調這尊佛，這點容後討論。

除了婦女生產以外，這部經對臨終的處理方式也有一些開

示。若有家親眷屬臨命終時，應取西方一掬淨土，與焚燒陀羅尼的灰燼拌和，置放在彌留者胸口，然後以布裹身。仗此陀羅尼之威力，臨命終人將立即往生西方淨土，不需經過四十九天的中陰身。

這些本土經典挑戰正統佛教信仰與實踐的意味甚濃。據此經所載，凡是抄寫這三卷陀羅尼經的人，所獲功德等同於印造全部佛教藏經；此經還勸人以紫磨黃金鑄造佛像，以供養這些陀羅尼經。這使我們想起《高王觀世音經》更勝〈普門品〉的主張，類似的例子也出現於《佛說觀音三昧經》，如上所述，釋迦牟尼在這部本土經典中聲明，過去他曾是正法明如來的弟子，讀誦此經七天七夜後才得正覺。

卷下篇幅最長，也最有中國味。在結構和風格上，這部經猶如變文或寶卷。一如《請觀音經》，此經一開始描述悲慘的災難場面。話說罽賓國（今克什米爾）瘟疫橫行，人們一旦被感染，不過一天、兩天，必死無疑。於是觀音化身白衣居士，到處登門治病，且教人抄寫這三卷佛經，虔誠供養。人們依言奉行，瘟疫立刻轉移至其他國家。這卷經接著敍述三則靈驗故事，都旨在顯示觀音的神驗。

第一則是關於波羅奈國一位長者的故事。這個故事與第二章討論智通所譯《千眼千臂觀世音菩薩陀羅尼神咒經》中的感應故事一樣。本節這部本土經典的作者模仿智通譯經中的故事情節，但增添一節橋段，將故事與本經連接起來。故事中的長者非常富有，但只有一個兒子。這個孩子十五歲時，突然患病，群醫束手無策。此時鄰近地區一位長者來訪，見他如此憂傷，便詢問原因。得知原委後，這位長者教導孩子的父親請人將這三卷佛經抄寫在白絹上，置於佛像前，且面對佛前燒香轉念，那麼他兒子的壽命將會延長。這位父親遵照長者的指示，而抄經尚未完成，他的兒

子就已痊癒。閻王受此感動，於是派遣鬼使前來告訴富有長者：
「此子命限，只合十六，今已十五，唯有一年。今遇善知識故，
勸令書寫此陀羅尼經，得延至九十，故來相報。」長者夫婦欣喜
若狂，打開庫房變賣黃金珠寶，出資抄寫此經一千部。

　　第二個感應故事是關於一位國籍不詳的婦女，此女日日持誦
這首陀羅尼，並供養經典。她在三世以前曾以毒藥殺害一人，這
個冤家為了報仇，這一世投生這名女子胎中，在生產時揪緊她的
心肝，使她痛不欲生，並企圖置她於死地。這孩子出生後，清秀
乖巧，但兩歲就夭折。婦女悲不自勝，痛哭嚎泣之餘，將孩子拋
入河裏。同樣經歷連續發生三次，孩子第三次夭折時，她實在難
以承受，站在河邊悲泣，久久無法親手丟棄孩子的屍體。此時觀
音化身僧人示現，對她說：「不用啼哭，此非是汝男女，是弟子
三生前中冤家，三度託生，欲殺母不得。為緣弟子常持《佛頂心
陀羅尼經》，並供養不闕，所以殺汝不得。若欲要見汝這冤家，
但隨貧道手看之。」觀音說完此話，運用神通力一指，死嬰即變
為兇猛的夜叉，站在水上對婦女說，「緣汝曾殺我來，我今欲來
報冤。蓋緣汝有大道心，常持《佛頂心陀羅尼經》，善神日夜擁
護，所以殺汝不得。我此時既蒙觀世音菩薩與我受記了，從今永
不與汝為冤道了。」夜叉言畢，沉入水中，消失不見。這位婦女
大為震撼，一再禮謝觀音，回家之後，變賣衣物，請人抄寫此經
一千部，每日禮拜經典，從無間斷。她一直活到九十七歲，死後
轉生「秦國」（中國），變為男子之身。

　　這個故事反映民間妖魔投胎的信仰，亦即「有些嬰兒不是普
通孩子，而是邪靈，他們的出現是為了讓父母憂傷，這也許是父
母過去所犯罪孽的果報。」（Ebrey 1993: 175）從伊沛霞（Ebrey）
引用洪邁（1123—1202）《夷堅志》中的幾則故事，我們可以清
楚看出這種信仰在宋代已很普遍。妖魔投胎或者揪住母親的肚

腸，造成難產，或在出生後不久即夭折，讓母親悲痛。這兩點在目前討論的這則感應故事中都能見到。

　　卷下最後一則感應故事發生在中國，並詳載確切的地名。從前有位官員被派往懷州（今河南沁陽）做縣令，因爲沒錢置辦行裝，於是向泗州普光寺借錢一百貫。住持派一個小沙彌同行，以便到了懷州把錢帶回來。他們同乘一條船，日暮時分，官員陡生惡念，因不想還錢，所以命下人將小沙彌裝入布袋，扔進河裏。但這個小沙彌自從七歲開始一直持誦此陀羅尼經，且總是經不離身，因此有驚無險，只覺有人扶他在半空中穿過暗室，結果平安到達懷州。兩天後，官員也到達了，當他看到小沙彌好端端地站在縣衙公堂時，不禁嚇得目瞪口呆。小沙彌解釋自己之所以倖免於難，完全是因爲受到他藏在僧袍中的三卷佛經保護。這位官員深深懺悔，從沙彌那裡請來經本，用自己的薪俸請人抄經一千部，然後將這些經典安奉在寺院中，以香、花供養。結果這名縣令後來陞任爲懷州刺史。

　　卷下這幾則感應故事聽來疑似顯揚此陀羅尼經神驗的見證，是後來才添補於經文中的，因爲如果普光寺的小沙彌這則故事是這組經群卷下的一部分，他顯然不可能隨身攜帶這「三卷」經，畢竟其中一卷包含他如何得救的故事。然而，故事中特別指出他是泗州普光寺的沙彌，這點非常重要，因爲普光寺爲唐代僧伽（卒於 710）創建，一般認爲僧伽是十一面觀音的化身（詳見第五章），而泗州（今江蘇泗洪）普光寺（通常稱爲「普光王寺」）是一處重要的觀音道場。

　　接著讓我們討論《白衣大悲五印陀羅尼經》。這部經現存有董其昌的抄本和其他明代木刻本。由於經文很短，爲使讀者對此經有個概念，我將 1609 年的刻本轉錄於下：

淨口業真言

唵　修唎　修唎　摩訶修唎　修修唎　薩婆訶

安土地真言

南無三滿哆　沒馱南　唵　度嚕度嚕地尾　沙婆訶

開經偈

無上甚深微妙法，百千萬劫難遭遇，

我今見聞得受持，願解如來真實義。

啓請

稽首大悲，婆羅羯帝，

從聞思修，入三摩地，

鎮海潮音，應人間世，

隨有希求，必護如意。

南無本師釋迦牟尼佛！

南無本師阿彌陀佛！

南無寶月智嚴光自在王佛！

南無大悲觀世音菩薩！

南無白衣觀世音菩薩！

前印　後印　降魔印　心印　身印　陀羅尼

我今持誦神咒，惟願慈悲降臨護念。説真言曰：

南無喝囉怛那　哆囉夜耶　南無阿利耶　婆羅羯帝

鑠缽囉耶　菩提薩埵婆耶　摩訶迦盧尼迦耶　唵　哆唎

哆唎　咄哆唎　咄哆唎　咄咄哆唎　娑婆訶

　　根據海光根敏郎（Toshio Ebine 1986）的研究，這部陀羅尼經最早的文獻紀錄是一件碑拓，上署年代爲 1082 年，這塊石碑上刻著一尊白衣觀音手抱嬰兒像，還有秦觀（1049—1100）書寫的經文。這件拓本發表於 1981 年出版的《歷代名畫觀音寶相》

以及海光根敏郎的一篇 1986 年的文章中（1986；見圖 3.7），可惜這兩份資料都沒有提供這件拓本的出處。從碑文的書法和圖像風格來看，我懷疑它並非刻於宋代，倒很有可能是明代甚至清代的作品。

　　這部本土經典將白衣觀音刻畫爲生育女神，其實就是所謂的「送子觀音」，亦即懷抱嬰兒的母親形象。自十七世紀以來，許多清代福建製造的德化白瓷送子觀音像就被廣爲收藏、保存（圖3.8），外國傳教士和遊客暱稱送子觀音爲「慈悲女神」，而觀音的這種造型也通常被視爲民間宗教藝術的代表。由於缺乏正統經典和造像的佐證，送子觀音迄今很少受到學術界的關注。相較之下，宋代以來文人、禪畫家偏愛的白衣觀音，則一向被認爲是「禪畫」的典型代表之一。這種造型表現《心經》的空性教義，也象徵禪定的寧靜，所以不管在寺院內外都適合做爲禪修者的觀想對象，難怪日本寺院收藏如此多白衣觀音像，例如京都大德寺的牧谿「白衣觀音圖」。

　　如果必得選出兩種完全不同的觀音像，一種普遍通俗，另一種高雅超然，那麼非送子觀音和白衣觀音莫屬。然而，這兩種觀音像並不如乍看之下那樣南轅北轍。白衣觀音既是偉大的禪修者，也是生育女神，因此，送子觀音是白衣觀音的一種變體，代表她的另一面，做爲生育女神的觀音普受文人與一般婦女的信奉。再者，白衣觀音即是送子觀音的信仰，其經典依據不但是包括《白衣大悲五印陀羅尼經》在內的一些本土經典，還有《法華經》。最後，正是因爲持誦這些本土經典而得子的士大夫（知識分子）宣揚其利益，白衣觀音才顯現爲送子觀音。白衣觀音是印度 Avalokiteśvara 在中國最早的女性形象，白衣觀音信仰大約出現於十世紀，而這部本土經典的創作證實了白衣觀音的普及。

　　白衣觀音的圖像問題將留待第六章討論，在此我想著重於這

圖 3.7　白衣觀音造像
碑，含秦觀書寫的經文。
摘自《歷代名畫觀音寶
相》卷 2，144 號。

圖 3.8　德化白瓷觀音，十七世紀。阿姆斯特丹「瑞吉克斯博物館」提供。

部本土經典所顯露的關於觀音的宗教信仰。對《白衣大悲五印陀羅尼經》的作者而言，觀音主要是生育女神。許多文人撰寫有關親生兒子或朋友之子出生的感應故事，這些見證附於經末，那正好可以佐證我將要陳述的觀點。靈驗感應事蹟刊印於經文之後，「助印功德芳名錄」之前。雖然其中有些故事收錄於標準的感應錄中，但大多數未被收入，而且知識分子的文集通常也不會收錄這些極為私密且自傳意味濃厚的資料。因此，若不是這些意外保存下來的見證，我們永遠也不知道中世紀以後中國文人宗教生活的這一面。

我在北京法源寺圖書館研究過此經的三十五個刻本，其中收集的感應故事年代最早的是十一世紀，有些則在元代，但絕大多數都屬於明代。整體研究結果發現助印者可分為下列幾類：舉人、進士、知府、縣令、國子監主簿、監察御史、中書舍人、刑部尚書等，武將中則有都督、副督等，駙馬和其他皇室成員也不在少數。至於地域分布，儘管華中和華北（京城、近畿）被提及的頻率高於南方沿海地區或其他邊陲，但似乎沒有特定的模式。

此經多數版本的感應錄中，列為首篇的感應事蹟一般認定發生於唐代。這則故事也可解釋此經的起源，當時簡稱為《白衣觀音經》：

> 唐衡陽一士人，年高無子，祈嗣靡所不至。忽遇老僧，持《白衣觀音經》授之曰：「佛說此經，有能授持，隨心所願，獲福無量。若欲求子，即生智慧之男，有白衣重包之異。」❸於是夫婦竭誠誦滿一藏，數年遂生三子，果有白衣重包。衡陽太守親睹其事，重為印施，亦以祈嗣，不逾年生一子。(HTC 134: 969a)

　　在其他版本中，有更詳細的描述。例如，武陽（今山東）縣令蔣公，有親戚為衡陽太守，太守曾親身見證此經的神驗——他與夫人以此經求子而得子。於是他將這部經傳送給蔣公，並且囑咐他念誦陀羅尼，這部經因此廣為流傳（法源寺善本編號 285、291）。以上兩則事例都是由於士大夫彼此輾轉相告、宣揚，這部陀羅尼經才開始流傳。

　　將此經與白衣送子觀音信仰相提並論的下一個確切可辨的年代，是十三世紀的元朝。一如以往，此經也在背景相似的交友圈中流傳。有趣的是，這次南方（可能是廣東）成為該經的發源地。據一則感應事蹟所載，南京人士王玉，年逾四十仍然無子。1265年他拜訪友人馬超，看到馬家祠堂神位前有這部經典，馬超告訴他，這是五年前春天軍隊從南方返回時，一名南方俘虜借宿之後遺留下來的。王玉將此經帶回家，天天念誦不輟。1267 年 4 月14 日夜晚，王妻劉氏夢見白衣人頭戴金冠，手牽一個小男孩，對她說：「吾與汝送聖奴來。」劉氏接下這個男孩，次晨醒來就產下一名男嬰，孩子眉清目秀，白衣重包，夫妻兩人將孩子取名為「聖僧奴」。

　　僅就以上兩則事例，顯然此陀羅尼經神驗的關鍵證據是孩子出生時的模樣。事實上，「白衣重包」一語（我將它譯為「裹覆於雙層白色胎膜中」），出現於所有感應故事中，幾無例外。所幸有兩則故事闡明這難解的用語，也證實我最初的直覺判斷正確無誤。第一則故事描述左庶子趙用賢（譯註：左庶子，中國古代職官名），江蘇常熟人，他的妻子虔誦此經，於 1586 年 7 月 16 日產下一女，有白衣如雪覆其頭、面、胸、背，產婆揭去白衣，才見女嬰眉、目。趙用賢已有好幾個兒子，但唯有這個女兒有「白衣」的神異之相，因此得以記錄、流傳（編號 291）。

　　第二件參考用例出現於清初一名信徒的故事中，他的兒子出

生時「胞衣皆白」(《觀世音菩薩靈感錄》，56a-b)。「白衣」語帶雙關，因此，白衣重包這種神異之相暗示信徒這個孩子是白衣觀音親授的禮物。日本畫家狩野芳崖 1888 年完成一幅奇特的作品，題名為「慈母觀音」，別名「氣泡觀音」(圖 3.9)，這幅畫根據的基礎可能正是這種信仰。畫中的觀音雖蓄有鬍鬚，卻身穿白衣；有一嬰孩包覆於氣泡中，仰望觀音，而觀音正將甘露傾注於氣泡，似乎要讓嬰孩降生世間。這幅畫適可闡明為何感應故事中的嬰兒有「白衣重包」之稱。可惜我在中國沒有看過類似的繪畫，也不知道日本人是否如此理解這幅畫。❹

這部經 1614 年版本中的「跋語」描述如何念誦此陀羅尼，題為「誦經儀軌」：每天早晨，清淨身口，燒香祈禱。首先，念誦開經三首真言，每首念三遍。然後，念誦〈開經偈〉一遍。接著跪念《白衣經》7 遍、11 遍、51 遍或 108 遍。一旦決定持誦遍數，就要堅定不懈，不隨意變更或廢弛修行。若出門在外，亦可心中默念。每誦一遍，可依個人所願，求子、求福祿，或求長壽，且將誦經功德迴向此願。如果由於某種原因不能親自念誦，也可以請人代念。不要希求速效，心越虔誠、持誦越久，越能確定獲得效驗。誦此陀羅尼 5,084 遍，即為一藏，可滿一大迴向之願，之後便可再持咒計數，祈求其他福報 (編號 299)。

除了虔誠念誦陀羅尼經外，助印流通此經一向是回報觀音送子應有的善舉。最常提及的印經數額是 500 或 1,000 份，最高可達 5,084 份 (稱為一藏)。❺以下這段感應見聞提供非常豐富、有用的資料，顯示若干持誦此咒的士大夫從事的宗教活動：丁宣，南陽府人 (今河南省)，年已半百，膝下猶虛。他助印此經流通，並熔鐵千斤造觀音像，表面鍍金，像高十六尺，置於城中南苑。碰巧守備刑潛為求得子，先前在城北建造一寺供奉白衣觀音，於是丁宣所鑄的這尊觀音像移至此寺。總督又買了幾畝良田，打算

圖 3.9　慈母觀音（氣泡觀音），1888 年，狩野芳崖繪。華盛頓特區「弗利爾美術館」提供。

圖 3.10　鐵鑄送子觀音，可能為十七世紀作品。蘇黎世「瑞特堡博物館」提供。

將歲收用於購買香燭，以保該寺世代香火不斷。不久，丁宣夢見一婦人贈送一條白鯉，次晨即得一子，白衣重包，此事發生於 1583 年 12 月 4 日。

　　這尊觀音像剛從城中南苑移走時，看守園地的人做了一個夢，夢中觀音貌似不悅。他將夢境告訴丁宣，於是丁宣請人另造一尊一模一樣的觀音像，且請一位雲遊僧看守此像。後來，有一白衣老人出現在他夢中，似乎嘉許他的行為。第二天，當他與一位訪客談論此夢時，恰好有人攜帶此經木刻板，尋求買主，丁宣出資購買，並印經一千冊流通，另外又請一位高明的畫師繪製數百幅白衣觀音像，免費分送信徒。1586 年 4 月，他又得一子。建

寺的守備，也得一子一女（編號 291）。

　　在這件記載詳盡的感應見聞中，我們可以一窺白衣觀音的送子信仰透過何種途徑興起於中國各地。經文木刻板的販售、印經、繪像、鑄像、建寺奉供同時並進。如同本土經典和感應錄中的主角，宣揚這種信仰的人通常是有錢有勢的男性。這種信仰不靠寺院支持，人們私下在自己家中念誦此經，不需要仰賴僧人主持的儀式。前述故事中提到的僧人，不過是施主私人寺廟中的聖像守護者。如「瑞特堡博物館」（Rietburg Museum）收藏的兩件真人大小高度、手抱小兒的白衣送子觀音像（圖 3.10 a-b），可能供奉於以觀音為主的道場；其他如收藏於舊金山「亞洲藝術博物館」的鍍金銅像（圖 3.11），由於尺寸較小，可能供奉在私人家中禮拜；對於經濟不寬裕的人而言，簡陋的木刻畫（圖 3.12 a-b）也可以達到相同的功能。

　　難道佛教專業人士真的沒有參與這部經典和其他本土經典的撰述嗎？我懷疑唐代老僧授與衡陽士人《白衣觀音經》的故事並非全然偽造。事實上，如同《高王觀世音經》，在觀音感應錄中，僧人經常扮演教授某部經典的角色。會不會是僧人撰述本土經典，而由文人信眾倡導？果真如此，那麼傳統上截然二分出家僧眾與在家居士的做法，如同知識精英與庶民大眾的截然二分，都必須重新檢討。

　　本土經典雖不是譯自梵文原典的佛經，但至少目前討論的這些經典並非全然杜撰，其中不乏明確可辨的大乘經典要素——這點是提倡善書的文人袁黃（譯註：即袁了凡）（1533—1606）發現的。他為推廣持誦《白衣經》所做的努力可能無人能及，他本身到了四十歲仍無子嗣，後來開始念誦此經，到了 1580 年終於得子。他編纂《祈嗣真詮》以助人得子，在這部經文集中，此經置於卷首，他也正確指出此陀羅尼與唐代智通所譯的《觀自在菩薩

圖 3.11　送子觀音鍍金銅像，十七世紀末至十八世紀初。舊金山「亞洲藝術博物館」提供。

(a)

(b)

圖 3.12　白衣送子觀音，可能為十八世紀作品。
(a) 聖彼得堡「冬宮博物館」提供；(b) 台北「國
立歷史博物館」提供。

隨心咒經》中的一首陀羅尼相同。著名的三藏法師玄奘，在七世紀前往印度取經途中，就是依靠這首陀羅尼穿越危險重重的沙漠。因此，依袁黃之見，這首陀羅尼譯自梵文，且保存於佛教經藏中，儘管這部經並未納入藏經。

編撰重要禪宗史傳《指月錄》的文人瞿汝稷（1548—1610）與其友人嚴道徹，也虔誠念誦此陀羅尼。瞿汝稷為此經 1607 年的版本寫跋，描述他和一群朋友為求得子如何念誦此陀羅尼、自己經歷哪些宗教體驗，以及為何宣揚此經。這段跋文相當長，在此收錄部分內容，我們可以從中一窺明代高級知識分子的私人宗教生活，同時獲得有關觀音信仰中文人信眾的重要資料：

> 稷之持此，始於萬曆庚辰（1580）歲二月，同持則李伯樗喬新，嚴道徹澂。伯樗未及得子，道徹三歲而得子。稷久未獲驗，每自咎曰：『我持不及二君子虔也，我夙障獨深也。』逮癸未（1583）三月一夕，夢入一庵，有僧語曰：『君若所持陀羅尼尚有一佛號未持，持則得子矣。』覺，不省佛號為何？曰每於大士示蹟日，則禮持示蹟名號。越乙酉（1585）冬，北遊阻冰流河驛，至十二月十二日入一庵，見猊座有此經。刑曹王岐山刻本也。展讀之，佛號有「寶月智嚴光音自在王佛」，昔所未聞。中心恍然，遂稽首座側，歸而禮持。甫三日，得一子，果符曩夢。丙戌（1586）入都，友人徐文卿琰，于中甫玉立皆受持求嗣，中甫內子且感異夢而孕矣。於是共謀梓行，以廣持流。……

他解釋前曾遍查南北藏（明代編輯的兩套佛教藏經），並未尋獲此經，因此以為這是番僧祕傳的救世神方，但後來袁黃告訴他這跟《隨心陀羅尼》一致，瞿聽後立刻到龍華寺藏經閣查閱

《大藏經》，發現雖然句子的順序和咒文的用字與市面現行的版本稍有不同，不過持咒的效驗卻同樣是肯定的。

如翟汝稷所言，因為他起初不知道寶月智嚴光音自在王如來，沒有稱念這尊如來的名號，所以沒能很快得子。這尊佛是誰呢？如前所見，他出現在另一部本土經典中。他非但不是子虛烏有，而且是《藥師琉璃光七佛本願功德經》中所提到的藥師七佛之一。他之所以被單獨提出，做為禮拜對象，可能是因為這尊佛在此經中所發的第三條誓願即是保護分娩的孕婦。

儘管本土經典利用正統佛經的要素，但正如觀音圖像的轉變，本土經典也必須找到符合中國文化偏好和感受的表達方式，以便擴大吸引力。總之，本土經典的創作，就如同水月觀音和白衣觀音等中國特有觀音像的製作，以及讓佛教主要神祇深植於中國本土的朝山聖地（如中國四大名山等地，詳見第六、第九章），都是使佛教轉變、本土化的必要步驟。為達此目的，帝王（和皇后）與平民百姓、僧侶與文人、精英階層與平民大眾似乎都有所貢獻。

公認為明代皇后所撰述的兩部本土經典

以上討論的本土經典，要確定其作者、年代雖不是不可能，困難度卻很高。其中原因不難理解，既然希望這些經典能像真經一樣流通，難怪它們的作者都設法讓經典的來源神祕莫測。因此，本節這兩部公認為明代皇后所作的本土經典（儘管這兩位皇后都聲稱那是夢授經典），就顯得特別有意思，因為它們既可顯現其時空背景，也藉由這些背景資訊的敘述，強調王室護持與本土經典的密切關係。

第一部經名為《大明仁孝皇后夢感佛說第一希有大功德經》，收入明代編纂的藏經（HTC 1）。仁孝皇后（1361—1407）是明成祖永樂皇帝之后，娘家姓徐，素有護持文學之名，又被視為《古

今列女傳》的作者，且襄助編纂《內訓》和《勸善書》。吉田眞弓（1998）說明徐皇后藉由這些道德訓誨書的編撰，以證明永樂帝在位的正當性，吉田的論述頗令人信服。永樂帝有充分理由想讓自己具備衛道者的形象，因爲他廢立明太祖的法定繼承人惠帝（也就是永樂帝的侄兒），於 1403 年稱帝，距惠帝即位不過三年。徐皇后談到這番政局更迭，其實是將永樂帝的成功登位歸因於這部夢授經典的護佑。

徐皇后在永樂元年（1403）的長篇序文中解釋這部經的由來。據她所述，洪武三十一年（1398）正月某夜，她在房中焚香靜坐讀經，突然一道紫金色光充滿整個房間，她彷彿在夢中見觀世音菩薩從光中現密教的千手千眼大悲像。她起身迎接菩薩，而菩薩引導她前行；觀音「足躡千葉寶蓮華，手持七寶數珠，在吾前行。」她們行經五色雲彩，過「般若」橋，到達一處聖地，此處大門有黃金題額「耆闍崛第一道場」。入門後，只見黃金、青金、珊瑚、瑪瑙等珍寶鋪地，還有奇花異草與口出梵音的珍禽，少男少女列隊供養佛陀和其他聖者。見到這般勝妙景象，徐皇后驚歎不已，不知自己前生積何功德而能臨此勝境。

觀音似乎洞察皇后心思，笑著對她說那是佛陀說法的地方，無數劫以來無人能到達，但因她前世已開悟，所以特許來此領受《第一希有大功德經》。不久她將遭遇大難，這部經勝於其他一切經典，可以消弭種種災難，如果能精進不懈，虔誠念誦此經一年，可證得須陀洹果，兩年得斯陀含果，三年得阿那含果，四年得阿羅漢果，五年得菩薩道，六年得成佛果。然後觀音將甘露水灑在徐皇后頭頂，令她的心地徹底清明。之後，觀音交給她一卷佛經，正是此經。她讀誦一遍，即能領會其中大意，讀誦兩遍則已了然開悟，三遍之後則能完全憶持不忘。觀音告訴她，十年後將再相見，正當她準備開口說話時，卻因宮女的說話聲而從夢中醒來。

她立刻取紙筆，將夢中見聞的經、咒一字不漏地記下來。接下來四年，果然有難（即建文元年至四年〔1399—1402〕，但徐皇后不用惠帝的年號，而以洪武三十二年至三十五年取代），在此期間她每天持誦此經，毫無恐懼。此時天下既然再度太平，她不願藏私，於是印製此經，廣爲流通，與世人分享持誦此經的利益。

　　這部經有兩卷，上卷較短，只有四頁，談論關於心、性的問題，呼應《首楞嚴經》、《圓覺經》等深受明代禪僧、文人喜愛，且相當流行的大乘經典的觀點。舍利弗問佛陀如何知道心、性的眞實本性？如何理解空？佛陀應舍利弗啓問，對聽法大眾說：「應無所住而生清淨心。以如實見得清淨故，是名第一希有。……世人欲識如來心性，是心性者，我不獨有，眾生皆具。唯性自性本根妄想，自心分別，迷常住眞心，失眞空淨性。」（HTC 1: 686）

　　下卷篇幅是上卷的兩倍，其中，諸菩薩所說陀羅尼有六頁，這顯然是此經要旨。經文勸導世人持誦此經和陀羅尼，如此可受護佑，免於一切擔憂和痛苦，不受盜賊、水、火、毒藥與野獸的危害，也能幫助九世先祖皆得超度，讓沒有子嗣的人獲得聰慧之子，又可使人免於墮入無間地獄。最後，「若善男子善女人持誦此經一句一偈及一神咒，所獲福德無量。」（HTC 1: 693）我們可以輕易地在《請觀音經》、《千手經》、《大乘莊嚴寶王經》以及其他正統大乘經典中找到這些思想的來源。

　　夢授經典可否視爲眞經？這個問題在早期經錄中已有爭論，我們前面曾提及，僧祐和費長房對尼子從夢中所得的二十一部經採取了不同的觀點。但是，對徐皇后和當時的人而言，顯然沒有這種疑問，否則這部經典不會入藏。這部經獨特之處在於佛土已有此經。觀音在夢中傳授徐皇后這部經，但是並未如《高王經》一般口授經文，這可能是受到藏傳佛教的影響。事實上，明成祖承繼自元代以來的做法，成爲藏傳佛教的一大護持者。他禮敬喇

嘛的動機可能有宗教信仰因素，也有政治上的考量。明太祖賜元
代四位帝師「國師」的封號，明成祖不但增加西藏喇嘛的實權，
也提昇他們的威望。他在位期間，有五王、四法王、兩位「西天
佛子」、九位「灌頂大國師」以及十八位「灌頂國師」（《明史》：
331）。「五王」不僅是宗教的榮譽頭銜，還被賜予封地，實際上
與世俗統治者相差無幾。藏傳佛教在宮中的影響力想必很大，所
以徐皇后對藏傳佛教中有關神授經典的觀念略有所聞，並非難事。

　　西藏的伏藏傳統主要以寧瑪派為代表，可以溯及十一世紀，
而且與八世紀將佛教引入西藏的蓮華生大士（Padmasaṁbhava）
密切相關。伏藏經典由某些人發現、解讀，這些人被視為是蓮華
生所挑選的「掘藏者」。蓮華生在久遠以前埋藏這些經典，以供
後世的人發掘。這些神授伏藏主要有兩類：「一種是『地藏（sa-
gter）』，這是實物，不但有經典，也包括法器，據說是取自物質世
界，如地下、山邊、雕像內部或石柱等建築結構中。另一種是『心
藏（dgongs-gter）』，據說埋藏在掘藏者的記憶中，只有透過異象
現前才能獲得。」（Gyatso 1998: 147）儘管我懷疑西藏伏藏經典
是否曾影響明朝中國本土經典的撰述，但這種影響並不是單方面
的，廣泛研究伏藏經典的珍那‧嘉措（Janet Gyatso）指出，伏藏
與道教靈寶派經典的早期傳說有相似之處，甚至可能受到影響。
如同掘藏者發現的著名經典以荼耆尼文（ḍākinī script）書寫，道
教經典也以天書寫成，藏於寶匣，後來被得道者發現（Bokenkamp
1986）。的確，如同本書第一章所示，不僅是靈寶派，天師道與
上清派也自誇擁有神靈為利益信徒而口述或傳授的經典。儘管很
難確定道教神授經典、西藏伏藏經典與中國本土佛經之間的交會
點，重要的是，我們要謹記這三者一定有很密切的關係。

　　明代撰述的第二部本土經典，也是神宗萬曆皇帝之母李太后
得自夢中的經典，經名為《佛說大慈至聖九蓮菩薩化身度世尊

經》。此經現存本由神宗於李太后逝世兩年後（即 1616 年）印造，經末榜題框中的題記敍述神宗命人印製此經一藏（5,084 部），以紀念他的母后。同時，有一部現存的道教經典也是神宗同年印行的，這部道經經名中也有「九蓮」這個奇特的別號（Chou 1985: 310）。❻李太后和神宗都倡導九蓮菩薩信仰，她本身也被視爲九蓮菩薩的化身。

　　李太后獲得夢授經典之前，她所住的慈寧宮忽然有瑞蓮盛開，當時是 1586 年 7 月 7 日。兩天後，即 7 月 9 日，皇宮中又綻放珍奇的蓮花。神宗大悅，命太監邀集百官入宮賞蓮賦詩。次年，太后即在夢中受此經典。爲紀念此事，神宗在國都北京的慈壽寺立一造像碑，正面雕刻「九蓮聖母」像，背面刻有「瑞蓮賦」，敍述因其母后仁慈，上天有感而降祥蓮。

　　爲了紀念這件吉事，令後世永誌不忘，所以在石碑上雕刻一尊「（觀音）大士」像。神宗命人在石碑正面安立母后肖像，背面銘刻獻給觀音的頌詞，藉此巧妙地暗示自己的母親就是九蓮菩薩，同時也是觀音的化身。他後來又立兩座造像碑，一座於 1589 年立於聖安寺，另一座於 1594 年立於慈恩寺。這三座石碑的拓本皆已留存至今。以 1587 年的造像碑爲例，菩薩的造像正是白衣觀音，她悠閒地坐在亭台樓閣中，俯視下方的九蓮池，池中有兩朵白蓮、七朵紅蓮盛開。菩薩身後的背景是茂盛的竹枝，一隻白鸚鵡棲息枝頭。在她右側有一只插著楊枝的淨瓶立於蓮座，善財童子侍立於左下角（只有 1592 年的造像碑出現善財、龍女，龍女立於右下角），雙手合十禮拜觀音（圖 3.13）。造像碑之所以選擇這幅圖像顯然並非偶然，因爲這是十六世紀人們最熟悉的觀音形象。透過這樣的安排，九蓮菩薩信仰的倡導者可確保人們輕易辨認李太后即是菩薩，且是女性白衣觀音。據說建於 1618 年的長椿寺內曾供奉一軸畫卷，畫中有一對牌位，分別題有九

圖 3.13 「九蓮菩薩」造像碑，1587 年。周紹良提供。

蓮菩薩名號和李太后名號，暗示二者是同一人（Li, Naquin 1988: 161）。這位菩薩不僅供奉於京城寺院中，她的蹤跡也在泰山出現。1802 年版的《泰山志》即引用顧炎武的著作，如下記述：「碧霞元君之宮前一殿奉元君。萬壽中尊孝定皇太后 [李氏] 為九蓮菩薩，構一殿於元君之後奉之。」（10: 28b）

　　此經一開始是佛陀與觀音的對話：菩薩見世人因愚癡、惡業招致苦難，因而感到憂傷，請求佛陀救度；應觀音所求，佛陀預言九蓮菩薩的出現，將為世界帶來和平幸福。佛陀以傳統描繪西方極樂世界的用語，形容九蓮菩薩的國土。經文最後普勸世人精進念誦此經，尤其是其中的陀羅尼。儘管經文沒有明說，卻暗示觀音和九蓮菩薩的密切關係，後者乃指李太后。這部經描述九蓮菩薩以九種方式與蓮花息息相關：「心生蓮華，性見蓮華，眼睹蓮華，耳聽蓮華，鼻聞蓮華，口吐蓮華，首出蓮華，身坐蓮華，足踏蓮華 [因此是九蓮]。」

　　至於九蓮一詞的來源，在佛經中並沒有完全對應的語詞。然而，因為此經多有淨土色彩，所以可能源於「九品往生」。佛教文獻中常可見到「九品蓮花」、「九品蓮台」等用語。

　　如同本書第十一章所論，明代晚期具有新興宗派色彩的「寶卷」，頻頻使用「九蓮」一詞。它出現在《皇極金丹九蓮正信歸真還鄉寶卷》這部早期文獻中，我們不知道這份文獻最早成書於何時，但首次刊印的時間是在 1523 年。❼如同白蓮教的其他文獻，這部寶卷奉無生老母為至高無上之神。人類歷史分為三劫，每劫各有一尊佛掌教，分別是燃燈佛、釋迦牟尼佛和彌勒佛。九蓮象徵最高境界，得救之人將赴龍華會，與創造萬物的無生老母重聚。「九蓮」和類似的觀念也見於 1543 年的《藥師本願寶卷》和 1659 年的《銷釋接續蓮宗寶卷》（Li, Naquin 1988: 151, 161）。其實白蓮教的經典中，有「九蓮經」的通名，因為以「九蓮」為

名的寶卷不止一部（Ma, Han 1992: 612）。所以，這顯然是普遍流行於諸新興教派間的名詞。李太后護持保明寺，當時這座寺院是白蓮教的總部，由極具感召力的歸圓尼擔任住持（詳見第十一章），所以李太后極有可能因為與歸圓尼的往來而接觸「九蓮」一詞，之前強調陀羅尼的仁孝皇后夢授經典，則是另一個明顯的來源。

本章一開始提出本土經典和真經之間的關係，以及在中國接受佛教或觀音信仰這方面，本土經典所扮演的角色。我們已檢視若干本土經典，其中有些十分著名，有些則鮮為人知。現在綜合論述，總結如下：

首先，儘管本土經典撰寫於中國，但均以正統佛經為基礎，在宗教思想和實踐方法上，兩者是一致的。法華、淨土與密教教義是主要的思想基礎，而要獲得道果，持名和念誦陀羅尼是萬無一失的途徑。《高王經》確立於《法華經》和陀羅尼經的基礎上（主要依據《千手經》，且自陀羅尼經中擷取若干陀羅尼）。創作不代表偽造，本土經典的作者通常有饒富新意的「再包裝」，這或許可以稱作本土經典的保守特質。

其次，本土經典雖然保守，卻能同時展現創意和獨立自主。例如，《高王經》比《法華經‧普門品》更簡潔。其他本土經典也試圖使宗教修行更加簡便易行，在這過程中，它們有時批判、挑戰正統。

第三，本土經典作者堅持將本土經典的起源與歷史上真實人物的感應經歷連結，藉此刻意將佛教的普遍真理特殊化、地方化和個人化，使其根植於中國。這樣一來，真理不再是佛陀久遠前在遙遠印度的開示，而是觀音在每個當下時刻的示現。在中國觀音信仰的建立、發展過程中，本土經典無疑地扮演了重要的角色，

將原本普世救度的菩薩，轉變爲深受中國人愛戴的中國佛教神祇，在這過程中，本土經典一如感應錄、朝山進香和造像，也是不可或缺的媒介之一。

第四章
感應故事與觀音的本土化

　　凡是曾到台灣、香港或中國大陸寺院的人，都會看見主殿兩側桌上或沿壁置放的書架上堆放著佛像海報、小冊子和書籍，這些都是在家信徒所助印，供參訪者瀏覽或帶回家閱讀的資料。這類結緣善書多半是藏經或本土經典，本土撰述以《高王觀音經》為代表，而《金剛經》、《心經》、《阿彌陀經》等藏經也流傳甚廣，但以《法華經・普門品》最受人喜愛。在諸多免費流通的善書中，也有關於觀音的感應錄，這是虔誠的信仰者弘揚佛法且為自己積功累德的最佳方式之一。

　　編撰觀音救度之行的故事當然不只是現代才有的現象，但如同古代所編纂的感應故事，當代的故事集自有其獨特性。仔細檢視這些現代故事，我們發現它們之所以吸引人，是因為內容切合時下人們關切的問題。一如以往，親身經歷此事件的當事人和事件發生的時間、地點等，通常有詳細記錄。今天觀音讓罹患癌症的信徒康復，或使發生車禍的人倖免於難，而非拯救人們免於冤獄和船難。隨著時代的變遷，人們開始遭遇前所未見的問題和恐懼，然而，觀音仍隨時出現幫助世人。

　　在更新並提昇觀音威力的過程中，感應故事有助於維持世人對這位普世救度者的信仰，我認為這是感應故事自始至終的功

能，正是透過這樣的故事，才使中國人產生與觀音的個人關係。感應故事具體呈現經典中觀音的教化，並賦予觀音塑像或畫像生命力。換句話說，感應故事教導人們認識觀音，證實佛經中關於觀音威神力的敍述真實不虛。感應故事也與圖像信仰有密切的關係，感應見聞的發生經常促成造像活動，反之，禮拜觀音圖像也促進感應的體驗。最後，親身經歷感應事蹟者在觀音現前時所見的菩薩像，經常被既存的觀音像所影響，也會反過來導致觀音像的創新——觀音、信徒和圖像間存在著一種循環關係。

1987 年 3 月我訪問普陀島朝山進香的信徒，詢問他們是否知道一些有關觀音的感應故事，包括自己親身經歷或發生在別人身上的故事？他們的回答都是肯定的。例如有位二十四歲的年輕婦女和母親一起從上海來還願，她母親四十九歲，是一位退休護士，四十七歲那年罹患腸癌，手術時癌細胞已經擴散，情況很嚴重，所以醫生縫合了傷口，說她不久於人世。這位母親整整一年不斷向觀音祈求，發願如果能活下來，就會到普陀島答謝菩薩。兩年過去了，她安然無恙，所以母女兩人一起來到普陀島。

另一位採訪對象是五十歲的寧波漁民，他來普陀已經六次了。他告訴我起初他不信佛教，但是在 1977 年，他的左手小拇指被蛇咬傷，整條胳臂癱瘓。他前往上海、北京求醫，花了 4,000 元人民幣（當時的匯率是 1 美元兌換人民幣 3 元）仍無法治癒。於是他母親陪他到「佛頂」（慧濟寺的別稱，位於普陀島最頂端）祈求觀音。一個月後的某夜，他夢見被人打了一針，疼痛難當，讓他從睡夢中跳了起來，吵醒妻子，不久他的左臂就能活動了。他相信是觀音救了他，所以 1979 年，即文化大革命後普陀山重新開放的第一年，他就來到普陀島，沿著「香道」（自法雨寺通往慧濟寺的一條上坡山路）三步一拜，直到佛頂，以示對觀音的感激。

　　他還告訴我 1984 年發生在他遇見的八個漁民身上的感應事蹟。這些人的漁船和另外三艘漁船一起出海，結果遇上大風暴，其他船隻都翻覆，淹死了四十多人，但這八人循著前面出現的一道光，安全抵達普陀島。他們一上岸，亮光也隨之消失。自此之後，他們每年 6 月 19 日（觀音成道日，觀音的三個聖節之一）都來到這裏，沿著「香道」每走三步便五體投地全身跪拜，禮謝觀音。

感應故事與「感應」理論

　　我稱這些故事為 miracle tales（奇蹟故事），因為它們與西方宗教傳統中所謂的「奇蹟」具有共同的特徵。根據《大英百科全書》的解釋，「奇蹟」（miracle）是「歸因於絕對力量或神靈力量的存在或作用而發生的神奇而驚人的事件。」（*Micropaedia* VI: 927c）。在上述那些人看來，他們自己的親身經歷無疑是「神奇而驚人的」，他們也會將這些經歷歸功於觀音的威神力。然而，漢語稱這些故事為「靈感」、「靈應」或「應驗」，這些名詞都源於萬物相互關聯、相互依存的世界觀。這種信念稱為「感應」，意即「刺激與回應」或「共鳴」。韓德森（John Henderson）稱之為「宇宙共鳴」，他說：「根據這種理論，同一種類但處於不同宇宙時空的事物，會由於交互感應而彼此影響，就像音律準確的調音管一樣產生共鳴。」（1984: 20）信徒和觀音的關係是建立在感應理論的基礎上：信眾的祈願和高聲稱念觀音聖號是發動感應的契機，當達到至誠並產生迫切心時，就會獲得觀音的回應。觀音不會無緣無故行動，祈願之人是以「誠心」與觀音結緣，因為「誠」是發動「感」、「應」的機關。儘管在印度，觀音早以救人於危難而聞名，佛經也宣揚此一要義，但中國感應故事的編撰者

卻和親身經歷感應事件的人一樣，以本土認識論的角度，來了解這些奇蹟的發生。

　　為了了解為什麼國人如此看待觀音，也許有必要在此簡括地說明佛教尚未傳入以前中國的宇宙觀。中國人將人類生存的世界稱為「天地」不同於多數的其他宗教，中國宗教沒有創世神，相反地，如儒家五經之一的《易經》（一部極為古老的占卜書）所示，天地，是宇宙萬物（包括人類）之源；這種創造和維繫的力量也稱為「道」，且被視為至善，人生的最高目標是終生契合於道，既沒有超越俗世而獨自存在的上帝，也沒有位於宇宙之外的天堂做為人類的歸宿。《易經》包含由八卦排列組合而成的六十四卦，八卦中的前兩卦是「乾」、「坤」，分別代表「陽」、「陰」這兩種根本法則，陰、陽構成「道」，也構成「天地」，而「天地」則是陰、陽兩種法則的具體表現。

　　這些思想雖可溯及周朝（1111 BCE—249 BCE），卻在漢朝（206 BCE—220 CE）獲得進一步的發展，特別是經過董仲舒（約179 BCE—104 BCE）等儒家學者的雕琢。根據他們的理論，宇宙中的一切生物和無生物都是由「氣」（活力、生命力或物質力量）構成，「氣」指「陰」、「陽」，以及陰陽互動所產生的金、木、水、火、土「五行」。這是中國所有宗教的世界觀，這樣的世界觀一向被描述為「有機的、充滿活力且具有整體性的」，而其宇宙被視為「一種持續不斷的轉變過程」（Tu 1989: 72）。由於人擁有和宇宙相同的本質，因此人類有可能與周遭環境相互溝通。「天命」和「感應」的觀念就蘊含著這種信念。

　　「天命說」起初為周朝立國者所用，以證明推翻商代是名正言順之舉。根據他們的觀點，商代最後兩位統治者因為失德而喪失其天命，而由於周朝立國者有德，天命便轉移至周朝。天不但賜予天命、褫奪天命，而且會預先降福或示警，所以中國人相信

預兆與異象，認為這是天對人類行為的回應。漢朝儒家學說的締造者董仲舒，對這種思想深信不疑，他曾表示：「帝王之將興也，其美祥亦先見；其將亡也，妖孽亦先見。物故以類相召也，故以龍致雨，以扇逐暑，軍之所處以棘楚，美惡皆有從來以為命。」（Needham 1956: 282）（譯註：詳見《春秋繁露・同類相動第五十七》）漢代的中國人熱中觀察自然天象，這與帝王執迷於符瑞、異象有關。有系統地記錄太陽黑子始於西元前 28 年，世界第一座地震儀發明於 132 年，用於精確測定地震發生的地點——當時地震被認為是自然失序的徵兆。董仲舒的觀點深深影響儒家今文學派與偽經編撰者，在一、二世紀間，這些人將「感應」奉為圭臬。

　　夏夫（Robert Sharf）在討論中國佛教與感應宇宙論的關係時指出：「自漢朝開始，每部斷代史大概都包含一個章節，名為『五行』，主要是記錄發生的『異常現象』或『怪異之事』，包括地震、山崩、霪雨、雙頭雞的誕生等，且援用感應原理以解釋善惡報應、儀式的效驗、自然週期和天文週期、政治動亂等。因此，當我們發現感應原理也影響中國人對佛教宇宙觀和修行的理解時，這應該不足為奇。」（1991: 187）的確，在最初彙集觀音感應故事的六朝時期（220—589），有些斷代史中都有〈靈證志〉（《魏書》）、〈符瑞志〉（《宋書》）、〈祥瑞志〉（《南齊書》）等章節，對這些文獻以及大量充斥神異事蹟的儒家偽經編撰者而言，感應是不容改變的現實，有世間發生的這些異常現象為佐證。我個人認為，這種對奇異、非凡現象的沉迷導致六朝時期志怪文學的產生，而這種執迷與感應之說有關。感應故事可算是志怪文學中的一類，因為運用的資料經常是相同的，而感應故事的編撰正是將中國本土的感應理論應用於佛教的救世思想。

　　關於天人交感，董仲舒提出哲學上的解釋如下：「天有陰陽，人亦有陰陽。天地之陰氣起，而人之陰氣應之而起；人之陰氣起，

天地之陰氣亦宜應之而起，其道一也。」（Chan 1963: 283-284）（譯註：詳見《春秋繁露‧同類相動第五十七》）。中國人相信個人是小宇宙，是身外之天地的縮影，這種對於大、小宇宙之間相應關係的信念就是建立在天人感應的基礎上。

儒家傳統將天命與人性本善視爲一體。最早強調性善的是孟子（372 BCE—289 BCE），人性是善良的，因爲它來自於道，而且根據《易經》，「一陰一陽之謂道，繼之者善也，成之者性也。」（Chan 1963: 266）（譯註：參見《周易‧繫辭上》）人生在世的目標應該是隨順我們的道德天性，並且加以培養，使它發揮最大的潛能。在儒家傳統中，推動這種自我轉變和自我實現的精神力量是「誠」或「仁」。「誠」，是《中庸》的中心要旨（《中庸》是儒家經典《禮記》中的一章），當一個人以「誠」充分發展其本性時，即與天、地鼎足爲三（譯註：參見《中庸》：「唯天下至誠爲能盡其性。能盡其性，則能盡人之性；能盡人之性，則能盡物之性；能盡物之性，則可以贊天地之化育；可以贊天地之化育，則可以與天地參矣」）。若說這是中國士大夫的終極目標，應該是不會錯的，但即使是感應故事中未必受過如此教育的主人翁，諸如婦女、庶民等，也普遍相信至誠有贊育天地的力量，唯一的差別是市井小民以這種精神力量與觀音產生聯繫，而不是爲了一己的成賢成聖。

感應之說的信仰也是《孝子傳》的思想基礎。耐樸（Keith Knapp）曾以《孝子傳》爲研究主題，根據他的研究，這種傳記始於二世紀左右的後漢時期，到了六朝時期變得十分流行（1996: 100）。這些傳記中有許多感應事蹟都是起於孝子之「誠」感動天，無懈可擊的孝行就是「誠」的表現。其中有些孝行故事繪於陵墓、宗祠中，例如，151 年完成的武梁祠，牆壁上有十五幅孝行故事圖，其中有六幅是感應故事（Knapp 1996: 150）。有些儒家的孝行感應故事，可能是下文探討的佛教感應故事仿效的典範。

　　佛教傳記作者和義學家也同樣深信感應原理。感應故事的編
纂者包括僧、俗二眾，廣為流傳的感應錄成為僧傳的資料來源。
慧皎（497—554）的《高僧傳》是現存最早的僧傳，其中有一部
分專錄神異僧，他熟悉同時代的感應錄，從中取材，他在自己著
作中提到《玄驗記》和《冥祥記》的書名，並從中選了二十則故
事，此外他還運用劉義慶（403—444，《宣驗記》的作者）所編
的《幽明錄》、王延秀（活躍於 465—471）的《感應傳》、朱君
台（五世紀）的《徵應傳》以及陶淵明（365—424）的《搜神錄》
（T50: 418b—c）。著名的律師道宣（596—667）是《續高僧傳》
的作者，他也篤信奇蹟，且加以宣揚，撰有《集神州三寶感通錄》
一書，分述舍利、佛塔、造像、佛經和神僧的感應故事，又作《道
宣律師感通錄》，記錄一系列與神靈交談的親身經歷。在這兩部
著作和僧傳中，道宣用「感通」一詞指稱神通事蹟，篇幅甚鉅的
《宋高僧傳》作者贊寧（919—1001）沿用此語，以「感通」為題，
收錄親自經歷感應事蹟的僧人傳記。如柯嘉豪（John Kieschnick）
所指出，「感通」語出《周易・繫辭傳》的「感而遂通」，道宣和
贊寧認為中國本土感應思想與佛教業報思想並不衝突，反而可以
互補（1997: 101）。

　　隨著觀音信仰在中國的傳播，逐漸出現關於感應運作的學術
論爭（Fukushima 1979: 36-49）。現實生活中，人們未必總是能夠
獲得觀音的回應，由於這種實例不少，義理上的解釋就有其必要
了。吉藏認為菩薩既能感也能應，而天台宗運用水月之相描述念
佛三十種妙中的「感應妙」，如《法華玄義》以水、月為譬喻，
顯現有情眾生與佛的關係：「水不上升，月不下降，一月一時，
普現眾水；諸佛不來，眾生不往，慈善根力，見如此事。」（T 33:
697c）對於這個論題，夏夫總結如下：「眾生感得佛陀回應之力是
為『機』推動力），其根源在於善業的積累。後代中、日註疏普遍

以水中月的意象爲譬喻，闡示感應的運作。」（Sharf 1991: 223）❶

　　根據大乘佛教的觀點，一切眾生皆有佛性，所以佛菩薩與一般凡夫在根本上沒有區別；唯一的差異是佛、菩薩已經覺悟，而一般凡夫對實相還沒有達到同樣的體證。就這一點而言，佛教的本體論與中國本土的本體論一致，正如人能與天、地鼎足而立，人也能經由開悟而成佛。因此，「誠」和「善業」同樣受到強調，且巧妙地融合爲一。

關於觀音的感應故事

　　1970 年，牧田諦亮出版了中國最早三本觀音感應故事集的校註本（本書分別略稱爲第一集、第二集、第三集），他根據的底本是鐮倉時期（1185—1333）的手抄本，這件抄本現存於京都一座天台宗寺院，即青蓮院。這三件文獻是：

1. 《光世音應驗記》，由傅亮（374—426）憑記憶撰寫，根據的是謝敷早先編撰的同名故事集，但謝敷本於 399 年戰亂中佚失。傅亮本共收錄七則故事。
2. 《續光世音應驗記》，張演編撰於五世紀中葉，共收錄十則故事。
3. 《繫觀世音應驗記》，陸杲編於 501 年，收錄六十九則故事。

　　儘管這三本應驗記一度十分知名，著名的佛教高僧也曾提及，但在中國，這些故事集從未成爲單獨印行的作品流傳下來。❷

　　其中有些單篇故事被選用，收入高僧傳與七世紀的佛教著作《法苑珠林》或十世紀的《太平廣記》等百科全書。這些散

佚文獻日本抄本的發現，加上牧田仔細的研究，讓我們獲得中國觀音信仰最早相關證據的珍貴資料。哲孫（Donald Gjertson）是第一位強調佛教感應故事價值的西方學者，包括上述三本應驗記中的故事，因為他認為這些故事「關切的重點不是繁複的教義或精微的思想，而是著重大眾信仰如何運作」（1989: xii）。甘潘尼將這些應驗記中的一些故事譯為英文，並提出精密的理論分析（Campany 1991, 1993, 1996a, 1996b），我認同其中一點，也就是他認為觀音最初成功獲得中國人的信仰乃在於祂的「新穎」，不僅因為這是中國宗教中首次出現一位神祇「有求必應，無比迅捷地化身示現，救苦救難」，也因為這位菩薩具有異國色彩，且鮮為人知。接著，以親眼目睹的信徒口述資料為素材而編撰的感應故事，轉而啟發這類故事的讀者和聽眾，建立他們對這位菩薩的信仰。正是透過虔誠信徒、感應故事、未來可能皈依的人三方面構成的層層循環關係，觀音才得以本土化（1993: 256-268）。

　　開始討論這些故事之前，容我說明本章所採用的資料。討論觀音的感應故事時，我以上述三種最早出現的故事集為主要根據，因為它們年代最久遠，具有獨特的價值。其他相關資料則出自三本高僧傳和其他佛寺志的七十餘則故事。此外，儘管這些資料都註明年代，且涵蓋十世紀以前發生的故事，但我也採用晚近編撰的另外三部感應錄。第一是《觀世音經咒持驗記》，1659年由在家居士周克復編撰；第二是《觀音慈林集》，1668年由僧人弘贊編撰；最後一部是《觀世音靈感錄》，1929年刊行，作者不詳。雖然這三部故事集都收錄久遠以前發生的故事，其中有些其實取自早期的感應錄，但卻有更多十世紀以後發生的故事，尤其是明清時期。奇怪的是，十七世紀以前編撰的感應錄沒有一部以單行本流傳下來，周克復、釋弘贊以及無名編纂者經常提到某些感應故事集做為他們的資料來源，但是這些集子已不存在了。進

入二十世紀以後，感應故事的編撰和出版變得非常流行，特別是在二十世紀的前二十年。我在中國大陸和台灣各地研究期間，曾看過六種類似作品，由信徒印贈，出版地不是在北京就是在上海。我之所以選擇 1929 的《觀世音靈感錄》，主要是因爲它涵蓋的範圍最廣。在以下論述中，「早期感應錄」意指牧田諦亮所校訂的故事集，「晚期感應錄」則指周克復、釋弘贊和無名氏於 1929 所年編撰的作品。

本章探討的是感應故事集如何做爲觀音本土化的一種媒介，主要集中於下列幾個問題。首先，編撰者是什麼人？在故事的取捨上，會不會因爲編撰者的僧、俗身分而有不同？在觀音信仰的提倡方面，文人扮演什麼角色？其次，觀音對什麼人示現？如何示現？是在夢中現身？還是出現於光天化日之下？現男相或女相？出家相或在家相？觀音解救信眾免於什麼危難？賜予何種利益？第三、觀音的圖像、化現以及造像的變遷之間有何關連？第四、這些感應錄的組織架構是什麼？是逐一編排，沒有任何明確的組織原則嗎？抑或分門別類以配合經典的範例，從而佐證佛經所言不虛？最後，相較於早期感應錄，晚期感應錄是否有顯著差異，反映出觀音信仰內部的新發展與信徒前所未有的掛慮、願望兩方面所引起的歷史變化？儘管可能無法圓滿回答以上所有問題，但在爬梳這些豐富而有趣的資料時，我仍希望讀者將這些問題記在心中。

三部最早的感應錄

讓我們從最早出現的三部觀音感應故事集開始，其編撰者皆來自士族文人階層，因爲他們都曾爲故事集寫序，而且他們的傳記都見於正史，所以很容易確定他們的社會地位和精神境界。第一集的編撰者傅亮在東晉和劉宋兩朝爲官，劉宋時期官至尚書

令。他出自頗具影響力的名門士族，而且是知名的儒家經典學者
（《宋書》卷 43，《南史》卷 15）。他在序言中說，他父親傳瑗得
到一本更早編撰的感應錄，編者謝敷，內含十多則故事。399 年
發生孫恩之亂，他逃離會稽（今浙江紹興），待亂事平定返家時，
卻再也找不到這本書了，於是他憑記憶寫下其中七個故事。這本
佚失故事集的原作者謝敷，是隱居山林十餘年的隱士，雖曾被授
予官職，卻婉辭不受（《晉書》卷 94）。謝敷、傳瑗，以及《奉法
要》的作者都超（336—377）都是佛教徒，並且私交甚密。因此，
現存最早感應錄的編撰者傳亮是透過他父親而認識佛教的。

　　第二集的編撰者張演在劉宋時曾任太子中書舍人之職，出身
貴族，是漢代張良之後，他父親張茂度的傳記中曾提到他（《宋書》
卷 53）。他也出自信奉佛教的家庭，且與活躍於都城建康（今南京）
的神異僧杯度為友。他的侄子張融（444—497）曾著述討論佛教
戒律，收錄於佛教的護教著作《弘明集》。張演在所編的應驗記
序言中自述，閱讀傳亮的記述後深受感動，因為受此鼓舞，所以
也匯集自己曾經聽聞的故事加以記述，以饗同好此類故事的讀者。

　　第三集的作者陸杲（459—532），與張演有親戚關係，張演
是陸杲外祖父的堂兄。陸杲和張演一樣，也出自有權勢的士族家
庭，且自青年時代起就信仰佛教。他在南齊任職司徒從事中郎，
且在梁朝被任命御史中丞（《梁書》卷 26，《南史》卷 48）。這部
感應錄的序言有明確紀年（501），陸杲在其中提到前兩本集子的
作者和書名，並且以謝敷為始，追溯這類文學作品的淵源。他將
自己的作品視為前人的延續，因此名之為「繫」。

　　顯然這三部感應錄的作者都屬於某個特定的社會階層，他們
都是飽讀詩書的佛教居士，且出身名門士族。此外，他們都居住
於吳地，即今天江蘇、浙江一帶，活躍於相同的社交領域，也熟
悉彼此的作品。這些故事最顯著的共同特徵，就是以「光世音」

做爲這位菩薩的名號,前兩集總共十七個故事都稱菩薩爲「光世音」,第三集六十九則故事中也有四則用這個名號,其餘則用世人較爲熟悉的「觀世音」。回想竺法護於286年完成的第一部《法華經》漢譯本,其中的〈普門品〉稱這位菩薩爲「光世音」,那麼我們就會明白,感應錄的作者之所以選擇這個名號不是沒有理由的。由於他們是受過良好教育的佛教居士,必然熟悉竺法護的譯本,因而沿用相同的譯名;然而,到了第三集編撰之時,鳩摩羅什的譯本已經問世,而羅什譯本改稱這位菩薩爲「觀世音」。因此,感應故事能夠讓我們了解,這部經兩種譯本的普及度有所變化,同時也成爲一項驚人的證據,證實《法華經》中宣揚有關這位菩薩恩澤普施的「福音」,是如此迅速地得到中國人心悅誠服的聆聽與信奉。

第一集記述的第一則感應故事(詳見本章下文引錄)發生於元康年間(291—299),可見《法華經》的漢譯本於長安完成之後不到十五年,洛陽已有這位菩薩的示現。根據這個故事的描述,主角「竺長舒」的祖先來自西域,不過根據他的姓氏判斷,此處所謂「西域」可能意指印度。然而,儘管他在移居洛陽之前可能已經知道這位菩薩,但這未必代表他在中國境外即已成爲觀音的信徒。事實上,想到這些故事發生的年代這麼早(大部分爲五世紀),又看到三個故事集總共八十六則故事中只有六個故事發生在異族身上,這就十分令人驚訝了。

檢視這八十六則故事中的一些主角資料或許有用。這些故事中有二十八則關於僧人,五十八則關於普通民眾。就僧人的感應故事而言,雖然有些相當著名,如竺法義、竺法純,但大部分都是名不見史傳的普通僧人。至於一般民眾的感應故事,雖然其中不乏官吏、將帥以及文人,但故事中的主角卻往往是普通人,包括下級軍官、士兵、販夫走卒、漁民、獵戶、獄囚、罪犯、強盜

與三餐不繼的流浪漢等，此外婦女，特別是老嫗和寡婦，也出現在故事中。在這些故事中居首要地位的，顯然既不是僧侶，也不是身為社會精英的在家居士。或許最早將觀音信仰傳入中國的是外國僧人，但可以確定的是這種信仰並不局限於出家僧眾，而是滲入社會各階層。

這些故事所闡明的另外一點是觀音信仰的地域分布。儘管有三個故事發生在外國，三個故事地點不明確，還有三十個故事發生於南方，但有五十則感應事蹟發生在外族統治的北方。觀音信仰顯然對生活在北方的民眾具有強烈的吸引力，這可能是因為北方經歷更頻繁的戰亂和社會動盪，生活也較不安定所致。此外，相對於強調義學的南方士族佛教，北方佛教著重於虔誠實踐，因此《法華經》提倡的單純虔誠行為或許較能契合北方佛教的訴求。記得前一章提過，《高王觀世音經》也出自北方，現存北方出土的觀音造像也證實這位神祇在北方舉足輕重的重要性。五、六世紀北魏至北齊所造的觀音像大部分都是獨立造像，有些信徒甚至認為觀音也是一尊佛。例如，龍門有一尊觀音像，題記載明為北魏正光四年（523），在獻辭中出資請人造此像的信徒稱之為「觀音佛」（Sun 1996: 211-214）。

這三部感應錄中的前兩集具有一個共通點，使得第三集出現顯著的差異，也就是第一、二集故事的編排沒有遵循任何章法，也沒有依照地理區域或歷史年代分門別類，前後故事間也沒有特定的主題貫串，唯一共同的主題是故事主角亟需救援，而觀音應求並迅速施救。在這些故事所呈現的初期觀音信仰中，這位菩薩被刻畫為具有隨處示現的能力，人們不必到寺院或面對觀音像祈求，也不必舉行任何特定的儀式以獲得神助。儘管故事的編撰者都是博學多聞的佛教居士，但他們志在宣揚這位新普世救度者的神奇效驗，而不在藉由指出這些故事與任何佛經的相關性而教

育讀者。相對地，第三集的故事分類原則是根據《法華經‧普門品》和《請觀音經》中觀音所允諾且示現的種種救度工作。《請觀音經》可能在 420 年即已譯出，距陸杲編撰《繫觀世音應驗記》前後不過八十年。陸杲敘述的前五十五則故事，編排方式是依照故事主角面臨的危險，以〈普門品〉諸難的分類而畫分的，其中三則故事關於火難，六則關於水難，一則是遭遇羅刹難，八則關於刀難（死刑處決），二十二則枷鎖難（牢獄之災），十四則有關怨賊難，一則關於求子。他接著敘述的十四則故事則闡明《請觀音經》中提到的四種危難，其中五個故事是關於迷路之人得指引，四則故事關於回歸故鄉，三則有關重病得癒，兩則關於遭遇猛獸而毫髮無傷。敘述前三個故事後，陸杲寫道：「右三條，〈普門品〉云：『沒入大火，火不能燒。』」有時他也會補記：「右四條，《請觀世音》云：接還本土。」

以下我將轉錄傅亮於五世紀初所編撰的《光世音應驗記》，以這七則故事做為架構，探討這些故事和相關事蹟共通的若干重要問題。

【故事一】免於火難

第一個故事講述躲過一場火災的神奇事蹟（譯註：以下七則故事，主要引自牧田諦亮校訂本，但少數室礙難解的文句則略微修改，根據的資料是董志翹，《「觀世音應驗記三種」譯註》，南京：江蘇古籍出版社，2002）：

> 竺長舒者，其先西域人也。世有資貨，為富人。居晉元康中 [291—299]，內徙洛陽。長舒奉佛精進，尤好誦《光世音經》。其後鄰比有火，長舒家是草屋，又正在下風，自計火已逼近，政復出物，所全無幾。《光世音經》云：「若遭火，

當一心誦念。」❸乃敕家人不復辇物，亦無灌救者，唯至心
誦經。有頃，火燒其鄰屋，與長舒隔籬，而風忽自迴，火亦
際屋而止。于時咸以為靈應。里中有凶險少年四五，共毀笑
之云：「風偶自轉，此復何神？伺時燥夕，當蒸其屋，能令
不燃者可也。」其後天甚旱燥，風起亦駛，少年輩密共束炬，
擲其屋上，三擲三滅，乃大驚懼，各走還家。明晨相率詣長
舒家，自說昨事，稽顙辭謝。長舒答曰：「我了無神，政誦
念光世音，當時威靈所祐，諸君但當洗心信向耳。」鄰里鄉
黨咸敬異焉。❹

　　七個故事中，只有這則故事將竺長舒免遭火難的原因歸於念
誦《光世音經》（即〈普門品〉），而其餘六則故事，如下文所示，
都強調呼喚這位菩薩的名號。但即使在這則故事中，促使觀音相
助的機緣仍然在於信徒口誦、心念菩薩（「誦念」）——事後竺長
舒對搗亂少年所說的一番話將這一點表露無遺。感應故事中經常
可見「念」這個字，這不是沒有道理的，因為如前一章所述，「念」
同時具有出聲呼喚與內心靜思的雙重含義。

　　這則佛教感應故事仿效的孝子傳中，有孝子遭逢天災而倖免
於難的類似感應事蹟。例如，二世紀的兩則孝子故事中，由於故
事主角至誠的孝行引發神明感應，神奇地止息了一場火災（Knapp
1996: 179）。孝行感動天，如同竺長舒以虔誠信仰感動觀音。孝
子傳一般由文人撰寫，以灌輸讀者孝道的觀念；如上所示，觀音
感應故事的作者也是士大夫，他們想將觀音介紹給讀者，並且逐
漸培養讀者對這位新神祇的持久信仰。這些觀音故事的作者極有
可能熟知孝子傳，他們與孝子傳的作者一樣，都懷有相同的本土
感應信仰，敘述故事時也使用同樣的文學格式。有時孝感故事可
能被改編，以達到佛教冀望的目標，這則感應故事就是一例，因

爲讀者已熟悉孝子傳的故事，所以對於觀音的感應故事很容易產生共鳴。

【故事二】沙門的新嗓音

這則故事是關於一位沙門獲得新嗓音的事蹟：

> 沙門帛法橋，中山人也 [中山，今河北定縣]。精勤有志行，常欲諷誦眾經，而為人特乏聲氣，每不稱意，意常憤然。謂同學曰：「光世音菩薩能令人現世得願，今當至心祈求。若微誠無感，宿罪難消，與其無聲久在，不若捨身更受。」言卒，閉心不食，唯專心致誠。三四日中，轉就羸頓。諸弟子共諫請之曰：「聲音稟受有定，非一生所及。和尚當愛身行道，何有甚於取弊？」橋性剛決，造內彌厲，曰：「吾意久了，請勿相亂。」至五六日，氣勢彌綿，裁有餘息。師徒憂惋，謂其待盡。而猶閉目叉手，至誠不輟。至七日朝，曉然開目，如有悅色。謂弟子曰：「吾得善應。」索水盥洗，因抗聲作三偈，音氣激高，聞二三里外。村落士女，咸共驚駭，不知寺中是何異音，皆崩騰來觀，乃橋公之聲也。後遂誦五十餘萬言，聲音如鐘，初無衰竭。於時皆疑其得道人也。石虎末猶在 [石虎，後趙第三位君主，334—349 在位]，年九十餘乃終。

這個故事的主題與佛經所述的危難無關，故事主角是一個身體健康、過著正常生活的人，沒有面臨任何生命危險。此外，根據業報理論，一個人色身的秉賦，例如壽命長短和其他才能，都是先天註定的，不能改變。然而故事中的主角想以優美的音聲念誦佛經，偏偏天生欠缺悅耳嘹亮的嗓音，因此他寧願死去以得新

聲。他至誠懇切地想要頌揚佛法，於是觀音讓他如願以償。這是一則令人印象深刻的事例，顯現至誠、感應等本土思想如何影響佛教的業報觀。

　　這則故事也很類似《高僧傳》中求那跋陀羅（Gunabhadra）的事蹟，只是後者更具戲劇性。求那跋陀羅在435年到達廣州之前，曾經歷一趟危險的旅程。他從錫蘭出發，航行途中突然無風，船舶頓時成為滯留汪洋中的一葉孤舟。於是求那跋陀羅請求同船旅客一心繫念十方諸佛並呼求觀音，他自己則暗自念誦陀羅尼經，且向菩薩禮拜懺悔。不久即颳起風來，密雲降雨，於是船隻得以繼續前行。抵達中國之後，求那跋陀羅備受禮遇，但因不諳漢語，只得依賴翻譯。有一次丞相請他宣講《華嚴經》，他因為自己不會說漢語而感到羞愧。當天晚上，他禮懺祈求觀音幫助，隨後即夢到白衣人一手持劍，一手提著一顆首級。白衣人問求那跋陀羅為何憂慮，得知原因後，他告訴求那跋陀羅不要擔心，接著舉劍取下求那跋陀羅之首，以手中所提的人頭取而代之。第二天早晨，求那跋陀羅一醒來就能說一口流利的漢語了（T 50: 344b）。

　　其他僧傳中也有類似的故事，講述其他僧人如何獲得智慧或口才，儘管它們遠不如這個故事引人入勝。僧人的名聲和他們誦經或講經說法的能力密切相關，所以可想而知，對於一個僧人而言，一副好嗓音和闡釋佛教義理的能力應該是受到高度重視的特質。《弘贊法華傳》中有關於釋法誠（562─640）的故事，書中描述這位僧人矢志恆誦《法華經》為業，但一度心力交瘁，幾乎要放棄這種行持。於是他依循儀軌禮拜觀音，祈求菩薩庇護。圓滿二十一日的行儀之際，他忽然見到佛前有一白衣巨人，巨人交給他一些藥服用。自此之後釋法誠體力、心力倍增，因此得以誦經不輟（T 8: 37b）。天台宗慈雲遵式大師（963─1032）根據《請

觀音經》，編著一部佛教行儀要覽，且極力提倡禮懺行儀（詳見第七章），他也是這類感應故事中的要角。根據志磐於 1260 年左右編撰的《佛祖統紀》，遵式大師的誕生源於他的母親向觀音祈求子嗣，結果她夢到一位美麗的女子贈與一顆明珠讓他吞服，後來就生下遵式法師。法師出生後七個月，就能隨著母親稱念觀音名號。後來他在浙江以嚴格的苦行名震一時，有一次他身染重病，親眼看見觀音❺，觀音伸手從他的口中取出幾條小蟲，同時又從指尖灌注甘露數滴於法師口中，使他立刻康復，身形也產生了若干變化，包括「頂高寸餘，手垂過膝，聲若鴻鍾，肌如白玉」（T49: 207b）。

慧才法師（997—1083）的年代略晚於遵式大師。據說他「性識昏鈍」，一生持誦大悲咒，希望能通曉佛法。一天夜裏，他忽然夢到一位梵僧，身高數丈。梵僧脫下袈裟披在慧才身上，對他說：「慧才，終生記吾！」第二天聽經聞佛法時，他立即了解一切法義，豁然開悟（T 49: 215b-c）。

明清以降編纂的感應錄中，「得慧」自成一類，這不但鼓勵比丘、比丘尼，甚至也鼓勵一般善男信女稱念觀音名號，以提高智力。法鼓山的聖嚴法師是長年在台北、紐約兩地弘揚佛法的當代禪宗大師，他常樂於向聽眾講述當年在江蘇狼山身為小沙彌時的經歷。那時他的智力相當魯鈍，既不懂開示的內容，也學不會梵唄唱誦。他的師父要他在觀音像前常行禮拜，念誦觀音聖號，並一心專念觀音菩薩。他依教虔誠奉行六個月，有一天豁然了解一切。當我於 1987 年在杭州和普陀從事田野調查時，遇到一些年輕人，他們都希望能通過考試，進入高中或大學就讀，問他們為何來到普陀，他們的回答都是希望觀音賜予聰明才智。

【故事三】免於殺身之禍

這則故事和免於殺身之禍有關，也就是〈普門品〉所謂的免於「刀難」：

> 石虎死後，冉閔 [卒於 352] 殺胡❻，無少長，悉坑滅之。晉人之類胡者，往往濫死。時鄴西寺中有三胡道人（譯註：**道士，或稱「道人」，在此指佛教僧徒、和尚。參見董志翹，《「觀世音應驗記三種」譯註》，頁 13，註 4**），共計議曰：「冉家法嚴，政復逃逐，同無逸理。光世音菩薩救人免厄，今唯當至心自歸。」乃共誦經請乞，晝夜不懈。數日後，收人來至，圍寺一匝。三人拔刀入戶，欲各殺之。一道士所住講堂壁下，先有積材。一人先來，舉刀擬之而誅，中積材，刃曲如鈎，不可得拔。次一人，又前斫之。刀應手而中，即一段飛在空中，一段反還自向。後餘一人，見變如此，不敢復前，投刀謝之：「不審上人有何神術，乃今白刃不傷？」道士答曰：「我實無術。聞官殺胡，恐自不逸，唯歸心光世音，當是威神靈祐耳。」此人馳還白閔，具說事狀，閔即敕特原三道士。道壹在鄴親所聞見。

這則故事和下一則故事展現四、五世紀的殘暴世界，一個人可能僅僅因為在兩軍交戰中碰巧選錯邊或站錯位置，就被捕入獄、判處死刑或立即遇害。儘管第一集中這類故事只有兩則，但第三集卻大幅增加，包括八個死刑犯的故事，二十二個關於牢獄之災的故事。這些故事生動地呈現當時社會及心理的典型模式。事實上，有些後來出現的故事與《高王觀音經》（詳見第三章）的故事十分相似。

【故事四】解脫枷鎖

竇傳者，河內人也［今河南汝陽］。永和（345—356）中，高昌、呂護各擁部曲，相與不和。傳為昌所用，作官長。護遣騎抄擊，為所俘執。同伴六七人共繫一獄，鎖械甚嚴，剋日當殺之。沙門支道山時在護營中，先與傳相識，聞其幽執，至獄候視之，隔戶共語。傳謂山曰：「困厄，命在漏刻，何方相救？」山曰：「人事不見其方，唯光世音菩薩救人危難。若能至心歸請，必有感應。」傳亦先聞光世音，及得山語，遂專心屬念，晝夜三日，至誠自歸。內觀其鎖械，如覺緩解，有異於常。聊試推盪，摧然離體。傳乃復至心曰：「今蒙哀祐，已令桎梏自解，而同伴尚多，無情獨去。光世音神力普濟，當令俱免。」言畢，復牽挽餘人，皆以次解落，若有割剔之者。遂開戶走出，行於警徼之間，莫有覺者，便逾城逕去。時夜已向曉，行四五里，天明不敢復進，共逃隱一蕘中。須臾，覺有失囚，人馬絡繹，四出尋捕，焚草踐林，無幽不遍。唯傳所隱處一畝許地，終無至者，遂得免脫還。鄉里敬信異常，咸信奉佛法。道山後過江，為謝慶緒［即《觀音應驗記》最初的編纂者謝敷］具說其事。

這個故事極為類似二世紀一位魏姓人氏的故事。根據耐樸所述，魏等數十人被飢餓的強盜所俘，其中一名盜匪敬重魏慷慨謙恭的態度，因此悄悄為他鬆綁，讓他脫逃。但是魏氏不願棄眾人於不顧，獨自離去，群匪深受感動，於是將所有人都釋放（Knapp 1996: 180-181）。如同前述第一則竺長舒的故事，竇傳這則故事也可能是由儒家孝感故事改編而成的佛教故事，用以頌揚觀音。這個故事之所以值得關注，還有另外兩個原因。首先，告訴竇傳專心繫念觀音以求救度的支道山是一位僧人，他後來向

謝敷轉述這件事，於是謝敷將此事記錄下來。這不是特例，其他故事中也屢見不鮮。提倡觀音信仰、指導人們運用正確方法表現觀音信仰的人通常是僧侶，儘管他們不是發揮這些作用的唯一人選。其次，第一集的每一則故事都強調，獲得救度的關鍵是至誠懇切的祈求，有時並加上一心專念菩薩名號。

除了第一則竺長舒的故事外，其他故事都沒有提到念誦《觀音經》，也沒有明確規定人們必須稱念多少次觀音聖號才會發生感應。但這種情況在第三集有所改變，故事中不但經常提到念誦《觀音經》，而且也必須達到特定的念誦次數（多半是一千遍，如《高王觀音經》所載），才能得到觀音的靈應。例如，有四則故事（編號 27、34、35、36）明定誦經次數為一千遍，而另外三則故事中明定的次數不一，有誦經三百遍（編號 37）、一萬遍（編號62），以及持誦菩薩聖號一千遍（編號 67）等不同規定。這種對行儀嚴謹的考究，可能反映出密教經典中所記載的各種儀軌規範所造成的影響（關於密教經典，詳見第二章），如前所述，密教經典通常明確規定念誦陀羅尼的次數，無論是 21、108、1,008 或1,080 遍，達到規定的遍數才有效驗。

我也認為求那跋陀羅和法誠禮懺之後，神奇地出現在他們夢中的「白衣人」可能是密教觀音，因為在同樣的密教儀軌中，觀音經常被描繪為身穿白衣。不過不要忘了，「白衣」一詞也可能沒有太多密教含義，相對於身著緇衣的僧侶，「白衣」也可解釋為意指在家居士。印度人稱身穿白衣者為在家居士，中國人因襲這種用法，眾所周知的一個例子便是維摩詰居士，也就是同名經典《維摩詰經》的主角，此經譯本自三世紀問世以來，一直是僧人和士大夫佛教徒喜愛的經典之一，因此感應故事的編撰者與讀者應該相當熟悉這部經。最後，相對於一般大眾心目中認定象徵道教的黃色，或許白色也暗示這尊神並非道教神祇。❼「白衣」

一詞起源不明,無法得知確切的出處。不同的人可能依照各自不同的背景和教育程度,對這個詞有不同的解讀。然而,「白衣」代表的種種涵義應該都指觀音菩薩,既不是僧人,當然也不是道士。出現在這些早期感應故事中的白衣人無疑皆是男性,但在後來的感應故事集中,卻被女性白衣觀音所取代。

【故事五、六】水難

以下兩則故事敍述救人免遭溺斃的事蹟,亦即《法華經》所謂的「水難」:

> 始豐 [今浙江天台] 南溪中,流急岸峭,迴曲如縈,又多大石。白日行者,猶懷危懼。呂竦,字茂高,兗州人也,寓居始豐。自說其父嘗行溪中,去家十許里,日向暮,天忽風雨,晦冥如漆,不復知東西。自分覆溺,唯歸心光世音,且誦且念。須臾,有火光夾岸,如人捉炬者,照見溪中了了,逕得歸家。火常在前導,去船十餘步。竦後與郗嘉賓周旋,郗口所說。

如上文所述,郗超(郗嘉賓)是編撰者傅亮之父的朋友,也是著名的佛教學者。所有感應故事的一項共同特徵,是編撰者盡可能註明故事出處,如果源於某人親口敍述,編撰者會載明此人的身分;即使是後期感應錄,編撰者通常也會註明感應故事的文獻出處——畢竟故事輾轉相傳的線索可確保內容的真實性。

> 徐榮者,瑯琊 [今江蘇東海] 人,常至東陽 [今浙江],還經定山 [今浙江杭縣]。舟人不慣,誤墮洄澓中,旋舞波濤之間,垂欲沉沒。榮無復計,唯至心呼光世音。斯須間,如

有數十人齊力挈船者，涌出漲中，還得平流。沿江還還下，日已向暮，天大陰闇，風雨甚駛，不知所向，而濤浪轉盛。榮誦經不輟口。有頃，望見山頭有火光赫然，回舵趣之，逕得還浦，舉船安隱。既至，亦不復見光。同旅異之，疑非人火。明旦，問浦中人：「昨夜山上是何火光？」眾皆愕然，曰：「昨風雨如此，豈有火理？吾等並不見。」然後了其為神光矣。榮後為會稽府督護，謝慶緒聞其自說如此。與榮同舟者，有沙門支道蘊，謹篤士也，具見其事，復為余說之，與榮同說。

【故事七】神奇的痊癒

第一集最後一則故事是關於觀音神奇治癒竺法義（307—380）之事。治療疾病，是《請觀音經》舉出的修持效驗之一，而《法華經·普門品》並未提及。感應故事第三集有三個故事與觀音為人治病的事蹟有關，這些故事證明《請觀音經》所言不虛。其中第69則故事，也就是唯一有明確記年的故事，敍述449年青州一位僧人法名「惠勝」，因病而失聰、失明。惠勝自忖此病無藥可醫，於是回心專念觀音，稱念菩薩名號。持誦聖號達千遍之際，他的眼疾、耳疾竟然豁然而癒。因為此時《請觀音經》剛譯出不久，編撰者陸杲將這類故事視為此經的佐證，因此顯示出一部新的經典普及於信徒間的速度有多麼快，特別是受過教育的信徒。相對而言，傅亮對於竺法義的境遇有不同的解釋，他有意以此事為證，肯定觀音以不同形式示現的能力（在此示現的是僧人相），正如〈普門品〉所述。但這也可能表示傅亮尚未聽聞《請觀音經》。

沙門竺法義者，山居好學。後得病積時，攻治備至，而了自不損，日就綿篤，遂不復治，唯歸誠念光世音。如此數日，

晝眠，夢見一道人來候其病，因為治之。刳出腸胃，漰洗府藏，見有積聚不淨甚多。洗濯畢，還內之。語義曰：「病已除矣。」眠覺，眾患豁然，尋便復常。義住始寧保山，余先君少與遊處。義每說事，輒懍然增肅。案其經云：「或現沙門梵志之像。」意者義公之夢是乎？

早期感應故事中觀音的示現

儘管這三部早期感應錄中每一則故事，都證實觀音能夠隨時解救眾生免於種種危難，卻很少描述信徒親眼看到施救的菩薩。我們看到的多半是信徒至誠懇切、極度專注地稱念觀音名號，然後奇蹟就相應而生了。信徒能夠清楚感受到觀音的出現，並相信是菩薩施予救度，但卻無法描述觀音的模樣。所幸其中有幾則故事確實記述了觀音的示現，為早期信眾心目中的觀音像留下了重要的線索。

根據法義的故事（編號7），觀音以僧人的形象現身在他夢中。事實上，當這位菩薩化現為人身出現在信徒面前時，通常是現出家相。第二集的兩則故事（編號7、9）和第三集的四則故事（編號21、23、24、62）也指明觀音是僧人，在其中前五個故事中，觀音出現在主角的夢中，解救他們免於牢獄之災，而在最後一個故事中則與神志清醒的信徒應對。這則故事講述462年彭城（今江蘇桐山）被外敵攻陷，當時有一個人名叫韓睦之倉皇逃難，在兵荒馬亂中兒子被人擄走，下落不明。他是虔誠的佛教徒，所以發願念誦《觀世音經》一萬遍，希望能找回兒子；每念完一千遍，他還設齋供養眾僧。但是這些作為沒有任何感應，甚至誦滿六、七千遍後，依然如故。他認為這是自己誠心不足所致，於是加倍努力，日夜誦經，不再計算念誦的遍數。這段期間中，他的兒子被轉賣到益州（今四川）某戶人家為奴。有一天，

這個孩子獨自在田間辛勤勞作，突然看見一位僧人來到面前，問他：「你是韓睦之的兒子嗎？」聽他這麼問，孩子驚訝之餘，承認自己的身分。僧人又問：「你想再見到父親嗎？」孩子回答：「即使想見，又有什麼辦法可以見面呢？」僧人說：「因為你父親誠心向我祈求，一直不放棄，所以我今天來帶你回去。」接著僧人要孩子緊緊抓住他袈裟的一角，孩子依言而行，忽然感覺自己彷彿被人提在空中，牽引而去。不久，他們來到韓睦之流亡後遷居之處的門外，他的兒子卻不知道這是父親的住處。僧人留在門外，只讓孩子進屋通報。他一進門，見到父親坐在屋內誦經，父子相見，欣喜若狂。當韓睦之得知送還兒子的聖人就在屋外時，連忙奔出門外致謝，但僧人已不知去向。

另一個故事（編號 21）發生於 411 年，這次觀音不但以僧人相現身夏某夢中，並讓他從牢獄中釋放出來，且向他表明：「我是觀世音也。」但夏某顯然對佛教一無所知，因此以為確實有一位僧人名為「觀世音」，直到他成功逃脫後，遇見幾位僧人，上前詢問如何找到觀世音，這時他才從他們口中得知觀世音是菩薩。於是他請人造一尊觀音金像，佩掛在頸間，並且開始茹素，皈依佛教。這些指明觀音為僧人相的故事並未描述觀音的形貌特徵，讀者無從得知其年紀或長相，只有第二集的第九則故事描述觀音面帶微笑，身高八尺。不過，道宣《續高僧傳》中有一個故事描述觀音的形貌，而且其中有一段細節無意間透露出現存觀音像與異象經驗間密切關係的線索。

> 釋洪滿……在俗，年十五遇時患，雙足攣躄，常念《觀音經》三年。忽有僧執澡罐，在前立不言。問曰：「師從何來？」答曰：「以檀越常喚，所以來。」滿扣頭問曰：「弟子往何罪報，今施此攣躄？」僧曰：「汝前身拘縛物命，餘殃致爾。

汝但閉目，吾為汝療之。」滿隨言冥目，但覺兩膝上各如拔
六七寸。丁卻既了，開目將欲謝恩，失僧所在。起行如故，
滿乃悟是觀音。因爾精誠，誓不妻娶。(T 50: 663a)

　　如前幾章所述，印度和中國的觀音像通常手持淨瓶。現存的
圖像可能影響信徒在菩薩示現的異象經驗中所見的觀音像，同樣
地，佛經中有關觀音菩薩的描述也可能造成類似的影響。如同本
書第二章中的闡釋，在佛經中，觀音與光的象徵息息相關，因此，
除了看見觀音示現僧人相之外，人們最常見到菩薩化身熠熠金
光，也就不足爲奇了。第二集的第五則故事記述僧人道泰夢見有
人告訴他，說他今生壽命只有四十二歲。到了四十二歲那年，他
果然罹患重病。爲了祈求福報，他將隨身財物布施一空。後來有
個朋友告訴他，根據佛經（《觀世音經》），稱念一聲光世音的名
號，功德等同供養六十二億菩薩，所以他何不虔誠專念光世音？
說不定能延長壽命，惡夢不致成眞。道泰聽信友人的話，連續四
天四夜一心至誠念誦菩薩聖號。到了第四天夜裡，他坐在床上，
床前垂掛著帷帳，忽然看見光世音從門外面進來，只見菩薩腳背、
腳踝金光晃耀。他聽見菩薩對他說：「你在稱念我的名號嗎？」
道泰趕緊拉開帷帳，但什麼也沒看見。他出了一身熱汗，感覺渾
身神清氣爽，病也一下子痊癒了。他四十四歲時曾親口對人講述
這個故事。第三集的第 19 和第 61 則故事也說觀音菩薩示現於耀
眼金光中。第 19 則故事描述一位名叫蓋護的人被判處死刑，關
在監獄裡。他專心一意地念誦《觀世音經》三天三夜。就在第三
天午夜，他看見觀音菩薩大放光明，金光照在他身上，鐐銬自行
脫落，金光照亮牢門，門就自動開啓。神光一直在前引路，他跟
著走了二十多里路後，光才消失，但這時他已抵達安全之地。
　　第 61 則故事是潘道秀的神奇經歷。他在 410 年從軍，當時

二十歲，不幸在兵荒馬亂中與部隊分散，迷了路，被賣為奴，遠離家鄉，輾轉流浪。他時時憶念觀世音，希望能在夢中見到這位菩薩。有一天，他獨自一人在深山勞役，突然看見光世音的「真形」（請注意在這個故事中菩薩兩種不同的名號都出現），菩薩通體放光，整座山都染成金黃色。道秀趕緊在菩薩面前稽首禮拜。等到金光消失時，他發現自己竟然已經回到故鄉。於是他沿著熟悉的小路返回家中，這件事驚動家鄉遠近所有的人。

　　故事中說潘道秀看到菩薩的「真形」，這是什麼意思呢？觀音的真形是什麼？撰述者沒有解釋，但是我認為這應該是指當時圖像中呈現的觀音像。❽觀音造像經常出現在感應故事中，或為信徒禮拜的聖像，或是信徒獲救免難後，為了酬謝菩薩恩德而鑄造，有時觀音雕像代替蒙受冤屈的虔誠信徒，承受行刑者刀斧的砍斫，有時則被信徒當作護身符隨身攜帶，或繫在髮間。但是觀音像也影響信徒親身經歷菩薩示現時所見的景象，這些異象經驗有時又轉而導致新圖像的創作。

聖像、感應故事和圖像

　　和所有宗教藝術一樣，佛教藝術與信仰者的宗教生活有密切的關聯。觀音塑像和畫像是最重要的聖像，儘管它們也可能做為美麗的藝術品，供人欣賞。本節首先探討若干早期感應故事中呈現的信徒與觀音聖像之間的密切關係，然後針對後來某些感應故事中菩薩示現時信徒所見的不同化身，與觀音圖像造型的新發展，指出兩者之間的關聯。就觀音的本土化與轉變而言，藝術表現和感應故事這兩種媒介發揮相當大的效用。隨著來自異域的 Avalokiteśvara 愈來愈融入中國善男信女的生活，這位菩薩也逐漸轉變為中國的觀音。

讓我們回想孫敬德的故事，著名的中土撰述經典《高王觀音經》就是根據他的傳奇故事。如同道宣所述和本書第三章的相關引述，孫敬德在家中供奉觀音像，時時禮拜。後來，他在被問斬前設法將前一日夢中所受經典誦滿一千遍，當劊子手即將行刑時，刀卻斷爲三截。雖然換了三把刀，結果仍然一樣。孫敬德獲赦返家後，見觀音像頸部有三道刀痕。這顯然暗示觀音像承受斬斫，因此保全孫敬德的性命。孫敬德遭遇的這項奇蹟應該是發生於 534 到 537 年之間。

第三集有兩個故事內容雷同。第 13 則故事是一件載有明確年代的傳奇經歷，發生於孫敬德傳奇之前的一百五十餘年。話說 376 至 395 年間，彭城有某人遭到冤枉，被誤以爲是盜匪而被判處死刑。此人信奉觀音，一直將一尊觀音金像繫在頸後的頭髮中。當他被提往刑場問斬途中，更是凝神默念觀音。劊子手舉刀砍向他的脖頸時，只聽見金屬相交的聲音，刀就折斷了，儘管換了三把刀，這個死刑犯依然毫髮無傷，在場所有人都驚訝萬分。監斬官盤問時，他回說自己沒有特殊法術，只不過信奉觀音，頸戴觀音金像而已。於是刑吏解開他的頭髮檢查，發現那尊觀音像的頸部有三道刀痕。第 14 則故事非常類似，講述四川有某人將觀音像放在檀木匣，隨身攜帶。後來發生戰亂，在巷戰中敵人一刀砍在他脖子上，只聽見鏗鏘一聲，但他絲毫不覺疼痛。他在亂軍之中逃脫，遁入林中，遠離敵軍後，取出檀木匣檢視，但見表面完好無缺，但打開匣子一看，卻見菩薩像上有好幾道砍痕，顯然是敵人刀刃砍傷的痕跡。

這些早期的信徒將聖像當作護身符，隨身攜帶，而不是前往寺院禮拜觀音。由於聖像藏在髮間，或放在冠帽中（如下面這則故事所述），所以一定短小輕巧。的確有一些袖珍觀音鍍金銅像留存至今，收藏於博物館中，其中有些大約只有兩公分高。藝術

史家通常認爲那是財力不足以建造大型聖像的小老百姓所造，但從這些感應故事的內容判斷，我們或許可以推測，這些雕像體積小是因爲做爲護身符之用。在奇蹟似地獲救後，有些人也造聖像以供禮拜，例如第 17 則關於南宮子敖的故事。南宮子敖，四世紀陝西人，他的故鄉一度慘遭屠城，他自知難逃一死，但仍全心全意祈求觀音。當他即將被殺時，行刑的人不知何故突然變得疲憊不堪，無力動手。監斬官員大吃一驚，問他能做什麼，他竟莫名其妙地脫口答稱自己擅長製作馬鞍，且因而獲釋。他返家後，便請人造了一小尊觀音聖像，裝在小型檀木匣中，此後他時時將它放在頭上的帽子裡，隨身攜帶。

　　有關佛教徒和個人收藏的觀音聖像，有一則非常有趣的故事被流傳下來。在《冥祥記》自序中（感應故事第三集的編撰者陸杲應該熟悉這部著作），作者王琰敍述自己與一尊觀音像之間的因緣。這尊聖像最初是他童年時的皈依師父所贈送的，那時他居住於交趾（今越南）。根據他的描述，這尊聖像鑄工精緻，可媲美元嘉年代（424—453）的造像。儘管當時他和弟弟年幼，兩人卻對此像禮拜甚勤。後來他們回到京城，因爲家宅必須翻修，一時沒有合適的地方存放這尊觀音像，於是暫時將它寄放在一座寺院裡。不過當時一般民眾汲汲於私鑄錢幣，許多鍍金銅像因此被竊取、熔化。這尊聖像被送到寺院後幾個月的某一天，王琰畫寢，夢見這尊聖像就在身旁。醒來後，他對夢境大惑不解，因此儘管當時天色已漸漸昏暗，他還是決定趕往寺院取回聖像。當天夜裡，那座寺院中有十多件造像被劫匪搶走。此後，這尊聖像夜間放光，照亮周圍大約三尺之地。此事發生於 463 年秋天。

　　西元 471 年，王琰移居烏衣（今安徽），由於他與京城多寶寺的一位僧人爲友，於是請這位僧人暫時將這尊觀音像存放在寺中。過了幾年他都不曾想起這尊聖像，直到 478 年他再度與故友

相遇，僧人才提醒他聖像仍存放在多寶寺。他一回到京城就去拜
訪該寺方丈，請求取回先前暫存的觀音像，但方丈卻表示寺中並
無此像。王琰極為失望，且因遺失這尊觀音像而深感惆悵。就在
那天夜裡，他夢見有人告訴他，觀音像確實還在該寺，只是方丈
忘記了。他還夢見此人帶他回到多寶寺，打開大殿的門，讓他清
楚看見自己那尊觀音像就在大殿東側眾多的小型聖像之中。第二
天早晨，他又回到寺院告訴方丈前夜夢中所見，於是方丈帶他前
往大殿，殿門一開後，他們果然在東側發現了這尊聖像。王琰就
這樣取回觀音像，其時為 479 年 7 月 13 日。在這段神奇故事的
最後，王琰自述從那時起他就一直禮拜著這尊觀音像（Lu Hsün
1973: 563-564）。

　　現代的讀者可能很難體會王琰與他個人供奉聖像之間的關
係，不過既然他在序言中敍述這件事，可見當時的人頗能了解這
種關係。他先後兩次將他的觀音像安置於寺院，以免因房屋翻修
或旅行在外而行止不定，而頻頻擾動聖像。從他平鋪直敍的敍事
方式看來，五世紀時，顯然寺院中的佛教聖像若不是信徒捐贈，
就是信眾請求暫時存放的，正如今天有些寺院的情形一樣。這尊
觀音像在他夢中預先示警或給予指示，他則將此像視為菩薩化身
──這樣的關係歷時約莫二十年。虔誠的信徒與聖像之間的關係
如此融洽、密切，在這種情況下，不難想像信徒無論在夢中或清
醒狀態下目睹觀音示現時，都極可能看到菩薩化身為當時圖像呈
現的形象。

　　觀音在五世紀後半成為時人製造鍍金銅像時偏好的主題。國
外現存的最早觀音鍍金銅像收藏於華盛頓特區的「弗利爾美術
館」，此像刻有「元嘉三十年（453）」的字樣，造型為右手執蓮，
左手持瓶，身上飾以瓔珞珠寶，自腰際至膝下以印度男性常用的
腰布裹覆，身穿披肩，披肩兩端呈 X 形交叉於腰腹間，一條長長

的帔帛猶如被風吹動著，形似翻騰的波浪環繞著菩薩的雙肩、雙臂（圖 2.1；Howard 等 2006: 252）。或許王琰珍愛、供奉的聖像與此像有類似之處？

　　如上所述，觀音的示現和觀音像在感應故事中極爲重要，儘管如此，明確指出菩薩化身即爲某種造像的情形卻出奇地少見。這是否因爲兩者關聯顯而易見，以致編撰者認爲沒有必要提及？除了在前述潘道秀的故事中，敍述主角看見觀音示現的「眞形」正是當時的造像形態以外，就我所知僅有另一份文獻有類似的說明，也就是《弘贊法華傳》中釋玄際（639—706）的故事。這位僧人由於念誦《法華經》，而有數次目睹觀音示現的神奇經歷：

　　　　[際]初誦《法華》，滿二千遍，夢登一大殿，殿內四面金山，光明徹耀。山間即有像龕，皆是觀音菩薩，頂禮圍遶，悲忻良久。乃見瑠璃瓶，盛一舍利，以手取之，倏然驚覺。誦滿五千遍，于時畫坐，忽夢空中數百檀龕觀音菩薩，以手仰攀，漸覺來就。又于空中，見金珠無數，從上流下，光耀可愛。際以口承咽，身心遍喜，經兩食間，似飽而覺。自爾身心安預，持誦無廢福之，日兼宵五遍。誦至九千遍，時在北嶺院中，景將隅角，忽有異鳥，形如翡翠，膚白骨黃，玄吻丹足，從外飛來，直入懷內。於是將至佛前，即飛上花樹，香奩經格，處處遊放。或以果食飼之，都無所噉，唯遇香蠟，時時以喙。畫即翩翾庭際，夜即眠息堂中，七日七夕，倏自飛去。俄又夢一人，長可七八尺，姿容端正，一如撚素形像。自腰已下，文彩莊嚴。際時歡喜頂禮，號爲觀音菩薩。即就菩薩，捧持其足，口稱大悲名字。乃蒙修撫摩頂，往反數回。際以手攀，數口其乳 [或自菩薩指間流出？]，唅咽少時，遂便驚悟。(T 51: 46c-47a)

這段敍述包含三次觀音示現的經歷，其中前兩次主角看見的是觀音像，最後一次則是觀音親自現身。玄際在夢中見到許多供奉在龕中的觀音像，在窟龕中鑿刻佛像的做法，在雲岡、龍門及其他石窟中相當普遍，以致這類造像在四川有「龕像」之稱。這裏提到的山間造像龕，可能意指這些地方的摩崖石刻造像。菩薩最後一次出現於夢中時，因爲形似當時普遍存在的觀音像，所以玄際立刻能夠認出那是觀音菩薩。北周和隋代觀音像通常飾以華麗的珠寶瓔珞，如收藏在「波士頓美術館」的一件雕像（圖 4.1）。此外，由於雕像經常比眞人還高，文中所謂身長八尺應該是相當精確的尺寸，因此玄際描述的觀音示現可能貼切地呈現出當時實際的觀音像。我們可以以此爲例，說明人們對同時代觀音圖像的熟悉如何影響他們在菩薩示現時所見到的影像。同樣也有一些文獻資料顯示，人們在這種異象經驗中所見的景象成爲觀音造像的圖像基礎。例如，王琰《冥祥記》中關於郭宣之的故事。郭宣之，太原人，408 年被捕入獄，他在獄中一心專念觀世音菩薩，即在夜裏目睹觀音示現，後來獲得赦免開釋，於是「依所見形，製造圖像，又立精舍焉。」（Lu Hsün 1973: 601）

本章探討十世紀以前的感應故事中，當觀音現身信徒夢境時，有時現僧人相，有時身穿白衣❾、有時身長八尺，或化現爲形貌類似觀音圖像之人，其中沒有任何一種化身是女性。然而，當我們研究晚期感應錄的故事時，卻發現顯著的變化，雖然觀音菩薩依然以上述形象示現，但現女相的情形卻愈來愈頻繁。自十世紀以降，開始出現觀音化身白衣婦人的感應故事，接著又有手提魚籃的婦人相，最後到了清代，則頻頻以老嫗相示現。這些形象相應於白衣觀音、魚籃觀音與觀音老母，亦即十世紀以後中國本土新創的觀音像。如同本書後面的章節所述，這些新創的女性觀音像不是依循正統佛經的傳統所造，而是源自於本土經典、傳

圖 4.1　觀音鍍金銅像，約 580 年。「波士頓美術館」提供（Francis Bartlett 基金會捐贈）。

說和感應故事。從十世紀開始，觀音在感應故事中以女性形象出現，在圖像上也同樣現女相，這絕非巧合。儘管沒有確切的證據，但我還是認爲，早期女性觀音像的創造可能是根據某人在觀音示現時所見的景象，親身經歷這種異象之人要不是如郭宣之一樣自繪觀音像，就是請畫師依照他的描述作畫。但是，女性觀音像一旦廣泛地流行，自然會有更多人在夢境或腦海中看見觀音示現女相。

最早具有明顯女性外表特徵的白衣觀音像是莊嚴杭州煙霞洞入口的兩尊造像，何恩之推定其年代爲 940 至 949 年間（圖 4.2, Howard 1985: 11）。五代十國時期的吳越王是觀音信仰的大護法，根據《杭州上天竺講寺志》記載，吳越國開國君主錢鏐（851—932）執政之前，夢到一位白衣婦人向他保證，如果他心懷慈悲，不像其他統治者那樣濫殺無辜，她會保護他本人以及子孫。婦人還告訴他可以在二十年後到杭州天竺山找她。錢鏐登上王位之後，又夢見同一位婦人向他要求一處棲止之地，她表示願意成爲吳越國的守護神，以爲回報。後來錢鏐發現天竺山只有一座寺院供奉一尊白衣觀音像，於是他便護持該寺，將它修建爲「天竺看經院」，亦即上天竺寺的原名，日後這座寺院即變成觀音信仰最重要的一處聖地（STCC 1980: 31）。

939 年，上天竺寺因僧人道翊而復興。當時道翊法師發現河中有一塊神奇的木頭閃閃發光，他將這塊奇木交給當地工匠孔仁謙，請他雕刻一尊觀音像，但是當孔氏劈開木頭時，卻發現其中已有一尊「自然形成的」觀音像。孔氏貪愛這尊莊嚴的雕像，打算據爲己有，另刻一尊觀音像交差，但由於道翊夢見一位白衣人預先示警，所以成功取回那尊神奇的觀音像（STCC 1980: 29）。雖然這尊雕像形貌如何我們不得而知，但可以推斷應是一尊女性白衣觀音像。菩薩不但在錢鏐夢中以此像示現，而且在一則關於

圖 4.2　杭州煙霞洞白衣觀音，940—949 年間。何恩之提供。

宋代政治人物曾公亮（990—1078）的故事中，也化身爲白衣婦人。西元 1042 年，曾公亮遭逢母喪，扶柩回歸故鄉泉州，有位僧人元達順道搭船同行。途經杭州時，他們決定到上天竺寺禮拜觀音。一進寺門，只見一位白衣婦人對他們說：「曾舍人五十七入中書，上座是年亦受師號。」話一說完，婦人就不見了。五十七歲這年，曾公亮果然如婦人預言，官拜宰相，元達也因爲與曾公亮的情誼而得賜「大師」稱號（T 49: 411c）。

　　援引這些例子的目的，是爲了顯示白衣觀音的新造像與「白衣人」性別轉變之間的關係。白衣觀音像可能源自最早的中國本土觀音像水月觀音，儘管這兩種造像有若干相似之處（詳見第六章），但水月觀音是現男相或無性別差異，而白衣觀音顯然是女性造型。令人不解的是，在我詳細研讀過的感應故事中，沒有任何關於水月觀音示現的資料。難道是因爲到了十世紀，「白衣人」已成爲感應故事中固定套用的人物，以致人們以這種角度看待水月觀音這種本土新造像？此外，水月觀音是否隨著目睹白衣婦人這類敘述的廣泛流傳，轉變成爲白衣觀音？第六章將更詳盡地討論水月觀音的起源，根據我的假設，這與佛教義理、儀式有關，而第十、十一章也會以較長的篇幅探討與女性觀音有關的感應故事和各種女性觀音像（如魚籃觀音、觀音老母等）之間的關係。接下來我將著眼於晚期感應錄，探討這些故事的特徵。

晚期感應錄的顯著特徵

　　三部晚期感應故事集一開始，都從頌揚觀音的經典中援引一段經文。如此安排應有雙重目的：一、編撰者希望讀者認爲佛經和感應故事是相互關聯的整體，佛經義理闡明感應故事，接著感應故事又證實佛經義理；二、感應故事集應該是自成一體的獨立

文集，以寓教於樂的方式，讓讀者認識觀音的救度特質和事蹟。即使讀者先前從未接觸過佛教，編撰者也希望透過經文選粹和感應故事的閱讀，灌輸讀者對觀音信仰的基本認識，更重要的是讓他們對觀音萌生信仰。因此，感應錄的編撰具有教化和勸信的雙重目的。藉由探究感應錄中所選用的佛經，我們可以了解，對編輯者而言，介紹觀音信仰教義的教科書應具備哪些內容。

　　1659 年編撰《觀世音經咒持驗記》的周克復，是位在家居士，他在卷首的序文中自述過去曾編撰《金剛經》、《淨土經》、《法華經》以及《華嚴經》的持驗錄，他之所以致力於這項工作，是因爲相信法布施的功德無量。由於已編撰過其他經典的感應錄，所以在這部《觀世音經咒持驗記》中，無疑只收錄不空所譯的《大悲陀羅尼經》（《千手經》）、第三章已討論過的《白衣大悲五印心陀羅尼經》、宋代大慧禪師（1088—1163）的〈禮觀音文〉、以及明代淨土宗大師雲棲袾宏（1535—1615）（譯註：世稱「蓮池大師」）爲釐清世人對觀音的訛傳而撰寫的兩段短評。這部感應錄包含 118 則故事，按年代編排，始於晉代終於清代。發生在宋代以前的故事有七十則，宋代以後的有四十八則。故事主角中有二十七位是僧人，約占總數的四分之一，其餘都是在家人，其中包括南朝宋文帝（424—453 年在位）、唐文宗（826—840 年在位）、南唐李後主（961—975 年在位）以及明成祖（1402—1424 年在位）等四位皇帝。這部感應錄中有十二位女性的故事，包括傳說中的馬郎婦，但卻沒有關於比丘尼的事蹟。此外，故事主角還包括宋代政治家范仲淹、史浩，以及明代來自山東的一位無名癩子。

　　相較之下，僧人弘贊於 1668 年編撰的《觀音慈林集》中，有較多記述僧侶事蹟的篇幅，150 則故事中有 81 則與僧人有關（包括 5 位比丘尼），其餘爲在家人的故事。弘贊選取七十一則宋代以前的故事，八十四則宋代以後的故事，因此讓較爲晚近的事

蹟也具有同等重要性。卷首選錄的經文節要，涵蓋範圍更廣、更具學術性，包括智者大師的《觀音普門品玄義》、《悲華經》、《觀世音菩薩授記經》、《大悲陀羅尼經》、《法華經‧普門品》、《首楞嚴經》、《華嚴經》、《觀無量壽佛經》、《十一面神咒心經》、《大乘莊嚴寶王經》，最後是《請觀音經》。弘贊和周克復一樣，也選錄了五則虔誠皇帝的故事，不過兩人的選擇不盡相同，弘贊採用的是唐文宗、宋仁宗（1022—1063 在位）、宋英宗（1063—1066 在位）、宋孝宗（1162—1188 在位）和宋理宗（1225—1264）的故事。熱衷於記錄君主和士大夫對佛教的認同是《佛祖統紀》、《佛祖歷代通載》、《釋氏稽古略》、《釋氏稽古略續集》等佛教編年史的一項特徵。事實上，這些佛教歷史文獻正是弘贊和周克復所根據的部分資料來源，此外他們也運用僧傳、早期的感應錄、以及其他世俗文獻。

由於這兩部感應錄分別是由兩個同時代的人編撰而成，而且一位是在家居士，一位是僧人，因此我原本以爲，比對兩人所選用的故事，檢視不同的身分背景是否造成重大的差異，可能比較有意思。可是，比對結果顯示，除了弘贊選取了較多佛典、蒐集更多僧人事蹟這一點之外，這兩部感應錄並沒有其他顯著的差異，反而發現它們具有若干共同的特色。首先，兩者都包括了孫敬德的故事，亦即夢受《高王觀音經》之人，除此以外，周克復還選錄盧景裕的故事，而弘贊則選取王玄謨的故事。如第三章所述，盧景裕和王玄謨最初也被認爲是受授《高王經》的人。因此，這兩位編撰者對這部著名本土經典的態度並無明顯的不同。

其次，兩位編撰者都收錄馬郎婦的故事。馬郎婦，亦即著稱於世的魚籃觀音，是觀音菩薩最著名的女性化身之一。兩部感應錄都記述了 817 年陝西出現一位美貌的賣魚女的故事，當地很多年輕人都被這名女子的美貌所吸引，想娶她爲妻。賣魚女說，她

願意嫁給能在一夜之間記誦〈普門品〉的人。隔天早晨有二十人通過考驗。賣魚女表示自己只能嫁給其中一人，所以必須提出更艱難的測試，這次篩選的標準是一夜之間熟記《金剛經》。第二天，有十個人達到了標準，於是她必須再度提高要求，讓他們在三天之內背熟全本的《法華經》，結果這次只有一位馬姓青年符合要求。然而，就在婚禮這一天，美麗的賣魚女忽然生病，而且婚禮一結束就病故，屍體也馬上開始腐爛。在她下葬之後，有位胡僧前來弔祭，並告訴馬姓青年和鎮上居民賣魚女實際上是觀音菩薩。

如同第十章所述，後代稱馬郎婦為「魚籃觀音」，此形象的觀音也成為繪畫和禪僧作詩偏愛的題材，更不用說在戲劇、小說和寶卷中這種形象出現得有多麼頻繁了。本章所關切的是感應故事與圖像之間的密切關聯，就這點而言，在宋代以後的中、日藝術中，魚籃觀音成為觀音的三十三種典型化身之一。儘管有時正統佛教僧侶拒絕承認觀音可能以女身顯現，如蓮池大師批評妙善公主的傳說是「世僧」之作（詳見第八章），但此處所探討的感應錄並非如此，出家為僧的弘贊和在家居士周克復顯然看法一致，都認為觀音的確化身為美麗聰慧的賣魚女。

第三，這兩部感應錄都收錄了帝王的故事，這些帝王若不是親身經歷觀音的神驗，就是觀音信仰的護持者。有趣的是，這些故事都與觀音聖像有關。既然我已強調聖像在感應故事中所扮演的角色，且認為這兩種媒介之間具有辯證關係，所以探究其中某些故事將有助於進一步佐證我的論述。

兩部感應錄皆記述了唐文宗的故事，這則故事也出現在《佛祖統紀》、《佛祖歷代通載》和《釋氏稽古略》中。話說文宗嗜吃蛤蜊，沿海官吏必須經常進貢蛤蜊，增加了漁民的負擔。831年的某一天，御廚一如以往地料理蛤蜊，為皇帝準備膳食。但當時

有一顆蛤蜊特別大，不管怎麼試都打不開。於是御廚向文宗稟奏
這件異事，文宗便對蛤蜊焚香祝禱，就在這時候，蛤蜊竟然自動
開啓，裡面出現一尊精美的觀音像。文宗隨即下令將此像供奉在
內襯錦緞的檀木盒中，然後護送至興善寺供僧眾禮拜。他詢問群
臣，這椿異象代表什麼涵義，朝臣中有人建議延請長安附近終南
山的惟政禪師前來解說。❿禪師告訴文宗，感應不會無緣無故發
生，這件奇事是爲了啓沃皇帝的信心。他又引述經典，說明觀音
爲了教化信眾，會因應眾生的需要示現適當的化身而說法。文宗
問道：「現在我已見到菩薩像，但尚未聽聞菩薩說法。」禪師反問：
「陛下親眼見到此事時，您認爲這是尋常？還是不尋常？您相信？
還是不信？」文宗表示，他雖然認爲此事頗不尋常，卻深信不疑。
惟政禪師便說：「現在陛下已聽聞說法了。」文宗甚感喜悅，於
是命令全國各地寺院造觀音像（《觀音慈林記》478）。

　　《古今圖書集成》中有一則類似的故事，只不過故事的主角
是隋文帝（581—604 在位），由於發生了這椿奇事，自此以後文
帝不再吃蛤蜊（497: 36a）。在宋代洪邁撰述的《夷堅志》中，有
相同故事的另一種版本。這次的故事是發生在溧水（今江蘇）一
位名叫俞集的男子身上。宣和年間（1119—1125），俞集乘船航
行於盛產蚌蛤的淮河地區，每當船夫購買蚌蛤準備烹煮時，他都
出錢買下，然後放生。有一天，船夫買了滿滿一簍蚌蛤，準備下
鍋。俞集想用兩倍的價錢收購，卻遭到拒絕。沒想到蚌蛤一入
鍋，鍋中突然一聲巨響，接著現出一片耀眼的光芒。船夫驚懼萬
分，仔細一瞧，只見一巨蚌裂開，殼內出現一尊觀音像，菩薩身
旁有兩支栩栩如生的竹子，菩薩的頭冠、衣服、頸飾以及竹葉，
皆由精巧的珍珠連綴而成。俞集便教船上所有人虔誦佛號，懺悔
罪愆，他自己則將內含觀音像的蚌殼請回家供奉（《夷堅志》冊
1，頁 293）。

　　在這個故事的不同版本中，最後一則看來最合理。這個故事實在不可能出自唐文宗，因為如魏思坦（Stanley Weinstein）所言，文宗對佛教懷有敵意，且在 835 年，也就是蛤蜊現出觀音像的感應事蹟發生之後的四年，他頒布了一道旨令整肅佛教僧尼（1987:111）。不過，此處所討論的重點不是故事的真實性如何，我更關切的是感應故事和觀音造像之間的關係。正如魚籃觀音的起源可溯自馬郎婦的故事，現在這則故事是「蛤蜊觀音」的起源傳說，這種造型是中、日盛行的三十三身觀音中的另一種化身。

　　一如唐文宗感應事蹟的記述，弘贊同樣一字不漏地抄錄《佛祖統紀》中另外兩則有關皇帝與觀音像的故事。其中之一是宋仁宗的故事，仁宗頭戴玉冠，冠中有一觀音像。西元 1023 年，左右侍從因玉冠沉重，勸請仁宗改換其他冠冕，但他不接受，說道：「三公百官揖於下者，皆天下英賢，豈朕所敢當？特君臣之分，不得不爾。朕冠此冠，將令回禮於大士也。」（《觀音慈林記》490）這個故事讓人想起早期感應錄中有信徒頂戴觀音像，或將菩薩聖像繫在頸後，也提醒我們觀音頭冠中有阿彌陀佛的造像傳統，宋代時期人們必定非常熟悉這種傳統。另一則故事與宋理宗有關，他在 1241 年夢見觀音坐在翠竹與岩石間，夢醒後即命人將此像刻在石碑上。這座造像碑上還刻有理宗所作的觀音贊，以及他在菩薩聖號前添加的「廣大靈感」四個字。❶造像碑完成後，則賜予杭州上天竺寺（《觀音慈林記》490—491）。時至十三世紀，觀音坐在竹林岩石間等自然環境中的新圖像已完全確立，這種造像最初的原型是十世紀所創的水月觀音。這又是一項例證，說明盛行的觀音圖像如何影響皇帝夢中所見的觀音形像。另一方面，皇帝下令以此風格製造的觀音像無疑使這種圖像更具威望，也因此更為普及。

　　接下來我將轉而討論最後一部感應錄。這部著作出版於 1929

年，相較於之前已探討的感應錄，這是一部巨著，共有兩卷，分別收錄 234 與 167 則故事，總計全書有 401 則故事。這部著作與過去的同類作品不同，選錄更多宋代以後發生的故事，尤其是明、清兩代，而唐代以前（含唐代）的故事只占總數的六分之一。另外，此書也包含更多在家居士的故事，關於僧人的事蹟只有五十二則（其中四則是比丘尼的故事），這可能是因為這位無名的編撰者本身是居士的緣故。❷正如前文探討的佛教在家居士編撰者周克復，最後這部感應錄的編撰者也在卷首的佛經選粹中收錄了一部本土經典，即《觀世音三昧經》。其他經典包括《悲華經》、《首楞嚴經》、《法華經》、《華嚴經》、《大悲陀羅尼經》和《大乘莊嚴寶王經》中的「六字大明咒」。

這部感應錄按主題編排，將所有的故事分為十類，每種類別又進一步劃分為若干特定細項。雖然可約略看出故事發生時間的先後順序，但不同部類之間卻有相隔好幾個朝代的情形。就這一點而言，此書不同於周克復與弘贊所編撰的感應錄，這兩部清代感應故事集無疑是仿效佛教史傳和高僧傳，故事的編排嚴格遵循年代的先後次序，而最後這部感應錄的編撰者將故事大分為「免難」與「賜福」，有意藉此證實有關觀音的佛經義理。儘管這部現代感應錄篇幅遠超過陸杲撰於 501 年的著作，但兩者的確運用同樣的編排原則。

這些感應故事分為十大類，每一類再細分，總計四十個細項：

一、拔病苦（四十九則故事）（譯註：以下括弧中的阿拉伯數
　　字代表該類故事的數目）
　　1. 眼疾（8）
　　2. 足病（6）
　　3. 喉疾（2）

4. 痲瘋（3）

5. 著魔（3）

6. 皮膚病（5）

7. 腸胃病（6）

8. 發燒（2）

9. 癲癇（1）

10. 精神失常（1）

11. 天花（12）

二、救水火難（四十二則故事）

　　1. 離水難（33）

　　2. 離火災（9）

三、救鎖械難及其餘厄難（五十五則故事）

　　1. 出獄（19）

　　2. 脫險（36）

四、得子興福（五十八則故事）

　　1. 得子（42）

　　2. 得福（16）

五、得慧、延壽、度生死（三十則故事）

　　1. 得慧（8）

　　2. 延壽（4）

　　3. 死而復生（18）

六、孝行所感與往生善處（三十則故事）

　　1. 孝感得父母病癒（7）

　　2. 往生淨土（19）

　　3. 往生天界（3）

　　4. 得不退轉（1）

七、業報（四十三則故事）

1. 現世報（8）

2. 遇閻王（1）

3. 顯惡業（23）

4. 嘉勉懺悔（11）

八、神力攝化（五十四則故事）

1. 神變（7，包括馬郎婦和蛤蜊觀音的故事）

2. 神異（23）

3. 神通力（6）

4. 降魔（18）

九、示現消災（十則故事）

1. 祈雨（3）

2. 求晴（6）

3. 除蝗害（1）

十、示現垂護（三十則故事）

1. 放光（7）

2. 示現（14）

3. 慈護（5）

4. 遏亂（3）

5. 垂誡（1）

　　在比對這部感應錄與早先其他感應錄的故事類別後，立刻凸
顯了幾項明顯的差異。首先，在先前的感應錄中，有些故事從未
出現或很少提及，但在這部感應錄中卻變得非常重要，求子故事
就是一例。儘管〈普門品〉明言觀音能滿足世人得子、得女的願
望，但在早期感應錄中，這根本不是重要的主題；如前所述，繫
獄、臨刑、水溺、火燒等難更爲常見。只有陸杲的《繫觀世音應
驗記》收錄一則台姓人氏祈求子嗣的故事，此人在眾僧面前發願，

表示只要兒子在 4 月 8 日出生（佛誕日），他就認為那是瑞應。後來他果然在那一天得一子，於是將兒子取名為「觀世音」（編號 55）。兩部清代感應錄包含更多求子的故事，這並不令人意外，周克復的《觀音持驗記》中有十二則，弘贊的《慈林集》中有十三則，其中的三則故事同時出現在這兩部感應錄中。有趣的是，《觀音持驗記》只有一則僧人因母親向觀音祈求而誕生的故事，而《慈林集》卻有七則類似的僧人故事，這再次反映出弘贊對僧人的關切。最後這部現代感應錄中，有四十二則關於求子的故事，在所有分類細項中，這是為數最多的一類。這是否反映出宋代以後人們對宗嗣的延續有愈來愈深的掛慮？對於晚近出現能助人得子的本土經典，這是否也是一種回應呢？許多求子遂願的故事明確提及《白衣觀音經》（《白衣大悲五印心陀羅尼經》的簡稱，詳見第三章），其中有些故事也明白表示嬰兒出生時「白衣重包」——這是白衣觀音送子的明證。順帶一提，這一點讓我們注意到感應故事和本土經典具有相同的思想和宗教論述。正如感應故事和圖像之間的關係，感應故事與本土經典這兩種媒介之間也存在著同樣的辯證和相互助長的關係。

　　1929 年刊印的這部感應錄中有些類型的故事不是僅僅較少出現在先前的感應錄中，而且是根本不存在，這再度反映出社會、科技和道德觀念的變遷。在此我提出兩個例子，一是人們對於觀音能夠救度信眾免除的種種疾病，日益關切，因此，故事不僅記載菩薩救拔病苦，還詳細說明疾病的種類。先前的同類文集都沒有出現天花的病例，但這部現代感應錄卻有十二例，而且都發生在清朝。對各種疾病日漸關注的現象，是否有可能反映出明清醫學文獻的著述與刊行造成精密醫學知識的普及？晚期感應故事中，天花單獨做為觀音救拔的一種疾病，這絕非偶然，這是當時引起極大關注的一種主要疾病（Leung 1987; Chang 1996）。有關

這種疾病的知識直到宋代才出現。根據福思（Charlott Furth）的研究，「在宋代某個時期，醫生開始分辨天花與其他兒童常見的發燒、發疹等症狀的不同，並且將天花視爲一門獨立的醫學科目，著書立說。」（1999: 180）另一個例子是有關孝子「割股療親」的故事，這些故事描述孝順的兒子、女兒或兒媳偷偷割下自己大腿或胳臂的肉，做爲醫治病重父母或公婆的藥品，這種做法在明清時期甚爲流行。第八章將廣泛討論這種現象，我認爲可以此爲例，闡明儒家價值觀如何改變了觀音信仰。感應錄納入這類故事，正明顯反映出中國明清新興的宗教實踐。

　　總而言之，有關觀音的感應故事是中國佛教中重要而歷時甚久的一種文體，始於五、六世紀，直到今天仍然有人蒐集、編撰這類故事。對觀音的轉變和本土化而言，感應故事是極具影響力的媒介，因爲故事描述眞實人物在確切的時空中面對危難，而得遇觀音菩薩救度的經歷，所以觀音不再是佛經中提到的神祕人物，而是甘潘尼所謂的「眞實存在體」（a real presence）。

　　我相信在信徒所見的觀音示現中，觀音的塑像和繪畫扮演著決定性的角色，同時我也主張，藝術創作應該被視爲宗教信仰與儀式的一部分，這些藝術品本來就是做爲聖像之用，供人禮拜。對於感應故事中觀音示現形象的變遷軌跡，我特別感興趣，因爲其中含有重要的線索，顯示這位菩薩在中國出現的新身分。雖然在早期的感應故事中觀音從未現女相，但在宋代以後的感應故事中的確有觀音示現數種女性形象的事蹟。這種情形不足爲奇，因爲就在同一時期，已有藝術家創作出女性的觀音像，這有助於證實藝術與宗教體驗間的密切關聯。就這個主題而言，明代學者、文獻專家胡應麟（1551—1602）的看法或許值得一提，在他編撰的《觀音大士慈容五十三現象贊》一書的序言中，他首先指出當

時觀音的塑像、畫像都現女相。他又說，所有菩薩相都是端嚴靚麗，不僅觀音如此，文殊、普賢也是如此，但是讓觀音頭冠衣飾皆作女子裝束，這是前所未有的事。他引用早期感應故事中的例子（有些故事前文已探討），表明觀音總是化現爲僧人。他又引著名宋代畫史《宣和畫譜》爲證，說明唐宋時期名畫家所繪的觀音像極多，但沒有任何一尊身著女裝。關於觀音的性別轉變，他提出兩種解釋：首先，由於佛典中有觀音化身之說，而且觀音多半受到婦女的信奉禮拜，於是大部分的化身就漸漸呈現女性形象。更重要的是第二點，也就是「蓋因……今觀世音像率作婦人，故人間顯跡夢兆無復男子相者，俗遂眞以觀世音爲婦人。不知夢生於心，兆徵於目，心目注瞻皆非男相，則恍惚示現自當女身。」（Hu Ying-lin 1980: 1a, 2a）

　　觀音的感應故事提供有力的證據，證實觀音在中國一向受到僧俗二眾與善男信女的信奉，事實上，觀音信仰的影響遍及所有的社會階層。如同前述，感應錄的編撰者有僧人，也有士大夫，故事中的人物來自社會各行各業，他們在片刻間經歷觀音的救度，從此生命有了深刻的轉變。頌揚觀音的佛典從這些故事獲得驗證，於是經典義理不再是抽象的教條，而是透過眞實人物的親身見證，變得實用而具體。同時，由於有信眾夢見觀音或目睹觀音示現的故事，促使這位菩薩逐漸顯現出中國本土像的化身。在這個過程中，來自印度的觀音 Avalokiteśvara 出現了轉變，發展出中國本土的特質與風貌。

第五章
神異僧與觀音的本土化

　　如前幾章所述，唐代及唐以前，當觀音出現於虔誠信眾的夢境或在他們面前示現時，往往現僧人相；自宋代以降，觀音的性別有所轉換，但感應故事中仍有可能出現觀音化現的僧人相，只是出現的頻率大不如前，不過這證明僧人這種早期形象持續存在。因爲佛教最初是由外國傳法僧傳入中國，而且首先提倡觀音信仰的也是僧人，因此中國人看到諸佛菩薩自然會聯想到僧團及胡、漢僧人。然而，觀音不僅偶爾化現爲僧人，出現在信徒面前，過不了多久，中國人還將某些僧人視爲觀音化身。

　　西元八世紀以前，寶誌（425—514）、僧伽（卒於710）兩位僧人被認爲是十一面觀音的化身，受人頂禮膜拜。838至847年間，遊歷中國的日本求法僧圓仁（793—864）記載，當時對僧伽的信奉盛極一時，寺廟壁畫中有他的畫像，此外還有許多寺院專爲這位神僧另闢一處殿堂，供奉他的塑像。圓仁獲贈兩件紀念品：一幅僧伽的畫像及一座檀木佛龕，龕中有寶誌、僧伽和另一位僧人萬迴的塑像。萬迴和僧伽是同時代的人，也被認爲是觀音的化身（Makita 1984: 35）。第八章將探討觀音的另一種化身妙善公主，十二世紀的佛教徒認爲她是千手千眼觀音的化身。有趣的是，在這大約四百年的期間，不僅觀音化身的性別和地位發生變

化，連這位菩薩本身的身分也有所不同。在某種意義上，這種變化清楚呈現兩種密教觀音像普及程度的消長，唐代廣爲流傳的是十一面觀音，但到了宋代盛行的卻是千手千眼觀音。

本章將簡要探討寶誌與僧伽的生平及成就，儘管兩人相隔兩世紀，且各有不同的教法和行儀，卻同樣具有一項重要特徵，也就是兩人都是神異僧。「神異」，是三部高僧傳共同認可的一種類別。慧皎是中國僧傳的第一位作者，編纂 257 位僧人的傳記，其中關於顯異僧人的事蹟歸類於「神異」，列於譯經和義解之後，習禪、明律、亡身、誦經、興福、經師、唱導等類別之前。唐代道宣（596—667）和宋代贊寧（919—1001）以慧皎的著作爲基礎，分別繼續編纂兩部高僧傳，蒐集慧皎當代以降的僧傳，各收錄 485 篇及 500 餘篇傳記，分類和編排順序雖有不同，但兩部續高僧傳中均包含顯神異的僧人，只是改稱「感通」，置於譯經、義解、習禪、明律、護法之後，遺身（亡身）、讀誦（誦經）、興福、雜科之前。

在這幾部高僧傳中，都列有「神異僧」一門，這顯然與中國人醉心超自然事物且敬重神異人士有關，而後者又得力於中國本土傳統所創的神仙傳，這些成仙的傳說與佛教無關，早在佛教傳入中國以前即已存在。實際上，佛教神異僧與道教神仙有許多共同性，根據蒲慕州針對《神仙傳》（一般認爲此書作者是道教最偉大的人物之一——葛洪〔280—340〕）和慧皎《高僧傳》的比較研究，「神仙傳和高僧的故事反映出一種普遍的心態，即尋求超脫捷徑的心理需求、控制超自然力量的企圖，以及解決一些攸關生死的世間難題的強烈欲望。」（Poo 1995: 172）

此外，寶誌和僧伽皆是特殊的神異僧，他們爲人古怪，以驚世駭俗的行徑著稱。在某些方面，他們是後代佛門特立獨行人物的先驅，如一般認爲已開悟的禪師寒山、拾得，或「布袋和尙」

和濟公（又稱「濟癲」）等神僧（人們認為這兩位僧人分別是彌勒佛和「活佛」的化身），他們非但不代表僧院佛教強調的價值觀和行為準則，反而以離經叛道的行事風格挑戰這些規範。這些「反典範（anti-exemplary）」的人物為何受人稱頌？這一點呈現出中國佛教和中國宗教哪些特點？夏維明（Meir Shahar）研究明清時期的民間小說時，發現這類小說是傳播神仙信仰的一項重要媒介。然而，令他驚訝的是這些作品刻畫的神仙：「出現在民間小說中的神仙多半可劃歸為女性、俠士或異人三類，而且在一般人認可的社會觀念中，這三種人都居於社會邊緣或模糊不定的地位。」（1996: 98）他又指出，「中國民間小說反映的神仙鬼怪大大地顛覆社會正統的意識型態」，而且中國人信奉的眾神就如同西方的嘉年華會，「具有安全閥的功能，同時也提供象徵性的反叛策略。」（203, 205）寶誌和僧伽是異人，妙善則是女性，然而他們都被認為是觀音的化身。他們之所以被選為神佛的具體化身，是否為了接替正統，反抗固有宗教權威——不管是佛教或儒家的權威？

如本章後文和第八章所述，寶誌、僧伽和妙善所代表的另一種典範，形成「正統意識型態」無可迴避的挑戰。但是賦予這三位人物新作用的同時，人們最終又使他們維護原先批判的傳統。例如，自宋代至今，中國人敬拜祖先而舉辦的兩大佛教法會——「梁皇懺」和「水陸法會」——皆歸因於寶誌的創建。僧伽則被奉為「淮河之神」，漁民、船夫和行旅都向他祈求旅途平安。另一方面，妙善成為至孝的象徵，且可能是割股療親的濫觴，也就是為病重父母增福添壽而自殘的信仰。因此，區分原本他們在同時代人心目中代表的意義，以及後世傳統所賦予他們的意義，這絕非易事。除非能更深入了解一尊神或一位聖者的全部歷程，否則很難蓋棺論定。但令人遺憾的是，關於這些特立獨行的「神」，

我們其實所知甚少,除了我大量參閱夏維明的濟癲研究,以及牧田諦亮關於寶誌、僧伽的研究之外,向來沒有任何研究深入探討這些奇特而有趣的神僧。

　　儘管我沿襲中國人的傳統稱之為「神僧」,但他們實際上是「聖僧」。圓仁從中國帶回日本的可攜式檀木佛龕,奉有寶誌、僧伽和萬迴三人的塑像,人稱此佛龕內含「三聖像」。在 1994 年雷金納德・雷(Reginald Ray)的著作問世之前,學術界並未認真研究印度和中國傳統中的佛教聖者,這的確很諷刺,因為正如雷所言:「這些人物通常與印度佛教的重要典籍、地點、事件、法脈、教義、修行、學派和運動息息相關,因此在檢視任何佛教相關資料時,必定會碰到其中一、兩人。至少以傳統角度看來,佛教聖者是精神啟迪和創造力取之不盡的源頭,而且一切善法或許最後都可溯源於這些聖者。」(1994: 3)這個主題之所以長期受忽略,雷歸咎於佛教所謂的「雙層模式」(two-tiered model,這種模式首先由南傳佛教提倡,繼而得到西方佛學學者的熱切推崇),因為按照這種觀點,佛教包含兩個層次,也就是循不同道路、持不同價值觀的出家僧人及在家信徒,根據這種分類系統,崇拜聖僧是通俗佛教的一種表現形式(21)。雷主張應該以「三重模式」(threefold model)取而代之,亦即定居共住的出家僧眾、隱居林間的瑜伽行者及在家信眾,而聖者即屬於林間隱修的傳統(433—447)。寶誌、僧伽等神僧不能稱為「林間隱修者」,因為他們與帝王積極往來、頻頻出入京城和皇宮、或興建寺廟。儘管如此,這類僧人看來的確不同於一般出家僧眾,反而顯然十分類似藏傳佛教傳統中的「大成就者」(mahāsiddha),雖然身為僧人,卻不囿於寺院的居住範圍或戒律的約束。表面上看來,他們放縱不羈,甚至有駭人聽聞之舉,但他們確實是佛教修行者,且已開悟成道。這類人物為數甚多,在同樣長期採用「雙層模式」的中國佛教學

術研究中，他們的確應該另成一類。

寶誌（425─514）

　　關於寶誌禪師的生平，最早的記述是陸倕（470─526）奉梁武帝詔令所寫的〈誌法師墓誌銘〉。陸倕約當寶誌四十五歲時出生，寶誌圓寂十二年後辭世；比陸倕晚二十七年出生，且在陸倕去世二十八年後圓寂的慧皎，在其《高僧傳》的〈寶誌傳〉中（T 50: 394a-395a）提到這篇墓誌銘。因此，三人差不多是同時代的人。

　　陸倕，吳郡人（今江蘇吳縣），以博學多聞及驚人的記憶力著稱。據說他年輕時，任何著作都可過目成誦。有一次，他向別人借閱《漢書》，卻將其中的〈五行志〉四卷遺失了，於是他將遺失的部分默寫出來，結果與原文一字不差（《梁書》卷 27）。此外，他也精於佛教論述。大約同時的范縝（約 450─515）曾作〈神滅論〉，證明佛教業報和轉世的理論不能成立，這篇文章引起軒然大波，虔信佛教的梁武帝撰文反駁，在僧人法雲的號召下，另有六十二位著名的士大夫佛教徒投入論戰，捍衛佛教，陸倕即是其中之一（《弘明集》卷 10）。據牧田諦亮的判斷，〈誌法師墓誌銘〉應該是陸倕撰四十五歲以後之作（1984: 58）。

　　由於是墓誌銘，所以陸倕的文章篇幅十分簡短，但慧皎重述的其中一些要點，頗值得注意。陸倕之文如下：「法師自說姓朱，名保誌，其生緣桑梓莫能知之。……於宋太始（467─471）初，出入鍾山，往來都邑，年可五、六十歲，未知其異也。齊宋之交（479），稍顯靈跡，被髮徒跣，負杖挾鏡；或徵索酒肴，或數日不食；豫言未兆，懸識他心；一時之中，分身數處。天監十三年（514），即化於華林園之佛堂。先是忽移寺之金剛，出置戶外，語僧眾云：『菩薩當去。』耳後旬日，無疾而殞。」（CLFCC 冊 1，

收錄於 CKFSC 3: 368-369）

　　相形之下，慧皎所著的〈寶誌傳〉篇幅較長，更為詳盡。一如陸倕，令慧皎印象深刻的也是寶誌的怪異行為、以隱語預言未來的異能及分身術。根據慧皎的《高僧傳》記載：「至宋太始初，忽如僻異，居止無定，飲食無時，髮長數寸，常跣行街巷，執一錫杖，杖頭掛剪刀及鏡，或掛一、兩匹帛。齊建元中（479—482）稍見異跡，數日不食亦無飢容，與人言語，始若難曉，後皆效驗，時或賦詩，言如讖記。」（T 50: 394a）

　　儘管寶誌與一些僧人為友，但從未在任何寺院長住，反而雲遊四方，有時暫住俗家施主家中，其餘時候則隨處找寺廟暫時掛單。梁武帝特許他隨意出入皇宮。陸倕和慧皎都記述他飲酒、啖魚食肉的行為，這都是僧人的大忌。然而，至少就吃魚一事而言，文獻中的相關記述隱隱指出他並未真正食用，因為後來人們看見魚仍在水中游動：「又時就人求生魚鱠，人為辦覓，致飽乃去，還視盆中魚，游活如故。」（T50: 394b）

　　〈寶誌傳〉的作者沒有解釋他杖頭所掛的器具意義何在，這些器具或許與他預知未來的能力有關。鏡子用以驅魔、占卜未來，但這通常為巫師、道士所用，僧人很少使用。剪刀、布帛或夾剪的涵義，更令人費解。相較之下，後來出現的傳記要不是改變錫杖上的某些物品，就是對這些物品的象徵意義提出新的解讀。❶

　　從慧皎所著的傳記可知，寶誌博覽佛典，且精通禪修，因此在法雲法師講經說法詮釋《法華經》時，他能夠提出評論；在梁武帝內心煩惑不已時，他也能以禪師問答的方式與武帝應對。然而，他也祈雨成功，由此證明他的確具有傳統佛教神異僧的資格。但在同時代人的記述中更顯而易見的是，這些傳記作者並未指出他與佛教儀式的創立有任何關聯，也不認為他是觀音的化身，因為他雖然預知時至，且為陳氏一家顯現「真形」，也就是示現菩

薩的光相，甚至自稱「菩薩」，但無論他本人或是同時代的人都未明確指認他為觀音。

雖然寶誌是具有超凡神力的神異僧，卻不是絕無僅有的特例，在他之前或之後也許還有許多神異之士。❷他在中國佛教界永垂不朽的地位，當然與梁武帝以及後來明太祖的大力護持有關。他圓寂後，梁武帝耗資二十萬錢，予以厚葬，且在他埋骨之塔旁，也就是鐘山山麓的一座土阜上，興建寺院。這座寺院在唐代稱為寶公禪院，是明代名剎靈谷寺的前身。1381 年，明代開國皇帝太祖在南京鐘山公園重建這座寺院，因為該寺原本建於寶公塔附近，他想利用寶公塔的風水寶地，於是在寺院舊址修建明孝陵，他崩殂後即葬於此處。梁武帝命人繪製寶誌遺像，流通全國各地。唐代「三絕碑」上有寶誌的畫像與贊辭，之所以名為「三絕」，是因為此碑結合三位冠絕古今的肖像畫家、詩人與書法家的作品，即吳道子（約 685—758）的誌公和尚全身像、李白（701—762）撰文、顏真卿（709—785）書寫的畫贊。儘管原來的石碑已不復存在，但靈谷寺寶公塔現有一件清代仿刻品；此外，還有一件明代仿刻品現存於「揚州歷史博物館」的庭園內，這塊明代石碑還刻有元代書法名家趙孟頫書寫的〈寶公菩薩十二時歌〉（Berkowitz 1995: 579-80）。

牧田諦亮曾探究後繼〈寶誌傳〉的演變過程。七世紀成書的《南史》將原名「保誌」改為「寶誌」，亦即選一同音字「寶」取代原有的「保」字。此後所有作者都用「寶誌」這個名字，這也是今天人們所知的名號。《南史》還增添更多細節，刻畫寶誌未卜先知的能力，文中記述，在齊武帝召見時，寶誌頭戴三頂布帽（三帽層層相疊），暗示王室將有三場葬禮接踵而至，因為按照習俗，葬禮中人們應戴布帽。果然不出兩年，武帝崩殂，文惠太子及豫章文獻王也相繼薨逝，這證實寶誌影射的預言。他戴的這種

帽子後來稱爲「誌公帽」，且被定爲僧人出席葬禮時應穿戴的服飾之一，1019 年釋道誠編撰的《釋氏要覽》中，甚至描述這種帽子的縫製方法。敦煌千佛洞 147A 窟內有一幅壁畫描繪寶誌頭戴此帽，這幅畫見於伯希和《敦煌》第 6 卷中的一幅照片（Makita 1984: 64）。

　　到了唐代，寶誌不僅被視爲觀音的化身，而且以此身分被供奉在日本求法僧參訪的中國寺院中。最早的見聞紀實爲大安寺的戒明所作，他的傳記收錄於 1251 年編纂的一部僧錄中。戒明於 770 至 780 年間遊歷中國，他曾赴南京參拜寶誌，以示敬意，他參訪寶公塔，且請回一尊誌公身爲十一面觀音之像。返回日本後，他將這尊像安奉在大安寺南塔院中堂，供人頂禮。因此，中國雕刻的寶誌像一方面是爲了讓中國人敬拜，一方面也做爲禮物，贈予日本求法僧。根據十二世紀瞻仰此像的參訪者描述，這是一尊木刻像，高約三尺，塑像刻畫寶誌雙手撕開自己的臉，從而顯露菩薩眞身。原本戒明攜回日本的塑像早已不存在，但目前京都西往寺收藏一件十八世紀的複製品，像高五尺三寸一分（Makita 1984: 76）。

　　這尊像描繪寶誌撕掉自己臉皮的怪異舉動，其實源於一則有名的故事，這個故事最早出現於 1260 年志磐編纂的《佛祖統紀》中，這時關於寶誌的傳記已臻完備。這個故事，先後在兩個地點、且在兩位君主面前發生。482 年，齊高帝召寶誌入京，誌公突然撕開自己的臉皮，變爲「十二面觀音」，但高帝非但沒有受到感動，反而因爲此舉有顯異惑眾之虞而感到厭惡（T 49: 346c）。503 年，同樣的異事在梁武帝面前重演，當時武帝命知名畫家張僧繇（約 480—549 之後）爲寶誌畫像，寶誌再次以手裂面、現十二面觀音相，且不斷地變換面容、神態，時而威怒、時而慈祥，令張僧繇無法下筆（348b）。這個故事在南方必定廣爲流傳，因爲儘

管沒有「十二面」密教觀音像，但十世紀吳越王錢鏐曾命人造十二面觀音聖像的木刻版，大量印製，供人禮拜（詳見第六章）。此版拓印的聖像有一幅留存至今，在這幅畫像中，菩薩頭部除了正面以外，兩側各現一面，其上又有九個較小的菩薩頭（圖 6.3）。「波士頓美術博物館」（Boston Museum of Fine Arts）有一幅畫，描繪一尊羅漢頭戴多面觀音面具，這幅畫原本是 1178 年左右寧波畫師周季常所作「五百羅漢圖」的一部分，保存於京都大德寺。此畫的前景有一位畫家手握畫筆，身旁的友人則拿著一張紙，那是一幅尚未完成、依稀可辨的肖像畫（圖 5.1）。這位畫家必然是張僧繇，也就是故事中未能完成寶誌畫像的畫家。

　　雖然根據《佛祖統紀》，這兩件事發生於 482 及 503 年，但這顯然是杜撰的。《十一面觀音經》最早的譯本（耶舍崛多譯）直到 570 年才問世，與書中所述張僧繇作畫一事相距大約七十年。正如牧田諦亮準確地評述，這個故事極有可能發生在八世紀後半期的二十五年中，即 745 至 770 年間，此時不空已譯出《十一面觀音經》念誦儀軌的相關經典，而且密教的普及也達到空前絕後的程度（Makita 78）。至於寶誌的畫像，雖然慧皎記述梁武帝在全國各地流通誌公遺像，不過關於此畫最早的文獻記錄是唐文宗在位期間（827—840）范瓊所畫的「梁武帝畫誌公圖」，米芾於 1103 年前後編纂的《畫史》曾經提及范瓊這件作品。中唐以後，寶誌成為寺院壁畫中時常出現的題材（Makita 72-73）。840 年，圓仁在前往五台山途中，參訪山東長白山的醴泉寺，他直言寶誌就是十一面觀音的化身。他記述道，根據當地的傳說，寶誌降靈長白山該地而圓寂，不僅如此，他的肉身一度留在那兒，後來不知去向，同時卻有一尊塑像奉祀在琉璃殿中。「琉璃殿」之所以得名，是因為所有門戶、柱子、台階都為碧石所造。醴泉寺西側有一口水井，原本有泉水湧出，氣香味甘，任何人飲用此

圖 5.1　羅漢現身為十一面觀音，1178 年前後，周季常作。「波士頓美術博物館」提供（Denman Waldo Ross 捐贈的收藏品）。

水都可除病增壽，但寶誌圓寂後，這口井也隨之乾涸，不過仍然開放求法僧參觀。圓仁遊歷中國二百三十餘年後，成尋也來到中國，記述 1072 年參拜寶誌像的經過，當時這尊像供奉在「七容院」中——這座寺院位於宋朝首都汴京（今開封）名剎太平興國寺的南邊。依成尋所述，這尊寶誌像黝黑瘦削，臂膀舉起，露出衣袖中的手（Makita 76-77）。四川大足石篆山 2 號龕的峭壁上刻有一尊寶誌像，龕頂銘文記述開鑿年代為 1083 年，並記載梁武帝曾詢問寶誌世上有無長生不老藥一事。❸根據雍正年間（1723—1735）編撰的《四川通志》記載，寶誌在四川劍川（今劍閣）的北誌公寺圓寂（46）。因此，誌公信仰不斷地發展，不再限於南京，更進而擴展到山東、河南、四川各地。此外，如圓仁參訪的山東醴泉寺，四川有一座寺院也自稱聖僧寶誌圓寂於該地。

　　寶誌與佛教法會的關聯也是根據聖徒傳的典型造成的。《佛祖統紀》描述水陸法會肇因於梁武帝的始末：503 年 11 月，武帝夢見一位神僧要他舉辦一次盛大的「水陸大齋」，以普濟六道四生（胎、卵、濕、化）的受苦群靈。夢醒後，武帝立即披覽佛教《藏經》，歷時三年才完成水陸儀文的編撰。隨後在金山寺舉辦水陸齋會，命僧祐主持這場法會，結果產生許多感應事蹟（T 50: 348c）。顯然，這份文獻根本沒有提及寶誌在水陸法會創製過程中扮演任何角色。一部更早的宋代文獻，即 1004 年完成的《景德傳燈錄》，其中的〈寶誌傳〉雖然記錄許多誌公的神異故事，對於水陸法會卻同樣隻字未提。

　　人們不僅將水陸法會的創製歸功於寶誌，而且最晚自明代以降，又認為「梁皇懺」的舉辦也是他的功勞。這是最為普及的兩種薦亡佛事，許多地方至今仍然盛行這些儀式。因為這兩種法會包括誦經和禮懺，因而簡稱「經懺」，整個法會以施食亡靈做為結束。根據佛教教義，人由於生前所造惡業，所以死後變為餓鬼，

永受飢渴之苦,唯有僧人如法舉行儀式,施予飲食,才能減輕他
們的痛苦。儘管沒有人願意相信自己過世的親人轉生餓鬼,但總
不能排除這種可能性;即使情況並非如此,隨喜贊助這些法會也
會產生大功德,可以迴向過世的家親眷屬,幫助他們往生善處,
同時讓人現世享有健康、財富、長壽等福報。因此,這些法會在
中國一向十分盛行。舉辦這些法會為寺院增加收入,而這類收入
在本世紀成為僧人維持生計的主要來源。

　　佛教所有薦亡的佛事中,水陸法會最為複雜,歷時七天
之久,尉遲酣(Holmes Welch)稱之為「全世彌撒」(Plenary
mass),他描述這種法會是「薦亡儀式中的精心傑作……規模
宏大、歷時長久、耗資甚鉅。」(1967: 160)1934 年,高僧法舫
(1904—1951)針對中國寺院偏重法會的情形痛心地批評:「全中
國的寺廟,好像三門上都還是掛著一塊某某禪寺的匾額,裡面的
禪堂卻都變成經懺堂、水陸內壇,所住的禪和子都變成經懺師。」
(Makita 1984: 213)(譯註:禪和子,修禪的出家人。引文原出自〈中
國佛教的現狀〉,《海潮音》10 月號(1934),頁 21-31)

　　水陸法會的起源依然不可考,但根據牧田諦亮的研究,這種
佛事或許始於晚唐。到了宋代,皇室為其祖先舉辦水陸,加上蘇
軾(1037—1101)也曾在四川成都為亡妻舉辦這種法會,於是水
陸法會開始盛行。元、明兩代這種儀式是為了皇室而舉辦的,到
了晚明,水陸法會已經極為盛行,以致雲棲袾宏認為有必要修訂
水陸儀文(Makita 1984: 221-223; Teiser 1988: 108; Yü 1981: 148,
299-300)。修訂後的文本全名為《法界聖凡水陸勝會修齋儀軌》,
之所以如此命名,是因為水陸法會是複雜周密、普度群靈的齋會,
仔細研究受邀來赴此勝會的「賓客」名單,我們就能夠清楚了解
中國人如何看待另一個世界,名單中不僅有諸佛菩薩,還有道教
神祇、民間信奉的山神河神、泰山府君和其他地府冥官,人間的

地神、穀神、風神和雨神也都包括在內。法會召請的亡靈代表社
會各個階層，不僅有帝王將相，還有儒士、商賈、農民、工匠、
士兵，以及佛教僧侶與道教道士。正如法會名稱所示，一切水陸
亡靈都會得到精神的救度和物質的濟助，因此，即使是自盡的人、
難產而死的婦女及流產夭折的胎兒都在邀請之列。水陸法會的畫
軸描繪儀文中提及的受邀群靈，法會進行期間，這些畫軸會懸掛
在寺廟的牆壁上。有些明代水陸畫軸留存至今，例如有一套為山
西保寧寺「水陸堂」所作的畫軸，保存完好，內含 139 幅水陸畫，
現已出版（《保寧寺明代水陸畫》，1988 年），根據畫風及圖記顯
示的資訊，推定這套畫軸為 1460 年之作。令人遺憾的是，另一
套繪於 1454 年更為精緻的水陸畫已被拆散，其中三十四幅收藏
於「吉美博物館」（Musée Guimet），兩幅存於「克利夫蘭美術館」
（Cleveland Museum of Art）（Weidner1994: 282）。

　　袾宏在跋中解釋為何決定修訂水陸儀文，關於水陸法會的起
源故事也有若干轉折。他一開始便寫道，世傳水陸法會起於梁武
帝，此事的緣起是西元前三世紀的秦國大將白起坑殺趙國降兵四
十萬人，因罪孽深重，墮入地獄，永無解脫之日，於是他托夢向
梁武帝求助。武帝徵詢寶誌大師和其他法師解救之道，寶誌告訴
武帝，在佛教藏經中有水陸儀文。儀文編訂完成後，武帝祈請三
寶顯應，結果整個宮殿燈火通明，他認為這是儀文得到神意應許
的徵兆。這就是水陸法會流傳後世的緣由。但是到了袾宏那個時
代，金山寺的水陸儀文已前後錯雜，混亂不堪，主持法會的僧侶
經常任意而為，儀軌因人而異的情形早已層出不窮。法會期間內、
外壇懸掛的水陸畫雜亂無章，這也令他十分痛心。由於志磐所寫
的水陸儀文精密簡易，於是他決定採用志磐的水陸儀為底本，但
因為這個文本僅存於四明（今浙江寧波），他便在核對、修訂志
磐本之後，刊印流通（《雲棲法彙》19, 6: 13b-14a）。

　　四明的水陸儀作者志磐，也是《佛祖統紀》的作者，既然他編訂了水陸儀文，難怪在《佛祖統紀》中關於水陸法會的創制他沒有提及寶誌。與袾宏同一時代而年紀較輕的蕅益智旭（1599—1655），提供水陸儀軌演變的額外資訊，其中值得注意的是，隋代並未舉行水陸法會。根據他的記述，唐代咸亨年間（670—673），長安法海寺的道英禪師夢見泰山府君請他宣講佛法，後來有一天當他獨坐方丈室時，突然出現一個相貌奇特的人，向他表示過去曾在泰山府君那兒見過他。這位異人又告訴道英禪師世間有水陸大齋，可以普遍利益群靈，而最初由梁武帝編輯的水陸儀文，此時則由江蘇大覺寺的僧人義濟保存。他請求道英禪師前去求此法本，以如法舉行水陸勝會。道英禪師答應他的請求，得到儀文之後便啓建水陸法會。事後，那位異人率數十名隨從再次現身致謝。原來他是秦莊襄王（249 BCE—247 BCE 在位）的鬼魂，隨從則是當年秦國的猛將，他們死後都墮入地獄受苦。梁武帝舉行水陸法會時，商紂王當政時爲虎作倀而死後受苦的官吏，都因此獲得救度，莊襄王等人也暫時解脫苦難，不過由於他們「獄情未決」，最後仍不能解脫。此次幸蒙道英禪師修建水陸法會的功德力，他們得以轉世爲人。自此以後，道英禪師便經常舉行水陸齋儀。

　　南宋咸淳年間（1265—1274），志磐重訂水陸儀軌，並請人繪製二十六幅水陸畫，以供法會期間懸掛。此後至元、明兩代，水陸法會歷久不衰。1646 年，蕅益參訪金山寺，請求閱覽金山水陸儀文，卻發現這個文本汗漫模糊，難以查考研究。這是因爲自元代起歷任住持爲使法會更活潑、熱鬧，頻頻增刪儀文，後來金山寺的版本就稱爲「北水陸」，相對地，以志磐本爲基礎的儀文則世稱「南水陸」。對於袾宏選擇南本加以修訂，蕅益頗爲讚賞。根據蕅益的記述，經修訂的儀軌十分嚴格，僅有九人可以進入內

壇，亦即主壇法師一人、齋主一人、宣唱儀文的表白法師二人及香燈法師五人，其餘眾人若想瞻禮，一律站在帷幔之外；若內壇有人離開，再入壇前必須沐浴更衣（Makita 1984: 226，引自《靈峰蕅益大師宗論》卷 7 之 4：12a-13b）。

明末編纂的《靈谷寺志》（CLFCC 卷 3）中有〈寶誌傳〉，這篇傳記也將宋代以來盛行的「梁皇懺」歸功於寶誌的創製。故事是這樣發生的：梁武帝的嬪妃郗氏死後數月，有一天皇宮中突然出現一條巨蟒且開口說話。巨蟒向武帝自稱是已過世的郗氏，因為生前好妒，虐待後宮其他嬪妃，所以死後轉生為蟒蛇，無時無刻不在痛苦中。她不僅無法飲食，而且無處棲身，除此之外，還不斷遭受蟲蟻咬嚙。由於以往深得武帝恩寵，所以前來求助。話一說完，巨蟒隨即消失無蹤。第二天，武帝召集眾僧，尋求良策，寶誌建言，除了舉行禮懺法會懺悔罪障，別無他法。於是武帝下令編制禮懺文十卷，為已故的郗氏舉辦禮懺法會。事後某日，宮中忽然異香馥郁，武帝抬頭一看，只見一位天人，容儀端麗。天人對他說，因為當日禮懺的功德，她得以解脫蟒蛇身，往生忉利天（CKFSC 3: 378-89）。

在我看來，這些盛行的佛教法會之所以歸功於寶誌，原因在於他與梁武帝關係密切。由於武帝是中國歷史上最偉大的佛教皇帝，因此人們趁其威望之便，以推廣這些法會，但武帝畢竟是在家信徒，所以寶誌就得成為他的老師和嚮導。事實上，有些疑偽文獻即以梁武帝與寶誌之間的對談為背景，例如敦煌寫本中有一篇〈梁武問誌公〉，最初記述武帝請教寶誌如何除惑安心一事的是慧皎，敦煌寫本這份文獻無疑是受到《高僧傳》這個故事的啟發。又如《景德傳燈錄》（卷 29）中，有三十六首詩歸於寶誌之作，其中十首頌揚大乘，十二首關於一天中的十二時辰，其餘十四首探討十四種不二論。正如慧皎《高僧傳》的記載，梁武帝曾

因煩惑失眠而向寶誌詢問解決之道，《傳燈錄》中的〈十二時頌〉也涉及《高僧傳》這段問答。然而，這些詩是典型的禪偈，而且一如牧田諦亮的判斷，這顯然由後人所作（Makita 1984: 70）。此外，1910 年福建出版一本頗爲流行的中篇小說《武帝問誌公長老因果經》，牧田諦亮詳閱此書，發現作者大量參照明清之際發生的事件，特別彰顯寺院中種種弊端，他認爲作者有意借寶誌之口批判當時的僧眾。不過，這部小說一開場就是武帝與巨蟒的故事（Makita 1984: 84），證明「梁皇懺」起源神話歷久不衰的盛名。

寶誌圓寂後數百年中，有些神話將他塑造爲佛教儀式的專家與精通佛典的學問僧，另有一些神話則誇大他的特立獨行。例如十世紀的《太平廣記》（卷 90）記述一個關於他的故事，這則故事並未出現於慧皎的《高僧傳》：「然好用小便濯髮，俗僧暗有譏笑者。志亦知眾僧多不斷酒肉，譏之者飲酒食豬肚，志勃然謂曰：『汝笑我以溺洗頭，汝何爲食盛糞袋？』」

寶誌的兩種面貌，也就是寺院儀軌的制定者與干犯寺院清規的叛逆者，彼此似乎風馬牛不相及。此外令人好奇的是，神僧寶誌的這種形象（或諸多形象）與觀音有何關係？表面上看來關係不大，但在更深的層次上，或許有極大的關聯。佛教薦亡法會的舉辦是爲了冥陽兩利，普度眾生。我們已充分了解觀音是大慈大悲的菩薩，本書第二章曾介紹觀音在《十一面觀音經》等諸多密教經典中扮演教示陀羅尼和儀軌的角色，一個人若要實現願望，必須正確理解且嚴格執行成就法中的規定，觀音本身也時常身爲導師。水陸法會和梁皇懺當然是中國人所創，但其中卻也包含密教的要素。爲了促成觀音本土化，除了讓一位中國僧人成爲觀音化身，以便教導最契合中國文化背景的儀軌，其他還有什麼更好的策略？

談到離經叛道的形象，有幾位女性與寶誌極爲相似，如第八

章、第十章即將探討的妙善、馬郎婦及延州婦人，她們都叛離社
會習俗，只爲樹立一種精神典範，她們迫使人們質疑膚淺的社會
價值觀，以獲得真正的體證。在這方面，這些人物相當能代表菩
薩的精神——大乘佛教以善巧方便見長，而他們正是善用權宜方
便度化眾生的良師。

　　在人們心目中，寶誌不僅是叛逆者與十一面觀音的化身，而
且他本身就是救度末劫受災世人的怙主，有一通俗宗教文獻《五
公經》（或稱《轉天圖經》）就強調寶誌救度者的角色，台灣學者
柯毓賢曾做過相關研究（K'e 1983, 1987, 1988）。《五公經》始創
於晚唐，目的是讓浙江東部平民裘甫的率眾起義名正言順。儘管
這起叛亂僅於 859 和 860 年間持續八個月，但後世叛亂領袖似乎
經常沿用這篇文章以支持自己的訴求。宋、明兩代都曾特別下令
毀禁這份文獻，例如 1124 年、1418 年及 1474 年，但即使官方禁
令也顯然無法遏止此文的流傳。1915 年的台灣抗日民變中，領導
人余清芳即利用《五公經》動員支持者。至今仍有人刊印此文，
做爲善書免費流通。

　　《五公經》由散文和五言、七言韻文混合而成，類似唐代變
文。內容敘述觀音預言戰亂、瘟疫將降臨世間，導致大災難。以
寶誌爲首的五位大師世稱「菩薩」，被視爲觀音的化身，爲了拯
救世人免於迫在眉睫的災難，觀音連同這五位大師在天台山山頂
寫下八十一道符，以備人們面臨戰爭或瘟疫時，隨身攜帶，尋求
庇護。此文以難解的讖語預言許多未來發生的事件，其中最主要
的是將有一位拯救苦難眾生的君主降臨人間，就如西方的彌賽亞
一樣。

　　柯毓賢指出，寶誌之所以成爲《五公經》的主角，極有可能
是因爲眾所周知他偏好以謎語預言未來，而且與觀音息息相關。
在這份九世紀始創於浙東的通俗佛教文獻中，他竟能傳授護身

符，這更證明了不僅神僧寶誌家喻戶曉，而且既然他是觀音的化身，這也表示觀音在中國普遍享有盛名。

僧伽（617—710）

傳記內容迭遭改寫之餘，寶誌仍是一位神僧或聖者，而另一位觀音的化身僧伽則成功地被人們奉為神明。兩人主要的區別，在於僧伽曾創建一座寺院，日後成為其信仰中心與聖地，也就是第三章已提及的泗州臨淮（今江蘇泗洪）普光王寺。有一部可能是唐代撰述的中國本土佛經，其中第三卷有一則感應故事，描述一位縣令因為走馬赴任所需，向普光王寺借了一筆盤纏，寺方派遣一名小沙彌隨行，以取回借款。不料縣令卻想淹死這位小沙彌，所幸小沙彌隨身攜帶陀羅尼經做為護身符，因此逃過一劫。這則故事一方面證明普光王寺的盛名，一方面也有助於傳揚這座寺院的聲名，使它更廣為人知。

一如寶誌，僧伽從眾人景仰的僧人轉變為神明的歷程同樣有跡可尋。根據牧田諦亮的研究（Makita 1984: 28-34），最早有關僧伽的記載是一篇普光王寺的碑文，作者李邕（673—742）與僧伽同一時代，但年紀較輕（《文苑英華》卷 858），碑文題為〈大唐泗州臨淮縣普光王寺碑〉，文辭典雅瑰麗，內容刻畫僧伽為慈悲濟世的高僧，但其中沒有任何關於他的奇特事蹟。根據碑文，僧伽是生於中亞的外國僧人，於 661 年抵達淮河邊的臨淮。由於悲憫萬民疾苦，他決定建寺供奉普照王佛，自那時起，遠近各地的善男信女以及淮河中往來舟楫的漁民，紛紛前來參拜。人們來到這座寺院祈求普照王佛庇佑，見到僧伽大師行誼高潔，深受感動，於是自然願意發心布施，莊嚴道場。

唐中宗（684—710 在位）曾延請僧伽入皇宮內殿說法，並御

賜寺院一塊匾額，且為了避武則天的廟諱而將原來的「普照王寺」改稱「普光王寺」，因為武后的別號「曌」是「照」的異體字。710 年 3 月 2 日，僧伽坐化於長安薦福寺，中宗執弟子禮，以漆布包裹，保存大師遺體，並且特許大師的七名弟子剃度為僧，賜絹三百匹，同時還下令由朝廷斥資，全程護送扶柩隊伍返回泗州，隊伍於三日之後抵達普光王寺，安葬僧伽大師。善男信女若於僧伽墓前懺悔罪愆，此後自可免除危難，獲得福佑，由於有許多僧伽的感應事蹟逐漸廣為人知，於是虔誠的信徒也日益眾多。

在這份最早的記載中，僧伽是普受景仰的僧人；如同寶誌與梁武帝之間的關係，他與唐中宗的密切關係也顯而易見。然而，這篇碑文並未提及他是觀音的化身。此外，儘管他的盛名與創建的寺院有直接關係，但文中沒有交代他為什麼選擇在臨淮建寺，也沒有說明為什麼以普照王佛做為主要供奉的對象。

後來的文獻提供較多的細節，解答其中若干問題。比這塊石碑大約晚二百年編纂的《太平廣記》（卷 96）中，有一些前所未見的重要資料，例如僧伽顯然是打算建寺而來到臨淮；開始動土後，他挖到一塊古香積寺的銘記，還有一尊刻有「普照王」的鍍金銅製佛像。這就是他為何選在這個地點建立寺院，又將此寺命名為普照王的原因。唐景龍二年（708），中宗皇帝遣使迎請僧伽入宮，尊為國師。

有幾件事凸顯僧伽為神異僧。據說他用自己的洗腳水，治癒人們的痼疾。有一次中宗對僧伽說，京城已連續數月未曾降雨，他擔心會發生旱災，於是僧伽取出一瓶水，四處潑灑。不久，烏雲密布，大降甘霖，令中宗極為欣喜。僧伽最為神奇的事蹟也許是頭頂的一個小孔，據說他通常以棉絮塞住這個頂穴，夜間獨處一室時才取出棉絮，然後就有異香自頂穴飄出，致使滿室香氣氤氳。隔天早晨，香氣回歸頂穴，隨後僧伽又用棉絮塞住。

　　僧伽圓寂後，中宗原本打算在他坐化的薦福寺起塔，供奉大師的遺骨，不料驟然狂風大作，遺體的臭氣遍滿長安。中宗不知這是什麼徵兆，於是有一位朝臣上奏，推測既然僧伽來自臨淮，這個奇異的景象也許表示他想回到該地。中宗聞言，心中默許，原先的臭氣立即消失，取而代之的是濃烈的奇香。後來中宗問萬迴大師：「僧伽大師何人耶？」萬迴答曰：「是觀音化身也。如《法華經・普門品》云：『應以比丘、比丘尼等身得度者，即皆見之而爲說法。』此即是也。」早先僧伽初至長安時，萬迴恭敬拜謁，僧伽輕拍他的頭，說道：「小子何故久留？可以行矣。」僧伽圓寂後不出數月，萬迴也辭世。（《太平廣記》1961，卷 2：638）。

　　《太平廣記》問世後不久，亦即 988 年，贊寧完成《宋高僧傳》一書，其中包含的〈僧伽傳〉，篇幅更長（T 50: 822a-823a），這份文獻可算是僧伽傳記撰述的第三階段。首先，僧伽不僅被視爲觀音的化身，而且是十一面觀音化身：「嘗臥賀跋氏家，身忽長其床榻各三尺許，莫不驚怪。次現十一面觀音形。」賀跋氏一家深受感動，於是捐出家宅，改建爲寺院。在挖地基的時候，人們發現這個地點正是往昔齊國香積寺的原址──這就是普光王寺興建的經過。第二，在此書中，僧伽的神異能力更爲高超，他曾用隨身攜帶澡罐（水瓶）中的水治癒駙馬（如第二章所述，澡罐是觀音造像特有的一項器物）。經過此事，他的神醫之名不脛而走。有人前來請求診治時，他有時以柳枝輕拂病人的身體（柳枝也是觀音造像另一項特有的標誌），有時要對方清洗鎮守宮門兩旁的石獅，或向他們投擲水瓶，有時乾脆要求來人懺悔罪業。如同寶誌，僧伽也有預知未來與同時分身數處的能力。第三，他成爲泗州的守護神，甚至在 710 年圓寂後還繼續庇佑這個地區。821 年某日午夜時分，他在州牧蘇公的寢室前唱歌，歌詞如下：「淮南淮北自此福焉，自東自西無不熟矣。」此後一年間，只有臨淮一

地五穀豐登。

　　866 年，泗州城遭到叛變軍士攻擊，全城被包圍，千鈞一髮之際，僧伽現身塔頂，竟令敵軍人人昏睡，城中將士趁機突圍奇襲，解除圍城之險。守城官員將這件神異事蹟上奏朝廷，因此僧伽獲賜「證聖大師」之號。他還曾於 888 年和 890 年兩次現身，驚退外寇，並於 894 年現身太守台蒙夢中，對他說：「寒東南少備。」台蒙不解其意，以爲或許僧伽大師在陰間感到寒冷，便焚燒幾件棉袍，以爲僧伽的冥供。後來在臘月中旬某夜，敵寇翻越城門，台蒙卻毫不知情，但不久他夢見一個僧人以錫杖輕擊他的心窩，令他寒徹心骨，猛然驚醒，立即下令擂鼓吹角，致使賊寇驚嚇竄逃，賊首也束手就擒。這時，台蒙才明白先前夢兆的涵義。

　　僧伽時常化身年輕僧侶，出現於佛塔頂端，泗州百姓人人將他奉若神明。求風（以利行舟）者得風，求子者得子；若見他微笑，就是吉兆，若不笑，則爲惡兆。957 年，後周世宗攻打泗州，僧伽托夢全州百姓，告誡他們不宜輕敵，於是州牧決定不戰而降，因此泗州得以保全，無一人傷亡。贊寧最後總結：「天下凡造精廬，必立伽眞相，牓曰『大聖僧伽和尙』。有所乞願，多遂人心。」（T50: 823a）

　　到了宋代初期，僧伽顯然已從高僧轉化爲神僧，他不僅被視爲十一面觀音的化身，而且是泗州當地的守護神。如同觀音，他對百姓有求必應，保佑信徒免受疾病、戰亂及乾旱之苦，讓他們獲得子嗣、舟行順利、五穀豐收。《景德傳燈錄》記載一事，凸顯他與觀音的關聯：「泗州僧伽大師者，世謂觀音大士應化也。……行化歷吳 [江蘇、浙江] 楚 [江西、湖北、安徽] 間，手執楊枝，混于緇流。」（T 51: 433a）在此期間，普光王寺也成爲進香朝聖中心，並引發一般民眾的宗教熱忱，或甚至是狂熱的信

仰。據《宋史》記載，太宗在位年間（960—976），僧伽塔白晝放光，致使焚指、燃頂或斷臂以爲供養之人多達數千，即使官吏也無法阻止（《太宗實錄》卷 27）。《佛祖統紀》則記載 1015 年 9 月的一場旱災，泗州僧人智悟奉詔入京祈雨，先前他曾在泗州祈雨成功而自斷一臂。這次他立誓，若七日內降雨，他將截斷另一隻手臂。五日後，天降大雨，智悟便依誓斷臂。皇帝派人送藥給他，他卻說自己安然無恙。人們見到他大爲驚異，因爲斷臂之處毫無血跡。泗州郡守和百姓都夢見僧伽對他們說，智悟是五百羅漢之一，降臨此世間以拯救眾生（T 49: 405c）。如同第七、第八章更詳細的相關內容所示，以自戕做爲供養所表現的宗教狂熱，似乎成爲古代中國的一種普遍現象。智悟斷臂之事固然符合當時一般宗教習俗，但也顯示聖僧僧伽和泗州極大的吸引力。

日本求法僧也留下生動的見聞紀實，描述晚唐和宋代僧伽信仰的極度盛行。他們看到寺廟供奉僧伽像，寺院的牆壁上有僧伽的畫像，道場裡還有專門供奉僧伽的「僧伽堂」。此外，僧伽信仰擴及中國各地，不僅限於泗州。他不但是淮河之神，航行於中國沿海及境內其他河川的人也對他奉若神明。例如 840 年圓仁參訪登州（今山東）開元寺，記錄當時在寺院西廊外僧伽堂北壁上所見的西方淨土圖和補陀落淨土圖。牧田諦亮正確地指出，這是僧伽被視爲觀音的另一跡象，因爲觀音與補陀落山、西方淨土息息相關（Makita 1984: 35）。

根據成尋的記載，1072 年他抵達中國，參拜寧波東茹山山頂的「泗州大師堂」，見到堂內供奉數尊僧伽的木刻像，據說商旅、船夫經常來到此地參拜，祈求航行平安。人們認爲僧伽的木刻像可以趨吉避凶，因此特別加以供奉。有位船主贈予成尋一幅僧伽的繡像，同時表示往來日本的人都必須頂禮此像，以祈福佑。當他到達天台山國清寺時，看見僧伽像與智者大師像、十六羅漢

像一起供奉在智者大師懺堂中。在乘船沿淮河前往臨淮的途中，他獲得船主致贈一本《泗州大師傳》，這再次證明僧伽普遍受到船夫、漁民的信仰。成尋也敍述京城開封當時僧伽信仰的盛況，尤其是在福聖禪院目睹的景象——禪院東堂的僧伽像四周安放佛經，舍利塔則以釋迦牟尼佛像居中，彌勒像、僧伽像分別位於東、西兩側（Makita 1984: 37-38）。

當然，僧伽不只廣受普通百姓的歡迎，唐代名詩人李白有一首詩名為〈僧伽歌〉，內容談到他曾與大師討論《法華經》的「三車」喻。❹982 年，僧伽塔改建，擴增為十三層的大塔，1013 年宋眞宗追諡僧伽為「普照明覺大師」（《佛祖統紀》T 49: 405a），此後他更受到王公貴族與文人的青睞。1084 年黃庭堅參訪泗州僧伽塔，撰寫發願文，蘇東坡也曾於 1092 年在此塔前祈雨（Makita 1984: 42）。如同第九章探討的普陀山，普光王寺之所以成功地成為朝聖中心，與其重要的地理位置密切相關。這座寺院所在的臨淮位於淮河、汴河交會處，自唐代起就是南北交通要道的樞紐，尤其北宋以開封為國都，臨淮一地更形重要，因為任何人要從東南地區進京，在瓜州渡河之後，必經揚州、泗州、臨淮、陳留，才能到達京城。臨淮既然是水、陸交通要道，在普光王寺神僧僧伽垂視中來來往往的行旅、船夫、水手，最後自然將他奉為守護神（Hsü 1995: 6）。

繪畫方面的資料，也證實十世紀四川、浙江等地僧伽堂的存在與僧伽像的供奉。❺四川大足北山 177 號窟中有一尊僧伽身著僧袍坐於高台的雕像❻，這是北宋時期的作品；敦煌 72 號窟外南壁繪有一幅相同衣著、坐姿的僧人像，題名為「聖者泗州和尚」（《中國美術全集》12: 49）。因為僧伽像往往極為類似地藏菩薩像，因此兩者經常混淆不清。王微（Françoise Wang-Toutain 1994）在一篇細密考究的長文中，論證「巴黎國家圖書館」收藏的一幅九

至十世紀敦煌絹畫（P. 4070）事實上是僧伽的畫像，雖然長期以來這件作品都被認定為地藏菩薩像。這不禁令人懷疑其他還有更多誤認的情形，但隨著對神僧僧伽及其信仰有更深入的了解，我們或許能發現更多僧伽的畫像和塑像。

中國現存最早具有明確年代的僧伽像，是浙江瑞安仙岩寺慧光塔底出土的一尊木雕塗金坐像。根據徐萍芳對 1966 年底至 1967 年初這項發現的概述，這座佛塔建於 1043 年，這尊十五公分高的雕像置於一個舍利盒中，盒底有 1042 年的銘記，盒內除了僧伽像之外，還有三組其他年代的文物，包括兩個 1033 年的銀瓶、一個 1035 年的舍利瓶，以及兩尊 1037 年的銀質神像。僧伽像上刻有一對夫妻的名字，他們表示為了替第三個兒子祈福，所以請人製作這座「佛」像。徐萍芳認為，此像雖未標註年代，但一定造於 1043 年建塔之前。其他另有五個地方也發現僧伽的塑像，造像年代都在十一至十二世紀間。❼

這些文物顯示，僧伽似乎在中國各地廣受信奉，他的行跡遠及敦煌、四川，也遍布鄰近他生前活躍的地區，如江蘇、浙江、河南。牧田諦亮編列一份專奉僧伽寺院的一覽表，依此初步擬出僧伽信仰的分布圖。這些寺院大多建於十至十三世紀，不過其中有些建寺年代相當晚近，約在十七世紀或甚至十九世紀，分布區域涵蓋江蘇、浙江、湖南、福建、廣東、台灣。這些寺院的寺名泰半冠上「泗州」二字，顯然想要與「泗州大聖」產生關聯。僧伽信仰在內陸河川沿岸或浙江、福建沿海的港市最為興盛（Makita 1984: 38-42），這是因為自宋代以降，愈來愈多人認為僧伽不僅是船夫、漁民的守護神，其實根本是掌管水域之神。

僧伽成為水神的這項新職掌，在《佛祖統紀》（卷46）中的若干條目首度得以彰顯。眾所周知淮河經常氾濫成災：974 年夏，洪水淹沒泗州，沖毀百姓房舍；1001 年淮河暴漲，水位高達城門

頂端；十二世紀，淮河連續兩年氾濫（1118 及 1119），泗州再次遭受重創；1119 年的洪水甚至淹沒京城，災情慘重，皇宮內院、庭園中竟隨處可見河龜和海龜。數千名伕役奮力抗洪，道士林靈素作法治水數日，仍徒勞無功。後來僧伽現身皇宮，懸立於半空中，弟子慧岸、木叉脅侍於兩側，徽宗焚香拜禱。不久之後，只見僧伽大師躍登城門持誦密咒，萬眾目睹一個頭裹白巾的眾生跪在他面前，似乎在受戒和聆聽諭示——這名眾生就是龍王。洪水旋即退去，於是徽宗下詔追加僧伽「泗州大聖」的稱號（T 49: 421c）。❸

斯坦因帶回英國的敦煌寫本中，有一份奇特的文獻，題為《僧伽和尚欲入涅槃說六度經》，牧田諦亮認為這是盛行於敦煌的一部本土經典，成書年代是十一世紀藏經洞封閉前的某一時期。這部經提到一場大洪水，致使一切眾生化為水中生物。鑒於現實生活中人們長期擔憂淮河造成的洪災，以及當時僧伽信仰的極度盛行，此經撰述者大有可能希望宣揚僧伽水神的新角色（Makita 1984: 44）。茲將全經抄錄如下：

　　吾告於閻浮提中善男子、善女人：吾自生閻浮，為大慈父，教化眾生。輪迴世間，經今無始曠劫，分身萬億，救度眾生。為見閻浮提眾生多造惡業，不信佛法，惡業者多，吾不忍見，吾身便入涅槃，舍利形像遍於閻浮，引化眾生。以後像法世界滿、正法興時，吾與彌勒尊佛同時下生，共坐化城，救度善緣。

　　元居本宅在於東海，是過去先世淨土緣。為眾生頑愚難化，不信佛法，多造惡業，吾離本處，身至西方，教化眾生，號為釋迦牟尼佛。東國遂被五百毒龍陷為大海，一切眾生沉在海中，化為黿鼉魚鱉。吾身已後卻從西方胡國中來，生於閻

浮，救度善緣佛性種子。吾見閻浮眾生遍境凶惡，自相吞食，不可開化。吾今遂入涅槃，舍利本骨願住泗州。已後，若有善男子、善女人慈心孝順，敬吾形像，長齋菜食，念吾名字，如是之人散在閻浮。吾愍見惡世力兵競起，一切諸惡逼身，不得自在，吾後與彌勒尊佛下生本國，足踏海水枯竭，遂使諸天、龍神、八部聖眾在於東海中心修造化城，金銀為壁，琉璃為地，七寶為殿。

吾後至閻浮與流佛法，唯傳此經，教化善緣。六度弟子歸我化城，免在閻浮受其苦難，悉得安穩，衣食自然，長受極樂，天魔外道弱水隔之❾，不來為害。吾當度六種之人：第一度者，孝順父母，敬重三寶；第二度者，不殺眾生；第三度者，不飲酒食肉；第四度者，平等好心，不為偷盜；第五度者，頭陀苦行，好修橋樑，并諸功德；第六度者，憐貧念病，布施衣食，極濟窮無。如此善道六度之人，吾先使百童子領上寶船，載過弱水，免使沉溺，得入化城。

若不是吾六度之人，見吾此經，心不信受，毀謗正法。當知此人宿世罪根，身受惡報：或逢盜賊兵瘴而死，或被水火焚漂，或被時行惡病，遭官落獄。不善眾生皆受無量苦惱，死入地獄，無有出期，萬劫不復人道。

善男子、善女人！書寫此經，志意受持。若逢劫水劫火，黑風天暗，吾故無量光明照汝，因緣俱來佛國，同歸化城，悉得解脫。

南無僧伽　南無僧禁吒　莎訶　達多侄他耶　唵　跋勒攝娑婆訶（T 85: 1463b-1464a）

這份文獻頗值得注意，文中描述的僧伽不再是聖者、神僧，而是一尊佛，他被稱為「慈父」——這是觀音慣用的別號，正如

觀音一樣,有能力救度人們脫離所有危難。但不同於本土撰述的《觀音三昧經》將觀音刻畫為釋迦牟尼的老師,此經宣稱釋迦牟尼是僧伽諸多化身之一。此外,這部經也保證僧伽將來會重返娑婆,與未來的彌勒佛一起降生,共創人間淨土。不過,這座「化城」不僅是佛國淨土,也是道教仙境,與俗世隔絕,只有獲選的虔誠信徒得以進入。有趣的是,此經以其特有的「六度」巧妙地取代傳統佛教的六度,明顯反映出作者的關切偏重於世俗的倫理道德。但更能表露作者心跡的是經中描繪的未來淨土景象,亦即當僧伽重返人間時,他將使海水枯竭,永遠消除洪水的威脅。

在一則流傳甚廣的傳奇故事中,僧伽戰勝水怪「水母」,至此他完全轉化為道道地地的中國水神。《泗州大聖降水母》這齣戲曲元代就已經問世,明代的戲目中也有一齣同名的戲劇。時至今日,京劇《泗州城》(又名《虹橋贈珠》)仍不時上演。牧田諦亮概述這齣戲的情節如下:

> 距離泗州相近之虹橋,有一水怪,係屬女身,自稱水母娘娘,聚其族類,盤踞於此,以為巢穴。幻一人形,出遊街市,見泗州太守時德明之子時廷芳,風度翩翩,誠不愧為濁世之佳公子,愛而悅之。乘時廷芳出離衙署,赴京考試,陡起一陣狂風,攝至水府,欲諧伉儷。時廷芳暗想人妖異類,豈可輕於嘗試,然亦不敢推卻,姑且許之。於房中設合巹筵宴,弄盞傳盃,對坐歡飲。水怪衣襟上掛一明珠,光芒四射,知是異寶,問之,乃「避水珠」也。偽為親密,向水怪乞取,水怪欣然相贈。時廷芳遂殷勤勸酒,將水怪灌醉,懷珠而逃,竟出水府。及水怪酒醒,不見時廷芳在房,知已逃去,不禁恣火中燒,興波作浪,水淹泗州城。觀世音菩薩憐憫泗州百姓遭此大難,召天神天將合力擒拿。而水怪竟然不懼,相與

對抗。菩薩變化一賣麵婆，伺候在道旁。水怪很鬥良久，肚中正在飢餓，取麵食之，不意下肚後，遂將臟腑鎖住，其實麵即銑鏈也，遂為天神天將牽去。（Makita 1984: 49，引自《戲考》冊 21）

元、明兩代這齣戲的內容如何不得而知，因爲只有劇名流傳下來，但其後出現的這個版本無疑將對僧伽與女性觀音的形象加以重疊。如以下第十一章所示，觀音在明清以降的一種新化身是老婦人，名爲觀音老母，她不僅經常出現在小說、戲劇，在新興宗教及在家佛教徒所創作，或爲他們而創作的寶卷中，也處處可見觀音老母，做爲十一面觀音早期化身的僧伽，在這些文學創作中也融入觀音老母這個角色。

本章探討兩位神僧的生平，以及他們在傳記中逐漸轉變爲觀音化身的幾個階段。寶誌和僧伽皆享有帝王的護持及大眾的崇敬，對這兩位神異僧的信仰也曾得到朝廷的支持，而且分布區域相當廣。然而持平而論，宋代以後或許做爲觀音化身的僧人像日益被女性觀音像取代，尤其是妙善公主。在感應故事、圖像及求法僧和虔誠信徒所見的異象中，這種轉變也顯而易見。人們對於寶誌、僧伽這兩位神異僧的記憶，無疑因爲布袋和尚、濟癲等同類神異之士的傳說而再度浮現，甚至變得更爲鮮明。但現今在人們心目中，寶誌主要是佛教法會的創始者，而僧伽主要是水神。

不過，他們兩人也有助於十一面觀音這位外來神祇的本土化。隨著唐代以後千手觀音取代十一面觀音盛行於世，促使觀音本土化的不再是現實中的僧人，而是傳說中的公主，第七、八章將詳細說明這一點。但轉而探討第一位中國女性觀音化身的妙善公主之前，我們必須釐清：自何時起，觀音在人們心目中不再僅

止於男性僧侶這種化身，同時也化現爲女性？因爲只有當人們
開始以這種新觀點看待觀音時，妙善公主之類的傳說才有可能流
傳。下一章我將舉證說明觀音的女性化發生於十世紀，並主張這
種轉化過程在新發現的圖像中最爲顯著，這些圖像資料不同於佛
經和寺志，因爲對於觀音的性別，它們提供了明確的線索。

第六章
本土圖像與觀音的本土化

　　前幾章探討了促進觀音普及於中國與本土化的幾種不同媒介，在這過程中，本土撰述的佛經、感應故事、神話以及觀音化現的神異僧傳說都有所貢獻。另一個強調的重點，是異象、媒介與圖像三者之間密切而相互辯證的關係。

　　藝術一直是中國人了解觀音最有力、也最有效的媒介之一，也正是透過藝術，人們才能非常清楚地看出這位菩薩漸進而明確的性別轉變。如前所示，佛經中呈現的菩薩不是男性就是中性，觀音不僅在早期感應故事與虔誠信徒的夢境、異象中現僧人相，而且也化身為寶誌、僧伽等神僧。雲岡、龍門和敦煌的觀音塑像，以及敦煌壁畫和絹幡上的觀音畫像，如同其他佛菩薩像皆現男相，有時還蓄有短鬚，清楚顯示其男性性別。

　　但是自十世紀某個時期開始，觀音經歷了重大而驚人的轉變。到了十六世紀，觀音不僅徹底中國化，而且成為最受人喜愛的「慈悲女神」——此一別稱，是耶穌會傳教士有感於觀音造像與聖母瑪利亞像的相似，而新創的名號。在所有傳入中國的佛教神祇中，唯有觀音順利成為真正的中國女神，其本土化的程度如此之深，以至於許多不熟悉佛教的中國人甚至不知道觀音源於佛教。

　　本章探討觀音在中國藝術中最早出現的女性形象——「白衣觀音」。由於印度、中亞、東南亞或西藏的藝術傳統中沒有類似的（或不同的）女性觀音像，因此白衣觀音確實是中國人的創造。第十、十一章將討論數種女性觀音像，這些完全是中國人所創。不過，我將在中國佛教藝術本土化和地域性觀音像的創造這個更寬廣的脈絡中，探討觀音的幾種女性造像，因爲我認爲這位菩薩的女性化與各地的觀音信仰密切相關，這兩者都是印度觀音在中國本土化的重要過程。

　　我首先舉出四個實例，說明中國不同地區的人如何看待、描繪觀音。限於目前可得的現存證據，我選取甘肅敦煌、浙江杭州、四川大足和雲南大理四個地區，但我相信這些地區並非獨立的個案，或許其他各地也有當地傳統，只待新證據出現以公諸於世。其次探討的是「水月觀音」在義理和儀式中的起源。水月觀音是最早有年代可考的中國本土觀音，這種廣爲藝術史學者研究的傳統造像經常被引用，做爲觀音「世俗化」（secularization）的例證，不過我認爲水月觀音不僅象徵佛教最高深的慧觀，更被視爲聖像，設置於法會中供人頂禮。最後，我將探討白衣觀音像——這或許是最著名的中國觀音像。我一方面會舉例說明白衣觀音與水月觀音的密切關係，一方面也說明白衣觀音與送子觀音息息相關，同時提出有力的證據，證明這三種形象並行不悖。透過圖像資料和文獻（感應故事與本土經典）的同步研究，我們有可能獲致全新且更爲精準的詮釋——這再次證明結合視覺資料與書面資料的研究方法，往往能導致有意義的發現。

地域佛教藝術中的觀音造像及名號

　　敦煌一地的虔誠施主創作了大批描繪佛菩薩的幡畫，畫中諸

神祇的旁邊經常有榜題，標示其身分，此外還有題字，說明布施者姓名、繪製的年代及創作目的，觀音是幡畫中常見的主題。「大英博物館」斯坦因（Stein Collection）收集的敦煌繪畫中，觀音也時常出現。在這些畫作中，由畫像旁榜題標示的名號可以確認觀音的身分。例如，一幅 864 年的畫作，其上層繪有四幅觀音像（圖 6.1），自右至左的名號分別是「大悲救苦觀世音菩薩」、「大聖救苦觀世音菩薩」、「大悲十一面觀世音菩薩」及「大聖如意輪觀世音菩薩」。除了手的位置之外（第一尊與第三尊左手朝上、右手朝下，第二尊與第四尊正好相反），這幾尊像看起來都很相似。儘管後兩尊是密教觀音，但並未現多面或多臂像。這些觀音像是當地的創作，沒有遵循任何儀軌規定的造像法。

觀音又稱「延壽命救苦觀世音菩薩」，但最為普及的名號是「大慈大悲救苦觀世音菩薩」。945 年，一位下級官員張有成為已故的父母、乳母及弟弟求生淨土，託人繪製一幅畫，他就是以此名號稱呼觀音菩薩（圖 6.2）。魏禮（Arthur Waley）如此描述這幅畫：觀音右手執淨瓶，左手朝上，拇指、食指相扣，拈一楊枝（1931: 26）。菩薩右側的大幅榜題有一首詩，表明張有成的虔誠願望：

> 眾生處代如電光，須臾業盡即無常。
> 慈悲觀音濟群品，愛河苦痛作橋樑。
> 捨施淨財成真像，光明曜晃綵繪莊。
> 惟願亡者生淨土，三途免苦上天堂。❶

布施者心目中最關切的確實是善終與往生善處。觀音正是在敦煌現身為唐末宋初（九世紀末至十世紀初）所繪的「引路菩薩」。

這類畫作有兩幅保存於大英博物館，另有四幅在巴黎伯希和

圖 6.1　出自敦煌的四幅觀音像，864 年。由右至左分別是大悲救苦觀世音菩薩、大聖救苦觀世音菩薩、大悲十一面觀世音菩薩、大聖如意輪觀世音菩薩。「大英博物館」提供。

圖 6.2　觀音，945 年。「大英博物館」提供。

（Pelliot Collection）的收藏中（Vandier-Nicholas et al. 1974, 1976,
冊 15: 編號 130-33）。畫中的觀音一手執香爐、一手持絹幡，身後
跟隨一名身形較小的人物，刻畫的是往生淨土途中、貌似官宦人
家的女施主（Whitefield and Farrer 1990: 38, 41-42）。

藝術史學者研究敦煌藝術已將近一世紀，由於從敦煌遺址發
掘的文物與世界各地主要博物館收藏的資料極爲豐富，所以學者
無論在當地或國外一樣能夠進行研究。敦煌的聲譽實非浪得虛
名，今天人們一談到中國佛教藝術，就會提及敦煌，並將敦煌藝
術視爲典範。因此，在地方藝術這一節提及敦煌觀音的實例，或
許很不尋常，但如此安排的目的在於比對敦煌觀音像與其他地區
的觀音像。不同地區的觀音有不同的名號、不同的描繪方式，並
未依循敦煌的模式，而是代表當地的傳統。同樣地，或許繪製祈
願幡畫的敦煌畫師也呈現出敦煌的地方傳統。

錢俶（929—988）是建都杭州的吳越國末代君主，如同其祖
先錢鏐，他也是佛教的大護法。他仿效阿育王，製作八萬四千座
小型舍利塔，這些舍利塔造於 955 年，以青銅鑄成，有些甚至鍍
金，其中有一部分被求法僧帶回日本。此外也有鐵鑄的舍利塔，
如 1956 年浙江金華萬佛塔（建於 965）遺址發現的鐵塔。錢俶
還下令印製八萬四千份陀羅尼經，置於佛塔內，其中的一部標明
爲 956 年的陀羅尼經，現爲瑞典國王收藏（Howard 1985; Edgren
1972, 1989; Chang 1978）。

這位君主還出資，以絹印法印製兩萬份「觀音二十四應
現」。有一幅以中國原作爲根據的日本複製本留存至今，此複本
原爲高山寺所有，現存於京都帝國大學的「久原文庫」（Hisabara
Library）（Soper 1984: 41）。《大正藏‧圖像部》第 6 冊收錄這幅
畫的一件複本（圖 6.3）。此畫上方中央的榜題指出這件作品的名
稱爲「應現觀音」，這幅畫中央的觀音爲六臂十二面，二十四種

圖 6.3　觀音二十四應現，十世紀。引自《大正藏・圖像部》第 6 冊。

應現分列於兩側。除了左右兩側最上端兩尊人像分別被確定爲
「觀自在」和「水月觀音」之外，其餘都以非人的圖像呈現，而
且完全是本地的創作。如同中央最主要的十二面觀音，這些圖像
並無任何經典依據。我們可以根據畫面下方的名錄辨別這些圖像
代表何物：

> 十二面觀音二十四應現
> 一觀自在現，二寶光現，三寶樓閣現，四吉祥草現，五金
> 鼓現，六佛手現，七金龍現，八獅子現，九金鐘現，十金象
> 現，十一金橋現，十二寶鈴現，十三觀水月現，十四寶塔現，
> 十五金鳳現，十六金井欄現，十七佛足現，十八金龜現，十
> 九吉祥雲現，二十寶珠現，二十一金雀兒現，二十二石佛現，
> 二十三金蓮花現，二十四金輪現。

除人物之外，一切應現都包含「金」這個形容詞，令人想起
經典中大爲強調、與觀音相關的「光」的象徵。雖然十二面觀音
及觀音的非人物應現沒有佛典依據，但顯然代表當地的信仰。一
部編纂於清代、介紹杭州風俗的著作提到十二面觀音，還有這份
十世紀祈願絹印畫中沒有提及的其他觀音應現圖像（《武林風俗
記》，53b）。❷

讓我們迅速考察中國西南部另外兩個地點的例證。首先是四
川大足，在此地多處佛教石窟中，觀音的造像相當突出，通常以
十三尊或十尊塑像爲一組，而不是單獨出現。例如，在石門山 6
號窟有「西方三聖」像（阿彌陀佛與觀音、勢至兩位脅侍菩薩），
另有十尊觀音像位於兩側，其中有八個銘文都標明年代爲 1141
年。左側岩壁的五尊觀音像因爲所持的器物，分別被認定爲寶瓶
手觀音、寶籃手觀音、寶經手觀音、寶扇手觀音及楊柳觀音，右

側岩壁的五尊則分別是寶珠手觀音、寶鏡手觀音、蓮華手觀音、如意輪觀音及數珠手觀音（《大足石刻研究》544）。

　　四川北山180號窟題刻年代為1116年，窟內有一尊觀音主像，兩側各有六種應現，形成此窟總共十三尊的觀音群像。除了已遭風化侵蝕的雕像外，仍有六尊執持不同器物的聖像清晰可辨，包括主像左側一尊觀音持寶籃，一尊觀音執玉印；以及右側由內（東）向外（西）依次而立的四尊觀音像，呈現的造形分別是一尊右手持楊柳枝、一尊左手托摩尼珠、一尊雙手捧摩尼珠，最後一尊雙手持數珠（《大足石刻研究》408）。

　　最後，沒有題刻年代的妙高山4號窟呈現相同的主題，以彌陀、觀音、勢至三聖像居中，另有十尊觀音像，分別持如意珠、數珠、寶鏡、寶缽、羂索、寶瓶、蓮花等器物（《大足石刻研究》557）。除了寶籃之外，觀音執持的法器多半是頌讚千手觀音的《千手經》這部密教經典中已經提及的（詳見第二章）。當地藝匠創新之處，在於將這些器物抽離原有的四十種手印，刻畫單面雙臂、手持一種器物的非密教式觀音像。這其實不足為奇，因為正如何恩之對其他的四川千手觀音像所做的評述：「這些塑像的視覺藝術表現都無法完全符合經文的規定，這可能是因為雕刻者自由發揮想像力，任意詮釋經文。根據觀察所得，許多在四川發現的這一類雕像都不是一成不變的，這項事實足以佐證上述的假設。」（Howard 1990: 52）

　　中國西南的第二個地區，也是本節探討的最後一個地方藝術實例位於雲南，當地的藝匠同樣以創新的手法描繪觀音。此處所指的地方藝術品，是《大理國梵像卷》中的二十二幅觀音像，這件著名的作品由張勝溫於1173至1176年繪製，現存於台北「國立故宮博物院」（Chapin and Soper 1970—71；Li 1982: 106-12）。這幅畫卷中，藉由畫像旁的榜題，可以得知若干觀音像的名號。

有四幅觀音像與南詔建國神話有關，這個神話敘述觀音化現的一位老神僧來到大理，拯救當地百姓免於羅剎之難，之後留下「阿嵯耶（Ajaya，全勝）」觀音像，供人禮拜。「梵僧觀音」（第 58 幅）及「建國觀音」（第 86 幅）代表這位老和尚，而「眞身觀世音」（第 99 幅）及「易長觀世音」（第 100 幅）代表阿嵯耶觀音，也就是世人更爲熟知的「雲南福星」（此暱稱爲 Chapin 提出）。

畫卷中有幾尊觀音的名號是我們耳熟能詳的，例如救苦觀音（第 101 幅）、大悲觀世音（第 102 幅）及十一面觀音（第 103 幅）。但有些名號僅出現於此處，例如有一尊「普門品觀音」，身旁圍繞著六尊救度善男信女免於危難的小觀音像，這六尊觀音分別名爲「除怨報觀世音」、「除象難觀世音」、「除水難觀世音」、「除火難觀世音」、「除鬼難觀世音」及「除獸難觀世音」（第 88 至 90 幅）。此外，還有「尋聲救苦觀世音」（第 91 幅）、「普陀洛山觀世音」（第 97 幅）與「孤絕海岸觀世音」（第 98 幅）——後兩者皆反映觀音聖地普陀洛山的盛名。儘管將《法華經‧普門品》與其中提及的種種危難實體化的做法很罕見，但至少這些形象的出處有跡可尋，然而三頭六臂的「白水精觀音」就不知出自何處了（第 92 幅；圖 6.4）。

以上論及中國不同地區的觀音造像，目的是爲了說明一點：隨著觀音信仰在中國這塊土地扎根，皈依觀音的信衆也傾向以較能契合中國人的新方式來認識、呈現觀音。觀音不僅有了新的造像，還獲得新的名號和別稱。虔誠的信徒撰述本土佛典，創建新的儀式以頌揚、禮拜觀音，並流傳觀音的神奇感應事蹟與神異化身故事。他們自然也創造了新的本土圖像，我懷疑水月觀音、白衣觀音以及其他女性觀音造像，最初都是地方性的創作。爲什麼這些造像廣受歡迎，普及全中國，而其餘大多數地方性觀音像若非局限於一地，就是逐漸被人淡忘？箇中原因值得深入研究，但

圖 6.4　大理國梵像卷，1173—1176 年，張勝溫繪。台北「國立故宮博物院」提供。

我個人的假設是：這幾種造像不單是藝術造像，且因為儀式及其
他宗教實踐變得更為崇高；這些觀音的新造像深植於善男信女的
現實生活與心理之後，本土佛經、小說、戲劇等世俗文學，以及
寶卷等文類和傳播媒介，就進而不斷地向更多人宣揚、流傳這些
形象，直到全中國無人不知、無人不曉。

水月觀音

「水月觀音」最早是在敦煌出現，這是自宋代以來頗受禪與
文人畫家偏愛的造像型態（Chang 1971; Wang 1987）。這種表現
形式和白衣觀音一樣，沒有確切的經典依據，唯一的證據是敦煌
發現一部載有水月觀音名號的佛經《佛說水月光觀音菩薩經》。

958 年，敦煌一名地方官員翟奉達（902—966）委託當地一位姓名不詳的人，謄抄十部佛經於三幅卷軸上，這部經即是其中之一（Shih 1987: 34-37）。翟奉達請人抄經，目的在於敬事十個齋戒日，以資亡妻馬氏冥福❸，而經名含有「水月觀音」的這部經是爲了亡者身故後的二七日所抄寫的。

儘管人們選擇抄錄的佛經有些被視爲正統經典，例如《心經》，但大部分是本土佛經，包括《十王經》及《盂蘭盆經》（Teiser 1994: 107-116）。《佛說水月光觀音菩薩經》篇幅很短，只有十七行，每行十七字。經文的主要部分包括十大誓願以及刀山、火湯、地獄、餓鬼、修羅、畜生悉皆消滅或調伏的六種祈願。這些內容摘自《千手經》，且與〈大悲啓請〉一文完全相同。如第二章所述，已有證據顯示，八世紀的敦煌確有抄錄這段經文的事實，也有以持誦這段經文爲主的早期禮懺儀式。但這一點與水月光觀音有何關係呢？從經文一開始及結尾部分或許可以找到線索：

> 比丘、比丘尼、童男、童女，一切有情眾生，欲受持讀誦《大聖觀音水月光菩薩經》者，應發大悲心，隨我同發此願……
>
> 既發此願已，謹以至誠持誦大慈大悲觀自在菩薩摩訶薩廣大圓滿無礙大悲心陀羅尼，祈願法界一切苦痛悉皆消滅，一切有情悉發菩提心。

這兩段經文充分表明水月光觀音與千手觀音所發的誓願和教示的《大悲咒》密切相關。「水月光」是「水月」在當地的異名嗎？極有可能是如此。此外，水月觀音或許是千手觀音的異稱，因爲在敦煌藝術中，這兩種觀音像有著密切的關聯。事實上，最早有紀年的水月觀音（繪於 943）正是在敦煌發現的，這幅絹幡畫現

存於「吉美博物館」，從畫中大型千手觀音像下方名錄右側的榜題，可以確認這尊菩薩像為「水月觀音菩薩」。這位菩薩右手執楊枝、左手持瓶，以「如意坐」的姿勢悠閒地坐在水中的岩石上，水中蓮花盛開，菩薩左足踏著一朵蓮花，身後還有鬱鬱蔥蔥的竹林——這景象令人想起觀音所居的聖島普陀洛迦山。儘管人們認為這處聖地位於印度南方的海上，但此時中國人已認為這座島是浙江外海的普陀島。水月觀音這種新造像最顯著的特色，無疑是如滿月般籠罩著菩薩的巨大光環。

　　水月觀音這個主題廣受敦煌畫師青睞，1982 年出版的敦煌石窟壁畫總錄中，有十五幅水月觀音，其中六幅作於十世紀，其餘則完成於十一至十三世紀，近來學者蒐集更多例證，總數已超過三十幅（Wang 1987: 32）。❹水月觀音像的起源或許可以溯及八、九世紀，而且在這種圖像的創作上，畫家無疑扮演決定性的角色。例如，張彥遠在其《歷代名畫記》（序言作於 847）中提到，周昉（740—800）在長安勝光寺首創水月觀音像的畫法，畫中菩薩以一輪圓月為背光，四周有竹林圍繞。這幅畫雖已失傳，但可能成為後來敦煌、四川畫家、雕刻家創作這種觀音新造像時的藍本。根據《益州名畫錄》（序言作於 1006）及《宣和畫譜》（序言作於1120）的記載，有幾位畫家也曾繪製水月觀音。這種造像也是宋代及宋代以後另一種日益盛行的中國觀音像——白衣觀音——的創作依據（Matsumoto 1926: 207, 1937: 350）。

　　儘管在目前已知的經典或觀想儀軌中，沒有任何線索顯示觀音與水月的關聯，但水、月等意象顯然代表世俗森羅萬象的「空」與「虛幻」本質，有些佛教經論以及僧俗二眾的著作正是如此運用這些意象。例如，鳩摩羅什所譯的《大樹緊那羅王所問經》：「善能解了空無相願，善解諸法如幻，如焰，如水中月，如夢鏡像。」（T 15: 367c）同樣由鳩摩羅什所譯的《大智度論》也說：

「有人欲籌量虛空,盡其邊際,及求時方邊際,如小兒求水中月、鏡中像,如是等願皆不可得。」(T 25: 277c) 曇無讖(卒於 433)所譯的《金光明經》有相同的觀念:「聲聞之身,猶如虛空,焰幻響化,如水中月;眾生之性,如夢所見。」(T 16: 335)《華嚴經》則說:「觀察五蘊皆如幻事,界如毒蛇,處如空聚,一切諸法,如幻,如焰,如水中月,如夢,如影,如響,如像。」(T 10: 307a);790 年般若三藏所譯的《大乘本生心地觀經》對照「出家菩薩」與「在家菩薩」:「出家菩薩觀在家,猶如暴風不暫住,亦如妄執水中月,分別計度以為實;水中本來月影無,淨水為緣見本月,諸法緣生皆是假,凡愚妄計以為我。」(T 3: 309b)

最後,水月被列入十種譬喻之中——這十喻用以幫助佛教禪修者達到諸法空無自性的實相觀。例如,玄奘所譯的《大般若波羅蜜多經》:「於諸法門勝解觀察,如幻,如陽焰,如夢,如水月,如響,如空花,如像,如光影,如變化事,如尋香城。」(T 5: 1c)密教經典中也有類似的一系列譬喻,例如,八世紀初善無畏所譯的《大日經》:「若真言門修菩薩行,諸菩薩深修觀察十緣生句,當於真言行通達作證。云何為十?謂如幻、陽焰、夢、影、乾闥婆城、響、水月、浮泡、虛空華、旋火輪。」(T 18: 3c)於是,佛教學術著作最後將水中月列為十喻之一,用以說明世間萬物依賴於其他事物而存在,因此其本質為空,並無任何實體。十喻的內容或許有所變動,但水中月總是列於其中。❺

既然水月之喻在佛教經典中屢見不鮮,難怪佛教僧俗二眾常在寫作或講經說法中使用這個譬喻。如第四章所述,智顗在《法華玄義》中以水月描述佛與眾生的關係。他在闡述佛的三身時,再度運用水月之喻:「真性軌即法身,觀照即報身,資成即應身。……佛真法身,猶如虛空,應物現形,如水中月,報身即天月。佛自住大乘,即是實相之身,猶如虛空,定慧力莊嚴,慧如

天月，定如水月。」（T 33: 745b）

永嘉玄覺大師（665—713）的《證道歌》中也說：「鏡裡看形見不難，水中捉月爭拈得？」他又寫道：「一月普現一切水，一切水月一月攝。」在另一部著作中，他捨棄詩歌，而以偏重義理的風格，闡釋大乘佛教人、法二空的獨特教義，即不僅「我」是空，連五蘊等諸法亦是空：「一、人空慧：謂了陰非我，即陰中無我，如龜毛兔角。二、法空慧：謂了陰等諸法緣假非實，如鏡像水月。」（T 48: 389c）唐代禪僧也在開示中運用水月的譬喻，例如著名的禪師石頭希遷（700—790）曾對大眾開示：

> 吾之法門，先佛傳授，不論禪定精進，唯達佛之知見。即心即佛，心、佛、眾生，菩提、煩惱，名異體一。汝等當知自己心靈，體離斷常，性非垢淨，湛然圓滿，凡聖齊同，應用無方，離心意識。三界六道，唯自心現，水月鏡像，豈有生滅？汝等知之，無所不備。（T 49: 609a-b）

《佛祖統紀》記載，805 年唐順宗禮請尸利禪師入內殿，咨問禪理。順宗問禪師：「大地眾生如何得見性成佛？」禪師回答：「佛法如水中月，月可見不可取。」順宗聞言大悅（T 49: 380b）。

不僅博古通今的佛教僧侶、禪師偏愛水中月的譬喻，唐代名詩人李白（701—762）和白居易（772—846）也曾運用此喻。李白為神僧寶誌作〈誌公畫贊〉：

> 水中之月，了不可取，
> 虛空其心，寥廓無主，
> 錦幪鳥爪，獨行絕侶。
> （《李太白全集》卷 28）

白居易在〈畫水月菩薩贊〉一首詩中，抒發相同的情懷：

> 淨淥水上，虛白光中，一睹其相，萬緣皆空。
> 弟子居易，誓心歸依，生生劫劫，長為我師。
> （《文苑英華》783）

　　儘管水月或水中的月影，是人們熟悉的佛教譬喻，展現世間萬物轉瞬即逝、空無自性的本質，但觀音與這些譬喻的關聯，卻沒有任何經典依據。由此可見中國藝術家自由奔放的創造性，他們以傳統中國畫的媒介，表現出這些佛教思想。針對許多木雕觀音像呈現一腿垂下、另一腿盤起的悠閒「如意坐」，也就是水月觀音像的典型特徵，吉爾曼（Derek Gillman）指出，這可能是模仿唐宋時期佛教旅人傳入中國的外來造形，八至十世紀斯里蘭卡製作的佛像中，可發現同樣造形的實例。這個姿態最遠可溯及印度教藝術，這種宗教藝術普遍以此造形呈現眾神（Gillman 1983）。但即使如意坐可能是以外國造形為基礎，本地藝術家還是將圖像置於明確的中國式背景之中。山本陽子（Yamamoto Yōko）的論點極具說服力，她認為應將水月觀音像視為中國人的創作，這種人物造形是基於本土的聖賢、隱士和神仙觀念，而非印度的原型。竹林（後來改為松樹）、瀑布是典型的中國山水，而無論觀音斜倚岩石、樹木或抱膝的閒散姿態，都源於早期描繪隱士的世俗繪畫，並非根據佛經的描述。事實上，1960 年在南京發現一座古墓（約 400）的磚雕上，這種造形已用於描繪偏好黃老的文人學士。現存尚有其他同類的例證（包括數件盛唐時期的作品），年代大約在這種觀音像初創之時（Yamamoto 1989：28-37）。

　　著重水月觀音與中國山水的結合固然重要，但我更想強調的

是這種觀音像在宗教儀式上的作用。雖然有些敦煌出土的水月觀音以側身四十五度的悠閒姿態呈現（例如現存於「吉美博物館」的作品），但其他水月觀音像，例如「弗利爾美術館」所藏一幅968年的作品（圖6.5），卻是端身正坐，「姿態極其神聖莊嚴，絲毫沒有其他四幅較早作品特有的閒適不羈。在後來的觀音像中，這種莊嚴的造形變得更爲明顯。」（Lawton 1973: 90）這種端身正坐的姿勢，連同「華蓋、中央有五彩條紋的圓光以及寶座」，使得康尼里斯·張（Cornelius Chang）側重這幅畫的「聖像」色彩（Chang 1971: 47）。近來，潘亮文強調有必要在宗教儀式的脈絡中研究這種圖像（Pan 1996）。我贊同這種研究方法，也認爲那即是揭開水月觀音起源之謎的關鍵。

　　水月觀音的畫像和鍍金銅像，創作的目的都是做爲聖像，供人禮拜。關於這點，最具說服力的證據就是許多水月觀音畫中出現擺滿供品的供桌。例如上述「弗利爾美術館」的畫作，榜題的祈請文爲「南無大悲救苦水月觀音菩薩」，菩薩右手持楊枝，左手執甘露瓶，兩側各有一位持花供養菩薩。畫面下方中央是題記，有四人跪侍於兩側，儘管這幅長篇題記和指明布施者及受施者的四塊榜題嚴重磨損，模糊難辨，但仍可看出這些人物是殷氏家族的成員，左側兩名婦女分別是母親和元配（畫像較小者），右側位於男子身旁的是他的小妾。這幅畫繪於968年農曆5月15日，目的在祈求生產平安。

　　幸而「吉美博物館」收藏的觀音像題記保存狀況較好。根據題記，此像造於943年農曆7月13日，出資造像者是一位馬姓官吏，他說明請人創作此畫的緣由：在初秋滿月時，他追憶亡母，然其靈跡已渺茫難辨。出於對母親的思念，他請技藝精湛的畫師繪製千手觀音，並請畫師的徒弟繪製水月觀音。他祈求觀音護國救民，且願一切見此像者皆發心向善，不墮地獄，悉證菩提。

圖 6.5　水月觀音，968 年。華盛頓特區「弗利爾美術館」提供。

　　軼聞記事也證明水月觀音做爲聖像，用於禮拜、祈願。十一世紀中葉，劉道醇所著的宋代繪畫目錄《聖朝名畫評》中，有一則關於畫家武宗元（卒於 1053）的故事：「京師富商高生有畫癖，常刺拜於庭下迨十餘年，欲得水月觀音一軸。宗元許之，又三年方成，攜詣高生，生已徂矣，焚畫垂泣而去。」（Chang 1971: 85）

　　善男信女向水月觀音祈求往生善處、平安生產及證得開悟，雖然這些都是傳統認爲觀音能賜予虔誠信眾的福祉，但九世紀出現的水月觀音像卻是新創的。日本的求法僧注意到這種新聖像的盛行，便開始將水月觀音傳回日本。西元 839 年，常曉和尚請回一尊水月觀音像，說道：「大悲之用，化形萬方，觀思眾生，拔苦與樂，故示像相，使物生信。今見唐朝世人，總以爲除災因，天下以爲生福緣也，是像此間未流行，故請來如件。」（T 55: 1070a）與他同赴中國的圓行和尚也請回一尊水月觀音像。這兩位求法僧與當時他們所遇到的中國人一樣，顯然也將水月觀音視爲千手觀音的應現，這無疑是敦煌畫像中兩種菩薩像並陳的原因。這是密教千手觀音歷經中國本土化的另一實例。正如那位不知名的作者運用中國神祇史實化的模式，創造妙善公主的傳說（詳見第八章），藝術家也以中國山水畫的風格塑造水月觀音，在這位外來菩薩中國化的過程中，這兩者都是成功的嘗試。

　　水月觀音不僅出現於繪畫，也被刻於鏡子上，988 年，日本求法僧奝然將四面 985 年製造的這類鏡子請回日本。其中一面出現於清涼寺的佛像內，同時發現的還有一份全部物件的清單。「這面鏡子由青銅製成，錫的含量很高，直徑約五公分，鏡身很薄。鏡子背面刻有一尊觀音，坐在竹林間蓮池中的一塊岩石上，其刻工頗具木刻版畫的風格。」（Henderson and Hurvitz 1956: 33）山本提到，觀音右側有一隻飛鳥盤旋，她認爲那是伴隨西王母的青鳥，並視之爲另一項實例，證明道教和民間宗教可能影響水月觀音的

創造（Yamamoto 1989: 33）。不過，由於這隻鳥總是出現在南海觀音的造像中（詳見第十章），而且一直被認為是白鸚鵡，因此我想這面鏡子上所刻的鳥很可能是這種鸚鵡造像最早出現的實例。

這種鏡子的作用或許類似後來出現的一件作品。「弗利爾美術館」收藏的一件水月觀音浮雕（圖6.6），在聖像下方有兩段註明年代的銘文，其中包含本土經典《高王觀音經》中的神咒（詳見第三章）。第一段銘文是天水（今甘肅界內）趙宏於1095年清明節所寫，他自述幼年喪父，以佛祖為唯一依歸。他聲稱這幅聖像是唐代名畫家吳道子畫作的摹本，之所以請人造此碑，目的在

圖6.6　水月觀音碑，1096年。華盛頓特區「弗利爾美術館」提供。

於弘揚觀音信仰，也希望一切誦此經咒者皆能免於幼年失怙之苦。第二段銘文在畫像右側，字跡較小，1663 年天水徐楷熙所寫，他描述這塊刻有觀音像的石板如何被一個農夫發現，然後農夫把石板交給女兒當洗衣板用，石板大放異彩，於是這戶人家將石板鍍金，做爲傳家寶。徐楷熙任地方官時，得知此事，便前往那村莊調查，後來並派人將石板運到寶寧寺妥善保存。❻

　　心覺（1117—1180）在他的《別尊雜記》中收錄兩幅水月觀音畫像。《大正藏·圖像部》第 3 冊第 86 號圖仿自中國原作，畫中菩薩坐在奇石上，類似中國假山庭園的布局，背景有三根枝葉茂盛的竹子。左上角的銘文中載有日本的紀年，相當於 1088 年農曆 11 月 9 日。根據銘文，這幅畫最初是宋朝泉州一位虔誠信徒陳成宗爲求兒子平安，託人繪製的，他將這幅畫獻給寺廟，永遠供人禮拜。另一幅畫，即第 87 號圖，以一幅繪於高麗王朝（918—1392）的韓國原做爲底本（Wang 1987: 32）。在這幅畫中，觀音坐於怪石嶙峋的山峰上，俯視著一位身穿韓服、雙手捧著香爐的信士，左上方有一座宮殿浮現雲中。如同敦煌的繪畫，這幅畫清楚展現菩薩正受人頂禮。

　　心覺還抄錄〈水月觀自在供養法〉，搭配這兩幅圖。如果還有人懷疑在信眾心目中水月觀音與千手觀音不盡相同，此文應可滌除所有疑慮。茲將相關文句摘錄於下：

　　　對於此像念誦，一切所願，不久成就。若復有人，欲得飲食、衣服者，住無人處或清淨地及不淨地，燒安悉香，散時花，供養大悲尊，一切罪障，一時消滅，世出世願成就。……若復有人，由破戒故，定墮地獄，誦是真言三十萬遍，一切罪障，悉皆消滅，往生西方極樂世界，能見阿彌陀佛。若一切願不成就者，我誓不取無上佛道。當知我大悲誓願，愍念

破戒人，引導西方剎。(《大正藏‧圖像部》冊 3，頁 209a-b)

　　水月觀音也是西夏党項族（Tangut）藝術家的繪畫主題。他
們仿效漢地水月觀音的造形，卻也加入些許地方色彩。敦煌東北
方的黑水城（Khara Khoto）發現一批繪畫，現存於聖彼得堡的「冬
宮博物館」（Hermitage Museum），有一幅十二世紀的水月觀音像
提供重要證據，顯示人們可能特別供奉這位神祇，以求往生淨土
（圖 6.7）。如同敦煌繪畫的觀音像，這尊菩薩也採取如意坐的姿
勢，手中並未持任何器物，身旁的淨瓶中插著楊枝，背景有兩根
粗大的竹子。但引人注意的是畫中一位老翁和童子，魯多瓦（Maria
Rudova）說明他們的身分：「左下角立於雲端的亡者無疑是党項
人，……右下角則是一群党項人在墓地彈奏樂器。在西夏王朝的
國家大典及宗教儀式中，音樂占有一席之地，因此當善人的靈魂
來到『天國之門』時，音樂適時地為這莊嚴肅穆的一刻響起。……
在畫面右上端，這位亡者再次出現，而此時已轉世為一名小童，
雙手前伸，向觀音祈求。」（Rudova 1993: 91, 198）❼魯多瓦的詮
釋以同一時期、同一地區創作的相關繪畫為基礎，例如，一幅十
二世紀晚期的繪畫「接引善者往生阿彌陀佛淨土」（圖 6.8），明
確展現這個主題。❽此畫左下角的信徒雙手合十，祈請淨土三聖，
阿彌陀佛的慈光圍繞著一名全身赤裸的小孩，這個孩童正要踏上
觀音、勢至托住的蓮座。在西夏，水月觀音扮演「引路菩薩」的
角色。

　　如同水月觀音，白衣觀音也是宗教儀式中人們禮拜的對象，
且身旁有善財童子或前世為布施者的小童伴隨。有一幅五代時期
的繪畫，現存於北京「故宮博物院」❾，根據索仁森的描述，這
幅畫中的白衣觀音以「如意坐」的姿態，坐在華麗的寶座上，白
衣半遮著頭部，覆蓋頭冠，「右手持觀音特有的楊柳枝，左手執

圖 6.7《水月觀音》，十二世紀。聖彼得堡「冬宮博物館」提供。

圖 6.8　接引善者往生阿彌陀佛淨土，十二世紀。聖彼得堡「冬宮博物館」提供。

甘露瓶。……畫面右側是一位跪在墊子上的信士，其上方空中懸浮著一朵五彩祥雲，雲端的蓮座上放著一個十字金剛杵。金剛杵上方偏左另有一朵雲，上頭坐著一個嬰孩（可能是小男孩），他用右手托著一小盤供品。」（Sørenson 1991—1992: 308-309）如同前述黑水城的畫作，跨坐於雲端的小童，可能是善財童子或轉世的信徒。

相對地，敦煌西北方的馬土克（Martuk）發現了一幅畫，現存於「西柏林國立博物館」（The West Berlin State Museum），這件作品則明確地結合白衣觀音與淨土傳統。根據展覽目錄的記載，這幅畫繪於九至十世紀之間。在唐卡上，主尊觀音像的周圍環繞著六尊小菩薩像，白衣觀音即是其中之一。「左側中央坐著Avalokiteśvara的中國化身，也就是所謂的白衣觀音或送子觀音。這尊觀音身著白衣，高聳的頭飾有白巾披垂，右手舉起，食指指向左掌托著的小童。」（Laing 1982: 212）這段目錄說明暗示，此處描繪的白衣觀音如同明清時期的送子觀音，手中正抱著即將賜予信眾的孩子。但從相同宗教、文化背景產生的黑水城繪畫看來，這個嬰兒很可能是轉世的信徒，而不是賜給信徒的子嗣。然而，既然觀音能令虔誠的信徒變為孩童，往生西方極樂世界，為什麼不能讓小男孩降生於信徒家中呢？尤其是《法華經》已有求子得子的保證，既然如此，觀音送子有何不可呢？從白衣觀音過渡到送子觀音，這樣的轉變是自然而合理的。

白衣觀音

藝術史學者早已注意到水月觀音與白衣觀音之間的相似處（Matsumoto 1926），然而，二者之間仍有獨特的差異。首先，如同較為傳統的觀音像，水月觀音被視為男性，因此有時呈現的

造形蓄有髯鬚，如現存於「弗利爾美術館」的觀音像（圖 6.5）。孫光憲（900—968）的《北夢瑣言》中有一則故事，為水月觀音的男性性別提供一段軼事趣聞：蔣凝是唐懿宗咸通年間（860—874）的進士，以容貌清俊秀逸著稱，只要他登門拜訪，主人皆視為祥瑞，人稱「水月觀音」（Wang 1987: 31）。

相對地，白衣觀音外表看來顯然是女性。事實上，自唐代以來，不僅觀音，所有菩薩整體上看來都相當女性化。宋代僧人道誠在《釋氏要覽》評論佛教聖像如下：「造像梵相，宋齊間皆唇厚鼻隆，目長頤豐，挺然丈夫之相；自唐來，筆工皆端嚴柔弱，似妓女之貌，故今人誇宮娃如菩薩也。」（T 54: 288b）藝術史學者已經發現，唐代菩薩像——包括觀音菩薩在內——臉部變得圓潤，且有雙下巴，體態則搖曳生姿。這種趨勢，能受到當時偏重豐潤臉龐及體型的審美觀影響所致。段成式（卒於 863）在《寺塔記》中描述韓幹（活躍於 742—755）繪像於道政坊寶應寺，「今寺中釋梵天女，悉齊公妓小小等寫真也。」（Liu 1983: 40）（譯註：參見 T 51: 1023b）索普引用觀音救治屈儼（約 784）的故事，他以故事中菩薩的「傾城」之姿，說明其女性化的外貌，並認為這是觀音逐漸轉變為女神過程中的一個階段（Soper 1960: 25）（譯註：參見《酉陽雜俎續集・寺塔記上》關於靈華寺觀音堂的記載）。

白衣觀音第二個特點，當然是菩薩身穿白衣，有時甚至以白色面紗覆蓋頭部。正是因為這件白衣的存在，使得許多學者將白衣觀音像的起源溯及密教。陳觀勝引述馬伯樂（H. Maspero）的觀點，說明普及民間的送子觀音源於西藏傳入的白衣觀音（Pāṇḍaravāsinī，「身著白衣者」），然後中國民間宗教「挪用」此像，完全曲解其原義。以下引述陳觀勝對於這個複雜過程的說明：

從唐代到宋代初期，觀音似乎仍被視為男性，敦煌發現的

繪畫是最佳的佐證，因為在這些畫像中，觀音的造形經常蓄有髭鬚。……唐代觀音像中出現一項新元素，為這位菩薩的造像帶來變化，也就是身著白衣的女性觀音概念，這個概念由一部八世紀密教經典傳入，而自十世紀起，畫家即開始繪製此像，稱之為「白衣觀音」。法國漢學家馬伯樂（H. Maspero）對於這個變化提出的解釋頗為合理。大乘佛教一向認為覺悟是智慧與慈悲合而為一，在密教中，這二者分別以男、女兩性為象徵。隨著女性元素的引入，一切諸佛菩薩都有其女性配偶，例如藏傳佛教中，觀自在菩薩的配偶稱為「白度母（梵文：Pāṇḍaravāsinī）」，意即「身著白衣者」。中國的白衣觀音是這個名字的直譯。從西藏傳入中國的白衣觀音，不久便被中國民間宗教自佛教中挪用，於是發展出送子觀音這種新造像。由於廣受歡迎的這種觀音像幾乎沒有保留多少藏傳白衣觀音的特徵，以至於二者之間的關聯不易一目了然。然而，馬伯樂認為二者的確有關。在密教中，白衣觀音屬於胎藏界的曼荼羅，或許是當時的中國民間宗教望文生義，直譯具有象徵意義的「胎藏界」一詞，於是白衣觀音搖身一變，成了「送子觀音」。此一演變完全發生在民間宗教的範疇內，並未滲入佛教內部。（Ch'en 1964: 341-342）

這個解釋不僅在文獻上、在歷史上都是不能成立的，而且明顯暴露出對中國「民間宗教」的偏見。這種偏見純粹出於臆測，毫無確實根據。近來，史坦恩（Rolf A. Stein）對上述詮釋提出異議，並以有力的論證，說明「白衣」不應與「白度母」混為一談。❿在唐代翻譯有關「佛母」（即對應於諸佛的女性配偶）的密教經典中，同時提及白衣與度母，但兩者截然不同，白衣是以觀自在菩薩為主尊的蓮花部佛母。胎藏界曼荼羅中另有三位女神也身著白衣，

是故亦可稱為「白衣」。白色象徵菩提心，而菩提心能使諸佛菩薩誕生，這就是蓮花部觀音院的女神之所以皆現白衣相的原因——表示她們是諸佛菩薩之「母」（Stein 1986; 27-37）。因此，中國人一向明確區分「白衣觀音」和「度母」兩者。然而，史坦恩也指出，根據有些密教經典關於唱誦陀羅尼的儀軌，觀自在菩薩身穿白衣。這些密教經典中，最早出現的是六世紀前葉譯出的十卷《陀羅尼雜集》，其中包含觀自在菩薩教示的三十七首陀羅尼，還有關於造觀音像、觀想與祈願儀式的儀軌。如第二章所述，唐代譯出的密教經典中，不僅觀自在菩薩的女性脅侍被描述為「身著白衣」，經文中也常指稱這位菩薩身穿白衣。此外，關於造像的規定也強調，繪製觀自在菩薩像時，畫布無論是細毛布或其他布料，必須是白色。在這些經典中，白色顯然具有特殊意義。然而，若研讀這些文獻中關於白衣大士的描述，就會發現那與中國的白衣觀音之間沒有任何相似之處。

在胎藏界曼荼羅中，觀自在菩薩院中的四位女性脅侍，名號中都有「白」這個字眼。兩部曼荼羅的儀式及藝術表現一度出現於唐代，因為空海（774—835）正是從中國取得曼荼羅的真跡，攜回日本，保存至今。但在中國卻沒有任何一件曼荼羅流傳下來，也沒有任何證據證實有關曼荼羅的宗教信仰活動曾盛行於中國。這種祕密儀式只容許受過灌頂的上層男性出家修行者參加，關於這些儀式的認識自然局限於少數人。馬伯樂說胎藏界曼荼羅在一般中國百姓中廣為人知，以至於他們無知地「曲解」其義，但不知這種說法的證據從何而來？

關於白衣觀音的起源，以及白衣觀音與送子觀音的關聯，我提出全然不同的理論。如第三章所論，我認為這兩種觀音實際上是同一尊神的異名。即使「白衣」這個名稱源於密教經典，性別的轉變以及後來的盛行都應歸功且得力於本土經典、感應故事和

藝術呈現。關於白衣觀音像與佛教正統經典的關係,我們頂多只能說白衣觀音或許源於密教經典,但這種圖像的實際創作卻純粹是本土的。正如水月觀音是根據大乘和密教觀念,卻透過山水畫來表現的中國創作,白衣觀音也一樣是中國的產物。以白色爲尊或許源於密教傳統,但白衣觀音的實際造形幾乎無異於水月觀音。在建立與宣揚白衣觀音的信仰上,無論僧俗、貴賤、男女,都各自發揮一部分的作用。在宋、元兩代,象徵覺悟的白衣觀音是禪僧創作的「禪畫」中經常出現的主題。此外,明代仕紳及其夫人也將白衣觀音視爲生育女神,極爲虔誠地向祂祈求子嗣。

在中日藝術中,水月觀音和白衣觀音都列入三十三身觀音。康尼里斯・張認爲這兩種觀音像或許是可以互換的。因爲在觀音的三十三種化身中,有十四種的名稱純粹是描述性的,如「持經觀音」(第三種化身)、「合掌觀音」(第二十九種化身)等。既然如此,身穿白衣坐在普陀山水月背景中的觀音,可以從「白衣」、「水月」這兩種描述性的名號中,擇一命名(Chang 1971: 117)。「納爾遜阿特金斯藝術博物館」收藏的水月觀音像顯示出區分這兩者的困難度(圖 6.9),這幅南宋的繪畫被確認爲水月觀音,因爲典型的圓月背光籠罩著菩薩,儘管如此,菩薩卻也身穿覆蓋頭部的白衣,並呈現明顯的女性特徵。畫家以同樣手法繪製白衣觀音與水月觀音,這一點松本榮一早已提過。按照他的觀點,造成這兩種觀音像混淆的另一個原因,或許是繪畫的技法。自宋代以降,由於受到禪宗的影響,畫家鍾愛單色調的水墨畫,因此所有觀音像都是水墨畫,且有留白(Matsumoto 1926: 212-213)。唯一可以區分這兩種觀音像的方法,就是觀察菩薩是否身穿帶有覆頭巾的白衣。

創造這種獨特服裝的靈感來源可能有兩個,一是關於顏色,二是關於式樣。就白色而言,除了前述與密教的關聯之外,我們

圖 6.9　水月觀音，南宋（1127—1279）。「納爾遜阿特金斯藝
術博物館」提供。

也不要忘記，依照印度傳統，佛典中的「白衣」意指在家居士，而非出家人。如第四章所述，著名的在家菩薩維摩詰居士即稱爲「白衣」。此外，許多感應故事中，也經常出現白衣人，我之前曾指出，這代表在家人，而非僧人。儘管早期的感應故事並未言明此人的性別，但自十世紀以降，這位神祕訪客逐漸被確認爲女性。另一方面，白衣觀音的服裝式樣也溯及宋代婦女服飾。1211 年，李嵩（約活躍於 1190—1264）繪製的一幅手卷「貨郎圖」，描繪當時一般市井小民的日常生活❶，畫中婦女頭戴布巾，與白衣觀音極爲相似，有的學者便以此作爲白衣觀音獨特衣著風格形成的根據。由於這白衣與一般人的衣著相當，因而強化了觀音平民百姓的身分；她平易近人，並非高高在上的神（Liu 1983: 12）。

　　讓我們暫時擱置關於白衣觀音起源的推測，轉而研究自十世紀以來，白衣觀音在雕塑、繪畫及其他藝術表現型態方面無可比擬的普及性。清代訓詁考據學家顧炎武（1613—1682）曾經提到：「今天下祠宇，香火之盛，佛莫過於觀音大士，……大士變相不一，而世所崇奉者，白衣爲多。……按《遼志》，有長白山〔位於今吉林省〕在冷山東南千餘里，蓋白衣觀音所居，其山鳥獸皆白，人不敢犯，則其奉祀，從來久矣。」（《菰中隨筆》）其他資料也指出，白衣觀音信仰始於十世紀（其中有些資料容後探討）。即使白衣觀音最初透過密教儀式文獻傳入中國，但其信仰最終能在中國成功地建立，應歸功於一些宣揚白衣觀音爲送子女神的本土經典（詳見第三章）。白衣觀音的圖像經過漢化，而且如同妙善公主，她最後也有了極具中國特色的傳記——《妙音寶卷》。

　　有數幅白衣觀音的畫像被認爲出自唐代畫家吳道子之手，而且就流派而言，這類繪畫有時被認爲與宋代畫家李公麟（約1049—1106）及其畫派偏愛的白描技法有關聯（Cahill 1982: 8;

Lee 1980: 84）。儘管將這些繪畫歸於吳道子之作的說法未必可信，但四川發現有年代可考的白衣觀音雕像的確可以追溯到十世紀，例如四川大足北山觀音像旁的銘文，記載這尊白衣觀音刻於 936 年。❶杭州西湖西岸的煙霞洞入口處兩側，矗立著兩尊白衣觀音像（圖 4.2），何恩之推定這兩尊雕像年代為 940 年代早期，因為它們類似吳越國錢氏王族於 942 年開鑿的慈雲洞群像（Howard 1985: 11）。

確定白衣觀音於十世紀興起的另一項資料來源，在於專奉白衣觀音之寺或尼庵的創建傳說中。如第四章所述，上天竺寺的創立與吳越國開國君主錢鏐的一個夢有關，他曾夢見一位白衣婦人向他保證，如果他慈悲為懷，她將保佑他及其後代。婦人還表示，二十年後他會在杭州天竺山再看到她。錢鏐登基之後，又夢到同一位婦人向他要求一處棲身之地，她答應成為吳越的守護神，以為回報。後來錢鏐發現天竺山只有一座寺院供奉一尊白衣觀音像，於是他護持該寺，將它修建為「天竺看經院」（上天竺寺的原名），日後這座寺院成為觀音信仰最重要的一處聖地。

其他寺廟也有類似的故事說明其創建緣由。十世紀有數座寺廟興建於浙江，其創寺傳說都與白衣觀音像有關。例如，杭州有三座寺院皆因寺內供奉的白衣觀音像，而由「庵」擴建為「院」。觀音法濟院初建於後晉高祖天福年間（936—947），不幸於宋高宗建炎年間（1127—1130）焚毀，但某夜有一位僧人看見一道神光，並在瓦礫堆中發現一尊白衣觀音像，此時這座寺院便得以修復。寶嚴院初建於宋太宗乾德五年（967），當時一位當地居民捐出私人宅第，做為建寺之地；宋徽宗政和年間（1111—1117），住持夢見一位身著白衣的天人，直覺認定那就是白衣觀音，於是將寶嚴院變為專門供奉觀音的道場。瑞像院是由於僧人明祖夢見白衣觀音，而於南宋孝宗淳熙十四年（1187）興建的（HCLAC

81）。

　　寧波的白衣廣仁院，俗稱白衣觀音院，初建於 930 年，由於觀音像靈驗的傳說不斷，935 年此院得到更多信眾的護持，並於1064 年獲得皇帝御賜匾額一塊。廣仁院的觀音像由一根木柱雕刻而成，這根木柱放白光，顯現觀音像的輪廓，節度使錢億目睹這一奇蹟，便資助這尊聖像的雕刻（YYSMC 16:15a-b）。

　　江蘇江陰壽聖院有一塊石碑保存至今，此碑上半部分刻有一幅觀音像，下有一段碑文，記載致使壽聖院立碑供奉的奇蹟（圖6.10）。碑上的觀音立像右手持一楊柳枝，上舉的左手執甘露瓶，其衣袍飄垂，頭戴精緻頭冠，並無連身頭巾覆蓋，菩薩頭部有一大圓月背光環繞。這幅畫像顯然是水月觀音，但根據碑文記載，原本要呈現的是白衣觀音。宋徽宗宣和五年（1123）2 月 23 日，有一官吏王孝竭參訪壽聖院，住持祕源告知此像的由來，而後才雕刻此碑。不過，這個故事發生於一百年前，即宋仁宗天聖元年（1023）。王孝竭應住持之請，寫下這段碑文，題爲〈江陰縣壽聖院泛海靈感觀音記〉。以下引述相關碑文：

　　　　菩薩於天聖元年五月中，泛大海至於江陰，有客舟邂逅菩薩於中流，隨船放光而行，舟師以篙枝退，如是者三，放光不已，相次至江岸小石灣，住彼不去。是夜現白衣人，託夢於邑人吳信云：「緣化右臂。」信曰：「臂實難捨，餘可奉從。」白衣人曰：「此邑雜賣李氏，家有香檀，可以作臂。」信候天明，驚異尋訪，有市人相傳江岸有觀音泛海而來，其長及丈。信往視之，果見菩薩仍無右臂。於是信宣言於眾曰：「菩薩託夢，以求此臂，我今發心，圓滿功德。」後果得檀木於李氏家，長五尺許，乃能成就。自是邑人迎請，歸壽聖奉安，廣興供養，祈禱屢獲感應。

這一時代的感應故事中，白衣觀音經常出現，例如洪邁（1123—1202）《夷堅志》彙集的觀音故事中，就有一則類似上述事蹟。話說湖州有位老村婦深爲手臂疼痛所苦，經久不癒。一天夜裡，她夢見一位白衣女子對她說：

> 「我亦苦此，爾能醫我臂，我亦醫爾臂。」嫗曰：「娘子居何地？」曰：「我寄崇寧寺西廊。」嫗即寤，即入城，至崇寧寺，以所夢白西舍僧忠道者。道者思之曰：「必觀音也，吾室有白衣像，因葺舍誤傷其臂。」引至室中瞻禮，果一臂損，嫗遂命工修之，佛臂即全，嫗病隨愈。

最後洪邁補註這個故事是湖州居民吳价告訴他的（《夷堅志》1：88）。

人們不僅開始認爲觀音聖像即是白衣人，這位菩薩也愈來愈以此形象示現於信徒面前。雖然有一部感應錄已不復存在，但據說此書之所以彙集成冊是由於其編纂者獲得白衣觀音神奇救治所致。此事發生於 1079 年，當時侍郎邊知白自京城至江西臨川，因暑熱而臥病。有一天，他夢見一位白衣人將水灑在他身上，令他遍體清涼無比，醒來後便完全康復了。於是他發願弘揚觀音的慈悲，並在世人心中廣植信根。他收集古往今來的觀音靈驗事蹟，作《觀音感應集》四卷流傳於世。木刻版保存於上天竺寺（T 49：419c）（譯註：根據《佛祖統紀》，此事發生於宋徽宗政和二年〔1112〕；《觀音慈林集》同樣記載此事，但時間卻改爲宋神宗元豐二年〔1079〕，參見 HTC 149：632a）。

以上例證，可做爲十世紀以後白衣觀音信仰日益盛行的片斷記載。這種信仰與密教經典中的白衣觀音很可能有關聯，但我們並沒有明確的證據證實這一點，因爲中國的白衣觀音與密教的儀

圖 6.10　〈泛海觀音記〉，1124 年。引自《北京圖書館藏中國歷代石刻拓本彙編》（1991: 146）。

軌看來並無任何關聯。除了神咒之外，頌揚這位神祇的經文也沒有任何密教色彩。即使起初白衣觀音與度母及其他密教神祇有某些關聯，祂的發展成形似乎與這些密教神祇無關。我深信中國白衣觀音應歸功於一些中國本土經典，這些文獻將祂描述爲靈驗的送子女神。就這項能力而言，白衣觀音是掌管生育的女神，但祂卻不具性欲，雖賜予人們子嗣，自己卻從未成爲母親。套用霍奈（Karen Horney）所用的區別，白衣觀音代表慈母的愛，而非母親的身分（1931）。

這些本土文獻通稱《白衣觀音經》或《白衣觀音咒》，篇幅很短，一律附有咒語或陀羅尼。人們認爲持誦這些經咒必有效驗，其中最有名的是〈白衣觀音神咒〉（或〈白衣大士神咒〉），十一世紀就已盛行，直到今日仍有虔誠信眾廣爲印製，免費流通。❸另一部頗受歡迎的《觀音十句經》有時與上述〈白衣觀音神咒〉合併，而有數種不同的經名，如《觀音夢授經》、《觀音保生經》或《觀音救生經》，這份文獻也可溯及十一世紀❹，這兩部經都被認爲是白衣觀音親自傳授給虔誠信眾的。人們相信持誦這些經文能解脫痛苦，但它們並不是特別與生育有關。具備送子能力（尤其是兒子）的是另一部本土經典——《白衣大悲五印心陀羅尼經》（詳見第三章），白衣觀音在此經中轉變爲送子觀音。

我在前文提到，這部經典深受明末仕紳喜愛而大爲流行。根據許多虔誠信徒所寫的感謝文，白衣觀音顯然被視爲慈悲的送子者。附於經後的感應故事有幾項特點值得注意。首先，儘管其中有些事蹟發生於十一、十二或十三世紀，但大多集中在明代，尤其是晚明。如此看來，白衣觀音即送子觀音的信仰，似乎在1400年至1600年間確立於中國。

第二，經本卷頭插畫的觀音木刻畫，通常描繪菩薩抱著一個男嬰，置於膝上，這也是十六世紀以來，福建出產的白瓷送子觀

音與象牙送子觀音的典型圖像（圖3.8）。最著名的德化瓷觀音像是明末一名陶工何朝宗製作，他在十六世紀末至十七世紀初燒製了許多觀音像（Donnelly 1969, Fong 1990）。送子觀音像與聖母懷抱聖嬰像的相似處已引起廣泛的注意，有趣的是，這種聖母像也是在這兩世紀間流行於歐洲的一些地區。❶福建和廣東一樣，都是沿海省分，早在十三世紀就有基督教傳教士出現，十六世紀時，天主教傳教士又開始大規模登陸。十六至十八世紀，西班牙商人和耶穌會傳教士將雕塑從西班牙、北歐傳入中國和菲律賓，他們也委託中國工匠雕刻基督教的聖像，最常見的是聖母與聖嬰像。這些工匠以來自漳州、福州和泉州的福建人占最多數，而這些地區也製作送子觀音像。既然由同一群工匠製作這些宗教聖像，難怪聖母瑪利亞看來有點像中國人，而觀音的造形也頗有「哥德式風格。」（Watson 1984：41）《法華經·普門品》提到觀音種種神力，送子即是其中之一，不過在明代以前，即使將觀音刻畫為女性，圖像中也從未出現菩薩懷抱男嬰或將男嬰置於膝上。因此，送子觀音的宗教依據來自佛經，但其藝術表現可能受到聖母瑪利亞像的影響。

　　第三，感應故事提供發願印經者的姓名和出生地，他們大部分來自安徽省歙縣和徽州。這不難理解，因為徽州商人素以富有著稱，雖然觀音信仰不限於這個地區，但徽州似乎格外興盛，因為當地有更多人有足夠的財力印經。有趣的是，在記載印經者之妻的個人名錄中，有十七人名字中有「妙善」的「妙」字。❶順帶一提，十世紀四川委製觀音像的女施主中，有些人的名字也有「妙」字（詳見第八章），她們的名字顯然與妙善這個名字有關。

　　《妙音寶卷》是白衣觀音的傳記。如這部寶卷標題所示，女主角名叫妙音。我在「浙江省立圖書館」所讀的版本是由上海「姚文海書局」印行，沒有出版日期。傅惜華曾指出，有四種版本留

存至今，其中最早的版本印於 1860 年。這本書又名《白衣寶卷》或《白衣成證寶卷》。這則故事顯然受《香山寶卷》的影響，但也與其他廣為流傳的寶卷一樣（詳後文），有些共同特有的主題。

這則故事發生在宋太宗（976—996 在位）統治時的洛陽，當時有位徐姓人士年逾四十，獨生女妙音才出生。她七歲開始吃素，長大後終日誦讀《法華經》。正當父母為她尋覓佳婿時，她卻宣稱無意成婚。懷著和妙善公主同樣的心意，她告訴父母，結婚生子將為人帶來更多的業、更多痛苦的束縛。但是，她的父母仍私下將她許配給一位地方仕紳的獨子王承祖，並與王家祕密商議舉行婚禮。家中長輩騙她出門觀賞元宵花燈，她一出門，就被王家派來埋伏的二百名大漢劫走。她向上天祈求，感動了「靈山教主」——佛祖，於是佛祖派遣天兵天將、雷神、風神、雨神刮起一陣暴風，在混亂中偷偷地將妙音帶到白雲山。

當風暴平息時，他們發現妙音竟然神祕地失蹤了，只在近門口處留下一本《法華經》。她的父母控告王家謀殺，王承祖被捕入獄，遭到嚴刑逼供，由於無法忍受，只好做假供認罪。由於這次不幸的遭遇，王承祖體認生命的無常，開始在獄中誦念佛號，並且立下誓言，若能獲釋返家，便皈依佛教。當皇帝為慶祝六十大壽而大赦天下之時，王承祖得以減刑，改為流放邊疆充軍，由兩名獄卒押解上路。有天晚上他們在山中過夜時，聽到木魚聲。他們尋聲而去，最終找到妙音，原來這段期間她一直在那兒修行。她將事情的經過告訴王承祖後，他決定成為她的弟子，實踐佛道，於是妙音為他授三皈、五戒。兩名獄卒回到家鄉，將這件事傳開來，後來雙方父母、太守和其他十八人決定一同尋訪妙音，尊之為「大仙」——這正是妙善公主的稱號。這群人聽她開示佛法，並齊聲誦念佛號。最後，時值某年正月初三，妙音在光天化日下生天，成為救苦救難的白衣大士。

　　還有另一部寶卷以白衣送子觀音爲主，稱爲「老母」。第十一章將介紹觀音這種新化身，深入探討。

　　我已提到白衣觀音像與水月觀音像極爲類似，假如我們以這兩者有紀年的作品做爲根據，就會發現這兩種造像似乎出現在同一時期，雖然相關的文獻資料顯示水月觀音創作的年代較早。有趣的是，儘管根據日本求法僧的記載，唐代中國水月觀音信仰盛極一時，但鮮有跡象證明這種信仰在唐代以後仍持續流行，在感應故事、寶卷、朝山聖地或民間宗教的印刷品中，沒有任何有關水月觀音像的描述。

　　另一方面，白衣觀音則無所不在。她不僅融合了水月觀音像，而且逐漸發展爲一種新造像——送子觀音。此外，隨著普陀山在明代成爲著名的朝山聖地，白衣觀音也被認定爲「南海觀音」（詳見第十章），「巴黎國家圖書館」中有兩首白衣觀音讚（Chinois 5865）充分顯示這一點。這兩首詩皆未標註日期，但因爲附於明代廣爲流傳的《高王觀音經》中，因此這兩首讚頌可能是那時期的作品。第一首題爲〈觀音示現〉，內容如下：

　　　　志心皈命禮，海岸孤絕處，
　　　　普陀落伽山，正法明王聖觀自在。
　　　　法凝翠黛，唇豔朱紅，臉透丹霞，眉彎初月。……
　　　　皎素衣而目煥重瞳，坐青蓮而身嚴百福。
　　　　響接危苦，聲察求哀，似月現於九霄，如星分于眾水。……
　　　　聖白衣觀自在菩薩摩訶薩。

第二首題名十分奇特——〈白衣求嗣塔禮〉：

　　　　志心皈命禮，海中湧出普陀山，觀音菩薩在其間。

三根紫竹為伴侶，一枝楊柳灑塵凡。

鸚鵡含花來供養，龍女獻寶寶千般。

腳踏蓮花千朵現，手持楊柳度眾生。

大悲大願大聖大慈，

禮白衣重包感應觀世音菩薩摩訶薩。

如第三章所述，頌讚白衣觀音為送子觀音的本土佛經中所附的感應故事，時常出現「白衣重包」一詞。「白衣重包」意指嬰兒出生時，身上仍然裹著白色的胎膜，因此稱為「白衣重包」，也意味著這嬰兒是白衣觀音賜予的禮物。有趣的是，在這首讚頌中，將「白衣重包」一詞變為實體，做為一尊神，受人禮敬。

本章探討感應故事和寺志中，示現於虔誠信徒異象經驗或夢境中不可思議的神祕人物「白衣人」，如何呈現為獨特的白衣觀音，也就是中國藝術家創造的第一尊明確的女性觀音像。我主張中國觀音新造像的創作與中國佛教及佛教藝術的地方性特色有關，這些新聖像也與佛教義理、儀式和祈願禮敬息息相關。事實上，比白衣觀音更早出現且做為其原型的本土造像──水月觀音，是個很好的例子，充分說明上述兩個觀點。白衣觀音促使明清時期出現一種繁衍子嗣的信仰，在有關白衣觀音的本土經典、儀式和感應故事紛紛出現的情況下，一般大眾開始稱之為「送子觀音」。因此，Avalokiteśvara 在中國轉變為女性的過程，與這位菩薩的本土化和在地化密不可分。

隨著十世紀白衣觀音的創作，觀音菩薩呈現中國女性化的外貌。經過一段時間之後，「魚籃觀音」（或「馬郎婦觀音」）、「南海觀音」和「觀音老母」等新的女性觀音像也出現於其他各地，然後這些新造像就如同水月觀音和白衣觀音，逐漸名聞全國。第

十、十一章將討論這些觀音造像的故事，現在我想把重點放在觀音本土化的另一項個案研究，因此以下兩章呈現的是《千手經》這部密教經典讚頌的千手觀音，如何先後透過一種儀式和一項傳說而本土化。

第七章

大悲懺儀與千手千眼觀音
在宋代的本土化

　　1996 年 1 月，我在台北時曾參加「大悲懺法會」，那次法會由農禪寺舉辦，也就是聖嚴法師擔任住持的寺院。或許是因為那天是星期五下午，參加法會的五百多名信眾大多是女性，年齡層從十幾歲到六十歲出頭不等，有些人還帶著小孩一起參加。儘管在場的男眾顯然只占少數，還不到一百人，但在年齡上似乎較為一致，大多是二十歲到四十幾歲左右，看來似乎是大學生與社會人士。法會從下午兩點到四點，歷時約兩小時。根據農禪寺與位於市中心的安和分院所排定的行事曆，這兩個地點平均每月各舉行一次大悲懺法會。通常為了方便信眾參與，法會舉辦的時間也可能稍做更動，有時排在下午，有時則在晚上，同時也會選在星期一至星期五其中一天或週末舉行。我曾詢問聖嚴法師為何經常舉辦這項拜懺儀式，他的回答是：「這是因為中國人與觀音特別有緣。」當然，大悲懺的盛行不限於農禪寺與其分院，台灣、香港、中國大陸及海外華人社區的寺院都經常定期舉辦這項法會。

　　我參加的那場法會由一位稱為「懺主」的法師主持，在懺主法師及其助手的帶領下，法會會眾唱誦摘錄自《千手千眼廣大圓

滿無礙大悲心陀羅尼經》（簡稱《千手經》）的部分經文，這部經由伽梵達摩譯於 650 至 660 年間（詳見第二章）。整個法會經過精心安排，是一次令人感動的經驗，悠揚的梵唄中不時出現輕快而抑揚頓挫的唱誦，法會進行的兩小時中經常有大量的全身運動，會眾站立、問訊、禮拜，有時一次長跪達十分鐘之久。最精采的是持誦〈大悲咒〉二十一遍及懺悔罪障。

台灣和其他地區舉行的大悲懺使用清代（1644—1912）的懺本，這個版本是根據北宋知禮（960—1028）創制、篇幅較長且較繁複的《千手眼大悲心咒行法》❶，鐮田茂雄於 1973 年也曾在香港觀察到以相同程序進行的大悲懺法會。宋代以前，知禮尚未編寫這部懺儀時，〈大悲咒〉已廣為流傳，各行各業的人為了不同目的持誦此咒，但通常它似乎只是一種神咒而已；為此咒的持誦安排一整套儀式，同時賦予它救世和制度化基礎的是知禮。從此以後，人們必須前往寺院參加在僧人指導下進行的禮懺儀式，以確保〈大悲咒〉帶來精神與物質上的雙重利益。這也難怪清代重編而沿用至今的懺本，將知禮的名字列在諸佛菩薩名號之後，一同受人禮敬。

相較於知禮的原作，現行的懺本簡化了許多。今本一開始先三稱「南無大悲觀世音菩薩」，接著是一段香讚，然後會眾念一段白文，解釋舉行大悲懺儀的原由。這段文字直接引自知禮的懺本（請注意這段白文宣稱觀音是往昔的一尊佛）：

> 南無過去正法明如來，現前觀世音菩薩，成妙功德，具大慈悲，於一身心，現千手眼，照見法界，護持眾生，令發廣大道心，教持圓滿神咒，永離惡道，得生佛前。無間重愆，纏身惡疾，莫能救濟，悉使消除。三昧辯才，現生求願，皆令果遂，決定無疑。能使速獲三乘，早登佛地。威神之力，

歎莫能窮。故我一心，歸命頂禮。

接著頂禮釋迦牟尼佛、阿彌陀佛、正法明如來、〈大悲咒〉、千手千眼觀世音菩薩、大勢至菩薩、彌勒菩薩、文殊菩薩、普賢菩薩和其他諸大菩薩，以及摩訶迦葉等無量無數大聲聞僧。每稱念一名號，大眾便頂禮一拜，知禮的名字也包括在內。接下來，稱念禮拜護世四王、江海神、河沼神、藥草樹林神、山神、地神、宮殿神、舍宅神等。頂禮完畢後開始唱誦《千手經》的精華部分：

> 經云：若有比丘、比丘尼、優婆塞、優婆夷、童男、童女，欲誦持者，於諸眾生，起慈悲心，先當從我發如是願：
> 南無大悲觀世音！願我速知一切法；
> 南無大悲觀世音！願我早得智慧眼；
> 南無大悲觀世音！願我速度一切眾；
> 南無大悲觀世音！願我早得善方便；
> 南無大悲觀世音！願我速乘般若船；
> 南無大悲觀世音！願我早得越苦海；
> 南無大悲觀世音！願我速得戒定道；
> 南無大悲觀世音！願我早登涅槃山；
> 南無大悲觀世音！願我速會無為舍；
> 南無大悲觀世音！願我早同法性身；
> 我若向刀山，刀山自摧折；
> 我若向火湯，火湯自枯竭；
> 我若向地獄，地獄自消滅；
> 我若向餓鬼，餓鬼自飽滿；
> 我若向修羅，惡心自調伏；
> 我若向畜生，自得大智慧。

隨後大眾稱念觀世音菩薩、阿彌陀佛名號各十遍，後接另一段經文：

> 觀世音菩薩白佛言：「世尊！若諸眾生，誦持大悲神咒，墮三惡道者，我誓不成正覺；誦持大悲神咒，若不生諸佛國者，我誓不成正覺；誦持大悲神咒，若不得無量三昧辯才者，我誓不成正覺；誦持大悲神咒，於現在生中一切所求，若不果遂者，不得為大悲心陀羅尼也。」

而後，全體會眾持誦〈大悲咒〉二十一遍。誦畢後，大眾長跪，念誦知禮懺本中原有的懺悔文：

> 至心懺悔，比丘某甲等，與法界一切眾生，現前一心，本具千法，皆有神力，及以智明，上等佛心，下同含識。無始闇動，障此靜明，觸事昏迷，舉心縛著，平等法中，起自他想，愛見為本，身口為緣，於諸有中，無罪不造，十惡五逆，謗法謗人，破戒破齋，毀塔壞寺，偷僧祇物，汙淨梵行，侵損常住飲食財物，千佛出世，不通懺悔。如是等罪，無量無邊，捨茲形命，合墮三塗，備嬰萬苦。復於現世，眾惱交煎，或惡疾縈纏，他緣逼迫，障於道法，不得熏修。今遇大悲圓滿神咒，速能滅除如是罪障，故於今日，至心誦持，歸向觀世音菩薩及十方大師，發菩提心，修真言行，與諸眾生，發露眾罪，求乞懺悔，畢竟消除。唯願大悲觀世音菩薩摩訶薩，千手護持，千眼照見，令我等內外障緣寂滅，自他行願圓成，開本見知，制諸魔外，三業精進，修淨土因，至捨此身，更無他趣，決定得生阿彌陀佛極樂世界。

　　懺悔之後，大眾皈依、禮敬三寶。儀式結束前，再次稱念釋迦牟尼佛、阿彌陀佛、千光王靜住佛、〈大悲咒〉、千手千眼觀世音菩薩、大勢至菩薩和總持王菩薩。

　　當我緊跟著儀式的進行，盡力跟上不時變換的行儀時，不禁注意到佛壇後方沿著牆壁排列著許多裝滿水的容器。這些大小不同的塑膠瓶罐都是與會信眾帶來，並打算在法會結束後帶回家的。有人告訴我，這些水因爲受到法會加持的力量而成爲有治病療效的「大悲水」——這樣的信仰可以追溯到宋代或更早以前。自清代起，念誦〈大悲咒〉及《心經》已成爲中國寺院早晚課誦的一部分，而上述的大悲懺法會也是慶祝觀音「聖誕」法會中不可或缺的一環，這種法會分別於農曆 2 月 19 日、6 月 17 日，以及 9 月 19 日三個日子舉行。〈大悲咒〉與《千手經》兩者合印的小冊子隨處可見，由此可知其受歡迎的程度，這些小冊子都是信徒發心刊印，並捐給寺院免費流通的。

　　〈大悲咒〉無疑是弘揚觀音信仰最有效的媒介之一。唐、宋兩代有許多人因念誦此咒而有感應事蹟，這些故事流傳至今。然而，令人不禁好奇追問的是，〈大悲咒〉與《千手經》究竟是出於什麼原因、透過何種方式，才得以歷久不衰？如第二章所述，在許多頌揚觀音的密教經典中宣揚的眾多同類神咒，這畢竟只是其中之一。雖然另一部《請觀音經》早先由於天台智顗（智者大師）的提倡而大受歡迎，但這種情形並未延續到宋代以後。即使在宋代以前，《請觀音經》中的三段陀羅尼也似乎不像〈大悲咒〉一樣有很多僧人持誦，更別說是一般人了。因此，儘管與知禮同時且過從甚密的遵式（963—1032）曾根據《請觀音經》制定一套懺儀，但卻沒有流傳下來。❷

　　我認爲宋代知禮之所以制定大悲懺，很可能是受到唐代以降〈大悲咒〉盛行的影響；這種懺儀一出現，又成爲宣揚〈大悲咒〉

與《千手經》的另一項重要管道。這種懺儀能夠達到這樣的效果，其根本原因在於它將這位原本純粹外來的密教神祇，置於中國的儀式中，供人禮敬。因爲知禮和遵式一樣，是天台宗的大師，他們在制定懺儀時，都嚴格遵循天台傳統的禮懺模式。這個模式最早確立於智顗的《法華三昧懺儀》中，後爲天台另一位祖師湛然（711－782）在其《法華三昧行事運想補助儀》中進一步發揮，他將所有禮懺行儀的程序分爲十科（Kamata 1973: 283; Stevenson 1987: 475-476）。知禮將〈大悲咒〉的持誦納入天台傳統的義理和儀式架構中，促使這種密教儀式本土化。

本章首先提出一些證據，證實從唐代到宋代〈大悲咒〉日益盛行，接著說明宋代熱衷密教經典的原因，最後分析知禮的懺儀。我希望證明在〈大悲咒〉這首密教神咒的本土化過程中，知禮的天台懺儀發揮了重要作用，而〈大悲咒〉又轉而促使千手千眼觀世音菩薩轉變爲中國的大悲觀音。

在宋代，千手觀音之所以能普爲世人所知，當歸功於〈大悲咒〉與以誦持〈大悲咒〉爲主的懺儀廣爲盛行。正如第八章中的論述，千手觀音的盛名轉而造成妙善公主傳說的產生，中國人因此認爲她是千手觀音的化身。

如同第二章所述，第一部密教經典《請觀音經》頗受天台諸師的青睞。天台大師智顗獨重此經，並依據此經提出四種三昧中的最後一種「非行非坐三昧」（Stevenson 1986: 50; Donner and Stevenson 1993: 275-280）。與知禮同一時代的天台大師遵式，著有一部《請觀世音菩薩消伏毒害陀羅尼三昧儀》，這個懺本是根據一部篇幅更短的文獻《請觀世音懺法》寫成的，此文獻收錄於灌頂於 605 年編纂的《國清百錄》。這種懺儀歷時七七四十九天。在《請觀世音經》中，觀世音菩薩被稱爲「大悲」，且被視爲「遊戲於五道」以救度眾生的怙主（T 20: 36b）。

有關千手千眼觀世音菩薩的各種佛經版本，全都在唐代譯出，其中以伽梵達摩和密教大師不空的譯作最爲流行，知禮所制定的大悲懺儀即以伽梵達摩譯本爲基礎。正如現今的大悲懺選擇性地保留知禮原著的一部分，知禮同樣對《千手經》有所取捨，他的懺本保留了某些經文，而將其餘悉數略過。最重要的是，由於編寫一部類似天台法華三昧懺的懺本，他將這部密教經典徹底轉化爲具有天台獨特信仰思想的懺本。

在知禮的懺本中，一開始便以《千手經》開頭的一段經文，敍述觀音教示此咒的背景：這部佛經是佛陀在普陀洛迦山觀世音宮殿所說。說明此咒的出處及神效之後，觀世音菩薩請發心持咒以慈悲一切眾生之人，隨他發十種願——這就是知禮收入懺本中的十大願，上述在台灣舉行的大悲懺中也保留這一段。

此外，知禮的懺本還包括以下一段經文：「若諸眾生，侵損常住飲食、財物，……今誦大悲神咒，即得除滅。……一切十惡、五逆、謗人、謗法、破齋、破戒、破塔、壞寺、偷僧祇物、污淨梵行，如是等一切惡業、重罪，悉皆滅盡。唯除一事，於咒生疑者，乃至小罪輕業，亦不得滅，何況重罪？」（譯註：參見 T 20: 107a）知禮用這段經文做爲懺本中「懺悔」這一科的基礎，但他並非一字不漏地引用，而且還略去下一段列舉持誦此咒可得利益的經文。

知禮懺本接著引用幾段經文，首先是包含八十四句的咒文，而後是以下的段落：

> 觀世音菩薩說此咒已，大地六變震動，天雨寶華，繽紛而下，十方諸佛悉皆歡喜，天魔外道恐怖毛豎，一切眾會皆獲果證，或得須陀洹果，或得斯陀含果，或得阿那含果，或得阿羅漢果者，或得一地、二地、三地、四地、五地，乃至十

地者，無量眾生發菩提心。爾時，大梵天王……白觀世音菩
薩言：「……惟願大士，為我說此陀羅尼形貌相狀。」……
觀世音菩薩言：「大慈悲心是，平等心是，無為心是，無染
著心是，空觀心是，恭敬心是，卑下心是，無雜亂心是，無
見取心是，無上菩提心是。當知如是等心，即是陀羅尼相貌。」
（譯註：參見 T 20: 107c-108a）

　　經文接著描述持誦此咒可得的神奇護佑，知禮的懺本則省略
這一段，但他保留經中關於如何結界的段落。《千手經》中有許
多對治各種問題或達到特定目的的方法，但知禮懺本都沒有保留
這些內容。此處同前文一樣，凡是涉及神蹟或咒術的經文，知禮
一律刪除。

　　在所有傳入中國的密教觀音像中，千手千眼觀世音菩薩最受
歡迎。製作千手千眼觀音像、僧俗二眾持誦〈大悲咒〉而得到感
應、抄錄《千手經》、在儀式中念誦「十願」等關鍵經文與〈大
悲咒〉而促使宋代知禮制定大悲懺儀──這些現象再再證實千手
千眼觀音在中國的盛行。

千手千眼觀世音菩薩成為大悲觀音

　　儘管「救苦」和「大慈大悲」在早期都曾用來形容觀音，但
自唐代傳入《千手經》後，「大悲」一詞就用以專指千手千眼觀
世音菩薩，這應歸功於唐代千手觀音信仰在中國迅速流行。在傳
入中國的密教觀音菩薩像中，千手觀音雖然較晚出現，但由於三
位密教大師致力提倡此一信仰（善無畏、金剛乘和不空均有該
經譯本），加上朝廷的護持，以致千手觀音後來居上，最後還集
其他密教觀音像的盛名於一身。萊斯哈比托（Maria Reis-Habito）

在博士論文及其他已發表的文章中，比對千手觀音密教經典的各種漢譯本，解釋爲何伽梵達摩譯本最後幾乎達到獨受推崇的地步，此後還追溯〈大悲咒〉信仰如何逐漸流行於僧俗二眾之中，並將舉行大悲懺儀的動機歸於儒家的孝道。她用以證明最後這一點的主要論據是宋代以後的資料，雖然這些資料或許確實顯示懺儀與愼終追遠信仰之間的密切關係，但宋代及宋以前的資料卻並非如此。❸如本章後文所示，知禮顯然將大悲懺儀置於道德重整和宗教復興等更爲寬廣的脈絡中。

小林太市郎曾發表一份相當具有權威的長篇論文（Kobayashi 1983），探究唐代大悲信仰的發展。他旁徵博引，運用的資料包括僧傳、碑文、畫錄（可惜大部分已失傳）、詩歌和民間傳說，並生動地說明這位剛傳入中國不久的神祇日益盛行的情形。從塑像及畫像等藝術創作顯示的證據來看，新興的大悲信仰以京城長安爲中心，但也傳至四川。每當新的譯本一問世，就會出現關於菩薩的藝術造像。❹小林認爲唐末、五代是大悲信仰的「黃金時期」，並將三位僧人的宗教熱忱視爲典型例證（1983: 85），他們以持咒、造像、自殘等獨特方式來供奉菩薩，用以表達虔誠信仰，他們可說是這些宗教行爲的最佳代表，《宋高僧傳》便載有他們的生平事蹟。第一位是知玄（809—881），四川眉州人，以博覽群經著稱，尤其精通淨土經典，亦備受李商隱和其他文人墨客崇敬。但當他被延請至長安講經說法時，卻因一口濃重的鄉音，無法令聽眾了解。於是他回到家鄉，前往大悲信仰的中心象耳山念誦〈大悲咒〉。有天晚上，他夢見一位神僧截去他的舌頭，更換一根新舌頭。隔天早上他醒來時，竟能講一口流利的長安話（T 50: 743c）。

第二位僧人神智（819—886）與知玄是同時代的人，他十二歲時即開始持誦〈大悲咒〉。二十歲出家後遍遊東南，且以大悲

水爲人治癒各種疾病，許多百姓紛紛前來求水，並稱之爲「大悲和尙」。847 至 859 年間，他來到京城長安，當時宰相裴休的女兒被鬼附身，因神智爲她持咒七日後才得以平復（T 50: 869c）。

第三位僧人道舟（863—941），朔方迴樂人，因擅長梵唄而廣爲人知。他虔誠信奉大悲觀音，故刺血畫千手千眼觀音立像。882 年，值黃巢作亂占領長安之際，道舟爲求弭平戰事，自截左前臂（自腕至肘）且燃斷臂以奉觀音。他也曾自斷左耳爲村民祈雨。由於他的虔誠，當他七十八歲圓寂時遺體並未敗壞，看來猶如入定。後來人們將其遺體塗漆保存，成全身舍利（T 50: 859b）。

隨著持咒的利益廣爲人知，刻有〈大悲咒〉的陀羅尼經幢也開始矗立，最早的經幢是 871 年僧人洪惟於長安臥龍寺所建。敦煌寫本也顯示有關這種信仰的證據，有一部只包含觀音十大願及〈大悲咒〉的《千手經》略本廣爲流傳，這個略本名爲《大悲啓請》，可能用於禮拜儀式中的唱誦。它也時常與《尊勝陀羅尼經》抄錄在一起，例如僧人惠鑾的兩個抄本就包含這兩部文獻，其中一件在 899 年完成於湖北大悲寺（S 4378），這個抄本最後有迴向偈：「願課誦功德，普及諸有情，我等與眾生，皆共成佛道。」另一件（S 2566）也有同一迴向偈：「願課誦功德，普及諸有情，我等與眾生，皆共成佛道。」惠鑾十九年間一直抄錄同樣的經文，且至誠信仰觀音，從湖北行至敦煌，以弘揚〈大悲咒〉爲己任。到了唐末，這部經和〈大悲咒〉皆流傳於僧俗二眾中。抄本的製作或做爲虔誠供養的一種方式，或由虔誠信徒委託以求功德（Reis-Habito 1993: 127-132）。

唐代時，因持誦〈大悲咒〉而產生不可思議的感應事蹟，同樣出現在短篇故事集中。例如《廣異記》收錄五則關於觀音的故事，其中之一記述〈大悲咒〉的靈驗。杜德橋（Glen Dudbridge）將這則故事摘錄如下，由於其中的主角並非僧人，可見當時一般

人也了解〈大悲咒〉的威力，且知道如何持誦：

　　李昕平時持誦〈千手千眼咒〉，因此他有能力袪除瘧鬼。
有一次當他作客遠行時，他妹妹生病死了，之後卻又復活。
她解釋說，在墓地折磨她的人認出她是李昕的妹妹，由於害
怕遭到報復，因此在李昕回家前就趕緊讓她還陽。（Dudbridge
1995: 182）

　　〈大悲咒〉具有驅鬼的威力，這是經典保證的諸多利益之一。
事實上，如下文所示，宋代大部分關於〈大悲咒〉的感應故事均
提及其驅魔的神力，不僅一般人知道如何持誦〈大悲咒〉，其中
有些人甚至還能像前述的神智和尚一樣，培養將水變為治病萬靈
丹的神奇能力。第四章探討的 1929 年出版的感應錄中，包含幾則
與〈大悲咒〉威神力有關的故事，除了第一則是關於唐代一位僧
人之外，其餘的故事都發生在宋代。僧人智益，「長沙人，姓吳。
征蠻卒也，以漁獵為業，曾得白龜，美而食之，乃遍身患瘡，潰
爛疼苦，斯須艱忍，眉鬚手足指背墮落。未即死，遂乞於安南市
中（今越南）。有僧憫而謂曰：『汝可回心念大悲真言，吾當口授。
若能精進，必致善報。』卒依其言受之，一心念誦。爾後瘡患漸殄，
手指皆生，至全復，遂削髮為僧。」（《觀世音菩薩靈感錄》I：11）
　　下一則是關於結合持咒與淨土信仰的故事：「宋學士張抗，
積善迴向，於佛前發誓，誦大悲陀羅尼十萬遍，求生淨土。年六
十餘，寢疾，一心念佛，謂家人曰：『西方淨土，只在堂前。阿
彌陀佛坐蓮華上，翁兒在金地禮佛。』（其孫翁兒三歲而亡）言訖，
念佛而逝。」（《觀世音菩薩靈感錄》II：8）
　　以下這則是關於大悲水的故事：「宋都官員外郎呂宏妻吳
氏，夫婦各齋戒清修，曉悟佛理。吳虔事觀音有靈感，每於淨

室,別置瓶罐數十,以水注滿,手持楊枝誦咒,輒見觀音放光入瓶罐中,病苦者飲水多愈。所咒水,積歲不壞,大寒不凍。世號觀音院君,有二侍女,亦修淨業,其一奉戒嚴苦,或終月不食,但日飲吳所咒觀音淨水一盞,已而忽見佛及菩薩在目前,三年,得往生焉。」(《觀世音菩薩靈感錄》II:8)

田海(Barend J. ter Haar, 1992)留意到洪邁於 1198 年編成的《夷堅志》中,有關持誦經咒與神佛名號的故事是很普遍的,合計有四十九個故事關於持咒,十二個故事關於稱念神佛之名。其中,持〈大悲咒〉的有十一個,念觀音名號的有七個。持咒以制伏惡鬼的故事有七則,持咒以治病的故事有兩則,而持名治病的故事有五則。觀音在兩則故事中化現為僧人,在其中一則故事中持錫杖和水瓶(III: 1318),而另一則故事並未描寫其外貌;他在另兩則故事中化現為白衣老婦(I: 88, 89),而其餘故事沒有提及有關觀音性別的訊息。至於從事這些宗教活動的人,在六十一則故事中,有三十四則與在家信徒有關,二十五則涉及宗教專業人士,如僧人、道士、巫師等,其餘兩則故事中的人物身分不明(ter Haar 1992: 19-20)。

到了宋代,關於〈大悲咒〉懾服邪魔、治療疾病威力的見聞似乎廣為流傳,儘管有時僧人是傳播者,但持誦此咒的作法絕不限於出家僧眾,各行各業無論男女,也似乎定期持誦〈大悲咒〉,因此命在旦夕之際,他們才能不假思索地求助此咒。與〈大悲咒〉相關的其他信念,例如大悲水治病的神效或持咒以往生淨土,也很普遍。然而,並無證據證實有人修練任何密教成就法,或運用《千手經》提及的任何密教法門,而達到修道的目標,或解決生活中的問題。〈大悲咒〉脫離經典而單獨存在,人們或許相信此咒可以有效地降妖除魔,但他們可能不知道它與觀音的關係。藉由創制懺儀而將〈大悲咒〉嵌入宗教背景,並將〈大悲咒〉、觀

音普世救度的十大願、真誠懺悔的正面影響三者永遠結合在一起的，正是知禮。在這過程中，知禮以天台解脫觀為基礎，制定儀文，藉此將這種密教納為己用，於是讓〈大悲咒〉的持誦置於天台獨特的架構中，而千手千眼觀世音菩薩也被轉化為大悲觀音。

知禮的大悲懺儀

　　根據萊斯哈比托的說法，最早明確提及念誦〈大悲咒〉做為禮懺活動的資料，出現在智覺禪師的日常行門記錄中——智覺禪師就是大家熟知的永明延壽（904—976）。《智覺禪師自行錄》由文沖編纂，他在這份文獻中列舉其師永明延壽每日所做的 108 件佛事，其中第 9 項記載：「常六時誦千手千眼大悲陀羅尼，普為一切法界眾生，懺六根所造一切障。」第 70 項也提到此咒：「初夜普為盡十方面眾生，擎爐焚香，念般若（即《般若心經》中的神咒）、大悲心陀羅尼，悉願諦了自心，圓明般若。」（HTC 111: 155b, 161a；Reis-Habito 1991:43-44）這些參考資料相當值得注意，因為它們是重要的依據，證明永明延壽是〈大悲咒〉的信受者，且他將此咒用於遍法界的普懺中。永明延壽在當地很活躍，並且在知禮十幾歲時仍在世，所以生在同一地區的知禮必定知之甚詳，既然如此，永明延壽的例子極有可能激發知禮對〈大悲咒〉的虔誠和熱忱。

　　但永明延壽並沒有制定持誦〈大悲咒〉的固定儀式，做到這一點的是知禮。是什麼動機讓知禮將天台的架構加諸於《千手經》這部密教經典呢？儘管我並未發現知禮本人對這個問題的相關敘述，但我想就我們所知當時朝廷對佛教的態度，提出可能的解釋。知禮所處的時代，正好是官方大規模贊助新譯佛經的時期。980年，宋太宗在太平興國寺興建三館供譯經之用，並於兩年後正式

設立譯經院。唐代官方譯經事業自 810 年後逐漸衰落，太宗此舉無疑是恢復唐代的先例。直到 1082 年譯經院解散前，這一百多年間譯經事業蓬勃發展，總共譯出 259 部經典，共 727 卷，數量僅次於唐譯。《大乘莊嚴寶王經》（這部經將觀音提昇為宇宙創造者，詳見第二章）的譯者天息災，是參與翻譯工作的外國僧人之一。

宋太宗也派遣中國僧人赴西域求法，十世紀的最後四十年至十一世紀前葉，中、印之間往來頻繁（Jan 1967:135; Huang 1990, 1995）。冉雲華曾指出，新譯佛經中很多都是密教經典。選擇這類經典，以及皇室對天息災和其他密教傳教僧人的恩寵，似乎引起中國僧人的反對。自唐代以來，華嚴宗、法相宗及律宗一向受到皇室護持，為了保護他們固有的利益，這些宗派的僧人可能並不樂見這種新發展（Jan 1967:136-138; 140-142）。《宋高僧傳》的作者贊寧（919—1001）也是一位律師，他親眼目睹這些發展，而在為不空所寫的傳記中感嘆後期密教法師（即與他同時代的人）才能不足，這或許間接顯露他的宗派偏見（Tsao 1990：149-151）：

　　[贊寧] 曰：傳教令輪者，東夏以金剛智為始祖，不空為二祖，慧朗為三祖，已下宗承，所損益可知也。自後岐分派別，咸曰：傳瑜伽大教。多則多矣，而少驗者何？亦猶羽嘉生應龍，應龍生鳳凰，鳳凰已降生庶鳥矣。欲無變革，其可得乎？（T 50: 714a; Tso, 149）

北宋初年天台宗和禪宗尚未盛行於宮廷中，因此不會因為皇室獨寵密教而受到威脅。儘管如此，知禮及其師兄弟遵式以頌揚觀音的密教經典為基礎，創制或擴編懺儀，這絕非偶然；他們賦

予這些密教儀軌天台的儀式架構，目的不是試圖與密教分庭抗禮，而是將密教本土化。但同時由於他們將持咒等密教修行法門深植於純粹中國佛教的環境中，促使密教在中國得以延續，因為正如若干學者所見，儘管密教在唐代及宋代初年有皇室護持，但並未廣泛深入中國社會，沒有真正得到中國知識分子或普通百姓的支持（Chou 1944—45: 246; Jan 1967: 142）。因此，倘若遵式和知禮當初不曾將某些密教要素納入他們所創制的懺儀中，那麼密教修行法門或許早已完全從中國佛教中消失了。然而，我們應該體認的要點是，他們並沒有保留密教的原貌，而是透過密教與天台教觀的結合，將密教本土化。

禮懺大師知禮

　　知禮與同時代的遵式一樣，篤信天台教理和修觀。他是浙江人，而浙江正是宋代天台佛教的中心。知禮與遵式二人是好友，他們的生平也有許多相似之處。知禮俗姓金，家住四明（今寧波），他的父母因無子嗣，便一同向佛陀祈求。後來其父夢見梵僧贈予一子，且說：「此佛子羅睺羅也。」不久，他的母親便懷孕，知禮出生時，即被命名為羅睺羅。他七歲喪母，哭泣不止，請求父親允許他出家為僧。他十五歲時受具足戒，最初專研律典，但於 979 年二十歲時，開始跟隨寶雲義通法師學習天台教觀。儘管他已出家為僧，但顯然與父親的緣分依舊深厚，就在他到寶雲座下的第二年，知禮的父親夢到知禮跪在寶雲面前，只見法師將水從瓶中注入他口中。自此以後，知禮徹底通曉天台的圓頓教理。從二十二歲起，他就時常代替師父寶雲講經。

　　984 年，遵式從天台山前來投師寶雲，知禮視他為摯友，情同手足。西元 1000 年，四明發生嚴重旱災，知禮、遵式同修金

光明懺祈雨（此懺以《金光明經》為依據而制定）❺，知禮發願若三日內不降雨，即自燃一臂供佛，結果不到三天，天降甘霖。當時太守蘇耆（987—1035）深感驚異，故命人記述這件感應事蹟，刻於石碑，流傳後世（Getz 1994: 67）。1016 年，知禮五十七歲時，誓願修持法華懺三年，並於圓滿之時焚身供養《法華經》，以期往生淨土。1017 年初，他召集弟子，並對他們說：「半偈亡軀，一句投火，聖人之心，為法如是，吾不能捐捨身命，以警發懈怠，胡足言哉？」（《四明尊者教行錄》T 46: 858a）。他與其他十位僧人共同約定，修法華懺三年，懺期圓滿即共焚。但當他準備自焚的計畫傳開後，遵式、翰林學士楊億、郡守李夷庚及駙馬都尉李遵勗等多人都懇請他打消原意。最終他與那十位僧人應眾人所請而住世，於是當法華懺圓滿之後，他們又繼續修持大悲懺三年，以代替原先焚身供養的計畫。雖然知禮在眾人勸阻下並未實現最初的誓願，但據說他還是燃三指供佛（T 46: 858c）。

知禮甘願燃臂供佛以解除旱災，後來又準備焚身供養《法華經》，這在當時顯然不是特例，而是象徵當時盛行的一種宗教狂熱，遵式也具有實踐這類苦行的決心。中國的中古時期，以自焚、自殘的方式展現個人宗教虔誠的行為很普遍，這種現象長期以來受到學者的關注（Gernet 1960; Jan 1965）。在他們兩人之前，雖然不乏僧人自焚或犧牲自己身體的一部分以供養《法華經》的例子，但就知禮和遵式而言，他們願意自我犧牲，不僅展現其宗教熱忱，也出於利益眾生的心願。當然，這是許多本生故事及譬喻文學所反映的典型菩薩行。另一個在時間和地理位置上都很接近的例證，是柳本尊（844—907）自我犧牲的崇高行誼，趙智鳳（1159—1249？）尊之為「密教五祖」。

在趙智鳳的努力傳布之下，柳本尊種種自我犧牲的苦行被刻畫於四川三處崖壁上；在安岳的毘盧洞與大足寶頂山大佛灣的兩

個地方❻，都刻有描述柳本尊自殘肢體的圖像與銘文，流傳至今。
這些圖名為「十煉圖」，描繪柳本尊在不同的年代自燃左手食指，
左足燃香，剜右眼、割左耳，且在同一年的四個不同時間將點燃
的蠟燭置於心口、五炷香捆成一束放在頭頂、截斷左臂、用蠟布
包住陽具並以火燃一天一夜，最後將點燃的香束放在雙膝。❼柳
本尊誓願解救眾生而從事上述苦行，石碑上有時也可辨識出獲救
者的姓名（《大足石刻研究》169-74; 490-492）。知禮和遵式是否
知道柳本尊這個人我們不得而知，也無法從歷史的角度證實柳本
尊的事蹟，但犧牲自我肢體與善心利益社會大眾兩者的結合仍然
相當值得注意，這也代表自宋代開始表現宗教狂熱的一種新型態。

　　從上述可知，知禮就如他的好友，也就是人稱「懺主」的遵
式，同樣篤信天台懺儀。自999年起，他將所有的時間用於禮懺
或為大眾開示說法，從未離開他的常住道場。他共舉行為期二十
一天的法華懺五次、七天的金光明懺二十次、七天的彌陀懺五十
次、四十九天的請觀音懺八次，及二十一天的大悲懺十次。除此
之外，還包括前文提及長達三年的法華懺與大悲懺。❽

　　知禮對懺儀的強烈興趣，包括大悲懺的制定，必須從他在宋
代天台宗「山家、山外」之爭中採取的教理立場來理解。知禮是
「山家派」的代表，他認為天台著名的「一念三千」是實相：以
性具的理論來看，真心與妄心無別，淨與穢不二，人人皆具。相
對於強調無明本質如幻的天台「山外派」及禪宗信徒，知禮以為
惡和不淨是實有，主張必須加以對治。所以對他而言，修持懺法
十分重要，因為他認為就勝義而言，雜染一如智慧，不能盡除，
但人們可以透過修行，予以轉化。我們在知禮制定的大悲懺中看
到，儘管人無法斷惡，但通過懺悔及觀想自身與觀音合而為一，
即可斷惡發慧——惡、善兩者皆是人人本性具有的。因此，藉由
在儀式上「扮演」觀音，人們最終可望行如菩薩。

　　1021 年，知禮六十二歲時，應眞宗皇帝之請舉行三天三夜的法華懺，以祈求國運昌盛，而在內侍總管俞源清的請求下，撰述《修懺要旨》，闡述法華三昧懺十門修持次第的旨趣。由於大悲懺仿效法華懺，要了解他對懺悔儀式的看法，這份文獻中的說明將有極大的幫助。所以，《修懺要旨》十分重要。知禮在此文中首先列舉法華懺儀的十個部分：（1）嚴淨道場；（2）清淨身器；（3）三業供養；（4）奉請三寶；（5）讚歎三寶；（6）禮三寶；（7）懺悔六根與四悔法（勸請、隨喜、迴向、發願）；（8）行道旋繞；（9）誦《法華經》；（10）坐禪與正觀實相（T 46: 868a-870b）。雖然他依智顗制定的傳統次第，但也將坐禪與正觀實相合併爲一科，因爲他堅信所有事儀皆歸於理觀。

　　《修懺要旨》一開始，就談論禮懺的意義和方法，也評述懺儀的每個部分，其中關於第七科和第十科篇幅最長。知禮依天台的模式，區分三種懺悔法，即「作法懺」、「取相懺」及「無生懺」。第一種懺法意指一切身、口作爲都要依循嚴謹的法度；第二種懺法是以定心運想，直至佛菩薩相在心中生起爲止；第三種「無生懺」最重要，知禮解釋如下：

　　　　了我心自空，罪福無主，觀業實相，見罪本源，法界圓融，真如清淨。法雖三種，行在一時，寧可闕於前前，不得虧於後後。無生最要，取相尚寬，蓋妙觀之宗，是大乘之主。滅罪如翻大地，草木皆枯；顯德如照澄江，森羅盡現。以此理觀，導於事儀，則一禮一旋，罪消塵劫，一燈一水，福等虛空。故口說六根，懺時心存三種懺法，如是標心，方堪進行法華三昧儀。（HTC 100: 905a）❾

　　知禮更詳盡地闡述儀式的第七和第十部分，即懺悔和正觀實

相。以下援引相關段落：

　　初修懺悔者，所謂發露眾罪也。何故爾耶？如草木之根，
露之則枯，覆之則茂，故善根宜覆，則眾善皆生，罪根宜露，
則眾罪皆滅。今對三寶，真實知見照我善惡之際，窮我本末
之邊，故原始要終，從微至著，悉皆發露，更不覆藏。所謂
逆順十心，通於迷悟兩派，故迷真造惡則有十心，逆涅槃流，
順生死海，始從無始無明，起愛起見，終至作一闡提❿，撥
因撥果，所以沉淪生死，無解脫期。今遇三寶勝緣，能生一
念正信，先人後己，改往修來，故起十心，逆生死流⓫，順
涅槃道，始則深信因果不亡，終則圓悟心性本寂，一一翻破
上之十心。不明前之十心，則不知修懺之法，故欲行五悔，
先運十心，故默想云云。想已當說六根罪過，然此六根懺文
非人師所撰，乃聖語親宣，是釋迦本師説，普賢大士為三昧
行者，示除障法門。蓋由洞見眾生起過之由、造罪之相，又
知諸法本來寂滅，全體靈明，無相無為，無染無礙，互攝互
具，互發互生，皆真皆如，非破非立，迷情昏動，觸事狂愚，
以菩提涅槃為煩惱生死。是以大士示懺悔法，開解脫門，令
了無明即明，知縛無縛，就茲妙理，懺此深愆。故懺眼根罪
時，即見諸佛常色；次懺耳根罪時，即聞諸佛妙音；乃至懺
悔意根，即悟刹那住處，三身一體，四德宛然。以要言之，
一切罪相無非實相，十惡、五逆、四重、八邪，皆理毒之
門，悉性染之本用。以此為能懺，即此為所觀，惑智本如，
理事一際，能障所障皆泯，能懺所懺俱忘，終日加功，終日
無作，是名無罪相懺悔，亦名大莊嚴懺悔，亦名最上第一懺
悔，以此無生理觀為懺悔主，方用有作事儀為懺悔緣。（T 46:
869a-b）

　　知禮將《法華三昧懺》的第十科，也就是最後一部分，稱爲「坐禪實相正觀法」，認爲那是整個懺儀的終極目標。他稱這一部分爲「正修」，因爲此時修行者純用「理觀」，而在此之前的各種觀想雖亦涉及「理」（以便修行者體會事、理不二，致使心志專一，無所倚著），但事修本身才是修習者當下觀照的對象。那麼，修行者如何運用理觀呢？依知禮之見，即所謂的「觀門」：

　　　所謂捨外就內，簡色取心，不假別求，他法為境，唯觀當念，現今剎那，最促最微，且近且要，何必棄茲妄念，別想真如？當觀一念識心，德量無邊，體性常住，十方諸佛，一切眾生，過現未來虛空剎土，遍攝無外，咸趣其中。如帝網之一珠，似大海之一浪，浪無別體，全水所成，水既無邊，浪亦無際；一珠雖小，影遍眾珠，眾珠之影皆入一珠，眾珠非多，一珠非少。現前一念，亦復如是，性徹三世，體遍十方，該攝不遺，出生無量。……今觀諸法即一心，一心即諸法，非一心生諸法，非一心含諸法，非前非後，無所無能。雖論諸法，法相本空，雖即一心，聖凡宛爾，即破即立，不有不無，境觀雙忘，待對斯絕，非言能議，非心可思。故強示云：不可思議微妙觀也。此觀非滅罪之邊際，能顯理之淵源。（T 46: 870a-b）

大悲懺的文本

　　現在讓我們詳細閱讀知禮的大悲懺本。知禮在序中陳述，儘管他從兒時起就能背誦〈大悲咒〉，但並不了解其持法。後來他開始修習天台教觀，在詳閱經文時（即《千手經》），發現此經有雙重功能，即藉禪修以修慧（觀慧），同時滿足實際舉辦儀式

的需求（事儀）。因此他編寫此懺本，主要供個人自修之用。依
智顗劃分的四種三昧行儀，知禮的懺儀屬於第四類「非行非坐三
昧」，或稱「隨自意三昧」。這套行儀需進行二十一天，包括十科：
一、嚴道場；二、淨三業；三、結界；四、修供養；五、請三寶
諸天；六、讚歎申誠；七、作禮；八、發願持咒；九、懺悔；十、
修觀行。知禮以《法華三昧懺》爲範本，然而這十個步驟與《法
華三昧懺》相較之下，即可看出知禮以「作禮」、「發願持咒」取
代「行道旋繞」與「誦《法華經》」。

　　如前文所述，智顗以「身行」、「觀想佛菩薩」和「觀想無
生」來區分三種懺儀，而這三種懺儀中的某些要素都爲知禮懺本
所用。我在以下節錄了知禮懺本的若干段落，以便更能清楚了解
知禮籌畫的這套行儀。除了另加方括弧 [　　]註明的部分，以下皆
直接引用自知禮的懺本原文：

　　一、嚴道場：經云，住於淨室，懸幡燃燈，香華飲食，以
用供養。百錄請觀音儀云，當嚴飾道場，香泥塗地，懸諸幡
蓋，安置佛像南向，觀音像別東向。今須安千手眼觀音像，
或四十手。如無此像，祇於六手、四手像前，或但是觀音形
貌。亦無在，更安釋迦、勢至等像無妨。行者十人已還，當
西向席地，地若卑濕，置低腳床。當日日盡力供養，若不能
辦，初日不可無施。……據此修者，須三七日爲一期。必不
可減。……

　　二、淨三業：……入道場行法（上皆法華三昧文也）縱一
日都不至穢，亦須一浴。終竟一期，專莫雜語，及一切接對
問訊等。終竟一期，依經運想，不得剎那念於世務，若便利
飲食，亦須秉護，勿令散失。事畢即入道場，不得托事延緩。
大要身論開遮，口論說默，意論止觀也。……

三、結界：行者於建首日未禮敬前，當齊修行處如法結界。經云，其結界法者，取刀，咒二十一遍，畫地為界；或取淨水，咒二十一遍，散著四方為界；或取白芥子，咒二十一遍，擲著四方為界；或以想，到處為界；或取淨灰，咒二十一遍為界；或咒五色線二十一遍，圍繞四邊為界，皆得。……

四、修供養：行者，依法結界已，至千眼像前，先敷具倚立，當念一切三寶，及法界眾生，與我身心，無二無別。諸佛已悟，眾生尚迷。我為眾生翻迷障故，禮事三寶。作是念已，口當唱言，一切恭謹，一心頂禮十方常住三寶。(一禮已，燒香散華。首者唱) 是諸眾等，各各胡跪，嚴持香華，如法供養。願此香華雲，遍滿十方界，一一諸佛土，無量香莊嚴，具足菩薩道，成就如來香。……

五、請三寶諸天：……胡跪燒香，當念三寶，雖離障清淨，而已同體慈悲，護念群品。若能三業致請，必不來而來，拔苦與樂。……一心奉請，南無本師釋迦牟尼世尊。[接著是一長列一心奉請的祈願對象，包括：阿彌陀佛、千光王靜住世尊、正法明如來（即觀音）、〈大悲咒〉以及《千手經》中提及的一切菩薩與天神。]

六、讚歎伸誠：本經無讚歎偈。……輒依經略述讚之：
南無過去正法明如來，現前觀世音菩薩。
成妙功德，具大慈悲，於一身心，現千手眼；
照見法界，護持眾生，令發廣大道心；
教持圓滿神咒，永離惡道，得生佛前；
無間重愆，纏身惡疾，莫能救濟，悉使消除；
三昧辯才，現生求願，皆令果遂，決定無疑。
能使速獲三乘，早登佛地，威神之力，歎莫能窮。
故我一心歸命頂禮。

伸述誠懇，隨其智力，如實説之。然所求之事，不可增長生死；所運之心，必須利益群品。唯在專謹，方有感通。慎勿容易。

七、作禮：行者應念三寶，體是無緣慈悲，常欲拔濟一切眾生，但為無機，不能起應。我既再三奉請，縱非目擊，冥應不虛。故須作已降之想，燒眾名香，五體投地，禮上所請三寶，唯諸天鬼神不須致禮。若至大悲心咒及觀世音菩薩，各須三禮。……

下一節「發願持咒」篇幅最長，知禮完全從天台教理的角度解釋這項修法。在此之後是「發露懺悔」，行者禮懺之後，離開壇場，退至禪座修觀，這是整個懺儀最後一部分。

我們研究知禮所寫的《千手眼大悲心咒行法》時，可以很清楚地看到，他不僅採用法華三昧懺的結構，也以整個懺儀的內容做為範本。如前文指出，知禮雖以持誦〈大悲咒〉取代法華三昧懺中「誦法華經」的部分，但他對這項儀式的詮釋架構仍深植於天台教觀並重的基礎上。知禮與他之前的兩位天台大師智顗、湛然一樣，堅持事儀與理觀的調和，同樣也強調創制一切行儀所要達成的三重懺悔法。正如在敦煌發現的《大悲啓請》和其他《千手經》的手抄節錄本，知禮的懺本也強調以十大願與持咒做為懺儀的中心要旨。不同的是，他運用高深複雜的天台教理，重新詮釋這些誓願。如此一來，這十願不再只是單純信徒所發的誓願，而是修習十乘觀法的門徑。

同樣地，對於經中以九種心說明〈大悲咒〉的「形貌相狀」，知禮也以天台特有的思想加以詮釋，藉此使「觀修九心」成為整個儀式的中心，此時每位修懺者都退出壇場，獨自修習禪觀。他以這種方式，又將〈大悲咒〉從單純的神咒轉變為悟道法

門。按照知禮的觀點，既然修行者現前一念與實相無異，而實相也包括諸佛與眾生、眞諦和垢毒，那麼行者的心念就非常重要了。再依知禮的邏輯進一步推論，如果行者憶念觀音而懺悔罪障，這等於是說垢毒的本質和智慧的本質始終是我們本身的一部分，隨著慧力的增強，垢毒之力自然會減弱。如知禮所言：「觀音即我本性」，因此我們可以充分理解爲何這種懺儀可以做爲有效轉化精神層次的手段，也可以明白知禮爲何選擇以《千手經》爲基礎來制定一套新懺儀。既然這部經在宋代已經家喻戶曉，尤其〈大悲咒〉更是如此，此時中國人信奉觀音也有六百多年之久，除了運用爲人熟知的這首神咒與眾人敬愛的菩薩做爲解脫開悟的方法，還有什麼比這更好的做法呢？但也因爲如此，知禮成功地使這部原爲密教的經典本土化。

知禮在文中明確表示，大悲懺對人人有益，無論僧人或在家人、知識分子或普通百姓。儘管他強調禪觀的重要性，但也爲無法做到的人提供方便法門，只要能深信而懇切地持誦〈大悲咒〉，他確信仍有可能超脫此生的障礙，往生淨土，提高修行境界，甚至能親見菩薩。

從目前的證據來看，顯然〈大悲咒〉在知禮所處的時代十分盛行，遵式即以深信〈大悲咒〉聞名。例如他在杭州下天竺寺興建光明懺堂時，每架設一柱、覆蓋一瓦，必定親誦〈大悲咒〉七遍。❷此外，《佛祖統紀》有兩則事例，顯示宋代初期〈大悲咒〉及大悲懺的盛行。遵式的弟子慧才（997—1083）篤信〈大悲咒〉，當他年輕時，「性識昏鈍，常持〈大悲咒〉，願學通祖道。忽於夢中見梵僧長數丈，脫袈裟與披之，呼曰：『慧才盡生記吾。』翌日臨講，豁然開悟，前後所聞，一時洞曉。未幾，首眾四座推服。……未久，退居雷峰塔下，每翹足誦大悲百八爲課，又翹足一晝夜誦彌陀號。」（T 49:215b-c）

　　至於大悲懺儀，與知禮同時代的慧舟，其事蹟可為實例。宋仁宗天聖年間（1023—1032）初期，慧舟與十位同參修習大悲懺三年。由於知禮曾在眞宗天禧四年（1020）完成長達三年的大悲懺修習，慧舟極有可能深受此事激勵，起而效尤。慧舟後來又連同十四位同參，修習普賢行法，修懺一開始，他便在佛前起誓：「倘此三昧有成，當焚軀以效供養。」行法圓滿之後，他果然依誓端坐於僧俗二眾供養的柴薪中，寧靜而安詳地燃身供佛（T 49: 216b）。

　　如今大悲懺定期舉行，念誦〈大悲咒〉也是日課的一部分，在宋代是否也是如此呢？現存年代最早的寺規，即 1103 年長蘆宗賾編纂的《禪苑清規》，並未如此記載，唯一論及大悲觀音的是《清規》第八卷「一百二十問」中的第二十一問：「千手千眼否？」這些問題是禪修者每日應該用以自我檢視的（Yü 1989：101）。第二十一問可能意指行者有必要發願依循觀音菩薩樹立的典範。❸

　　最早在元順帝至元四年（1338）由德輝（1142—1204）重新編纂刊行的《敕修百丈清規》，特別強調在一些特定場合持誦〈大悲咒〉，例如「禪宗祖師與開山歷代祖師示寂日的追悼法會、為皇帝祈福的法會（日本曹洞宗於每月十五日仍舉行這類儀式）、祈雨儀式，以及所有僧人和住持的喪禮中應念誦此咒。這部清規勸告出席儀式的在家信眾一同持誦此咒，這一點明確顯示有關〈大悲咒〉用途的知識不限於出家僧眾，也是在家居士共知的事。」（Reis-Habito 1993: 310）同樣的情形也發生在天台的僧院中，因為根據 1347 年自慶編撰的《增修教苑清規》，在上述場合亦應念誦〈大悲咒〉。此外，這部清規還包括一節「修大悲懺法」，規定如何在 4 月 20 日舉辦大悲懺（HTC 101: 751a）。從特殊場合中持誦〈大悲咒〉，演變為清代將此咒納入佛門日課——

如《禪門日誦》所示——這是漸進而合理的發展。同樣地,大悲懺法會經歷相同的演變,從偶爾舉行發展爲定期活動。

隨著〈大悲咒〉與根據此咒創制的懺儀盛行於宋代,其他文獻也相繼提及大悲觀音。雪竇重顯(980—1052)編纂的《碧巖錄》是著名的宋代公案集,其中就有一段相關內容,即第八十九則公案中的問題:「大悲菩薩用許多手眼作什麼?」(譯註:參見 T 48: 213c)另一部由萬松行秀(1156—1236 或 1166—1246)編纂的著名公案集《從容錄》,其中第五十四則公案同樣有此一問(T 48: 261b-c)。

掌中各現一隻眼的多臂觀音造像,強烈地吸引宋代的藝術家和詩人。如台北「國立故宮博物院」收藏的大悲觀音畫像(圖 7.1)和同類造形的雕塑,在宋代確實十分流行。儘管蘇舜欽(1008—1048)和蘇東坡(1036—1101)未曾親眼目睹北宋國都開封的鐵鑄大悲觀音,或另一尊位於成都的紅檀木觀音,但這兩尊觀音像卻各自成爲他們筆下的題材,如蘇東坡的〈大悲閣記〉:

> 吾將使世人左手運斤,而右手執削,目數飛雁而耳節鳴鼓,首肯旁人而足識梯級,雖有智者,有所不暇矣!而況千手異執而千目各視乎?及吾燕坐寂然,心念凝默,湛然如大明鏡,人鬼鳥獸雜陳乎吾前,色聲香味交遘乎吾體,心雖不起,而物無不接,接必有道。即千手之出,千目之運,雖未可得見,而理則見矣!(Tay 1976: 100-101)

然而,大悲懺之所以日益盛行是付出相當大的代價才換來的。正如我在本章一開始所言,如今拜懺的儀式已比知禮原來的版本縮略簡化許多,偏重於持誦咒語及部分經文(包括發願的內容),但理觀的部分卻完全刪除。除了重點轉向實用和效率,拜

圖 7.1　千手觀音，宋人繪（佚名）。台北「國立故宮博物院」提供。

懺的動機當然也產生變化。知禮原本打算以大悲懺做爲個人心靈覺醒和開悟的方法,但現在拜懺的目的已非如此,而是變爲獲得各種利益的手段,包括孝子爲已故父母祈求往生善處。但轉念一想,這樣的發展或許未必全然令人遺憾。如前文所示,知禮肯定事儀的價值,也強調現前一念最重要。即使儀式中沒有安排特定的禪修時間,誰能說參與拜懺的僧俗二眾,沒有人藉由一心專念觀音、作觀音,而在一刹那間自我轉化而成爲菩薩呢?我們能心存這樣的期望,終究得歸功於知禮的功績,因爲他制定大悲懺儀,使得來自社會各階層的中國信眾能夠與大悲觀音,也就是本土化的千手千眼觀世音菩薩,結上善緣。

隨著妙善公主傳說的出現,千手千眼觀世音菩薩的本土化終告圓滿。這項傳說的作者是一位僧人,且因一位文官而得以流傳。故事最早的版本是河南汝州知府蔣之奇根據香山寺住持所言而撰寫的(河南汝州正是香山寺大悲塔的所在地)。香山寺大悲塔內有一尊大悲觀音像,人們認爲那就是菩薩的「眞身」,也相信觀音菩薩過去曾經化現爲妙善公主,在人間示現,居住此地。記載這則故事的石刻造於 1100 年,後於 1308 年重刻,至今依然矗立在這座寺中。到西元十三世紀時,這則故事已廣爲人知,連前述的萬松行秀禪師也在他的開示中提到這個故事。❶隨著妙善公主的出生及自我犧牲,大悲觀音在中國占有一席之地,屹立不搖,完全化身爲一位中國孝女。這使得我們的研究從經典和儀式轉向地方性觀音信仰的發展,也就是下兩個章節所要探討的主題。

第八章
妙善公主與觀音的女性化

　　我小時候在中國長大，當時我經常在晚餐後聆聽外祖母講故事。她愛說的故事中，有忠臣、廉吏、孝子、貞婦、狐精、女鬼以及死而復生者的地獄遊記，其中令我最難以忘懷的是妙善公主的故事。多年後，當我在 1987 年遊歷中國各地，參訪朝山聖地時，總會詢問香客是否知道任何觀音的故事，他們除了喜歡敍述發生在他們自己或是親友身上的奇蹟以外，最常提及的，是妙善公主的故事。除了些微差異，他們說的故事內容和兒時外祖母對我所說的沒有兩樣，其內容如下：

　　妙善是妙莊王的第三個女兒，自幼好佛、持齋，且白天讀經、夜間習禪。王無子，希望從駙馬中挑選王位繼承人。到了適婚年齡，妙善卻不願結婚，不像兩位姊姊一樣順從地嫁給父王挑選的夫婿。妙莊王對妙善拒婚一事大發雷霆，施予各種嚴厲懲罰。妙善先被囚於御花園做苦工，在眾天神幫助下得以完成所有工作，於是獲准前往白雀寺接受其他考驗。其實妙莊王希望因此澆熄她求道之心，但妙善道心堅定，妙莊王一怒之下燒毀白雀寺，殺盡五百尼眾，並且以不孝罪名處決妙善。山神守護她的屍身，而她的魂魄則遊歷地府講道

說法，以救度地獄眾生。其後妙善回到陽間，前往香山修行九年，開悟成道。此時，妙莊王怪疾纏身，無藥可醫，於是妙善喬裝為托缽僧來到王宮，告訴垂危的父王，世間只有一種藥能救他：找一個從未發怒的人，以他的雙手、雙眼調製成藥。她還告訴驚異萬分的妙莊王到何處尋得此人。當妙莊王派來的差役到達香山時，妙善心甘情願獻上自己的雙手、雙眼。妙莊王服藥後大癒，然後帶著其他皇族浩浩蕩蕩前往香山朝聖，感謝救命恩人。他一見這位失去雙手、雙眼的苦行僧，立刻認出那是自己的女兒。滿心懺悔之餘，國王與所有皇族皆皈依佛教。此時妙善現其真形，即千手千眼觀音。現此神蹟後，妙善即辭世，她的舍利則奉安於特別為她建造的佛塔中。

如第二章所述，Avalokiteśvara 和所有大乘菩薩一樣，無法斷言具有任何性別特徵。雖然在印度、東南亞、西藏及中國唐代以前，這尊神祇通常被描繪成英俊莊嚴的年輕男子，然而自五代以降，觀音開始經歷一段女性化的過程；到了明代，此一轉變過程臻於成熟，觀音成為完全漢化的女神。觀音轉化為女性當然不完全是中國人的創舉，而是有確實的經典依據。根據《法華經·普門品》，觀音可以化現多達三十三種形象，以救度不同根器的眾生；這些化身中有七種是女性：比丘尼、優婆夷（在家信女）、長者妻、居士妻、宰官妻、婆羅門之妻，以及童女（T 9: 57b; Hurvitz 1976: 314-315）。

宋代開始流行的《楞嚴經》中，觀音化現為三十二身，其中六種為女性：比丘尼、優婆夷、皇后、公主、貴婦及童女（T 19: 128c-129a; Luk 1996: 137-138）。然而，觀音在中國並非僅以如此身分不明確的女性出現，事實上，這位菩薩之所以能在中國成功

地本土化及女性化，有一項關鍵因素，也就是中國人透過各種神話與傳說，設法將這位超越時空限制、超越歷史的 Avalokiteśvara（觀音菩薩），轉變爲具有不同中國姓名，且在中國歷史上若干明確時間、地點出現的觀音。只有透過這個方法，觀音才能符合中國神祇的典型，因爲在中國，不只是關聖帝君、濟公或媽祖等民間普及的神明生前是活在特定年代、地點的人物，如多年前卜德（Derk Bodde）所言，透過「神話歷史化（euhemerization）」的過程，即使是神話中的人物也會變成歷史文化的英雄，而被奉爲中國文明化過程的始祖（1961: 367-408）。不過，古希臘人間的英雄可躋身奧林匹斯山眾神之列，中國的神明卻反而被描繪成世間確實存在的人物。如韓森（Valerie Hansen, 1990）及丁荷生（Kenneth Dean, 1993）的研究所示，宋代初興的許多信仰，其信奉的新神祇都是世間凡人死後被神格化的。而若神明本來不是凡人——例如文昌君——則從宋朝開始人們就通力合作，將這類神明具體化，變爲曾經存活於世間的男女（Kleeman 1994, 1994）。就觀音而言，同樣的過程則以相反方向進行。觀音必須先變成孝女妙善，才能被奉爲中國女神。如包如廉（Julian Pas）所言，中國神明的「人性」特質是中國宗教最顯著的特色之一：「像人類一樣，神明有生日、眷屬、職業、頭銜、個性及職權。」（1991: 130）

雖然佛經並未記載菩薩的生日，觀音也不例外（因爲菩薩有別於釋迦牟尼，並非史實人物），但在中國，農曆 2 月 19 日（妙善公主的生日）卻被公認爲觀音聖誕。觀音誕辰的慶典至少在元代已經成立，因爲被列於《幻住清規》的「月進」中（這部清規是 1317 年中峰明本禪師住幻住庵時爲僧眾制定的清規）（譯註：清規內容分爲十項，「月進」是第二項，相當於每月的行事曆），文中明定當日應供奉鮮花、蠟燭、燃香、茶水、鮮果、珍餚，且須宣疏，就像紀念佛涅槃日一樣（HTC 111: 974a）。這是最早的文獻

記載。正如所有中國神明的生日，這一天一向是觀音信徒最重要的節日，這即是觀音中國化強而有力的例證。另一項類似的例證是一段時間後，浙江外海的普陀島被認定爲傳說中的普陀洛迦山，即《華嚴經》及其他密教經典提及的超越時空之域。這座原本偏遠荒蕪的孤島變成全國及全世界的朝聖中心，同時也促使南海觀音信仰的興起（詳見第九、十章）。

觀音在中國化現的各種女像中，人們最熟悉的是妙善代表的貞潔孝女。如杜德橋（Glen Dudbridge 1978）所論，妙善傳說的核心可溯至一篇題爲〈大悲菩薩傳〉的石刻銘文，此文爲蔣之奇（1031—1104）所作，他於 1099 年任河南汝州知府，成爲香山寺方丈懷晝的好友——香山寺位於嵩山南方兩百里、河南汝州寶豐縣東南數哩處。緊鄰香山寺的是大悲觀音塔，裡面供奉一座千手千眼觀音像。

如前一章所述，「大悲」一詞特指千手千眼觀音像。唐朝時隨著密教觀音像的傳入，此類造像變得十分普及，其中有許多宣稱源於聖蹟，意即這些像都是菩薩親造。《畫品》的作者李薦（1059—1109）形容香山寺的觀音像「乃大悲化身自作」。他將此尊與過去見過的另外兩尊相比，其一爲唐代大中年間（847—859）名畫家范瓊所畫的三十六臂觀音，像高不及一呎，另一件則位於襄陽（今湖北）東津天仙寺，亦「大悲化身自作」。天仙寺爲一尼庵，唐武德年間（618—628），寺中的比丘尼希望在大殿壁上繪製大悲觀音像，故尋求技藝精良的畫師，後來有一對夫婦帶著一名少女前來應徵，而實際繪製這幅畫的這位少女顯然是觀音的化身（Dudbridge 1978: 16; Stein 1986: 46; Tsukamoto 1955: 269）。台北「國立故宮博物院」收藏的一幅四十二臂觀音像爲范瓊所作，並附一段銘文說明此畫作於 850 年四川成都的聖興寺（圖 8.1）。

不過，香山是一個特殊的例子，因爲觀音不只在此處創作聖

圖 8.1　千手觀音，850 年，范瓊作。台北「國立故宮博物院」提供。

像，並且化身爲人，居住該地。杜德橋說得有道理，他主張這種信仰在 1100 年因地方官和寺院方丈的共同努力而興起，如第九章所示，這樣的模式也經常出現於其他朝聖中心的建立過程中。1100 年，蔣之奇根據方丈懷書所述，作〈大悲菩薩傳〉，由名書法家蔡京（1046—1126）書寫，而後刻於石碑上。到了十二世紀初，香山顯然已成爲香火鼎盛的朝聖中心。

　　蔣之奇並未久留汝州，到任後不及三年，他就在 1102 年 11 月至 1103 年 10 月間轉任杭州知府。如杜德橋所論，蔣之奇很有可能將這個故事從河南傳入杭州。在另一處觀音朝山聖地上天竺寺中，曾立有一塊兩片合成的石碑，上面可能寫著〈重刻大悲傳〉（碑文的前半部已毀損，現存的拓本中這部分已失傳）。此碑立於 1104 年，重述觀音的化身——妙善公主的故事（Dudbridge 1982: 591-593）。如第六章中所述，上天竺寺早在蔣之奇到達杭州前一百多年，即十世紀時，已經是重要的觀音朝聖中心。當時杭州可能沒人知道這故事，可是一傳入此地，就與上天竺寺產生密切的關聯，因爲《香山寶卷》詳載的妙善故事廣爲流傳，據說這個版本就是該寺僧人普明得到啓示而寫的。這個故事深植於上天竺寺，或許正是因爲該寺供奉的觀音已被認定爲女性。在 1138 年開封落入金人之手，而杭州成爲南宋首都之際，香山就沒落了，於是杭州上天竺寺無疑成爲全國觀音信仰的朝聖中心，直到幾世紀後普陀山才出現，與上天竺寺分庭抗禮。

　　雖然宋代已流傳妙善的傳說，但在明、清時期這個傳說才經由數種不同的文類得以進一步傳述、發展。明代小說《南海觀音全傳》、明傳奇戲曲《香山記》，以及以此爲依據的京劇《大香山》和清代新興教派經典《觀音濟度本願眞經》，皆改寫自《香山寶卷》。現存最早的《香山寶卷》版本自乾隆年間開始流通，附有 1773 年的序，文中另有一篇 1103 年所作的序，作者爲上天竺寺

的僧人普明，但除此之外，普明是何許人也，則不得而知。❶即使這篇序為偽作，《香山寶卷》可確定成於明代以前，因為這個書名早在 1550 年間就已被引用。

　　對中國宗教的研究者而言，這個故事對中國人，尤其是女性，產生強大吸引力的現象，非常值得注意。如第四章所述，描述、記載、傳誦觀音感應故事，始終是觀音信仰中歷久不變的特色之一。妙善的故事無疑是一則感應故事，但有兩項主要差異：第一，在其他感應故事中，觀音只是暫時出現於信徒的異象或夢境中；在妙善的傳說中，觀音卻被認為化身成一個有血有肉的女性，在人世間度過一生。另一項差異是，之前探討的感應故事，大多以不同方式印證經典中（以《法華經》為主）關於觀音濟度神力的保證，相對地，妙善的故事卻呈現千手千眼觀音的「傳記」。這個故事的高潮，出現在失去雙眼、雙手的少女變為千手千眼觀音。如前一章所論，這種名為「大悲」的密教觀音像，在唐代已非常流行，至宋代時，透過新造像與儀式的弘揚，盛行的程度更是有過之而無不及。妙善故事誕生於此時代，正是大悲信仰流行的另一項明證。

　　本章將比較這個故事保存於石碑的最早版本，以及較晚出自《香山寶卷》和以《香山寶卷》為依據的其他版本。在討論這個故事的演進中，我想探討以下幾個問題：為何菩薩轉化為女性？為何公主名為「妙善」？為何妙善選擇獻出自己的身體器官以救父親？這種行為在佛教或中國傳統中有無先例？妙善和修道成仙的女道士之間有無相似之處？若有，相似處為何？最後，對中國女性而言，這個故事具有什麼意義？妙善是否成為提昇中國女性自主權的源頭？

出自石刻的最早版本

杜德橋（1978）已縝密地追溯妙善公主傳說的來源與演進。
最早的文獻出自一篇石刻銘文，為蔣之奇依據香山寺方丈懷晝所
示的文本所作。這份文本的流傳過程甚為複雜，據方丈所稱，這
是來自陝西長安城外終南山的一位朝山僧人參訪香山寺時帶來
的；而根據這位不知名的朝聖者所言，原作者乃同樣來自終南山
的著名律師道宣（596—667），他因天神告知而寫下這個故事。
西元 1100 年 5 月，蔣之奇批評其文粗鄙，應懷晝之請同意潤飾
重作。同年，宰相書法家蔡京抄寫此文並刻於碑上。如前文所述，
蔣之奇轉任杭州時，將這個故事傳入該地，四年後刻有相同故事
之石碑即立於上天竺寺。儘管這個傳說宣稱起源甚早，且頗為神
奇，但杜德橋的論證很有道理，他主張十二世紀初這個故事的流
傳和香山寺日益成為著名的地區性朝山重地有密切的關聯。選擇
道宣做為故事的來源亦是恰當的安排，如第三、四章所論，道宣
篤信感應故事，而且大力宣揚，他不僅大力宣揚孫敬德夢中得授
《高王觀音經》這部中國本土經典的故事，也編撰《集神州三寶
感通錄》一書。

而更切近目前探討主題的是，他還著有《道宣律師感通錄》
一書，記載他與天人針對中國神異像、舍利、聖地等問題的一連
串問答。一般相信妙善的故事是天神對道宣講述的，與《道宣律
師感通錄》的模式相仿。不論故事真正的作者是誰，或真如碑文
所言是道宣的弟子義常，或其實是方丈懷晝，此人必定非常熟悉
這本書，因而將妙善故事的起源歸於道宣。

由於杜德橋研究的啟發，賴瑞和（1980）開始調查這份碑文
的下落。他首先檢視目前諸金石集中現存的三個杭州碑文拓本，
並指出它們只涵蓋故事的後半段。他也證明著名書畫家趙孟頫
（1254—1322）之妻管道昇（1262—1319）於 1306 年所作的〈觀

世音菩薩傳略〉（今保存於碑文拓本中），亦是改寫自最早的這篇碑文。然而因為地方志《寶豐縣志》中沒有記載香山石刻文本，加上現存上天竺寺三拓本中只有碑文後半段，長久以來原本的碑文和完整的內容如何，依然成謎。杜德橋（1982）判斷，杭州的拓本來自石碑的第二片，而第一片若非已毀，就是遺失，他也無法肯定香山石碑是否還存在。

如今這個謎已被解開。1993 年賴瑞和親訪香山寺，見到1308 年重刻載有蔣之奇的原稿的石碑。這塊石碑既高且寬（高2.22 公尺，寬 1.46 公尺），這是由於原文甚長，有三千多字。頂端部分因文化大革命受損，後來經過修復，因此每行約有十個字毀損。石碑的後半部和保存在上天竺寺的石碑完全吻合。賴瑞和解釋石碑前半的二十四行字為何沒有流傳下來：原來是因為這塊石碑很寬，實際上是一般石碑的兩倍寬，所以必得要兩大張紙才能拓印，因而有可能拓本的前半段在早期就被錯置，或甚至遺失了，因此至今不為學者所知（Lai 1993）。

杜德橋（1982）早已英譯碑文的後半段，並且比對較晚兩份文獻裡出現的相同故事。第一份是《隆興佛教編年通論》，這是一部中國佛教編年史，紀年自 64 至 957 年，為隆興府（今南昌）祖琇和尚於 1164 年撰述。另一份是《金剛科儀》，這是沙門覺璉彙集《金剛經》諸註釋的通俗註解本，內含一篇 1551 年的序文。由於發現了完整的香山石碑，我們現在較能肯定祖琇、覺璉兩人都讀過蔣之奇的原作，因為他們的著作中有幾處用語和香山石碑一模一樣，儘管較原文簡略。因此，我們應可確定 1100 年蔣之奇所作的〈大悲菩薩傳〉是後來所有同類作品的源頭。

蔣之奇所作碑文中敘述的傳說極為重要。這個故事將妙善公主當成遍及整個佛教的觀音菩薩，藉此讓原本不屬於任何地方、只出現在神話中的菩薩，變成一個在河南出生、死亡的真實女性。

同時，它也使華中香山這個眞實的地點成爲一處聖地。如杜德橋所說，妙善傳說出現後，自明代開始，戲曲、小說、以及最重要的《香山寶卷》，使這個故事流傳得更廣。最後，中國社會各階層及男女兩性，主要是透過故事中這位意志堅強、勇敢拒婚的孝女，而開始認識觀音。

這塊石碑題爲〈大悲菩薩傳〉❷，全文見〈附錄一〉。

故事分析

女主角的性別與姓名

妙善傳奇最早的版本中，有幾個重點十分引人注目。本節首先探討妙善的性別與姓名。這個故事平鋪直敍地指出：觀音是一位少女。雖然有些經典宣稱菩薩可能化現女身，但在此之前，觀音皆化現爲僧人。在 1100 年之前，是否有任何跡象顯示觀音化現爲女身？觀音何時化現女身？此外，在史料中，觀音名號和女性產生關聯最早始於何時？

所幸從事考證的中國學者一向對追溯觀音性別轉變的起源深感興趣。趙奕（1727—1814）和俞正燮（1775—1850）兩位清代學者找到了幾筆資料，顯示觀音化現女身救度某人，或現實生活中人稱觀音的婦女。他們引用的第一個例子出自《法苑珠林》，記載觀音於 479 年化現爲女子，解救獄中的彭子喬，解開他的鐐銙（T 53: 484c）。他們又從較早編撰的北齊與南北朝史書中引用另一則史實（《北齊書》33: 7b；《北史》90: 5b；《南史》12: 9a），指出觀音化現爲女子，醫救荒淫而致憔悴的北齊武成帝（561—565 在位）。

至於現實生活中人稱觀音的女性，實例之一是陳朝的末代皇

后沈后，她於 617 年成爲比丘尼，法號「觀音」。最後他們引用楊休烈（737 在世）的例子，他曾爲一位悟性甚高的比丘尼作墓誌銘，文中提及她被當時的人稱爲「觀音」（《全唐文》396: 20a; Chao 34: 739; Yü 15: 571）。他們所引的實例，皆爲單一事件，有時還有所曲解❸，但應該是用以證明早在五世紀時，已有觀音化爲女身之例，如此一來便駁斥明朝學者胡應麟認爲觀音性別轉換始於元代的主張。

「觀音」這個尊稱不只用於比丘尼，顯然也可指稱道教的女仙。王奉仙（約 835—885）是一位重要的道教女仙，生平載於晚唐道士杜光庭（850—933）彙集的道教女仙傳《墉城集仙錄》，這部著作大約完成於 910 年。❹自她開始修行之後，「不食歲餘，肌膚豐瑩，潔若冰雪，蟬首蟻領，皓質明眸，貌若天人，智辯明晤。江左之人稱之觀音焉。」（Tu 1976, 38: 30344 b）

另一個令人好奇的問題是，公主爲何名爲妙善？根據杜德橋的解釋，這個名號或稱謂出現於種種佛教文獻，有時是一位菩薩的名號，即妙善菩薩（T 16: 154a; T 25: 443b; T 53: 283a; T 54: 1077b)。事實上，據《隋書》記載（69: 1608），602 年王劭面奏高祖，稱剛過世的文獻皇后爲「妙善菩薩」，並暗示她已升天（Dudbridge 1978: 78）。因爲這種祥瑞的意涵，有時「妙善」也做爲比丘尼的法號。例如宋太宗（976—996 在位）的明德皇后，其父李處耘（914—960）僱胡希聖爲保母。李處耘辭世後，胡希聖削髮爲尼，在京城相當活躍，宋太宗賜號「妙善」，而京師望族袁溥爲她捨宅建寺，得太宗御賜匾額，上題「妙覺禪院」，令此寺成爲十方叢林，命妙善爲住持。後於宋仁宗（1023—1063 在位）時，賜改院名爲「護國禪院」，並應妙善之請加蓋一座佛塔。

西元 1028 年，大安佛塔建成之時，皇帝特敕史臣夏竦（984—1050）作長篇碑銘以紀念此事，此文盛讚妙善及其弟子道堅兩位

住持籌辦建塔之功（Huang 1995: 106）。這項工程耗時二十年，王公貴族與官吏均鼎力相助。既然這座佛寺與石碑坐落於首都開封，在當時的社會必定相當有名。有位著名的比丘尼，號稱「妙音」，而非妙善（妙音是傳說中妙善的姊姊之一），1068 至 1077年間至五台山朝聖的日本僧人成尋曾記載她的事蹟。根據成尋的參訪記，有位天台比丘尼法貴，是崇德院的住持，享有盛名與財富，得到皇帝御賜的紫袈裟以及「妙音大師」的榮銜（Seijin 200, 251）。妙音、妙善兩位比丘尼在世的年代在蔣之奇刻寫碑文之前，其間相距不到一百年，當時或年代相近的著名女性修行者之名，或許也是創作靈感的來源，因此我們應該謹記這兩個事例。

但是當我們追問這兩位比丘尼為何有此稱號時，其實是將問題進一步往回推演。妙音、妙善這兩個名字的起源，或許終究可溯及佛教經典。杜德橋曾指出，妙善傳說中幾乎所有主要角色的名字皆出自《法華經》，例如第 27 品主要敘述「妙莊嚴王」及王后「淨德夫人」，妙善傳說中的「莊王」（後來的版本中亦稱妙莊王）與「寶德皇后」可能即源於這兩個人物。《法華經》中的妙莊嚴王和妙善公主的父王一樣，對佛教懷有敵意，但因受到兩個孝順兒子的感化而皈依佛教。這兩位王子後來轉世為藥王菩薩、藥上菩薩，而藥王菩薩又是《法華經》第 23 品的主角，他曾經燃臂供養安奉於佛塔的佛舍利。

至於妙善公主兩位姊姊的名字，妙顏與妙音，也確實可在經典中找其世系源流。妙顏是一位八歲沙彌的名字，他曾在阿育王宮中婉拒王后慈愛的擁抱，而後對王后及五百名宮女宣說佛法（T 53: 159b-c）。妙音則是《法華經》第 24 品的主要人物，如同著名的〈普門品〉（第 25 品）中的觀音，妙音也是普世的救度者，可現多達三十二種應化身，以說法救度眾生。或許更切近妙善傳說的是以下這段經文：「乃至於王後宮，變為女身而說是經。」（T 9:

56a）在追溯傳說內容個別組成因素的經典依據後，杜德橋適切地總結：

　　我們可以推測這個故事的創作過程就像一個「大熔爐」，在這過程中，出自《法華經》與其他傳統的名字及主題，加上描述當地情況的實際記載，融合成一個新的故事。在這個創新的故事中，妙莊嚴王[妙莊王]的名字及修道歷程本質上仍然維持不變，而其餘的名字及主題則以他為中心而開展，其間不免犧牲了某些人物原有的獨特身分，這個融合過程因而順利完成。故事作者從《法華經》借用「妙音」，且從其他文獻取用「妙顏」、「妙善」等名字，藉此設法組成一個「中國」式的「妙」氏家族(雖然運用了杜撰的文字學)。他又讓故事中的菩薩犧牲自己的雙手、雙眼，使得她最後能夠化身為香山著名的大悲觀音像。(Dudbridge 1978: 78-79)

　　妙善傳奇的作者的確為中國信眾正確地挑出《法華經》中的核心人物及主題。在宋代，《法華經》的木版印刷十分盛行，有一部刻於 1160 年左右的木刻本（比香山石碑晚六十年）收藏於「賽克勒博物館」（Arthur M. Sackler Museum），卷首左下角刊刻一段銘文，即道宣所作的〈妙法蓮華經弘傳序〉，還包含了八行四字偈：

　　藥王藥上，妙莊嚴王。
　　三車火宅，不輕菩薩。
　　妙音出東，普賢出東。
　　藥王燃臂，觀音密應。❺

　　這段簡潔的法華概要生動地展現一位學識淵博的佛教僧人心目中《法華經》的精華所在，難怪妙善傳說自經中摘取的正是這些精華。正如第三章探討的本土經典，這個傳說結合了佛經中的核心要素與當地人士關切的新議題。雖然杜德橋稱之爲「熔爐」，我卻稱爲「重新包裝」或新瓶裝舊酒。

　　雖然現在我們已經知道這個傳說的主要元素可以溯及佛經，但仍然有個重要問題尚待解決：讓原本信奉外道的國王皈依佛教的孝子，爲什麼被這個傳說的作者改變性別？爲什麼主角變成一個女兒，而非原來故事中的兩個兒子？同樣令人疑惑的是，爲什麼作者不乾脆沿用《法華經》本有的「妙音」這個名字，反而使用此經中不曾出現的「妙善」？我們已經知道「妙善」這個名字被用作菩薩或比丘尼的法名，但是妙善公主從來不曾出家爲尼，她甚至嚴詞批評白雀寺住持惠眞與該寺住眾。雖然她不是比丘尼，卻過著嚴謹清修的生活，她自幼便持齋茹素，並研習、宣講佛法，乃至成年後還加上禪坐，行爲舉止猶如佛教大師（在《寶卷》的記載中，這點更爲顯著）。談到妙善的社會地位及志業時，我們立刻驚訝地發現，這位女主角和許多新興在家居士運動的參與者（自稱爲「道民」）在生活型態和日常活動方面頗爲相似，而關於這項運動的記載始見於十二世紀的史料中。同時，新的女性觀音像也在這個時候或更早之前開始被創作。我相信唯有將藝術上的女性觀音造像與宋代新興在家居士運動兩者一併納入考量，才能了解在這個傳說中，觀音的化身爲何是一位少女，而不是僧人。

　　探究這個學術上稱爲「白蓮教」的新興宗教運動之前，讓我們先回顧何謂「在家佛教」或「居士佛教」。列爲三寶之一的僧伽，也就是佛教教團，成員包含比丘、比丘尼、優婆塞（男性在家佛教徒）、優婆夷（女性在家佛教徒）。因此，中國佛教的歷史乃由

出家人及在家信眾共同建立。當然，佛教在家信眾在宋代之前早已存在。謝和耐（Jacques Gernet 1995）指出，敦煌發現許多在家佛教組織的遺跡，這類組織稱爲「邑」或是「社」，年代橫跨魏晉南北朝至隋唐。這些組織的活動五花八門，包括雕刻鑄造佛像、裝飾洞窟、建立道場、舉辦慶典齋會、抄寫讀誦佛經。這些組織的成員樂善好施，希望能藉由行善來培福。這類早期組織最大的特色是由僧人主導，「不但佛教的邑社普遍由僧人發起，也很少有組織沒有法師領導。」（Gernet 1995: 274）

在宋代，在家居士組織日益盛行於佛教圈中，尤其在知禮等佛教大師的領導下（Getz 1994）。這類組織可溯及慧遠的「白蓮社」，根據《佛祖統紀》，416 年，慧遠在廬山結社念佛，成員共有僧俗 123 位（T 49: 343a）。宋代在家居士組織一如他們認定的先例，主要是「念佛會」，在定期聚會中，成員共修念佛，並且將念佛功德迴向，以期早生西方極樂淨土。他們也參與慈善活動，但結社最主要的目的仍是念佛——就這一點而言，他們不同於早期的邑社。不過和早期相同的是，僧人仍在這類組織扮演領導的角色，在家居士則仰賴他們的指導。

相對地，始於十二世紀的白蓮教運動開啓居士佛教史全新的一章。由於竺沙雅章（1982, 1987）與田海（1992）新近的研究，現在我們對這個活動初期階段的了解大幅提昇。因爲後期有些叛亂團體也自稱白蓮教，以致整個運動都被斥之爲邪魔外道，這就是田海所謂由官方及正統僧人「貼標籤」、「樹立刻板印象」所造成的結果。但是在早期發展階段，即宋代乃至整個元代，白蓮教頗受推崇，且獲得政治、宗教和知識分子的支持。

白蓮教運動由在家居士茅子元（約 1086/8－1166）所創，他自稱「白蓮導師」，對其他在家居士講道，也爲共修的禮拜與儀式撰寫一些儀軌手冊。他在江蘇淀山湖創建白蓮懺堂，位於普光

王寺附近（此寺爲十一面觀音化現的神僧僧伽的信仰中心，詳見第五章）。這個運動的信徒常用「普」、「覺」這兩個代表宗派傳承的字來命名，這可能和他的訓誡有關，因爲臨終前，他交代徒眾以「普」、「覺」、「妙」、「道」四字命名，以表明自己的宗派傳承。

這些田海所謂「激進在家居士」的新型在家佛教徒，以各種不同的「本名」自稱。根據田海的解釋，這些本名一方面被他們用來做爲自我形象的要素之一，另一方面也是一種方法，讓外人用以辨認他們是一群特定的在家佛教徒。他們的本名包括「道民」、「道人」、「道者」、「道公」、「道姑」、「道女」，以及更值得注意的「白衣道者」（ter Haar 1992: 31-32; Chikusa 1982: 262-292）。他們在許多方面都類似傳統在家居士，例如他們持齋茹素，誦經念佛，致力行善，如印經、造橋鋪路、爲旅人及朝聖者供應茶水。但有一項重大的差異，那就是這些信徒無論男女，在佛道的修行上都不依賴僧團的權威與監督，不像早期在家居士仰賴出家人的領導。他們扮演僧人的角色，擔負僧人的職務——例如爲同修道友主持法會——卻同時維持原有的婚姻狀態及日常的社會地位。最顯著的是，家境富裕的信徒自行建立小型私人庵堂，做爲活動的據點。一般寺院由朝廷透過授區制度加以管制，因此這種私立的庵堂不免引起官方的疑慮。例如 1190 年朱熹任漳洲知府時，令女道士還俗，並且告誡百姓提防住在庵堂的人。不過儘管官方禁止，根據各地方志的記載，從南宋開始這些組織卻不斷增加，而在元代達到高峰，這明確反映出白蓮教的勢力。直到明朝初年時，這些庵堂才歸併於寺院（Chikusa 1982: 274-275, 1987: 1-28）。❻

因爲這些特點，田海主張：「『道民』最好被視爲一種前所未有的現象，而非念佛結社的延伸。宋代道民運動蓬勃發展，而且

顯然是社會普遍接受的團體。」（ter Haar 1992: 43）有些庵堂是特別爲了祖先冥福而建立的，因此延續唐代已出現的功德堂傳統。其他稱爲「墳寺」或「墳庵」的庵堂則建於創始者的祖先墓地附近，形成另一種新發展（Chikusa 1982: 111-143）。有時庵堂延請僧人來主持，但是在家居士仍握有掌控權。他們若非捐獻土地助建庵堂，便是庵堂的外護。在這些在家居士的宗教生活中，觀音信仰是一項顯著的特色。田海所舉的實例多半發生在元代（ter Haar 1992），儘管第一個例子已經表明這個習俗始於宋代。

陳著 (1214—1297) 是一名文官，熟識地方上一座寺院的住持，因而得知該寺從前是張寡婦的私人住宅。她是虔誠的信徒，每天讀誦《法華經》，有一次夢見從住處的一朵蓮花中生出七位僧人，於是便於 949 年捐出私宅與爲數不少的土地，讓一位出家人改建成一座小型觀音堂。後來，其他人也陸續捐地給這座庵堂（ter Haar 1992: 23）。另一位士大夫任士林（1253—1309）舉曹家祖孫三代的例子，說明虔敬如何招致吉祥。他們一家經常到當地一座供奉白衣觀音的寺廟求籤，從 1294 年前至 1308 年後，每回皆抽到上籤，也一直非常幸運。曹父供奉一尊小型觀音像，這尊觀音曾經有一次在他夢中示現。1301 至 1304 年間，曹家捐贈了數百畝地給這座寺院。另外有一位善士名叫龔有富，他與其妻陳妙靜也捐地給寺院，以示虔誠（ter Haar 1992: 25）。還有一位孫居士在歙縣（今安徽）爲母親搭建一座墳庵，邀集一些道友，並請人繪製一幅觀音像（ter Haar 1992: 42）。

安徽徽州也有一座觀音堂原本是一般住宅，但 1290 至 1307 年間，道人任普誠及弟子孫普和每月十五在此定期舉行共修，與信徒聚在一起讀誦《金剛經》。他們禮拜阿彌陀佛及觀音，並且奉茶供眾，地方官員及德高望重的僧人都支持這個團體（ter Haar 1992: 84）。根據創始者的名字，徽州修寧縣有八座庵堂可以認定

與白蓮教運動有關，因爲他們的名字有代表宗派傳承的字眼——
「覺」（兩次）、「普」（七次）、「道」（兩次）。這些庵堂建於元
代，而且都遵循家族參與、地方官員護持及觀音信仰的共通模式
（ter Haar 1992: 85）。有位福建人士陳覺堅建了一間庵堂，但後
來認爲自己的住宅更爲合適，所以在 1289 年擴建自宅，加蓋佛
堂和一間觀音亭，並安排家人住在隔壁。他的後代子孫名字中都
有白蓮教法名特有的「覺」字，這些子孫也爲自己及來到這座庵
堂的參訪者，繼續實踐他的宗教理想。這座庵堂中有一位僧人，
但只負責看管，不是眞正的住持（ter Haar 1992: 82）。另一江蘇
無錫文人謝應芳（1296—1392），修建好幾座觀音堂，舉行讀誦
《法華經》的共修會（ter Haar 1992: 92）。

　　除了建立庵堂弘揚觀音信仰之外，白蓮教信徒也參與建塔、
印經。例如 1307 年，他們贊助江夏（今湖北漢陽）一座佛塔的
建立，載於銘文的眾多功德主中，許多信女的名字裡都有白蓮教
特有的「妙」字（ter Haar 1992: 86）。他們也捐助 1315 年磧砂
延聖院《大藏經》的重刻，有記名的居士功德主中，約有半數以
上名字裡有白蓮教特有的法名，若非「覺」（十九位，其中一位
是女性），則爲「妙」（六位，其中四位是女性，ter Haar 1992:
78）。田海最後總結，認爲自十二世紀乃至整個元代，白蓮教運
動是普遍受人接納與尊重的社會現象。歐陽玄（1283—1357）、
吳澄（1249—1333）、趙孟頫等著名新儒家學者或文人皆在墓誌
銘或碑文中表達對白蓮教徒的肯定（ter Haar 1992: 89）。

　　對於女性法名常用「妙」字的現象，田海推斷這必然受到妙
善傳說的影響。「最明顯的前例當然是觀音的名字（妙善），在這
則千手千眼觀音的傳說中，妙善及兩位姊姊妙顏、妙音名字裡的
『妙』字似乎具有相同功能。之前已經提過，因爲觀音出現於妙
善公主的傳說中，所以頗受一般婦女歡迎，尤其是宗教團體的女

性成員。我們不免懷疑，觀音的性別由男變女、『妙』字廣泛做為法名，以及居士佛教廣受女性歡迎，這三者之間有某種關聯。這個習俗始於宋代，至少一直持續到清朝初年。」（ter Haar 1992: 40-41）由於田海運用的資料大部分來自南宋及元代，這項假設似乎極為可信，因為當時妙善的傳說必定已經廣為人知。

　　然而，我見到的不只「妙」字，大約十一世紀的宋朝初年，四川的女施主中也有「妙善」這個名字。四川安岳毘盧洞的開鑿是為了紀念密教祖師柳本尊，窟中目前還存有一組石刻描繪他十種自殘之舉，稱為「十煉圖」。（譯註：參見第七章）有些學者推斷這個洞窟建於宋初。因為這個石窟的盛名，所以該地泛稱為「毘盧洞」。除此之外，此地還有其他一些石窟。在4號窟銘文列舉的功德主名單中，出現五位女性的名字中含有「妙」字，而有三位女性名為「妙善」（《大足石刻研究》173）。❼就這個實例而言，我們很難論斷這是受到妙善公主傳說的影響，因為銘文的年代比這個故事的出現至少早一百年。較合理的假設是：正如前述用以指稱已逝皇后的別號、宋太宗御賜一位比丘尼的稱號、還有妙善公主的名字，這些女性功德主選擇以「妙善」為名，正反映出人們相當熟悉這個帶有祥瑞之意的佛教名字。這也說明了故事的作者為何將女主角命名為「妙善」，而非經典中常見的「妙音」。從四川這批女施主的姓名可以證明，早在妙善公主傳說誕生之前，「妙善」可能已是信女偏愛的法名，因此故事的作者採用讀者或聽眾熟悉的名字，確實是相當高明的策略。另一方面，一旦這個傳說深植人心，虔誠的信女自然寧願選取故事主角的名字做為自己的法名，就像信奉天主教或基督教的女性中，取名「瑪利」或「瑪利亞」以紀念聖母的情形非常普遍。❽

　　如前所述，我之所以將這種「激進派」居士佛教運動帶入目前的討論中，是為了提醒讀者注意在家居士和妙善生活方式的相

似處。正如那些女性居士，妙善是虔誠的修行人，但是她的確不是比丘尼，因爲她並未剃度或在寺院出家受戒。然而，如同這些新式的在家居士，她在許多方面模仿傳統的出家人，例如扮演道士、僧尼在社會、宗教上的角色，行爲舉止也和他們一模一樣。不過，妙善和這些女居士之間最大的不同是她堅決違抗父命，不願婚嫁。獨身確實是造成妙善公主與父親衝突的主因。

在這方面，妙善類似十世紀杜光庭所著《女仙傳》中的王奉仙及其他二十六位道教女仙。柯素芝（Suzanne Cahill）概述這些女仙的生平如下：杜光庭的傳記一開始敍述她們的祖籍與家庭背景，接著描述童年生活，包括特殊的宗教傾向或修行。女仙的童年由於婚嫁這項危機而告終——她必須選擇結婚或一輩子獨身，若是前者，她無法全心修道；若是後者，則不能恪盡孝道。解決婚嫁的難題後，已屆成年期的女仙繼續修行，並可能因此得到特殊的報償，如青春永駐，最後羽化登仙，留下成仙證明後，升天專司天曹之職（Cahill 2001）。

她們選擇的宗教修行或許因佛、道不同的信仰而異。舉例來說，妙善持齋清淨，王奉仙則完全禁食。然而，她們同爲努力實踐宗教使命的女性，因此往往遭遇相同的困難及障礙。正如妙善，王奉仙和其他道教女仙也拒絕婚嫁。我們無法判斷妙善傳說的作者是否知悉杜光庭的著作；就算答案是肯定的，他是否受到杜光庭作品的影響也不得而知。不過，我們無法排除這種可能性。在《香山寶卷》及《觀音濟度本願眞經》中，道教影響的痕跡歷歷可見。

妙善傳說的起源或許相當複雜，雖然佛教文獻顯然是主要依據，但也可能涉及非佛教的資料。數年前，石秀娜（Anna Seidel）所提出的佛、道相互借用關係的觀點，值得謹記在心：「豐富的佛教經典並未闡明中國佛教，反而使它更加晦澀難解，致使許理

和及司椎曼一則尋找卓越僧人摒棄的資料，即中國本土撰述的僞經文獻；一則搜尋佛教以外的文獻，特別是受佛教影響的道教典籍，以找出對中國人極具說服力、連非佛教徒也接受的佛教義理。」（1989—1990: 288-289）

　　如同唐代出現的道教神明「救苦天尊」是仿照大悲觀音像而塑造的（如 Franciscus Verellen 所示，1992: 234），妙善是否也可能有道教的前例可尋？誠如《觀音濟度本願眞經》所示，妙善是「慈航尊者」的化身——慈航尊者是觀音的道教名號。《道藏》中甚至有一部道教經典《觀音大士蓮船經》，觀音在此經中稱爲「南海觀音大士慈航普度天尊」，且指導道教內丹的修練（《道藏紀要》7: 2899-2911）。雖然這部道經沒有註明年代，序言與跋文也沒有提及著作的時間，我們應該可以確定作者是王喆 (1123—1170) 所創的「全眞教」的明代信徒。因爲作者不斷地提及「金丹大道」（意指內丹），又稱觀音爲「南海大士」，這是明代以來的作者喜愛用來指稱觀音的一個名號。

「捨身」的主題

　　妙善傳說中最精彩的部分，無疑是她自願犧牲雙眼、雙手，以救治罹患怪病、無藥可醫的父親。妙善得以化現爲千手千眼觀音，正是由於這種崇高的行徑。如前所述，自唐代開始，這種密教觀音像已非常流行，所以杜德橋（Dudbridge 1978: 11）的解釋相當合理，他說這就是故事中爲何主要描述雙手、雙眼的奉獻，而非其他身體部位，因爲有一尊千手千眼觀音像曾經矗立於香山寺（另見 Kobayashi 1954: 21: 89b, 99b; 22: 5b-6b）。可想而知，對於初次見到這種密教觀音像的中國人而言，這尊充滿異國色彩的菩薩像一定引起了相當的困惑，而妙善公主的故事，正爲這種奇特的造像提供了合理的解釋，並有助於這位菩薩的本土化。

　　在這個章節中，我打算探討「捨身」這個佛教主題與妙善救父代表的中國傳統孝道兩者之間的關係。這是一個很好的例子，說明中國文化如何轉化佛教義理，還有妙善的困境如何在這過程中得以化解。在佛教傳統中，「布施」是菩薩所行的「六波羅蜜」之一。在各種不同的布施與供養中，以自己的色身爲贈禮被視爲布施的極致。這是印度佛教敍事文學裡最重要的主題，大沼玲子（Reiko Ohnuma 1997）有專著討論這項主題。❾然而，妙善和佛教文獻中類似的菩薩之間有一項很大的差異：一般菩薩捨身是爲了餵養或是解救眾生，很少爲父母，但妙善完全是爲了救父。現在讓我們仔細探究佛教文獻中如何陳述這個重要主題。

　　關於布施波羅蜜，最具代表性的討論出現在《大智度論》。傳統上認定這部論典的作者是龍樹，而漢譯本則出自鳩摩羅什之手，但這項公認的看法已遭到若干西方佛教學者的質疑，因爲這份文獻沒有任何梵文本或藏文本流傳於世。雖然拉莫特（E. Lamotte）、瓦德（A. K. Wader），以及更晚近的林特納（Christian Lindtner）質疑將這部論典歸爲龍樹之作的傳統觀點，不過魯埃格（David Seyfort Ruegg）卻主張這可能是一部中亞或西域的著作，由鳩摩羅什和他的中國助譯人員共同漢譯而成（Lamotte 1949—80; Warder 1970; Lindtner 1982; Ruegg 1981; Robinson 1978; Ramanan 1966）。關於這個問題，目前學術界尚未達成共識。無論如何，捨身供養顯然是《大智度論》作者非常關切的主題（Ohnuma 1997: 99-101）。《大智度論》卷 11 中有一段關於六波羅蜜的長篇論述，其中將布施波羅蜜分爲「外布施」與「內布施」，且後者比前者更爲殊勝。文中解釋如下：

　　　　云何名內布施？不惜身命，施諸眾生。如本生因緣説：釋
　　　　迦文佛本為菩薩，為大國王時，世無佛、無法、無比丘僧，

是王四出求索佛法，了不能得。時有一婆羅門言：「我知佛偈，供養我者，當以與汝。」王即問言：「索何等供養？」答言：「汝能就汝身上破肉為燈炷供養我者，當以與汝。」王心念言：「今我此身危脆不淨，世世受苦，不可復數，未曾為法，今始得用，甚不惜也。」如是念已，喚旃陀羅。遍割身上，以作燈炷。而以白疊纏肉，酥油灌之，一時遍燒，舉身火燃，乃與一偈。又復釋迦文佛本作一鴿，在雪山中。時大雨雪，有一人失道，窮厄辛苦，飢寒并至，命在須臾。鴿見此人，即飛求火，為其聚薪燃之。又復以身投火，施此飢人。如是等頭、目、髓、腦給施眾生，種種本生因緣經，此中應廣說。如是等種種，是名內布施。（T 25: 143b-c）

同書卷 12 再次探討布施：

　　檀有下、中、上，從下生中，從中生上。若以飲食麤物，軟心布施，是名為下；習施轉增，能以衣服寶物布施，是為從下生中；施心轉增，無所愛惜，能以頭、目、血、肉、國、財、妻、子盡用布施，是為從中生上。……是名菩薩三種布施。（T 25: 150a-b）

「捨身」反映了這種正統的菩薩理想，成為一些佛典特別頌揚的主題。預言觀音未來將繼承阿彌陀佛的《悲華經》（詳見第二章），其中多處也闡述這個主題：經中卷 6、卷 8 描述菩薩當眾宣誓，為了利益有情眾生，願意布施一切所有，包括上述《大智度論》提及的所有事物（T 3: 205a-b; 219c）；卷 9 描述菩薩應眾生所求，布施自己的皮膚及雙眼（T 3: 224）。但這場菩薩捨身的大戲最精彩的一景出現在卷 10，此處經文記述釋迦牟尼佛在過

去劫中生爲轉輪聖王：

　　有婆羅門名曰盧志，復來從我乞其兩足。我聞是已，心生歡喜，即持利刀，自斷二足，持以施之。施已發願：「願我來世具足當得無上戒足。」有婆羅門名曰牙，復來從我乞索二目。我聞是已，心生歡喜，即挑二目，持以與之。施已發願：「願我來世當得具足無上五眼 [肉眼、天眼、慧眼、法眼、佛眼]。未久之間，有婆羅門名淨堅牢，復來從我乞索二耳。我聞是已，心生歡喜，尋自割耳，持以施之。施已發願：「願我來世當得具足無上智耳。」未久之間，有尼乾子名想，復來從我乞索男根。我聞是已，心生歡喜，尋即自割，持以施之。施已發願：「願我來世成阿耨多羅三藐三菩提，得馬藏相 [佛三十二相之一]。未久之間，復有人來，從我乞索其身血肉。我聞是已，心生歡喜，即便施之。施已發願：「願我來世具足無上金色之相。」未久之間，有婆羅門名曰蜜味，復來從我求索二手。我聞是已，心生歡喜，右手持刀，尋斷左手，作如是言：「今此右手不能自割，卿自取之。」作是施已，復發願言：「願我來世具足當得無上信手。」……[如是布施身體各部位後]，是時大臣即持我身，送著城外曠野塚間，各還所止。時有無量蚊、虻、蠅等唼食我血，狐狼、野干、鵰鷲之屬悉來噉肉。我於爾時命未斷間，心生歡喜，復作願言：「如我捨於一切自在及諸支節，乃至一念不生瞋恚及悔恨心，若我所願成就得己利者，當令此身，作大肉山，有諸飲血噉肉眾生，悉來至此，隨意飲噉。」作是願已，尋有眾生悉來食噉。本願力故，其身轉大高千由旬，縱廣正等五百由旬。滿千歲中，以此血肉給施眾生。（T 3: 228b-c）

　　我之所以長篇大論引用這段經文，是因為它最能展現佛教中自我犧牲的理想——出自對所有眾生清淨而無分別的悲心，菩薩自然而然地採取這種極端的行動。不過，它同時也傳達另一種訊息，也就是菩薩或許可以藉由犧牲個人色身的眼、耳、足等，而獲得殊勝的法眼、法耳、法足，或其他部位。如同大沼玲子所言，有些「捨身」故事確實涉及某項測試，在這過程中，菩薩所犧牲的一切將會藉由「真理行為」（Act of Truth）（譯註：梵文為 satya-kriyā。印度自古以來相信真理具有神力，能創造奇蹟，只要人能克盡本分，圓滿無缺，並且正式宣說自己真正完成的行為，此時所發的誓願將可實現，完成常人無法想像的事蹟。真理行為的公式為：「如果我說的是實話，那麼讓某某事件發生」）再度回歸到他身上（Ohnuma 1997: 51-52）。從這個角度來看，妙善犧牲雙眼及雙手符合上述兩種情形——她不僅重獲雙眼、雙手，而且比以前更加殊勝，因為那是觀音菩薩的手、眼。

　　但是，我們不要忘記妙善並非為有情眾生而自我犧牲，而是為了救父而奉獻自己的雙手、雙眼做為藥材。佛教文獻中，有沒有任何前例做為這個故事的靈感來源呢？雖然為數甚少，但實際上確有割肉餵養雙親或是做為藥材的孝子故事。

　　孝子割肉餵親的故事有兩種不同版本，分別出現於《雜寶藏經》及《大方便佛報恩經》。在第一種版本中，國王和五位王子為惡臣所弒，唯有第六位王子因為鬼神前來警示，設法帶著妻兒逃離。不幸隨身攜帶的糧食只足以維持七日所需，他們卻在旅途中迷路，步行十天之後，耗盡所有存糧，還未抵達目的地。於是王子忍痛拔劍，欲殺其妻（以食用妻子之肉），保全父子兩人的性命。然而，他年幼的兒子懇求代母受死，還建議：「請不要讓我立即斃命，否則我身上的肉會腐敗，無法食用。最好讓我留著一口氣，有需要的時候您再每天從我身上割一片肉下來。」（T 4:

448a）第二個版本情節相同，但更詳盡，年輕的兒子請求父親每天從他身上割下三斤肉，分成三份，兩份奉養父母，一份自己食用以求一息尚存，以免身肉腐壞，不堪食用（T 3: 128b-130b）。

《大方便佛報恩經》中有許多故事，描述佛陀在過去生中的孝行。其中有一則故事是關於一位名為「忍辱」（Kṣānti）的王子，他奉獻自己的雙眼及骨髓做為藥材，以救活父親。除了主角性別不同之外，這個故事類似妙善傳說。忍辱太子的父親也罹患重病而生命垂危，要救他一命，唯有服用不曾發怒之人的骨髓及雙眼製成的藥。忍辱太子有生以來從未發怒，並願意為父王剜出雙目，擊碎骨頭以取出骨髓。太子身亡後，滿懷感恩的國王立塔安奉他的遺骨（T 3:138a-b）。忍辱太子和妙善公主一樣，從不瞋怒，這是得以做為藥材的關鍵特質。此外，這兩個故事都有需要人體某些部位做為藥材的情節，忍辱太子捨眼及骨髓，妙善公主捨手、眼；雖然因為大悲像造形的要件，妙善奉獻雙手，但那應該能夠提供所需的骨髓。兩個故事也都以建塔供養做為結束。

四川大足大佛灣寶頂山的石刻浮雕中，有《大方便佛報恩經》這兩個故事的變相與相關經文。這個重要的石窟區是南宋僧人趙智鳳為了紀念密教尊者柳本尊而開鑿的，刻於安岳毘盧洞的「十煉圖」，即頌讚柳本尊十種犧牲自己肢體的行為，也在此重刻。同一處的 15 號龕刻有「父母十恩圖」，以十種圖像描繪父母撫育子女的辛勞，以及關於不孝子女墮地獄所受的刑罰，這都出自於唐代的《報父母恩重經》，那是一部非常普及的本土佛經。數百年來，寶頂山仍然是有名的朝山聖地。雖然這些石刻比刻有妙善傳說的石碑晚了大約一百年，兩者之間有所關聯也並非全無可能。為何忍辱太子的故事會獲選納入大足教化大眾的石刻中呢？這表示佛教講經說法的人一定常常引用這個故事，認為其中傳達的孝道非常感人，令人印象深刻。妙善傳說的作者可能熟悉忍辱

太子的故事，同樣地，人們到寶頂山朝聖看到忍辱太子故事的經變時，或許也會想起妙善公主。

　　除了眼睛和骨髓外，佛教經典中有些故事也出現人肉用於醫療用途的情節，這種作法類似於中國的「割股」（詳見後文）。將人肉入藥出自兩部早期傳入中國的佛經，即三世紀支謙所譯的《佛說月明菩薩經》，以及五世紀北齊那連提耶舍所譯的《月燈三昧經》。除了前者的主角是男孩，後者是女孩，兩個故事幾乎一樣，內容如下：從前有一位國王，他是非常虔誠的佛教徒，和一位比丘十分友好。有一次這位比丘的大腿生了大惡瘡，當時國內無人能醫治，國王因此非常悲傷。後來他夢見天人告知，比丘唯有服用生人血肉才能痊癒。國王醒來後更加沮喪，因為他知道無法取得這味藥。但太子一知道這件事，就請他的父王交給他處理，不要擔憂。後來王子回到房中，取刀割下自己大腿上的肉，然後將血肉獻給比丘，他服用後果然痊癒了（T 3: 411c）。第二部經記載的故事大致相同，但有些顯著的差異。解救比丘的不是王子，而是年輕的公主。此外，夢中告知解藥的不是天人，而是已經逝世的親屬。他告訴國王，唯一能解救比丘的方法是以十六歲處女的鮮血洗滌他的惡瘡，並且取這名處女的肉，調味煮成羹湯拌飯，讓比丘食用。年方十六的公主符合這些條件，且心甘情願奉獻自己的血肉。她自己準備這碗羹湯供養比丘，而這名比丘在不知情的情況下受供（T 15: 600b-c; Des Rotours 1968: 46）。最後這一點非常重要，因為中國所有的「割股」故事都強調這個舉動必須是在病人不知情的狀況下悄悄進行。

《香山寶卷》

　　妙善傳說是藉著「寶卷」這種新興宗教說唱文學而普及的，

這種文類最早出現於十六世紀的明代（Overmyer 1976: 113）。⑩由於李世瑜（Li 1959）、澤田瑞穗（Sawada 1975）、梅維恆（Mair 1988）、歐大年（Overmyer 1976, 1985, 1999）等學者的研究，如今研究中國宗教的學者經常運用這類通俗文學，視之爲重要且資訊豐富的窗口，藉此一窺中國明清以降平常百姓的宗教生活。寶卷主要的對象是在家人，其中絕大多數是女性。謝克（Richard Shek）描述晚明寶卷的宣唱「經常出現在尼庵或寺院中，但在信徒家中舉行的頻率更高。主要宣唱者四周圍繞著信徒家中的婦孺，在搭檔或助手的協助下，應觀眾要求宣唱或是演出各種寶卷，還適時安排中場時間，讓觀眾休息、吃點心。」（Shek 1980: 161）這段敍述也適用於晚明以後。這種活動稱爲「宣卷」（朗誦寶卷），至今仍流行於中國某些區域，尤其是江、浙一帶（Chü 1992: 341）。

　　《香山寶卷》現存最早的版本現由吉岡義豐收藏，他並以縮本複印刊載（Yoshioka 1971: 129-94）。這份文獻註明刊行年代爲1773 年，刊印地點爲杭州昭慶寺⑪，卷首標題爲《觀世音菩薩本行經》，但是在對開本每頁折痕印的是人們較熟悉的標題《香山卷》。儘管《香山寶卷》現存最早版本的年代相當晚近，卻不代表這份文獻遲至十八世紀才問世。誠如杜德橋詳盡的研究顯示，有充分的證據證實最初由蔣之奇執筆、刻於香山石碑的妙善傳說，在宋元時期已廣爲僧俗二眾所知（Dudbridge 1976: 20-38）。我想進一步主張，到了十六世紀，一部題爲《香山卷》的著作已經流傳於世，而且那即使不等同於上述1773 年版的寶卷，也可能是它的早期版本。例如，袾宏在《正訛集》中專門針對《觀音香山卷》批評：

　　《觀音香山卷》中稱觀音是妙莊王女，出家成道而號觀音。

此訛也。觀音過去古佛，三十二應隨類度生；或現女身耳，
不是纔以女身修成道也。彼妙莊王，既不標何代國王，又不
說何方國土。雖勸導女人不無小補，而世僧乃有信爲修行妙
典者，是以發之。(《雲棲法彙》27，4：10a-b)。

　　這份 1773 年的版本列出四位僧人的名字，他們分別負責寫
作、弘傳、修改、及抄寫，但四人的確實身份不得而知。其中
杭州天竺寺的普明禪師據載爲編纂者，而江西廬山的寶峰禪師
則爲弘傳者。既然蔣之奇自 1102 年 11 月 23 日至 1103 年 10 月
31 日任杭州知府，而妙善傳說又刻在上天竺寺的石碑上，那麼
選擇杭州上天竺寺做爲揭示這個故事的地點或許並非純屬偶然
(Dudbridge 1976: 47)。

　　書中一開始以序文概述如下：據說 1103 年農曆 8 月 15 日
(陽曆 9 月 17 日)，普明剛結束爲期三個月的禪期，獨自坐在上
天竺寺。突然一位老僧出現在前，說他只修無上乘正眞之道，接
引上根之人，這樣怎能普濟一切眾生？老僧勸普明應該代佛宣揚
三乘，頓、漸齊修，唯有如此才可廣度中、下根器，以報佛恩。
於是普明請教老僧應以何種教法救度　生，老僧答稱此土之人與
觀世音菩薩宿有因緣，所以他將略述菩薩生平、行誼，以便流行
於世，而凡是供養持念觀音之人，福不唐捐。接著老僧傳述菩薩
的故事，一說完即消失無蹤。普明謹記所有細節，援筆寫就此
卷。突然間觀音菩薩駕祥雲出現，面容紫金色，手持淨瓶及一綠
柳枝。這個瑞象持續了許久，許多人親眼目睹，無不讚歎渴仰。
這本書就這樣流傳世間，因此成道之人不計其數 (Yoshioka 1971:
130-131)。

　　後來有些版本只以這段序文爲開頭❶，但其他如 1773 年版本
又添加一段關於寶峰和尚的起源神話。寶峰長期隱居廬山，有一

天，一位名爲妙愷的女大士帶著這部寶卷來找他，細述普明編寫
此文的經過，並請他將此書弘傳於世。起初寶峰不願意，表現一
般禪師不重文字的態度。然而這位女大士對他開示，將世人比喻
爲孩子，說明幫助世間一切眾生的必要性。她表示若能使一人、
兩人、三人或甚至多人向善，勝造七層寶塔；若他能讓人們抄寫、
講述、保存及禮拜此經，則令佛祖龍天歡喜，並使歷代祖先超脫
輪迴，而當他普化世人之際，現世即是菩薩，當來必定成佛。寶
峰一聽此言，立即發願弘揚此書，誓言：「時人雖不捨手眼，但
能依此言而行之，不成無上果，吾當現世雙眼無光。」立此誓願
後，他將此書抄錄十份，且每抄一字便頂禮三拜，完成後即分送
各地（Yoshioka 1971: 130）。

　　寶峰和普明一樣，無法確認爲歷史上眞正存在的人物。不過，
廬山在中國佛教中非常有名，對白蓮教信徒也具有特殊的意義，
因此選擇這個地點或許不是沒有原因的。另外重要的一點是，將
這份文獻帶給寶峰的女大士名爲「妙愷」，自宋代以來「妙」字
是激進的佛教在家女居士偏愛的法名之一。序文提及的老僧和女
大士都被認爲是觀音，兩人均批評禪宗是菁英主義者，而強調讓
佛教普及平民百姓的必要性，寶卷內文也有強烈抨擊僧眾的言
詞。❸儘管這部文獻的編寫及流傳歸功於僧人，但眞正的作者或
許是一位居士也未可知。日後此書的保存與傳布，在家居士的確
功不可沒。

　　《香山寶卷》將妙善描繪爲一尊佛。故事描述王后在懷孕前
做了一個夢，解夢的相士表示，這顯示王后將成爲「佛母」。王
后在懷孕期間時常見到身邊圍繞著青蓮花，聽見天樂，聞到異香，
身體常有光明照耀，且喉中不時湧現甘露。妙善公主出生後，就
具足佛身的三十二相與八十隨形好，雙手有千輻輪相，雙眼如摩
尼寶珠，手指猶如白玉（Yoshioka 1971: 132-33）。另一項和早期

刻於石碑的傳說有明顯差異的是妙善的地獄之行，以及救度地獄
眾生的事蹟。如前所述，碑文敘述妙善的父王燒毀尼庵，殺害所
有尼眾，雖然由於部分文字脫落，我們無法完全確定，但是讀者
的印象是妙善並未喪生，而是得到慈悲山神的解救及庇護。無論
如何，碑文的確沒有提到妙善遊歷地府之事。接下來我將首先探
討這個新主題的重要性，然後討論拒婚的主題──這也是《香山
寶卷》更為強調的一點。

救度地獄眾生的觀音／妙善

佛教中有很多關於地獄及餓鬼的神話，同時也有不少救度這
些可憐眾生的怙主。慈悲心之所以成立，必須要有受苦的造惡者
與慈悲的諸佛菩薩同時存在；前者的苦難喚起後者救度的力量，
只要三界輪迴諸惡趣中仍有苦難，諸佛菩薩的救世之行就會繼續
不斷，因為輪迴惡趣的苦難是佛菩薩生起慈悲心的對境。實際上，
如果沒有眾生造業受苦，就沒有──也不可能有──佛菩薩的慈
悲救度。

所有救度者中，以觀音為上首。儘管早期刻在石碑上的妙善
傳說並未提到她遊地府，但在明代完成的《香山寶卷》中，在妙
善被處決和前往香山修行之間，卻插入一段長篇的地獄遊記，而
寶卷成書的年代恰好是施食餓鬼法會最為普及的時期（Yoshioka
1971: 164-169）。這段增補的情節反映出中世紀晚期中國人對於亡
者冥福的高度關切，以及對死後世界的了解。

太史文的研究顯示佛教如何提供協助身故親屬的新方法，
藉此對中國本土慎終追遠的家廟宗教有所貢獻（Teiser 1988,
1994）。人們可以在每年的農曆 7 月 15 日的中元節齋僧，並將此
功德迴向個人祖先，也可以在親人過世後的十個齋戒日舉辦薦亡
法事，並且供養地府十王，這十個齋戒日包括亡者身故後四十九

日內的頭七至七七、百日、週年後的正月初，以及三週年忌日。

自十世紀後，由於頻繁地抄寫、唱誦、閱讀、講述《十王經》，死後審判的觀念已普遍存在於中國社會。同時，隨著這種知識的增長，對於自身和祖先命運的焦慮也日益增加。這就是妙善遊地府爲何在《香山寶卷》中如此重要的原因。對於地獄的興趣，當然不止於這部寶卷，如管佩達（Beata Grant）在關於「黃氏女」故事全集的研究中指出，這個自明代起盛行於各種傳播媒介的故事中，黃氏女的早逝與遊地府的情節也是最引人入勝的部分（1989）。這也是爲什麼在十世紀以後，佛教僧團開始創制各種喪葬薦亡儀式。在這個章節中，我將探討《香山寶卷》和相關寶卷中關於地府的描述、佛教典籍中觀音做爲地獄眾生的救度者及施食餓鬼的儀式。

妙善的魂魄由一青衣童子接引（生前作惡之人，死後靈魂則由夜叉接引），他們經過地獄之門，然後遍遊無間地獄、鐵床、銅柱地獄、刀山劍林地獄、鑊湯油鍋地獄、寒冰鋸解地獄，又行經孽鏡台、碎錢山，然後抵達枉死城。就在此時，妙善公主祈請地藏菩薩，於是地藏菩薩放大光明，擊破地獄之門，引領囚禁於城中的僧尼往生淨土。如此一來，鬼城酆都變成天堂，地獄也變成樂土。妙善喝下三碗孟婆湯之後，更加舒暢，隨即抵達奈何橋，她發大誓願，因此立即解救囚於諸地獄的鬼魂，令他們證悟。在十王妻妾的陪伴下，妙善公主接著遊歷酆都，此時所有夜叉都變爲金童玉女。十王有感於地獄轉爲天堂而極度喜悅，因此獻供，請求妙善誦經，並爲所有眾生授五戒。但這愉快的情景突然結束，這是因爲掌管三惡道及十八層地獄的職司向十王建言：「自從公主到此，不成陰府，諸般刑具，化作蓮花，一切罪鬼，悉放超生。自古有天堂，則有地獄，善惡果報，理合昭然。若無地獄，誰肯修善？臣等不敢不奏，伏望我王，早送公主，速轉還魂。」閻王

只好同意。

《香山寶卷》中雖然出現十王，但除了閻王之外，卻沒有特別提到其餘諸王的名號。文中所反映的地府組織混合了各種不同信仰，無法溯及《十王經》。寶卷作者熟悉出自佛經的無間地獄及其餘諸地獄，但是也提到青衣童子、地府職官及酆都，這些都是佛教經典中所沒有的，卻和所有地獄名稱一樣，出現於唐、宋的道教典籍中，顯示自漢代以來關於死後世界的本土道教信仰所造成的影響（Hsiao 1989: 611-647）。《香山寶卷》和明代的《目蓮三世寶卷》一樣，對閻羅王的認識遠勝於發展成熟的十王信仰。這兩部寶卷另一項相似處是地藏菩薩的角色：地藏菩薩幫助目蓮救母，也同樣幫助妙善公主救度地獄眾生。

就像觀音，地藏菩薩也被中國人視為地獄眾生的救度者。地藏信仰特別重視以下幾部經典：《大方廣十輪經》，這是一部中國本土經典，雖然號稱漢譯於 412 至 439 年間，譯者不詳；《大乘大集地藏十輪經》，玄奘（602—664）譯；尤其受到重視的是《地藏菩薩本願經》，實叉難陀（652—710）譯。這些經典描述地藏菩薩誓願救度一切眾生離苦得樂的故事。根據《地藏菩薩本願經》，地藏菩薩過去生中曾是婆羅門女，像目蓮一樣至地獄解救母親（T 13: 778b-779a）。唐代的地藏信仰得益於八世紀左右成書的白話《目蓮救母變文》而發展（Teiser 1988: 186—187）。

因為這兩位菩薩扮演類似的救度者角色，大約十世紀初的晚唐藝術及法會開始將地藏和觀音並列。有一幅敦煌出土的十世紀絹旛，現保存於巴黎「吉美博物館」，這件作品描繪十一面六臂觀音與穿僧袍、執錫杖的地藏菩薩並坐（圖 8.2）。這個主題在四川大足石刻中更加顯著，其中有些為九世紀的作品（Howard 1990）。❹敦煌出土附插圖的《十王經》也以這對菩薩並列為特色。❺同時，在佛教薦亡法事中，觀音和地藏一起被啟請，以利

圖 8.2　地藏和觀音，十世紀。巴黎「吉美博物館」提供。

益祖先。這些法事的儀文創制於宋代至明代之間，即十一至十七
世紀，大約與妙善傳說的演進同時發展（Dudbridge 1978: 115）。
例如，在《慈悲梁皇寶懺》的懺本中（其序作於 1138 年），主法
和尚三次啓請觀音及地藏降臨聖壇。

　　觀音救度一切眾生的角色有明確的佛典依據。如第二章所
述，救苦救難的觀音是提倡持誦陀羅尼的密教經典極力強調的。
這類經典中最早以觀音普世救度者角色爲中心的經典之一是《請
觀世音經》，此經強調持誦六字大明咒「唵嘛呢叭彌吽」的重要
性（這是藏傳佛教最有名的咒），持誦此咒可使人免於所有災
難。若有人虔誠一心持誦此咒，此生即可親見觀音示現，同時因

為解脫所有罪業，將不會墮於地獄、餓鬼、畜生、阿修羅四惡道。因為觀音遊戲於六道輪迴中，所以即使有人不幸墮入地獄或餓鬼道，觀音就在地獄或餓鬼道現身救度。人們相信菩薩會代替罪人在地獄受苦，同時菩薩指尖也會流出甘甜的乳汁，解除餓鬼飢渴交迫之苦。

　　天息災於西元 1000 年所譯的《大乘莊嚴寶王經》代表頌讚觀音的巔峰，十一面千手觀音進入無間地獄，將地獄化為清涼地。這部經並未詳細描述地獄的可怕景象，只是形容無間地獄四周圍繞著連綿不絕的鐵壁，且有猛火持續燃燒；還有一處地獄，其中有一口大湯鑊，罪業眾生被擲入其中，在滾燙的沸水中載浮載沉，猶如水煮豆子。但觀音一入地獄，猛火立即熄滅，巨鑊馬上粉碎，大火坑也變成寶池，池中蓮花大如車輪，是時地獄變成天堂，放大光明。接著觀音進入餓鬼大城，施予救度。其處悲苦眾生為惡業之火燒炙，承受無盡飢渴的折磨，觀音也為這些受苦眾生帶來清涼。菩薩出於大悲心，從指尖、足趾及周身毛孔流注淨水，餓鬼眾生一飲用此水，原本細如針尖的咽喉立即變為寬暢，腹大如山的醜陋身相也變得圓滿。飽食種種妙味飲食之後，他們的煩惱悉皆消滅，終於得以往生極樂世界（T 20: 48b-49b）。

　　儘管許多佛教經典將觀音描繪為罪業眾生的救度者，我認為對觀音的這種認識主要透過佛教法事傳遞給世人。盂蘭盆節、水陸法會和施食餓鬼的法事，乃是佛教為利益個人家親眷屬及一切眾生而舉行的三大薦亡法事。施食餓鬼儀軌的經典依據是唐代不空漢譯的密教經典《瑜伽集要救阿難陀羅尼焰口軌儀經》，經中敘述阿難見到一餓鬼，名為「面燃」，其實這是觀音化現的忿怒相。面燃告訴阿難三天後壽命將盡，隨即生於餓鬼道中。阿難心生驚怖，隔天早晨立即前往佛陀住處求教，於是佛陀教以施食餓鬼的法門。這種透過法會供養的食物，因此變為神妙甘露，可使

享用者轉化成佛。人們相信要救度先亡家親出地獄，施食餓鬼或放焰口的法事是最有效的方法，在明代大師雲棲袾宏爲施食儀軌撰寫定本，即《瑜伽集要施食儀軌》之前，這種法事在中國社會就已極爲盛行。不到一百年後，清初僧人寶華山一雨定庵（釋德基）於 1693 年修訂袾宏本，撰寫更爲精簡的版本——《瑜伽焰口施食要集》，至今中國僧人仍沿用這個版本。此本序文明言，修訂的理由是爲了縮短法會進行的時間，如此一來可在三小時內完成，即晚間七點至十點，因爲餓鬼道的眾生只能在日落至午夜間取食。在這個修訂本中，觀音的角色更爲崇高。

「瑜伽」是梵文 yoga 的音譯，意指「相應」，即法會進行中主法法師結手印、誦眞言及觀想而展現的身、口、意三業相應。根據清代的《瑜伽焰口施食要集》：

> 瑜伽，竺國語，此翻相應，密部之總名也。約而言之，手結密印，口誦真言，意專觀想，身與口協，口與意符，意與身會，三業相應，故曰瑜伽。

在法會的前半段，僧人及在家功德主祈請三寶加持；在後半段則破地獄門，開餓鬼咽喉，施予種種飲食。借助手印、眞言、觀想三業相應所生之威德力，法會大眾得以滌除餓鬼的罪業，令他們皈依三寶，發菩提心。如果法會儀軌皆能一一如法進行，餓鬼將能出離地獄，得生爲人，或往生淨土。在整場法會中，觀音的角色顯然是非常突出的。

在法會僧眾對面的聖壇上安置的是面燃大士像，也就是一般認爲焰口法事創制緣起中的餓鬼圖像。法會一開始，大眾在面燃大士壇前，持誦〈大悲咒〉及〈觀音讚〉，接著以〈楊枝淨水讚〉灑淨壇場，這段讚詞仿自佛典，抄錄如下：

楊枝淨水，遍灑三千，性空八德利人天。

餓鬼免針咽，滅罪除愆，火焰化紅蓮。

三稱毘盧遮那佛之後，主法和尚登壇，戴上兼具紅、金兩色的「毘盧帽」（其形如五角皇冠），接著唱誦下列偈誦，與會大眾隨之齊誦：

會啟瑜伽最勝緣，覺皇垂範利人天。

經宣祕典超塗炭，教演真乘救倒懸。

阿難尊者因習定，救苦觀音示面燃。

興慈濟物真三昧，感果叨恩萬古傳。

在「五方結界」及召請五方佛後，旋即啟請觀音菩薩，此時主法和尚結「觀音禪定印」，藉此進入觀音三昧。如此與觀音合一，整場法事的主要行儀即是主法和尚代表觀音執行。在接下來的一連串行儀後，主法和尚誦〈破地獄偈〉（此偈被認為是蘇東坡（1037—1101）所作）（譯註：此偈原出自《華嚴經·夜摩宮中偈讚品》覺林菩薩所說偈，參見 T 10: 102a-b。蘇軾《東坡全集》收錄的〈破地獄偈〉，即是此偈）：

若人欲了知，三世一切佛；

應觀法界性，一切唯心造。

接著是法會最精彩的一部分，等同於觀音的主法和尚結「破地獄印」，觀想自身的口、手、心三處皆有紅光放射，照破地獄之門。這三道光象徵三股力量，可以消除地獄眾生所造的身、口、意三業之罪。

　　因爲地藏菩薩發願「地獄不空，誓不成佛」，所以與亡靈及地獄關係密切，是故法會進行到此階段，即啓請地藏菩薩引導地獄眾生來赴法會，接受施食。主法和尚召請亡靈，包含生前爲帝王、大臣、文官、武將、佛教僧尼、道教男女道士、商旅、異族、乞丐、獄囚、殘疾孤寡，以及死於水、火、毒藥等一切孤魂前來接受供養。這個過程需搭配一些手印，包括「召請餓鬼印」、「召罪印」、「摧罪印」；最後主法擊掌，象徵堆積如山的罪業悉皆粉碎消滅。之後應邀赴會的餓鬼借助「懺悔滅罪印」而懺悔，主法和尚接著結「甘露印」，將淨水化爲甘露；其次結「開咽喉印」，使餓鬼眾生得飲甘露，並觀想左掌有一朵青色蓮花，從中流出甘露讓餓鬼飲用，就如《大乘莊嚴寶王經》描述的觀音一樣。

　　西元十世紀之後，這種施食餓鬼的法事進一步發展，更爲繁複，與此同時的十王信仰也發展成熟。有趣的是，雖然上述經典內含的信仰體系及詞彙（如甘露、蓮花）完全反映在儀式中，但袾宏及定庵的施食儀軌中絲毫沒有十王的跡象。袾宏是非常正統的僧人，對於自己認定爲偏離正統的文獻，皆持高度批判的態度，就像他反對通俗的《香山寶卷》，自然也不贊成藏外文獻《十王經》。就這點而言，他很可能比照智昇的做法，如太史文指出，智昇反對有關地獄的經典，而將這類經典摒除於藏經之外（Teiser 1994: 82-84）。然而，新興教派經典《觀音濟度本願眞經》的情形卻大不相同，在此經中妙善隨著道教的黃龍眞人一一遊歷地獄十殿，各殿閻王都上前迎接，引導她參觀，並且護送她至下一殿，地藏菩薩反而沒有出現在這部經中。施食儀軌及民間盛行的寶卷，似乎代表著地藏菩薩和十王兩種不同的信仰體系。這並不令人驚訝，因爲如太史文所言，淨土宗的宇宙觀及救世觀，「或許在理論上及實務上都曾與啓請十王的法事分庭抗禮。以通過各級官僚系統爲特色的地獄法事，和最終救度人們往生至典型淨土宗

形式的清淨佛剎，這兩者之間似乎存有某種對立衝突。」（Teiser 1994: 13）《十王經》與其中所推崇的宗教行持，或許形成了另一種不同的儀式系統，與以淨土思想及密教傳統爲主要依據的施食餓鬼儀式相抗衡。

有兩部較晚的寶卷皆衍生自《香山寶卷》，但年代均無法斷定（我手邊的資料是 1906 年的手抄本）。這兩部寶卷呈現若干有趣的對比，其中一部題爲《香山說要》，另一部則簡單名爲《遊地獄》，兩書都增添若干新細節。當妙善公主的魂魄脫離軀體後，同樣有一青衣童子前來接引，他指出兩條路：左邊的白道屬於善人，右邊的黑道是惡人所行——所謂善人，特指生前茹素者。妙善公主首先來到閻王殿，所有新亡者都要到此報到。她接著走到鬼門關，被告知除非生前念佛，否則再也無法離開地獄。然後她到了無間地獄，有趣的是在此書中無間地獄是第十九層地獄，是特別爲懲罰目連之母（目太太／青提夫人）所設，由此可知目連救母的故事在近代中國流行的程度。另一部《遊地獄》特別著重描繪目連之母下墮地獄，以洋洋灑灑六頁的篇幅一一列出她的罪業。❶❻

兩書均在奈何橋之後添加兩處受刑的地方，即血池及惡狗村，前者專爲難產死亡的婦女所設，後者則讓生前嗜吃狗肉者得到報應，他們在此時此地被過去殘殺的狗咆哮啃噬。妙善在前幾處地獄神色超然，但到了血池卻特別悲憫其中受苦呻吟的婦女，她爲她們誦偈，且在池中遍灑紅蓮施予救度。

在這些後期文獻中，十王的地位較爲顯著，文中不僅賦予諸王特定的名號，並且分別爲他們安排專門掌管的地獄。這是一種創新，因爲《十王經》沒有這類敍述。例如，第一殿秦廣王掌管孟婆亭及寒冰地獄（這個地獄專門懲罰讓父母受寒，而自己和妻妾飽食暖衣的不孝子女）；二殿初江王掌管無間地獄，這是爲目

連之母所建的第十九層地獄;三殿宋帝王負責衡量個人罪業的輕重,罪人比善人重;四殿五官王掌管刀山地獄,有趣的是這個地獄拘禁屠殺青蛙的人,因爲人們認爲青蛙日夜辛勤看管稻田有功;五殿閻羅王掌管鋸解地獄,處罰喜歡散布謠言、好生口舌是非的人;六殿變成王掌管銅柱地獄,處罰以高利貸牟取暴利的人;七殿泰山王掌管鐵床地獄,處罰詐欺謀騙者;八殿平等王掌管碎紙錢地獄,這點值得特別注意,因爲在燃燒紙錢的餘燼未熄前就加以翻攪所造成的這種惡報,並不是普世皆能理解的;九殿都市王,掌管鐵磨地獄,專懲誘拐男女童、販賣圖利的人;最後是十殿五道轉輪王,決定罪業眾生投生之處。

如同入藏佛教經典中所描述的地獄,這些文獻提及的中國地獄並不是非常有系統,各個地獄的名稱往往不同,執行處罰的內容也經常改變。說故事的人可能有很大的空間,任由想像力馳騁,也可能適時穿插地方信仰,例如對於逞口腹之欲而殺死看門狗及青蛙的強烈反感。

菁英大乘佛教經典頌揚的大悲菩薩、施食餓鬼法會中召請形貌駭人的面燃大士,以及民間故事中最後成爲神明的那位可憐又慈悲的妙善公主,這三者乍看之下似乎彼此矛盾,但這些形象其實相互呼應。我相信透過誦經、舉行法會、說故事及戲劇表演,觀音做爲普世怙主的信仰更深入普及整個社會。由於缺乏背景資料,加上篇幅有限,在此不討論妙善傳說在戲劇方面的呈現,但是我們必須謹記,在近代中國,京劇、彈詞等通俗娛樂就如同現代的電視、電影,都是傳播價值觀最有效的媒介。

妙善的故事被改編成京劇及彈詞(彈詞特別受女性觀眾歡迎),分別稱爲《大香山》及《大香山全本》,兩者都流傳至今(Grant 1989: 267)。根據《戲考》的編輯,《大香山》還有另外三個名稱——《妙善出家》、《火燒白雀寺》及《觀音遊十殿》,這

齣戲在清代非常流行，時常上演。慈禧太后喜歡在宮中看戲，她經常命人演出這齣戲，這也是爲何隨侍的太監及京劇演員中，有許多人是這部戲的專家。但是在民國時期，只有江蘇、浙江、安徽的戲班子偶爾會上演這齣戲碼，而且即使如此，也很少全本演出，通常只挑白雀寺及遊地府的段子。人們觀賞目連救母的戲碼時，也可得知觀音是地獄眾生的救度者。在張照（1691—1745）等人編寫以獻給乾隆皇帝的十本 240 齣連台大戲《勸善金科》中（譯註：這部戲是關於目連救母的故事），觀音在第 12 齣（第 2 本）現身爲面燃大士，其台詞非常類似施食餓鬼法會中所用的文字（《勸善金科》1923，2：57a）。觀音化現爲妙善的傳奇不只透過不同的媒體流傳，這齣戲中甚至融合戲劇與宗教儀式兩種傳媒。

有人主張宋代之後，隨著叢林佛教的式微，人們有更多的選擇以追薦往生的家親眷屬。專業的僧人及佛教特有的法事並未壟斷一切，《十王經》及相關儀式提供另一種選擇。此外，如同晚明小說《金瓶梅》的讀者所知，唱誦寶卷是另一種流行的造福方式。對於如何看待地府及救度地獄受苦眾生，這些作法呈現截然不同的方式。但是，我們能否大膽斷言民間流行的宗教儀式取代了佛教法事呢？從十五世紀一個死而復活的人留下的讚詞看來，即使是十殿閻王顯然也想和正統佛教建立關係。讓我以下列出自明代《泰山十王寶卷》最後所附的一則有趣故事，總結此節：

　　昔日山東濟南府臨清縣，儒學生員李清，於景泰六年（1455）八月初三日身死，到閻君面前親問：「你在陽間作何善事？」李清答曰：「弟子在陽間，每於釋迦牟尼佛四月八日生持齋一日，念佛一萬聲。」閻君起身：「善哉善哉，此人大有功德。」閻君問曰：「吾十閻君降生之日，無人持齋念佛。」李清答曰：「陽間不知閻君降誕之日。」閻君答曰：

「我傳與你降生之日，今與你還魂，説與陽間善男子善女人，每逢降生之日，持齋念佛，見世安樂，過去超生。」閻君即差鬼使，送此人還魂陽間。李清忽然甦醒回來，發心從頭寫出十帝降生之日，傳與四方，善男信女依此日香燈紙燭供養閻君，永不墮地獄，好處生天。十帝閻君聖誕：

正月初八日，四閻王聖誕，姓石，念南無地藏王菩薩一千聲，免墮拔舌地獄。

二月初一日，頭閻王聖誕，姓蕭，念南無定光佛一千聲，免墮刀山地獄。

二十七日，六閻王聖誕，姓畢，念南無大勢至菩薩一千聲，免墮毒蛇地獄。

二十八日，三閻王聖誕，姓余，念南無賢劫千佛一千聲，免墮寒冰地獄。

三月初一日，二閻王聖誕，姓麻，念南無藥師琉璃光王佛一千聲，免墮鑊湯地獄。

初七日，七閻王聖誕，姓董，念南無觀音菩薩一千聲，免墮碓搗地獄。

初八日，五閻王聖誕，姓韓，念南無阿彌陀佛一千聲，免墮劍樹地獄。

四月初一日，八閻王聖誕，姓黃，念南無盧舍那佛一千聲，免墮鋸解地獄。

初七日，九閻王聖誕，姓薛，念南無藥王菩薩一千聲，免墮鐵床地獄。

二十二日，十閻王聖誕，姓薛，念南無釋迦牟尼佛一千聲，免墮黑暗地獄。

在這故事中，不但十王都有中國姓氏，而且也被塑造成正統

淨土法門的弘揚者。儘管日期不盡相同，但這個日程表的確和佛教在家居士奉持的十齋日多少有點類似。❶此外，這部寶卷勸人在十王誕辰分別持誦特定佛菩薩的名號，藉此提倡中國式的日本「本地垂跡」說（譯註：本地，指究竟根本的境界，即法身佛；垂跡，指因時因地制宜的權現，即諸佛菩薩的種種化現。日人依據《法華經》及中國智顗大師的思想提出「本地垂跡」說，用以說明日本一切諸神皆是佛菩薩慈悲的權現），正如西元 1000 至 1300 年間無名氏所作的日文經典《地藏十王經》，將十殿閻王跟佛教十三位佛、菩薩與天神中的前十位成對搭配，我們討論的這部寶卷作法類似，只是中、日版本引用的佛教神祇有所不同（Teiser 1994: 60, 237）。如我之前提出的觀點，寶卷作者將各種不同要素熔於一爐的傾向，在這份文獻中表露無遺。

拒婚的主題

　　妙善主要的罪過是拒絕婚嫁，她為此承受許多苦難，甚至因此喪生。後來她無私奉獻雙手、雙眼，解救父親，這才促使他們父女和好如初，以及她最後轉而化現為觀音。為何這個故事排斥婚姻，推崇斷除淫欲的梵行？為何奉獻自己身體的一部分讓父母攝取服用被視為孝道的極致表現？這些大膽而挑釁的思想在在挑戰儒家的價值體系；儒家的孝道理想穩固地建立在傳宗接代的基礎上，並且在意識型態上反對妙善所作所為代表的極端自殘行為。妙善傳說的中心主旨顯然屬於佛教——女主角選擇出世苦行的生活形式，而非履行為人妻、為人母的家庭義務。她雖不是寺院中的出家人，而是獨自修行，但仍然遵循佛教的苦行傳統。

　　拒婚建立在兩項有力的論點上，第一點與否定色欲的態度有關，第二點是對婚姻狀態本身的負面評價，兩者都反映佛教的價值觀，因為佛教始終認為梵行清淨的出家生活勝於在家居士的生

活。當妙善的父王要求她解釋爲何不順從父母之命時，她提醒他
人生短促，輪迴苦迫，還特別強調地獄的可怕，即使忠臣、孝子、
聖賢、大英雄願意代替君主受難，這種折磨卻是其他任何人無可
代受的，「只緣愛命爲因，愛欲爲果，因果相交，萬死萬生，改
頭換面，六道流浪，無解脫期。」（Yoshioka 1971: 139）婚姻顯然
與地獄相通，因爲「男婚女嫁埋苦本，廣種陰司地獄根。」（140）
當她父王發怒，威脅處死她時，她答應嫁給任何一位能夠滿足她
十個願望的醫生，那正是《千手經》中千手觀音的十大願。⓲

《觀音濟度本願眞經》擴展相同主題，但是更深入細節。妙
善在獻給父王的奏章中，如下列舉婦女命運的苦痛：

> 我皆因前世迷造下罪障，故今生轉女身好不悲傷。
> 在家中未出嫁從父教養，若招親從丈夫不敢主張。
> 倘夫君壽不長閻王票降，守節志還從子纔算賢良。
> ……
> 這三從與四德就算體量，還難免地獄路九泉悽惶。
> 世間人惟女子罪孽難講，生男女殺性命許多罪殃。
> 走灶前血臭氣灶神難擋，又或是到廳前汙穢神堂。
> 將血衣放河中槌洗擺蕩，汙穢了水府神罪過非常。
> 不知禁將臭物對天曬晾，汙虛空過往神魅氣怎當。
> 或血水不隱倒對天傾向，又汙穢虛空神日月三光。
> 這一段罪孽事幾箇推想，到死後閻君爺考問端詳。
> （27 a-b）

悲嘆女性地位卑下，這不是頭一遭，事實上這是當時文學常
見的主題。有趣的是此處關於女人生產後的種種禁忌，就和民間
信仰強調的一樣。雖然色欲被認定是輪迴背後的主因，因此應該

避免（佛教十分強調這項教義），但這種民間信仰文獻中流露的
強烈拒婚態度不只是對性欲本身的控訴，也和對婚姻的恐懼息息
相關（或許應該說更是如此），包括與強勢專橫姻親共處的婚姻
生活、生產過程的痛苦及危險，以及認為曾經生育的婦女因為製
造血汙，死後會在地府受罰的民間信仰（Ahern 1975: 214）。 ⑲

這種普遍的信仰源自一部中國本土經典《血盆經》。根據蘇
遠鳴的看法（Michel Soymié 1965），第一個提及「血池」的文獻
資料出自一部始於 1194 年的宗教儀式年鑑。而《血盆經》收錄
於 1437 年奉皇帝詔命刊行的《大藏經》。此外，有幾本明代小說
也提到此經。因此，顯然到了明代，就有一種廣為流傳的信仰，
相信有一處地獄專為婦女所設，她們必須一天三次飲用血池中的
血，以抵銷生前每月排出經血及生產流出血汙所造成的罪過。倡
導這種信仰的不只是佛教徒，也有一部十三世紀的道教經典鼓吹
同樣的觀念，喪葬儀式中還經常運用這部道經。因此，《真經》
的作者以這種恐懼來駁斥婚姻，這根本不足為奇，因為這是宋代
以後普遍接受的信仰。

如杜德橋所論，妙善的例子確實是一項女性獨身主義宣言
（Dudbridge 1978: 85）。有些婦女採取相同的具體行動，來表達對
婚姻的抵制。托普萊（Marjorie Topley）研究十九世紀初至二十
世紀初居住於廣東三角洲的農村婦女，她們「若非拒絕結婚，則
是已婚後拒絕和丈夫同住。她們有固定的拒婚形式，一般而言是
組織成姊妹會，未婚的女性在見證人面前向神明（觀音老母）立
誓永不婚嫁。」（Topley 1975: 67）研究 1970 年代住在香港齋堂婦
女的桑卡（Andrea Sankar），也評述觀音對她們的吸引力：「對
於自願住在齋堂中的不婚女子，吸引她們的一項具體要素……是
許多婦女對觀音女神 [原文如此] 有強烈的認同感。關於觀音的
生平故事是她們對話中最常見的主題，僅次於各種不同『齋』的

討論。」（Sankar 1978: 307）之後，她又說：「對我的受訪者而言，觀音是一位神格化的婦女，她們敍述的傳奇故事將觀音描繪成民間的女英雄，而非聖人。……觀音為她們的獨身主義提供了一項宣言，她是人世間一位堅強、獨立、成功的女性，她的一生讓這些齋堂婦女得以名正言順地選擇她們的生活方式。這時，促使她們在年老時退隱，轉而潛心修道的動機中，有些可歸於她們對觀音的歸屬感。」（310）

我於 1987 年在杭州做田野調查時，經常在訪談的女性香客中發現有人表達類似的拒婚心態。這些村婦有時會吟唱她們稱之為《觀音經》的歌曲來頌揚觀音、讚賞觀音／妙善拒婚的決心與勇氣，她們羨慕她的決心與自由。〈附錄二〉收錄了幾首同類的歌曲，以下是其中一例：

妙莊王家有個真烈女，
從未出閣配成雙，
一來不受公婆氣；
二來不吃丈夫飯；
三來不抱懷胎子；
四來不要丫鬟侍女來服侍。
天天清靜坐香房，
揭來棉被獨坐床。
伸腳伸到佛堂裡，
縮腳縮到後花園。
為得修因隨得爹娘遭磨難，
現在得福坐蓮台。

明清時期的中國婦女是否效法妙善呢？當我們檢視明清善男

信女宗教生活所反映的觀音信仰時，發現有明顯的證據顯示：妙
善故事傳達的思想引起錯綜複雜的反應。儘管女性能夠出家為
尼，而且隨著當時強調貞潔寡婦之風日益增長，寡婦可維持獨身
且受社會推崇，但當時並未出現大規模的拒婚運動，反而可以說
在明清興起一種「家居宗教信仰」（domesticated religiosity）。高
彥頤（Dorothy Ko）在她研究十七世紀江南士族婦女的書中，使
用「家居宗教」一詞來形容「融入閨閣日常生活，並成為婦女世
界觀和自我定位一部分的宗教儀式和情操。」（Ko 1994: 198）高
彥頤研究的這群士族婦女雖然普遍信奉觀音，卻不是清一色的佛
教徒，她們從事的宗教活動融合了許多要素。此外，如她們在
詩、畫、戲劇欣賞方面流露的跡象顯示，通常這些情操與儀式在
本質上是相當世俗的。向道教神祇祝禱、參與牽亡魂、熱衷於解
夢、甚至強烈依戀《牡丹亭》的女主角杜麗娘，這些全都構成家
居宗教與「情教」的要素。「情」主要指男女之情，《牡丹亭》中
男女主角戰勝死亡的愛情是最佳例證。但是如同高彥頤和李慧儀
（Wai-yee Li 1993）所主張，「情」也可指家人或朋友間的愛及深
情，無論是同性或異性之間。十七世紀有許多作者讚頌人間的愛
與情感，在他們眼中，這種無私大愛的能力正是人類之所以獨一
無二的原因。「情」，因此具有宗教的特性。

　　然而，我使用「家居宗教信仰」一詞，涵義不盡相同，但更
加明確，有兩種不同但相關的現象可以說明我這個用詞的意義。
首先，「家」實際上是一個人進行宗教活動的場域，人並不是非
得出家加入僧院不可──這可視為居士佛教理想自然形成的一種
延伸。但是，不同於晚明時期跟隨袾宏、德清等高僧的士大夫佛
教居士，許多女性並未拜投任何僧人門下或附屬於任何寺院。十
八世紀的彭紹升（1740—1796）所編纂的《善女人傳》提供非
常適切的實例❷，這份文獻收錄 140 位佛教女性修行人的簡傳，

其中 66 位，或大約一半的女性修行人生於明清時期，最後一篇傳記記載的是陶善，即作者親兄弟的兒媳。這些女性皆爲人妻、爲人母，她們念佛、拜觀音、茹素、誦經，或禪坐，全都在家中進行以淨土法門爲主的修行。她們不是僧人的弟子，但其中有些人可說是過著類似比丘尼的生活，比如當她們不再與丈夫有性生活時。她們雖然是在家信女，卻經常展現佛教法師的修行威德，例如她們能預知時至，並且經常在完全掌控自己身體的狀態下辭世，沒有絲毫痛苦或悲傷的跡象。如前文指出，妙善本身是佛教女居士，而非比丘尼，除了有一段時間暫時在白雀寺做苦工，她都自行禪坐，從未請求任何僧人指導，也不曾加入任何宗教組織。這些善女人的生活方式和妙善一樣，展現和宋元時期「激進佛教居士」相同的特點，舉例而言，如前所述，他們實踐的佛教修行活動類似佛教叢林的僧團，卻不附屬於僧團；他們爲社會行善，也爲需要協助的人誦經祈福，或舉辦其他通常由僧人專司的宗教儀式；他們採取「妙」或其他代表宗派的法名，藉此自我定位爲一特殊的團體。

我所謂「家居宗教信仰」的另一個例子是瓦特娜（Ann Waltner）曾研究過的女仙曇陽子（生於 1558）。我們對她的認識主要是依據王世貞（1526—1590）所寫的傳記，王世貞曾拜她爲師，除了熟識她家人的王世貞兄弟外，她自己的父親王錫爵（在她死後成爲文淵閣大學士）和兄弟也是虔誠的追隨者，她也宣稱其他四位 1577 年考取進士的文人是她的弟子。她曾親見觀音及西王母示現，後者傳授她靜坐之術，以達長生不老的境界。雖然她不想結婚，但並未拒絕父親爲她安排的婚事。對方是和她父親一樣在 1558 年（也就是她出生那年）考取進士的同鄉之子，但是那位年輕人在婚禮舉行之前去世，她便以未亡人的身分爲他哀悼、守寡。她在完成靜坐修行後，到已故夫婿墓地旁的庵堂隱

居，一段時間後就過世了（或「屍解」）。

　　她的宗教修行完全在家居環境中進行，據說她也刺繡、奉養雙親（包括對淨水持咒，然後讓父親服用治病），訂婚前她是克盡孝道的女兒，未婚夫英年早逝後她是貞潔的寡婦。當她靈魂出竅而神遊時，請求父親守護她的軀殼；在她升天成仙前，還有拜別父母的感人一幕（Waltner 1987: 105-127）。她透過克盡個人在家庭中應擔負的職責，而完成她的宗教使命，爲她的宗教生涯提供適宜環境的是她的家庭，而非道觀。其他還有類似曇陽子這種「家居女神」的例子，也就是不幸早逝的才女因爲家族男性親屬的推崇而成爲神明，十七世紀才華洋溢的女詩人葉小鸞即是一例（Ko 1994: 200-202）。

　　「家居宗教信仰」的第二層意義，表現在明清時期藉由圓滿達成個人應負的家庭責任而達到宗教上聖潔地位的現象，貞潔牌坊的信仰就是一個明顯的例子。不過，「割股」也應該以相同的角度看待──婦女以極盡忠貞、孝順的行爲侍奉丈夫、父母或公婆（在這個過程中他們變爲宗教的至上眞理或神），因此成賢成聖。㉑妙善奉獻雙眼、雙手正強烈呼應「割股」的做法。

割股與觀音

　　妙善傳說最精彩的部分無疑是她犧牲雙手、雙眼以拯救病危的父親，這項超凡的自我犧牲不只抵銷了她不孝的罪名，更造成她奇蹟似地轉變爲「女神」。讓我們看看妙善這個形象，與明清時代的「割股」所代表的孝道信仰。如前所示，佛經中有許多關於菩薩自我犧牲的故事，特別是佛陀的本生故事，他們奉獻自己身體的部分做爲食物或藥材，以拯救處在緊迫困境中的有情眾生，但是接受菩薩布施的多半不是他們的父母。在我找到的例子

中，最接近妙善的是忍辱太子的故事，佛陀過去生中曾爲忍辱太子，他奉獻雙眼及骨髓，解救病危的父王。毫無疑問地，宋代中國人對這個故事知之甚詳，因爲不只《大方便佛報恩經》這部廣爲流傳的佛經記載這故事，趙智鳳也將這段經變刻在四川大足寶頂山的岩壁上（趙智鳳開創、建造這處香客絡繹不絕的朝聖中心）。趙智鳳選擇刻畫這個故事以表現孝道的最高行爲或許並非純屬巧合，因爲到了宋代，割股的理想可能已經眾所皆知，無論對趙智鳳、《香山寶卷》的作者或是一般百姓都是如此。

割股源自中國醫學知識。中國歷史文獻大體上認爲，讓這種信仰正當合理化的是陳藏器，因爲在他739年撰述的醫書《本草拾遺》中，宣稱人肉能夠治病。在所有斷代史中，《新唐書》首見三篇相關記載，後來《宋史》、《元史》記載更多案例；到了明代，割股這種行爲不僅載於史書，也出現在文學作品中。無論男女都選擇採取這種激烈的行爲，以爲事親至孝的表現。典型的孝子經常是平常百姓，並無顯赫的家世，但是他們的行爲引起地方官員及文人的注意，因此撰寫詩文頌讚，並上奏朝廷表揚。但是文人本身在觀念上是反對這種行爲的，因爲根據儒家《孝經》的訓示，身體髮膚受之父母，故不可毀傷。早期挺身譴責此舉的是唐代韓愈（768—824），他強烈主張孝行包括爲生病的父母找尋良藥，但不應涉及任何自殘的行爲；他反諷道，如果自殘果眞可取，古聖先賢爲何從未有此作爲？更有甚者，若這種行爲危及性命，則會使宗祠血脈斷絕，不孝之過莫此爲甚（《新唐書》195: 2a-b）。除了少數例外，尤其是眞德秀（1178—1235）❷，多數新儒家學者皆呼應這種論點。例如，王艮（1483?—1540）在《明哲保身論》一文中主張：

　　若夫知愛人而不知愛身，必至於烹身割股，舍生殺身，則

吾身不能保矣。吾身不能保，又何以保君父哉？（《王心齋
先生遺集》1: 12b-13a）

明代醫藥專家李時珍是另外一個典型的文人代表，他在《本
草綱目》首先提到唐代以前已經出現割股與相關的割肝行為❷，
所以這種行徑其實不是源自陳藏器。但他仍然指責陳藏器非但沒
有指出這是錯誤的做法，反而信以為真，將此事寫在自己書中。
接著李時珍毅然承擔教育讀者的責任，他說：「嗚呼！身體髮膚，
受之父母，不敢毀傷。父母雖病篤，豈欲子孫殘傷其肢體，而
自食其骨肉乎？此愚民之見也。」（李時珍 Li Shih-chen 1968，卷
52，頁 110）

部分由於知識分子對割股的態度相互矛盾，致使這種行為
雖在中國廣為人知，到目前為止卻很少受到學術界的關注。❷近
期關於這個主題較完整的研究只有兩篇，一是齊皎瀚（Jonathan
Chaves 1986）的文章，他翻譯吳嘉紀（1618—1684）讚揚時人的
詩作，包括其姪女割股的行為❷；二是邱仲麟撰述的一篇長文，
他從社會史的角度分析割股療親的現象（Ch'iu 1996）。文人模稜
兩可的態度也造成朝廷偶爾企圖頒布禁令，抑制一般百姓採取這
種行徑，元、明兩代皆下令禁止此舉。❷但是從地方志、通俗文
學作品，以及明清時期撰輯的靈驗錄中日益增加的實例看來，官
方的這種措施顯然沒有奏效。

關於以人體某些部位入藥治病，在西方也有相當多的記載。
例如，普林尼（Pliny，西元一世紀）記載，人體組織中幾乎每個
部位都曾用來讓病人服用，以治療各式各樣的疾病，包括骨頭、
皮膚、腦部、內臟、體液及排泄物（Chen and Chen 1998: 23）。
然而，中國的情形不同，因為捐贈者和服用者必須是近親，一般
相信如果父母（或公婆）病重，藥石罔效，此時從孝子、孝女或

孝媳身上割下的肉（手臂或大腿）或一片肝臟，必定會使病人奇蹟似地痊癒。起初我曾考慮將這種作法稱爲「孝道的食人主義」（或「食人的孝道主義」），因爲這種治療特別針對食用子女的肉。但是幾經考慮，「食人主義」一詞或許不適用於此處，因爲在有食人風俗的社會中，主要焦點在於故意計畫捕捉、烹調及食用受害者的肉，而且通常是在特定的儀式中進行。此外，之所以食用人肉是爲了吸取受害者的生命力或精神力量。除非發生在飢荒時，這種行爲並沒有任何實用的目的（Sunday 1986; Brown & Tuzin 1983）。然而就中國的情形而言，雖然受惠者是身爲接受者的父母，焦點卻始終在身爲「犧牲者」的孝子身上，而且由於人肉混合其他食材一起烹煮成湯或粥，所以父母總是在不知情的狀況下食用。備受史官及頌揚者注意的，總是孝順的子女，他們有時不厭其煩地描述痛苦而繁複的割肉儀式、倉卒烹調救命湯藥的過程，以及因神明救助而從傷重瀕死的狀況中復原。最後，由於犧牲自己身體的一部分，重新併入父母體內而得以神聖化的，也是孝子孝女；一個人的精神力量轉強是因爲奉獻自己、餵養他人，而不是像食人主義者那樣藉著吞噬受害者而獲得力量。

妙善犧牲雙眼、雙手的作法顯然與中國的割股信仰有非常密切的關聯，但是要確立兩者因果關係或先後順序卻相當困難。妙善行爲背後的動機顯然有一套邏輯，但是這在斷代史及地方志記載的許多故事中則較少見。因爲拒絕結婚與繁衍後代，妙善犯了儒家社會認定的大不孝之罪，想要彌補這種家庭及天地和諧的裂痕，唯有藉由奉獻自己的血肉供父王食用，讓她重新併入父親體內──這是一種贖罪的舉動。她的反叛並沒有導致眞正的分裂，最後反而讓她融入自己的家族。歸根結柢，妙善傳說並未挑戰儒家道德論的霸權地位。此外，雖然在許多故事中，是老天爺或灶神有感於這種孝誠行徑，前來解救孝子孝女，但在明清時期一些

割股故事中，啓發、引導孝子孝女或孝媳順利完成這項艱鉅行動的卻是觀音，在其他故事中，祂則是救人活命的菩薩，讓性命即將不保的孝順子女倖免於難。

　　讓我們看看幾則實例，前兩則發生於明朝。翁靜簡是三品指揮使國衡的姪女，她與這類故事多數的主要人物不同，不是一般卑微的百姓。當她九歲時，父親病重垂危，她閉門向觀音祝禱，然後從左大腿割下一片肉，立即交給母親黃氏爲父親熬湯，結果她父親服用後很快就痊癒了。地方上的人士打算將此事上奏朝廷，但她辭謝。她在父親過世後嫁給西嘉瑞，成親不到六個月，母親也患重病，於是她一如以往再次割下腿肉，解救母親（《古今圖書集成》1934，冊397，頁42a）。下一則故事是關於一個男子，細節頗令人毛骨悚然：

　　　明彭孝子有源，字信宇，湖廣益陽人，幼即虔誦大士三官諸經以祈親壽。父嘗病篤，刲臂肉療之。踰十年，父卒，奉母吳氏，家貧，勉具甘旨。崇禎丙子秋（1636），母疾篤不能起，又疽穿手掌，痛不能忍。源日夕憂思，夜夢大士諭以母壽將盡，得人肝服之，猶可癒。晨起視母，母正思羊肝，源曰：「是菩薩啓我也！」乃垂涕跪禱，願剖肝救母。至夜，見大士諸聖旛幢而前，源驚醒，汗下如雨，乃澡身頂禮，舉手捫心，約得肺肝所在，持刀自刺。一剖而血迸，二剖而膜開，三、四剖書然有聲，迨六剖而心出，遂緣心得肺，緣肺得肝，時痛幾殞絕矣。頃之稍甦，始呼妻至，令速煮肝進母。母不知，欣爲下箸，病即霍然而癒。事聞遠近贊歎，顧其肺稜稜出在外，瘡口未合。衆爲禱於神，大士示夢曰：「是孝子肺收之無難，末世鮮仁孝者，欲出之百日，令世人遍觀之耳」。孝廉王文南敍其事。（HTC 134: 981a-b）

這個故事符合一般的模式：孝子是貧窮百姓，而記錄、流傳這個故事的是地方鄉紳。觀音自始至終扮演非常活躍的角色：一開始是祂給孝子以肝救母的想法，後來是祂引導他進行「手術」，最後也是祂讓他傷口維持百日不癒，做為大眾借鑑的實例。

有三則孝女、孝媳的故事發生於清朝，觀音皆出現其中。第一則故事如下：

> 清朝有一個孝婦劉氏，是湖北省處縣的人。丈夫外出，婆婆在家得了噎病，醫藥不能治療。於是劉氏割股和粥進奉婆婆，吃了就好。不料十天後病復發作，劉氏又以股肉丸奉進，雖復痊癒，但是幾個星期後病又復發。劉氏乃默禱觀世音大士，願以自己來代替婆婆的病。醫師中有謂這種病不是凡塵藥石所能醫治，倘若能夠得到人肝一片和在藥裡，病就可以根除了。劉氏深信之，即暗地潛藏著利刀刺破脅下，肝見數寸垂於身外，截斷後於是暈仆不能起來，恍惚之間見到觀音大士撫摸著她的身體說：「吾兒！受苦你了。」即以丸藥敷上傷口處，於是方甦醒過來。她立刻烹煮肝湯進奉婆婆，從此之後病不復發。……時乾隆己亥年六月（1779）。（《觀世音菩薩靈感錄》，3a-b）

這名婦女是觀音的信徒，因此，兩次割股企圖救治婆婆卻不見起色後，她便向觀音祈求，願意代替婆婆承受病苦。對她而言，觀音是掌控生死的最高權威。這個故事另外值得注意的一點是，告知人類肝臟是神藥的是一位大夫。儘管李時珍予以痛斥，但清朝有些大夫顯然跟沒受過什麼教育的鄉野村夫有相同的觀念。在這則感應故事中，觀音不只激勵、引導，也是救度者，因為祂為這名孝婦敷藥，救了她一命。

另外一則清代的故事也描述觀音掌控人的壽命：

清朝又有一位姓孫名叫復儒的妻室金氏，性情孝順，是江
蘇省貳進縣的人。……年在二十四歲時，丈夫瘍亡，金氏矢
志守節。公公重病，金氏親侍湯藥，衣帶不解，六十晝夜不
能安眠，病仍不癒，虔誠叩禱觀音大士像前，割腹肉一臠，
適值公公想食米糰，於是以股肉煮湯和粉做成湯糰，公公吃
了五個即行安睡。當其醒寤時呼喚金氏說：「我不會死了！
我方才見到白衣大士來，告訴我說，你的媳婦孝誠感天，增
加你一紀壽命。」不久病就好了，壽終七十七歲，恰符合一
紀云云。(《觀世音菩薩靈感錄》，3b)。

最後一則故事是關於一個十歲小女孩，她從觀音那兒得到激
勵和勇氣：

方氏女，名福妊，方豫卿庶出女。康熙三十三年（1694），
年甫十歲，嫡母馮氏臥病，服藥不瘥。福妊日夜涕泣，百計
思救。夢白衣女手持剃刀，遂驚醒。次早，見母垂危，乃登
樓設香燈禱祝，割左臂肉，煎湯以進。母病立甦。有司頒給
衣銀，優卹之。(《古今圖書集成》1934，冊398，頁5a-b)

顯然割股的作法已經廣為流傳，以致當時的通俗文學中經常
有這類情節。《觀音十二圓覺全傳》這本可能成書於清朝的寶卷，
即是關於觀音如何以不同的面貌示現，先後幫助十二人悟道，其
中一位是孝婦周氏，她打算割股解救垂危的婆婆，此時她的誠心
感動觀音，因此觀音決定保護她：

　　卻說觀音大士，被周氏的孝心感動，歎道：「善哉！善哉！這等媳婦下界中少有，恐怕她剖腹割肝傷了性命。」吩咐護法韋馱，可將《救苦經》一卷，附周氏身上，保她性命。(《觀音十二圓覺全傳》1938：43a-b)。

　　當時的紀錄還包括一些軼事，記載觀音化現為真實世界的人出現在孝子面前，給他們某種神奇藥丸，以便將來哪一天他們需要割股時，就能服用這種藥丸保命。例如《潛居錄》中有下列這則記載：

　　謝芬蘭性至孝，虔奉觀音大士。一日，有老尼至，袖中出藥與芬蘭，曰：「此藥專癒刀瘡。」芬蘭第受之，不以為意。明年姑大病，醫禱弗效。芬蘭籲天祝治，潛入閣內，以刀割股，烹進於姑。而創大痛，忽追惟向藥，命婢取敷之，隨敷生肉，若未嘗傷。人以老尼即大士也，孝之感神如此。(《古今圖書集成》1934，冊398，頁10b)

　　儘管在這些故事中，沒有出現妙善的名字，觀音也總是被稱為「大士」，但有鑑於妙善傳說在明代已透過戲曲和通俗文獻廣為流傳於社會，我們應可推斷割股療親之人知道妙善立下的模範。妙善貞潔孝女的形象或許並未直接促使割股所代表的孝道信仰出現，卻很可能有助於維持人們對這種行徑的興趣。如果觀音自己都躬身實踐，而且也保護重創垂危的孝子孝女，藉此表現她的讚許，那麼割股無疑是觀音和上天都會嘉許的宗教行持，何況還能救活自己的雙親。由於觀音賦予這種行為合法性，所以被塑造為支持儒家核心價值體系的人物，而非提出另一種典範的挑戰者。

　　明清篤信的割股信仰將父母轉變成奉獻犧牲的最高對象，為

人子女者崇敬父母到情願犧牲自己身體的地步，也因此達到宗教上的聖潔地位，而象徵整個儒家家庭體系的雙親變成不容置疑的絕對道德實體。雖然男性也實踐這種行為，但女性似乎更加偏好這種孝行（T'ien 1988: 159-161）。將守寡變為一種宗教情操的女性貞操信仰與篤信割股療親的現象平行發展，兩者相互參照之下，割股顯然自有其內在邏輯，雖然乍見之下這種行徑不免狂熱怪異。女性的信仰至此已變為家居宗教化了。

　　妙善的自我犧牲與割股信仰都與孝道觀念有關。然而，中國這種特殊的孝道表現，必須歸因於佛教對「捨身」的理想化，以及對於肉體苦行的相關讚揚。針對這點，我們必須共同檢視割股和高僧傳中頌揚的自我犧牲及自殘的傳統。如第七章所述，宋朝有名的僧人，如知禮與遵式，經常有自我犧牲及自殘之舉，而割股一定為這種傳統推波助瀾。妙善及其他割股療親的女性雖是在家居士，卻吸取這個原本屬於出家人且主要是男性的特權，用以確保父親及長輩的福祉。

　　強調孝道不是儒家唯一的關注。柯爾（Alan Cole）主張自五世紀以來，佛教的「宣傳」著重兒子回報母親恩德的必要性，而佛寺舉行必要的法會儀式，成為救贖戲碼中不可或缺的機制，因此佛教體制在中國的永續存在，母親、兒子及出家人是三個主要角色（Cole 1998）。柯爾的分析依據的是提倡回報父母恩德重要性的一些本土經典。儘管我不認同他的研究方法與結論，卻贊同他提出的一項觀點，即這些經典曾對中國人的宗教生活產生極大的影響力。

　　這類經典年代最早的是《父母恩難報經》，一般認為是安士高所譯，見於僧祐518年編撰的經錄《出三藏記集》，僧祐註明此經摘自《中阿含經》。這部經寫道：「右肩負父，左肩負母，經歷千年，正使便利背上，然無有怨心於父母，此子猶不足報父

母恩。」（T 16：779a）。七世紀的本土經典《父母恩重經》進一步宣揚這個觀點，詳細敘述母親十月懷胎之苦，以及撫育幼兒的辛勞，敦煌石窟中有此經的變相圖，如 112 及 156 號窟（Mair 1986: 4）。最後，第三部同類經典一般通稱《父母恩重難報經》，此經代表這個發展的巔峰。這部經的抄本發現於敦煌，年代最早不超過十二世紀的印本發現於黑水城，還有四十一本同經印本在韓國被發現，年代界於 1443 至 1806 年間，這表示這部經一定曾經非常普及。事實上，即使今天在台灣仍可輕易發現信徒助印的這部經。

根據馬世長的看法（Ma 1998），上述第三部經（他稱之爲《報父母恩重經》）可能完成於中唐，但宋、元兩代續有增補。此經有一節敘述幼兒承受的十種父母恩，這段經文的變相刻在四川大足寶頂山。不見於寶頂山但出現在黑水城及韓國印本卷首的是八孝圖，即下列八種孝行：肩負雙親、割股、剜眼、割肝、利刀穿身、身掛燃燈、破骨取髓、吞熱鐵丸。孝子之所以有這八種行徑，是因爲根據經文，即使一個人爲了雙親完成這一切自殘行爲，仍不足以報盡父母深恩。

附有這些插圖的印本並未在中國流傳下來，不過，認爲這些印本曾經存在於中土，以致能傳入其他國家，這樣的想法應該是很合理的。從這部經的觀點看來，妙善剜眼、斷手，還有所有割股、割肝或割肉以療親之人，只不過信受奉行經典的規定罷了。一旦神話中和眞實生活中的女性開始將這種極端的孝行付諸實行，義理上的訓誡就轉變爲宗教實踐，並且讓這種作法更具說服力。本土經典、神話及感應故事相輔相成，而傳播這些神話與感應故事的朝山進香活動及造像藝術，則成爲促進這個過程的媒介。

神話、朝山進香及造像藝術

　　雖然妙善傳說在一開始就與香山寺這個朝聖中心密切相關，但是這種情形並未維持很久。這個故事後來傳入杭州，在上天竺寺根深柢固。在開封落於金人之手後，香山逐漸式微，而杭州於1138年成為南宋首都，上天竺寺於是成為全國公認的觀音信仰朝聖中心，直到數百年後普陀山興起，與它分庭抗禮。

　　普陀山在明代被認定為經典所述的普陀洛迦山，即觀音菩薩的「家鄉」，這時它完全取代了香山。《香山寶卷》最後宣稱：「無量光中淨觀音，特來此土度群情；久隱寶陀人罕識，唐朝顯露始聞名。」這透露出普陀其實就是香山。文中接著記述，若人欲親見觀音，須至普陀朝山，一旦到了那裡，觀音會以人們常見的幾種畫像或雕像造型示現：

> 　　爾時菩薩隱寶陀山上，法身自在，能有能無，知一世界事，自百億世界皆悉能知，如月在天，普映一切水，千處禱告千處現，萬處祈求萬處靈。誓願度眾生，皆共成佛道。……如有不信者，但到普陀山畔，志心拜求，如心影現。或現百寶珠冠，體挂瓔珞，二九之容顏；或現白衣自在，四八之妙相；或現大身，或現小身，或現全身，或現半身；或現紫金相，或現白玉容顏；或現頻伽淨瓶，或現紫竹綠柳；或現善財長者，或現韋天龍女；或現滿海蓮花，或現遍山毫光。百億分身，飛行自在。再有多種現相，未能盡宣其數。（Yoshioka 1971, 193）

　　當香山和普陀融合，妙善也併入觀音的形象中，此時觀音已成為漢化的女性造像「南海觀音」，這是明代相當流行的觀音像（詳見第十章）。如本章開頭所述，首見於碑文的妙善傳說主

要撰述目的是爲了讓密教的千手觀音本土化。但是到了較晚出現的版本，這已經不是作者的主要考量。《香山寶卷》描述妙善顯現眞形時，頭戴珠冠，瓔珞嚴身，手持淨瓶楊枝，足蹈千葉金蓮（Yoshioka 1971: 188），這和早期碑文描述妙善顯現爲千手千眼大悲觀音的形象形成強烈的對比。

這個傳說後來經過朝聖活動與造像藝術修潤，這是以下三章探討的主題。在本章結束之際，我想進一步提出兩個看法。第一點、涉及妙善傳說之盛名與千手千眼觀音像持續流傳中國這兩者之間的辯證關係。儘管唐宋興起的大悲信仰造成妙善傳說的誕生，但後者卻促使這種密教觀音像日後一直爲中國人所尊崇。如前面章節所述，除了千手觀音以外，還有其他數種密教觀音像傳入中國，其中十一面觀音在唐以前及唐代若不是更爲普及，至少也和千手觀音一樣受歡迎。然而，留存至今的十一面觀音像寥寥可數❷，有些千手觀音像卻仍然是今日佛教寺院中主要的聖像。有兩尊宋代千手觀音像如今分別位於河北定縣隆興寺大悲閣，以及四川大足寶頂山的 8 號佛龕。❷

明代開始有更多塑像保存下來，例如山西太原崇善寺大悲殿與山西平遙雙林寺觀音堂的主像。我認爲大悲像持續吸引、感動中國人的原因之一，和妙善的故事有關。以下試引一例說明：所有明代所造的大悲像兩側都有一男一女脅侍，1986 年當我參訪五台山著名的金閣寺時，寺僧說那兩位是妙善公主的父母。❷所以，人們是透過妙善傳說的角度來看待這尊密教觀音。

第二點、對於觀音的女性化，妙善傳說的貢獻勝於其他任何媒介。中國人不只能夠在寶卷、小說及戲曲中聆聽、閱讀、觀賞這個故事，還能欣賞寺院壁畫中描繪的妙善故事。正如早期佛陀的故事爲敦煌壁畫提供豐富的素材，最晚從明代開始，妙善生平故事的場景也在壁畫中呈現，永垂不朽。有兩座保有明代此類壁

畫的寺院做為例證：一是四川平武縣的報恩寺，這是土司僉事王璽與其子王鑑於 1440 至 1460 年間創建，寺中主像是千手觀音，像高九尺，有兩尊木雕像脅侍，其中一尊是身著官服的男像，另一尊是女像，兩者被認為是觀音的「雙親」；大殿的東、西及（主像正後方的）北面牆上有長 3.2 公尺、寬 2.85 公尺，總面積達 91.2 平方公尺的壁畫與泥塑浮雕，描繪妙善的生平（Hsiang 1991: 7-9）。

　　另一座寺院是北京大慧寺，俗稱大佛寺，1513 年由太監張雄所建。如同報恩寺，千手觀音也是此寺供奉的主像，寺中東、西牆面上的壁畫描繪妙善生平十圖，側邊的榜題說明這十幅變相圖：（1）妙莊王宣旨嫁女；（2）妙善公主講求習佛；（3）妙莊王以情感化妙善易志；（4）妙善公主被禁白雀寺；（5）妙莊王加害妙善公主；（6）妙善公主遊地獄（圖 8.3）；（7）妙善公主得道香山；（8）妙莊王命賴忠孝女；（9）妙善公主捨身救父；（10）妙莊王皈依佛法（Wang 1994: 104-121）。

　　雖然妙善傳說家喻戶曉，卻沒有特定一尊觀音塑像或畫像被認定是妙善，例如甚為普及的三十三身觀音像並未包含妙善——多年來我對此事百思不解，但現在原因昭然若揭。妙善不需要特定的造像，因為她無異於大悲觀音，無論何時人們見到千手觀音，也就見到妙善。觀音透過這個傳說而經歷本土化與女性化。此外，妙善不只是觀音，在寶卷文學及寺院藝術中呈現的妙善公主甚至等同於佛。如此一來，等於是為明清的一些新興宗教鋪路，將觀音提昇至創世主及宇宙主宰的崇高無上地位（詳見第十一章），呼應密教經典宣說的相同內容（詳見第二章）。

圖 8.3　妙善遊地獄，北京大佛寺壁畫，1513 年（引自 Wang 1994: 113）。

第九章

普陀山：
朝聖與中國普陀洛迦山的創造

　　中國佛教聖地的分布，取決於大菩薩示現的地點。虔誠的朝聖者到聖地朝山，希望藉此獲得福佑，如果幸運的話，還能親眼見到菩薩示現。這些名山稱爲「三大道場」，或「四大名山」（意指四座名山，或代表四大元素的名山）。所謂「三大道場」，即山西五台山文殊菩薩的道場、四川峨嵋山普賢菩薩的道場，以及浙江普陀山觀音菩薩的道場。傳統上這三位菩薩稱爲三大士，是整個亞洲佛教所崇敬的大菩薩。「四大名山」包含上述三個聖地，另外一處聖地是安徽九華山地藏菩薩的道場。「三大道場」、「四大名山」這兩個名稱相當晚近才有人使用，就我所知，是宋代以後才開始出現。一部十四世紀初的寧波地方志使用「三大道場」一詞。不過到了晚明，《普陀山志》的作者都廣泛運用這兩個名稱。

　　《普陀山志》1698 年版的編纂者裘璉，解釋爲何取數爲四，他認爲這四個地點象徵四大元素（四大種），世界由四大元素所構成，這四大山又象徵四大元素：五台山代表風、峨嵋山代表火、九華山代表地、普陀山代表水。他接著評論道：

九華地介江表，五台、峨嵋雖遠，亦在內地，計程可到，獨普陀孤懸海外，可謂遠且險矣。且歷朝來，無論貴賤，善信男女，緇流羽衣，遠近纍纍，無不函經捧香，頓顙繭足，梯山航海，雲合雷奔，來朝大士。方之嵋峨、五台、九華，殆有加焉。（《增修南海普陀山志》1698，2：4；Saeki 1691：372-273）

普陀山崛起而成為全中國及全世界觀音信仰的朝聖中心，過程緩慢，且相當晚近才出現；普陀山的發展始於十世紀，十六世紀漸成氣候，十八世紀以後才達到巔峰。相對地，其他三座名山，尤其五台山與峨嵋山，唐代就已家喻戶曉，約當觀音信仰開始盛行之時，這導致中國內地有幾處觀音信仰中心的興建。儘管似乎沒有其他文殊、普賢的地方信仰中心足以與五台、峨嵋匹敵，但普陀山的情形卻大不相同。普陀山最後脫穎而出，成為最重要的觀音信仰朝山聖地，因此後來才能與其他有名的朝聖中心相提並論。

普陀山能夠超越內地的信仰中心，是因為它宣稱是「普陀洛迦」，也就是《華嚴經》中所提及，觀音菩薩居住的島嶼，此經也是確立五台、峨嵋為聖地的經典依據。般若於795至810年間譯出的《四十華嚴》特別重要，這部經敘述善財童子朝聖求道的歷程，觀音是善財參訪的第二十八位「善知識」，居住在海中的普陀洛迦山。經中描述觀音坐在茂林空地中的金剛石座上，對善財說法。普陀洛迦山也是重要的密教經典《千手千眼觀世音菩薩大悲心陀羅尼經》（簡稱《千手經》，詳見第二章、第七章）中的說法地點，此經描述佛陀在這座聖島上的觀音宮殿，身邊有眾多菩薩及其他眾生圍繞，觀音在此法會中教示廣大圓滿無礙的救苦救難陀羅尼。

　　中國普陀洛迦山的建立者，一方面使這座島嶼和這些深具影響力的經典產生關聯，同時也納入內地各地方朝聖中心發展出的觀音傳說及造像藝術要素。觀音的感應事蹟促使這些中心興起，也造成相關的地方傳統。我認為只有當觀音與某些特定地點產生關聯，人們也開始到這些地方朝聖時，觀音信仰才真正在中國生根。觀音朝聖地激增的另一個原因，是因為這位菩薩在中國經歷大規模的同化過程。在所有佛教重要神祇中，只有觀音產生性別轉變，也因此順利地全然中國化。因為觀音在中國極為盛行，各地紛紛出現許多觀音信仰中心。感應故事讓觀音確立於這些地方，且在過程中賦予觀音在中國本土的生平及造像。

　　如前所述，感應故事與朝山聖地在中國觀音信仰中扮演重要的角色，兩者都有助於觀音的本土化及漢化。舉凡感應故事、地方傳說、文學及藝術都是傳揚朝山聖地的媒介，它們在有意朝山的人心目中形成某些期待，甚至可能影響朝聖者的實際體驗。朝聖者無論僧俗，都是將地方傳統帶到全國各地的媒介。編撰山志的作者細心蒐集、保存這些傳統，如本章後文的論述，這些山志是每個朝山聖地之所以成立的有力依據。

　　崇拜同一神祇的各朝聖中心之間的關係值得審慎研究。我們能否探討中國境內地方性、區域性、全國性、甚至國際性的朝山聖地？它們是否總是為了獲得聲望及護持而互別苗頭呢？或者應該問：有些朝聖地是否利用歷史較悠久、地位較穩固的聖地之名，以證實本身新近公認的靈驗？觀音信仰及其分散多處的朝山聖地，正好是我們研究的理想範例。儘管本章重點在於普陀山成為中國普陀洛迦山的途徑及過程，我卻是透過內地其他朝山聖地來檢視這些發展。如同佛雷（Bernard Faure）1992 年的禪宗朝聖地研究顯示，朝山聖地興衰的相關研究能夠提供許多必要的資訊，讓我們了解中國宗教的社會史。

朝山聖地的建立

敍述觀音朝山聖地建立的起源神話，多半包含兩個主旨：若
非觀音化現爲人，且爲了利益眾生而顯神異，就是某地因爲供奉
一尊顯神異的觀音像而聞名。通常觀音聖像是自然形成的（自
做），或是由觀音菩薩本身所造。《法苑珠林》、《太平廣記》之
類的一般文獻中載有這種神異所造佛像的資料，類似的現象在印
度教及天主教中也有紀錄。

有些關於這種佛像的故事並未收錄於任何文集，只在地方上
流傳。例如廣西桂林龍隱岩的石碑中，有一塊上半部刻有觀音像，
下半部是有關其來源的銘文。此像中的觀音頭冠上有三尊化佛，
而不像一般造像中只有一尊。這尊像只描繪至菩薩胸部的上半便
戛然而止，銘文說明箇中原由：唐文宗太和年間（827—835），
長安虔誠的在家居士王仁信奉觀音。有一天，一位僧人前來，自
願爲他繪一幅觀音像，不過僧人要求在一間靜室作畫，七天內嚴
禁任何人打擾。三天後，王仁家中的孩童由於好奇，在紙窗上戳
洞向內窺視，此時僧人突然消失無蹤，只留下這幅未完成的畫像。
王仁這才明白僧人是觀音的化現。這幅畫的複製品被保存下來，
1665 年僧人信曉至桂林朝聖時，見到其中一件複製品，決定將此
像刻於石碑，流傳後世，並且在地方官員與鄉紳的支持和贊助下
大功告成。

另一座立於 1914 年的石碑刻有八十八位施主的姓名，根據
此碑，龍隱岩是觀音信仰的朝聖中心，每年農曆的二、六、九月
都有香客前來朝山，慶祝三個觀音聖誕。1987 年 6 月，當地導遊
告訴我，這就是爲何觀音頭冠上有三尊化佛的原因。雖然石碑上
的觀音像蓄有鬍鬚，當地人顯然仍透過妙善傳說來看待觀音。朝
山聖地的起源神話反映普遍的神異觀，有時同一個地點的起源神
話中包含上述兩種主旨。

　　前一章探討香山寺如何成為一處朝山聖地。現在我將討論另外兩處中國內地的朝聖地，兩者各代表一種主旨。接著探討的是普陀山的情形，普陀山最初吸引香客的原因是有可能在此見到觀音示現，在以後的數百年間，這種情況多多少少仍維持不變。

南五台山

　　淨土宗的印光大師（1861─1940）至誠信奉觀音，於1930年代贊助《普陀山志》的修訂。他在新版序文寫道：「菩薩大慈大悲，普為法界眾生恃怙，由茲舉國人民，各皆信奉，故有家家觀世音之常談。其應化道場，固非一處，如陝西南五台山、大香山、浙江天竺山等。其感應昭著，香火胮蠻，唯南海普陀山，最為第一。」（PTSC 1924: 16）

　　南五台山有五峰，位於終南山南面，距離長安（今西安）南方約五十里。印光大師在同一篇序文中增添一篇關於南五台山創建的敘述，根據的資料是元朝一位僧人在1271年所立的石碑上所寫的文章。以下是部分原文：

　　　　昔隋時仁壽中（601─604），此山有毒龍焉。以業通力，變形為羽人，攜丹藥貨於長安，詐稱仙術，以欺愚俗。謂此藥之靈，服者立升於天。嗚呼！無知之民，輕信此語，凡服此藥而升天者，不知其幾何，又安知墮彼羽人之穴，以充口腹耳。而一方之民，尚迷而不悟。唯我大士，以悲願力，現比丘身，結草為庵，止於峰頂。以妙智力，伏彼祅通，以清淨風，除其熱惱，慈念所及，毒氣潛消，龍獲清涼，安居巖穴。民被其德，各保其生，昔之怪異，不復見矣。

　　　　由此靈貺達於朝廷，以其於國有功，於民有惠，建寺峰頂，

而酬酢之。大士以慈風法雨，普濟含靈，慧日淨輝，破諸冥暗。於是縉紳嚮慕，素俗欽風，割愛網以歸真，棄簪纓而入道。大士嘗居磐石，山猿野獸，馴繞座隅，百鳥聚林，寂然而止，如聽法音，久而方散。嗚呼！建寺之明年，六月十九日，大士忽示無常，恬然入滅。異香滿室，愁霧蔽空，鳥獸哀鳴，山林變色。於是寺眾聞於朝廷，中使降香，奉敕賻贈，以崇冥福。

茶毘之際，天地晦冥，斯須之閒，化為銀界。忽聞空中簫鼓響，山岳搖，瑞雲奔飛，異香馥郁。忽於東峰之上，現金橋，橋上列諸天眾，各豎幢幡，及雨金華，紛紛而不至於地。最後於南台上，百寶燦爛，廣莫能知，衝天無際，影中隱隱現自在端嚴之相。慈容偉麗，纓絡銖衣，天風飄飄，煥然對目。爾時緇白之眾，千百餘人，咸睹真儀，悲喜交集，莫不涕泣瞻依，稱名致敬，始知觀音大士示跡也。清氣異香，經於累月。

左僕射高公，具奏其事，皇上覽表，嘉歎久之。收骨起塔，御書牌額，錫號為觀音台寺，撥賜山林田土，方廣百里，每歲時降御香，度僧設供，大崇法化。

至唐大曆六年（771），改號為南五台山聖壽寺焉。五代之世，兵火連綿，諸台殿宇，並遭焚毀，雖有殘僧壞屋，尚與木石共處矣。至宋太平興國三年夏（978），前後六次，現五色圓相祥雲等瑞。主僧懷偉，具申府尹，被奏天廷，敕賜金額，為五台山圓光之寺。由是增修寶殿，繪塑真儀，煙霞與金碧爭輝，鐸韻共松風演妙。諸台屋宇，上下一新，嗣續住持，香火不絕，慈輝所燭，石孕祥雲，法雨所霑，水成甘露。台南數百步，有石泉焉，注之方池，色味甘潔，能除熱惱，能潤焦枯，舒之則沙界滂沱，卷之則石池澄湛。或時亢旱，

> 迎請者相繼於道途，感應如期，州郡已彰於簡牘。懷生蒙佑，
> 草木霑恩，自昔迄今，聲華不泯。噫！大聖以悲願力，福被
> 一方，而一方之民，亦不忘於慈佑。每遇清明之月，及夏季
> 忌辰，不遠百里，陟嶮登危，皆以淨心踵足而至者，何啻百
> 千萬耶？扶老攜幼，闐溢道路，相繼月餘，各以香花音樂，
> 繒蓋幢幡，資生之具，持以供養。(PTSC 1924:18-20)

以上引用長篇原文，因為南五台山的情形可以做為觀音聖地
成立的典型範例。一開始是觀音化現，為當地民眾的福祉顯神異。
觀音化現為僧人，解救眾生──六朝時代編纂的感應錄中這是經
常出現的觀音化身（詳見第四章）。❶此外，雖然這位神僧名字不
詳，但與觀音化身的神異僧如出一轍（詳見第五章）。另外值得
注意的一點是，據說他示寂之日正是農曆 6 月 19 日。如前一章
所述，由於妙善傳說的盛行，人們在三個觀音聖誕朝拜菩薩，即
農曆 2 月 19、6 月 19 及 9 月 19。之所以選定這三個日子是因為
妙善（觀音）在 2 月 19 誕生，6 月 19 悟道，9 月 19 出家。難道
這位僧人入滅於 6 月 19 是純屬巧合嗎？還是也可能反映出妙善
傳說的影響力？因為到了十三世紀造此石碑之際，妙善傳說已廣
為人知。這個地方原本極有可能屬於道教，故事中實為食人毒龍
卻佯裝仙人欺世惑俗的情節，暗指此地後來轉而成為佛教聖地。
如同佛雷（Faure 1987, 1992）的探討所示，類似的對峙也出現在
其他對佛、道同等重要的聖地。此外，隨著皇室的認可與護持，
南五台山逐漸發展起來，並且因該處僧人的倡導而歷久不衰。新
的感應故事讓此地復興，最後還由於經常絡繹於途的香客讓這處
聖地得以維持。

杭州上天竺寺

上天竺寺的盛名和一尊「自然形成」的神奇觀音像有關。這座寺院在發現佛像的道翊法師帶領下，於 939 年大爲復興（HCLAC 80/ 6b-13b; HHYLC 11）。這一年，道翊法師自終南山前來（終南山是位於南五台山之北的名山，也是道宣和敍述妙善公主故事的那位神祕僧人經常往來之處），一天夜裡，當他正在打坐時，忽見溪中一道白光，他凝神一看，發現水中有一塊長達數尺的奇木，散發異香，色澤、紋理極爲特殊。他請當地一位工匠孔仁謙，將這塊奇木雕成觀音像。孔仁謙將木材劈開時，卻發現裡面已有一尊「自然形成」的觀音像，此像有寶冠華服嚴飾，而菩薩的面容慈祥端麗。孔仁謙決定將這尊佛像據爲己有，以一般木頭另刻一尊觀音像交差。但是觀音在道翊夢中示警，於是孔氏移花接木的事蹟敗露，不得不交還那尊自然天成的聖像。數年後，道翊於乾祐年間（948—950）又夢見一位「白衣人」前來相告，表示翌日將有一位僧人從勳自洛陽來，他應該向這位僧人索取一顆古佛舍利。當從勳果眞到達，見到這尊觀音像時，深受感動，隨即獻出他所擁有的舍利，安置在聖像的頂冠中（STCC 1980: 29, 86, 227）。

儘管《上天竺寺志》並未敍述原本觀音像的形貌，但那很有可能是女性白衣觀音像，只要檢閱以吳越王朝開國君主錢鏐（851—932）爲中心的另一組上天竺寺創立傳說，當可清楚顯示這點。錢鏐即位之前，夢見一位白衣婦人向他保證，只要他心懷慈悲，她必定護佑他及其後代子孫。她還告訴他，二十年後可在杭州天竺山找到她。錢鏐登上王位後，又夢見同一位婦人向他要求一處棲止之地，她願意成爲吳越國的守護神，以爲回報。後來錢鏐四處探詢，發現唯一的白衣觀音像在天竺山，於是他建立「天竺看經院」，也就是後來上天竺寺的前身（STCC 1980: 31）。

　　從這段記載看來，收藏於天竺山的聖像是女性白衣觀音。根據萬曆年間（1573—1615）一位朝聖者的描述，這是一尊坐像，高二尺四寸，善財、龍女脅侍於兩側（STCC 1980: 228）。如第六章所述，白衣觀音是晚唐出現的數種女性觀音像之一，自十世紀以降廣為流傳。從南宋開始，與普陀山逐漸興起的同時，繪畫、雕塑、感應故事及觀音寺院的起源神話皆證實這項事實。

　　上天竺寺的觀音以扭轉天災、向朝聖信徒託夢等神蹟漸為人知。由於當地縣令記載的靈驗事蹟，宋仁宗於 1062 年賜頒一塊匾額，題為「靈感觀音院」，並將此寺重新劃歸為禪宗寺院；而蘇軾和寺院住持辨才禪師（卒於 1091）之間的友誼，也提昇了上天竺寺在文人官僚間的名氣。禪僧、文官普遍崇奉觀音，對觀音信仰大有助益，同樣地，這類社會高階人士也使上天竺寺成為觀音信仰的中心。蘇軾曾作一首詩，題為〈雨中遊天竺靈感觀音院〉，再次證明那兒供奉的是白衣觀音：

　　　　蠶欲老，麥半黃，
　　　　前山後山雨浪浪。
　　　　農夫輟耒女廢筐，
　　　　白衣仙人在高堂。
　　　　（《杭州勝蹟雜錄》5: 56）

　　杭州成為南宋（1127—1279）的首都時，皇帝經常親臨這座寺院，大力護持。孝宗（1163—1188 在位）御賜觀音「天竺廣大靈感大士」之稱，將這位菩薩視為中國神明，此後歷代帝王也繼續護持。寺志記載觀音在 998、1000、1135、1374、1455、1477、1503、1539、1542、1545 及 1626 年降下甘霖，1065、1580 及 1608 年拯救杭州百姓免於洪災，1016 年解除蝗災，還有

1588 年的瘟疫。西元 998 年連續五個月不曾降雨，於是守杭州的給事中將聖像迎至城中的梵天寺，率全體官員一起祈雨，從此立下祈求觀音顯神異的先例，所有官員迎請觀音像入城，向菩薩祈願（STCC 1980: 3-43）。

有時爲了祈求菩薩救助，必須付出更多努力。例如 1135 年夏天，杭州大旱，杭州府守將觀音像移至海惠寺祈雨，但是不見效果。到了六月，有一位苦行頭陀潘法惠以燒紅的鐵丸自焚右眼，旋即天降大雨。三天後，法惠夢見白衣女向他借一顆珍珠，他拒絕了，但夢中另外兩位僧人勸他答應，表示「自今六六」後她將會歸還。到了 7 月 21 日那天，他再次夢見相同的三個人，兩位僧人邀請他赴一場齋會，白衣女在前引導。他們到了一個地方，有各種熟果紛紛從樹上落下，法惠就地撿果子吃下，頓時覺得心地清涼。突然之間，白衣女向他投擲一顆彈丸，正中他凹陷的右眼。他失聲大叫而驚醒，感覺眼中有某種像珍珠般的東西，視力也逐漸恢復。這發生在他第一個夢後的第三十六天，他這才明白「六六」的涵義（STCC 1980: 36）。

朝聖者到上天竺寺祈夢以求神諭，這種現象在知識分子中特別流行，例如，1132 年時，浙江準備參加科考求取進士的考生必須到杭州應試。來自湖州的談誼與六位友人一起到上天竺寺朝拜祈夢，尋求神諭。當天夜裡，談誼夢見自己食用茄子，而同行的友人徐楊則夢見大啖巨蟹。第二天，兩人請寺裡專門解夢的人解說夢兆，結果得知，依據當地俚語，茄子代表「落（敗）」，螃蟹代表「黃甲（金榜題名）」。後來，徐楊果然榜上有名（STCC 1980: 36）。

還有其他神異事蹟證實上天竺寺觀音的靈驗，像以下這個故事就是關於反悔不還願的信徒得到的警告。話說杭州王某患瘡瘍，於是向觀音祈求，發願一旦病癒即捐給寺院燈油及掃帚。當

他痊癒到上天竺寺準備還願時，卻有竊賊偷走他的燈油及掃帚，以賤價賣出。王某逮住竊賊，準備扭送官府，此時驚惶失措的竊賊願以雙倍代價賠償，王某接受和解，不再追究。王某有個女兒，當他回到家時，熟睡中的女兒突然開口對他說道：「今天您去還願，卻讓人給您酒食財物。（觀音）菩薩慈悲，但是護法伽藍堅持捉拿我以爲替代。請您準備原先承諾的供養品，到寺院求懺悔，並感謝護法伽藍。」王某依言而行。後來他女兒甦醒，卻完全不記得發生過何事（STCC 1980: 36-38）。

明朝時，2 月 19 日被認爲是觀音的生日，對所有朝山信徒而言，這一天是最重要的日子，他們從遠近各地前來，事先持齋，然後趕在慶典前一天入山。因爲有數十萬朝山香客，無法在寺內掛單，必須露天而坐直到次日清晨，這稱爲「宿山」。1554 年觀音誕辰前夕，星月昭朗，忽見一白鸚鵡自殿中飛出，振翅翱翔於天際❷，萬人親眼目睹，讚歎念佛之聲響徹山谷。如此奇蹟一連發生四次（STCC 1980: 41）。

每年出現的眾多人潮促使「西湖香市」誕生，也有人稱之爲「天竺香市」。朝聖活動的經濟層面本身就是值得研究的主題。正如政治的護持可能影響朝山聖地的命運變化，隨著朝山進香而產生的經濟活動也很有可能是影響朝聖地能否持久的一項決定因素。我們幸而有一些關於上天竺香市的見聞紀實，明朝作家張岱喜好遊山玩水，他如此敍述十七世紀所見的香市：

> 西湖香市，起於花朝（2 月 12 日），盡於端午（5 月 5 日）。
> 山東進香普陀者日至，嘉湖進香天竺者日至，至則與湖之人市焉，故曰香市。然進香之人市於三天竺，市於岳王墳，市於湖心亭，市於飛來峰，無不市，而獨湊集於昭慶寺，昭慶寺兩廊故無日不市者。三代八朝之骨董，蠻夷閩貊之珍異，

皆集焉。至香市，則殿中邊通道上下，池左右，山門內外，有屋則擁，無屋則廣，廣外又篷，篷外又擁，節節寸寸。凡胭脂簪珥、牙尺剪刀，以至經典木魚、邪兒嬉具之類，無不集。此時春暖，桃柳明媚，鼓吹清和，岸無留船，寓無留客，肆無留釀。（HCFC 1924, 2: 14a-15a）

十九世紀上半葉的作家范祖述也有類似的記述。根據他的記載，朝山香客主要來自江蘇蘇州，以及浙江杭州、嘉興、湖州三縣，但也有些來自山東、安徽、福建、廣東及廣西。朝聖者進入杭州的路線有兩條：北路走運河，在松木場上岸；南路走長江，在錢塘江畔上岸。他估計每天到達的人潮高達數萬人。在所有販售的商品中，以蠟燭、香火、念珠及紙錢居首，杭州、紹興是這些商品的兩個主要產地。

根據范祖述的記載，來自紹興的朝山香客有獻巨燭給上天竺寺的習俗，這種蠟燭重達數十斤，每根蠟燭固定在架子上，由兩名壯丁扛著，在香客敲鑼打鼓的伴隨下，護送入寺。巨燭在點燃後不久就被熄滅，讓朝聖者帶回家，做為竈房的燈燭。朝聖者會捲繞數匹或甚至數十匹黃、白布，製成一條長繩，並牽著這條長繩步行前往上天竺寺，然後將它獻給寺僧——這稱為「捨幡」。朝聖者供養的香火有檀香、線香兩種，前者可能重達數百斤，而後者可能有數千枝。這些幾乎都還沒點燃就被熄滅，交給寺僧，因此在朝聖旺季結束後，堆放在寺院庫房的香燭可能多達數萬斤。這也是上天竺寺的寺僧為何不為外人剃度，而將法脈傳承留在自己寺內的原因。從杭州以外地區來到香市的商人只占全部的百分之十，杭州當地商人在春天朝聖旺季的獲利更勝於其他三季收入的總和（HCFC 2: 15 a-b）。

我在 1987 年的朝聖季（始於二月中旬農曆新年過後不久，

至四月中旬清明節後結束），訪談上天竺寺僧、寺中的工作人員、旅館業者以及朝聖者，他們對香市記憶猶新。❸截至五月初，估計有兩百萬人到杭州朝聖。在觀音誕辰前一日，即 3 月 18 日上午十點半之前，上天竺寺的售票亭已賣出 4 萬張門票（一張票價 0.5 元人民幣，當時官方匯率是 1 美元對 3 元人民幣），當晚有 3,000 人「宿山」。上天竺寺住持估計那個朝聖季的收入有 60 萬元。在監管大運河與錢塘江運輸的交通管理處任職的一位幹部估計，在 3 月 6 日之前，每天約有 610 萬朝聖者抵達，但由於杭州能容納的空間有限，只有 3 萬人獲准入城。

　　杭州的朝聖者來自江蘇南部與浙江北部，類似早期作家所記錄的情形。在江蘇省，雖然多數朝聖者來自比鄰太湖的蘇州、常熟、無錫、宜興與湖州，也有為數可觀的朝聖者來自崑山、嘉定與嘉善；在浙江省，來自杭州東北的嘉興、平湖與海鹽的朝聖者數量最多。江蘇的朝聖者搭乘包租船，在船上度過兩夜，即一來一回各一晚，另外在杭州旅店過兩晚；浙江的朝聖者搭乘包租客運，在杭州城停留三天兩夜。

　　近幾年朝聖的商業活動變得非常興盛，以致旅店與船運公司、客運公司共同合作，滿足前來杭州朝聖者交通與住宿的需求，這些人將自己定位為「宗教旅遊事業」工作者。蘇州船運公司在常熟設置一個營業處，另於崑山設立一個規模較小的營業站，從常熟營業處保存的紀錄可以看出 1979 年以來朝聖商業的迅速成長。❹每到朝聖季，來自同一地區的朝山香客會一如以往地投宿同一家旅店。自 1980 年開始，崑山營業站派駐兩名人員至西湖附近的玉泉飯店，每年朝聖季中的兩個月間，他們在此專門照應從崑山來的香客。飯店的登記表顯示，從 3 月 9 日開始的兩個月中，有二十七個進香團，總計 5,504 人曾投宿於此。其中大約百分之八十為女性，百分之五十介於五十至六十五歲之間，百分之

二十超過六十六歲。

這類似天目山飯店提供的資料，這間飯店專門承辦來自常熟香客的住宿業務。從 2 月 6 日到 4 月 16 日，此處有 11,592 名朝聖者住宿，他們搭乘 138 艘船來到杭州。百分之五十的人介於五十至六十五歲，百分之三十超過六十五歲，只有百分之二十在四十九歲以下。因爲大部分的朝山香客是農民與桑蠶養殖者，女性退休年齡五十歲而男性六十歲，這就是絕大多數香客超過五十歲的原因。大部分香客自行負擔旅費，包含子女提供的補助，但是有些行政區，例如無錫，實際上鼓勵退休農民朝聖進香，因爲他們回家之後可報銷「旅遊」費用。

香客通常參加「香頭」（處理實際事務的領隊）帶領的「香隊」到杭州朝聖。另外，有些香隊還有號稱「佛頭」的宗教領隊，佛頭會誦經、唱進香歌、進入出神忘我的狀態而成爲「活菩薩」（觀音的代言人），以及在香隊中爲人治病。❺依據香隊人數多寡可分爲四種香頭：「總香頭」領導數個村莊組成的進香團，「鄉香頭」領導來自同一區的香隊，「村香頭」領導來自同村的香隊，「隊香頭」領導同一工作隊的朝聖者。大團可能有多達 250 至 300 名朝聖者，小團約有 10 到 20 人，一般進香團大約由 40 至 60 人組成。

香頭與船運公司及旅店業者密切合作，他們負責拜訪村民，招攬團員。關於擔任香頭可得的經濟利益，受訪者提供的資料不盡相同。根據蘇州船運公司崑山營業站的代表所言，香頭向無錫廠商買香，向杭州廠商買紙錢，他們大批進購，然後轉賣給香客而從中獲利。例如，一小束香要價 3 角（0.3 元）人民幣（大約美元 1 角），而非 2 角，由於大部分香客大約會花 4 到 5 元買香，這個利潤相當可觀。玉泉飯店的經理表示，香頭可以分別從船運公司與旅店抽取利潤，每召募到一名團員就可抽 5 分錢。可是平湖地區的香頭卻可以抽取 2 元的利潤，這種費用稱爲「手續費」，

從船公司購入 100 張票，就可得到 4 張免費票，可以轉手賣出賺利潤。因此，若組成 500 人的進香團，香頭即可獲得 1,000 元，相當於一位普通農夫一整年的收入。顯然這種企業在不同地區會有顯著的差異。

香客左手臂佩戴紅布條，上面以墨汁寫著團名，女性香客也會綁上特殊的頭巾，標示她們所屬地區的名稱；來自蘇州與崑山的婦女頭上套著毛巾，其他地區的婦女頭戴綠色或深藍色的方巾。綁在頭上的紗線顏色也有象徵意義：紅色表示丈夫還活著，白色表示丈夫最近過世，黑色表示丈夫去世兩年，而藍色表示丈夫過世三年。連續三年或五年到杭州朝山是香客嚮往的事，第一年是為父親祈福，第二年為母親，第三年為丈夫，第四年為自己，而第五年則為了子女。她們從出發之前的那頓晚餐開始茹素，直到朝聖結束回家為止。如果與丈夫一起前往，必須分房睡。即使留在家中的已婚子女，也必須茹素與禁欲，不能觸犯這兩項禁忌，否則他們出外進香的雙親或母親將遭遇不幸的意外；朝聖者安全返家後，他們才能夠恢復平常的生活。

當問到為什麼到杭州進香時，受訪者通常回答是因為習俗，只有到上天竺寺上香後，他們才覺得「安心」，因為知道會豐收、桑蠶平安、六畜興旺、闔家安康。我採訪的香客大多數未曾提到「許願」或「還願」。事實上，到杭州朝聖除了宗教動機之外，也是一種樂趣，他們以「借佛遊春」這句話，形容杭州之旅。但是觀光與購物留待第二天的行程，他們下船或下車後的第一件事是立即前往上天竺寺。從靈隱寺到上天竺寺的進香之路大約三里，必須全程步行。一到上天竺寺，他們就忙著點燃香蠟、燒紙錢，讓黃色的香袋與香帶蓋上寺院的印章（每蓋一印一元），並在寺裡的捐款簿中（「緣簿」）填入自己及家人的姓名（最少也是一元）。他們通常花半小時至一小時完成這些活動，速度依香隊人

數多少而定。即使寺院擠滿人潮，香客也總是與自己的團體一起行動，不會混入其他隊中。特納（Victor Turner, 1969, 1973, 1974）極力強調的社群意識出現在同一香隊的成員中，但是在不同香隊之間顯然完全缺乏這種意識。如果是不同村莊的人組成的大團，在相處四天後團員也會發展出新友誼。當我晚上到旅館中拜訪時，發現他們的團體意識或情誼特別濃烈，他們大約下午四點回到旅館，晚間通常會放鬆心情，彼此探望、閒聊與談笑、交換觀音的故事，或合唱進香歌。

他們所說的觀音故事全部來自於《香山寶卷》，但有強烈的地方色彩。例如，他們稱供奉在三座天竺寺的三座觀音像為「三姊妹」，而供奉在上天竺寺的觀音像是妙善公主。他們還提到觀音有四個化身，分別與四個月份有關：二月觀音稱為「臥蓮觀音」，六月觀音是「鰲頭觀音」❻，八月觀音是「千手觀音」，十二月觀音則是「赤足觀音」──之所以名為「赤足」是因為觀音原本纏足，必須七世修行，才順利獲得自然生長不用纏足的自由。有一首進香歌名為〈大觀音經〉，歌詞如下：

> 觀音菩薩降我身，
> 二月十九娘生我，
> 六月十九上天堂，
> 上去天堂身一轉，
> 頭戴珠冠坐正堂。
>
> 手招木魚敲四方，
> 無家無念敬三房，
> 三房不是要飯吃，
> 三房不是要衣穿，

> 三房要到九霄雲裡修個活神仙，
> 一來要修千人緣，
> 二來要修萬人緣，
> 神仙原是凡人做，
> 結果凡人心不堅。

所有進香歌（稱為「觀音經」）都有一項特色，即歌唱者轉換於信徒與觀音菩薩這兩種身分之間（其他實例詳見附錄二）。這或許是因為這些歌曲原本是「活菩薩」（「佛頭」）所作，這些進香隊的宗教領隊在出神忘我的狀態中變為觀音的代言人。

人們來到杭州朝聖主要是因為上天竺寺，近一千年來一直是如此。所有證據皆顯示，上天竺寺是南宋時期觀音信仰的全國朝聖中心。雖然明清時期依然有香客繼續前往朝拜，但普陀山最終取而代之，在這段時期順利成為觀音唯一的真正住處。這個現象的發生過程將是本章其餘部分的主題。

我將檢視普陀山被創造為普陀洛迦山的過程與途徑。在某個層面上，這是一種神話與意識型態的建構，使這座島符合經典提及的模型，因而讓景觀改形易貌。特定的地點被挑出來認定為靈驗的神聖之地，其中最重要的是「潮音洞」，觀音在此處出現在期待親眼目睹菩薩示現的香客面前。隨著時間的推移，其他地方也名列聖地之中，如磐陀石與紫竹林都是觀音開示說法之處；當隨侍觀音的龍女、善財及鸚鵡和菩薩的示現一起出現在朝聖者眼前時，位於潮音洞附近的龍女洞、善財洞及鸚鵡石也成為香客與觀音結緣的地點。

在另一層面上，我將探討普陀山如何經歷數次實際成立、興建、破壞、然後重建的循環。每次普陀從廢墟中重新站起，就有新的寺院在新住持領導之下被建立，新的靈跡聖地被發掘、推廣。

例如，北寺附近的「梵音洞」是在十六世紀後期一段主要重建週期中，成爲著名的觀音示現聖地，這導致北寺後來居上，名聲日漸高升，使得更多香客來到梵音洞，以求見到觀音示現，而不到歷史較久、較有名的潮音洞。這個朝山聖地的實體興建與重建，充分顯示包括寺院所有開山祖師在內的朝聖者與這座島嶼本身的互動關係。

普陀山

雖然「普陀山」字面上的意義是一座名爲普陀的山，實際上意指舟山群島中的一座小島，這座形狀狹長的島嶼南北縱長 8.6 英哩，東西寬 3.5 英哩，總面積 12.76 平方英哩。寧波位於此島正西方 70 英哩處，普陀山的發展與寧波崛起成爲全國及國際性的貿易中心有很大的關聯。隋唐時期有兩項轉變促成這些新發展，一是運河的興建使得主要的陸路貿易路線延伸至東岸，連接以生產爲主的華南與主消費的華北，也因此刺激長江三角洲的經濟成長。同時，在航海羅盤發明之後，航海技術進步，結果連接長江三角洲與中國沿岸、東亞及印度洋港口間的海上貿易變得非常活躍。

寧波從上述兩大轉變中獲益，透過與杭州相連的水路交通，寧波實際上變成運河南端的終點。由於杭州灣的淺灘與潮汐，來自中國東南方的遠洋平底帆船必須在寧波將貨物轉放到較小的船隻，才能繼續行駛至杭州及其他內陸港口。基於相同理由，長江下游地區的貨品必須先運至寧波，再出口至海外貿易。由於地理位置重要，監督沿岸貿易、掌管朝鮮與日本海運歲貢的市舶司（海外貿易管理處）即位於寧波，自 992 至 1523 年幾乎不曾改變。至南宋時，海運蓬勃發展，國際與國內市場均已擴展，這些發展

大幅振興寧波及附近地區，包括普陀山。貿易商品之中，香經常被提及，寧波的工匠也以製作佛具而馳名（Shiba 1977: 392-410）。

　　普陀島雖小，卻因此位居要地，成為華南、華北間與中日間海路的必經要衝。在唐朝初年，日本船隻走北方航線來到中國，經過朝鮮半島抵達山東，但在中唐時期，新羅統一朝鮮三國後，日本船隻開始行駛南方航線，經沖繩抵達寧波與越州（今楊州）。如果吹東北風時行駛南線，將費時五天五夜抵達鄰近普陀的港灣沈家門，船隻必須在此等待中國海關的檢查，通過後才能繼續前進。在返回日本的歸程中，也是在普陀等待適合航行的天候。因此，明清時期普陀山變成全國的觀音朝山聖地時，也同時成為一座重要的國際海運貿易港（Hsü 1987: 135-137）。

　　這座島嶼屬丘陵地形，有許多低矮的山丘及自然岩層星羅棋布。為凸顯此島多山的地勢，歷來普陀山志的作者無不費心分辨此處自然地形中的各種高地，如最晚近的山志（1924年版）提出下列幾種：十六山、十八峰、十二嶺、十五岩及三十石。

　　在唐代，此島創建為佛教聖地之前，似乎是著名的道教避世之處。島上最有名的山是南部最高峰——梅岑峰，取名自西元前一世紀末漢成帝年間之人梅福，相傳他曾至島上避難，且在山峰附近隱修煉丹，晚明如迥法師修建梅福庵以紀念他。事實上，在完全以「普陀」名聞天下之前，這座島嶼在宋代以前的文獻中即稱為「梅岑山」。除了梅福之外，其他道教傑出人物也和此島有關。秦朝（249 BCE—209 BCE）方士安期生為避秦末亂世，逃離內地，到此小島煉丹製藥。據說他有一回酒醉，將墨汁潑灑在岩石上，畫出桃花盛開之景——這個傳說應該是南寺西南方「桃花山」之名的由來。根據傳說，若人仔細觀看，桃花的輪廓仍依稀可辨。另外，「葛洪井」則是依著名道士葛洪（253—333?）命名。❼

　　歷來普陀山志的編撰者承認此島與道教的關聯，他們不僅接

受它在佛教傳入前的歷史,事實上似乎還樂於利用過去的名氣。如同傳說中的蓬萊仙島與方丈仙島,普陀山也被視爲神聖之地,不同的是蓬萊、方丈渺不可尋,一般人卻能前往普陀山遊覽。最早編撰普陀山志(1361)的盛熙明就表露這種心情;

> 世傳蓬萊方丈,在弱水中,非飛仙莫能到。昔秦皇漢武,窮年遠討,勞神苦體,卒如捕風追影,終不得其涯涘。今小白華山,距四明不遠,爲聖賢託跡之地,石林水府,神光瑞像,雖在驚濤駭浪之間,航海乘風,刻日可至。(T 51: 1136a-b)

然而,佛教「接收」這座島嶼——如果眞的可以使用這個詞——過程顯然是平和的,沒有任何證據顯示佛教曾與先前存在的道教進行宗教權威鬥爭。因此,困難的不是如何戰勝或取代之前的信仰,而是如何使提出的新主張名正言順。對於指出普陀山即經典提及的普陀洛迦一事,十一、十二世紀有些受過教育的人已經視之爲理所當然,包括僧侶與文人,因此這種認定就變得正當合法了。1165 至 1173 年撰寫《草庵錄》的南湖道隱即如此認定。《佛祖統紀》從中引用一段文字如下:

> 補陀山在大海中,去鄞城東南水道六百里,即華嚴所謂南海岸孤絕處,有山名補怛落迦,觀音菩薩住其中也。即《大悲經》所謂補陀落迦山觀世音宮殿,是爲對釋迦佛説大悲心印之所。其山有潮音洞,海潮吞吐晝夜砰訇。洞前石橋,瞻禮者至此懇禱,或見大士宴坐,或見善財俯仰將迎,或但見碧玉淨瓶,或唯見頻伽飛舞。去洞六七里有大蘭若,是爲海東諸國朝覲商賈往來,致敬投誠,莫不獲濟。(T 49: 388 b-c)

如同這座島的早期相關敍述，這段引文也特別強調潮音洞，因爲這是觀音示現之處。此外，文中也特別提及商人、使節，因爲促使這座島被建設爲朝聖地，且做爲歷代主要護持者的，正是這些人。

從宋代開始，親自來訪此島的重要官員、著名文人及名人也開始撰文記述普陀山，這些朝聖遊客留下的許多詩詞、遊記收錄於島的山志中，宋代政治改革者王安石（1021－1086）、元代名畫家趙孟頫（1254－1322）、明代理學家陳獻章（1428－1500）只不過是其中三個著名的例子而已。雖然他們的著作無疑提高這座小島的名氣（也因此被島志的作者小心翼翼地留存），多數詩詞卻是關於自然景觀，以公式化的描述記錄他們對島上景色的概略印象，最常見的是讚頌普陀十景或十二景的一系列詩賦。這種文學寫作遵循既定慣例，很少表露作者內在的情感。王安石的〈洛伽題涼〉就是其中典型的例子：

> 山勢欲壓海，禪宮向此開；
> 魚龍腥不到，日月影先來；
> 樹色秋擎出，鐘聲浪答回；
> 何期乘吏役，暫此拂塵埃。
> （PTSC 1607, 5：389）

雖然宋代開始有僧人、商賈、使節與官員來到普陀山，其中有些人甚至撰文歌詠，但直至1361年才有第一部普陀山歷史的撰述，作者盛熙明的祖父是來自喀什米爾的移民。盛熙明遊歷四方，對觀音信仰特別有興趣，也知悉內地一些著名的觀音信仰中心，包括南五台山及上天竺山，但起初他對普陀即是經典所謂普陀洛迦山的主張持疑，直到得一神異夢境才幡然轉變態度。盛熙

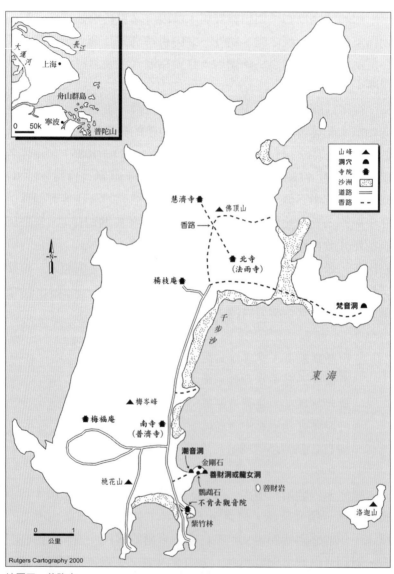

地圖三　普陀山

明後來撰寫普陀山簡史，為此島地名的鑑定提供經典依據與起源神話。

如前所述，盛熙明是八位撰述普陀山志者中的第一人，這八部山志可能是將此島轉變為普陀洛迦山最具說服力的一種方法，也成為宣揚這件事最有力的媒介。雖然這幾部山志橫跨六百年左右，卻逐漸累積形成一套完備的傳統，後來的作者參考、引用前人的著述，而隨著這座島屢經變化，演變為全國暨國際性的朝聖中心，每一位作者當然也刪除陳舊的資料，增添新資訊。因為這些普陀山志是本章所需最有用的原始資料之一，我想先討論這些文獻的一般特色與內容。❽

山志

如卜正民（Timothy Brook）所言，山志屬於與地形、制度有關的方志，明清時期大量出現：

> 這種著作自宋代起就有先例，當時「志」開始用於泛稱地方志，雖然直到十六世紀才普遍出現與地形、制度有關的地方志。……十六世紀時，編修地形及制度的地方志成為常態，於嘉慶、萬曆年間持續增加，而在十七世紀最初數十年激增，第二個大量出現的巔峰發生在十七世紀末。十八世紀中葉及十九世紀初再次出現小幅增加的情形，然而最顯著的高峰出現在十八世紀最後數十年間。（Brook 1988: 52）

雖然普陀山志的編纂大體上符合同樣的模式，但一些特定日期恰巧和這座島嶼興建與重建的週期吻合。普陀山志是朝聖者所寫的朝聖紀實，編纂者包括地方縣令、海軍將領，以及自己主動或應住寺方丈之請而執筆的文人墨客。除了第一位作者盛熙明是

例外，其餘作者都曾前往普陀山朝聖。我認爲這是需要特別強調的一點，因爲這強烈彰顯朝聖者與聖地之間的互動關係；聖地吸引朝聖者，朝聖者隨後宣揚聖地，因此吸引更多朝聖者前來。地方志的作者透過刊印的文字，可能擁有更多讀者（大部分是僧侶及菁英分子）。其他的普通朝聖者，即使是文盲，也有可能口耳相傳，複述他們在聖地聽到的故事或自己親眼目睹的神蹟，以此宣揚聖地的威名。

就像這種文類的多數作品，普陀山志也收錄有關該島地形的描述、各寺院的歷史、皇室護持，與重要頒賜的紀錄、歷任方丈及其他重要寺僧的傳記、動植物，以及進香遊客所寫的普陀遊記或相關詩詞，這些內容並不全然是客觀不摻雜個人情感、就事論事的敍述，相反地，其中可以說有著幾近宗教告解的氛圍。如同本書前文探討的觀音感應錄，普陀山志可視爲一種見證性質的文學作品。因爲其目的不僅在於提供資訊，而且包括勸信，所以這類作品包含大量的觀音感應事蹟，無論是關於這座島嶼的建立，或是在後來幾度盛衰更迭中的復興。即使是大自然也神奇地轉化了，例如山志中記載，島上沒有老虎。雖然偶爾可能有一、兩隻從內陸泅水過海而上岸，通常不會久留。另一方面，蛇類數量倒是不少，但是從來不曾傷害人（PTSC 1832, 12：4b-5a）。

普陀山志包括另一種珍貴的資料，進一步提供證據，顯示朝聖者努力讓當地山水改形易貌，從自然環境中創造出聖地。這些資料就是朝山香客留下的碑文集，其中描述他們目睹觀音示現的親身經歷，或是觀音爲了他們或其親友而顯神異的事蹟。因爲近一千年來，島上建築屢遭戰火與海盜摧毀，原本刻有這些見證的石碑皆已毀損，因此保存於普陀山志中的抄本提供唯一的線索，或許可以讓人找到大量的宗教信仰文學。在這方面，普陀山志絕對不符合卜正民所言——「雖然編修寺志有一部分是爲了供信徒

閱讀，但這種作品卻不是宗教信仰刊物。」（Brook 1988：55）

　　將普陀創造、建立、發展成為中國普陀洛迦山的漫長歷史，不只反映在歷代寺志的編修，最初也是經過編修者公諸於世，爾後又加以弘揚的。1361 年盛熙明著手撰述普陀第一部歷史紀錄時，的確必須克服自己對於此島即是普陀洛迦山之說的疑慮。他難以置信之處——對其他人而言無疑也是如此——就是神話中，菩薩住處聖島的壯麗與偏遠孤島普陀的平凡無奇兩者之間的落差。

　　盛熙明記述，當他到五台山朝聖時，聽一位西藏法師提到「番」本《補陀洛迦山行程記》中關於普陀洛迦山的描述，他接著簡述記憶中的內容：這趟神奇的旅程必須始於印度，然後朝聖者先至葛剌捒迦羅國，日夜繞行佛塔，最後自會被告知此行方向與所需時日。途中會經過羅剎鬼國，朝聖者應該堅拒羅剎的聲色飲食誘惑。之後還有種種魔擾，但朝聖者應該勇往直前，絕不退卻。接著會遇到一座寶池，朝聖者可飲池中甘露，體力自然倍增。此後還會行經其他勝境，但不宜貪戀留連，應繼續前進。接近聖地時，馬頭金剛手菩薩將前來迎接，引至一處巖洞入口，那裡有聖多羅（度母）攝受慰諭。最後朝聖者進入巖洞，其中「紫竹栴檀，森鬱交蔭，流泉清潔，纖草如茵，菩薩充滿，觀自在菩薩常住其中，天龍圍繞。行者至此，蒙宣妙法，即得開悟，凡有所求，依願圓滿。」❾

　　以上的記載顯然是虛構的，長期以來普陀洛迦山的實際地理位置一直引起人們強烈的興趣。根據玄奘的描述，它位於南印度秣剌耶山的東方（T 51: 931c-932a）。❿然而，盛熙明聽到的故事中並沒有提到這點，甚至根本沒有指明普陀洛迦山的位置。但盛熙明依舊對這段敍述印象深刻，感覺普陀洛迦山必定不是凡人輕易可達之境。後來他到了寧波，友人屢次邀他同遊普陀山朝聖，但因他懷疑該島不是普陀洛迦山，所以從未成行。一天夜裡，他

夢見有人對他說：

> 經不云乎：菩薩善應諸方所。蓋眾生信心之所向，即菩薩
> 應身之所在。猶掘井見泉，然泉無不在，況此洞 [潮音洞]
> 神變自在，靈跡夙著，非可以凡情度量也。

盛熙明醒來後，明瞭菩薩確實能夠隨處示現，於是蒐集普陀山的相關資料，撰述該地歷史，又增補內地其他觀音信仰聖地的故事於其後（PTSC 1361, T 51: 1138c-1139a）。

盛熙明提到上天竺寺曾發生的一則神奇故事。1360 年，杭州遭受戰爭蹂躪，所有位於西山的寺院都毀壞了，原本存放於上天竺寺中的觀音像也下落不明。丞相康理重金懸賞，尋找聖像，終於有人在雜草叢中尋獲。康理擇吉日齋戒，率領百官、將士及百姓，步行前往城北門外迎接聖像，並安奉於清平山西天寺，這是他興建的寺院。當天這尊聖像放光，直達雲層，隨後分爲三道光柱，一道遙指東方普陀山，第二道指向上天竺寺，而第三道停留在西天寺。這個傳奇的重點，當然是爲這兩處重要的觀音信仰中心建立關係。⓫極爲重要的是，這件異事發生一年後，盛熙明才決定撰寫這篇普陀山的歷史，並以這個故事連結普陀山與當時或許是內地最重要的觀音信仰中心上天竺寺。⓬

晚明萬曆年間是普陀山的主要復興期，此時有兩本山志編纂成書。第一本是 1589 年定海大將軍侯繼高編輯，大約在盛熙明之後兩百三十年。雖然此書名爲侯繼高之作，實際上是由詩人兼戲劇家的佛教居士屠龍（1542—1605, DMB: 1324-1327）所作，約於完稿後九年，即 1598 年首次刊行，但是顯然並未廣泛流通。此書共六卷，前兩卷爲皇室諭令、地圖、參考經典、感應故事及寺院歷史，後四卷專門收錄關於此島的著述。第二本於 1607 年

由吏部侍郎周應賓編纂，架構類似前書，但題為「重修」，兩書問世時間如此相近，原因是「前志重在山，要以顯佛靈；今志重在寺，要以尊君貺。」（5-6）當時御用監太監張隨，想以此讚頌皇室資助南寺重建落成。

我們應該簡述前此數百年間普陀山的歷史，以及明神宗為什麼對此島產生興趣。位於公海的普陀山，早期具有重要戰略位置的優勢，但明代此島的安全卻備受威脅。1387 年，由於信國公湯和（1326—1395; DMB: 1248-1251）的建言，明太祖下令所有島民移居內陸，以強化沿海防禦，對付倭寇，當時觀音像也移至寧波一座寺院。明世宗在位期間（1522—1566），沿海地區再次遭受倭寇擾亂，與倭寇勾結的漢奸在汪直的領導下，徹底摧毀普陀山，島上三百餘寺盡成廢墟。在十六世紀前半漫長的黑暗時期中，普陀山僅存一座寺院，由一僧一役留守，讓寺中香火不致斷絕。直到 1557 年倭寇首領束手就擒，情況才改善。

侯繼高在 1589 年山志的序文中，將順利逮捕汪直歸功於觀音的幫助。1586 年的七月初七，李太后所居的慈寧宮出現朵朵瑞蓮，猶如回歸和平繁榮的預兆。兩天後，即同月初九，慈寧宮又出現另一種瑞蓮。神宗聞訊大悅，命太監邀集文武百官賞蓮賦詩。李太后則兩度派遣太監行船至普陀山，隨船運載觀音像（觀音是密教胎藏曼荼羅蓮花部主）、四十二箱新印的《大藏經》增補本，以及 637 箱的藏經——這些都是同年稍早由朝廷斥資刊印的。這次朝山進香活動是為了感謝觀音救助，並祈求菩薩繼續護佑大明王朝。

宮中神奇地出現瑞蓮及朝廷資助普陀山，這兩者之間顯然有直接關聯。瑞蓮被視為觀音的瑞象，或許也是「九蓮菩薩」信仰的宗教基礎，這種信仰後來獲得神宗與李太后極力弘揚。如同第三章所述，有一塊石碑留存至今，上刻有九蓮菩薩像，其造形仿

自觀音像。

雖說神宗與其母后大體上對佛教與民間信仰都加以護持，但在其後三十年間卻持續大力護持普陀山。1599 年，普陀山前後兩次獲得兩套御賜《大藏經》，在這四十二箱《續藏經》中（即朝廷助印的《大藏經》增補本），居首位的是一部讚揚觀音的明代本土經典，即第三章討論的《大明仁孝皇后夢感佛說第一希有大功德經》。這部經來源頗不尋常，據稱這是明成祖的徐皇后（1362—1407）得到觀音夢授而抄錄成冊的經典。

讚揚觀音的本土經典在中國由來已久，在明代這項傳統似乎大爲復興。或許是受到徐后之例的啓發，神宗與李太后也創作了一部以觀音分身「九蓮菩薩」爲名的佛經，並廣爲弘揚。此經並未收錄於《大藏經》中，所以未曾廣泛流通，目前現存的是 1616 年奉神宗之命刊印的《佛說大慈至聖九蓮菩薩化身度世眞經》（詳見第三章）。瑞蓮出現的宣揚、石碑的刻製、弘揚九蓮菩薩經典的刊印，與神宗和其母后積極資助普陀山，這些都可視爲一項宏大計畫中環環相扣的各部分。或許他們的動機中，錯綜複雜地交纏著宗教信仰和自我權勢擴張的渴望。

轉而討論清代編纂的四本普陀山志之前，我想先評論侯繼高於 1587 年春朝聖後，隔年所作的遊記，也就是他編纂寺志的前一年。這篇文章抒發個人情懷，類似張商英的五台山遊記（關於張商英之作，詳見 Robert Gimello 1992），而與其他文人所寫的遊記截然不同，一般文人對於朝山聖地通常採取冷眼旁觀或甚至譏諷的態度（詳見此章後文，另見 Wu 1992）。因此，可以想見山志的編纂者爲何不收錄其他遊記。

侯繼高一開始即確認此島爲觀音說法之處。從唐代以來，人們爭先恐後到此地皈依觀音。侯家世代定居海邊，他自小便聽聞長輩談論這座聖島，而由衷讚歎，但直到 1587 年被任命爲浙江

巡撫，才終於有機會到普陀山朝聖，一償夙願。他列舉此島勝
景，特別提到潮音洞與善財洞，這兩處是山志中認定爲觀音示現
之處，秉誠叩禮者往往得見菩薩聖跡，而他卻不敢有此奢求：「余
愧武人，未離火宅中，不敢妄覬。」由這句話中的「火宅」，可
見他對《法華經》的熟悉。文中也提到眞松、大智兩位方丈的法
名，兩人分別復興寶陀寺（南寺原名）與興建海潮庵（北寺原名）。
侯繼高接著自述蒐集觀音畫像的偏好。過去他得到唐代名畫家吳
道子所繪的觀音像，後來又獲得另一位唐代名畫家閻立本的畫
作，他形容前者「質素而雅」，後者「莊嚴而麗」。他將兩幅畫勒
於石碑，流傳於世（PTSC 1598, 2: 5a-11a）。雖然這些文物今已失
傳，但刻有閻立本之作的石碑顯然是 1608 年寧紹參將劉炳文所
刻石碑之原稿，他將此碑獻給楊枝庵以致謝意，此寺乃是他求子
如願以償後，爲還願而出資修建的寺院（PTSC 1924: 572）。這就
是眾人皆知的楊柳觀音，是普陀山少數留存至今的珍寶，複製品
經常是現今朝山香客的紀念品。

　　對於觀音畫像與塑像的興趣，以及爲保存、傳播觀音像所作
的努力，都是連結觀音與普陀山的重要環節。如後文所論，顯神
異的觀音像讓此島首度受到注意，觀音神奇的示現吸引朝山香
客，最後普陀島一躍而成爲普陀洛迦山，其具體象徵就是南海觀
音這種新造像。

　　清代編纂的四本山志皆以《南海普陀山志》爲名，因爲此時
普陀山即普陀洛迦山已成爲普遍接受的事實。明末普陀山屢遭倭
寇、反抗南明的軍隊，以及「紅夷」（荷蘭商旅）的蹂躪，他們
均認爲此島是理想的軍事基地。於是朝廷設海禁，做爲防禦對
策，並於 1671 年再度將島上居民遷徙到內地。然而 1684 年清廷
收復台灣、澎湖，五年後，康熙皇帝批准定海總兵黃大來之陳
請，重建普陀山。❸第二年，繼任總兵藍理請極有才幹的潮音爲

南寺住持。1699 年康熙又賜帑護持，並御賜「普濟寺」匾額。
一百年後，來自峨嵋山的性統成爲此寺住持，他在法雨寺（或北
寺）舊址廢墟中發現一塊破損的石碑，那是大智的墓誌銘。有人
告訴他，大智禪師曾預言自己過世一百年後此寺將會復興。性統
將這些訊息視爲吉兆，於是派遣弟子明益前往福建募化木料，定
海總兵施世驃將軍派遣軍艦將一千餘塊木材運至普陀山，做爲重
建法雨寺之用（PTSC 1924: 375-377）。雍正、乾隆兩帝繼續護持
普陀山，最後普陀盛名日隆，更勝往昔。慧濟寺俗稱佛頂寺，是
島上第三大寺院，乾隆五十八年（1793）興建，此時普陀山盛名
達到巔峰。

當普陀山必須和內陸朝聖中心抗衡，努力證明是普陀洛迦山
時，島上只有一座主要寺院。到了晚明以後，尤其是清代，第二
座主要寺院更形重要。爲了區別兩者，普濟寺稱爲「南寺」，後
起的法雨寺稱爲「北寺」。在普陀山建設達到高峰，且被公認爲
普陀洛迦山時，這兩座寺院之間的競爭也開始出現。清代四本山
志的編纂反映這種競爭現象，前兩部山志都是十五卷，分別完成
於 1698 年與 1705 年康熙在位期間；而後兩部皆爲二十卷，分
別完成於 1739 年乾隆年間，與 1832 年道光年間（約爲 1850 至
1860 年間，太平天國之亂前二十年）。

1698 年的山志在連續兩任定海總兵要求下完成，他們號召重
建普陀山。禮部侍郎高士奇是虔誠的佛教徒，他也爲山志的編纂
向朝廷陳情。雖然這本山志由兩座寺院共同贊助，但法雨寺立即
刊印，而普濟寺出資刊印 1705 年修訂的第二版。

1739 年的山志是法雨寺方丈延請一名翰林學士編纂的。最後
一部清朝的山志，則應普濟寺之請，於 1832 年編修。兩部山志
的編纂各有偏袒一方的立場，偏重提供資助的寺院。⓮在另一方
面，由於兩座寺院互相競爭，因此彼此監督，在這過程中，大肆

詆毀其中一方的資料皆遭刪除，於是原本收錄於一1598年的山志中，有一篇對南寺住持充滿主觀偏見的文章就被剔除於清代山志之外了。❶

　　山志保存寶貴的資料，有助於了解普陀山轉變爲普陀洛迦山的過程，它們是讓普陀山名正言順的重要途徑，也是讓這座小島揚名頗具影響力的媒介，吸引了更多朝聖者前來。許多著名人物出現在普陀歷史文獻中，如皇帝后妃、官僚文人、僧侶與苦行者，還有平凡的百姓，但在上述所有人物之上隱約可見的是觀音菩薩，因爲正是觀音靈感化現，才使得這座小島登上歷史的舞台。本章下文將檢視順利打造普陀山爲普陀洛迦山的幾項關鍵因素，包括普陀山的起源神話、朝山香客所見的觀音示現、香客對觀音靈跡的見證、以及島上僧人與苦行者促進普陀聲譽的行誼。

起源神話

　　所有的普陀山志都包含所謂的「靈異」一節，記載觀音所顯的神異，以點出此島的特殊地位。這些神話故事經由朝山香客口耳相傳，或是收錄在較早的感應錄中。因爲這個緣故，即使平日無從閱讀普陀山志的一般香客，也對其中的故事耳熟能詳。起源神話總是編列於山志「靈異門」一開始的位置，就像其他許多載於此處的感應故事，這些神話都是關於觀音所顯的靈跡。這樣說來，弘揚普陀山的人應該會同意埃利亞德（Mircea Eliade）所說的：「每一處聖地都意味著某種聖靈的顯現，也就是一種聖體驟然的介入，導致某個區域脫離周遭的天地，使這處空間產生性質上的改變。」（1959: 26）此外，弘揚普陀山之人應該也會像埃利亞德一樣強調，正是觀音菩薩本身使觀音和普陀島示現在朝聖者面前，而不是朝聖者在這座島上發現菩薩，而將此島建設爲朝山聖地。但以如此截然二分的角度來看待這一現象，或許會無法看

出眞實情況的複雜性。就因爲沒有人可以武斷地說此島本質上是靈驗的，或說它的靈驗是外力賦予的，所以研究這兩種說法的相互關係也許是更可取的方法。

如同上天竺寺相關內容的探討所示，普陀山的起源神話包含觀音的示現或神異之像。普陀山的建立可以溯及唐文宗（827—939 在位），也就是第四章討論的蛤蜊觀音故事，雖然這則故事與中國唐代觀音信仰的傳布淵源較深，和此島的特殊命運卻也不無關係，如 1739 年的《重修南海普陀山志》在故事最後有以下結語：「則洛迦所從來矣。」（5: 1）**⓰**

其他兩則起源神話指出，九世紀下半葉，普陀山開始與觀音產生關聯。兩個故事都和外國僧侶有關，第一位僧人可能來自印度，第二位則是日本僧人。鑒於有必要確立此島即爲神話中的普陀洛迦山，普陀山志特別強調此島與「異國的關聯」或許並非偶然，因爲如果這座島的確是佛經中赫赫有名的普陀洛迦山，則這項事實不只必須被中國人承認，也必須受到外國信徒認可。1361 年的《普陀洛迦山志》記載：「唐大中（828），有梵僧來洞前爌十指，指盡，親見大士說法，授與七寶石，靈感遂啓。」（譯註：T 51: 1136c）這位不知名的僧人顯然是到普陀山朝聖（特別是潮音洞）。至於此洞盛名在何時、以何種方式流傳於祈求觀音示現的朝山香客之中，則不清楚。不過，前來朝聖的梵僧必定知道這座島是一處聖地，因爲他燃指的行爲清楚地顯示他朝聖的決心，並且期待這些感應事蹟的發生。

第二次奇蹟發生在另一名外國人身上，這次是日本朝聖僧慧鍔。當他到五台山朝聖時，獲得一尊觀音像，他打算將此像帶回日本。但是船行至普陀時，卻被困在充滿蓮花的海中，於是慧鍔默禱：「如果我國人與佛無緣，注定無法親睹慈容，我願遵從指示，並爲您修建寺院。」不久，船隻就開始前行，至潮音洞前，

一名張姓人士目睹此事，大爲驚歎，因此將自己的住宅改建爲寺院，供奉這尊聖像，此像即名爲「不肯去觀音」。後來編修的普陀山志都認定這件奇異事蹟發生於916年。❶慧鍔受困的海域後來名爲「蓮花洋」，位於此島西方。

這尊來自五台山的聖像並未留在普陀山，據說被送回內陸，由寧波開元寺的住持安置在寺中。普陀山志的編撰者承認這件事，但是提出反證，說普陀山相同地點所供奉的觀音像也同樣靈驗：在這尊年代悠久的聖像離開此島之後，一名雲遊僧來到此島，他得到一塊珍木，而後閉門一個月，將這塊木材雕成觀音像，事後僧人即消失無蹤。十三世紀初，這尊聖像的一根手指不見了，普陀的僧人因此十分沮喪，但後來有人見到潮音洞口有一物體載浮載沉，看來似乎是花朵，仔細一瞧，竟是那遺失的手指，於是將它重新接回佛像。根據傳統說法，這就是歷年來安奉在普陀山受眾人朝拜的觀音像（PTSC 1924: 177）。

多少世紀以來，普陀山不只被視爲普陀洛迦山，也是觀音對朝聖者示現之處，正是這樣的盛名促成它日益普及。有許多觀音示現於潮音洞的事蹟，相關的見聞紀實促使朝廷護持這座島，也誘使往後數世紀中希望見到觀音示現的朝聖者前來普陀山。

觀音示現

最早有關觀音示現的見聞錄不是香客「尋求示現」刻意造成的結果，而是在朝廷使節性命交關之際，觀音現身救度，讓他們免於葬身汪洋。所有普陀山志都以知識分子爲讀者，而在「靈異」章節開頭幾段敍述下列靈感事蹟。

1080年，王舜封出使三韓，從杭州出發至普陀山時，突然風狂雨驟，一隻大海龜頂在船下方，使它動彈不得。這時情況十分危急，王舜封大爲驚恐，於是立即面向潮音洞跪下，向觀音祈求。

突然金光晃耀，觀音現滿月相，珠瓔燦然，自洞中出現，巨龜隨即消失，船隻得以再度行駛。達成任務歸國後，王舜封上奏朝廷此事，因此皇帝御賜此寺「寶陀觀音寺」匾額，後來俗稱「南寺」。這是這座寺院首度得到朝廷肯定，此後持續獲得宮中賞賜，包括土地、米糧，每一年還獲准一名僧人剃度受戒。根據普陀山志，船夫無論何時遇上暴風雨或海盜，只要面向此島皈依，立即化險為夷。

　　另一則感應故事證實相同事蹟。崇寧年間（1102—1106），戶部侍郎劉逵與給事中吳栻出使高麗，回程行至普陀山附近，月色昏暗，烏雲密布，完全無法判斷航行方向，這種情形長達四天四夜，船夫非常害怕，因此遙向普陀山跪下祝禱。不久，神光遍布海面，放眼四望，明亮如畫，寧波出海口附近的招寶山歷歷可見。他們因此在寧波順利上岸（PTSC 1361, T 51: 1137a）。

　　早期的記載強調觀音救度之恩，而以明光為象徵；十二世紀以後的紀錄中，關於朝聖者與菩薩相遇的故事有更詳盡的描述。我們可以稱這些人為真正的朝聖者，因為雖然他們都是知識分子，仍專程前往普陀山，只為了親見觀音示現。到了此時，觀音顯神異的報導一定已經傳入內地，因為這些朝山香客知道應前往島上哪些地方。他們一律到潮音洞，那是祈求觀音示現的首要之地。這些人不是一般香客，因為他們都有一定的聲望地位。此外，他們寫下親身經歷，向同一社會階層的人宣揚普陀，因此對於聖地興起，士紳階級功不可沒。紹興年間（1131—1162）初期第一位光明正大地以朝山香客的身分來到這座島的官員，是中書舍人兼給事中黃龜年。士紳之所以對普陀山日益關切，很可能是因為此時著名高僧開始將此島建設為禪宗道場。

　　西元 1131 年，真歇清了禪師自內地來到此島。他本籍四川，前往五台山朝聖之後，決定到普陀山。他引用《華嚴經》，自稱

在島上所住的草庵為「海岸孤絕」禪林。他吸引許多優秀的禪宗弟子，當地行政官員上奏朝廷，將普陀山由原本的律宗道場改屬為宋代大盛的禪宗。當時島上約有七百戶居民，以捕魚為生，但相傳他們一聽聞佛法，立刻改變職業（或是離開小島，移居別處）。真歇是公認島上第一位曹洞宗禪師，他後來離開普陀山，回到內地擔任浙江幾處著名寺院的住持，例如育王寺與天台山國清寺。1137 年，另一位禪師自得慧暉（卒於 1183）來到普陀山，在此之前，他曾為杭州著名禪寺淨慈寺住持。主要由於他的弘傳，普陀山與寧波天童寺齊名（寧波乃曹洞宗培養徒眾的中心）（PTSC 1924: 341-342）。當普陀山與內地重要的佛教教團產生關聯時，便開始吸引更多出家和在家朝聖者。促成這種現象的重要因素之一，無疑是由於普陀山號稱觀音為虔誠香客示現之地。

　　黃龜年的普陀山朝聖遊記以及他為紀念親見觀音示現所作的《寶陀山觀音讚》，收錄於 1167 年的四明（寧波）地方志與後來的普陀山志（《乾道四明圖經》7: 2 a-b; 9: 26 a-b）。讚、頌、偈都是佛教徒歌誦崇敬對象時偏好的文體，比散文更簡潔扼要，也更具個人風格與感情色彩。黃龜年在讚辭中，自述與同伴們在洞窟前虔心恭敬地祈求觀音，他們稱念菩薩名號，持誦真言。隨後先看見一道明光，接著觀音出現在洞上方一塊突出的岩石上，只見菩薩身色紫金，呈如意坐。❶黃龜年滿懷感恩，伏地誓願自此以後終生研讀佛經，茹素戒殺。他也強調這不只是他個人的經歷，而是在場老少盡皆目睹的奇蹟。

　　西元 1148 年，即黃龜年至普陀山朝聖後不久，另一位士紳也來到普陀山朝聖，留下另一篇見聞紀實。❶史浩（1106─1194），寧波人，南宋進士，出身名門世家。史浩兼任昌國鹽監時，依一般常見的模式在任職期間順道微服出訪，於同年三月與一友人同遊普陀。他們初至潮音洞時，一無所見，於是燃香烹茶，待杯中

茶葉浮出水面，他們認為這是神異將現的瑞兆。回到寺院之後，
他們與住持瀾長老談論《華嚴經》中的故事。用過午齋後，又回
到潮音洞，極目四望只見亂石纍纍，失望之餘準備離去。此時有
比丘告知巖洞上方有一孔穴可以俯瞰，於是他們依言手足並用，
攀援而上，瞻顧之際忽見瑞相現前，金光晃耀，照亮整個洞穴，
兩人都清楚見到菩薩的眉目。史浩顯然認為目睹的是一女相，因
為他形容菩薩「雙齒潔白如玉」。他們滿心歡喜感恩地禮敬觀音，
隨後乘船返回寧波。史浩擔心此事將隨著時間流逝而湮沒，故撰
文記述，並請人刻在洞內窟壁。❷

　　如同吉美羅（Gimello 1992）探討張商英至五台山朝拜一事，
史浩的經驗大多由當地寺僧嚮導促成、塑造；史浩也和張商英
一樣，為後代子孫留下見聞紀錄。然而，史浩不像吳百益（Wu
1992）描述的典型晚明文人，他的作品中絲毫沒有模稜兩可的態
度。造成如此差異的因素是什麼呢？也許可以說宋人較能接受靈
感神異事蹟，但是我不相信晚明時期人們已失去這種態度，卻認
為答案應該在於傳達這些故事的媒介。張商英與史浩兩人都是為
了其他信徒或未來可能成為信徒的人而撰述，他們的文章收錄於
方志，而方志畢竟異於小說、遊記等文類。山志的讀者群較有限，
但也比較明確，若我們爬梳更多方志，或許能找到同樣公開坦誠
地表達作者宗教情懷的其他作品。

　　或許由於史浩的弘揚，潮音洞聲名日隆。1209 年佛照禪師的
法嗣德韶成為住持，因為潮音洞空間狹小，朝山香客難以頂禮觀
音，因此他費時六年鑿石架橋，讓朝聖者可在橋上面向洞穴。這
座橋落成之時，宋寧宗親筆御書「大士橋」賜之。除造橋之外，
還植杉十萬棵。同時，德韶於 1210 年展開修建大殿的工程，史
浩之子史彌遠此時任丞相，繼承父志，仰信觀音，也護持這項工
程，斥資建設殿堂、寮房、廊庾，並且供養香燈法器。寧宗得知

此事，也予以資助，賞賜該寺金色僧袍、銀鉢、瑪瑙數珠與松鹿錦旛，又賜田 567 畝、山林地 1670 畝（PTSC 1361, T 51: 1137c-1138a）。

造像與文學

　　山志、感應故事，以及文人香客的見聞紀實，都有助於普陀山名正言順地成爲聖地。向社會大眾宣揚普陀聖地這方面，其他媒介也扮演非常重要的角色，藝術與文學是傳播這項新訊息的兩種有效方式。想像與回憶重疊，幻想建立於事實之上——藝術、小說中呈現的普陀洛迦山，與位於海上實際的島嶼幾乎沒有什麼關係。這倒無妨，正如香格里拉的神話激發、塑造西方世界想像中的西藏（Bishop 1989），同樣地，藝術文學中普陀山即普陀洛迦山的描述，也激起中國朝山香客對這處聖地的嚮往。這些傳播媒介吸引朝聖者來到此島，也教導他們應該前往哪些地點，目睹什麼景觀。

　　觀音造像藝術的改變，深受朝聖者如何看待這位菩薩所影響。從十二世紀開始，觀音頻頻在普陀山以白衣大士相示現於朝聖者面前，正如菩薩在上天竺寺示現的形象。❹但也有不同之處，如普陀山觀音的脅侍起初只有善財童子，後來增爲善財、龍女兩位。❹隨著觀音侍者的出現，位於潮音洞右側的另一處巖洞——稱爲「善財洞」——也開始吸引香客（有些普陀山志稱此洞爲「龍女洞」，而稱附近一塊岩石爲「善財岩」）。例如，1266 年范太尉罹患眼疾，因此派遣兒子前往潮音洞祝禱，並汲取該處泉水。當范太尉以其子攜回的泉水洗滌雙眼時，立即復原。於是他又派兒子再次至潮音洞，禮謝觀音還願，觀音示現於洞穴左側，只見菩薩「淡煙披拂，猶隔碧紗」。他隨後到善財洞朝拜，善財忽然現前，

接著觀音也示現其前，此時菩薩「縞衣縹帶，珠瓔交錯」。

1276 年，元朝丞相伯顏攻下南宋，部帥哈剌歹親至潮音洞禮拜，但杳無聖蹟，於是張弓一箭射入洞中。當他登船準備回航時，突然整片海洋滿是蓮花，他驚異莫名，懷著慚愧懺悔之心又回到洞前。不一會兒就見到白衣觀音緩步而過，身旁還有一位童子隨侍。這次經驗使他命人造觀音像（無疑是根據他所見的形像），並且在洞穴上面修建殿堂。1328 年 4 月，御史中丞曹立奉朝廷之命來此供養捐獻，他在潮音洞前祈求觀音示現，果見白衣觀音，身披瓔珞。他接著前往善財洞，又見到一位童子，栩栩如生（PTSC 1361, T 51: 1137a-b）。

有時見聞紀實直接提及當時的藝術。例如 1355 年 10 月 6 日，天台劉仁本監督漕運的回程中，來到普陀山，在潮音洞見觀音示現，菩薩的相貌「與人間畫幀者無異」（PTSC 1739, 5: 4b）。但那是什麼樣的畫呢？是宋代畫師筆下的白衣觀音嗎？香客所見的觀音示現，與宗教、世俗藝術描繪的觀音息息相關。由於觀音與善財、龍女同時出現的情形與日俱增，自元代起，南海觀音的新造像開始與普陀山相提並論（圖 9.1）。

《西遊記》中的觀音稱爲「南海觀音」，有人推測作者吳承恩曾經親自遊歷普陀，因爲他在書中詳細描述此島多達九次。㉓觀音在此書中是一位大慈大悲、無所不能的救度者，其性別十分明確，因爲普陀洛迦山的觀音是來自普陀山的美麗女神：

> 理圓四德，智滿金身，纓珞垂珠翠，香環結寶明，
> 烏雲巧疊盤龍髻，繡帶輕飄彩鳳翎，
> 碧玉紐、素羅袍，祥光籠罩；……
> 眉如小月，眼似雙星，玉面天生喜，朱脣一點紅。
> 淨瓶甘露年年盛，斜插垂楊歲歲青。……

圖 9.1　觀音，趙奕，1313 年，台北「國立故宮博物院」提供。

故鎮太山、居南海，……

她是落伽山上慈悲主，潮音洞裡活觀音。

（《西遊記》第 8 回）

在這首讚頌中，作者結合觀音與金光、白衣、楊枝、淨瓶、南海、普陀洛迦山，最後還加上潮音洞。吳承恩並非首開先例，因爲到了晚明，社會大眾已用這種形象看待觀音。畫家依這些形容創造新的南海觀音像，同一套描述辭彙當然也用於朝山香客目睹觀音示現的記載中。不同的傳播媒介之所以對觀音有類似的描述，很可能是因爲相互的影響，可是一旦這種造像確立，透過不同媒體相互增強的作用，無疑有助於這個造像獲得普遍認可。

南海觀音顯然是綜合而成的形象，結合本土文化改造過的佛典元素，以及汲取自各種來源的造像藝術元素。這種造像的興起與十六世紀普陀山的復興同時發生，當時普陀山在長期受忽視的情況下，由於明神宗與其母后李氏的護持，得以重新崛起。南海觀音像脫穎而出，超越其他觀音造像，時間或許是在十七、十八世紀，普陀山在這段期間連續享有清康熙、雍正與乾隆三代皇帝的護持。在這處聖地的重建過程中，地方官員與有才幹的住持合作無間。

隨著這種新造像的出現，寶卷這種新式文學也大量出現，以解釋、弘揚此像。這些文獻認定普陀山爲香山，因此結合觀音與妙善公主。觀音的脅侍善財、龍女也經歷全然漢化的過程，這些文獻並沒有提及這兩位侍者在佛經中的出處，卻賦予他們在中國的生平故事。在風格上，南海觀音類似原本供奉於上天竺寺的白衣觀音。普陀山變成普陀洛迦山之時，也取代香山與杭州，因爲它吸收了與這兩處內陸朝聖地有關的觀音神話與造像。

諸如寶卷之類的通俗文獻不只讓一般朝聖者得知與普陀山有

425

關的觀音傳說，更重要的是，它們也成為通過化緣募款來建設島上寺院的一種有效方法。可能是十九世紀晚期出版的一部著名的《普陀寶卷》，將南海觀音刻畫為促成普陀山重建的主角。這部寶卷說明主要人物應得的福德與果報，藉此明確教示布施供養普陀山僧人的功德，因為那裡的僧人或許就是觀音的化現。雖然這份文獻現存的版本年代較晚，但可能根據口述的傳統或是早期的抄本（現已佚失），其年代可溯及普陀山密集重建寺院的兩段時期。

據說這則故事發生於宋真宗在位時期（997—1021 在位），即普陀山初建之時。話說觀音化現為一位窮和尚，善財、龍女也偽裝成僧人隨侍在旁。他們走到一戶王姓人家化緣，以修建觀音堂。王姓老夫婦是虔誠的佛教徒，已將家產分給兩個兒子——有金、有銀——夫妻兩人則虔心禮佛。不久，這對老夫婦過世，有金謹記父親教誨，樂善好施，虔信佛教；有銀正好相反，他的妻子貪婪、厭惡僧人、性好殺生，他受妻子影響，唯一的興趣是剝削他人以自利。當觀音前來化緣時，有金同意承擔這項工程的所有花費，卻遭到弟弟有銀嘲笑。建寺所需金額共十萬兩銀子，為了實現承諾，有金不得不典當珠寶、米糧、土地及房屋，但總共也才湊足九萬九千六百兩銀子，因此只好再以各二百兩的價錢賣掉兒子、女兒，補足四百兩的差額。他們夫妻倆變得非常貧窮，以賣竹子維生，但最後他的女兒獲選為皇后，兒子考取進士，一家團聚，並被新皇帝迎請入宮。他們勸人皈依佛教，而於過世後往生西方極樂世界。皇帝下令建造一座禪寺，又以檀木雕刻有金的造像，安奉於寺中供人禮拜（46b）。

弟弟有銀夫妻的命運截然不同。因為有銀前生曾造善業，雖然此世耽溺惡行，觀音仍決心救度。她化成有銀的模樣，趁有銀出外，伺機入住家中，並吩咐所有僕人不准任何人進來。真正的有銀回來時，就被趕出去，只好在土地廟過了一夜。有銀告上衙

門，但是地方官認定家中那一位才是眞正的王有銀，不但如此，還罰他四十大板（36）。此時有銀憶起兄長的虔誠，於是回心向佛，決定前往普陀山朝聖。觀音、善財又化身樵夫，指引他普陀山的方向。他一路上遭遇許多試驗與苦難，後來觀音離開有銀家中，行前交代他的妻子茹素念佛，自己則變成老婦幫助有銀前往普陀朝聖（48b）。同時，他的妻子也逐漸改變想法，決定到普陀山朝聖，便賣掉所有家產上路。船行期間她遭遇危難，當下不斷地祈禱，不久即到達目的地，還遇到丈夫，但他當面斷絕兩人的夫妻關係。心碎之餘，她想跳海自盡，被化身漁夫的龍女救起，醒來後竟發現自己躺在自家的床上。她這才明白一切是觀音的安排，於是從此虔誠信仰觀音，有銀則留在島上，最終出家爲僧（53a）。

歸根結柢，普陀與宣揚此島的媒介之間有著相互依存的辯證關係。普陀山的名聲促使人們爲它寫作，但在同時，小說、戲劇、遊記、山志、地方志，以及通俗文獻也都提高這座新興島嶼的名聲。這座島與前來朝聖的人之間也存在著類似的關係，其中許多人是不識字的平民百姓。因爲普陀洛迦觀音的靈驗廣爲流傳，吸引許多人來此進香；然而，由於這些朝山香客持續在島上發現新的感應靈蹟，此島的名氣也跟著扶搖直上。

一般朝聖者

多少世紀以來，許多平凡的朝聖者（包含一般比丘、比丘尼）前來普陀山。他們因爲沒受過教育，無法寫下親身經驗，或畫出親眼所見觀音示現的形貌，但是在中國普陀洛迦山的創建過程中，他們的貢獻不亞於擅長表達的朝聖者：他們成群結隊前來普陀山，因此對於歷任住持和知識分子推動「此島即普陀洛迦」這項觀念上的轉變，他們予以具體證實；他們也捐獻資金，參與

島上的實體建設。我們可以在教育程度較高的人留下的普陀遊記中，一窺同時代這些虔誠、沉默而謙卑的朝山香客。

　　如同其他朝聖者，他們也聚集在潮音洞前，因爲大家相信觀音曾示現於此。在十七世紀梵音洞同樣成爲熱門的朝聖地之前，這個景點一直是島上的首要聖地，侯繼高的《普陀洛迦山志》即描述晚明時期潮音洞聲勢如日中天的情況。每年春季，來自全國各地的僧人帶著金、銀製成的觀音像前來，將這些塑像投入潮音洞前的水中，做爲迎請觀音的供養物。他們也前往寺院大殿，以絹幡、鐘，以及由金或青銅鑄成的香爐供養觀音。有些不遠千里而來的朝山僧人一路跪拜叩首，直到全身血跡斑斑；有些過度狂熱的朝聖者跳入海中，希望從這個世間解脫；還有更多朝聖者燃臂、燃指，以示虔誠，並期望觀音因此示現於面前（PTSC 1598: 3: 27a）。

　　兩位晚明作家留下了他們到普陀山旅遊或朝聖的記載，也證實地方志關於香客宗教狂熱行徑的敍述。其中之一是《普陀遊記》，作者謝國幀（卒於 1632）。據他所記，除了兩大寺院外，還有五百餘座規模較小的庵堂遍布全島。雖然這座小島非常美麗，一般民眾卻不敢渡海，即使寧波當地居民也難得來到此島。然而，「西僧」卻認爲前來南海朝聖是十分令人嚮往之事。對於朝山香客而言，走過（潮音洞前的）窄石橋乃無量功德。文中形容如下：

　　　　橫亙可十丈，脊闊亦二三尺。際北有絕壁，有小觀音廟在焉。余坐上方廣寺，親見二十餘僧踏脊如平地。其一行數步，微震慄，凝立，少選卒渡，眾皆目之，口喃喃不可辨。問之山僧，曰：「幾不得轉人身也。」

除了希望親見觀音示現之外，朝山香客似乎也鋌而走險，試圖走過洞前的窄石橋，藉此預測自己來世投生為人的機會。謝國楨也提供一些關於香客在經濟上贊助普陀山的資料：因為這座小島五穀不生，每年卻需要七、八千石米糧，這就得仰賴施主的供養；大部分米糧由婦女提供，福建與廣東的朝聖者則供養其他生活必需品（Hsieh 1985, vol.2: 242-243）。

張岱以獨特的風格描述普陀山之旅。他於 1638 年 2 月 19 日觀音聖誕來到普陀山，參加慶祝活動。❷正如杭州上天竺寺的朝聖者，普陀山的朝聖者也「宿山」守夜，盛況空前！

> 至大殿，香煙可作五里霧。男女千人鱗次坐，自佛座下至殿廡內外，無立足地。是夜，多比丘尼，燃頂、燃臂、燃指，俗家閨秀，亦有效之者，蒸炙酷烈，惟朗誦經文，以不楚不痛不皺眉為信心，為功德。余謂菩薩慈悲，看人炮烙以為供養，誰謂大士作如是觀？殿中訇轟之聲，動搖山谷。是夕寺僧亦無有睡者，百炬齊燒，對佛危坐，睡眼婆娑，有見佛動者，有見佛放大光明者，各舉以為異，竟夜方散。（Chang 1957: 208）

張岱來到潮音洞，注意到善財岩與龍女洞就在附近。❷他詢問看守此洞的僧人是否曾於此處見到山志中描述的觀音示現，僧人答道：「向時菩薩住此，因萬曆年間（1753—1615）龍風大，吹倒石梁。自那之後，遂移去梵音洞住矣。」他在僧人面前強忍大笑，只得向僧人匆匆道別（Chang 1957: 209）。這一點在時間上正好符合法雨寺興建後，梵音洞崛起成為尋求觀音示現的新聖地。

雖然張岱對於傳言中的感應事蹟抱著懷疑的態度，且公開批判他在島上所見的那些輕易聽信於人的狂熱香客，他依然認為自

己是朝聖者。他不認同的似乎是粗俗香客，而非朝聖本身，如吳百益的研究所示（Wu 1992），這種矛盾的態度也出現在他的五台山朝聖記。在此，張岱毫不掩飾地對未受教育的香客表現出紆尊降貴的態度。雖然他兩手空空上普陀，沒有供養菩薩任何事物，但他認爲撰述此島無異於法供養，事實上，這或許更有價值：

> 張子曰：補陀以佛著，亦以佛勿盡著也。……微佛則孰航海者？無佛則無人矣。雖然，以佛來者，見佛則去，三步一揖，五步一拜，合掌據地，高叫佛號而已。至補陀而能稱説補陀者，百不得一焉。……余至海上，身無長物足以供佛，猶能稱説山水，是以山水作佛事也。余曰：自今以往，山人文士欲供佛，而力不能辦錢米者，皆得以筆墨從事，蓋自張子岱始。（Chang 1957: 205）

像張岱一樣的文人作家，雖然對一般香客的粗俗信仰及行爲不屑一顧，卻還是深受他們吸引。正如今日的人類學家或民俗學家，他們興致勃勃地記載的自己觀察、發現所得。例如，根據張岱的記載，村夫村婦相信，只要他們到普陀山朝聖，觀音就會一路相伴。因此，若他們偶一失足，表示觀音推了一把；跌得四腳朝天時，表示觀音施予援手（因此他們才不會受傷）。上船之後，如果篙楫遺失，甚至發生其他任何小差錯，都會被解釋爲菩薩顯示的吉兆或惡兆。」（Chang 1957: 213）

後來有位作家於 1822 年到普陀山朝聖，記載乘船前往普陀山的同類香客遵循的禁忌如下：

> 海舟多禁忌。謂後艙檻上是神佛所坐，眾人或在檻憑依，或來往跨過，皆不忌，而不得坐其上。大小便與傾滌溺器，

後艄有一定處所，不得隨便。桅牆下眼不得窺視。眾人坐艙板上不得抱膝，謂要遭風水。凡坐不得令兩足空懸，謂要延宕時日。飯畢不得架箸桅上，謂要空攔時日。犯之均遭舟子恚怒。（Cheng 1845: 38a-b）

　　如果我們瀏覽地方志中的感應故事，或可約略了解這些為數眾多的一般香客參與的程度及熱忱。表面上所有故事都是關於觀音因為香客虔誠而顯現的感應，雖然這些故事屬於軼事趣聞，卻也同時提供一些有關這類單純香客的有趣資料——維繫朝山進香傳統的正是這些朝聖者的信仰與虔誠奉獻。

　　我從大批資料中挑選一些範例，所有記載下來的事件都發生在十六、十七世紀，正值普陀山復興的主要時期。第一則故事描述杭州僧人天然來到普陀山，他的母親平日在家中茹素禮佛，經常勸人布施，且將一切勸募所得轉交兒子，請他捐給普陀山的寺院。有一天她得到一尊頸部以黃金打造的觀音像，一如以往地將此像交給兒子，他卻一時貪愛黃金，請一名工匠將聖像上的黃金剝下。工匠一剝除黃金，就暴斃了。過了一陣子，僧人的母親從內地來到普陀，在到達前，他就知道母親即將前來，高聲咒罵：「怨家害我者，至矣。」他一見到母親，即出手重摑她的臉頰，然後拔刀自刎，又在島上四處奔跑，高聲叫道：「汝輩莫我若，若我地獄在眼前矣！」話一說完立即氣絕。普陀山志平實地記載這起發生於萬曆十四年（1586）的事件（PTSC 1607: 155-156）。這個故事敘述一位為勸募不遺餘力的虔誠母親，對私吞香客供養物的貪婪僧人來說，也是一則警惕，但最重要的是顯示觀音的靈感絲毫不爽。

　　其他故事提供資訊，顯示朝聖者分布的地理區域與從事的各種職業。例如，一名安徽的汪姓店主一心想前往普陀進香，他為

這件大事持齋三年，並且遷至較接近普陀山的浙江崑山租屋而居。明末某年元旦，他終於準備出發，就在此時，有人趕到碼頭告知他的店鋪隔壁突然起火，催促他即刻返回，但他不願放棄這趟朝聖旅程，表示：「吾積誠三載，方朝菩薩，豈以一店易吾志乎？縱被焚，吾不歸矣！」結果當他從普陀山回來時，發現店鋪附近的所有房屋都化爲灰燼，只有他的店鋪完好無缺（PTSC 1924: 188）。

　　另外，還有兩則關於商人的故事：一位是江西布商，另一位是廣東洋商，故事發生時間不詳，但很可能在晚明。第一個故事敍述布商有一次趁行商之便順道至普陀山進香，見到一尊老舊的天王像。他記起民間有種傳說，即名寺佛像上的土塵可以和藥治病，於是他從這尊頹圮的天王像取走少許土泥。但是他一回到船上，就開始暈眩，頭痛欲裂，忽見一尊憤怒的巨大天王出現眼前，叱責他從神像腿上割肉。布商非常害怕，並爲自己的行爲懺悔，然後央求與他同行的一名僧人將土泥帶回普陀，並發願重新爲這尊天王塑像。

　　廣東洋商的故事略有不同，此人從日本返鄉途中，夢見一巨人請求借船運送一根大骨。商人驚醒，當時正是午夜時分，突然間刮起一陣怪風，眼看船隻就要沉沒了，船上眾人呼號不止。隨後風勢突然改變，船隻竟於破曉時安全抵達普陀山。這位商人倖免於難，如釋重負，便入寺朝拜觀音，卻在寺中見到一尊天王像腿部脫落，墜落像前，而天王像看起來正是夢中出現的巨人。他對此事大爲驚嘆，立即捐錢重新造像（PTSC 1698, 10: 12a-b）。

　　最後，引用一則發生於1898年春天的故事。來自台州（今江蘇）黃巖縣三甲這個地方的一群香客到普陀山進香，回程途中航行至數百里處，海上忽起濃霧，船隻寸步難行。船夫問香客是否有人在島上作出任何不淨的舉動，其中一位老婦人急忙從行囊

中拿出一塊黃瓦，拋入海中。不久，雲霧漸散，船隻也得以安然行駛回鄉。人們追問老婦人為何有此行為，她表示自己並非有意偷竊，只是喜愛那片黃瓦光滑冰涼，想拿來做為夏天的枕頭納涼。然而，即使這樣微不足道的行為也沒被遺漏，這群香客都再次深為觀音靈驗所感（PTSC 1924: 200）。

苦行者與住持

潮音洞的盛名也吸引不少苦行者與精進的修行人，他們原本前來朝聖，後來選擇留下來，1607 年的《重修普陀山志》載有兩位這樣的人物。釋真一撰寫的〈二大士傳〉描述他遇見的兩位苦行者，他認為這一男一女都是觀音的化身。這位女性苦行者於1605 年六月來到普陀山，四個月後男性苦行者結束九華山朝聖之行，也來到此地。兩人面目黧黑，頭髮蓬亂，各自在潮音洞南方山丘上的兩個地方搭茅屋而居，屋高不及三尺，屋頂漏水，地面潮濕。他們整天在屋中禪坐，人們若供養食物、金錢，他們也不推辭，若有雲遊僧前來，即予以轉贈。他們有時數日粒米未進，卻沒有造成任何身體不適。一般人視之為乞丐。

一天夜裡，釋真一與一位在家居士共同拜訪這兩位苦行者，他們默然對坐許久，苦行者神色絲毫不顯訝異，也不曾與來客交談。當釋真一開口說話時，男性苦行者笑而不語，女性苦行者則非常機敏，答問頗有禪風。問及姓名時，她回答：「什麼姓名？」問及年齡，則答：「什麼年齡？」問她是哪裡人，答案也如出一轍。不過，她倒明言曾經在距離五台山不遠的聖地終南山居住數年。問她體悟之見時，她說：「眼見大海，耳聞風聲、雨聲、潮聲、鳥聲。」論及修持法門，她回答：「有時候想起觀世音，便念幾聲；餘則唯坐，坐中亦無甚做工夫處。」釋真一對於她的直率風格印象深刻，但覺其胸中似乎廓然無念。翌年春天二月正值朝山旺季

時，許多香客蜂擁而至潮音洞，這兩位苦行者便離開了（PTSC 1607, 3: 268-270）。

　　像這兩位苦行僧或許讓這座小島添加神祕、神聖的氛圍，但是復興普陀島上早已享有盛名的地點，以及發掘此島其他新靈地，主要仍是依靠有才幹的高僧大力推廣。法雨寺開山住持大智眞融（1523—1592）的事蹟可以做爲一個例子，說明普陀洛迦山開創過程中僧人扮演的主要角色。❷大智是勇猛精進的朝聖者，曾經多年朝拜五台山、峨嵋山及九華山。他於 1580 年到達普陀山，禮拜潮音洞與梵音洞後，祈求觀音垂示瑞兆。一日傍晚他見到一大段竹子隨潮水流入，最後停在南寺左側俗稱「千步沙」的地方，他視之爲觀音垂示的徵兆，於是在那裡建造一間小屋，名爲「海潮庵」，即北寺的前身。很快地，許多虔誠信徒開始捐獻，使他能夠擴建這座原本簡樸的寺院。當時禪法式微，而他嚴守清規，與晚明三位大師雲棲袾宏（1535—1615）、紫柏眞可（1543—1603）以及憨山德清（1546—1623）齊名（PTSC 1598, 3: 27a-32a）。

　　以上大智傳由一位自稱「古婁髮僧屢提居士」的作者撰寫。此人到普陀山朝聖，尋訪大智，一番對談之後，大智贈予此人一份資料，包含過去六十年間他的苦行與宗教活動。大智之所以選擇此人爲自己作傳，是因爲他在前一晚得觀音賜夢，菩薩在夢中告知有位居士名爲「髮僧」即將來訪，此人與他有宿緣，因此大智一見此人，立即了解這就是觀音夢中預示之人。大智精進不懈地朝聖，積極修建寺院，更不遺餘力地推廣普陀山與他本人。大智和許多與他同時代的人一樣，弘揚的憑藉是靈感事蹟，以觀音示夢之說，讓請人作傳美言一事名正言順，即是一例。另外一個例子，如前所示，即大智預言在自己過世一百年後法雨寺將復興，更進而將這則預言刻在自己的墓碑上。1691 年，性統發現這塊石

碑，促成 1692 年法雨寺的重建，那年恰巧是大智圓寂後一百年
（PTSC 1698, 12: 55a-57b）。

　　大智是將普陀山建設為重要朝聖地的僧人之一。如同其他
人，他自己也是朝聖者，到普陀山之前已曾朝拜五台山與峨嵋山。
他與香客、官員的關係，應該代表一般典型的住持，這座小島的
復興總是在香客、官員與住持的共同努力下促成。例如北寺興建
後，梵音洞名聲遠播。1626 年，一位來自印度波羅奈（Benares）
的梵僧來到梵音洞，深感四周地勢殊勝，於是獻出釋迦佛舍利，
在該處建塔安奉。❷⁷

　　1705 年的普陀山志說潮音、梵音二洞如普陀雙目（2: 13b）。
如同潮音洞，梵音洞也吸引狂熱的朝聖者，其中有人出於宗教熱
忱而在此自盡，藉以表現他們對觀音的全心奉獻。當地知縣繆燧
為此事深感憂慮，因此提筆撰寫一篇情詞懇切的〈捨身戒〉，全
文刻在洞旁的石碑上（12: 35a-38a），但這顯然成效不彰，因為
費佩德（Robert F. Fitch）於 1922 年至 1928 年間六次遊歷普陀山，
他對梵音洞的描述如下：

　　　即使在近代，在下方深處仍有許多朝聖者縱身躍入水中自
　　殺，他們不僅希望迅速了結今生的苦難，還冀望能夠立即轉
　　化成佛，生於西方極樂世界。因此，如今嚴格禁止這種行為。
　　從前有一種慣例，就是將坐於籃中的僧人垂降至水深處撿拾
　　遺體，以便火葬。（Fitch 1929: 70-71）

　　他對潮音洞的印象非常深刻：「漲潮時，當海風向內吹向岸
邊，波浪會猛烈湧入洞中。洞內上方有一個小出口，筆者曾在一
次颱風來襲時目睹海水像間歇泉一樣從此處噴出，高達二十尺。」
（Fitch 1929: 50-51）❷⁸

兩處洞穴雖然互別苗頭，但兩者對朝聖者的吸引力絲毫不減；相反地，觀音示現這兩處的傳聞更加強其靈驗性，也使得潮音、梵音二洞成為朝山香客必訪之地。南寺、北寺之間的關係也有類似的性質，雖然兩寺頗有對峙之勢，事實上也提高彼此的聲譽。隨著普陀島日益發展，島上所有聖地都有助於營造這座山的神聖氛圍，同時，個別景點也因為整座聖島而形成各自的吸引力。

自清代起，上述兩座主要寺院即聯手管理島上其他小寺院與茅蓬。1924 年的《普陀洛迦新志》列出南寺與北寺管轄的 88 座庵與 128 處茅蓬（為僧人閉關修行而建的簡單住所，77 座屬於南寺，51 座屬於北寺）。在十九、二十世紀交替之際，傳教士、外國遊客以及中國香客也提及類似數據。❹於是逐漸演變成一種制度，也就是朝山香客，尤其是來自北方省分，會公平分配參訪兩所寺院。從 1739 年的《重修南海普陀山志》中可以一窺這種制度如何運作：

> 香客到山，凡屬北直、山西、陝西、山東、河南，自揚子江以北者，皆稱北客，此惟前後兩寺均接，前代已然。……又前後寺接待香客，亦有定規，俱載碑碣。每船至，立簿登記，挨次循環。凡北客到山，兩人以下不在輪例，三人以上，不論多寡，謂之一船，……依序輪接，多寡前後，不得簡擇取捨。其或香客中有舊交熟識，至化主來者，則通情越例，照收補償。（PTSC 1739: 10: 13）

1987 年 3 月，我在普陀山停留一星期，觀察 2 月 19 日觀音誕辰的慶典。朝山香客於 1979 年又開始回到普陀山朝聖，這年是文化大革命後普陀首度開放大眾進入。島上三大寺普濟寺（南寺）、法雨寺（北寺）以及慧濟寺（佛頂寺），連同其他約八座

庵寺已經過整建，雖遠不如過去的盛況，但就香客及遊客的數量而言，普陀山無疑是今日中國香火最鼎盛的一處朝山聖地。根據住持妙善法師親口所述，1986 年，島上共有 92 萬人前來參訪，1987 年的數目可望突破百萬。他預估單就春天的進香旺季就有 10 萬人前來。就像杭州的情形一樣，朝山香客於 2 月 19 日的前一夜抵達本島，在三大寺徹夜不眠地守夜。1987 那年的聖誕，約有 5,000 名香客於普濟寺守夜，而法雨寺與慧濟寺大約各 3,000人。

各地香客中，有爲數不少來自新加坡、香港、菲律賓、日本與美國的海外華僑。他們往往出資贊助水陸法會，爲已故的家親眷屬祈福。他們因爲衣著時髦、穿金戴玉，在人群中特別醒目。來自上海、杭州、福州、廣東等大城市的香客，也會請僧人爲他們舉行法會。大部分守夜的香客來自江蘇、浙江、福建，少數來自江西及其他內地省分。舟山群島的居民多是當日往返。

除了香客來自世界其他國家與全國各地之外，前往普陀山與前往杭州的朝山香客尚有一些顯著的差異。儘管宗教觀光專業人士已經開始規畫從上海出發的套裝行程，絕大多數的香客還是與親友同行或獨自前來。在杭州所見的進香團──穿著特別服飾、綁頭巾，以及在左手臂繫紅布條──在普陀山卻顯然見不到這種景象。此外，來普陀山的香客並不是出於習慣，而多半是爲了還願，或是希望見到觀音示現。現今的進香路線一開始是乘船三小時，至普陀山東邊稍遠處的一座小島洛迦，一般認爲那是觀音的出生地，因此以觀音的老家做爲參拜的起點非常恰當。一回到普陀後，則應立即前往「觀音跳」上香，那是一塊大岩石，當初觀音從洛迦一步跳到普陀山時，首先落腳在這塊大石上，並且留下兩個足印。「觀音跳」附近有一座小寺廟「不肯去觀音院」（即慧鍔在島上修建的第一間寺院）、紫竹林（現今沒有任何竹子遺留

下來，但是有一間廢棄寺院以此為名，在 1987 已改成餐廳），以及潮音洞。香客會逐一參訪這些地點，然後從這裡前往三大寺上香、捐獻、在香袋上蓋印以收集三大寺的印籤。從北寺前往佛頂山的路就是朝山之道（「香路」），虔誠的朝聖者或許願、還願的人不是三步一跪（每隔三步下跪頂禮），就是三步一拜（每隔三步合掌問訊）。在北寺附近，香客會在梵音洞前排列，冀望觀音示現。雖然此洞從明代才開始受到歡迎，但對今日的香客而言，它的名氣若非超越潮音洞，至少也平分秋色。

普陀島轉變為中國的普陀洛迦山歷時數百年，不同社會階層的人都有所貢獻，而許多不同類型的傳播媒介也用以鼓吹、宣揚這種主張。這一切都與朝聖息息相關，因為有種種朝聖活動，一座海上孤島才被中國及外來的朝聖者認定為觀音神聖的故鄉。

晚明的佛教領袖未必樂見對朝山進香的過度強調。從「空性」的證悟角度來看，普陀洛迦山的確無處可尋，卻又無處不在。袾宏批評香客憑藉一股瘋狂熱忱，冒著生命危險在海上風暴中航行。他辯才無礙地陳述：

> 夫經稱菩薩，無剎不現身，則不須遠涉他方。而大慈大悲者，菩薩之所以為菩薩也，但能存菩薩慈悲之心，學菩薩慈悲之行，是不出戶庭而時時常覲普陀山；不面金容，而刻刻親承觀自在矣。（《雲棲法彙》26: 48a）

為了避免人們產生執著，袾宏秉持禪宗的精神、風格，解構普陀洛迦山的神話，否認觀音僅示現於普陀。不過，使他展開這項批判的關鍵，正是因為當時前往普陀朝山進香極為盛行。雖然不只在普陀山才能見到觀音，但是對許多人而言，尤其是香客，相信觀音無時不刻都在那處聖地卻能撫慰人心。為了使觀音常駐

普陀，必須持續努力建構這座小島爲觀音聖地（無論在實質上或象徵意義上），因此必得一再宣稱普陀島無異於經典提及的普陀洛迦山，如 1698 年的《增修南海普陀山志》所述：

> 普陀，為觀自在菩薩道場，見之佛經者，彰彰如是。震旦僻絕之地，賴有龍宮祕笈、西域梵典，得以顯著於世。乃知十方圓明，莫非佛所顯化，安得謂梵宮金地，祇在祇園舍衛間也？試觀今日之普陀，與佛經所説，有以異乎？今日之道場，與大菩薩圍繞説法時，有以異乎？有謂勝會不常，法筵難再，不無今昔之殊。然則現前之華果樹林、泉流池沼，獨非圓明境界乎？佛印了元禪師曰：「滿目青山一任看。」程子明道（程灝，1032—1085）於言下脫然有省。今之遊山者，須著眼看取。而凡夫著相，或有疑之者。菩薩所坐，皆金剛寶石，何此山石甚粗怪？不知山水草木，皆是眾生妄想結成。佛之妙明心地，故所見皆是金寶。又當詳閱《華嚴》、《楞嚴》、《法華》、《涅槃》等經，然後知名山道場，實為佛所住處。（PTSC 1698, 4: 2b-3b）

建構與解構、開創與衰微、興建與重建——這些都是普陀山曾經經歷的循環週期。在這些不斷變化的興衰中，始終有朝聖者的參與。普陀山的演變是一個實例，從中可以看出中國人如何在自己的土地上創造一處佛教聖地，同時藉由賦予觀音在中國的住處，使觀音本土化。

第十章

中國中世紀晚期的女性觀音像

　　第八章討論的妙善公主傳說雖然最為著名，卻不是中國中世晚期唯一流傳的觀音故事。從宋代開始，已有禪僧以詩偈頌讚另一個俗稱「魚籃觀音」或「馬郎婦」的女性觀音像，這個觀音的化身也出現在戲曲、寶卷及繪畫中。如上一章所論，隨著普陀島被創造為觀音的主要朝聖地，「南海觀音」的新造像也誕生了。本章將探討這兩種女性觀音化身的傳說與圖像，至於最後化現的女性形象「觀音老母」，則是第十一章討論的主題。

　　既然 Avalokiteśvara 的性別轉換只發生於中國，學者自然在中國宗教與文化中尋求箇中原因。是什麼原因促成這樣的轉變？女性觀音可否溯及中國本土女神呢？一旦觀音化現為女神，是否提高中國婦女在現實生活中的權力和地位？以下我將首先探討觀音與中國本土女神的關係，接著是觀音與性別的關係，最後轉而討論魚籃觀音與南海觀音。

觀音與中國女神

　　小林太市郎於 1950 年撰述一篇文章，刊載於《佛教藝術》（*Ars Buddhica*）的「觀音專輯」中（Kobayashi 1950: 3, 44），他

在文中陳述，觀音轉化爲女性肇因於佛教與中國本土女神信仰的
混合，而這種轉變發生於唐、宋之間。他並沒有進一步闡述這項
論點，或許他認定讀者非常熟悉他在此之前兩年發表的另一篇長
文〈女媧與觀音〉。

　　〈女媧與觀音〉這個標題讓讀者以爲這是一篇女媧與觀音的
比較研究，但事實上此文只論及女媧，或許小林打算以此做爲未
來研究的序論。此文主要論述宗教傳播過程中，外來新宗教的某
些元素必須結合東道國文化中相對應的元素，才能被後者理解、
吸收。在這過程中，外來宗教元素會逐漸改變，基督教在歐洲
的傳播即爲一例，佛教傳入中國與觀音信仰的興起則是另一例
（Kobayashi 1948: 5）。小林認爲女媧是中國最古老的女神原型，
因此他藉著對女媧以及其他重要女神的研究，希望能揭露觀音與
這些女神的關係。根據他的看法，所有中國女神都源於對自然界
的豐饒與人類繁衍的渴望，祂們的功能皆與增進生產有關，尤其
是繁衍子嗣。朝拜女神之地通常位於山頂、瀑布、泉水、河岸等
陰陽交界處（77）。他以女媧信仰分布的地區爲基礎，將信仰的
源頭溯及位於黃河下游的山東，從那裡延伸至河北、陝西、山西、
甘肅，直抵渭水上游（78—116）。他認爲女媧信仰在唐宋之交最
爲盛行，儘管長江流域也信奉女媧，女媧信仰卻從未確立於這個
地區，這也是觀音爲何能在此地取而代之的原因（88）。雖然他
極少提到觀音，縱使提及也幾乎是附帶說明❶，不過他在爲這篇
旁徵博引的長文下結論時，表示此文呈現「黃河流域觀音信仰的
前半段歷史」（116），言下之意是觀音爲女媧後來的化身。

　　小林有些想法相當奇特，例如他並未解釋爲何在討論中國女
神時，對西王母略而不論，畢竟那是中國最富盛名的女神。他圖
示女媧信仰分布區域的作法頗有助益，但是他認爲長江流域觀音
信仰的興起是因爲女媧在該地區默默無聞，這樣的解釋無法令人

信服。事實上如同本書第三、四章所述，六朝（四至六世紀）觀音信仰初興之時，主要出現於北方的黃河流域，而非南方的長江流域。

　　雖然在這篇研究中沒有找到證明觀音與女媧關係的確切證據，令我感到失望，我卻贊同他的呼籲，也就是將觀音視爲中國女神的化身，並且嘗試從中國本土傳統中找尋其源頭，因爲縱使觀音曾經是從印度移植到中國的佛教神祇，卻不是一直維持這種身分不變。循著這種方向探索而遭遇到的實際困難與方法學有關，換句話說，儘管在中國，女神的存在與崇高的地位顯然是無庸置疑的，但研究中國宗教的學者所面臨的問題，在於缺乏有關這些女神的宗教信仰與社會脈絡等方面的資料。雖然有一些文獻資料可供參考，而且近數十年來有愈來愈豐富的考古出土文物與女神有關，即使如此，除了西王母之外，仍然很難確定是否眞的曾經出現任何具有活躍於一時的女神信仰？也不知道若的確有此信仰，信徒信奉的內容是什麼？有哪些宗教儀式？❷不過即使無法了解全貌，只要能夠一窺古代中國女神相關的蛛絲馬跡就足以令人躍躍欲試，想一探究竟；而失落的環節，正是中國女神與女性觀音之間的關係。

　　近二十年來中國考古學家最令人振奮的發現，是位於內蒙古與遼寧省的文化遺址，特別是新石器時代的「紅山文化」（約3500 BCE—2500 BCE）。這些遺址出土的孕婦泥塑像、玉雕豬龍以及所謂「女神廟」的地基，使得有些學者認爲這支華北文化的顯著特徵，包括涉及女神崇拜的多產信仰，以及以巫術與神靈溝通爲主的宗教。❸根據喪葬與祭祀祖先的儀式，中國大陸學者最近也提出商代有「母系社會」的假設。商朝末年的君主武丁有一名寵妃「婦好」，死於西元前 1200 年，婦好之墓收藏大量青銅器，上面刻有「婦好」的銘文，很可能是她生前使用的器具，但有些

器皿則鐫刻她的諡號，表示這些可能是特製的陪葬品，供她在死後的世界使用。「商代甲骨文中也明顯提及女性，『妣（已故的母親）』出現的次數超過對於父親或男性統治者的記載，有人主張女性名字顯而易見的情形顯示母系社會的存在。這種情況似乎在周朝開始轉變，到了周朝末年，似乎已經沒有專爲女性祖先準備的特殊祭品了。」（Chen 1996: 271）

　　有史以來我們所知悉的女神中，以西王母最有名，也最受人們廣泛研究。魯惟一（Michael Loewe）曾撰文討論湖南馬王堆 1 號墓出土、年代爲西元前 168 年的著名帛畫，以及漢代銅鏡，兩者皆以西王母爲特色。魯惟一在文中概述這位女神的重要特徵：西王母首見於《莊子》，自西元初年起已非常盛行；袖是已經得道，且無始無終的神祇；人們也相信西王母是擁有掌控星宿能力的半人半獸，能使人長生不死；袖的住處在崑崙山，但也有人說袖住在洞窟中，吸引統治者前來尋求護佑（Loewe 1979: 89）。雖然西王母是漢代藝術偏愛的主題，關於這位女神的信徒與其信奉方式卻依然成謎，魯惟一表示：「目前仍然沒有證據顯示西王母信仰影響漢代任何正式的宗教行爲，也無法證明人們定期祈求西王母，以代替已故的親屬求得永生。」（101）

　　在西元前 3 年 2 月至 3 月間一場爲期甚短的宗教運動中，西王母成爲大眾敬拜的對象。當時發生嚴重的旱災，人們互相交換稻草或麻繩製成的人偶，做爲西王母的象徵物，他們表示正爲袖的降臨作準備。大批民眾離鄉逃難，有些人還披髮赤足。他們橫越二十六個郡國，最後才抵達京師。他們有時在夜裡舉著火把登上屋頂，擊鼓高喊，互相恐嚇；也在村落中舉行各種儀式，架起木板擲骰子，並且以歌舞祭祀西王母。❹魯惟一評論這個運動發生於那年春季的重要性、迎接帝王巡行的遊行隊伍、擊鼓、生火、歌舞等宗教狂熱的要素，以及攜帶人偶與季節性慶典之間可能的

關聯性（100）。既然西王母是「陰」的具體象徵，或許人們祈請這位女神是爲了消弭當時引起這次運動的旱災。儘管西王母在早期中國宗教享有崇高的地位，也一直受到道教修行者的尊崇，但在接下來的幾個世紀，祂卻不是廣受平民百姓信奉的女神，直到十六世紀，祂才以新的名號與身分重新出現，新興宗教教派奉爲至高無上的神，稱爲「無生老母」、「瑤池金母」或「王母娘娘」，被視爲人類的創造者與救度者。歐大年（Daniel Overmyer）與韓書瑞（Susan Naquin）都認爲王母娘娘應溯源至西王母，因爲兩者都掀起期待太平盛世的群眾運動（Overmyer 1976: 139-140; Naquin 1976: 9）。而在台灣以扶鸞爲主的宗教團體，也以王母娘娘爲主要奉祀的神祇之一（Jordan & Overmyer 1986）。

　　近來詹姆士（Jean James）摘要整理過去對西王母的研究，並針對漢代銅鏡、搖錢樹及中國各地神龕中的西王母造像做了綜合性的詳細研究。根據她的結論，西王母「本質上是人格化的神，是一位慈悲女神，人們可向祂祈求長壽、財富，祂也協助引導亡者的靈魂。220 年漢代衰亡後，佛教傳入中土，西王母將崑崙山的住處與仙境留給阿彌陀佛及其西方極樂世界，祂自己則變爲道教女神，深受唐代詩人與平民百姓喜愛。」（James 1995: 39）她進一步主張西王母是「中國宗教中除了信奉太一等天神的國教之外，第一位出現的神明。」（40）中國第一位人格化神明是女神——這一點很重要。因此，觀音變爲「女神」之後吸取若干西王母的特質也就不足爲奇了。我此處所指的特質是兩位神祇身邊都有鳥類扮演隨侍的角色。根據《山海經》與《淮南子》，西王母有三隻青鳥隨侍，還有象徵和平繁榮吉兆的鳳凰，如四川出土的一株保存完整且精緻的搖錢樹，其頂端展翅而立的鳳凰（James 1995: 21; 38）。如本章後文所述，當觀音化現爲「南海觀音」時，在元明的繪畫雕塑中呈現的菩薩造像，上方總是有一隻白鸚鵡盤

旋伴隨。但鸚鵡的出現根本沒有任何佛教經典或造像傳統的依據，只有將西王母造像中出現鳥類的先例納入考慮，我們才能夠理解南海觀音造像中何以出現鸚鵡。

根據《漢武帝內傳》的描述，西王母是一位三十歲美婦。宋代以降稱此書爲班固所作，但實際的作者是六朝後期一位姓名不詳的道教人士。書中敍述西元前 110 年 7 月 7 日，西王母邀請武帝到祂的宮殿，並傳授仙藥與祕典，包括關於天仙居住的《五嶽眞形圖》。此書強烈反映出道教茅山派的傳統（Nienhauser 1986: 396-397; Schipper 1965）。既然西王母被明確地描繪爲美婦，這或許激發人們以相同的風格來看待白衣觀音。❺

何恩之在中國佛教雕塑的概論中指出，最早的佛像，也就是她所謂的「原初佛像」（proto-buddhist），若非仿照當時已存在的西王母像，就是被移植嫁接於西王母像上。既然西王母是第一位具象呈現的中國女神，而佛陀在漢代又被認爲是類似老子、黃帝的神明，那麼早期工匠以西王母造像爲依據來塑造佛陀這位新神明也就不足爲奇了（Howard et al. 2006）。隨著佛教在中國生根，也創造出佛教本身特有的造像之後，佛像及菩薩像成爲中國宗教景觀中的一大主流。不過，雖然佛教造像最終脫離原本對本土造型的依賴，我想中國本土神像的象徵意義，仍可能是中國新創的女性觀音像憑藉的來源。

我曾在中國本土女神中搜尋女性觀音像的前身，結果卻乏善可陳，原因很簡單，如前所述，這是由於關於任何女神信仰的資料都付之闕如。周朝的興起加上對於天命與父系傳承的強調，顯然對於以女神、女巫爲主的古老宗教產生深遠的影響（「巫」〔shaman〕一字原指女巫）。隨著漢代獨尊儒術，以儒家爲國教，女神與一般婦女更逐漸被邊緣化。當時的國家宗教信仰主要由男性神祇組成，一國之君與朝廷官僚則擔負神職人員的職責，正如

帝國的統治權掌控於封建王朝的官吏體系，人們也如此看待超自然的天界。因此，玉皇大帝相當於人間的帝王，城隍相當於地方官——在兩個世界掌控大權的都是男性官僚體系。神明就像人間的官吏一樣，也有專門職掌的區域。然而，男性神祇全面的宰制卻使許多人類的需求無法得以滿足。

　　中國女神的式微在宗教的領域中留下一部分真空狀態，而我主張觀音正好填補這處空缺。所以，如果觀音與中國本土女神確實曾存有任何關聯，我認為那是負面的。換句話說，正因為當時沒有強而有力的女神，觀音才會經歷性別轉變；如果在此之前中國有具影響力且普及的女神存在，Avalokiteśvara 在中國或許就不會變為女神，箇中道理就如同 Avalokiteśvara 並未成為公認的中國帝王象徵一樣。這或許能夠解釋 Avalokiteśvara 為何在印度或西藏並未經歷性別轉變，因為這兩個地方有難近母、度母等普及而影響深遠的女神。觀音之所以能夠以女神的身分流傳至今，是因為觀音本是佛教宗教傳統中的一位男性菩薩，早已形成強而有力的信仰。經過性別轉化之後，觀音從來不曾歸屬於傳統帝國的國教；觀音是一切眾生的救度者，但不受制於任何權力中心，也不須效忠任何人。雖然觀音不是直接衍生自任何中國本土女神，與中國文化的關係卻不容否認。這位菩薩顯然受到中國神祇歷史化的影響，雖然觀音原本是非歷史性的神話人物，相關的中國神話，尤其是妙善公主的傳說，卻將這位菩薩變為具有個人傳記的真實人物。就像所有中國神明在各自聖誕當天受到信徒最高的禮敬，觀音也被賦予一個「誕辰」（農曆 2 月 19 日），最晚自元代起，僧俗二眾就在這天慶祝觀音聖誕。

　　另外極為重要的一點是，女性觀音信仰的興起似乎再度振興中國的女神傳統。重要女神的信仰，如媽祖（俗稱天后）、碧霞元君（或娘娘）與無生老母，在宋代觀音變為女性之後才開始興

盛，滿足了中國人在分區管轄、層級分明的男性神祇下被忽略的某些需求。1983 年，桑高仁（P. Steven Sangren）撰寫一篇發人深省的文章〈中國宗教象徵中的女性：觀音、媽祖與「無生老母」〉（"Female Gender in Chinese Religious Symbols: Kuan Yin, Ma Tsu and the Eternal Mother."），即探討這個主題。

觀音與性別

　　桑高仁在文章一開始即指出，雖然「在中國的眾神與宗教儀式之中，女性神祇地位顯著」，大部分有關中國民間宗教的人類學研究卻著重於男性神祇，也就是「天界的各級官僚」。這些男性神祇中有許多是地區性信仰崇拜的對象，此外，祂們也依世間帝國的模式而形成層次井然的階級。相對地，諸如觀音、媽祖、無生老母等女神則相反，祂們不隸屬任何地區，不是官僚，也沒有階級高低之分。桑高仁認為，中國的女神與中國女性的重要文化意涵兩者之間有密切的關係。

　　具體而言，關於中國文化對女性的認識，有兩點或許有助於了解中國女性神祇。第一，男女兩性都相信女人具汙染性；第二，女性在家族中同時具有分裂與凝聚的力量。雖然中國婦女兼具正、負兩面性質，女性神祇純粹只有正面特質。現實世界中的女性在性行為與生產過程中造成汙染，「因此，做為女性理想典範的女神必須滌除月經、性行為、死亡與生產等帶來的汙染之恥」（Sangren 1983: 11）。象徵純淨的女神，「意味著否定女性為人妻子的身分，以及肯定其母親的角色（即使不盡然是生兒育女的角色）。」（14）這是因為「身為母親與姊妹，中國婦女發揮的作用是緩和兄弟間的權力爭奪，並居中調和大權獨攬的父親與偶爾叛逆的兒子；身為媳婦與妻子，中國婦女卻往往加劇家族的緊張關

係，煽動大家族提早分家。」(15) 扮演慈母角色的女神是凝聚力的象徵，祂們與信眾的關係猶如母子或母女，這種關係有三種顯著的面向：包容、調解與合作。包容性說明為何「女神不同於男性神祇，祂們對富貴貧賤、教內教外、男性女性都一樣眷顧，並未獨厚前者，忽視後者。」(15) 因為觀音的包容性，晚年因為兒女長大離家自立而經歷「空巢期」(postparenthood) 創傷的婦女特別敬奉觀音，此外，賣淫為生的女性、無家可歸的流浪漢，以及其他社會邊緣人也以觀音為信奉對象 (Sangren 1983: 15-22)。觀音是最偉大的慈母，以平等心愛一切眾生如子。

　　事實上，人們一向以觀音這種普世慈母的形象，解釋這位菩薩在中國發生性別轉變的原因。關於觀音為何在中國變成女神，中國學者最常提出的解釋是，在中國文化脈絡中，慈悲是一種母性的美德，常言道：「父嚴母慈」，恰可代表這種同義反覆申述的詮釋。然而，佛教傳統卻沒有這種觀念，如同卡貝松 (Cabezón 1992) 在〈智慧為母，慈悲為父：大乘佛教思想中的性別意象〉("Mother Wisdom, Father Love: Gender-Based Imagery in Mahāyāna Buddhist Thought") 一文中所言，雖然佛教採用以性別為主的譬喻，形容慈悲與智慧，也就是大乘佛教中最重要的兩個觀念與菩薩具備的主要德行，卻將智慧視為女性，慈悲視為男性：「我們在大乘經典中發現幾個例子，其中智慧被認定為女性，尤其是母親；而偏重感性而非理性分析的『方便』(或方法)，也就是慈愛、悲心、利他心等，卻被認定歸屬男性或『父親』。」(1992: 183) 人由於體悟諸法實相而開悟，因此，智慧是佛之所以誕生的成因。般若波羅蜜 (智慧的圓滿) 即稱為「佛母」，且早在西元初年就被具體呈現為女神，是一部大乘初期經典頌揚的對象：

　　　　譬如母人，多有諸子，若十若百，乃至十萬。其母有疾，

諸子各各勤求救療，皆作是願：「我等要當令母久壽，身體安隱，無諸苦患、風雨寒熱、蚊虻毒螫。當以諸藥因緣，令母安隱。何以故？生育我等，賜與壽命，示悟世間，其恩甚重。」須菩提！今十方現在諸佛，常念般若波羅蜜，皆作是言：「般若波羅蜜能生諸佛，能示薩婆若。何以故？諸佛薩婆若，皆從般若波羅蜜生故。」須菩提！諸佛得阿耨多羅三藐三菩提，若已、今得，若當得，皆因般若波羅蜜。須菩提！般若波羅蜜，如是示十方諸佛薩婆若，亦示世間。(T 8: 557b-c; Conze 1973: 31)

對正面的女性象徵極有興趣的一些女性主義學者，自然爲此感到振奮 (Macy 1977)。相對於西方將智力與理性定義爲男性特質，情緒與感受劃歸爲女性特質，佛教的情況正好相反。從這個例子清楚顯示性別特徵是多麼武斷，多麼受制於文化建構。此外，若撇開其他不談，「大乘佛教以女性（尤其是母親）象徵正面的精神特質（智慧），這是印度宗教思想的一大躍進。」(Cabezón 1992: 188)

但是正如卡貝松提醒的一點，我們必須將女性象徵（還有女神）置於歷史與社會的脈絡中。某個宗教有女神或女性象徵的存在，並不會在其文化中轉化爲對世間婦女的尊重；在信奉女神的社會中，敬事女神與一般婦女的社會地位兩者之間沒有必然關聯。時母與難近母是印度兩位極具影響力的女神，但祂們的信徒以男性爲主。同樣地，雖然中國人認爲「道」具有女性特質，一般中國婦女卻鮮少在道教中擔任領導者。明頓 (Leigh Mintum) 在印度女性的研究中質疑，一個文化既有如此強有力的女神，爲何竟使女性屈居於下？她的結論是，「眾女神的存在並未提高我所認識的任何女性在實質上或世俗上的自主權，但就我看來，

祂們確實有助於形成印度婦女性格中顯而易見的堅毅與自尊。」
（Mintum 1993: 183）甘塔瑞拉（Eva Cantarella）研究古希臘、羅
馬宗教的情況，也得到相同的結論（1987）。同樣情形也適用於
基督教聖母瑪麗亞信仰，另外，如本書致力闡述的，中國佛教的
觀音也是如此。

　　回到「母親」做為智慧象徵這一點，我完全同意卡貝松對於
佛教的評述：「若以為某個傳統光有女性象徵，就是源於肯定女性
地位的性別觀點，或相信這種象徵的存在就足以確保婦女，或甚
至社會大眾可望接收到這種象徵符號傳達對女性的肯定態度，那
就太天真了。」（1992: 188）這也是桑高仁關於性別與女性象徵所
持的觀點。對不了解佛教傳統的教外人士而言，以女性做為智慧
的象徵，表面上看來似乎是推崇女性，但仔細分析，卻發現那是
對智慧的貶損，也是對一般婦女的貶抑。

　　如卡貝松的解釋所示，佛教智慧為母、慈悲為父的象徵皆衍
生自印度、西藏對父母的觀念，因為佛教三大傳承的信徒，無論
大、小乘或金剛乘，都必須體證實相的本質，也就是智慧，才能
覺悟。因此，智慧是共通的因素，就像水和土壤一樣，故喻為母
親。然而子女的身分並非來自母親，而是完全取決於父親，子女
的種姓依父親的「種（族）」或種姓而定。令慈悲與方便生起的
利他心，才是大乘獨特的種子（菩提道種），能生大乘菩薩。雖
然小乘佛教徒也有「智慧之母」，但因沒有「慈悲之父」，是故
較為低劣。因此，「智慧之所以呈現為女性，並不是因為人們認
為女性比男性更睿智，或更具分析能力。非但如此，這個傳承中
有許多文獻致力於表現男性更為卓越的智慧或析辨能力。…… 智
慧被視為女性，一則因為在確定大乘種性這方面，智慧的重要性
較低；二則由於大乘偏重情感狀態，視之為這個傳承獨有的特質
（它的獨特性），因此認為那是大乘種性中較為重要的特質，並劃

歸於男性。這兩項運用性別象徵的因素，顯然都沒有提昇智慧或女性的地位。」（Cabezón 1992: 190）

另一方面，發展菩薩不可或缺的菩提心時，藏傳佛教也運用修行者自己的母親為起始點，然後專心一志地將對母親的愛擴及朋友與敵人。菩薩將所有人視為自己的母親。第二世達賴喇嘛根敦嘉措（Gendun Gyatso, 1475—1542），即第一位被認證為達賴喇嘛轉世者，撰文說明「施受法」的修行，這也是阿底峽尊者（Atiśa, 980 / 990—1055）傳入西藏的修心（lojong）基礎：

> 修習善巧直接而正確無誤的施受法，目標是為了喚起真正的悲心。這會歷經幾個階段，每個階段持續的時間或僅幾分鐘，或涵蓋整個完成所需的時間。首先，修行者專念自己想要得到開悟的誓願，接著遵循《慈經》（Metta Sutta）的提示，以慈母之心為模範，用特定的方式觀想自己的母親——我們的文本著力於描述這一點。然後修行者決心以母親的利益為己任，施受法便由此開始：吸氣時是「受」，呼氣時是「施」。修行者在一呼一吸間盡其所能，完成經典所述的心態與行為，然後才體會在無數生死輪迴中，每個人都曾在某一世成為其他人的母親。這使得修行人能將對自己母親油然而生的悲心擴及其他人。在接下來的階段中，修行人進而將這種施受法應用於其他人身上，如自己厭憎之人、朋友或陌生人。接著擴大到另一個層次，不只對個人，而是對眾多個體，即一切眾生。最後是對眾多怨敵修施受法。（Bercholz and Kohn 1993: 158）

雖然菩薩愛護眾生如愛自己的母親一樣，即使對敵人也不例外，但如同其精神之「父」佛陀，菩薩擅於運用善巧方便，而善

巧方便被視爲陽性。因此，熟知佛教傳統的中國僧人將觀音當作「慈父」而祈請，例如大慧宗杲（1089—1163）與楚石梵琦（1296—1370）兩位著名禪師，在各自所作的觀音禮讚中，即敬稱這位菩薩爲「慈父」（T 48: 1018b; HTC 124: 212b）。觀音菩薩是一位勇猛丈夫，也是「大士」。慈悲未必非得表達爲慈母之愛不可。

　　這是否意謂僧人與身爲知識分子的佛教居士恪遵傳統佛教對 Avalokiteśvara 的觀點，致使女性觀音若不是民間宗教造成的一種墮落或低俗化，就是如近來女性主義的重新建構觀點所示，是女性創造的一種傳統？試圖解釋菩薩在中國發生性別轉變的學者往往落入二分法的雙層模式，若不是知識菁英階級相對於庶民階級，就是男女兩性相對，陳觀勝或可代表前者，而瑞德（Barbara Reed）則代表後者。本書第六章曾討論陳觀勝的論文，他主張女性白衣觀音的出現是中國民間宗教「剽竊」佛教的結果。

　　瑞德則主張女性觀音主要是由於明朝女性藝術家的創造與推廣，她們有意選用蓮花、淨瓶、楊枝、水月等「女性」象徵，環繞在女性觀音像四周（Reed 1992: 163）。對於這個觀點，我也同樣質疑。觀音的確深受中國中世晚期婦女敬愛，她們透過藝術創作表達虔誠，其中有些人因爲繪製或刺繡觀音像而留名於世，但也有許多人名不見經傳。曼索恩（Susan Mann）表示，十八世紀觀音像「鮮活地留存在婦女心中，不時出現於其夢境、繪像以及刺繡圖樣中」。她敘述詩人錢蕙曾以自己的髮絲取代絲線，繡成觀音像，其風格「不亞於宋代畫家李公麟的白描畫風」（Mann 1997: 182）。但男性在觀音造像上當然也不遑多讓。事實上，早在明代之前，女性觀音像即爲男性藝術家所創，其中不乏禪僧，最顯著的例子是牧谿（約 1210—1275）所畫的著名《白衣觀音圖》，現存於京都大德寺。至於環繞觀音像的「女性」象徵，蓮花、淨瓶本爲印度 Avalokiteśvara 的典型象徵，而楊枝、水、月，

如第二、六章所述,則是根據佛教經典,且與療病儀式和義理有關,並無任何固有的「女性」特質。我們可以說(也應該說)中國婦女有助於女性觀音的建構,但若說女性居功厥偉則不免言過其實。事實上,我不認為中國社會有任何團體、階級或支派堪當此殊榮。觀音受社會各階層與男女兩性敬拜,菩薩普施恩澤而不專屬於任何人──這才是觀音成功地立足於中國的真正原因與祕訣。

觀音的性別轉變雖不是由民間宗教或女性主義者策畫,但女性觀音普及之後,的確讓一般中國婦女有所選擇,女性觀音也被納入中國民間諸神之中。自宋代女性觀音首次明確出現以來,其他民間流行的女神紛紛崛起,且大多宣稱與觀音有家族關係。媽祖、碧霞元君與無生老母等新興女神的誕生,似乎都與女性觀音有密切關聯。

雖然有些學者已經提出這些論點,我仍然找不到任何證據顯示觀音與女媧、西王母等早期本土女神間的直接關聯,即使觀音與這些女神有若干相似之處。尋找女性觀音的起源也許徒勞無功,但我們卻可以探討其發展過程、媒介與轉變所造成的結果。再者,我認為更能幫助我們了解的方式,是在 Avalokiteśvara 的中國本土化這個大脈絡下,探討這位菩薩的性別轉變。我在前幾章已經闡述這個本土化過程,如第五章所述,早在 1100 年出現妙善公主是觀音化身的傳說之前幾百年,即有兩位神異僧被公認是菩薩的化身。為什麼最初中國人認為觀音化現為僧人,後來才化身為女性?這種轉變與新的造像、感應故事,以及宗教實踐的社會制度背景有什麼關係?就在解答這些問題的過程中,讓我深信我們必須將觀音的女性化置於中國觀音本土化的大脈絡中檢視。本章其餘部分將進一步討論另兩種女性觀音像,做為說明這個過程的更多實例。

魚籃觀音

　　如果妙善公主象徵處女的貞潔，魚籃觀音則是較爲複雜的女性觀音像，通常又稱「馬郎婦觀音」。這兩種形象都包括在中、日藝術的三十三身觀音中，魚籃觀音爲第十身觀音，馬郎婦觀音則爲第二十八身。

　　第四章已提及魚籃觀音的故事，在此可以簡要概述如下：唐代佛教盛行，但陝西東部的百姓性喜打獵，無意聽聞佛法。809（或817年）時，有位年輕貌美的女子來到此地，她向當地人表示願意嫁給能在一夜之間熟記《法華經・普門品》的人。第二天早上，有二十人達到這個標準，女子聲稱無法嫁給這麼多人，所以請他們熟記《金剛經》，結果隔天早晨又有十多人通過測試。女子再次請他們在三日內熟記《法華經》，這次只有馬郎通過測試。於是，馬郎籌備婚禮，然後將女子迎娶回家中，怎料她一進門便表示身體不適，請求另闢一室讓她入內休息。但在觀禮賓客尚未離開之前，女子竟然猝逝，屍體旋即腐壞，不得不匆匆下葬。幾天後出現一位紫衣老僧，請馬郎帶他到女子墳前。當老僧開棺並以錫杖碰觸遺骸時，屍身血肉早已分解，露出一條金鍊串連著的骸骨。老僧告訴圍觀的群眾，這名女子是一位聖人的化身，她來此是爲了解救他們脫離惡業。說完此話，老僧以淨水洗滌骸骨，而後繫在錫杖上，騰空而去。從此以後，許多住在當地的百姓就改信佛教。❻金鍊串集的遺骨就像舍利子，是聖者具體可見的跡象，馬郎婦也因此又稱「鎖骨菩薩」。

　　這故事的早期版本並未明言此女是觀音的化身，也沒有提到魚籃，甚至沒有交待發生這件感應事跡的確切地名，這些故事細節都是接下來數百年間陸續添加的，而且隨著馬郎婦信仰的發展，這些故事內容成爲普通常識，且成爲人們經常引用的成語典故。例如有位和尚問汝州（今陝西）風穴延昭禪師（887—973）：

「何爲法身？」禪師回答：「金沙灘馬郎婦。」（Sawada 1959: 40;
Stein 1986: 54）黃庭堅（1045—1105）1088 年的詩作中也有「鎖
骨金沙灘」的詩句。十二世紀至十四世紀的宋、元時期，有許多
禪師在詩偈中引用馬郎婦，這時這個人物已確定爲觀音化身，人
稱「馬郎婦」或「魚籃觀音」，因爲她到金沙灘時是一位賣魚女，
手中提著魚籃。如宋代禪師無準師範（1174—1249）曾寫過一首
詩，題爲〈漁婦觀音〉：

> 腥穢通身不自知，更來漁市討便宜，
> 就中活底無多子，提向風前賣與誰？
> 籃內魚，衣中珠，見買見賣，少實多虛。
> （《佛鑑禪師語錄》卷 5；HTC 121: 950b-951a；
> Sawada 1959: 41）

在同一時期，馬郎婦也成爲畫家喜愛的題材，許多題名爲馬
郎婦或魚籃觀音的畫作留存至今。洪邁記載的一則軼事，證實這
個主題在宋代流行的程度：海州朐山（今江蘇泰通）有賀姓男子，
世代以畫觀音像爲業，且全家茹素。每一幅觀音畫價值五、六萬
錢，需歷時一年才能完成，因爲這項工作需要高超的技巧與極大
的耐心。有一天當他正要開始作畫時，有個乞丐來到門前，此人
遍體癩瘡，膿爛出血，臭不可當。他想以手中一籃鯉魚換取一幅
畫。賀姓畫師極爲不悅，回說家中世代不食葷腥，他不應贈予鯉
魚，這對他是一種侮慢。那乞丐說：「您畫的觀音像不夠逼眞，
我雖因貧困淪爲乞丐，可是我收藏了一幅上乘的觀音像，不知您
是否有意收藏？」賀姓畫師聞言心中大喜，於是準備一間淨室，
請乞丐入內。那乞丐一進房間，便將門反鎖，過了許久，才呼喚
主人。賀姓畫師打開房門，竟見那乞丐已化爲觀音眞形，且滿室

金光，異香繚繞，數月才散。賀姓畫師立即召集所有弟子，在畫前上香。從此之後，他的畫名更爲遠播（《夷堅志》4: 1772）。雖然故事並未明確交代這幅畫像是否爲魚籃觀音，但是那位乞丐必定意指魚籃觀音的化身，那一籃鯉魚就是明證。

在魚籃觀音像的畫作中，較爲著名的一幅是趙孟頫所繪，現藏於台北「國立故宮博物院」（圖 10.1）。另一方面，馬郎婦的畫像較難辨識，因爲其造形經常與一般中國婦女無異，不過紐約「大都會博物館」收藏的一幅手持畫卷的宋代仕女圖，由畫中一位僧人的題字來判斷，這名仕女可能就是馬郎婦（圖 10.2）。❼宋濂（1310—1381）曾作《魚籃觀音像贊》（《宋學士文集》卷 51），其中有一段完整的魚籃觀音「傳記」。

在禪詩與繪畫中，魚籃觀音總是年輕貌美，極具魅力。相對於妙善公主的拒婚，她許婚並允諾夫婦間的肌膚之親，但她與妙善一樣，仍保持處子之身。她起初願意以美色吸引人，但最後卻讓對方無法遂其所願。這是以色欲爲善巧方便，做爲一種教導策略，幫助人們向善。然而，有確切證據顯示，她不只以色誘導，實際上，她或者應該說是另一位十分類似的女子，爲了達成救度眾生的任務而與人有染。唐代宗大曆年間（766—779），陝西東部有一位「延州婦人」，年代比馬郎婦早幾十年，這名女子與任何上門求歡的男子發生關係，但是凡與她交合之人，據說從此解脫色欲的纏縛。❽這名女子二十四歲就過世，當時人們都認爲她是放蕩不貞的女人，她死後草草葬在路邊公墓，連喪禮也沒有。後來有位來自西域的胡僧來到女子墓前焚香禮敬，唾棄這名女子的村民紛紛詢問這位僧人，不知他爲何刻意費心禮敬這個人盡可夫、寡廉鮮恥的女人？僧人表示，這名女子的所作所爲都是出於慈悲，還預言她的遺骨會串集如鎖鏈，因爲那是菩薩特有的跡象之一。開棺一看，果然女子全身骸骨如鎖鍊般串連。這名女子勾

圖 10.1　魚籃觀音，傳由趙孟頫（1254–1322）所作，台北「國立故宮博物院」提供。

圖 10.2　持卷仕女，約 1040─1106 年，李公麟畫
風，紐約「大都會博物館」提供（1929 年黑夫麥耶
夫人〔Mrs. H. O. Havemeyer〕遺贈；黑夫麥耶收藏
館〔H. O. Havemeyer Collection〕）。

引男性，賣淫爲生，明代有一部收錄青樓女子傳記的作品《青泥蓮花記》，馬郎婦與延州婦人並列其中（Mei 1988: 32-34）。非但如此，在明、清兩代，不僅周旋於達官貴人間的青樓女子，就連男扮女裝的伶人，也會因爲「貌美如觀音」受到仰慕者讚賞。❾馬郎婦與延州婦人這兩則故事顯然是同一主題的不同版本，也就是不論是直接發生關係，或起初允婚而後拒絕，色欲都可以做爲精神轉化的一項有效工具。菩薩以「性」做爲善巧方便，這當然不是史無前例，在許多顯密大乘經典中都有相關資料佐證。

　　菩薩的開悟以體證「不二」爲特色，在這種狀態中可行種種「惡」業而不失禪定，這就是維摩詰居士爲何入青樓、酒肆，雖犯五逆重罪而不染的原因（Thurman 1976: 21, 64; T14: 539a, 549a）。事實上，「十方無量阿僧祇世界作魔王者，多是住不可思議解脫菩薩；以方便力，教化眾生，現作魔王。」（Thurman 54; T 14: 547a）❿這正表現出《維摩詰所說經》所言，凡菩薩「或現作婬女，引諸好色者，先以欲鉤牽，後令入佛道。」（T14: 550b）絕世美女婆須蜜多（Vasumitra）或可被視爲這種善巧的誘導者，《華嚴經》第 39 品〈入法界品〉中，婆須蜜多女告訴善財童子，若有男子欲火纏身，登門求歡，她就善巧開導，令對方解脫情欲的束縛。她不起分別心，凡有所求，悉令滿足，藉此使他們離欲；有些人一見她即離愛欲，有些人與她交談，或握著她的手，或與她共處，或凝視著她，或擁抱她，或親吻她，而離愛欲（Cleary 1986, vol.3: 148）。⓫

　　大沼玲子針對佛教「捨身」主題所作的研究中，指出菩薩與青樓女子之間的相似與對比：「因爲兩者皆遠離對配偶與家庭的私愛，故能自在平等普施眾生。當然，兩者關鍵性的差異在於青樓女子的行爲動機是貪欲，且透過交易賣身，菩薩的動機則是慈悲，純粹寬大爲懷地付出。儘管如此，青樓女子與菩薩皆由於異

乎尋常的情況使然，不得不誘惑並滿足登門的顧客，他們有效地
應用各種不同的善巧方便，令所有種類的眾生心生喜悅。事實
上，在《大乘方便經》中，菩薩透過善巧方便傳授佛法，即被明
確比喻為青樓女子詐取恩客所採取的各種方法。」（Ohnuma 1997:
210）這部經收錄於《大寶積經》，以青樓女子、漁夫等譬喻，說
明擅於善巧方便的菩薩：

> 善男子！譬如婬女善知六十四態，為財寶故，媚言誘他，
> 詐許捨身，所重之物，無所悋惜。後得彼物，得彼物已，驅
> 逐令去，不生悔心。善男子！行方便菩薩，能知隨宜行於方
> 便，如是教化一切眾生，隨其所欲，而為現身，於所須物，
> 心無悋惜，乃至捨身。……善男子！譬如魚師，以食塗網，
> 投之深淵，既滿所求，即尋牽出。善男子！行方便菩薩，亦
> 復如是，以空、無相、無作、無我智慧，熏修其心，結以為網，
> 一切智心，以為塗食，雖投五欲汙泥之中，如其所願，牽出
> 欲界。（T 11: 597a-b; Chang 1983: 434, 435）

　　菩薩與青樓女子另有一共通處，也就是兩者皆無分別心，正
因如此，《彌蘭陀王所問經》中的妓女頻陀瑪提（Bindumati）才
能像尸毘王（King Śivi）一樣，行「真理行為（Act of Truth）」（譯
註：參見第八章「捨身的主題」一節），使恆河之水逆流，因為「兩
者皆捨身，平等慰悅一切求索者，不論其社會地位。」（譯註：尸
毘王是古代印度聖王，為了解救一隻鴿子，捨身餵鷹。這是佛陀本生故
事中頗為著名的一則）對於阿育王的問題，頻陀瑪提回答：「大王！
與財於妾者，雖是剎帝利、婆羅門、首陀羅、毘舍或其他任何人，
妾皆一樣侍奉。對剎帝利無特別之尊敬，對首陀羅無特別之輕蔑，
離愛好與嫌惡之心而奉財主。如是，依此誓言而令大恆河之流逆

流。」（Ohnuma 1997: 211-212）頻陀瑪提可說是延州婦人在佛經中的原型。

美色的無常與淫欲的空性，在性行為中表露無遺，鳩摩羅什於 405 年所譯的《大莊嚴經論》中有兩則寓言，目的正是教示這樣的法義。其中一則寓言描述一名法師為了點化一青樓女子，以神通力將此女變為一副白骨骷髏，暴露所有內臟。然後法師告訴眾人，世間萬物皆如泡沫或錢幣上的鍍金一樣虛幻不實，他們不應貪戀美色，而應將她視為一堆白骨，如此藉由「不淨觀」而證悟（T 4: 277c-278a）。第二則寓言則敍述一位魔術師將一塊木頭變成一女子，然後在眾人面前與她交合，事後再將她變回木頭（T 4: 285a；Sawada 1959: 46）。

以「性」降伏、消除惡的主題，如我們在延州婦人故事中所見，牢牢地根植於密教經典、儀式與藝術中。它們與毘那夜迦王（Vināyaka）的儀式有關（毘那夜迦是象頭神〔Gaṇeśa〕的化身之一），這種儀式的源頭可以溯及 Avalokiteśvara 透過兩性交合而降伏毘那夜迦一事。七至八世紀譯出的經典出現下面這則故事：大自在天（Maheśvara）與妻子育有三千子，其中一千五百子以毘那夜迦王為首，常行諸惡事，其餘一千五百子以扇那夜迦（Senayaka）為首，常修一切善。扇那夜迦是十一面觀音的化身，他與毘那夜迦合而為一，「同生一類，成兄弟、夫婦」，藉此調伏毘那夜迦。根據另一種版本，調伏毘那夜迦的扇那夜迦是千手觀音的化身。這個故事，後來成為密教儀式《四部毘那夜迦法》的根據。有一位君主名為歡喜王，色欲熾盛，不信佛教。觀音出於大慈悲心，幻化成美女，博得歡喜王的喜愛。她巧妙運用歡喜王的色欲，成功地使他皈依佛陀，成為佛教的護法。兩人被描繪為微笑相擁，正如西藏的雙身相（yab-yum，父母尊），男性（Vināyaka，毘那夜迦）稱為「障礙」，女性（Ganapati，俄那缽底）則稱為「歡喜」。

十二世紀日文典籍《覺禪抄》中，有這個儀式的起源與儀軌的記載（Stein 1986: 38; Sawada 1959: 47）。

　　馬郎婦、魚籃觀音與延州婦人的傳奇都有許多佛教的來源依據，然而，一般中國人主要經由民俗文學得知這些故事，這類文學中有幾部寶卷以觀音的這種造像爲主題。我在中國大陸研究時，無意中發現五份相關的文獻：（1）《魚籃寶卷》，上海翼化堂書坊，1919 年印行，現藏於杭州的浙江省立圖書館；（2）《提籃卷》，辛丑年（無法確定是否爲 1891 年）手抄本，現藏於北京大學圖書館；（3）《賣魚寶卷》手抄本，年代不詳，現藏於天津南開大學圖書館；（4）《西瓜寶卷》，1887 年手抄本，現藏於杭州的浙江省立圖書館；（5）《觀音妙善寶卷》，1916 年手抄本，爲北京已故吳曉玲教授私人收藏。這些作品成書年代必定比《香山寶卷》晚，因爲其中關於女主角生平的若干重要細節（例如生日、年齡、排行三女等）都是根據妙善的故事。有趣的是，儘管在細節上有相當多的更動，但這五部寶卷共通的一段情節是女主角以許婚爲誘餌，但最後並未完婚或有肌膚之親。很明顯地，雖然馬郎婦（魚籃觀音）的故事被保存下來，延州婦人的故事卻漸漸消失了，這無疑是因爲後者具有高度密教色彩。隨著唐代之後密教在中國的衰微，以及自宋代起理學對貞節的強調，延州婦人的故事如此公然提及「性」這個主題，且顛覆傳統的價值觀（青樓女子與菩薩相提並論），難怪駭人聽聞。

　　《魚籃寶卷》的副標題相當長：「魚籃觀音二次臨凡度金沙灘勸世修行」。之所以如此命名，是因爲書中的女主角與僧人都是觀音的化現。故事背景在宋代，這反映出這種信仰開始普遍流行的年代，然而金沙灘的所在地卻由陝西移至江蘇，也就是以鹽產、漁獲豐富著稱的海門縣（今南通之東）。這個地點的改變意義重大，因爲這明確指出這部寶卷像其他許多寶卷一樣，出自江蘇、

浙江,同時也顯示此一信仰最終確立於沿海地區。話說當時金沙灘這座村中,有幾千戶人家以打獵、捕魚、屠宰與偷盜維生,當地百姓非常凶惡,因為他們不敬神明、不孝父母、強盜、殺人、糟蹋五穀。道教神明玉皇大帝(玉帝)得知這些罪行,大為震怒,於是敕令東海龍王水淹金沙灘,所有村民無一倖免,全部打入地獄受苦,永無出期。此書中稱為「南洋教主」的觀音知道此事後,憫念這些百姓,故請求玉帝寬限數月。觀音自稱為「臣」,向玉帝請命,願往金沙灘勸化眾生向善,倘若失敗,則甘願一同受罰。玉帝嘉許觀音慈悲之心,同意她下凡救度。

觀音最初化現為「賣魚貧婆」。宋代以後,觀音才開始被描繪為既老又窮,敦煌出土的菩薩像中,年齡漸增的傾向也相當顯著。史葦湘解釋如下:「敦煌莫高窟出土、年代從五胡十六國到元代的菩薩造像,有一項顯著特徵:年齡逐漸增長。從北魏到北周時的造像大多是純潔、稚嫩的童女,表現菩薩的天真無邪;隋唐時期的菩薩像較前成熟,被刻畫為體態豐滿圓潤而優雅的少女,因此『觀音菩薩』一詞在社會上成為妙齡少女的代稱;到了宋元,菩薩像卻演變為沉著練達的已婚婦女像,特別在陂帽觀音出現時,這位菩薩的造像就完全變為老嫗了。」(Shih 1989: 12)

宋代以降的感應故事與筆記小說中,觀音經常以老婦人的形象出現。年代不詳的《觀音十二圓覺全傳》約略仿效《圓覺經》而作❷,此書以十二位菩薩(或稱「圓覺大士」)為主角,描述觀音如何教化十二人覺悟的故事。這十二人中有男有女,有善有惡,觀音扮成僧人、美女,或化身為貧窮的老乞婦。自明代起,觀音在通俗文學與新興教派的寶卷中,始稱「觀音老母」,這可能是因應當時新興教派的結果,因為這些教派的主神是無生老母。下一章將進一步討論新興教派以「母」為最高神祇可能源自何處,以及無生老母與觀音老母兩者密切的關係。

　　我們繼續來看《魚籃寶卷》。既然化身老婦人乏人問津，觀音便化作妙齡女子，在市集中沿街賣魚，很快引起一陣轟動。圍觀者中，有位當地的惡霸馬二郎，他非常富有，也比眾人更為狠毒，因此人稱「螞王」。他深受賣魚女吸引，假裝想買魚，藉機打聽她的身家背景。賣魚女自稱父親姓莊，一家人住在南海，她排行三女，2月19日生，現年十八歲。在這故事中，女主角所有生平細節都以妙善為根據。跟馬郎婦故事一樣，《魚籃寶卷》非常強調《法華經》，這是與《香山寶卷》最主要的差別，也是與馬郎婦故事的連結點。

　　賣魚女表示之所以至今未婚，原因是她發願只嫁給熟背《蓮經》且茹素行善之人。一聽此言，馬郎立即興致勃勃地詢問何處可以找到這部經？它又為何如此重要？女子答稱此經是無價之寶，因為其中含藏世間所有知識學問，一旦熟讀這部經，便可獲得天界之樂，遠離閻王主宰的地獄懲罰之苦。這部寶卷不只以一般的方式歌頌這部佛經，也異乎尋常地添加若干細節，顯示作者對這部重要佛典的熟稔。賣魚女告訴馬郎，《法華經》共有七卷二十八品，篇幅長達六萬多字。至於何處可得此經，賣魚女手指魚籃，原來魚籃上層擺滿了魚，下層卻藏著這部經。她重申願意許婚，並要求馬郎與其他圍觀群眾回家，焚香點燭，求神告祖，敬陳學習佛法的決心，請求援助，待至天明時，都到晴天寺隨她學經。

　　為了想和美麗的賣魚女成親，屠夫不殺生，獵人不打獵，漁民改職業。她教導眾人學經一個月後，為免大眾退道心，決定選擇其中最為凶殘的馬郎做為婚配的對象，履行先前的承諾。她朝馬郎吹了一口氣，馬郎立即感到腹內一股清明，隨即朗聲誦讀《蓮經》，倒背如流。眾人齊聲祝賀他大獲全勝，馬郎興高采烈地詢問賣魚女需要多少聘金，她卻說不用聘金，只要馬家一家大小自

此盡皆茹素，婚禮當天備辦素宴待客，另外再準備素齋宴請當地道士，以感謝他們包容這些日子以來的驚擾。

可想而知婚禮進行中，新娘突然生病，此時她才向馬郎表露自己真正的身分是觀音，並說明來到凡間的原由，因爲違逆玉帝水淹金沙灘的旨意，所以三年不得上天庭，必須留在凡間。賣魚女在臨終前勸導大眾持誦此經，茹素行善，然後就過世了。馬郎在極度傷痛下吟唱一首輓歌〈哭五更〉，重述他與賣魚女自相遇直至死別的故事。他請畫師繪製賣魚女的肖像，供奉在家中，白天在像前誦經，晚上則虔誠禮拜，從此改過自新，成爲社會楷模。不到三年，由於馬郎苦勸眾人爲善，整個村莊變爲「善地」。

有一天，馬郎心想：「觀音降凡三年期限將至，不知是否生天？」此念一起，隨即驚動天上的觀音，促使祂再度下凡。這次祂化現爲僧人來到金沙灘，尋找失散多年的堂妹，根據僧人的描述，欲尋之人正是馬郎婦。此事再度勾起馬郎的傷慟，他告訴僧人，觀音化現的賣魚女已經香消玉殞。僧人表示想探視遺體，以確定是否真是堂妹；又說，她若果真是觀音，則必定金身不壞，容顏不改。馬郎命人掘開墳墓，果然如僧人所言，不可思議的是，賣魚女死而復活，手提魚籃生天。眾人驚歎之餘，那僧人也冉冉升空，與魚籃觀音攜手並立；接著，這兩尊觀音化身合而爲一，坐在雲端，向人們開示，告訴眾人之所以兩次下凡，是爲了救度他們。聽了這番話，人人心生懺悔，發願遵循觀音教誨。馬郎家中有一塊祖傳的沉香木，他請人根據原先那幅畫像雕刻，且加刻一只魚籃，這就是眾所周知的「魚籃觀音」。他勸眾人造相同的觀音像，供在家裡虔誠禮拜，這就是流傳至今的魚籃觀音的起源。馬郎每月於日期中有二、六、九等數字的那幾天便出外普勸世人，最後在金童、玉女護送下，靈歸天庭，拜見玉帝，得生西方極樂世界。

　　明清的許多寶卷具有一項特點，也就是不分青紅皂白地將佛、道信仰混雜在民間宗教意識中。要說有什麼區別的話，道教的玉皇大帝位居眾神之首，因為故事最後祂授予菩薩「魚籃觀音」之名，且命觀音鎮守南海。此外，馬郎這個角色的重要性也大幅提昇，他被塑造成英雄，且是值得讚賞的實例，顯示一個惡人如何透過信仰的轉化，得生淨土，獲得救度。這部寶卷另一項有趣的特色是強調魚籃觀音像的重要，文中兩次提及此像的創造，不免讓人感到撰寫、宣誦《魚籃寶卷》的目的，是為了解釋觀音的這一種造像。

　　《提籃寶卷》和《賣魚寶卷》的故事情節類似前述的故事，但篇幅大為縮減，若干重要情節也有些不同。首先，觀音一開始化現為醜陋的賣魚婦，在市集叫賣兩條臭鹹魚；過了三天，無論是她或她的商品都乏人問津，這時她才搖身一變，化為美女。其次，故事的主角不姓馬，而叫張黑虎，人們之所以如此稱呼，是因為他的脾氣火爆，貪得無厭。雖然他已有七位妻妾，卻像許多垂涎賣魚女美色的男子一樣，想娶她為妻。賣魚女於是向眾人開示，要求他們受五戒，並承諾下嫁月底前能背誦《法華經》之人。她的魚籃中也有一部經書，但是為了方便人們背誦，她請眾人到她的船上，分贈每人一部經。張黑虎出資搭建一座大帳篷，以便大眾可以跟隨賣魚女研讀經書；到了月底，張黑虎在眾人中脫穎而出。然而婚禮當天，花轎一進門，突然一陣雷電，轎中空無一人，新娘消失無蹤。他以為賣魚女是妖怪喬裝而成，為自己遭到的厄運連聲咒罵。此時觀音出現在空中，告訴眾人自己來到金沙灘的原由，故事最後也以製造、禮拜觀音像做為結束。再者，張黑虎由於行善，死後同樣獲得人們尊敬，當地人奉祀他為「張大帝」。

　　很明顯地，這三部寶卷雖然都以同一個故事為主題，作者卻

有相當大的自由更動某些細節，以反映當地的傳統。三者共同的關切是提供合理的解釋，說明魚籃觀音像的出現，以及此一造像爲何在這些寶卷流通的地區大爲盛行。史坦恩（Rolf A. Stein）曾探討印度神話中，網、魚、魚腥味等與「性」有關的主題，並將這些主題扣緊中國魚籃觀音的神話（Stein 1986: 57-61）。或許另有兩項理由，可以說明魚和魚籃爲何與觀音有關。有一件創作於西元前 100 年的赤陶女神像，帕爾（Pratapaditya Pal）在評述這尊手持雙魚的神像時表示：「在古印度，『魚』是富饒、多產的象徵，『雙』則被視爲婚姻幸福的吉兆。」（Pal 1987: 40）❸同樣地，對中國人而言，魚（特別是多數相關故事中提到觀音販售的鯉魚）也象徵好運，例如新春年畫中最受人喜愛的主題之一，是個胖娃娃騎在一條大鯉魚上。鯉魚象徵威猛雄壯與變形的能力，因爲人們相信鯉魚在長江逆流而上，最後會變成一條龍。因此，持魚觀音像可能反映出這兩種將魚視爲吉祥、富庶象徵的類似態度。觀音爲何提著魚籃的另一個原因，可能要從「魚籃」與「盂蘭盆」（ullambana，中元普度）的發音相近來解釋，有些學者甚至主張：「略稱爲『盂蘭』二字的發音，若不是指『魚籃』，就是指『盂籃』（也就是甘露杯與裝滿油煎圈餅的籃子）。」（Teiser 1988: 22）由於盂蘭盆節在中世紀的中國日益流行，也由於觀音像目連一樣，逐漸扮演救度地獄眾生的角色，因此盂蘭盆節的名稱可能曾以「魚籃」這個音譯詞表示，而後魚籃也就與觀音產生關聯。

明代除了《西遊記》與一部傳奇之外，另有三齣雜劇也以魚籃觀音爲主角，這必定有助於魚籃觀音的日益普及。在《西遊記》第 49 回中，觀音收服金魚精，將牠放在竹籃裡，因此解救了唐三藏。這條金魚曾經住在普陀山的金魚池，因爲天天聽觀音說法，最後獲得法力，變爲妖怪，出來加害唐三藏。觀音將金魚困在籃中，然後接受眾人禮拜。根據《西遊記》，這是魚籃觀音

像的起源。《觀音魚籃記》這部傳奇（戲曲）也出現一條稱爲「妖魚」的金鯉。這部傳奇有三十二齣，萬曆年間（1573—1615）金陵唐氏父子開設的印書坊「文林閣」刊印（收錄於《古本戲曲叢刊》二集）。

　　西元 1052 年，揚州儒生劉眞進京趕考，當時住在一間寺院裡，由於精通草書，頗受金丞相賞識，獲聘入府教導丞相之女金牡丹讀書。兩人一見鍾情，但是金府池中的一條金鯉魚，卻化作金牡丹的模樣誘惑劉眞，然後兩人私奔到揚州。不料，金府一名僕人巧遇他們兩人，趕緊回府稟報金父，眞正的金牡丹卻在此時病倒。這宗離奇的案件由著名的包公審理，他請城隍相助，龍王也派兵遣將捕捉這條魚精，這條鯉魚逃到南海普陀，躲在蓮葉下，最後觀音收伏了牠，放入魚籃中。這時，敬奉一幅水墨觀音像（極有可能是白衣觀音）的鄭翁夢見觀音告訴他，隔天早晨他會遇見一位提著竹籃的中年婦人。結果他果眞遇見這名婦人，於是兩人相偕求見包公。中年婦人因爲捉到鯉魚而獲得五十貫錢的賞金，她將錢悉數轉送鄭翁，他便請人畫一幅手提魚籃的水墨觀音像，這就是「魚籃觀音」的由來。最後包公作媒，將金牡丹許配給劉眞，劉眞也在隔年順利考取功名。

　　有一齣名爲《觀音菩薩魚籃記》的雜劇（收錄於《古本元明雜劇》四輯），如同《觀音魚籃記》，也是明代作品，作者不詳，情節卻大有不同。劇中主角張無盡原本註定成爲十三羅漢之一，卻墮入聲色肉欲的生活，觀音爲了度化他，化身爲美麗的賣魚女。在劇中，釋迦牟尼佛派觀音下凡，由兩位兄弟寒山、拾得護持——他們實際上是文殊、普賢兩位菩薩的化身。賣魚女承諾，只要張無盡背誦佛經、茹素行善，她就與他結爲夫妻。張無盡佯裝同意，但婚禮之後卻故態復萌，於是觀音拒絕履行這樁婚姻。張無盡就將她拘禁在後花園，逼她做各種苦工，就如同妙善困於父

王魔掌下所受的虐待。在劇情的最後，未來佛彌勒化身布袋和尚，點化張無盡，使他覺悟。

張無盡是歷史上的人物，本名張商英（1043—1122），是宋代名聞遐邇的佛教居士。❹寒山、拾得是八世紀時活躍於天台山的兩名和尚，行徑古怪；而布袋和尚則是十世紀末來自寧波的特立獨行僧人，人們認爲他是彌勒的化身，劇中出現這三個角色很有意思，因爲他們雖是禪宗近似神話的人物，但迎合一般大眾市場需求的民間私窯，也經常燒製三人的德化瓷像，例如何朝宗曾製作三人的瓷像（Fong 1990: 43, 46-47）。因此，通俗藝術與文學之間有了共同焦點，因爲兩者都對這些人物有興趣，方瑪麗（Mary Fong）認爲這代表明代禪宗的復興。這雖然不無可能，但我們也應謹記另一項事實：在許多新興教派的寶卷中——有些將於下一章討論——彌勒是非常重要的角色，而一般公認的禪宗初祖的菩提達摩也被一些新興教派視爲祖師。主張人人皆有佛性，覺悟並不取決於書本知識的禪宗是民主的，而且有普遍的吸引力，難怪新興宗教偏好禪。劇中這些禪宗人物的出現，以及《鸚鵡寶卷》中菩提達摩短暫的露面（詳見下一節），都可視爲對當時宗教環境的一種反映。同時，新興宗教的創始者之所以選擇這些人物做爲崇敬的對象，是不是因爲民間藝術與通俗文學中到處可見這些題材而受到影響？

另外，尚有兩齣與魚籃觀音有關的雜劇，一是《鎖骨菩薩》，作者是著名劇作家湯顯祖（1550—1617）的好友余翹，從標題看來，這是關於馬郎婦的故事，但此劇已佚失。❺另一部名爲《魚兒佛》（收錄於《盛明雜劇》二輯），作者是明末禪僧湛然圓澄。劇中主角是浙江會稽的漁夫金嬰，因爲捕魚殺生造惡業，註定墮入地獄，他的妻子卻是虔誠的觀音信徒，長年吃素念佛，並且屢勸丈夫改變。佛陀派遣觀音度化這對夫婦，觀音遂化身爲手提魚

籃的魚販，最後順利完成任務，讓這對夫婦獲得救度。

　　現在讓我們再次回到寶卷的概述。將觀音刻畫爲誘導者的寶卷未必總是以魚和魚籃做爲主題，例如《觀音妙善寶卷》與《西瓜寶卷》的主角就不是賣魚女，而是年輕的白衣寡婦。白色是喪服的顏色，也是白衣觀音的顏色。如第六章所示，十世紀後白衣觀音信仰變得非常重要，這兩部寶卷將白衣觀音的神話與形象疊加於馬郎婦或魚籃觀音的故事上，這是晚近宗教性寶卷拼湊雜糅特性的最佳寫照，作者相當自由地融合自己接觸的各種不同傳統。

　　這兩份文獻由散文與七言韻文組成，《西瓜寶卷》的篇幅比《觀音妙善寶卷》短，也欠缺《觀音妙善寶卷》中關於妙善生平的部分。故事的主角是江寧（今江蘇）的李黑心，此人有十三位妻妾，以及多達十三座倉庫的金銀財寶，但是李家上下除了門房李安之外，都是心性邪惡之人。李黑心以穀物或金錢放高利貸，收取雙倍利息，嫌惡前來化緣的僧人、道士，倘若有人膽敢上門，必定遭到痛打、羞辱。故事中的觀音向玉皇大帝請求下凡度化李黑心，隨後化身爲年輕貌美的白衣寡婦。這部寶卷詳細描述她全身上下穿著的白色服飾，包括身穿白絲上衣，腰繫白絲飾帶，白絲長褲外罩著一件白絲裙，腳穿白絲鞋，手上還拿著白絲手絹。當她走在街上時，吸引從事各行各業男子的目光（卷中諷刺誇張地描繪一連串的行業），人們興奮之餘，不由得停下手邊工作，紛紛尾隨她前行。

　　白衣寡婦走到李家門前乞求銀兩，買棺葬夫，門房李安讓她進門，李黑心一見到她，立刻想納爲妻妾。她先帶著李黑心一同奠祭新亡的丈夫（觀音的脅侍善財假扮她的亡夫），然後接二連三出了幾道難題，一件比一件艱困、無理。例如她要求李黑心照她的設計，用珍奇木材與貴重金屬製作棺木，且須停靈於李家大廳；另外，還要請三十六位道士、七十二位和尙，舉行三天三夜

的《梁皇懺》，放焰口七天七夜；完成四十九天的喪葬儀式後，須在附近所有河流、湖泊放水燈，然後將每份二斤重的饅頭當作喜餅，分送江寧四縣的所有人家。李黑心在吝嗇的習性與色欲之間掙扎不已，好不容易答應了這些要求，白衣寡婦又提出新的條件，她要先將亡夫安葬，而爲了讓李黑心出醜，她硬要他在送葬行列擔任喪家之首，使他成爲全城笑柄。

在此之後，白衣寡婦要李黑心請玉皇大帝作媒，北斗七星護送，五百羅漢提燈，三官伴轎，祖師、菩薩爲前導，織女隨其後，最後由驪山老母當伴娘。李黑心一口答應全部條件，但白衣寡婦終究還是改變心意，拒絕下嫁。她表示若要婚配，也要像妙善一樣，以扶助苦難眾生的醫生爲夫君。李黑心聞言勃然大怒，將她囚禁在後花園做苦工。白衣寡婦如同妙善，平靜、歡喜地接受這些折磨（這部分是《西瓜寶卷》欠缺的）。一個月後，李黑心打算強娶白衣寡婦，但是婚禮當天，她卻突然失蹤，這時李黑心也已耗盡十三座倉庫的金銀財寶。他怪罪下人李安爲他帶來惡運，於是叫人召來李安，準備予以嚴懲。然而此時李安已是富豪，不再貧困，他告訴李黑心有位托缽僧致贈一粒西瓜子，而令他致富的感應故事。

西瓜子的感應故事是這兩部寶卷的次要情節，也是馬郎婦或魚籃觀音傳說中所沒有的新元素。有感於李安的仁慈，觀音早已化現爲托缽僧到他家乞食，進一步試探李安夫婦的誠心。這名僧人受到熱誠款待，並且享用一頓豐盛的晚餐。臨別前，僧人送他們一粒西瓜子，囑咐他們種在後院，結果那竟不是平凡的種子，因爲「一更種下，二更萌芽，三更澆水，四更開花，五更就長成瓜」。李安夫婦一剖開西瓜，金銀就不斷從中湧出，直到堆滿十三間屋舍。聽到李安的故事，李黑心當然也想如法炮製，於是，他一反從前憎惡僧人的態度，當眾宣告願意設齋供養所有托缽

僧。觀音便又化現為托缽僧前來，也送給李黑心一粒西瓜子。他急忙將種子埋進土裡，但是等了三個月，什麼事也沒發生。他認為一定是李安戲弄他，於是將李安倒吊鞭打。此時觀音從天降下一顆西瓜，但西瓜一切開就冒出熊熊烈火，原來觀音命火神與隨從躲在西瓜裡，以毀滅李家。這場火燒了七天七夜，把李家化為灰燼。李黑心躲在茅廁，結果變成糞蛆，他整個家族因為自身的惡業，也得到應有的懲罰——他的妻妾變成蒼蠅、蝗蟲，僕人變為螞蟻，婢女則化為蝴蝶、螳螂。

雖然婚姻與性、許婚與悔婚等主題也出現在這兩部寶卷中，卻不再是主要重點，取而代之的是觀音成為至高無上的神明，同時巧扮戲弄惡人的角色，其中還添加許多民間的幽默。因為寶卷是以「宣卷」的口傳方式來傳播，既然要寓教於樂，不難理解其中必定有許多細節的重複與修飾，以增加戲劇效果。

魚籃觀音雖是畫家描繪或詩人、禪僧讚頌的對象，卻沒有證據顯示中國有任何寺院供奉魚籃觀音為主像。不過日本有這樣的寺院，位於東京商業區三田的魚籃觀音寺，供奉的主要神像即是魚籃觀音，其造像是身著中國服飾的年輕女子。根據這座寺院的創寺神話，這尊雕像最初造於中國唐代，後來馬郎的子孫帶到長崎，將此像送給日本僧人法譽，他在 1630 年興建一座小寺供奉這尊觀音像，到了 1652 年，他的弟子稱譽建造目前這座寺院。這尊魚籃觀音曾示現許多奇蹟，已經由寺方保存、公布。第一則感應事蹟非常類似《高王觀音經》中的故事，簡述如下：

> 聖者代受刀難的第一則事蹟發生於後西寬文二年（1662），當時細川大名的得力助手山田應清犯罪，被判斬首，但臨刑前，山田一心懇禱禮拜多年的魚籃觀音，結果劊子手的刀立刻斷成三截，同樣情形一連發生三次，劊子手與在場旁觀者

莫不驚駭。地方官府上奏此事，於是細川大名傳喚山田說明
原委。聽了山田的解釋後，細川大名表示：「你對觀音的信
念比我更為堅定，去為整個封邑的昌隆祈禱吧！」說完便赦
免了他。滿心感恩的山田虔敬地請人製作一尊魚籃觀音像，
終其一生誠心禮拜，死後便埋在寺中一隅。從那時起，這尊
靈驗的魚籃觀音像逐漸被稱為「代受刀難」觀音。除了山田
的感應事蹟之外，菊地、坂上兩位先生也提供親身經歷，證
明這尊觀音的救助，這些事蹟的詳細描述至今仍懸掛在聖像
之前。匾額的背面刻有下列文句：「此生已蒙恩，解脫刀難；
來世無疑應得觀音救度。在下應清，特此為證。」⓰

南海觀音

　　隨著普陀山確立為中國的普陀洛迦，新的「南海觀音」造像
也跟著出現，這與傳統的普陀洛迦觀音不同。有許多傳統普陀
洛迦觀音木刻像留存至今，被許多博物館視為珍寶展出，如阿
姆斯特丹「瑞吉克斯博物館」收藏的一尊十二世紀觀音像（圖
10.3）。普陀洛迦觀音通常被描繪成具英雄氣概的男性，袒胸蓄
髯，但南海觀音現女相，而且往往與前述的水月觀音、白衣觀音
難以區辨。這種新造像刻畫菩薩坐在大石上，身後有一叢竹枝，
背光是一輪圓月，或手持楊枝淨瓶，或置楊枝淨瓶於身側，另有
童男、童女脅侍。有時也可能被描繪為乘浪而立，或足踏鰲魚。
最後，在菩薩右上方還有一隻背負佛珠的白鸚鵡盤旋。雖然南海
觀音不是常見的三十三種觀音造像之一，卻顯然融合了水月觀
音、白衣觀音、楊柳觀音及鰲魚觀音的元素，而這四種觀音像
都包含在三十三身觀音中。元代藝術家趙奕1313年的作品（圖

圖 10.3　普陀觀音，十二世紀，阿姆斯特丹「瑞吉克斯博物館」提供。

9.1），充分呈現南海觀音的造像。京劇《天女散花》有一段天女的頌讚，適足以概述這種觀音像：

千山一髮普陀岩，
觀世音滿月面珠開妙像，
有善才和龍女站立兩廂，

菩提樹薔蔔花千枝掩映，

白鸚鵡與仙鳥在靈岩神巚上下飛翔，

綠柳枝灑甘露三千界上。

　　這種造像最早何時在中國出現？有無任何文獻闡明畫中各個不同元素的重要性？如前一章所述，我認爲南海觀音像的出現，有賴普陀山這座小島確立爲觀音信仰的朝聖中心，在此之後，才出現一些文獻以解釋、證實此像。使普陀山以及南海觀音這種新造像普及的一份重要文獻是《南海觀音全傳》，此書是十六世紀改寫自《香山寶卷》的作品，書中明確指出香山即是普陀山。

　　妙善公主遊地府之後，釋迦牟尼佛勸她到香山修行，並告訴她香山位於越國（可能指吳越王國）之外的南海上，那是往昔仙人隱居的一座古刹（可能指梅福，根據《普陀山志》，漢代時梅福應該曾在後來命名爲梅福庵的地方煉丹）。她又獲得指點，在普陀岩上修行（《南海觀音全傳》18b）。至於觀音造像自十二世紀起出現善財、龍女兩位脅侍，此書也提供一種有別於正統佛典的民間解釋。❼在佛教經典中，觀音或與善財有關，或與龍女有關，但並未與兩者同時出現。善財是《華嚴經》中的年輕朝聖者，爲了求法而參訪五十三位善知識，觀音是其中第二十八位。關於龍女的佛典，或許可溯及頌讚千手觀音與不空羂索觀音的密教經典，這些經典描述菩薩到龍宮教授陀羅尼，爲了表達謝意，龍王之女敬獻觀音無價寶珠。此外，由於《法華經》極爲盛行，雖然在此經中龍女與觀音沒有直接關聯，觀音這位女性脅侍或許也可以追溯至這部經典。❽賦予主要神祇一對象徵陰陽的男女脅侍，這種傳統始自道教。我認爲佛教這對脅侍相當於道教的金童與玉女──自唐代以來，金童玉女即被描繪爲玉皇大帝的侍者。

　　《南海觀音全傳》敍述善財、龍女如何成爲觀音的脅侍。此

書中的善財是孤兒，在大華山苦修，爲了測試他的誠意，妙善要
求土地公領導眾神仙化作強盜、惡棍，逼她跳下懸崖，善財見狀
也毫不猶豫地縱身躍下。接著觀音要善財往下看，他只見自己
的屍體橫陳崖下，本身則脫離凡胎的束縛，在光天化日之下生
天（21-24a）。此書作者緊接著敍述龍女的故事。話說觀音曾經
救過龍王的第三太子，當時他化作鯉魚，不巧被一名漁夫捕獲，
觀音派遣善財下山，以一吊錢買下鯉魚，放回海中。龍王爲了
報恩，打算獻給觀音一顆夜明珠，做爲菩薩夜間誦經照明之用。
三太子的女兒，即龍王的孫女，自願前往獻珠，也因此伏請觀音
收她爲徒，修學佛法。觀音答應她的請求，並要她拜善財爲兄長
（24b-25b）。

　　此書的結局是妙善公主全家超凡入聖，成爲菩薩，而這段安
排同樣流露作者自由運用其他佛教資料的手法。妙善於 2 月 19
日修成正果後，地藏菩薩與土地公決定請她升高座，奉爲「人天
普門教主」，因爲此時不只三千大千世界的菩薩都由她指揮，三
千大千世界也由她管轄。最後玉皇大帝下詔，分封三位公主：妙
善被稱爲「大慈大悲救苦救難靈感觀音菩薩」，是南海普陀岩道
場之主；她的兩位姊姊分別被封爲「文殊菩薩」與「普賢菩薩」，
爲五台山道場之主，並獲賜青獅、白象以爲座騎。獅、象二獸原
本守護釋迦牟尼佛的宮殿，卻擅離職守，還企圖對兩位公主施暴，
千鈞一髮之際幸賴妙善（即觀音）解救。這段異乎尋常的插曲或
許代表一種嘗試，顯示人們想要解釋爲何自宋代開始日益盛行三
大士（三位菩薩）這種新組合，四川大足營盤坡的一組晚唐雕塑
似乎是這類造像中最早的作品，千手千眼觀音居中，文殊、普賢
侍立兩旁（較常見的組合是「華嚴三聖」，即毘盧遮那佛居中，
而非觀音）。⓳但自明代以降，寺院供奉「三大士」聖像的情形似
乎愈來愈普遍。隨著三大士造像的普及，觀音也配有「犼」這種

神獸做爲座騎，那是一種介於獅、虎的動物（圖 2.9）❹，例如「大都會博物館」收藏的「送子觀音圖」畫中的動物就形似獅子（圖 10.4）。

當愈來愈多人將香山與朝聖中心普陀山相提並論，南海觀音也開始被視爲女性，就像妙善公主一樣。觀音在《西遊記》中稱爲「南海觀音」。如前一章所述，經過一段長期的忽略後，十六世紀時，普陀山在萬曆皇帝及其母后李氏的護持下再度興起，成爲主要的朝山聖地。爾後在十七、十八世紀，這座小島繼續得到清朝康熙、雍正、乾隆三位皇帝的護持，因此南海觀音像的出現，以及十六至十八世紀間最終凌駕其他觀音像之上，這絕非偶然。在這處聖地的重建過程中，地方官員與賢能的住持密切合作。「寶卷」這種文類也在此時出現，這些新文獻就如同新造像的創造，或許是爲了推廣普陀山而創作的。不過，民間流行的文獻也可以做爲一種指標，反映當時這座島新建立的名聲。在這些寶卷中，有兩部以觀音的脅侍爲主，其一是關於童男、童女脅侍故事的《善財龍女寶卷》，其二是以白鸚鵡爲主角的《鸚哥寶卷》。我在中國大陸進行研究時，曾披閱一種《善財龍女寶卷》的版本以及兩種《鸚哥寶卷》的版本（一份印刷本與一份手抄本），年代都不可考。

《善財龍女寶卷》敘述觀音如何招納兩位脅侍與白鸚鵡的故事。話說九世紀時，善財是陳宰相之子。宰相年過半百，膝下無嗣，因此連同夫人前往普陀山，向南海大士求子。觀音知道他命中註定無子，所以將賜福天官座下的侍童「招財童子」送給他當作兒子，以便將來他因兒子的開悟而受益。這孩子很早就顯露一心向道的傾向，宰相也讓他拜在仙人「黃龍真人」門下學習，此人是妙善觀音的摯友，也是《觀音濟度本願真經》的主角——這是與「先天道」有關的一部十七世紀新興教派經典（Dudbridge 1978: 69-73）。

圖 10.4　送子觀音，十六世紀，紐約「大都會博物館」提供。

　　在現存的版本中，觀音請黃龍眞人現身陳府附近的山洞，成
爲宰相獨子的師父，並爲他取法名「善財」。過了三年，善財精
進學法，表現優異，甚至不曾回家一趟。爲了考驗他，有一次黃
龍眞人出外訪友，吩咐善財好好看守山洞。由於當天是善財父親
六十大壽前夕，他感到非常寂寞，決定回家探望。但他還沒下山
就被一條蛇妖困住了，蛇妖假裝少女的聲音，哭喊求救，善財出
手相救，她卻變回巨蟒，一心想吃掉他，因爲蛇妖已經餓了十八

年。此書花了不少篇幅探討人們究竟應該以德報德？還是以怨報德？並且請出莊子等人作見證。之後觀音救了善財，並誘使蛇妖爬回當初監禁它的小瓶內，然後把瓶子放在普陀山的潮音洞，要瓶中的蛇妖滌淨心中之毒。蛇妖依教修練七年，終於轉化為龍女，毒心也變為夜明珠，她就將此珠獻給觀音。在此同時，觀音也已收白鸚鵡為隨侍。❹

　　白鸚鵡的來源為何？鳥類做為神明的侍從，或生在極樂世界，這並不罕見，如本章前文所述，西王母以青鳥為信差就是一例。《阿彌陀經》也描述極樂世界有鸚鵡、迦陵頻伽鳥及其他稀有之鳥宣唱法音，利益往生淨土者。鸚鵡與迦陵頻伽鳥是唐代人們視為珍禽的新品種。薛愛華（Edward Schafer）認為迦陵頻伽鳥類似燕雀（drongo），因為兩者都有金屬色澤的羽毛，但前者是靛藍色，而後者是黑色（Schafer 1963: 103-104）。他還主張白鸚鵡是來自印尼的鳳頭鸚鵡，據說這種鳥「聰慧、善解人語，能答問」，令唐太宗十分欣賞，最後甚至油然生出惻隱之心，將鸚鵡送還故地。唐代畫家閻立本曾描摹這隻鸚鵡及相伴的五色鳥，另一位畫家周昉則描繪著名的白色鳳頭鸚鵡「雪衣女」，那是唐玄宗之妃楊貴妃的寵物（Schafer 1959, 1963: 101）。此外，鸚鵡也是詩人創作的主題（Graham 1979）。

　　鸚鵡也經常是佛經中的主角。四川大足寶頂山大佛灣具有教化目的的石刻變相中，有忍辱太子剜眼療親的故事，其中有一景刻畫一隻鸚鵡叼著一粒稻米，旁邊的銘文引自《雜寶藏經》（T 4: 449a），說明那是一則佛陀的本生故事。話說往昔佛陀曾經是一隻孝順的鸚鵡，經常在一名農夫的田地裡拾取稻米。農人當初播種時曾發願，所種之穀願與一切有情眾生分享，可是一見到鸚鵡叼去穀粒，又心生瞋恚，設網捕捉。因此，鸚鵡提醒他過去立下的誓言，於是農夫怒意全消，心生悲憫，放走鸚鵡（《大足石刻

研究》272）。在另一則本生故事中（《六度集經》第 62 則，T 3: 34a），鸚鵡詐死，逃脫獵人追捕——這使人聯想到下文即將討論的寶卷中，菩提達摩提出的忠告。從這些例子可知，佛經中的故事或許是民間傳統寶卷的資料來源。

然而，這隻鸚鵡更可能源自民間文學。明代一部「詞話」（一種民間流傳的說唱文學），即以一隻聰慧、孝順的白鸚鵡為主角，此文獻是 1967 年上海嘉定縣出土的一座明代墓塚中偶然發現的。在陪葬的文物中，有十六種明代成化年間刊印的詞話，其中五種標明年代自 1471 年至 1478 年，由此可推知埋葬於此之人，生前應該相當熱衷流行的故事與戲曲（Wang 1973）。這些文本是北京刊印的木刻版印刷，內附非常豐富的插圖。

以鸚鵡為主角的這部詞話，標題為《新刊全相鸚哥行孝義傳》，故事內容詳盡、曲折，無疑是後來相關寶卷的創作基礎。故事發生於唐代，書中描述這是個和平、繁榮的時代，佛教盛行，文武百官莫不念誦阿彌陀佛，樂於讀經行善。當時的隴州（今陝西）西隴縣有棵枝葉茂盛、四季常青的娑婆樹，樹上有通身雪白的鸚鵡一家三口築巢而居。其中的小鸚鵡非常聰明，不僅能誦經念佛，還會作詩。有一天，牠的父親到南園採果，卻被獵人王氏兄弟射殺，牠的母親前去探尋，結果被獵人打傷眼睛，雙目失明。小鸚鵡為了安慰母親，自告奮勇前往西園為母採荔枝。當牠找到時，便先誦一部《阿彌陀經》，以答謝天地，然後採了七粒荔枝，一粒自己充飢，其餘六粒留給母親，祈望母親的傷能早日痊癒。但在返家途中，不幸被王氏兄弟捕獲，並以三十貫錢賣給一位欣賞牠能當下吟詩的知府。他將小鸚鵡帶回家中，要牠以屏風上所繪的白鷺鷥為題賦詩，小鸚鵡不假思索地吟誦：

鷺鷥生來像雪團，卻在屏峰後面安；

有翼要飛飛不得，看來共我一般般。

　　知府聞言大悅，便請夫人過來，她一見小鸚鵡，立即心生歡喜，也要求牠作詩，還表示倘若令她滿意，就會釋放牠。於是小鸚鵡出口成章，將夫人喻爲觀音：

青絲細髮一捻腰，行來好像順風飄；
背後只少三根竹，便是觀音不畫描。

　　夫人因此獎賞牠一盤櫻桃，小鸚鵡的名聲不脛而走。後來知府將小鸚鵡當作貢品獻給皇帝，並表奏王氏兄弟捕獲這隻珍禽的經過。小鸚鵡就此入宮，但爲了要替死於獵人手中的父親報仇，當皇帝下令作詩時，牠卻默不作聲。皇帝大怒，命人逮捕那兩名獵人，處以死刑。達成目的後，小鸚鵡才在皇帝面前展露吟詩作賦的才華，也因此再次獲得一盤櫻桃的獎賞。最後，小鸚鵡因爲與母親分離兩個月之久，要求返家，但是一回到家，卻發現母親已去世。小鸚鵡恪盡孝道，厚葬母親，法事由玉皇大帝作主，僧人、道士共同舉辦，還有百禽眾鳥前來參與。之後，飽受喪親之痛的小鸚鵡得到土地公指引，前去禮拜觀音，觀音被牠的孝心感動，於是接引牠的雙親往生淨土，也答應帶牠到南海，讓牠終身隨侍。❷
　　上述故事在十五世紀已廣爲流傳，以這隻鸚鵡爲主的《鸚哥寶卷》顯然大肆借助這個故事。這部寶卷並未提及鸚鵡作詩的才能，但是同樣強調牠對母親的奉獻與孝心。《善財龍女寶卷》的作者顯然對這部《鸚哥寶卷》知之甚詳。寶卷描述鸚鵡的父親過世，而母親罹患重病，想吃東土（中國）特有的櫻桃。雖然有人警告牠東土之人心性邪惡，生性至孝的鸚鵡仍不顧一切飛往東土

摘採，結果遭獵人逮捕，而且他們一發現牠口出人言，就轉賣給
一位富有的員外。

　　鸚鵡開始講經勸善，結果使得捕捉牠的獵人放棄行獵，另有
許多人皈依佛教，唯有這員外鐵石心腸，始終不肯釋放牠。一天，
菩提達摩來到此地，提出一條脫身之計，鸚鵡依言詐死，富人見
狀便將牠扔棄在地，於是鸚鵡得以返家與母親相會。不料母親已
經去世，牠不禁悲從中來，昏厥過去。觀音有感於牠的孝心，以
楊枝取瓶中甘露，遍灑其身，令牠甦醒，又幫助牠的雙親往生善
趣。為了報恩，鸚鵡請求終身常隨觀音。《善財龍女寶卷》將《鸚
哥寶卷》的故事濃縮為寥寥數頁，並以下列一段話作結：「菩薩
站在鰲頭之上，善財腳踏蓮花，冉冉望紫竹林而來，又見白鸚鵡
口唧念珠，從空飛來，迎接菩薩。至今留此一幅圖畫在世。」作
者撰寫此卷時，可能正看著這樣一幅畫。隨著十六世紀以後普陀
山逐漸聲名遠播，如此呈現的南海觀音造像也流傳得更廣了，甚
至如前一章所述，前往普陀山的朝聖者，開始目睹觀音在善財、
龍女與鸚鵡的伴隨下示現，他們所見的景象與當時的南海觀音像
一模一樣。

　　本章有相當多篇幅用於描述幾部寶卷的內容，因為我認為這
些文獻提供一些重要線索，有助解讀晚期中國繪畫中的女性觀音
像。這些通俗文學作品在在顯現作者對佛教經典的熟悉程度，然
而卻很少忠於原來的典據，他們大膽地結合不同的成分，創作出
這些故事的本土化版本。如前文所示，善財、龍女與白鸚鵡這三
位南海觀音的脅侍，可以溯及《華嚴經》、《法華經》、頌讚千手
千眼觀音的密教經典，以及《阿彌陀經》等經典。部分晚期畫作
也如同寶卷，結合原本毫無關聯的主題，例如將觀音與羅漢並列。
此外，寶卷也自成一獨立傳統，晚期寶卷充分顯露對早期寶卷的
熟稔，重複、潤飾、結合早期作品中的顯著特色。從兼容並蓄的

圖 10.5　白衣魚籃觀音，十七世紀，阿姆斯特丹「瑞吉克斯博物館」提供。

觀音造像中也可以發現這項特色,例如一座十七世紀的白瓷神
龕,供奉的是一尊貌似南海觀音的白衣魚籃觀音(圖 10.5)。

　　各種不同的女性觀音像是如何產生的呢?感應事蹟與朝聖傳
統可能是最初的誘因,藝術與文學接著加以推廣。我認為每種主
要女性觀音像,原先都以某一地區為根據地,與某一段生平故事
有關,並且以某一造像呈現。例如,妙善公主起初在河南受人供
奉,馬郎婦(魚籃觀音)在陝西,白衣觀音在杭州,而南海觀音
則在普陀島。如此一來,原為外來男性神祇的觀音就轉化為女性
救世者,具有明確而完整的中國身分。或許最初每種女性觀音都
有各自的信仰體系,卻並非全部留存至今,如妙善公主與馬郎婦
並沒有個別的信仰,而白衣觀音與南海觀音卻形成獨立的信仰體
系。此外,隨著普陀山逐漸發展成為中國的普陀洛迦山,並在明
代崛起,成為國內外的觀音信仰中心,南海觀音也吸納妙善、賣
魚女與白衣等觀音像。當我們檢視與普陀山有關的感應故事時,
就有可能發現這些不同形象的觀音同時存在。同樣地,當我們研
究南海觀音的圖像時,也會發現其他觀音像的痕跡。任何一種造
像不但不曾抹滅其他造像,反而透過「重疊(superscription)」的
過程(Duara 1988: 778-795),使南海觀音不僅成功地保留原有的
特性,同時也因為其他觀音形象蘊含的神話傳說,變得更豐富。
這一切對於觀音的觀點可以追溯到不同的觀音造像,雖不盡相
同,甚至個別看待時不免彼此矛盾,卻能互相證明其真實性,也
強化信徒眼中觀音的靈驗。❷❸

第十一章
觀音老母：觀音與明清的
民間新興教派

　　在中國，觀音不僅廣受佛教僧、俗二眾敬奉，被藝術家、小說家和劇作家頌揚，各種新興教派的信徒也祈求觀音保佑。有個號稱「長生教」的新興教派，寺廟遭大火焚毀，於 1766 年復興，浙江巡撫上奏乾隆皇帝的奏摺中描述此事，歐大年概述如下：「每個人捐出一筆可觀的善款，另有一位信徒走訪附近各地勸募。他們齊心協力，成功地在舊址重建新的中心。一位信徒捐獻一尊觀音瓷像，供奉在新建的大殿中。他們在神壇的一側放置一把空椅子，代表已故的始祖。」（Overmyer 1976: 8-9）這尊觀音像極有可能類似第六章提及的德化瓷白衣觀音像，一旦安奉於這座新建築，就讓此處成為一個崇拜中心。觀音通常被稱為「老母」，實際上是明代以來新興宗教奉祀的主神。祂在新興宗教中出現，不限於這個特定宗派，也不限於當時、當地。

　　在台灣和其他地區至今仍存在的幾種教派，都源自十六世紀崛起的民間祕密教派；十六世紀成立的這些教派，又傳承自早在十一世紀即出現的白蓮教（關於白蓮教的早期歷史，詳見第八章）。我曾親自接觸「一貫道」、「理教（在理教）」、「先天道」

等三個教派，三者都信奉觀音。

　　1967 年，我在台灣進行博士論文研究時，有位朋友介紹我認識他的叔父，這位長輩是一貫道的壇主，負責掌管新竹的一處道壇。因爲當時這種宗教尚未得到政府許可，我一再被告誡必須謹愼，將我所知的一切保密。我參訪一貫道的道壇，觀察他們的宗教儀式，也有人爲我概略介紹他們的宗教。

　　一貫道是一種融合性宗教，結合了儒、釋、道三教的教義，宣稱五教（除了前述三教，還包括基督教和伊斯蘭教）都是同一根本眞理的不同層面。然而，由於這些制度化的宗教經過長期演變，扭曲了這根本眞理，因此需要由王覺義（1821?—1884，又稱「古佛王」）創立的一貫道來重整。對於台灣的信徒而言，宗師張天然（1887—1947）更受敬重。如同明代以來的所有民間宗教，一貫道至高無上的神是「無生老母」，又稱「瑤池金母」，祂是全人類的創造者和祖先。一貫道相信「三期」或「三劫」，這可以就歷史和末世論的意義來理解：第一期稱爲「青陽期」，由燃燈古佛掌理，此期持續 1,500 年，最後滅於大水；第二期是我們目前所處的「紅陽期」，以釋迦牟尼佛爲教主，此期歷時 3,000 年，終將滅於大火；未來的第三期是「白陽期」，由彌勒佛統理，最終被大風毀滅。老母爲了拯救我們（也就是祂的子孫）免遭每期劫末出現的災難，於是派遣老師下凡度化，如周公、孔子、老子、釋迦牟尼佛、菩提達摩；以及史稱「道濟」（卒於 1209）或「濟癲」，但自十六世紀以來被許多人奉爲活佛的濟公（Shahar1992, 1994, 1999）。祂在扶鸞時，透過這些老師（最常見的是濟公）傳達教誨，與信徒溝通。這種宗教最終的目標是與老母團聚，回歸眞正的家鄉。

　　由於信奉彌勒佛，並對盛世再臨的千禧年懷有強烈期待，因此一貫道如同白蓮教在整個明清時期的命運，受到政府壓制與佛

教人士抨擊，直到 1980 年代晚期為止（Sung 1983）。佛教體制不認同的原因是可以理解的，因為一貫道沒有專職僧侶，其宗教領袖和一般信徒一樣都是在家人，而且除了堅持茹素之外，並未奉行任何特定教規或儀式。要加入此教的人需要參加一個簡單入會儀式，過程中有「三寶」的傳授。儘管這個語詞與佛教用語沒有兩樣，但意義全然不同。一貫道的三寶不是指佛、法、僧，而是由「點傳師」打開眉間的孔竅（玄關），教導如何正確地結手印（手印），並誦念「五字真言」的祕咒（口訣）。❶

　　一貫道承認來自不同宗教的許多神祇，除了無生老母，還有五尊主神：觀音、彌勒、濟公、呂洞賓和關公。不過，許多一貫道的道壇，將南海觀音這種女性觀音像供奉在佛壇中央的首要位置。因為至高無上的老母是無生的，因此沒有形體，也無法想像或描繪。

　　1986 年，我在北京進行本書的相關研究時，結識李世瑜先生，他是寶卷文獻及現代祕密宗教方面的權威（Li 1948）。李先生研究理教多年，此教總部就在他的家鄉天津，因此有利他進行田野調查，並蒐集其歷史和歷年發展的資料。根據該教編纂的歷代教主傳記，理教的創始者是山東人楊來如（1621－1753），他在明末（1641）考中進士，但沒有走上仕途，而選擇在家侍奉母親。母親過世後，他隱姓埋名過著隱居的生活，每日固定跪誦經典，並仿效善財童子禮觀音的行誼，自創一套禮拜儀式，稱為「五十三參」，每日五體投地禮拜五十三次。❷他的虔誠感動觀音，在他有生之年曾六次蒙觀音示現，親自教導。理教獨一無二的特徵是強調清淨生活，其嚴禁菸酒的戒律可為明證。

　　當吸食鴉片成為清代禍國殃民之源時，理教教徒協助遏止鴉片造成的危害，功不可沒，因而贏得社會稱頌。與其他新興宗教不同的是，理教最高神祇不是無生老母，而是有「聖宗古佛」之

稱的觀音。在每一座聚會的「公所」中,主壇皆供奉南海觀音像,而且不僅觀音本身,連脅侍善財、龍女,以及被尊為觀音之「丞相」的鸚鵡,也同樣受教徒禮敬;甚至他們的「五字真言」,就是「南無觀世音」。❸在他們的課誦儀文《五山寶卷》中,列有頌揚觀音的本土經典經名(《佛頂心陀羅尼經》與《白衣大悲五印心陀羅尼經》,詳見第三章),以供禮敬。根據李世瑜的研究,天津的理教教徒通常穿白衣、白鞋,甚至繫白色腰帶,以表示對白衣觀音的崇敬,因此他們的宗教又稱「白衣道」(Li 1996: 198)。

　　我在中國進行研究期間,也發現幾部成書於明末的寶卷,在這些文獻中,觀音以無生老母的形象出現。❹觀音以老母的形象出現時,完全無前例可尋,也沒有任何經典依據。關於這種觀音像在十六世紀後出現的原因,最明顯的解釋莫過於新興宗教無生老母的盛名。但實際上這並未解答這個問題,因為我們可以追問:無生老母的來源是什麼?為什麼無生老母突然出現於十六世紀,成為新興教派的最高神祇?若不是觀音已成為廣受景仰、愛戴的女神,老母能夠如此突然出現且威名顯揚嗎?此外,為什麼有些教派的經典要不是宣稱他們的老母化身為觀音,就是主張觀音化身為他們的創教始祖?

　　新興教派想要挪用觀音的原因不難理解,因為到了明清,觀音已成為中國家喻戶曉、最深得人心的神明之一,觀音像不僅供奉在佛寺中,也供奉在民間宗教所屬的寺廟。但一般民間宗教並未刻意建構一套神學理論,說明觀音及其敬奉的其他神明,新興宗教則大不相同,其經典煞費苦心地解釋他們的女神、宗師與觀音之間的複雜關係。

　　新興教派挪用觀音有助於這位菩薩最後一階段的轉化,也就是「觀音老母」。同時,許多新興教派以觀音為主神或主要神祇之一,這也有助於在社會其他階層中推廣觀音信仰。因此,與觀

音有關的新興教派寶卷，是弘揚觀音信仰的另一種重要媒介，而且在這過程中，也爲這尊多面性的神祇創造另一種新面貌。

在本章中，我首先探討一些著名新興教派經典中刻畫的無生老母，以及對於這些文獻中出現的無生老母、創教始祖與觀音之間關係的理解。其次，我將探究一則新興教派挪用觀音的明確實例，也就是十七世紀一位先天道祖師撰寫的寶卷《觀音濟度本願真經》（Dudbridge 1978: 69）。❺一貫道顯然與該教有關，因爲一貫道將先天道的道統納入本教系統。事實上，其創始人張天然如今被視爲先天道第十八祖（Lin 1984: 129）。這不足爲奇，因爲二者皆源於明末白蓮教。如第八章所述，這部真經是新興教派將妙善傳說改寫而成的作品，但是觀音在這份文獻中，並未以老母的形象出現。

接著檢視的是三部明末寶卷，其中的觀音現身爲老母。如下文所示，在這些寶卷中，要區分觀音老母與新興教派的無生老母，即使不是絕無可能，至少也是困難重重的。因爲用於描述這二者的觀念，或甚至字眼，雖不是完全相同，卻很類似。這些新興宗教寶卷是否就像《觀音濟度本願真經》的情形一樣，利用觀音以提昇其教派的威望？這三部明末寶卷中也許有兩部是如此，因爲內容提及特定的教派名稱，但第三部就難以斷定了。新興教派固然可能挪用觀音，觀音的信徒也同樣可能挪用新興教派的無生老母，以增添其主神的光彩。由於對這些寶卷的作者一無所知（可惜這些作者都是無名氏），也不清楚他們當初創作的情況，我們僅能推測而已。最後，針對無生老母與觀音老母可能源自何處，我提供一些看法。

新興教派中的無生老母

三十年前楊慶堃寫道，中國除了佛教、道教之外，第三種制度化的宗教「是融合性宗教結社」（Yang 1961: 301）。歐大年將這種宗教與歐洲新教教會、日本淨土眞宗之類的宗教改革運動相比（Overmyer 1976）。儘管這種宗教結社混合彌勒信仰、淨土宗、禪宗、道教內丹派及其他宗教的要素，仍應被視爲新興宗教，其中大部分教派，包括先天道和一貫道，都受到羅清（1443—1527，人稱「羅祖」）的影響，或宣稱傳承羅祖的法脈。

這些教派具備一些獨特而重要的共同特徵，包括信仰一位創造、救度全人類的母神，劃分爲三期的末世論，以及無須任何宗教專職人士做爲中介的普世救度——這些都是羅清創立的「羅教」（或稱「無爲教」）這種新興宗教強調的觀念。❻羅教和其他後來出現的教派一樣，是以在家人爲主的組織，以盛世再臨的千禧思想爲導向。羅清撰有五部寶卷，稱爲「五部六冊」，於 1509 年刊行。儘管這些文本中沒有「無生老母」這個確切的字眼，但啓發所有新興教派的中心思想已經出現，也就是「眞空」是我們的「家鄉」，我們的「祖」即是「母」，而家鄉和老母就是我們眞正的歸宿和本性。❼

此教又稱「無爲教」，因爲根據羅清的理論，人們無須刻意從事任何特定活動以得救度；讀經、坐禪、念佛或舉行宗教儀式，都是羅清視爲愚蠢且誤人的「有爲」之舉。他在著作中講述自己一生中的事例：他幼年喪母，深切體驗人生無常的痛苦。鄰居的老母過世時，請僧人來誦讀《金剛科儀》——這是一部十三世紀流傳甚廣的科儀文本，內含《金剛經》的註釋。當他聽到「若人信受，拈來自檢看」時，深有所感，於是取得這本書，研讀三年，最後終於參透，領悟以下的道理：

> 不歸天，不歸我，我是真空；
> 娘是我，我是娘，本來無二。
> （譯註：參見 Ma & Han 1992: 199）

當然，體證「無二」是大乘佛教空觀的親身見證。他在所有著作中不厭其煩地強調，人們必須超越傳統對性別、階級的區分，而且救度不依賴外在的作為，「非僧非俗、非男非女、非戒非律」。因此，他毫不留情地抨擊組織嚴整的佛教，也相信世俗社會中的善男信女都可達到覺悟，獲得救度。

無怪乎佛教教團不認同羅清，對他有所提防。1586 年，名僧憨山德清前往山東時，發現羅教徒眾甚多，且對佛教一無所知，他為此感到十分震驚（Ma & Han 1992: 184）。袾宏任雲棲寺住持時設立的寺規中，特別禁止僧人研讀「五部六冊」，若有違犯，則逐出寺院（Yü 1981: 203）。他還呼籲所有佛教徒譴責羅清：

> 有羅姓人造「五部六冊」，號「無為卷」，愚者多從之，此訛也。……彼口談清虛，而心圖利養，名無為而實有為耳。人見其雜引佛經，便謂亦是正道，不知假正助邪，誆嚇聾瞽。凡我釋子，宜力攘之。（《雲棲法彙·正訛集·無為卷》27: 19a-b；Overmyer 1976: 37）

羅清經常在著作中提到觀音，他對妙善公主的傳說十分熟悉。這並不令人意外，因為對他影響頗深的《金剛科儀》提到妙善的故事，而羅清在著作中共有七十多處徵引這部科儀（Ma & Han 1992: 192）。儀文中，陳述「妙善不招駙馬，成佛無疑」（《銷釋金剛經科儀會要註解》，HTC 92: 257）。羅清在所著的《大乘歎世無為寶卷》中表彰值得仿效的先賢時，讚揚妙善公主

前往香山修行。他也在這部著作中，形容「眞身」（「眞空」或「老母」的異名）難得化身爲人世間的男、女，果眞示現於人間時，可能「化顯男，滿月面，賽過世尊」，或「化顯女，是魚籃，賽過觀音」。但他卻在這一段的結語宣稱眞身即是菩薩，也就是觀音。這類陳述已隱隱顯示，與新出現的無生老母息息相關的，包括空性和菩薩的理想等佛教核心思想，以及人們信仰的觀音。儘管如此，值得注意的是羅清本人在著作中，並未提到無生老母是至高無上的神。

既然羅清沒有使用這個字眼，那麼無生老母最早出現於何時，而成爲新興教派信仰體系的中心人物呢？歐大年在早期著作中，認爲「還源教」的創始人弓長於 1588 年率先撰文提及無生老母，「弘陽教」創始人飄高隨後在 1594 年也提到無生老母（Overmyer 1976: 143）。這項結論的依據是黃育楩（活躍於1830—1840）的著作，黃育楩是道光年間河北一位盡職的地方官，在任期間查獲大約六十八種新興教派的寶卷，並在 1834 至 1841年間撰寫四部專著，批駁這些寶卷中的「異端邪說」。因爲黃育楩在提出駁斥前，經常大量引用原文，又因爲其中有些寶卷自此以後失傳，所以他的著作對學者而言十分珍貴。

黃育楩的確認爲無生老母信仰與弓長、飄高兩位創教者有關，但他也明確指出「老母」一詞，在萬曆年號（1573—1615）結束後才出現。當時，許多新興教派的領袖都「奉無生老母爲教主」，不僅包括上述兩位，還有「普明、普靜、呂菩薩、米菩薩」，這個語詞就這樣逐漸普及。因此，黃育楩表示，「其顯於明末無疑」（《續刻破邪詳辯》，頁 71）。根據李世瑜和韓書瑞的研究，這些人大都受到羅清及其「五部六冊」的影響，或自稱是他的嫡傳。然而，他們的研究卻顯示，「老母」一詞至少在此之前五十年，就已出現在《皇極金丹九蓮正信皈眞還鄉寶卷》（1523 年重印）。

如今歐大年推斷，的確在這部寶卷中「無生老母首次扮演核心的角色」（Li & Naquin 1999: 139）。這部寶卷也為萬曆皇帝之母李太后提倡的九蓮菩薩信仰，提供宗教理論依據（詳見第三章、第九章）。這份文獻提到，「該教主神無生老母、劃分歷史時期的三大劫與每劫相應的佛、信徒將得救度的龍華會，以及無為祖為了宣揚救世良方而迅速發布的訊息（此指金丹修練法）」（Li & Naquin 1998: 151）。❸這部經並未稱觀音為「老母」，而是「圓通教主九蓮觀音」，祂是無生老母救度世人時的得力助手。

在弘陽教的經典中，除了無生老母之外，還祈請觀音老母及大悲老母（兩者都稱為「老母」），這三位神祇都有「慈航」之稱。觀音被描述為駕著「法船」，超度獲拯救的眾生，回到永恆的家鄉。❾如同前述寶卷，這部經也充滿內丹的術語。如以下引文所示：

> 煉成金丹無價寶，
> 嬰兒奼女出籠牢，
> （譯註：道家煉丹中，稱鉛為「嬰兒」，水銀為「奼女」）
> ⋯⋯
> 有緣得遇觀音母，
> 我祖真傳度眾生。
> （《弘陽後續燃燈天華寶卷》）

普明是「黃天教」的創始人，李世瑜在 1940 年代對這個教派做過研究，當時此教創教約已四百年，依然存在（Li 1948: 10—31）。黃天教以北京東北方的萬全縣為中心，創始者本名李賓，但被稱為「普明古佛」，也就是彌勒佛的化身。普明在 1550 年代撰述《普明如來無為了義寶卷》，講授類似的宇宙論和無生

老母救度眾生的末世論（Li & Naquin 1988: 152）。黃天，是「眞空家鄉」的名稱，也就是無生老母的住處。此教以菩提達摩爲初祖，惠能爲六祖，普明實爲七祖。他在 1562 或 1563 年過世後，妻子繼任教主；她逝世後，領導權就轉交給兩個女兒普淨、普照，二人都嫁入康家；之後，教主之位傳給普賢，即普照的女兒、普明的外孫女（Ma & Han 1992: 409-416），她又嫁給米姓男子❿；繼普賢之後，領導權回歸普明兄長的子嗣手中。黃天教強調夫婦雙修，共同悟道。

我們難免推測晚清出現的《觀音十二圓覺全傳》（詳見第八章），可能受到這支教派的啓發。這部文獻雖然並未提及「黃天教」的名稱，但內容敍述觀音度化十二人，使其覺悟的故事，這十二人有善有惡，但都是夫妻。觀音假扮成僧人、美麗少婦，或可憐的老乞婆。觀音雖然推崇妙善的典範，卻沒有勸人不結婚，只是勸人不圓房。文中的夫妻最後都在同一座寺廟修煉內丹，或許十分類似黃天教教徒。

如同《香山寶卷》和《眞經》，這部經也嚴詞抨擊僧、尼。即將被度化的十二人之一李員外如是說：

> 大凡僧道都是吃現用現，多有不長進的僧人，私自餘積善信的銀兩，背地嫖賭。況出家人慈悲，不穿獸毛鼉口，他偏要縫那緞袍皮襖、緞鞋綾襪，擺個樣子。有等齋婆、尼僧……都是嫁去人家，勤吃懶做，不中公婆、丈夫之意，或是嫌公婆嚴令，丈夫貧窮，幼小不受管轄，思量入廟爲尼，圖吃一碗現成自在的茶飯。若是收了一個徒弟，就卸了菩薩的擔子，早晚鐘鼓、香燈及一切勞動事務，吩咐徒弟去做，他總不管，又不看經念佛，又不參禪悟道，又不遵規守戒。白日裡走東家、入西戶，誘哄人家婦女入寺拜佛燒香、求男求女，或見

人家兒女，妄言根基淺薄，必要拜佛保養，借此募化，肥口肥身，夜間勾人淫欲。這種僧道最是惡毒。我因此立下大願，必要打死一百個僧尼、道士，方才了願。所以挖下一個大深坑，打死的都丟在坑內，如今已打了六十多個。(《觀音十二圓覺全傳》1938：60)

萬曆年間，有位名叫「米祖」的婦女（黃育楩認爲她就是米菩薩）另創一教，稱爲「龍天教」，又稱「白陽教」。米祖嫁入劉家，到了 1816 年，此教已有十二位祖師，都是劉家的媳婦。該教的祖師必須是女性，而非男性，因爲只有女性才可能是米菩薩轉世（Ma & Han 1992: 695）。如下文所示，頌揚老母觀音的三部寶卷中，有兩部極可能由黃天教和龍天教所著。

晚明隨著新興宗教的發展，其創始人有時被視爲佛或觀音的化身。人們也認爲無生老母會下生人間，示現爲貧婆，教導可能成爲祖師的人，如同前述寶卷中的觀音。例如，羅教第七祖明空在著作中詳細記述自己的宗教體驗，他說萬曆三十九年（1611）四月初八夜裡，他夢見一位貧婆在大街上乞討，當她說他的聲音令她想起兒子時，他立刻明白那就是無生老母，於是拜倒在她面前，感動莫名，而老母則吩咐他茹素。1624 年，他又夢見老母要他撰寫經文。醒來後他十分困惑，因爲不知如何下筆，但他並未放棄希望。四年之後的二月初一，他獲得無生老母降授一部寶卷，同年三月初五就書寫完畢，其內容由老母親自審閱、核可。

1629 年的二月，老母又降授另一部寶卷，他在五月初五就完成了。然而，在他所寫的寶卷中，記述他與無生老母接觸的兩次經歷，那都不是夢境，而是發生在光天化日之下。無生老母示現爲老婦，出現在他面前，第一次老母幻化爲沿街乞討的貧婆，指導他修行；第二次則化爲雙目失明的白髮婆婆，在街上踽踽獨行。

出於憐憫，他先用舌尖爲她舔開雙目，然後帶她回家。她就像禪師，用各種方法警示明空；她要明空搜摸驗看她全身，待摸到她的下體時，他縮手不敢探觸，她卻執意要他繼續，結果他驚訝萬分地發現那竟是一朵蓮花（Ma & Han 1992: 232-234）。

明確指認老母即觀音、觀音即新興教派女始祖的是「西大乘教」，也就是以北京城外保明寺爲發祥地的教派。這個教派將起源溯及一位極具領袖魅力的呂姓女尼，即黃育楩提到的呂菩薩。李世瑜與韓書瑞在一篇長文中，生動地敍述這座寺廟的歷史（Li & Naquin 1988）。保明寺於 1457 年奉明英宗敕命，爲一位呂姓女尼創建。據說 1449 年英宗討伐蒙古的慘烈戰役之前，呂尼曾警告英宗；在他戰敗被俘軟禁期間，她又現身提供食物、飲水。這座尼庵獲得此後幾位皇帝的護持，也吸引傑出的女性在此出家。1570 至 1580 年代活躍於這座寺廟的女尼歸圓創立新教，稱爲「大乘教」，這是因爲其信徒自稱「大乘子」之故。後來爲了避免與王森創立的「大乘教」混淆，所以改稱「西大乘」，王森的教派則稱爲「東大乘」。

歸圓極其早慧，1571 至 1573 年間就撰寫自己的「五部六冊」，當時她不過十二歲左右。1584 至 1585 年冬天，這些典籍在三位有頭有臉的人物資助下，全數刊印。這些經書頌揚三位女尼，即呂尼、比歸圓早來的楊尼及歸圓本人。「這些著作將這三位女性刻畫爲神明的不同化身，也明確指稱此神即是寺中主祀的觀音，但信眾心目中，觀音本身就是他們特有的神——無生老母——的轉世化身。」（Li & Naquin 1998: 156）這種三位一體的構想是前所未有的革命性思想，此派有許多部寶卷都強調這種思想。例如，《普度新聲救苦寶卷》宣稱：「諸祖滿天，聖賢神祇，惟有無生老母爲尊。菩薩即是老母，老母即是菩薩。」以及「老祖 [即呂尼] 本是觀世音菩薩下界，周轉化凡。觀音自是無生。」

（Ma & Han 1992: 656）❶這部經也提到「十二圓覺大士」（Li & Naquin 1998: 158）。在《清源妙道顯聖真君二郎寶卷》之類的「第二代」寶卷中，我們讀到：

> 觀音母，來落凡，脫化呂祖。普天下，男共女，來見無生。頭一回［即呂祖］，渡男女，未得完畢。二轉來［即觀音］，又化現，直隸開平。（Li & Naquin 1998: 157）

1636 年重印的《泰山十王寶卷》也提出相同的觀念，文中讚頌呂祖宿有慧根，並宣稱她本是南海觀音。東大乘教信徒撰寫、1659 年重印的《銷釋接續蓮宗寶卷》寫道：「觀音老母臨凡世，呂皇聖祖號圓通。」（Li & Naquin 1998：170）寶卷一開始啟請老母——救苦觀音老母，此外也啟請地藏老母、普賢老母和藥王老母。這類後出的經書不僅將至高無上的神刻畫為女神，而且還使所有著名的菩薩轉變為女性。這種天界觀無所不包，佛、道二教的神祇和諧共存，都聽命於無生老母。無生老母似乎主要透過觀音老母來發揮作用，觀音則又以創教始祖的身分，或扮作可憐的乞婦，降臨人間。

觀音與呂尼幾近等同的關係，從李世瑜和韓書瑞根據現存資料重建的寺廟設計中就可明顯看出（Li & Naquin 1988：144）。無生老母本身沒有造像，主殿用於供奉觀音，後殿「供奉創教者，當時人稱呂菩薩。人們在這裡向她的全身舍利獻供，她的聖像貌似『皺眉、盤腿而坐的老婦人』」。如同觀音有善財、龍女脅侍，這位始祖也有一對侍從，「呂尼的兩側有侍從金童、玉女的塑像。」（147）

新興教派顯著的特點之一，是對婦女的吸引力。在清代，新興教派不僅吸引眾多女信徒，而且常有女教主。洪美華發現，清

代中期民間各種祕密教派有多達二十七位領導人是女性，其中有
十九人是寡婦，占百分之 70.4（Hung 1992: 233）。例如，嘉慶年
間（1796—1820）查禁河北弘陽教，當時所有教徒都是女性（Hung
1995: 280）。

先天道挪用觀音的情形

先天道（或稱先天大道）是至今仍然存在於台灣、香港和新
加坡的一支新興教派。托普萊（Marjorie Topley）是唯一研究這
支教派的西方人類學家（Topley 1954, 1958, 1963）。她在新加坡
研究齋堂時接觸到這個教派，許多住在齋堂的人都是茹素獨身
的先天道徒。「先天」與「後天」相對，都是道教用語，各有宇
宙層面和個人層面的涵義。根據道教經典《道德經》，「無」生
「有」，「有」生萬物（包括人類）。「先天」是指「無」的狀態，
「後天」則指「有」的狀態。同時，「先天」、「後天」又分別意指
一個人出生前及出生後的狀態。道教認爲，前者以充盈的潛能和
活力爲特色，後者則註定衰退、枯竭。

如第一章所述，在宋代，道教內部出現新興宗教運動，提供
成仙及得救的新方法。其中最重要的是「內丹道」，這個運動的
起源和歷史既不明確又複雜難解（Robinet 1997: 215-229），但與
全眞教教主有關。「全眞教」由王喆（1123—1170）創立於北方，
一般認爲他曾遇見九世紀傳說人物呂洞賓，從八仙之一的呂洞賓
那兒獲得口傳祕法。王喆有七個弟子，馬丹陽（1123—1183）被
視爲全眞教二祖，另外，白玉蟾（活躍於 1209—1124）是南方分
支（也就是「內丹派南宗」）的著名祖師之一。內丹道的目標是
透過一種獨特的自我修練法，在肉體內創造眞實或不朽之體，稱
爲「金丹」或「聖胎」。煉丹術士必須將自己的身體當作煉丹的爐、

鼎，在體內進行一連串複雜的煉丹術，因爲每個人的身體即是一個小宇宙，是大宇宙的縮影。

當人類從虛無中出現時，每個人都有與生俱來的「性」（本性）和「命」（生命力），二者合而爲一：此外，還擁有「精、氣、神」三寶。隨著人長大成熟，由於思想雜亂與沉溺色欲，而陷入外在世界的糾葛中，結果致使「性」、「命」分離，三寶逐漸衰微；一旦耗盡，人便死亡。要防止這種情況發生，憑藉的方法是徹底翻轉上述過程，也就是遵循「復歸」的過程，並厲行一套身心清修的養生之道。煉內丹的術士有別於外丹，不用鉛、汞做爲煉丹劑，而是轉化精、氣、神，藉此在體內製造金丹或聖胎。

「命」是陰、水、水銀、木母、氣、龍和「妊女」，而「性」是陽、火、鉛、金父、神、虎和「嬰兒」。二者結合於一處時，就形成聖胎，繼而必須借助胎息使它成長，最終「性」、「命」復歸於一，煉精化氣（「精」變回爲「氣」），煉氣化神（「氣」又變回爲「神」），煉神還虛（「神」昇華而回歸爲「虛」）❷——這就是太初的虛無，萬物的本原。如此一來，修練者便回到出生前的狀態，這種狀態又稱「先天」。完成這個過程後，此人不僅悟「道」，同時也得以長生不死。道家內丹稱爲「性命雙修」，有別於禪法；內丹派批評禪宗只關注覺悟人的眞實「自性」，而忽略了「命」（Berling 1980: 94—102）。

先天道受惠於內丹道之處頗多，不過也吸收了佛教的觀念和修持，例如他們將禪宗六祖惠能（圓寂於 713）視爲本教的第六祖。但根據先天道的說法，「六祖之後，先天大道就傳授給火居者（住在俗家的道士）。」（Topley 1963: 367）先天道的七祖有兩位，一是白玉蟾，另一位是重新組織先天大道的馬丹陽。當時，此教的信徒住在自己家中，全都茹素，共修地點就在彼此家中或沒有住眾的廟堂。他們視羅尉群爲八祖（生於 1488，不可與前文

論及的羅清混爲一談），根據此派檔案記載，在八祖之後出現許多分支，這一點符合史實，許多新興祕密教派確實在十六至十七世紀盛極一時。❸據說第九祖黃德輝（1624—1690）將此教定名爲「先天大道」，只有承襲他的宗派才被認爲是「正宗」先天道。關於八祖和九祖年代上的差距，他們的解釋是羅尉群長生不老，據說他離開人世後，時常回來巡訪，並繼續在天上領導該教，直到找到稱職的繼任者爲止（Topley 1963: 368）。

　　如同一貫道，先天道同樣稱無生老母爲「瑤池金母」，在信徒心目中，老母與觀音密切相關。托普萊撰文記述有關 1968 年她參觀香港齋堂時，提到老母被視爲大慈大悲、法力無邊的女神，而且大多數信徒，尤其是女性，認爲老母等同於觀音。老母與觀音的關係也表現在神像放置的位置上，因爲老母是至高無上的神，安奉的位置必須高於其餘眾神之上，甚至應該擁有專屬的空間。這表示先天道的廟宇必須盡可能爲兩層樓建築，以上層爲「瑤池金母殿」，但老母與觀音有時被等同視之，所以偶爾供奉在同一殿中（Topley 1968: 146-147）。

　　《觀音濟度本願眞經》附有兩篇序言，第一篇或「原序」是觀音古佛所寫，文中標註的年代是永樂十四年（即 1416）；第二篇序的作者爲廣野山人，撰於康熙五年（1666），其中還包含菩提達摩與呂洞賓所寫的頌贊。第二篇序自述作者有幸遇見「普度」祖師傳授先天大道，有一天他決定前往普陀山朝山，但在船抵達之前，海上忽起風暴，許多船隻失事沉沒，他卻十分幸運得到了神明保佑，安全抵達普陀島。他上岸後，沿著海邊行走，看到一個岩洞外的石門，上面刻有「朝元洞」三字——這是仙人和神明居處常見的名稱。他繼續向前走了幾哩，來到一座道觀，有一位相貌奇特的道童來迎接他，並交給他一部《觀音濟度本願眞經》，要他弘揚此書。但此經以梵文寫成，東土人士無法理解，因此他

急忙趕回家，將經文漢譯後刊行，以便能流傳於世。

此經稱觀音爲「慈航尊者」，這是道教賦予觀音的稱號。經文一開始描述觀音決定下生人間爲妙善公主，度化眾生，特別是爲了利益世間婦女，她表示：「吾觀男子哩！亦有知覺三教之理，明善窮源。嗳！但視女子，不明天理循環，世所禁戒，有墮落不堪者也。細思塵苦，可悲可嘆！吾不如下世，脫化女身，解此五濁之災，以作後世榜樣，使婦女亦好知非改過，逃脫輪迴之苦，免卻地獄諸刑、血河之報，同登菩提覺路，共享極樂美景，方如吾願。」（《觀音濟度本願眞經》7）她將這份心意向瑤池金母和無極天尊奏請獲准，佛祖也得知此事。

爲了試探妙善（觀音）的誠心，佛祖派達摩尊者到人間，化身爲年輕沙彌，向妙善求婚。妙善嚴詞譴責，因而通過考驗，得到達摩尊者傳授先天大道。相較於《香山寶卷》，此經最明顯的祕密教派傾向表現於對內丹的重視，而這在《香山寶卷》並未出現。妙善使用內丹道的專門術語描述其修行：「左嬰兒、右奼女，守定一爻。」（17）當妙善前往白雀庵時，遇到住在三清殿的黃長老，得受「心印之法」：「學道修練講參玄，不明自身汞與鉛。旁門三千六百八，九十六種外丹丸。豈知自身有妙藥，精氣與神是根源。不是山石草木類，不是金銀銅鐵鉛。訪求明師親指點，虛無竅中細鑽研，降得赤龍伏黑虎，撥陰取陽見本元。」（21-22）妙善皈依內丹道，並跟隨他學習。人們望文生義，誤以爲修練聖胎是懷有私生子，因而開始流傳有關二人的謠言。不久，嘲諷二人的童謠傳到妙莊王耳中，令他怒不可遏，便下令燒毀白雀庵。

此文另有兩項主題共通於其他新興教派經書，也就是反僧侶的態度以及對女性的同情。此文甚至比《香山寶卷》更進一步，描繪出家人低劣、令人諷刺的一面，例如文中白雀寺女尼如下自述：

　　我們出家都是命運不好，或犯帚星，或犯關煞，或帶八敗，或帶孤貧。故此出家，削髮為尼，每日化齋，叫爹爹，告奶奶，臉皮下賤，走長街，行小道，受人欺壓。有施主來廟，須當奉敬如神，稍有怠慢，他就說出家之人許多不好。想我們日食兩餐，清茶淡飯，有鹽無油，苦楚難言。每見人家豐衣足食，夫妻恩愛，滿堂子孫，樂享天然，我等自思，不知流了多少眼淚。（19-20）

　　另外，作者在文中許多段落明顯表露對女性的同情，例如妙善呈遞給父王的奏章中，生動地描述女性的悲慘境況：「我皆因前世迷造下罪障，故今生轉女身好不悲傷。在家中未出嫁從父教養，若招親從丈夫不敢主張，倘夫君壽不長閻王票降，守節志還從子纔算賢良。精婦工謹婦言一誠不妄，正婦容純婦德毫無徬徨。這三從與四德就算體量，還難免地獄路九泉悽惶。」（25）作者也譴責殺害女嬰的行為（43）。

　　學者在研究其他寶卷時，指出這些寶卷反映對女性的同情（Grant 1989; Overmyer 1992）。比如頌揚黃氏女、劉香女和修女寶卷，為遭受宗教禁忌及懷胎生子之苦的女性，文情並茂地悲嘆她們的不幸。歐大年稱讚這些著作「主張人人平等，不含性別歧視」，還將女性視為「具有強大信念和說服力的宗教女英雄」（Overmyer 1992: 109, 111）。儘管我同意女性在這些寶卷中的確是主角，但我很難將它們解讀為主張男女平等的「女性主義」文獻。如同《真經》，這些寶卷有許多篇幅用於描述十殿地獄。這些勸善教化的文獻針對的聽眾絕大多數是女性，這或許是這些寶卷為何以女性為主角的原因之一，以傳遞行善可免死後受地獄之苦的訓誨。這些寶卷宣揚的道德觀並非石破天驚的思想，而是完全符合傳統和儒家的觀念。例如在《真經》中，妙善在遊畢第七殿地

獄，並目睹血池的懲罰之後，特別舉出四種罪過，如果婦女犯下這四種罪行，死後將墮此處受罰：「或者是婦女們不遵教訓，怨天地罵風雨欺慢神靈，夫無嗣取偏房他不依順，起嫉妒時爭鬧家庭不寧，又或是磨奴婢由己情性。此四等罪孽事陰律註明，到死後閻君爺一一考審，發之在拔舌獄苦況難聞。」（43）《香山寶卷》提出前後一致的論點，主張女性有權尋求救度，但《眞經》不同，由於支持保守派與傳統社會對女性的期望，因此態度是自相矛盾的。

還有一例，有一部題爲《女人經》的著作運用觀音的權威，以維護所有傳統的儒家價值觀。這部經是觀音透過扶鸞傳達的教誨，1904 年刊行於廣東。根據序言，湖南衡山的普陀寺是原本進行扶鸞的地點。全書分爲兩部分，包括如何侍奉公婆、丈夫、伯叔及妯娌、子女、兒媳、婢僕等章節，還探討寡婦守貞的必要性，列舉衣著、儀容、舉止、家務等準則。東漢班昭的（？－116）《女誡》和明代徐后的《內訓》等針對婦女的傳統道德訓誨著作，對此經有顯著的影響。此經將孝順列爲婦德之首，女子若孝順，就有高深的修持，無須借助佛教儀式或道教修練，如文中陳述：「不知孝室最清淨，此地是佛場，無須木魚與鐘磬。孝婦言，佛必聽，常人誦金剛、大悲，不如孝婦之靈應，」（《女人經》2: 6a）又說：「果能以事親爲功，又勝懸空煉丹汞。」（1: 21b）雖然妙善已經成爲女性自主的榜樣，但諸如此類的著作卻又把女性置於傳統的地位，可見觀音與中國女性之間的關係絕非三言兩語可道盡的簡單問題。

讚頌觀音老母的三部寶卷

我偶然讀到三本經書，文中觀音一律稱爲「觀音老母」，而

且諸如眞空家鄉、劫末迫在眉睫的災難、獲救的需要、以內丹爲基礎的修練等新興教派的主題，一應俱全。這些文獻並未提到無生老母，或無生老母轉世的觀音，而直接稱觀音爲「老母」。其中兩本經書可能出自所謂羅教衍生的第二代教派，它們的特色是以公認爲觀音老母轉世的女性爲教主，甚至還提到黃天教和龍天教兩派的教名。但讓我首先簡述這些文獻的內容。

這三部寶卷都刊行於明萬曆年間。第一部《銷釋白衣觀音菩薩送嬰兒下生寶卷》，黃育楩和澤田瑞穗都曾提到，且都認爲這是「圓頓教」撰述的文獻。❹依黃育楩之見，圓頓教是弘陽教的一支，他還進一步確認此書作者是劉斗璇，其父劉香山也撰寫有關西王母和驪山老母的寶卷（兩位皆是新興教派中的重要女神；Huang 1982: 115; Sawada 1975: 118-119）。然而，這對父子也被認定爲全眞教教徒，且與保明寺有關，因此也是西大乘教的信徒（Li & Naquin 1988: 173）。讓情況更爲複雜的是，寶卷內文還建議讀者修練黃天道（305, 363）。

故事本身並不複雜。卷首插圖是白衣觀音懷抱嬰兒，有善財、龍女脅侍，對面是一對夫妻跪在設有蠟燭、香爐的供桌前。經文一開始是一首偈：

> 大眾虔誠齊把香焚，
> 白衣菩薩下天宮，
> 捨嬰兒，濟群蒙，
> 得續長生，還源到家中。（159）

在這段話中，新興教派教義的關鍵詞──長生和家鄉──與傳統獲得子嗣的願望巧妙地結合。作者將白衣送子觀音呈現爲無生老母，觀音在整部寶卷中都稱爲「老母」。作者強調宣唱這部

寶卷的益處和重要性的同時，也提到白衣胞胎的存在是神明送子
的明證，而這個證據是感應故事中經常提及的。可見這些寶卷和
小說、感應故事一樣，都具有當時流行的宗教觀念。這部寶卷告
訴讀者：「普勸回心向善，吃齋念佛，宣念寶卷一遍，增福無量，
兒女長存，請卷供養者，消災滅罪，見在人口平安，過去先亡脫
苦生天，或有少兒缺女，該求白衣菩薩，或建造廟宇粧塑金身，
或有宣念寶卷，虔心有感菩薩慈悲，送嬰兒妊女下生，扶持門戶，
接續傳燈，光顯父母後代之根。恐人不信，有白衣胞為證，方知
老母送得兒是實，慈悲愍故，慈愍故，大慈愍故。」（164-166）

　　這則故事講述河南的一對夫妻，丈夫常進禮五十三歲、妻子
隨氏四十八歲，雖然非常富有，但沒有子女。他們為此事深感憂
惱，便向白衣母（他們暱稱為「白衣娘娘」）求子，發誓若願望
得以實現，將終生吃素、念佛、建寺，並前往普陀山朝山還願。
當時觀音正坐禪入定，常氏夫婦的虔誠祈求感應了菩薩，讓他耳
熱眼跳❺，不得安寧。於是觀音派善財、龍女查看發生了什麼事；
待他們回報後，觀音覺得必須回應，因為「男女稱我逢苦救苦，
逢難救難。我若不顯化，缺了慈心。」（191）沉思片刻後，觀音
決定派善財、龍女（也就是內丹派所謂的「嬰兒」、「妊女」）下
生人間，成為這對夫妻的孩子，但他們與平日喚為「老母」的觀
音難割離捨，因此一起抱頭痛哭：

　　　　母子三，只哭的，傷情感嘆。
　　　　兒扯娘，娘抱兒，大放悲聲。……
　　　　大地人，全不知，老母操心。
　　　　母送兒，來你家，非同容易。
　　　　過二年，三五載，忘了母親。
　　　　誰知道，母慈心，捨兒捨女。

把骨髓，親兒女，送與別人。（201-202）

然而觀音必須回應這對夫婦的祈求，所以他將善財、龍女吞入腹中，將他們變成兩顆仙桃，並託夢給常夫人，告知已爲她帶來兩子。常夫人吃了桃子，醒來發現自己懷孕了。這部寶卷中，有一段長文描述她懷胎十月之苦，如同《眞經》和其他寶卷一樣展現對女性的同情。這對雙胞胎出生時，身上都裹著白衣胞胎，常氏夫婦萬分感謝老母賜子。三天後，觀音已開始思念善財、龍女，因此喬裝成貧婆，上門請求擔任嬰兒的乳母。在她出現前，常氏夫婦已經雇了好幾位乳母，但這對嬰兒與觀音心意相通，不願讓她們授乳，而一見到這位新乳母，就願意張口吃乳。觀音假扮的乳母留在常家九年把孩子帶大，然後才回到普陀山，三年後孩子十二歲時，也被帶回普陀山。此舉的目的，是爲了給這對夫婦一個教訓。因爲他們雖然實踐承諾，終生茹素，修建一座寺廟敬奉觀音，且鑄造一尊觀音像，卻沒有到普陀山朝山還願。孩子失蹤後，他們才猛然醒悟，想起過去所發的誓願。爲了朝山，他們遣散所有家僕，散盡全部財產。在許多不同神祇的幫助下，兩人順利抵達普陀山，在那兒與孩子團聚，並面見觀音。

整部寶卷有多處勸讀者研讀「大道」，這是指名確認的三個教派的別稱，也就是黃天道、無爲道（304）和弘陽教（352）。文中寫道，老母「坐定九葉蓮」（231），還提到「法船」運載信徒回「家鄉」，如前述，這兩個名詞都出現於弘陽教撰述的經書中。在卷尾描述普陀山朝聖之行中，現實世界中的航程被視爲具有神祕象徵之旅。正如文中稍早將觀音等同於老母，在此人間的普陀山也被轉化爲天堂家鄉，而且不僅是觀音，其他三位大菩薩同樣被召來，做爲這艘船上的船夫。

混沌初分一隻舡，東來西去度有緣，男女有醒到此處，上
舡早到普陀山，舡頭上金烏戲水，舡尾上玉兔交光，舡兩邊
稍公搖努，舡倉裡文殊普賢，舡兩邊二十八宿，白衣母舡頭
立站，地藏母舡後掌舵，法舡一撮來到岸邊。(515)

　　第二本經書題爲《救苦救難靈感觀世音寶卷》。如第六章所
示，自唐代起觀音就有此稱號。敦煌出土的觀音像所附的榜題常
見這一稱號，十一世紀宋仁宗也賜匾上天竺寺「靈感觀音院」，
賦予寺中觀音此一稱號。這本經書的卷首插畫是觀音解救人們脫
離各種災難，類似宋代以來許多《法華經・普門品》木刻版中的
插畫，這本寶卷刻意仿效、推廣這部佛經。

　　寶卷內文陳述其傳承源遠流長，文中說自古以來，祖師代代
相傳這部《觀音寶卷》；正如燈燈相傳，前代祖師也次第啓悟後
代祖師，直至傳到此世。若人禮敬這部寶卷，則可積累很大的功
德，如文中說，凡是聽聞宣誦此卷者，可免胎生之苦；凡宣唱者，
則免於濕生；抄寫此卷者，將自蓮華中化生；若人至誠禮拜此卷
九年，則能成佛。這部寶卷一開始先祈請觀音、文殊、普賢和彌
勒，隨即描述人們可得救度脫離的險境。

　　如同前一部寶卷，這部寶卷自始至終也稱觀音爲「老母」。
此文描寫觀音解救某些人消災免難的經過，但此處記述二十四
難，而非正統經典《法華經》鳩摩羅什譯本偈頌中列舉的十二難
（T 9: 57c-58b）。此書中的前十二難包括：

　　1. 落入火坑
　　2. 巨浪襲捲
　　3. 遭遇強盜
　　4. 爲惡人推落懸崖

5. 遇宿敵

6. 行刑者的刀刃

7. 牢獄

8. 毒藥

9. 夜叉

10. 猛獸

11. 蛇蠍

12. 雹暴

這十二難，構成此書首卷。作者在陳述每一種險境後，便一字不漏地抄錄羅什譯本的相關偈頌。第二卷則描述《法華經》中沒有的其餘十二難，這是寶卷作者的創作：

13. 難產

14. 戰場遇敵

15. 屋倒

16. 山崩

17. 自縊

18. 遭馬踏

19. 被車輾

20. 跳河自盡

21. 投井自盡

22. 遇狼群

23. 地獄

24. 其餘各種危難

這一系列的危難可做為一扇窗，讓人一窺當時人們在社會上

和心理上的焦慮。觀音能夠消除的危難是實際且始終存在的，例如難產、走在大街可能遭遇的災難（如被馬踩踏，或被馬車輾斃），或自殺的傾向。此外，此處提到特定的自殺方式的確是當時人們經常採取的形式。

這位作者提供有關寶卷與他本人的一些線索，令人想要追根究柢。文章開始後約四分之一處提到，這本經書在萬曆十一年（1583）傳授給「德明君」；此外，那位「眞人」是龍天教的祖師。弘陽教祖師飄高的稱號中兼具「德明」和「眞人」二詞，他被尊爲「正德明醫眞人」，因爲據說他是神醫（Ma & Han 1992: 517）。寶卷中這段文字指的是他嗎？果眞如此，那麼飄高和龍天教創始人米祖之間有什麼關係呢？而且如果根據學者的研究，到了1594年飄高才創立弘陽教，那麼爲何1583年如此重要？令人遺憾的是，這部寶卷中找不到上述任何一個問題的答案。

另一方面，獨特的新興教派思想型態和修持卻相當顯而易見。文中描述，觀音每天在四大洲（譯註：根據古印度的宇宙觀，一世界中有四大洲，即東勝身洲、南贍部洲、西牛貨洲、北俱盧洲。此處意指觀音行遍天下守護一切眾生）挨家挨戶照顧祂的孩子，因爲眾生都受觀音的護佑。老母扮作乞婦沿門拜訪，不爲乞食，只爲找到孩子的形象，在此呼之欲出。觀音也被描繪爲坐在「九葉蓮」上，住在「九蓮宮」中，由金童玉女脅侍，而非善財、龍女。不過，鸚鵡仍是觀音的使者，而座騎是前文提到的犼。或許最顯著的標誌，是作者精心設計，由「觀音寺」三字構成的文字遊戲。文中首先陳述，人人心中都有座觀音寺，心即是佛，佛即是心；觀音寺立於何處？此寺立於日當中在接下來兩行中，「觀音寺」三個字都被分拆成更小的組成單位，雖然這些字形本身沒有什麼意義，一旦合併在一起，就形成「觀音寺」三字（譯註：例如觀音的「音」，可分拆爲「立」、「日」）。對這位作者而言，「觀音寺」如

同羅清和其他新興教派經常使用的「靈山」一詞⑯，象徵我們內在的佛性。這種對文字遊戲的偏愛，出現在寶卷另一處文句中，在描述第二十三難地獄難時，作者提到觀音拯救善人「弓長」脫離刀山地獄，這暗示此人姓「張」。新興教派的成員喜歡以拆字的方式指稱某些常見的姓氏，最初這或許是爲了保密以躲避官府偵查的一種手段。例如，他們會將「李」拆成「木子」或「十八子」（Naquin 1976: 15）。因此，稱一位張姓人士爲「弓長」，是新興教派典型的作法。事實上，圓頓教的一部重要經書《古佛天眞考證龍華寶經》，即是十七世紀一位名爲「弓長」的人所作，並由他的弟子（名爲「木子」）刊行（Ma & Han 1992: 865）。新興教派將姓氏拆字的偏好，最遠可溯及東漢出現的儒家僞書，例如這些典籍稱漢代當政的劉氏家族爲「卯」、「金」，合併這兩個字就形成「劉」字的主要部分。事實上，漢代批評家對讖諱經典的一項指摘就是「庸俗地拆解漢字」（Dull 1966: 198），但東漢僞書持續的影響力在明清新興教派典籍中依然可見。

另外還有一個原因，可以解釋這部寶卷的作者極有可能是龍天教的信徒。眾所周知，這個教派念茲在茲的是劫末發生的災難，那是此派若干經書盡情發揮想像力描述且津津樂道的主題。同時，根據 1742 年查扣龍天教經書的山東巡撫所作的報告，這些經書的書名冠有《法華經》、《法華懺》之類的字眼（Ma & Han 1992: 695, 711）。所以，此教信徒仿效正統經典《法華經》撰寫一部經書，強調人類面臨的危難，這絕對是合情合理的。這本又稱「觀音卷」的經書，豈不正是在山東被查扣的《法華經》嗎？

儘管上述兩部寶卷源於哪些新興教派尚有跡可尋，但要論證第三部（也就是最後一部）的起源，則是困難重重。這本經書就是《觀音釋宗日北斗南經》，黃育楩稱之爲「邪經」，但並未指出它屬於哪一支新興教派。如同上述兩部寶卷，此書沒有提及任

何特定宗教；更有甚者，它連任何特色鮮明的新興教派思想或用語也沒有。事實上，此書有別於我所讀過的所有文獻，無論是佛經還是民間宗教寶卷，其語言陳舊晦澀，思想神祕奇特。說起來，這部文獻倒令我想起一本道教科儀。然而，我認爲此書作者可假定爲弘揚佛教的人。正如上述兩部寶卷試圖吸納觀音，以支持新興教派的要旨，此書也可被視爲反其道而行的一項策略。換言之，既然民間宗教寶卷使得新興教派的信徒熟悉觀音老母，此書就運用觀音老母來呈現基於正統佛教信仰的宇宙觀和末世論。乍看之下，我們很難斷定一部寶卷究竟屬於哪個宗派，尤其是明代的著作，因爲當時有眾多教派互相較勁，爭取信徒。

　　此書卷首插畫，是白衣觀音接受一位身著官服的男子禮拜，這名男子的身分是太白星（或金星），另有四個貌似武將的人舉著牌匾，上面分別寫著「時」、「日」、「月」、「年」。全書不時穿插整頁的人像插圖，總共有三十七位，其中有些是獸面人身。這些人物象徵所有星座，包括日、月、以五行命名的五星、羅睺與計都（譯註：印度曆法有所謂的「九曜」，也就是日曜（太陽）、月曜（太陰）、火曜（熒惑）、水曜（辰星）、木曜（歲星）、金曜（太白星）、土曜（鎮星）、羅睺（黃旛星）、計都（豹尾星）。其中，羅睺、計都是黃道面與白道面的兩個交點。梵曆以此九星，測定每日吉凶。印度天文曆法傳入中國後，也影響了中國的星象學），以及二十八星宿。此書的書名《觀音釋宗日北斗南經》意指宇宙❶，此宇宙由觀音老母創造、統治，她定期降臨人間，拯救眾生。觀音是這些天體的主宰，因此書中一一啓請這些天體，並指定相關齋日；此外，二十八星宿也都配上人名。如第二章所示，《大乘莊嚴寶王經》之類的大乘佛經也以完全相同的角度，將觀音刻畫爲宇宙的創造者。爲了得到觀音救度，書中勸世人設壇拜觀音，並誦經、懺悔。除了星宿崇拜外，此書對懺悔儀式的強調，令人聯想起第七章討論

的大悲懺儀。此書告訴讀者，只要遭遇困境，就稱念觀音名號，這也是六朝以來極爲正統的佛教修持之一。

文中說：三災八難最痛苦，若有危難念觀音，觀音即時來解救；面對劫末災異時，全家大小、老老少少都要聚在一起祝禱，在屋內屋外齊聲呼求觀音，因爲一稱觀音，即正其心，心有正念，則可消災。

文中又說觀音爲救度男子而化現爲男身，爲救度女子而化現女身——這觀念當然是源於《法華經・普門品》。此外，這種觀音信仰所呈現的禮敬形式，也是非常傳統且正統的，如文中敘述，有人日日夜夜稱念觀音，從不間斷，祈請觀音老母救脫苦難，並且發願若得觀音靈應，則必捨財建壇，造觀音金身，終身持齋茹素，禮拜觀音，永不退失。

我猜測這是以新興教派經書形式撰寫的一部佛經，我的根據是散見於全書的神祕語詞「觀音教」和「牟尼子」，以及迎請如來牟尼僧降魔和遠離外道；「牟尼」顯然意指釋迦牟尼。「牟尼子」是否等同於「如來牟尼僧」？或甚至泛指佛教徒？文中還有更爲明確、醒目的佛教觀念，例如此書宣稱出家較殊勝，又說「牟尼下令傳十方」這種推崇僧侶的遣詞用字，從未出現在新興教派文獻中。此書還提到《法華經》和《華嚴經》，我們能否以此爲線索，推測作者或許是熟知法華、華嚴經的僧人？此書還提到「萬法來自一心」，但這一點不如前述例子來得重要，因爲這樣的佛教觀念和用語，似乎已成爲新興教派文獻中常見的共通詞彙。

由於這三部讚頌觀音老母的寶卷作者不詳，而且我們對當初撰述和刊印的情況幾乎一無所知，因此我對此所提出的看法都只能基於假設。不過，認爲前兩部寶卷的作者與黃天教、龍天教之類的教派有關，而最後一部經書或許出自佛教僧人或在家居士之手，這樣的觀點是可能成立的。然而，這些寶卷都有一個共同目

的，也就是將觀音提昇爲至高無上的神祇。此外，他們也使用相同的方法，即融合觀音與無生老母，而且後者不單獨出現。這種策略與觀音做爲無生老母的化身略有不同，因爲觀音若是老母的化身，那麼無生老母在天庭的地位就略勝一籌。或許同樣重要的是，與前兩部寶卷有關的教派以女性教主著稱，而且這些女祖師被視爲菩薩。有些新興教派以「妙」這個代表所屬教派的字眼，做爲女信徒的法名❸，顯然晚明的新興教派信徒繼續維持始於宋代的白蓮教傳統。如第八章所論，妙善公主的傳說可能反映出這種在家居士的作法，而此一作法又轉而從妙善傳說中獲得啓發和力量。如前所述，類似的反僧侶心態出現在《香山寶卷》和新興教派文獻中。這些文獻也流露對女性的同情，它們認同且尊重女性對覺悟和獲救的需求。只是妙善是「女兒」，而我們現在討論的是無生老母。

　　我們該如何理解觀音與晚明以來新興教派之間的關係呢？首先，我認爲兩者之間一定有雙向的辯證關係，類似我上一段所言。觀音老母的出現，可能受到新興教派拜無生老母的啓發；但一旦她被借用，便增添老母的威望，並提高其吸引力。在這種情況下，應該是新興教派的無生老母先出現，而後才創造出觀音老母。但如果情況恰恰相反呢？如果是觀音老母首先出現，然後某些新興教派信徒才以觀音老母爲藍本，提出無生老母呢？正如前文所述，一般認爲是晚明新興教派「始祖」的羅清，在他的著作中提到「無生」和「母」，卻沒有提到「老母」。另外，如我先前已指出的，根據黃育楩和其他現代學者的觀點，「老母」一詞直到十六世紀最後二十五年（萬曆年間）才出現。最早有年代可考的寶卷（1523）的確談到老母，但那可能指「觀音老母」，也可能指「無生老母」，畢竟如三部關於觀音老母的寶卷所示，觀音在這些文獻中僅被簡稱爲「老母」。我們或許可以假定這些弘揚觀音老

母信仰，且被認爲刊行於萬曆年間的文獻，其實開創了無生老母信仰，而非仿效。

寶卷不是將觀音刻畫爲老母的唯一資料來源，十六世紀吳承恩（約 1500—1582）所作的著名小說《西遊記》中，觀音也稱爲老母。如上一章曾指出，觀音在這部小說中是相當重要的人物，雖然通常現身爲南海觀音，由脅侍善財、龍女陪同，但在第 14、55 和 84 回中，也喬裝成老婦人，稱爲「老母」，始終對唐三藏伸出援手，在緊要關頭及時援助他們師徒。寶卷的作者及讀者都熟悉《西遊記》，並經常提及此書，因此這部小說將觀音呈現爲老母，這或許不是沒有深遠意義的。

觀音老母形象的來源

學界感興趣的或許是釐清究竟是觀音老母導致無生老母的出現，還是正好相反；但更有意思的一個問題是：爲什麼明清的觀音呈現老母像，而且這個時期有些中國人也開始從這一角度看待他們至高無上的神祇？這是具有權威、智慧、力量的女族長形象，祂慈祥、悉心養護而面帶憂傷，卻全無性別特徵。

與第十章討論的其他女性觀音像不同，觀音老母的圖像很少在藝術中出現。觀音明顯呈現爲老婦人像的唯一一件作品，出現在雲南大理以北的劍川一組佛教雕塑中，這些作品是九世紀南詔藝術家的創作（Howard, Li & Qiu 1992: 53）。這尊觀音像形容憔悴，神色悲傷，這一形象或許與當地白族的觀音神話有關。十七世紀成書的《白國因由》，內容包含年代甚爲久遠而代代口傳的資料，根據此書所載，白族的保護神觀音曾示現十八次以幫助白族人，書中有一則感應故事描述觀音化現爲一位老婦人（Yü 1991: 38）。⓳我們可能也要考慮丁雲鵬（約 1547—1621）所作的

五身觀音像中的最後一幅，這件作品呈現一位相當嚴肅的白衣婦人，龍王正向她禮敬（圖 2.8d）；或是十六、十七世紀間，一位無名氏所繪的圓扇「觀音與十六羅漢」，扇面中呈現一位嫻靜端莊的婦人坐於岩洞內（圖 11.1）。另一方面，清代製作的瓷像常將觀音刻畫為莊嚴的女家長，如荷蘭「瑞吉克斯博物館」展出的一件作品（圖 11.2）。據我所知，將觀音展現為貧婆的僅有一件作品「破袍觀音」，這幅罕見的畫作繪製於元代延祐年間（1314—1320）。❷

圖 11.1　觀音與十六羅漢，十六或十七世紀。紐約「大都會博物館」提供（約翰·斯圖爾特·甘迺迪基金會，1913）。

圖 11.2　觀音，十八世紀。阿姆斯特丹「瑞吉克斯博物館」提供。

　　我們可以在何處找到觀音老母，或甚至無生老母的起源呢？佛教經典沒有觀音老母的原型，正如女性觀音像大體說來也找不到佛經中的依據。年老象徵無常和受苦，也是年輕悉達多太子看到四相之一，據說這四相喚醒他，讓他放棄王子的舒適生活。印度佛教文獻中的老婦人，虛弱而孤獨。年長比丘尼所作的一些描寫其修行境界的偈頌，收錄於《長老尼偈》（*Therigāthā*），這部詩集中有七十三首詩，作者是西元前六世紀的女性佛教修行者。即使是這些悟道的女性，眼見老之將至，也不免心懷惋惜、哀傷（Murcott 1991: 113-118）。

　　但在另一方面，中國本土傳統思想卻有尊奉神明爲母的豐富資料。在《道德經》的三個章節中（第 1、25、52 章），老子將世間萬物的本源「道」比喻爲「母」，羅清常在著作中引用這一點。女性和母親不僅在哲學中被頌揚，也被尊爲神話中的女神。當老子在漢代成爲「老君」這尊神明時，他的母親也被奉若神明。事實上，首次記載老君的正式碑文，就以其母命名，即 153年的「聖母碑」。杜光庭（850—933）的《墉城集仙錄》有一則神話，記述老君的道教教義得自他母親的傳授，其母即是「聖母元君」，聖母傳授教義後便升天，並被尊爲「先天太后」。根據科恩（Livia Kohn）的評論，這個故事遵循的模式，不外乎女神擔任「受啓發的聖賢、神話中的統治者，及仙人實際的老師。黃帝從素女、玄女受房中術的故事，正是這種傳統的例證。」（1998: 242）

　　如上一章所示，西元紀年伊始，西王母已普受菁英分子和平民百姓敬拜。在女性觀音出現之前，祂顯然是中國最有名的女神；祂是不朽的女神，教示長生不老的祕訣。根據最古老的辭典，也就是漢代的《爾雅》，「父之姚爲王母」。所以，「王母」是父系女性祖先的謚號，用於祖先崇拜。西王母的傳記很少提到她

的實際年齡，關於其外貌，傳記將她描述爲貌似三十歲的夫人。但因爲一般認爲西王母是眾人之母，因此有時也稱之爲白髮蒼蒼的老婆婆。柯素芝認爲她是唐詩中常見的主題：「許多唐代詩人暱稱她爲『阿媽』，尤其在西王母被刻畫爲母親或老師的文脈中，經常出現這種親暱的用法。」（Cahill 1993: 69）她的天宮位於宇宙之柱崑崙山山頂，詩人稱之爲「阿媽之家」（205）。這位女神是自願獨身的年輕女性的保護神，她也特別保護年長寡居的婦女。「根深柢固的傳統將西王母刻畫爲白髮老嫗。老嫗多爲寡婦，無論是自願或出於偶然，她們無依無靠，處於傳統家庭範圍之外，不似絕大多數中世紀的中國婦女，以家庭爲生活圈，並在其中找到生命意義。以母親身分來界定成年婦女價值的傳統中國社會中，如果年長的婦女沒有兒女，則特別容易受欺負。王母非常老邁，卻極有尊嚴和權威，雖無兒無女，卻是所有人的母親，有此形象的王母使年長婦女的地位受到人們尊敬。」（229）

唐代之後，在觀音和其他女神的影響下，西王母的盛名似乎開始衰退。西王母和瑤池金母一樣，在明清時期有時也被暱稱爲「王母娘娘」。不過歷代以來，她仍以不同的名號持續受到中國人的敬拜，至今不變。值得注意的是，到了明代，不及王母有名的女神在通俗白話小說中扮演舉足輕重的角色，如施耐庵（約1290—1365）的《水滸傳》和陸西星（約1520—1601）的《封神演義》，這些小說無疑從民間信仰中豐富的女神傳統思想中汲取靈感。如前文所示，到了十六世紀，另一位有影響力的新女神——無生老母——在白蓮教徒的著作中首次出現。這些通俗小說中關於有影響力女神的主題，或許對觀音老母的誕生發揮一些作用，因爲新興教派信徒對這些小說的內容堅信不移。「北方省分的人篤信《封神演義》，南方則推崇《水滸傳》。」（Overmyer 1976: 140）人們認爲這些女神都是已停經的婦女，自然也擺脫了

生產的血汗和性欲的問題。她們純粹代表母性，保有女性所有吸引人的特質，卻毫無名符其實的女人不可避免的負面條件。

　　觀音老母的另一種靈感來源，或許是有關現實世界或神話中信奉佛教的中國老嫗故事。由於女性很少書寫自己的歷史，因此我們始終面臨資料不足的難題，例如中國比丘尼傳僅有一部，也就是 516 年僧人寶唱編纂的《比丘尼傳》，其中收錄四至六世紀之間六十五位比丘尼的略傳。他們主要出身皇親國戚，所以能輕易地往來於上層社會與宮廷。他們絕大多數受過教育，因為六十五人中僅有十二人不會讀寫。這些比丘尼中，有不少人以持戒謹嚴、持齋、禪修著稱，同時也是觀音的虔誠信徒（Tsai 1994）。

　　最近謝定華爬梳卷帙浩繁的禪師傳記資料，即宋代編纂的燈錄，並提出若干令人振奮的發現（Hsieh 1999）。首先，她發現「宋代禪宗文獻中有許多軼事，與出身寒微卻成就傑出的老婦人有關。她們不同於早期印度佛教文獻描繪的老婦人，不僅修行證悟，而且體力充沛。此外，她們也被刻畫為修道的嚮導，而非供養物資的女施主。……在這些文獻的記載中，當她們與禪僧相遇時，總是處於上風。」（Hsieh 1999: 167-168）這類人物通常被簡稱為「婆子」、「老婆」、「老太婆」，這顯示她們低微的社會地位，連她們的姓名和出生地也不可考。然而，如同後來的新興教派寶卷中示現指導信徒的無生老母，這些沒沒無聞的老婦人，在許多僧人的宗教歷程中發揮一定的影響力。她們往往適時出現，予以開示，因此促成某位僧人的頓悟。這些老婦人有可能是文學作品中創造出來的人物，而非真有其人，她們的作用或許是展現禪宗平等、無分別的說法，而不是反映社會現實。既然性別、階級和其他一切一樣，都是人類基於無明的造作，禪的論述就借助違反常軌的語言，以解構這些造作。因此，開悟的女禪師稱為「大丈夫」（Levering 1992），善心的男禪師則稱為「老婆」。為了顯示洞觀

諸法實相的能力不限於受過教育的菁英分子，於是挑中單純的鄉下老太婆，擔任開導自視甚高僧人的角色。不過，禪宗燈錄中出現這些老嫗，仍是中國宗教文獻中賦予老婦人甚深修行工夫的重要先例。此外，她們的故事並未湮沒於宋代禪宗史籍，反而顯然相當有名，以致被收錄於後來出現的佛教女性修行者選集中。

　　十八世紀中期，虔信淨土的居士彭紹升（1740—1796）所編纂，唯一留存至今的中國佛教女居士傳，題爲《善女人傳》。此書以禪宗傳燈錄爲主要資料來源之一，全書共收錄 148 篇傳記，其中有 18 篇（約占全數十分之一強）是老嫗傳。這些老婦人中，有十三位修禪，其餘是淨土宗信徒。她們的身分由居住地或職業來認定，如果有姓氏，則直接在姓氏後加上「婆」。這十三位女性修禪者的身家背景多半付之闕如，但我們可以推測她們可能是唐、宋時代的人，也就是所謂的禪宗全盛時期。根據此書中的描述，這些老嫗已開悟，不過有些顯然沒受過教育、有濃厚的鄉土味，而有些卻熟記佛經中若干經文；她們也經常是激發禪僧開悟的關鍵人物。讓我們來閱讀其中幾位老婦人的傳記。

【傳記 14】賣餅婆

　　賣餅婆者，不知何許人也。德山鑒禪師（782—865），初講《金剛經》，著《青龍疏抄》。聞南方禪席頗盛，意甚不平，將往化導。遂擔疏抄出蜀［今四川］，路過澧陽，逢婆賣餅，遂買餅點心。婆問擔何書？云：《青龍疏抄》。問：講何經？曰：《金剛經》。婆曰：我有一問，你若答得，施與點心；若答不得，且別處去。經言：「過去心不可得，現在心不可得，未來心不可得。」未審上座點哪個心？［「點心」一語雙關，可指糕餅小吃，也可意指點觸其心］師無語，遂往龍潭，參信禪師，頓悟心要，取其疏抄焚之。㉑

【傳記35】善化婆

這篇傳記是關於另一位老婦人的事蹟，她沒有姓氏，只依居住地而被稱為「善化婆」。同前一篇傳記的老婦人一樣，她酷愛《金剛經》，時時誦讀。儘管身分卑微，行乞維生，但去世時安詳而現瑞象，這是她超凡入聖的明證。茲引書中記載如下：

> 善化婆者，不知何許人也，居潭州善化縣，日常誦《金剛經》，街頭乞食，夜則歸宿巖下。頃之，不行乞者數日矣，市人怪之，跡其住處，群鴉噪集，見婆傍巖而化，懷經一本，則《金剛》也，群鴉為負土覆之。（譯註：HTC 150：223a）

【傳記21】燒庵婆

有些老婦人，如第15、16、17篇傳記所述，與著名禪師問答，處處機鋒。可見她們與這些禪師旗鼓相當，甚至更勝一籌。以下這則故事中的老婦人，行止猶如真正的禪師，她供養一個僧人二十年，但當她測試他的修證境界時，發現他的工夫還差得遠，便將他逐出門外。

> 燒庵婆者，不知何許人也，供一庵主，垂二十年，常令一女子送飯。一日，令女子近前一拶，曰：正恁麼時如何？僧曰：枯木倚寒巖，三冬無煖氣。女子告婆，婆曰：我二十年來祇供得一俗漢。遂遣僧出，燒其庵。（譯註：HTC 150：219b）

【傳記19】姚婆

第19篇「姚婆」的故事，則是淨土信徒的典範，淨土宗乃是廣受中國婦女信仰的另一佛教宗派：

姚婆，上黨人，與范婆善，范婆勸令念阿彌陀佛，姚婆從
之，遂屏息家緣，一心念佛。臨終見阿彌陀佛降臨空中，二
菩薩侍左右。姚婆白佛：不遇范婆，安得見佛？請佛少住，
與渠作別。及范婆至，佛猶儼然，姚婆遂立化。（譯註：HTC
150：219b）

這些老嫗傳有幾點十分有趣。首先，這些婦女無論修禪或淨
土，都是一般在家女性，不是比丘尼。但故事中描述她們已完全
開悟，有時甚至展現比僧人更高的悟境。其次，這些人物極具自
信、威嚴，不僅不依賴任何人，而且掌控情勢，甚至能令佛祖依
她們所願而行事。第三，外表看來她們或許是乞丐，事實上卻是
真正的佛教修行人。最後，她們富有慈悲心，樂於教化他人。這
些特點，使她們成為觀音老母造像可能依據的對象。

觀音老母的最後一種來源，是中國傳統社會中老婦人的角
色。儒家理想中的女性必須實踐「三從」，即「未嫁從父，既嫁
從夫，夫死從子」。但儘管從理論上來講婦女依賴兒子，但當一
位女性進入中年，成為家族中的女族長時，她在實際生活中的地
位是非常高的。在著名清代小說《紅樓夢》中，賈母如皇太后一
般，統御整個龐大的家族，雖是小說中的虛構人物，但一定也反
映某些社會現實。因為即使在當今的台灣：「年長的婦女有辦法
掌握年輕女子得不到的權力和影響力，如果兒子心向著她們，即
使他們長大成家，有了自己的妻兒，這些年長婦女還是對兒子有
相當大的掌控力。在許多情況下，年長的婦女也會強力插手家族
管理、投資或社交事務的決定權。……隨著四、五十歲更年期的
來臨，女性掌控周遭親人的權力與日俱增。」（Ahern 1975: 201-
202）年長婦女也享有更大的行動自由，因為在她們自己和社會的
眼中，她們已無性欲，可以公開地獨自外出旅遊，而不會引來指

摘。有些職業非年長婦女莫屬，例如接生和做媒，在傳統中國社會，沒有媒人從中撮合，就無法正式訂定婚約（Ebrey 1993: 73-74）。媒人幾乎都是年長婦女。在中國戲劇、小說中，老婦人也常常扮演情侶之間穿針引線的角色。因此，觀音裝扮成女家長之類的人物時，也吸收了所有與中國老嫗有關的一套文化特色，如慈愛、明智、有權威，且在悟道與世俗幸福上擔任居中引導的角色。

第十二章
結論

　　十幾年前當我決定研究中國觀音信仰時，主要想了解爲什麼一位外來的佛教救世者，成功地變成最重要的中國神祇之一；也很好奇他如何被本土化，且在此過程中轉變爲「慈悲女神」？這些問題讓人望而卻步，這個主題也非常龐大、複雜。起初，我很難確知從何著手？儘管 Avalokiteśvara 是眾多佛教經典提及的一位大菩薩，但我早已知道以這些經典爲根據的文本研究無法解答上述問題。同樣地，觀音雖然是中國雕塑、繪畫和文學偏好的主題，但我意識到僅僅研究這些作品中對觀音的描繪，並不能解釋觀音信仰何以能在中國如此根深柢固。我們當然應該研究虔誠信仰觀音的僧、俗二眾，以找出這種信仰在社會、歷史及地理的分布狀況。感應故事、朝聖活動和宗教儀式，同樣能提供重要的資訊。然而，僅僅研究其中任一方面也只能呈現局部的面貌。儘管單憑上述任何一條途徑都不能解開這個謎，但若結合這所有途徑且相互驗證，我們或許可能就這個主題提出一些有意義的觀點。

　　這正是我在本書中採取的作法。我集中探討中國自六朝到明清時代，觀音信仰得以創立和傳播的各種媒介和途徑。以上各章從不同角度觀察這一信仰的各方面，探討觀音在正統佛經和本土經典中如何呈現，在藝術和文學中如何被描繪，在儀式和禮拜等

宗教活動中如何被頌揚，在感應故事中如何被紀念，以及如何化現爲現實世界中的僧人、新興教派的創始人與傳說中的公主。每一種媒介在傳播弘揚觀音的同時，也轉化了這位菩薩。因此，儘管觀音在唐代及唐代以前呈現爲僧人，人們也如此看待他，這位菩薩卻日益女性化，最終轉變爲觀音老母。此外，這些媒介從未單獨存在或起作用，而是不斷地相互影響。例如，讓我印象極爲深刻的是，虔誠信眾及朝聖者親眼目睹的觀音形象，既反映在同時代的造像中，又受到這些圖像的啓發。再者，觀察本土經典、感應故事、儀式活動及民間的寶卷彼此助長的情形，也是十分有趣的。我現在相信，觀音信仰的發展和演化有賴於這些媒介之間辯證性互動的激發。

雖然我起初並未打算進行跨學科研究，但由於實際所需卻演變爲如此。由於我要解答的問題性質，無法用傳統研究方法來解答，我不得不在做此研究時結合數種不同的學科，並運用各式各樣的資料。這種方式，使我能夠以全面而綜合的方法來研究觀音信仰。這種信仰的任何一方面，都是構成整體不可或缺的有機組成部分，不能也不該被研究者以人爲的方式割裂開來，單獨處理。因爲這種作法的後果即使不是徹頭徹尾的錯誤，也經常會埋沒眞相。

我可以舉一個具體的例子。我曾在書中多處指出，白衣觀音同水月觀音、送子觀音一樣，應被視爲中國本土的創造。然而，我並沒有將這三者視爲各自獨立、互不相干的聖像，分別爲禪僧、士大夫和普通百姓崇敬的對象；而認爲比較有益且精確的作法，是將三者視爲同一神祇、三種不同卻相互關聯的面向。白衣觀音的造像源於水月觀音，又轉而演化爲送子觀音。我不可能光憑藝術風格推演出這個結論，因爲每一種表現形式都不相同。相反地，我的結論是根據感應故事、本土經典和法會儀軌的描述而得到的。

　　我也認為，比較有用的作法是揭開任何一種造像、一則故事，或一件文獻在不同讀者心中產生的豐富而複雜的聯想，而不是賦予單一整體的涵義，或將其局限於某一群人。不同的人自然以不同的方式看待、理解觀音，不同的人也對這位神祇有不同的要求。因此，當一位禪僧以一幅白衣觀音像做為禪觀對象時，他看觀音的角度必然有別於渴望得子的明代文人。同樣的道理，一位婦女聽到妙善公主故事之後，她的反應也不會和聽到同樣故事的儒家官紳或佛寺住持一模一樣。對大悲懺儀的解讀也是如此，參加者會因具有義學僧身分，或普通在家信徒的身分而有所差異。觀音信仰的吸引力，正是因為這種多樣性和多種意義的特質。與其為虔誠的觀音信徒貼上菁英或庶民、出家眾或在家眾等陳腐的標籤，從而強加從未存在過的人為區分，不如盡可能多了解這些信眾對觀音的各種理解與期望，因為這麼做有意義多了。何況，對於觀音的各式各樣看法，甚至可能早已是觀音信徒熟知且共享的，因為來自不同社會階層、背景的善男信女前往相同的聖地朝山，或參加同樣的法會儀式和宗教慶典，因此有機會聽聞同樣的觀音故事。

　　我希望我對觀音信仰所闡述的觀點，可運用於中國佛教研究及一般中國宗教的研究。我也希望，我在本書中使用的研究方法同樣可以適用於其他個案研究。在此我想強調，正如我方才所指出的，不僅有必要運用不同的學科和各種資料，而且時時探究佛教與本土文化和宗教傳統的關係也很重要。當我們在中國文化、宗教、歷史和社會的脈絡中思考觀音的問題時，便可理解 Avalokiteśvara 何以能夠（也的確）在中國變為女神。

　　如第一章所述，無論過去或現在，Avalokiteśvara 都是南亞、東南亞和西藏公認的統治者象徵。我們只要想想達賴喇嘛的例子即可，即使在今天世俗化的世界中，他仍是廣大藏族信眾心目中

Avalokiteśvara 的化身。然而，觀音在中國並未變成這種王權的象徵，正如我先前指出的，這種情況之所以沒有發生，是因爲在中國儒家的天命之說已先成爲王權象徵，在佛教傳入中國之前早已是中國人牢不可破的信念。

另一方面，在三世紀譯出《法華經》之前，沒有任何一位中國神祇堪與觀音相比，這位菩薩既是慈悲的普世救主，又平易近人。〈普門品〉的教義宣揚嶄新而民主的救度方式，人們無須有任何特定的事蹟以獲得拯救，一個人不必成爲通曉經籍的學者、道德完美的聖人或禪修工夫高深的大師，也不必採取特殊的生活方式或飲食，或舉行任何宗教儀式；唯一的要求，是以一顆眞誠而篤信的心稱念觀音聖號。觀音是一位新近出現的外來神明，祂會幫助處於任何困境中的任何人，絕不因其社會地位或性別而起分別心。

此外，信仰觀音的利益包括世間與出世間兩方面，難怪 Avalokiteśvara 在西元最初幾世紀混亂而動盪的時代中，這種教義獲得迅速而熱切的迴響。儘管祂本身具有吸引力，但這位外來的菩薩之所以能迅速「征服」中國，當然也是由於當時中國宗教傳統留有一處空缺，讓祂能夠輕易地塡補。Avalokiteśvara 不必和其他神明爭奪信徒，而一旦獲得中國人的接納，類似祂的新神祇便在道教中出現，後來又在民間新興教派中出現。如同觀音，這些神明，比如救苦天尊和無生老母，也現身爲普世救度者，而且救度的必備條件同樣並非完成任何宗教上的要求或特定的教規，而僅僅是「誠心」，這是儒家經典頌揚的德行，雖不是人人皆能奉行，卻也是每一個中國人所熟知的。

然而，這種影響並非單向的。在中國人的心目中，有一些人是觀音的化身，第五章論述觀音的兩位著名化身，也就是生活在五世紀和七世紀的兩位神僧，第八章則探討一位傳奇公主的生

平。這些觀念從何而來？其創作根據的範例又是什麼呢？我們當然必須提到由佛教傳入中土的輪迴信仰。根據這種新思想，不僅一般人在業力的驅使下死後轉生，而且菩薩也能夠出於慈悲，自願現身為人。《法華經》提到，觀音現種種身以完成救度眾生的志業。十二世紀佛教在印度消失之前，印度教與佛教一向處於相互借鑑的關係，而印度教的傳統也提到諸神「下凡」，例如「黑天」（Kṛṣṇa）是主神毘濕奴的化身。但我認為，創造觀音中國化身的靈感更可能直接源於中國的影響，也就是中國本土關於神明和聖人的信仰。由於中國的宗教並未截然劃分超世間和世間，人可以成為神，神也可以下凡現身為人。例如，二世紀老子已被奉若神明，人們認為他曾多次化身，教授世人有關「道」的教義。道教神仙的故事，亦即有關跨越人、神兩界的傳說人物的事蹟，也是這種想法的另一豐富資料來源。正如我們在寶誌和僧伽的事例中所看到的，事實上，這些佛教神異僧展現的許多特徵，同樣使他們有資格成為道教的仙人。

　　在本書中，我的重點是讓讀者明瞭觀音普及於中國的過程，以及「普及」在中國佛教和宗教中的意義。但由於 Avalokiteśvara 僅在中國轉變為女神，而且這一現象發生在唐代以後，因此有必要提出一些假設性的解釋。如第十章所示，從中國本土女神中尋找線索並不能導致明確的結論，因此我認為應該採取的作法，是在中國宗教（包括宋代以來的佛教）的新發展這個脈絡中探討這個問題。女性觀音的出現，也必須在其他新興女神信仰的脈絡中進行研究，這些敬拜天后（或通稱「媽祖」）、碧霞元君及無生老母（出現年代較晚）的新興信仰，也自宋代開始出現，這絕非偶然。我們曾在本書的許多章節中探討過，十至十二世紀女性觀音出現在本土經典、藝術造像、感應故事和妙善公主傳說中，大約在同一時期也發生號稱「白蓮教」的在家佛教居士運動、道教新

教派的興起，以及最重要的儒家復興，也就是宋明理學。當宋明理學在明清時期確立爲官方意識型態，形同國教之際，觀音也完全轉化爲女神。我不認爲這些是偶發事件，彼此毫無關聯。

我大膽地建議，女性觀音和其他新女神在這個時代出現的原因，或許與已確立的宗教採取的反女性主義立場有關，而這些宗教無疑以宋明理學爲首。在過去一千年中，理學是中國的主要意識型態與霸權論述，它是哲學、是一套政治思想體系，但也是維持世系和家庭制度的意識型態。所以，在某種意義上，這些新興女神信仰可被視爲針對這種極權信仰和實踐體系而產生的回應。但另一方面，正如本書前文所述，女性觀音可被視爲其他女神的範例和創作靈感。制度化的佛、道二教也好不了多少，儘管禪宗有「不二」之說，道教也崇陰過陽，但這些並未導致對女性實際支持的體制化，我們無法指名道姓舉出任何一位卓越的女禪師或正一道姑。無怪乎全眞教之類的新興道教教派，或自明代以降盛行的許多民間新興教派能夠吸引婦女。

不過，雖說女神的問世或許是對極端陽剛的儒、釋、道三教而產生的回應，我也必須指出上述新崛起的女神中，有些的確反映出人人都能成聖開悟的信仰，而這種思想是理學、佛教和道教所共同主張的。妙善與早期觀音化身之間的區別極爲顯著，儘管身爲公主，妙善仍是女性，她雖未出家，人們卻認爲她已證得佛果。媽祖在塵世間的生平甚至更爲驚人，因爲她是身分卑微的漁夫之女。事實上，許多宋代以降變得聲名顯赫的新神祇，都曾經是普通的男女。正如堯舜並非生而爲聖人，而是經過後天的努力才變成聖人，中國的男、女諸神顯然也是如此。王艮（1483—1540）說滿街都是聖人，因爲即使他們現在還不是，但是都有成聖的可能。我們是否也可以說，大街上到處都是菩薩和女神呢？

最後，我想重溫上一章有關觀音與性別的問題。女性觀音是

否為中國婦女提供更多的選擇空間呢？人們往往假定，當某個宗教中有女神供人敬拜時，自然也讓女性有更大的自主權。在有關妙善傳說的分析中，我提出的看法是她挑戰了兩種觀念，那就是儒家的家族觀念和佛教出家修行的理想。在妙善這個榜樣的激勵下，明清時期有些女性抗拒婚姻，在齋堂中實踐在家佛教。當Avalokiteśvara 轉化為觀音這位「慈悲女神」時，中國的善男信女就有了新的宗教信仰形式和表達方式。但只要關於女性不潔和卑下的傳統觀念沒有受到質疑，觀音的女性形象必然與實際的女性有所差異，不是比她們多了一些特質，就是少了其他若干特徵。女性觀音不具備（也不可能具備）真正女性的特徵，因此白衣觀音雖為多育女神，卻無性徵，如同印度教的偉大女神，她「既是處女，又是母親」（Erndl 1993:144），這是任何現實世界中的婦女都無法做到的。同時，現實中的中國婦女與其男性同胞都將觀音供奉為「送子」觀音，這位菩薩會確保他們的宗祀血脈，讓他們永遠不會因為無子嗣而斷絕香火。或者，當她們依照中國孝道的訓誨，而進行割股療親這種極端狂熱的儀式時，也會尋求觀音的幫助。中國婦女同妙善一樣，從未真正地脫離父權制度的家庭。

　　但經過進一步的思考，我們也可以問：這是什麼樣的家庭呢？宋代以後，中國宗教及家族制度顯然發生了若干重大巨變。伊沛霞曾指出，自南宋以降，中國人對世系觀念日益重視，尤其是對家譜及輩分的標誌（Ebrey 1986: 32-39，44-50）。到了十五世紀明代中期左右，隨著科舉考試的激烈競爭不斷加劇，世系變得更為重要，因為它有助個人繼續保有參加科考的可能條件（ter Haar 1992: 113）。我在第八章提到「家居宗教信仰」的所有不同要素，包括極度渴望男性繼承人，不顧一切努力保全一家之主的性命，以及狂熱信奉貞節守寡的典範等，這些要素現在看來開始具有嶄新的重大意義。

　　觀音信仰的確有助於儒家的家庭價值觀，就這層意義而言，我們可以說那是佛教的儒家化。由於中國宗教具有所謂「散布」（diffused）的特點，中國的家庭確實從來不是脫離超世間或缺乏宗教性的全然世俗化的社會團體，但是它依然以儒家思想爲其主導（Yang 1961: 28-57, 294-340）。最終，影響還是雙向運行的。正如許多中國人耳熟能詳的俗語所言：「家家奉觀音」，因此觀音最常出現之處，終究還是人們的家庭中。觀音確實在中國找到了一個家。

　　回顧這項研究帶我走過的漫長道路，我發現尚有許多問題有待探討。我希望能夠就觀音信仰的傳播媒介和信眾之間的關係提出更多論述，例如製作楊枝觀音鍍金銅像的是什麼人？爲誰而做？這些銅像的用途是什麼？用於什麼場合？安奉在何處？或是某一部寶卷撰述於何時？作者是誰？讀者又是哪些人？我希望知道更多關於傳播這一信仰的媒介所處的社會背景。當然，由於缺乏某些事例的文獻資料，有些問題或許永遠無法得到解答。不過，如果多花些工夫研究藝術和經典在儀式上的用途，我猜想或許會帶來一些重要的資訊。

　　宋代以後，女性觀音像的重要性與日俱增，我也希望更了解這時中國婦女的宗教生活。例如，我們知道有許多「庵」興建於宋元時期，其中有些是富有的男性出資爲女性親眷建立的，其餘則由婦女自行修建。這些庵大多供奉觀音，因爲它們的名稱冠有「白衣」、「大悲」或「紫竹林」之類的字眼。這些女性是誰？她們進行哪些宗教活動？庵中祀奉何種觀音像？這些觀音像和供奉在禪宗的十方叢林中的觀音像一樣？還是製作年代更晚、具有更明顯的女性特徵的觀音像，在庵堂中找到了棲身之地呢？這些女性是出家爲尼呢？還是像晚近住在齋堂中的同類女子一樣，保持她們在家信徒的身分？

　　未來我計畫探究這其中的一些問題,希望其他學者有興趣加入這個行列,共同研究。中國宗教的學術研究方興未艾,還有許多重要的個案研究有待人們投入。

【附錄一】

〈大悲菩薩傳〉碑文

省略符號代表缺字，括弧代表根據相關文獻推定的補闕字詞。

……國公食邑二千戶食實封三百戶蔣之奇撰
……讀國史上柱國食邑一千二百戶食實封二百戶蔡京書
……梵行感致天神給侍左右師一日問天神曰我聞觀音大士於此土
有緣不□靈跡顯發何地最勝天神曰觀音示現無方而肉身□（降）
跡惟香山因緣最爲勝□師曰香（山今在何處天曰嵩岳之南二百餘
里三山並列中爲香山印）……菩薩成道之地山之東北乃往過去有
國王名莊王有夫人名寶德王心信邪不重三寶王無太子惟有三女大
者妙顏次者妙音小者妙善三女之中二女已嫁惟第三（女）……香
□□照內外國人駭異謂宮中有火是夕降生不洗而淨梵相端嚴五色
祥雲覆蓋其上國人皆曰我國殆有聖人出世乎父王奇之名曰妙善及
長進止容儀超然□（技俗常服垢衣不華飾曰止一食）……非時不
□言必勸或多談因果無常幻妄宮中號爲佛心從其訓□皆獲遷善齋
潔修行靡有退志王聞之謂夫人曰小女妙善在宮中教我嬪御皆修道
行不事華飾□□……侍親辭之不去當此之時雖有夫婿能代汝乎二
姊汝等各人有一生死且自省顧勿深勸我□證見前空悔無益汝勸大

人還宮爲奏父王虛空有盡我願無盡死生一決惟父王裁之妙顏妙音
歸告……出家夫人還具奏於王王益加怒爾時有比丘尼號曰惠眞王
即招至謂曰朕小女妙善不循義禮堅祈出家無乃汝等謀誘我女朕將
季女權寓汝舍期以七日諭勸吾女從吾教者朕當爲汝□飾……從眾
靡有□□乃遣使將尼俱至後園令女隨尼往居尼舍尼眾五百迎女以
入對眾焚香翌日尼眾謂妙善曰妙善生長王宮何苦自求寂寞不如還
歸宮禁猶勝禁處伽藍妙善聞語微笑曰我本……果救度一切眾生今
見汝輩如此智識令人輕賤汝是佛師弟子尚發此語何況俗士怪我父
王憎怒汝輩不肯令我出家抑有由然豈不知圓頂方袍本爲何事夫出
家者厭離榮華□□情愛□……於出家有少分相應我佛世尊明有遺
或出家之人當自摩頂以捨飾好著壞色衣執持應器以乞自活如何汝
輩皆事華靡舉止夭冶服飾華鮮濫入佛門□破淨□空受信施虛□□
名曰出……等出家心不合道之所致也尼眾爲妙善訶責嘿不能對爾
時惠眞憂慮告妙善曰適尼眾諫妙善者稟王命也即敘王誠敕如前所
陳控告妙善早爲回心故此尼眾免貽佛門禍難妙善曰汝豈不……偈
薩□太子投崖飼虎證無生果尸毗王割肉救鴿得超彼岸汝等既求出
家當觀幻軀無常可厭四大假合本來非有念念離於輪迴心心求於解
脫何得怖死愛生猶戀革囊腥穢豈不知障□……已即謂女曰汝今已
長當遵吾教毋在後宮惑亂嬪嬙汝父有國不喜此事我與汝母爲汝納
婿汝自今已往當依正道勿學邪法壞吾國風妙善聞父王敕微笑答曰
父王□……至無以支恃豈貪一世之樂而沉萬劫之苦兒念此事深生
厭離志求出家修行學道成佛菩提報父母恩拔眾生苦若令下嫁兒不
敢從願垂哀察父王聞語謂夫人曰小女不……若令兒出適若能免三
種患者當從母命母曰何謂三患女曰一者世人少時面如珂月及老且
至髮白面皺行住坐臥百不如少二者世人支體康強步武若飛及一病
至臥于床褥□（無一可喜三者姻戚集會骨）……肉滿前一旦無常
且至雖（父）子至親不能相代此三種患婿能爲免兒即嫁之若不能

者兒誓不嫁□□世人墜於此苦若欲免者除有佛門志願出家□修行
得果爲一切人免此患者是故發心……愈□怒擯女後園□□之下絕
其膳飲宮中嬪御不令親近母夫人哀思乃密令宮人饋致飲食王曰吾
見貶在後園猶不畏死□不食可攜妙顏妙音二姊往視之且勸其回心
則父子相見不然即……後園見□妙善凝然端坐不顧其母夫人前抱
持大哭曰自汝離宮我兩目將枯肝腸破裂令母如此汝復何安汝父在
宮爲汝憂撓累日不朝國事不治令我與妙顏妙音俱來勸汝汝念汝父
面……事女曰兒在此無苦父母何至如此一切世間恩情纏縛無有出
期骨肉會合要必離散借使父母相守百歲無常且至要必一別母尚自
寬幸有二姊虔侍須兒何益母自歸言兒無退意妙顏妙音復……佛汝
觀令出家人作比丘尼者誰能放光動地成佛作祖上報恩下度一切豈
如以禮從人成其家室乃令父母憂惱如此妙善聞語謂二姊曰汝自貪
著榮華恩愛纏縛趣目前之樂不知樂是苦因……報□願王心冀脫一
死汝當自安我得證果救汝輪迴勿用憂心尼眾聞言乃相與議曰妙善
生於宮中不知外之艱難意謂出家快樂宜以勞辱苦之使知悔懼言已
乃謂妙善曰既欲出家須……勞先登庖廚作務他人不能者皆躬親之
尼曰蔬圃無菜汝當供之計時必□不管關供妙善入圃見菜蔬甚少乃
念明日如何供眾得之方發念次伽藍龍神助以神力及□□□□靡供
用有……取水甚勞奈何妙善神化於廚之左湧出一泉味甚甘美惠眞
知其不凡能感龍神之助乃以奏王爾時父王乃大震怒謂左右曰朕之
季女長習邪法斥置尼舍又爲妖妄惑亂於眾辱朕何……❶臣既至妙
善聽命即謂尼眾汝等速避吾當受誅妙善乃出（就）死將嬰刃次龍
山山神知妙善大權菩薩將證道果救度眾生無道父王誤將斬首以神
通力……□冥暴風雷電攝取妙善置於山下使臣既失妙善所在馳奔

---

❶ 以下出自《八瓊室金石補正》收錄之〈大悲成道傳贊〉。詳見第八章
　　註釋 2。

奏王王復驚怒驅五百軍盡斬尼眾悉焚舍宇夫人王族莫不慟哭謂女
已死欲救無及王謂夫人曰□勿哀哭此少女者非我眷屬當是魔怪來
生我家朕淨除去妖魔甚可為喜妙善既以神力攝至龍山之下環視無
人即徐步登山忽聞腥穢又念山林幽寂安有□氣山神化為老人見妙
善曰仁者欲往何所妙善曰我欲入此山脩道老人曰此山之中乃鱗介
羽毛所居非仁者脩行之地妙善曰此名何山曰龍山也龍居此（山）
故以名之此去西嶺若何曰亦龍所居是故謂之小龍山惟二山之中有
一小嶺號曰香山此處消淨乃仁者脩行之地妙善曰汝是何人指吾居
處老人曰弟子（非）人也乃此山神仁者將證道果弟子誓當守護言
訖不見妙善乃入香山登頂四望闃無人蹤即自念言此處是吾化緣之
地故就山頂葺宇脩行草衣木食人莫□知已三年矣爾時父王以是罪
業故感迦摩羅疾遍於膚體寢息無安竭國妙醫不能救療夫人王族夙
夜憂念一日有異僧立於內前曰吾有神方可療王病左（右）聞語急
以奏王王聞召僧入內僧奏貧道有藥救王疾病王曰汝有何藥可治吾
病僧曰貧道有方應用兩種大藥王曰如何僧曰用無瞋人手眼可成此
藥王曰□毋戲論取人手眼寧不瞋乎僧（曰）王國有之王曰今在何
處僧曰王國西南有山號曰香山山頂有仙人脩行功著人無知者此人
無瞋王曰如何可得其手眼僧（曰）它人莫求惟王可淂此仙人者過
去與王有大因緣淂其手眼王之此疾立愈無疑王聞之乃焚香禱告曰
朕之大病果獲痊平願此仙人施我手眼無所吝惜禱□即令使臣持香
入山使臣至已見茅庵中有一仙人身相端嚴趺坐而坐即焚妙香宣王
勅命曰國王為患迦摩羅疾及今三年竭國神醫妙藥莫能治者有僧進
（方）用無瞋人手眼乃可成藥今者竊聞仙人脩行功著諒必無瞋敢
告仙人求乞手眼救王之病使臣再拜妙善思念我之父王不敬三寶毀
滅佛法焚燒刹宇誅斬（尼）眾招此疾報吾將手眼以救王厄既發念
已謂使臣曰汝之國王膺此惡疾當是不信三寶所致吾將手眼以充王
藥惟願藥病相應除王惡疾王當發心歸向三寶乃淂痊愈言訖以刀自

抉兩眼復令使臣斷其兩手爾時遍山震動虛空有聲讚曰希有希有能
救眾生行此世間難行之事使臣大怖仙人曰勿怖勿怖持我手眼還報
於王記吾所言使臣受之還以奏王王得手眼深生慚愧令僧合藥王乃
（服）之未及旬日王病悉愈王及夫人戚里臣庶下逮國人皆生歡喜
王乃召僧供養謝曰朕之大病非（師）莫救僧曰非貧道之力王無仙
人手眼安得愈乎王當入山供謝仙人言訖不見王大驚右掌曰朕之薄
緣乃感聖僧來救遂勅左右朕以翼日往詣香山供謝仙人明日王與夫
人二女宮族嚴駕出城來入香山（至）仙人庵所廣陳妙供王焚香致
謝曰朕嬰此惡疾非仙人手眼難以痊愈故朕今日親攜骨肉來詣山中
供謝仙人王與夫人宮嬪皆前瞻覲仙人無有手眼悉生哀念以仙人身
不完具由（王）所致夫人審問瞻相謂王曰觀仙人形相頗類我女言
訖不覺哽噎涕淚悲泣仙人忽言曰阿母夫人勿憶妙善我身是也父王
惡疾兒奉手眼上報王恩王與夫人聞是語已抱持大哭哀動天地曰朕
之無道乃令我女手眼不全（受）茲痛楚朕將以舌舐兒兩眼續兒兩
手願天地神靈令兒枯眼重生斷臂復完王發願已口未至眼忽失妙善
所在爾時天地震動光明晃耀祥雲周覆天樂發響（乃）見千手千眼
大悲觀音身相端嚴光明晃耀巍巍堂堂如星中月王與夫人宮嬪覩菩
薩形相舉身自撲撫膺號慟揚聲懺悔弟子肉眼不識聖人惡業障心願
垂救護以免前愆弟子從今以往迴向三寶重興佛剎願菩薩慈悲還復
本體令我供養須臾仙人復還本身手眼完具趺坐合掌儼然而化如入
禪定王與夫人焚香發願弟子供（辦）香薪闍維聖體還宮造塔（永）
供養王發願已乃以種種淨香圍繞靈軀投火燃之香薪已盡靈軀屹然
舉之不動王又發願必是菩薩不肯離（於）此地欲令一切眾生見聞
供養如是言已與夫人卑之即時輕舉王乃恭置寶龕內菩薩真身外營
寶塔莊嚴葬于山頂庵基之下與宮眷在山守護晝夜不寢久（乃）歸
國重建梵宇增度僧尼敬奉三寶出內庫財於香山建塔十三層以覆菩
薩真身弟子蒙師問及菩薩靈蹤略述大指若夫菩薩微密應化非弟子

所知律師□問香山寶塔今復如何天神曰塔久已廢今（但止）浮屠
而已人罕知者聖人示跡興廢有時後三百年當重興耳律師聞已合掌
贊曰觀音大士神力如是非菩薩□願廣大莫能顯其跡非彼土眾生緣
熟不能感其應巍巍乎功德無量不可淂而思議哉命弟子義常誌之實
聖麻二年仲夏十五日也贊曰香山千手千眼大悲菩薩乃觀音化身異
哉元符二年仲冬晦日余出守汝州而香山實在境內住持沙門懷晝訪
予語及菩薩因緣已而持一編書□且言此月之吉有比邱入山風兒甚
古三衣藍縷問之曰居於長安終南山聞香山有大悲菩薩故來瞻禮乃
延館之是夕僧遶塔行道遠旦巳乃造方丈（懷）晝曰貧道昔在南山
靈感寺古屋經堆中得一卷書題曰香山大悲成道傳乃終南宣律師所
聞天神之語敘菩薩應化之跡藏之積年晚聞京西汝州香（山）即菩
薩成道之地故跋涉而來冀獲瞻禮果有靈蹤在焉遂出傳示晝晝自念
住持於此久矣欲求其傳而未之得是僧實攜以來豈非緣契遂錄傳之
□日既暮僧輒告去固留不止遂行晝曰日巳夕矣彼僧何詣命迫之莫
知所止晝亦不知其凡耶聖耶因以其傳爲示予讀之本末甚詳但其語
或俚俗豈□常者少文而失天神本語耶然至菩薩之言皆卓然奇特入
理之極談予以菩薩之顯化香山若此而未有傳比余至汝其書適出豈
大悲付囑欲予譔著□遂爲論次刊滅俚辭采菩薩實語著于篇噫天神
所謂後三百年重興者豈在是哉豈在是哉

【附錄二】

中國女性朝山香客頌揚觀音的歌曲

1987 年春的朝山旺季，我在杭州。正如第九章的描述，女性朝山香客每日成群結隊前往上天竺寺朝拜觀音，領隊是會唱觀音歌的婦女。她們稱這些歌曲為《觀音經》。我錄了其中的一些歌曲，以下是其中六首的歌詞：

1.《小觀音經》
　　——江蘇常熟五十歲婦人唱

　　　南洋廟紫竹林，
　　　紫竹林裡出觀音，
　　　天涯媳婦拜觀音，
　　　拜得觀音在眼前，
　　　千條好路去岩山，
　　　南無大悲觀世音。

2.《七品觀音經》

──江蘇桐鄉四十七歲「活菩薩」唱

念佛七遍七觀音，
觀音菩薩降我身，
二月十九娘生我，
六月十九上天堂，
上去天堂身一轉，
頭戴珠冠坐正堂。

手捯木魚敲四方，
無家無念敬三房，
三房不是要飯吃，
三房不是要衣穿，
三房要到九霄雲裡修個活神仙。

一來要修千人緣，
二來要修萬人緣，
神仙原是凡人做，
結果凡人心不堅。
路過青草當佛殿，
一隻仙船落在海灘邊，
四邊都是婆羅樹，
三千諸佛落荷池，
四大金剛來二雙。
有人授我《觀音經》，
朝朝漱口念七遍，

念了七遍見觀音。

阿彌陀佛！

3.《觀音經》
——江蘇江陰五十九歲婦人唱

頭戴珠冠響叮噹，

手捧木魚勸十方，

十方諸佛問哪裡一條是修因路？

西方就是妙莊王。

妙莊王家有個真烈女，

從未出閣配成雙，

一來不受公婆氣，

二來不吃丈夫飯，

三來不抱懷胎子，

四來不要丫嬛侍女來服侍。

天天清靜坐香房，

揭來棉被獨坐床，

伸腳伸到佛堂裡，

縮腳縮到後花園，

為得修因隨得爹娘遭磨難，

現在得福坐蓮台。

重重疊疊念得觀音經，

初一月半受香煙，

南無佛，阿彌陀佛！

4.《尊重觀世音菩薩經》
——江蘇蘇州五十八歲婦人唱

春風吹水也清，
一定要到杭州拜觀音，
眼觀高山千尊佛，
眼觀西湖水也清，
西湖十五六里橋，
西湖對準靈隱寺，
靈隱寺對準香水橋，
隔枝楊柳隔枝桃，
觀音娘娘住在九曲山彎裡，
南無佛，阿彌陀佛！

5.《千手觀音經》
——江蘇蘇州五十八歲婦人唱

南無千手觀音南海來，
善財龍女站兩旁，
終生報答觀音恩，
終生報答觀音恩。

二月十九娘生我，
六月十九上天堂，
上了天堂回到地，
姊姊遵命燒庵堂，
父母要給她招駙馬，

公主發誓不出嫁，
手提淨瓶柳枝上天堂，
坐上青雲去西天，
返回蓮台受香煙，
南無佛，阿彌陀佛！

6.《香山經》
——江蘇嘉興七十歲婦人唱

手提木魚念起經，
姊妹三位同修因，
大公主要修如來身，
二公主要修享福身，
三公主年紀輕，
要修紫竹靈山觀世音。

潮音洞，紫竹林，
這次捻香請觀音，
要請三尊觀音朝南坐，
自心誠意拜觀音。

第一尊觀音南海來，
聽得我念佛笑顏開，
腳上花鞋無心做，
如今赤大腳坐蓮台。

第二尊觀音坐得高，

泰山哪比佛山高，
三根檀香燒在金爐裡，
煙頭對正造仙橋。

第三尊觀音王體堂堂，
手托木魚上天堂，
世上閒人當我化緣女，
我爹爹就叫妙莊王。

三尊觀音座得王，
手托木魚上天堂，
天堂裡面聽見木魚響，
九十九部放毫光，
南無佛，阿彌陀佛！

全書註釋

第一章　導論

1. 與此相關的兩個實例是 Gerda Lerner 的 *The Creation of Patriarchy*（1986），以及 Marija Gimbutas 的 *The Language of the Goddess*（1989）。這兩本書的問題及隱藏的意圖皆由 Katherine K. Young 在 "Goddesses, Feminists, and Scholars"（1991）一文中充分討論。

2. 蓄有鬍鬚的觀音畫像收錄於松本榮一（Matsumoto Eiichi）的《敦煌畫の研究》，例如該書圖版 216（繪於 864）、圖版 98b（繪於 943）以及圖版 222（繪於 968）。

3. Peter Gregory 於 1991 年出版一本關於宗密的著作 *Tsung-mi and the Sinification of Buddishm*，他在書名中使用「漢化」（sinification）一詞。Robert Sharf（1991）在他研究一部漢文佛典的博士論文題目中，也使用「漢化」這個詞彙，見 "The *Treasure Store Treatise* (Pao-tsang Lun)《寶藏論》and Sinification of Buddhism in Eighth-Century China"。此論文已於 2002 年出書：*Coming To Terms with Chinese Buddhism: A Reading of the Treasure Store Treatise*（Honolulu: University of Hawaii Press）。

4. 在關於尼瓦爾佛教（Newar Buddhism，譯註：指尼泊爾加德滿都谷地的尼瓦爾族信奉的佛教。）的觀音信仰研究中（當地稱為「迦如那瑪雅」〔Karuṇāmāyā〕），Todd Lewis 使用此一概念，他對「本土化」一詞定義如下：「『本土化』是一種辯證過程，在這過程中，某種宗教傳統適應某一地區的或某一族群的社會、經濟與文化生

活。儘管『大傳統』爲親近具有領導魅力創教者的群眾提供明確的
精神方向——包括符合正統的調適標準及傳教標準,不過,弔詭的
是,宗教傳統之所以能夠留存於歷史卻多半與它們的『多元性』有
關。因此,後來的信徒有各種不同的教義、應當應機的指示,以及
堪爲典範的民間故事可以利用。『宗教本土化』的研究設法說明的
是,宗教傳統在特定時空的演化過程中,造成從整體觀到『當地思
考邏輯』這種選擇的潛在原因是什麼。」(Lewis 1993: 150)

5.　Paul Harrison(1996)於 1996 年 10 月在德州大學奧斯汀分校舉
辦的學術會議發表一篇論文 "Mañjuśrī and the Cult of the Celestial
Bodhisattvas",在這篇未正式出版的文章中,他對 Snellgrove
(1986) 延續 Har Dayal(1932)、Ling(1976)、Bashan(1981)
與 Robinson 和 Johnson(1982)等人的傳統而採用的「天神菩薩」
提出質疑。他提出的主要異議是,這種用法枉顧歷史,因爲它將後
期的發展強加於早期的史實,也就是將後來「菩薩理想」的發展視
爲最初的推動力。他也認爲,「大士」僅僅是菩薩的別號或共同稱
謂,而不是一個形容詞,用以限定一群名爲「天神」的特殊菩薩。
他承認佛教徒相信大菩薩的存在,也相信宗教修行有連續而果位不
同的成就,「但是這樣的信仰純粹反映量的區別,而非質的區別;
是程度的差異,而不是種類的不同,不是將菩薩截然畫分爲聖、俗
兩種。」(Paul Harrison 1996: 11)

6.　Chutiwongs 認爲造成年代判斷差異的原因,是由於對某些造像的
身分辨識發生錯誤。在佛像製作的最初幾世紀中,佛陀是最受喜愛
的題材,其次是未來佛彌勒菩薩。然而,根據《觀無量壽經》(430
年譯成中文)等經典的描述,觀音菩薩的寶冠中有一尊小佛像,
因此 Mallmann 和其他一些藝術史學家認定這是這位菩薩的關鍵特
徵,於是他們將沒有這項特徵的菩薩像鑑定爲彌勒菩薩或僅識別
爲「菩薩」,並且下結論斷定五世紀以前觀音菩薩的造像相當罕見
(Mallmann 1948: 119-127)。

然而,Chutiwongs 加以辯駁,她表示早期佛像造像原則還沒有固
定下來,所以一開始觀音菩薩寶冠中的化佛尚未出現,貴霜王朝
時期(約一世紀至三世紀)的一些菩薩雕像寶冠中沒有化佛,但根
據其他特徵來判斷,這些雕像可能是觀音菩薩。另一方面,儘管載

明這些特徵的經典出現的年代比較晚,但這未必意味此種藝術形象也出現得晚,因爲事實上可能是經典反映藝術創作傳統,而不是藝術創作反映經典的敍述。一般認爲經典始終是提供藝術創作靈感的來源,但 Chutiwongs 質疑這種看法,反駁道:「但同樣有可能的是,實際上這個主題的視覺表現促使經典如此描述這位菩薩。」(Chutiwongs 1984: 35-36)

至於觀音菩薩與彌勒菩薩常被混淆的原因,Chutiwongs 認爲那是因爲裝有甘露的淨瓶(amṛta-kasala)經常被誤認爲是苦修者的水瓶(kamaṇḍalu 或 kuṇḍikā)。在此早期階段,區分二者的圖像標誌尚未建立,這兩位菩薩的手印與特徵看起來極爲相似。「在秣菟羅(Matthurā)造像中,身分明確的彌勒菩薩像和觀音菩薩像都是右手結施無畏印,左手持一小型長頸甘露瓶。在這種印度藝術風格中,要區分這兩位菩薩,唯有憑藉他們充沛周身的內在特質——彌勒菩薩嚴肅、苦行、超然的佛性充分顯露於佛陀形象特徵中特有的螺髻,也顯露於他偶爾身披的僧袍中;而觀音菩薩活躍、全能和高貴的個性則在他帝王般的衣著與莊嚴的頭飾中顯露無遺。在我們所處的無佛時代,身爲菩薩或世間救度者的這兩位菩薩以舉起的右手保護信眾,同時左手手持長生不死之藥的甘露瓶,意謂給人類帶來至高無上的福祉。」(Chutiwongs 1984: 23)

根據 Chutiwongs 的看法,印度早期的藝術家顯然喜歡將這不朽的象徵添加在每一尊重要的神像上,幾乎沒有例外,不管祂們屬於哪種宗教,或具有何種宗教功能,例如因陀羅(Indra)、濕婆(Śiva)、護世主(Lokapalas),以及神話中守護不死甘露的諸龍王,更不用說無名的諸尊菩薩,以及彌勒菩薩和觀音菩薩了(1984: 25)。但由於甘露瓶被誤以爲是苦修者的水瓶,又因彌勒菩薩被認爲是苦修理想的代表,所以手持這種淨瓶的觀音菩薩像就被誤判爲彌勒菩薩。Chutiwongs 因此下結論說:「一方面錯解甘露瓶的象徵意義,另一方面基於觀音菩薩像不可能沒有寶冠化佛這種成見而產生錯誤觀念,所以雖然有些聖像顯然刻畫的是觀音菩薩,也就是西元一世紀跟彌勒菩薩一樣廣爲盛行的唯一一尊菩薩,但上述這兩項因素卻使人難以察覺這種明顯的可能性。秣菟羅的貴霜時期藝術以及下一個時期的藝術中,做爲獨立神祇的觀音菩薩像並不罕見,由此可知,

在這個時期的佛教藝術中,這尊覆著頭巾的人物造像顯然占有重要的地位。……我們覺得有充分的理由認定那些頂戴頭巾的菩薩像是觀音菩薩,在印度早期的藝術風格中,這位菩薩總是以造像莊嚴爲特徵,恰與彌勒菩薩的苦修特性成對比。」

7. 支婁迦讖(約 167 年到達長安)所譯的《無量壽經》通常被認爲是印度觀音菩薩信仰最早的歷史證據,但 Paul Harrison 質疑這部漢譯經典的眞實性,因此該經的年代也有疑問。至於《大事》,儘管學界認爲其撰成的年代或早至西元前 200 年,或晚至西元 300 年,但是有些學者卻認爲包含在其中的《觀經》(Avalokita Sūtra)可能是後來增補的。此外,由於觀音菩薩在《成具光明定意經》中只出現一次,而在《大樹緊那羅王所問經》的若干版本中或出現的次序不一,或根本沒出現,因而 Harrison 提出類似的質疑,懷疑關於觀音菩薩的經文乃是後代的添加(1996: 8)。

Jan Nattier(1992: 166)則認爲《心經》爲中國人所編撰,撰述年代最早在五世紀,最晚可能至七世紀。最後,根據 Grogory Schopen(1978)的主張,觀音菩薩信仰最具關鍵性的經證,亦即《法華經》中的〈普門品〉,也是這位菩薩後來廣受信奉時,才補入吉爾吉特(Gilgit)本的《法華經》中。Kern(1965: xxi)也認爲最初《法華經》只有二十一品,而包括〈普門品〉在內的其餘諸品都是後來添加的。

8. 玄奘在其遊記《大唐西域記》中有好幾處描述印度觀音菩薩像的信仰,參見 Samuel Beal(1884)英譯本,卷 1,頁 60、127、160、212,卷 2,頁 103、116、172-173。這尊菩薩是神聖的,而且有求必應:「有人至誠願見者,菩薩從其像中出妙色身,安慰行者。」(Beal 1884, vol. 1: 60)任何人發願親眼目睹菩薩慈容,他也會滿足此願:「其有斷食,誓死爲期,願見菩薩者,即從像中出妙色身。」(vol. 1: 160)此菩薩像也有預言和忠告的能力。

9. 我的討論主要依據 Huntington 夫婦的 The Art of Ancient India(1985)一書,一般公認該書爲有關此一課題最新且涵蓋層面最廣的研究。

10. Chutiwongs 提出一項很有意思的看法,她認爲蓮華手菩薩可能「已在犍陀羅地區成爲一尊獨立神祇,展開救助佛教徒的菩薩事業。他是值得尊敬的人,由於其本身的重要性,被納入三聖像之中;而且

從那時起，他的造像才開始伴有持花供養的典型脅侍的出現，而且以此模式繼續發展。有充分證據顯示，犍陀羅地區信奉觀音菩薩為重要的獨立神祇，從其造像的龐大數量判斷，觀音菩薩信仰的重要性顯然不亞於彌勒信仰。」（1984: 36）

11. 我要感謝加州大學洛杉磯校區的 Robert Brown 教授惠示這份參考資料。他在 1999 年 3 月 13 日於波士頓舉辦的亞洲學會年會中展示這件造像，並在他的論文 "Soteriological Androgyny: The Gupta Period Sārnāth Buddha Image and Buddhist Doctrine" 中討論其重要性。

12. 觀音菩薩這種獨特的形象於西元五世紀即已出現，稱為 Khasarpaṇa Avalokiteśvara。Huntington 如下描述一件鹿野苑出土的這種造像（年代約為 475 年）：菩薩佩帶瓔珞寶飾，面帶微笑，約莫十六歲光景，左手持蓮，右手現與願印（varada mudrā），寶冠中有一小佛。兩隻餓鬼蹲伏於菩薩右手的下方，「菩薩現與願印的右手流出甘露，以解這些餓鬼的饑渴之苦——這顯示這位菩薩對所有眾生的慈悲。」（Huntington 1985: 204）

13. Soper 在他的長篇論文中探討幾個實例。例如，「相較之下簡單的印度式頭巾由於添加日、月的象徵，變為更精巧繁複、且饒富宗教意味的頭飾，而此日、月的象徵似乎以波斯薩珊王朝（Sasanian）的王冠為借鑑。」（vol.7, no.3, 1949: 264）；「就在一枚迦膩色伽王的錢幣上，立佛的造像首度如太陽神一般，周身現光環圍繞。在印度本土，即使直到阿旃陀壁畫的出現，光環都很罕見，然而自哈達時期（Hadda period）以降，位於犍陀羅的哈達（Haḍḍa）地區有無數坐佛造像都兼具太陽的光環及頂光。」（vol.8, nos.1 and 2, 1950: 72）

14. Holt 概述兩部《觀經》的內容，並回顧學界提出的年代問題。其中Bhattacharyya 主張這兩部經的年代在西元前三世紀（1924: 143），而其他學者則認為這是後來才補入《大事》的，因為其中一部經曾被寂天（Śāntideva）視為獨立的經典，引用於《大乘集菩薩學論》（Śikṣāsamuccaya）（Winternitz 1927, vol. 2: 245; Holt 1991: 31-32, 229）。

15. 三十三身觀音包括：（1）楊柳觀音、（2）龍頭觀音、（3）持經觀音、（4）圓光觀音、（5）遊戲觀音、（6）白衣觀音、（7）蓮臥觀音、（8）瀧見觀音、（9）施藥觀音、（10）魚籃觀音、（11）德王

觀音（梵王身）、(12) 水月觀音、(13) 一葉觀音、(14) 青頸觀音、(15) 威德（天大將軍身）觀音、(16) 延命觀音、(17) 眾寶觀音、(18) 岩戶觀音、(19) 能靜觀音、(20) 阿耨觀音（Anu）、(21) 阿摩提觀音（Abhetti）、(22) 葉衣觀音（Parnasvari）、(23) 琉璃觀音（Vaidūrya）、(24) 多羅觀音（Tārā）、(25) 蛤蜊觀音、(26) 六時觀音、(27) 普悲觀音、(28) 馬郎婦觀音、(29) 合掌觀音（Añbjali）、(30) 眞如觀音、(31) 不二觀音、(32) 持蓮觀音、(33) 灑水觀音（Gotō 1958: 170-182）。加藤（Gotō）是以江戶時代的木刻本《佛像圖彙》（Butsuzō-zu-i）爲依據，出自此圖彙中的觀音圖像經逸見梅榮（Baiei Hemmi）重印（1960: 228—232）。依 Louis Frédéric 之見，「此三十三身觀音種種不同的形態出現的年代相當晚，而且其中大部分在鎌倉時期（1333）以後才出現。另外，這當中有些形態一再出現，通常呈現於繪畫中，但其他形態並未激發任何藝術家的創作靈感」(1995: 157-162)。儘管觀音這三十三種化身中有些個別出現於日本中古時期的圖像繪畫集，如心覺（活躍於 1117—1180）的《別尊雜記》，或覺禪（生於 1144 年）的《覺禪鈔》，但三十三身整體出現的時間必定相當晚近。這一系列的觀音像包含《法華經》的典故、密教經典、以及中國本土的觀音傳奇故事。值得注意的是，三十三身中有些被描繪爲端坐岩石之上。Cornelius Chang 在他 1971 年博士論文 "A Study of the Paintings of the Water-moon Kuan-yin" 的第六章探討這些化身的造像。另見 Marilyn Leidig Gridley, *Chinese Buddhist Sculpture under the Liao* (1993: 100)。

16. 蛤蜊觀音與發生於唐文宗時期的一件史實有關。文宗嗜吃蛤蜊，但在 836 年 1 月，御廚怎麼也打不開一顆蛤蜊，向它祝禱時，它卻現觀音像。文宗詢問南山惟政禪師箇中深意，結果大受感動而不再食用蛤蜊，並下令所有寺院建立觀音像（《佛祖統紀》卷 41，T 49: 385b）。魚籃觀音和馬郎婦觀音也與九世紀一名婦女的傳奇故事有關。我將在第十章討論馬郎婦觀音。

17. 根據 Lowell Skar 本人於 1999 年 3 月 12 日提供的資訊。

18. Robert Campany 引用《牛津英語詞典》中 cult 一詞的定義，並且表示：「在此，我建議恢復這個詞的原意，讓它指稱個人或（更確

切地說）一群人通過想像而『建構』一尊神明、神靈或聖者，因此使之現前的任何方式或所有方式，這當然指宗教儀式，但也包括口語、手勢、繪畫、雕塑、個人、集體、敍事、詩偈、音樂、神話、聯想、象徵、神學等方式。」（1993: 262-263）。

第二章　觀音信仰的佛典出處

1. Eric Zürcher 認爲，《成具光明定意經》是呈現佛教通俗化的早期漢譯經群之一，「這類經典的特徵是添加大量的文言成分和獨特術語，而且最重要的是，譯者盡最大可能將一切事物譯成漢語，甚至包括專有名詞。」而最後這項特徵顯示譯者企圖『迎合那些具有相當文化程度、但非專家』的讀者或聽衆的口味。」（1991: 290）

2. 由於支婁迦讖的盛名，假託於他的經典相當多，這是一件很棘手的事。現存最早、最可信的經錄，即 515 年前後由僧祐編撰的《出三藏記集》，並沒有提到此經係支婁迦讖所譯。有些學者認爲，這實際上是竺法護（Dharmarakṣa，活躍於 265—313）所譯的同名經典，而支婁迦讖的譯本已佚。如此一來，薩迦居士支謙所譯的《大阿彌陀經》（譯註：據《大正藏》，支謙譯本的經名爲《阿彌陀三耶三佛薩樓佛檀過度人道經》）才是該經現存最早的譯本。《佛學大辭典》5: 4851b。

3. 現代學界也質疑此經的譯者歸屬。「現在看來，所謂的康僧鎧譯本，很可能被『唐代』[原文如此] 著名譯僧佛陀跋陀羅（Buddhabhadra，359—429）譯場中的成員修改過。」（Gómez 1996: 126）

4. 其中一部經名爲《觀世音大勢至授記經》，於 265 年左右由竺法護翻譯；另一部經名爲《觀世音授記經》，西元 300 年左右聶道眞譯。這兩部經雖已亡佚，但經名都保留在僧祐的《出三藏記集》中。

5. 這五部經典分別是：《觀虛空藏菩薩經》（T no. 409）；《佛說觀佛三昧海經》（T no. 643）；《佛說觀彌勒菩薩上生兜率天經》（T no. 452）；《佛說觀普賢菩薩行法經》（T no. 277）；《佛說觀藥王藥上二菩薩經》（T no. 1161）（Pas 1995: 42-43）。

6. 對於此段經文，Charles Luk 評述：「『不自觀音，以觀觀者』，意即菩薩覺照耳聞的本質，解脫一己的感官與感官的覺受，從而體證自

己含攝一切眾生、周遍一切的佛性。眾生藉由對菩薩清淨信心的增長，藉由稱名或專念，達到與菩提不二的心一境性，進而出離非實有的苦難」（Lu K'uan Yü[Charles Luk]: 1966: 139）。

7. 兩位菩薩的差異從六世紀開始變得清晰。當時，觀音菩薩開始變得比彌勒菩薩更廣為人知，而自六世紀以降，人們多半強調彌勒的未來佛身分。這是 1997 年 4 月 7 日與何恩之的私下對談。

8. Tsukamoto Zenryū 譯出《法苑珠林》卷 16（T 53: 406a-c）中類似的故事。據《法苑珠林》的編者道世（卒於 683）所記，戴顒和他的父親戴逵都是著名的雕刻家，故事中這尊彌勒像原在會稽（今浙江）龍華寺，且「尋二戴像製，歷代獨步，其所造甚多，並散在諸寺，難悉詳錄。」（1985: 626-627）

9. 根據已註明造像身分的銘文資料，北魏時期（386—534）有二十九尊彌勒像，二十尊釋迦像，十六尊觀音像，十二尊阿彌陀像。同樣的趨勢延續到東魏（534—550），此期有二十九尊釋迦像，二十一尊彌勒像，十六尊觀音像，五尊阿彌陀像。但是隋代以後，隨著天台宗的創立和淨土信仰的流行，兩位佛陀的造像數量出現逆轉，阿彌陀像多達 280 餘尊，而釋迦如來僅 40 餘尊。然而，觀音與彌勒的造像數量大體上仍然相當，都是 40 餘尊（Matsumoto 1937: 9）。

10. 然而，現存最早的《法華經》譯本《正法華經》中觀音的化身遠少於三十三身，此經只列出以下十七種：佛、菩薩、緣覺、聲聞、婆羅門王、乾闥婆、鬼神 、富豪、提婆（天）、轉輪聖王、羅剎、將軍、沙門梵志、金剛手、隱士、仙人和僮儒（T 9: 129b-c）。值得注意的是，其中並沒有現女相的化身。

11. 此處「自在天」（Self-mastering God）和「大自在天」（Great Self-mastering God ）依循 Hurvitz 的英譯（1976: 314）。Watson（1993）將之譯為 the Heavenly Being Freedom 和 the Heavenly Being Great Freedom，對英語讀者而言並無多大意義。這兩個名號當然都指印度教的濕婆神，但是 Hurvitz 和 Watson 都沒有指出這一點。

12. 參見 Nicole Nicolas-Vandier（1976: vol. 2, pp. 51-103）。

13. 十四種無畏力分別為：

　　　（1）由我不自觀音，以觀觀者。令彼十方苦惱眾生，觀其音聲，

即得解脫。

(2) 知見旋復。令諸眾生,設入大火,火不能燒。

(3) 觀聽旋復。令諸眾生,大水所漂,水不能溺。

(4) 斷滅妄想,心無殺害。令諸眾生,入諸鬼國,鬼不能害。

(5) 薰聞成聞,六根銷復,同於聲聽。能令眾生,臨當被害,刀段段壞,使其兵戈猶如割水。亦如吹光,性無搖動。

(6) 聞薰精明,明遍法界,則諸幽暗,性不能全。能令眾生、藥叉、羅剎、鳩槃茶鬼及毘舍遮富單那等雖近其傍,目不能視。

(7) 音性圓銷,觀聽返入,離諸塵妄。能令眾生,禁繫枷鎖所不能著。

(8) 滅音圓聞,遍生慈力。能令眾生,經過嶮路,賊不能劫。

(9) 薰聞離塵,色所不劫。能令一切多婬眾生,遠離貪欲。

(10) 純音無塵,根境圓融,無對、所對。能令一切忿恨眾生,離諸瞋恚。

(11) 銷塵旋明,法界身心,猶如琉璃,朗徹無礙。能令一切昏鈍性障諸阿顛迦永離癡暗。

(12) 融形復聞,不動道場,涉入世間,不壞世界,能遍十方,供養微塵諸佛如來,各各佛邊為法王子。能令法界無子眾生,欲求男者,誕生福德智慧之男。

(13) 六根圓通,明照無二,含十方界,立大圓鏡,空如來藏,承順十方微塵如來,祕密法門,受領無失。能令法界無子眾生欲求女者,誕生端正福德柔順眾人愛敬有相之女。

(14) 此三千大千世界百億日月現住世間諸法王子有六十二恆河沙數修法垂範,教化眾生,隨順眾生,方便智慧各各不同。由我所得圓通本根發妙耳門,然後身心微妙含容,遍周法界。能令眾生持我名號,與彼共持六十二恆河沙諸法王子,二人福德正等無異。世尊!我一名號與彼眾多名號無異,由我修習得真圓通。是名十四施無畏力福備眾生。(T 19: 129a-c)

14. 如 Robert Sharf 所言:「這樣歸類的作用在於宗派論爭,即有意確

立空海和最澄所傳入日本的後期密教經典具有優越地位，因此西方學者必須謹慎使用這種分類方式。事實上，秉承傳統密宗（mikkyo）註釋學的日本學者在討論東亞密教時，混合運用下列兩種區分：一是顯教與密教之別，二是純密與雜密之分。兩者都從形式上區分，將法身佛（毘盧遮那）宣說的教義與化身／報身佛（釋迦牟尼）宣說的教義形成對比。空海運用第一種區分，也就是顯、密二教的差異，明顯地做為判教爭論的一部分。」他在意的是（1）證明密教勝於顯教；同時想要顯示（2）早期顯教經典中已包含密教教義，只不過顯教僧人未發覺；（3）密教包含所有顯教教理。想要堅守以上三點主張的意圖造成緊張情勢，導致後來純密與雜密之間的區分（Sharf 1991: 213-214）。 Michel Strickmann 也提醒我們不要追隨日本宗派學者造作的人為區別，這些學者只看重中國八世紀的著作、注疏和儀軌等，視之為「純密」。這些文獻以兩種曼荼羅為中心：女性的胎藏界曼荼羅和男性的金剛界曼荼羅（兩界曼荼羅各含 361、91 位神祇），它們被認為是法身佛毘盧遮那的投影，或是毘盧遮那多重力量的一系列化身。相對地，翻譯或編撰年代早於這些純密經典的佛經則被視為報身佛釋迦牟尼所宣說，報身佛不如毘盧遮那佛，且因位於特定時空，所以更為有限（Strickmann 1996: 128-131）。

15. 第 5 卷和第 10 卷中各包含六首陀羅尼，第 7、8、9 卷中各有一首，而第 6 卷中有廿一首。

16. 參見 Ariane MacDonald（1962: 36-37）。根據漢譯本：「復有菩薩摩訶薩，行無量義，變身為女人形，以世間法引導一切眾生，令心堅固，不退道意，得不思議明句陀羅尼。或變種種飛禽形、夜叉形、羅剎形、摩尼寶形、人、非人等形。如是所作殊異色相，隨意教化一切眾生，令入菩薩行，於明王法，隨順解了。」（T 20: 838b）
關於這位具有神妙力、能變化身形的菩薩，經中有十二個菩薩名號均以「自在」二字作結，觀自在（Avalokiteśvara）是其中之一。其餘十一個菩薩名號是：普遍自在（Sammateśvara）、世間自在（Lokeśvara）、妙觀自在（Sulokiteśvara）、勝觀自在（Vilokiteśvara）、心自在（Vidhvasteśvara）、善自在（Someśvara）、虛空自在藏（Gagana-ganja）、地自在（Kṣiteśvara）、大自

在（Maheśvara）、妙法自在（Dharmiśvara）以及無性自在（Abhāveśvara）（T 20: 838a）。

17. 現代印刷的大悲心陀羅尼中，這八十四個短句往往搭配佛、觀音及其他佛教人物或神話人物的圖像，這些印刷品往往由信徒助印，放在台灣和中國大陸的寺院中免費流通。我不知道這種做法在中國始於何時，但是我在台北故宮博物院的善本收藏中，曾見過一件《千手經》的宋代寫本，其中有精緻的繪像，因此，這可能起於唐代。這些圖像有助於持咒者觀想。

18. 文中手印的梵文名稱乃沿用 Lokesh Chandra（年代不明）出版的《千手經》寫本翻譯，這部 1780 年的寫本內含圖像，且 Chandra 自稱此寫本抄自十二世紀的原件。除了順序上有些差異外，Chandra 譯本中的手印基本上與《大正藏》中的不空譯本一致，而且這兩個譯本都提到讓飢渴者得清涼的甘露（amṛta）印，伽梵達摩譯本則無此手印。此外，這個寫本還有各個手印的線條畫。關於手印代表的意義、某些重要手印、以及觀音手中所持的器物，參見 E. Dale Saunders 的 *Mudrā: A Study of Symbolic Gestures in Japanese Buddhist Sculpture*。

19. 「當於」意即「應該是」，我對這個用語的詮釋是，行者應自行結手印，而所結手印的名稱緊接此用語之後。不空的譯本似乎增強這種可能性，因為其中的手印圖像附有相應的真言，是行者應該持誦的。不過，這個用語也可能表示行者應觀想菩薩結此特定手印，如此一來，現存的四十手觀音像每隻手所持的器物都有特定名稱，這種造像或許起初是為了幫助觀想者熟悉這些手印而製作的。由於手印數量多且頗為複雜，所以認為信眾需要協助以熟悉這些手印，這是很合理的假設。

因此，如 Lokesh Chandra 在日本發現的附圖寫本，以及觀音的雕像、畫像，都兼具教導與禮拜的功能。在此我提供一個例證，以支持這項假設。《佛祖統紀》中載有一則關於有嚴法師的故事，法師是宋朝臨海（今浙江）人，母親患有眼疾，於是「師對觀音，想日精摩尼手，母即夢師擎日當前，覺而目明。」故事沒有交代這感應事蹟發生於何時，但可能是在西元 1100 年前後（T 49: 218b）。有嚴法師觀想的手印即第八「日精摩尼印」。

20. 菩提流支譯本有不同的記載，根據流支譯本，觀世音菩薩自述過去曾目睹毘婆尸佛現此千手千眼大降魔身，而此時菩薩自己也顯現同樣的降魔身（T 20: 101c）。

21. 二十五界可分爲欲界十四有（地獄、餓鬼、畜生、阿修羅、四大洲和六天界）、色界七有（初禪天、二禪天、大梵天、三禪天、雷音天、四禪天、無想天）、以及無色界四有（空處天、識處天、無所有處天、非想非非想處天）（T 20: 120b-c）。在《大般涅槃經》中可以見到二十五種三昧王搭配二十五有的觀念（T 12: 448b-c）。二十五位化現的菩薩被派往二十五界，以破除諸有，救度拘囚於各界的眾生。這些菩薩的名號象徵各種威神力，包括代苦觀自在、與智觀自在、施滿觀自在、除戟觀自在、除愚觀自在、進道觀自在、觀正觀自在、施無畏觀自在、施光觀自在、與甘露觀自在、見天觀自在、施妙觀自在、見樂觀自在、降魔觀自在、靜慮觀自在、作文觀自在、見禪觀自在、愍定觀自在、調直觀自在、空惠觀自在、護聖觀自在、清淨觀自在、正法觀自在、離欲觀自在、不動觀自在。（T 20: 121a）

22. 何恩之曾在四川資中見到這種組合的造像，並拍照存證，其年代約爲八世紀，所以是中國最早製作的千臂觀音菩薩像。此像爲何發現於四川，而不是敦煌？有待進一步考察（援引自 1997 年 5 月與何恩之的私下對談）。

23. 顏娟英認爲這組石雕是爲了則天武后祈福而造，原本有八尊浮雕安置於七寶台塔基的八個角落。之所以選擇十一面觀音造像，是因爲相信這位菩薩能禳災造福——先前北伐契丹戰事失利，於是武后請法藏法師（643—712）以神力相助，法藏設壇供奉十一面觀音菩薩，不久便在突厥人的幫助下擊敗契丹，武后大悅，將 679 年改元爲「神功」元年（Yen 1987: 45, 57）。

24. 感謝 Jennifer McIntire 提醒我注意敦煌的早期密教觀音菩薩像。

25. 這很可能和始於唐末的「（觀音、文殊、普賢）三大士」信仰有關。四川省大足縣營盤坡石刻第 10 號龕似乎是這種組合最早的例證，此龕鑿於晚唐，其造像以千手千眼觀音居中，文殊、普賢脅侍左右，不過更常見的造像組合是毘盧遮那佛爲中尊，而非觀音（《大足石刻研究》，頁 432）。三大士信仰一旦盛行，勢必得爲觀音安排一種

坐騎，以便與另兩位菩薩的造像相稱。這種三尊造像組合在現今許多中國寺院中都可以看到。

第三章　中國本土經典與觀音信仰

1. 這位公主同年還曾施印一部頌揚碧霞元君的道教經典（參看周紹良 Chou Shao-liang 1987: vol. 8, 10-11）。

2. 它們是：《觀世音懺悔除罪咒經》、《大悲觀世音經》、《瑞應觀世音經》、《觀世音十大願經》、《彌勒下生觀世音施珠寶經》、《觀世音詠托生經》、《觀世音成佛經》、《觀世音所授行法經》、《觀音無畏論》、《日藏觀世音經》、《新觀音經》、《觀世音觀經》、《清淨觀世音普賢陀羅尼經》等。從經名判斷，這些佚失的本土經典依據的基礎，極可能是內含陀羅尼且提供世俗及宗教利益的翻譯經典（詳見第二章）。

3. Diana Paul 將經文中的「二七日」譯為「二十七天」，但我認為應該是十四天。佛教徒以七天為一週期，例如佛教為亡者舉行超度法會，每七天一次，共七次，亦即七七四十九天，這些法會分別稱為「頭七」、「二七」……直到「七七」（**譯註：此註適用於本書英文原著，在此亦列出供中文版讀者參考。註 4 同**）。

4. Diana Paul 在此將經文「變作」改為 change，而不是直譯為 becoming。她之所以這麼做是因為認為菩薩只能現有情眾生相，不能化為無情物。對她而言，觀音變為山川等陳述於理不合，所以根據她對於這段經文的詮釋，觀音發願將無用或不懷善意的無情物轉變，成為有用、友善的事物（Paul 1985: 280）。然而，如同第二章曾討論的《大乘莊嚴寶王經》所述，就是這種隨意自在變化的能力，讓觀音有別於其他菩薩，因為他是創造主，是世間一切發展開顯的源頭。

5. 舉例而言，這兩個主題都出現於以下著作中：吉藏（549—623）的《法華義疏》（T no. 1721）、慧沼（650—714）的《十一面神咒心經義疏》（T no. 1802）、知禮（960—1028）的《觀音玄義記》（T no. 1728）和《觀無量壽佛經疏妙宗鈔》（T no. 1751）、智圓的《請觀音經疏闡義鈔》（T no. 1801，撰於 1009）。以上這些重要註疏都與

智顗有密切關係，或爲天台宗法師所作。可見智顗的確是天台宗最具影響力的祖師。

6　經文說明哪五種人無法成佛：「世有五種人不得成佛：一者邊地國王。常懷怒惡，興師相伐，國國自相戰鬪，共相殺害。晝夜思惟，念欲相欺。以是之故，常生難處。二者栴陀羅人。心中常念食噉人血，行於塚間，覓人死屍，無時停息。三者破戒比丘及比丘尼。於佛法中，是破戒賊。心懷嫉妬，加誣他人，誑生是非，自稱喻好，道他人惡。見善不說，自惡不道，猶無一生心念悔情。四者多婬之人。不避親疏道俗尊卑，晝夜思念，無時停息，無有一念念眾善法。五者出家還俗，毀壞道法，向世間人稱說言語，道佛無聖、佛無神力、佛不能得度人。猶譭謗故，墮惡道中，經歷諸趣，常懷苦惱。若能受持《觀世音三昧經》者，改往修來，受持斯經，七日七夜，讀誦通利，眾罪消滅。如向果報，復能終身行道，誦習斯經，未曾廢忘。若亡失者，我於夢中，即教此人，還令得故。」（Ziegler 1994: 121-123）

7.　在 *Chinese, Korean, and Japanese Sculpture in the Avery Brundage Collection*（d'Argence and Turner 1974）一書中，撰寫此條目的 Sylvia Chen-Shangraw 對這座造像碑的年代持保留意見。她表示，此碑雖然呈現北齊風格，但「或許實際上雕刻的時間較晚」。她質疑年代推定過早的主要論據如下：「在東西魏時期，沒有佩戴瓔珞的觀音立像做爲佛壇或碑刻眾聖像的中尊」；此外，因爲費城有一座造像碑，年代推定爲 551 年，也刻有同樣的蓮花柱頭和龍形拱，但碑上卻有 1562 年的銘文。因此，她認爲此碑可能是明代重刻或複製品（d'Argence and Turner 1974: 146）。然而，鑒於第二章提及的 548 年四川造像碑，我覺得造像中以觀音做爲中尊——如同這裏討論的造像碑——這種做法也有可能在北齊時代就已出現。

8.　隋代編撰的《歷代三寶記》中，關於竺法護所譯經典，有如下記載：「《光世音經》，一卷，出《正法華經》。」（T 49: 64c）天台智顗大師在《觀音玄義》中寫道：「夫《觀音經》部黨甚多，或《請觀世音》、《觀音受記》、《觀音三昧》、《觀音懺悔》、《大悲雄猛觀世音》等不同。今所傳者，即是一千五百三十言《法華》之一品。而別傳者，乃是竺法護，亦號伊波勒菩薩，遊化蔥嶺，來至河西（今之甘

肅）。河西王沮渠蒙遜歸命正法，兼有疾患，以告法師。師云：『觀世音與此土有緣。』乃令誦念，患苦即除。因是別傳一品流通部外也。」（T 34: 891c）顯然除了東晉竺難提所譯的《請觀音經》（全名為《請觀世音菩薩消伏毒害陀羅咒經》，T no. 1043）之外，以上智顗提到的其他所有經典都是偽經（Kiriya 1990: 20）。

9.　後四句與敦煌出土的《救苦觀世音經》（S. 4456）部分相似，一般認為此經名也是《高王觀世音經》的異名之一。經中有下列文句：「朝念觀世音，暮念觀世音，坐念觀世音，行念觀世音，念念相因起，念佛不離心。」牧田諦亮在《疑經研究》中推定此經年代應為晚唐或八世紀（1976: 69）。所謂「十句觀音經」，似乎是採取部分《高王觀世音經》和《救苦觀世音經》再加以組合而成。桐谷已詳細對比「十句觀音經」與《高王觀世音經》現存的五個校訂本（Kiriya 1990: 15-16）。

10.　P. 3916 包含完整的三卷，而 P. 3236 只有卷 3 的部分內容。此經在 1143 年也刻於房山的石板上，參見《房山石經題記彙編》（1987: 617）。感謝郭麗英提供這項資訊。

11.　這兩件佛經的抄本發現於二十件抄本雜集中，並以編號 64 經和 65 經發表於「山西省文物局」和「中國歷史博物館」編輯的《應縣木塔遼代祕藏》（1991）中。64 號經（頁 457-459）的保存狀況比 65 號好得多。在佛像腹內發現的三十五種佛經木刻本中，也有《高王觀世音經》，這件木刻本有跋語，說明永濟院（今河北宣化）人士任惟盛之妻周氏助印流通此經一千部（頁 200）。這些經都是 990 年到 1070 年間在燕京（今北京）印刷的。

12.　我認為此處「心」指「心咒」，表示陀羅尼的精髓。這裡我採用福井文雅對「心」的解釋（Fukui Fumimasa 1987: 213）。五智印的出處源自瑜珈學派，意指佛頂髻象徵的神祕佛力。感謝永富正俊提供這方面的參考資料。

13.　這種現象顯然是分娩時羊膜保持完好無損而並未破裂所導致。感謝 Charles B. Jones 就此問題請教他的母親 Mary B. Jones，並感謝他為我寄來以下參考資料（出自《威廉斯產科醫學》[Williams Obstetrics] 第 16 版）：「在分娩過程中通常羊膜會自然破裂。典型情況是，一股不定量的液體突然湧出，導致羊膜破裂，這種液體在

正常情況下是透明、接近無色的，也有可能稍呈混濁。在極少數情況下，羊膜直到嬰兒生下時仍然保持完好。如果直到分娩完成，羊膜碰巧完整無缺的話，胎兒就會裹著羊膜出生，覆蓋在胎兒頭上的部分有時稱爲『胎膜』。」（386b）

14. 感謝 Martin Collcutt 和 Christine Guth 首先讓我注意到這幅畫。

15. 周紹良解釋爲什麼以這個特定的數字爲一「藏」，這是因爲迄今最有影響力的經錄，亦即智昇於 730 年編纂的《開元釋教錄》中包含的經題數目就是 5,084 部。

16. 這部佛經的現存版本爲周紹良私人收藏，道經的全名是《太上老君說自在天仙九蓮至聖應化度世眞經》，收藏於北京法源寺「佛教文物圖書館」善本部。

17. 最近，連立昌（Lien Li-ch'ang）根據寶卷的內證認爲此文獻撰寫於 1498 年（1996: 116）。

第四章　感應故事與觀音的本土化

1. 智顗在《觀音玄義》中以水、月的譬喻闡釋不同的意義。他分述藏教、通教、別教、圓教四教不同角度詮釋下的「觀世音」之義，最後他說：「圓教者，此正顯中道，遮於二邊，非空非假，非內非外。觀十法界眾生，如鏡中像 [水中月]；不在 [心] 內，不在外；不可謂有，不可謂無；畢竟非實，而三諦之理宛然具足；無前無後，在一心中。」（T 34: 886b）

2. 智顗在《觀音義疏》中提及謝敷和陸杲的觀音應驗記，且從傅亮根據謝敷而編的感應錄中，選取竺長舒稱念觀音而免遭火難等幾則故事，重新敘述（T 34: 923c）。吉藏在《法華義疏》也提到謝敷的集子（T 34: 626b; Makita 1970: 7）。七世紀著作《冥報記》的作者唐臨也在序言中提到了這些感應錄（Gjertson 1989: 156）。

3. 牧田指出，儘管經中提到菩薩有救人免於危難的能力，然竺法護所譯的《正法華經》（T 9: 128c）並沒有與此句措辭相同的經文，因此，這部感應錄的編撰者傅亮急於爲這則故事增添經證之際，在行文上不免有些隨意（Makita 1970: 79）。

4. 此處原註爲作者說明英譯根據。由於此處譯文直接引用牧田諦亮的

校訂本，故中文版略而不譯。

5. 另一份文獻出處，即僧人普度於 1305 年編撰的《蓮宗寶鑑》，明確指稱這位菩薩爲「白衣觀音」（T 47: 325b）。最晚不過十世紀，觀音即開始以此形象示現，其後白衣觀音相逐漸變得女性化，且愈來愈普及。

6. 冉閔本身爲漢人，是石虎養子冉瞻之子。石虎死後，冉閔反叛繼位的皇帝，亦即石虎的兒子，於 350 年弒君篡位，改國號爲「大魏」。由於聽從一名道士之言，冉閔屠殺境內所有的胡人。這則故事是鄴都集體大屠殺的見聞紀實（《晉書》卷 1007；Makita 1970: 81）。

7. Stanley Weinstein 指出，唐武宗始於 842 年的滅佛之舉，潛在原因之一是《孔子書》這部晦澀難解的僞書灌輸於武宗心底的恐懼。該書預言十八代之後，將有「黑衣天子」接掌天下，而武宗與民眾一樣，認爲黑衣天子即佛教僧侶（Weinstein 1987: 125）。武宗深信道教長生不老之術，同一年有七位道士在武宗所建的望仙台服下丹藥，卻未能如願成仙，於是向武宗解釋：「只要佛教繼續與道教並存，與佛教相關的黑色極有可能壓倒一般民眾心目中代表道教的黃色，因此居於主導地位，進而阻礙成仙之道。」（Weinstein 1987: 129）在杜光庭（850—933）編撰的道教感應故事集《道教靈驗記》中，「黃衣人」有時如同佛教的「白衣人」，示現於異象和夢中。參見《正統道藏》卷 38，頁 30352（台北：藝文，1976 年再版）。

8. 這不是我的推測，而是有王琰《冥祥記》（六世紀編撰）記載的同一則故事做爲佐證。這份文獻敍述潘道秀親眼目睹觀音「眞形」之後，又加上一句：「如今行像（就像時下常見的）」（Lu Hsün 1973: 599）。

9. 有時「白衣人」並不會明指爲觀音，但有時因含義十分明顯，所以沒有必要明言。我將此視爲間接而有力的證據，證實從五世紀開始，觀音就以此形象爲世人所見。例如道宣在《集神州三寶感通錄》的「靈像垂降」一節中，敍述以下這則白衣人救佛像的故事：隋開皇年間（581—600），蔣州（今河南）興皇寺佛殿發生火災，殿內有佛及二菩薩的聖像，像高一丈六尺，以名匠戴逵（卒於 396）之子戴顒所造的鑄模製成。這些聖像雖遭祝融，但像身約有五、六尺未被焚毀，且金色不變，後來移至白馬寺。永徽二年（651），有

竊賊想刮取佛像表面的金銅牟利，當他鋸斷窗櫺準備逃遁時，不料被人扣住手腕，動彈不得。第二天早晨這個竊賊被僧人逮住，詳問其中緣由，竊賊答稱，堂內有一位白衣人一把攥緊他的手腕，讓他無法脫身（T 52: 421a）。

10. 惟政禪師，平原人（今山西），晚年因預見法難迫近，隱居終南山，時當唐武宗在位時期（840─846）。禪師圓寂後荼毘，遺舍利四十九粒，時人建塔供奉。惟政禪師得法於嵩山普寂禪師（卒於739年）──普寂禪師是北宗神秀禪師的法嗣（《釋氏稽古略》，T 49: 836c）。

11. 宋孝宗（1163─1188在位）曾用同樣稱謂頌讚觀音。參見《杭州上天竺講寺志》（1980: 43）。

12. 這部感應錄的跋文僅署名「佛教促進會」，文中簡要交代前兩次刊印的始末，主要與兩位僧人有關。根據這段跋文，1911年浙江仁安真如寺的僧人贊機發現（而非編撰）這本感應故事集，得到一筆善款後，他將此書刊印，但由於印刷數量有限，沒有多少人有機會取閱。後來，浙江紹興戒珠寺的化智法師碰巧獲得這本書，發現內容豐富，令人印象深刻，於是決定重印，並為此事多方勸募。因此，這兩位僧人都與此書的宣揚有關。文中提及第三位僧人，也就是印光大師（1861─1940），據稱大師核校這部感應錄的內容。這本故事集雖然得到僧人的大力提倡，但編撰者仍可能是居士，因為如果作者是出家人，通常不會不具名。此外，如正文所述，這本感應錄的內容似乎也反映較多在家人關切的主題。

第五章　神異僧與觀音的本土化

1. 例如，明代作家周暉在《金陵瑣事》一書中提出解釋，揭開寶誌為何攜帶剪刀、尺和扇子之謎，這三件物品用以象徵三個相繼出現的王朝：剪刀將事物剪成整齊劃一的長度，代表齊朝；尺用於測量，代表梁朝；扇子揮去灰塵，代表陳朝。在明代，鏡子的象徵有了新的重要涵義，因為鏡象徵「明」，與這個朝代同名。當然，寶誌與明朝開國君主同姓（朱）這件事也受到積極地利用（Makita 1984: 84）。

2. 我並不是指前文提及的布袋和尚或濟癲等明顯的例子，我想，或許
有許多不甚知名的事例埋藏在傳記和編年史中。例如，《佛祖統紀》
景德三年（1006）有一段關於以下這位異士的短文：「婺州沙門志
蒙徐氏，衣錦衣，喜食豬頭，言人災祥無不驗，呼人為小舅，自號
曰徐姊夫。一日坐化於三衢吉祥寺，遺言：吾是定光佛。至是奉眞
身，祈禱神應不歇，世目之豬頭和上。」（T49: 403a）

3. 見《中國美術全集·雕塑編》第 12 冊，圖版 138，頁 140。

4. 這首詩收入李白詩集，亦即清代王琦編註的《李太白全集》（卷 1）
（1977: 406）。然而，勒碑敘述妙善公主生平（詳見第八章）的北宋
顯官蔣之奇也曾撰寫一篇僧伽傳，文中質疑此詩為李白之作，他說
此詩用語「鄙近」，並指責編纂者不能慎思明辨，只因傳統如此，
而往往將此詩收錄於李白詩集。他以更有力的論據獨持異議：由
於李白生於 702 年，僧伽 710 年圓寂時他不過九歲，儘管李白被
譽為天才，但實在令人懷疑他曾與大師共論「三車」。蔣之奇的僧
伽傳收入宋代董逌所著的《廣川書跋》（卷 10）（《李太白全集》，
1977，卷 I：408）。

5. 例如，郭若虛在《圖畫見聞志》（卷 2）記述唐末畫家辛澄曾繪製
四川成都大慈寺泗州堂的僧伽像。另外，張彥遠在《歷代名畫記》
（卷 3）中提到，浙西甘露寺僧伽堂的外牆有吳道子的畫作，845 年
會昌法難之際，此地所有寺廟盡皆廢毀，唯有甘露寺倖免于難（Hsü
1995: 4）。

6. 見《中國美術全集·雕塑編》第 12 冊，圖版 147，頁 149。

7. 這些塑像，包括蘇州瑞光寺佛塔中的一尊木雕像（造於 1013－
1017）、上海興教寺的一尊銅像（造於 1068－1093）、浙江溫州白
象塔的一尊磚雕塑像（造於 1115）、寧波天封塔的一尊石像（造
於 1144），以及浙江金華萬佛塔底的數尊鍍金銅像和石像（造於
1062）（Hsü 1995: 6 -7）。

8. 牧田諦亮曾指出，這個故事極有可能反映當時佛、道之爭。1119
年，在林靈素的影響下，宋徽宗推行廢佛政策，稱佛陀為「大覺金
仙」、菩薩為「仙人大士」、僧人為「大士」，並自稱「教主道君
皇帝」。1117 年，即淮河洪災的前一年，林靈素獲得徽宗詔諭，在
全國各地興建神霄玉清萬壽宮，若無土地建新道觀，即可將現存佛

寺充公,改爲道觀,普光王寺因此被沒收改建。洪邁敍述一位趙姓人氏的故事,此人由於受到新興宗教狂熱的影響,毀壞百餘尺高的普光王佛像,目睹此一情景的人都悲痛莫名。然而此人在十日之內雙手開始潰爛,接著全身逐漸皮開肉綻,不到百日便哀號而死(Makita 1984: 51,引自《夷堅志》3: 1369-1370)。因此,發生於兩年後僧伽解救皇宮免於水難的這則故事,可以解讀爲針對林靈素的致命一擊。

9. 之所以稱爲「弱水」,是因爲此水無法載舟,故不可航行。這可能肇因於水道太淺,或水質與普通水域不同。道教的神話傳說中,仙境四周通常有這種險惡難渡的河海環繞,與世隔絕。

第六章　本土圖像與觀音的本土化

1. 此註爲作者解釋本詩英譯問題,中文版略。

2. 《武林風俗記》描述杭州當地居民一年中的例行事項,羅列人們每月的活動。例如在六月間,6 月 16 日普陀山大悲救苦觀世音示現,6 月 17 日西十洋海十二面觀音示現,6 月 19 日白衣滿願清淨所住觀音示現。根據杭州的習俗,這一整個月婦女持齋茹素,稱爲「觀音齋」,有時甚至全家都持觀音齋。19 日當天,家家戶戶焚香禮拜觀音,達官貴人則前往天竺寺上香,鄰近鄉鎮的人也都會到天竺寺進香,就像二月份觀音聖誕的情形一樣,只不過規模較小。

3. 敦煌寫本 P. 2055 結尾處列出翟奉達爲亡妻冥福抄錄的十部經經名,這些經典分別於亡者過世後四十九天內每隔七天(**譯註:即頭七至七七**)、百日、週年忌日和三週年忌日抄錄(《敦煌寶藏》113: 287)。施萍亭在她的文章中提到這部經,但她並未解讀這份文獻。根據她提供的參考出處,我於 1987 年 8 月找到這個文本,並複印全文。這份文獻收錄於「天津藝術博物館」收藏的古寫本第 4532 號作品中。雖然經名中有水月觀音的名號,但內文沒有任何關於這位菩薩的描述,也沒有足以證明水月觀音像的依據。

4. 劉長久指出,在敦煌莫高窟、榆林窟,以及甘肅北部其他地點,有三十二幅描繪水月觀音的壁畫完成於五代、宋代和西夏時期,還不包括四川雕刻的水月觀音像(Liu 1995: 42)。

5. 關於十喻的各種組合，參見《望月佛教大辭典》3: 2215b-c。

6. 謹向何恩之（Angela Howard）致謝，她提醒我這件浮雕的存在。

7. 這名小童或許不是轉世的布施者，而是善財童子。王惠民曾解析榆林窟第 2 號作品描繪的一個類似的小男孩，他同樣跨坐在雲端，雙手合十，禮拜觀音（Wang 1987: 35）。這名小童穿戴整齊，即使不是少年，也已經長大了，而魯多瓦引用的「接引善者往生阿彌陀佛淨土」圖中所有小男孩都是赤裸的新生兒，有鑒於此，黑水城這件作品中的小童極有可能是善財童子。

8. 有四幅繪畫的焦點都集中於這個主題，顯然這是當時西夏十分盛行的主題。參見 *Lost Empire of the Silk Road* #39, #40, #41, #42（192-189）。

9. 參見《中國美術全集・繪畫編》第 2 冊，圖版 73，頁 115。

10. 他提出兩個主要論點。首先，最早提到白衣觀音的是六世紀譯出的一部密教陀羅尼經，而不是馬伯樂提及的八世紀密教經典。因此這一形象傳入中國的年代更早，而且不像白度母一樣來自西藏。如同所有用於觀想的密教經典，這部六世紀的經典明確描述這位神祇的形貌：性別不明的這尊神祇身著白袍坐於蓮花上，一手執蓮、一手持瓶，髮髻高束。Stein 的第二個論點更爲重要，他認爲有關「佛母」的唐譯密教經典中，白衣與度母一同被提到，但兩者有別，白衣是以觀自在菩薩爲首的蓮花部的佛母，因爲住在一朵純淨的白蓮中，故又稱「白居」。白衣也應與白身有所區別，白身與度母及其他神祇環繞著坐在普陀洛迦山的不空羂索觀自在菩薩，但有些文本則描述白衣坐在蓮花上，下垂的左手持羂索，舉起的右手持《般若經》，這和較早出現手持蓮花、寶瓶的禪定觀音大不相同。使問題更爲複雜的是，在胎藏界曼荼羅中，居於觀音院的三位神祇——白住、白身及大明白身，全都身著白衣，因此皆可稱爲「白衣」。白色象徵菩提心，而菩提心引生諸佛菩薩，這就是位於觀音院蓮花部的女神大都身著白色的原因，因爲她們是諸佛菩薩之母（Stein 1986：27-37）。

11. 這幅畫創作於 1211 年，現存於北京「故宮博物院」。此畫複製收錄於《中國美術全集・繪畫編》第 4 冊（北京：文物，1988），圖版 59。

12. 其他白衣觀音像的年代都較此爲晚，包括北山 118 號壁龕（1116 年開鑿）及 136 號壁龕（1142—1146 開鑿）（《大足石刻研究》174，395-396，408）。四川的佛教雕塑爲圖像風格研究提供十分重要的資料，由於許多銘文保存完好，對於了解四川佛教的信仰情況，也是絕佳的資料來源。

13. 這個文本包含以下五個類似咒文的語句：「天羅神，地羅神，人離難，難離身，一切災殃化爲塵。」《觀音靈異記》的編者表示曾經披閱宋代王鞏（活躍於 1048—1104）的《聞見近錄》，其中記載下列這則故事：「全州推官母王氏，朱道誠之妻也，日誦十句觀音心咒（《觀音十句經》的別名）。時年四十九，病篤，恍然見青衣人曰：『爾平生持觀世音心咒，但復少十九字，增之，當益壽。』王曰：『我不識字，奈何！』青衣曰：『隨聲誦記之。』乃曰：『天羅神，地羅神，人離難，難離身，一切災殃化爲塵。』久之而醒，疾亦尋愈，後至七十九。」由這個故事可知，北宋時代的人已知悉這五段語句。參見《觀音靈異記》，頁 14b。

14. 這部經的起源一向溯及一場夢，故稱爲「夢授經」。根據十三世紀成書的《佛祖統紀》記載，北宋嘉祐年間（1056—1063），龍學梅摯妻失明，有人勸她前往（杭州）上天竺寺祈願祝禱。後來有一天夜裡她夢見白衣人教誦十句觀音經，於是她持誦不輟，雙目復明。根據《茶香室叢鈔》（卷 13）引用《太平廣記》的一段記載，（唐代？）太原人王玄謨出征北方時違反軍令，依軍法判處死刑。他夢見一人告知，若能誦《觀音經》一千遍，即可獲救。此人教授王玄謨這十句觀音經。在王玄謨即將被斬首之際，行刑的刀刃突然斷爲三截（《觀世音菩薩靈異記》，頁 14b-15a）。

15. 「G. & M. Vovelle 曾針對整個普羅旺斯（Provence）地區，爲煉獄中的靈魂而建的聖壇分類編目，並勾勒其演變如下：1650 至 1730 年間，做爲「中保」（mediatrix）角色的聖母瑪利亞被懷抱聖嬰的聖母取代，而「代禱者」（intercessor）趨於消失；1730 年後，聖母懷抱聖嬰的主題減少，而天父聖子像日益盛行。依據我對十八世紀初期的認識，我可以證實這些轉變的真實性。」（Froeschle-Chopard 1976: 167）

16. 這些名字包括妙清（1265）、妙靈（1274）、妙眞（1342）、妙安、

妙廣（1452）、妙玉（1436）、妙元（1441）、妙貴（1455）、妙慧（1445）、妙慧、妙善（1444）、妙淨（1457）、妙蓮（1418）、妙誠、妙海、妙聰及妙容（都是明代人）。

第七章　大悲懺儀與千手千眼觀音在宋代的本土化

1. 讀體律師（1600—1679）簡化知禮的版本，廢除儀式原有的十科分類，並大幅刪減原文，同時還重新命名爲《大悲懺法》——這個名稱沿用至今。此後，另一位僧人寂暹於西元 1795 年合印上述兩個版本，且在參考自元代以來所用的一些縮簡版後，於 1819 年刊印另一個新版本，也就是現今所用的懺本（Reis-Habito 1993: 321-322; Kamata 1973: 284; Getz 1994: 186, 註 76）。這就是爲什麼現行版本中，知禮、讀體和寂暹並列作者的原因（見《卍續藏經》，第129 冊）。

2. 遵式根據《請觀音經》而作的懺儀在中國雖已失傳，幸好在日本保存下來。根據 Reis-Habito 的研究，日本的觀音懺儀不是根據知禮的版本，而是遵式創制的版本，儀式中不僅持誦〈大悲咒〉，也持誦《請觀音經》中的六字眞言（Reis-Habito 1993: 331）。

3. Reis-Habito 引述 1338 年德輝所著的《敕修百丈清規》，其中規定在僧人和住持的葬禮和紀念法會上須誦持〈大悲咒〉。她也引用《觀音慈林集》這部感應錄的編撰者弘贊（1610—1680）的自傳，強調舉行懺儀的強烈動機是來自敬拜祖先及克盡孝道的主要思想。她摘錄的生平事蹟來自《觀音慈林集》的後記：「贊甫二九，而二親鄰亡，每誦蓼莪，空慚鳥鳥，聞說持齋，能資冥福，遂斷葷羶。未三載，閱《壇經》，便會宿懷，知人能作佛，即捨家趣於非家，冀立身行道，以益先靈。雖晨夕代爲禮懇，及逢盂蘭必薦，而中情耿耿，愧誠力之未湔。爰于丁酉春，以西洋白氎，繪千手千眼大悲聖像，舉高七尺，革除皮膠，而用香汁和彩，仍令畫者，日別沐浴更衣。像成，罄衣缽資，延集僧眾，先爲講釋大悲懺法宗趣，次乃三七日修禮。遂感大士身放金色光，手所執青紅二蓮華，頻放白光。緇素咸睹，誠爲希有，私衷慶慰，必蒙慈力，度親靈於上界矣。爾後凡於像前修禮，蓮華白光常湧，睹者莫不欣發淨信。」

據《千手經》記載，青蓮華的作用是「往生淨土」，紅蓮華則是「面見十方一切諸佛」（Reis-Habito 1991: 49）（譯註：紅蓮華的作用應是「往生諸天宮」，至於「面見十方一切諸佛」應是紫蓮華，參見本書第二章）。

4. 約當伽梵達摩翻譯《千手經》的同時，尉遲乙僧在長安慈恩寺前的佛塔上繪製一幅千手千眼大悲像。菩提流支重譯此經後，西元713年成都妙積寺一位比丘尼魏八時常誦持〈大悲咒〉，一個十一歲小女孩劉意兒拜她爲師。意兒在禪坐中有感菩薩示現於寺中，爲證明所言不虛，她在院中撒灰，某夜的確出現長達數尺的巨大腳印。於是寺方延請畫匠畫出她所見的形像，但結果始終無法令人滿意。有位僧人楊法成自稱能畫，意兒就雙手合十仰望祝禱，然後指點他如何下筆，前後耗時十年才完成此畫。其後約在722年，成都雕刻了兩百尊四十二臂觀音像，有十五幅同樣造像的畫卷也同時繪製完成。這些畫卷流傳於京城，並獻給唐玄宗（71—756在位），玄宗將畫卷賜給高力士。713至755年間，著名畫家吳道子繪製三幅大悲像。753年鑑眞和尚東渡日本時，攜帶一尊白檀木製成的千手千眼觀音像，以及一幅相同造像的絲質繡像，就這樣將千手觀音的信仰傳入日本（Kobayashi 1983）。

5. 關於此懺最早的記載出現於《國清百錄》，知禮和遵式都曾爲此懺撰寫懺儀，知禮著有《金光明最勝懺儀》（《大正藏》經號1946），遵式著有《金光明懺法補助儀》（《大正藏》經號1945）。

6. 除了多數遊客和朝聖者前往的名山寶頂山之外，在其左側還有一處鮮爲人知，前者稱爲「大寶頂」，後者稱爲「小寶頂」。柳本尊的「十煉圖」就位於這兩處。何恩之（Howard）長期研究這些地點，並著有專書，她認爲小寶頂的作用就像密教的曼荼羅，只開放給已灌頂的行者，它是建造「大寶頂」的模型。非常感謝她與我分享這項發現。

7. 儘管「十煉圖」的銘文說明柳本尊各種自殘之舉，但圖中的柳本尊並未缺少左食指、右眼、左耳、左臂等，他在這些藝術圖像中呈現完好無缺的狀態。根據何恩之（Howard）1999年4月提供的資料。

8. 有關知禮生平的參考資料包括宗曉的《四明尊者教行錄》卷1「年譜」（T 46: 856c-858c, HTC 100: 440-442）及其弟子則全所編的《四

明法智尊者實錄》（收錄於《四明尊者教行錄》卷7，）（T 46: 919b-920a, HTC 100: 1012-1014）、志磐的《佛祖統紀》卷8（T 49: 191c-194b）。

9. 知禮對這三種懺的觀點忠於天台的傳統。《釋禪波羅蜜次第法門》（《大正藏》經號1916）是天台懺儀的基礎文本之一，此書認爲「作法懺」可增長戒，「取相懺」可增長定，「無生懺」可增長慧，且將第一種懺法劃歸小乘，後兩種則歸屬大乘（T 46: 485c）。

10. 根據《大般涅槃經》，一闡提是六道眾生中最低劣者。關於一闡提有兩派解釋，一派主張一闡提永遠不能成佛，另一派認爲即使這些低賤如蟲蟻的眾生最終仍可得救度。

11. 知禮在此意指十種隨順輪迴的心：（1）無明與闇識；（2）惡友搧動；（3）於他善都無隨喜；（4）縱恣身、口、意三業，無惡不爲；（5）惡心廣布；（6）惡心相續，晝夜不斷；（7）隱蓋過失，不欲人知；（8）不畏投生惡道；（9）無慚、無愧；（10）撥無因果。另有十種逆輪迴之心，與上述十心正好相反：（1）深信因果；（2）懇切生慚愧心；（3）怖畏投生惡道；（4）發露無覆；（5）斷相續惡；（6）發菩提心；（7）增善斷惡；（8）守護正法；（9）常念十方諸佛；（10）觀罪性空。見《摩訶止觀》卷4第1品（T 46: 39c-40b）。

12. 宗鑑，《釋門正統》，HTC 130: 834-38；《蓮宗寶鑑》，《大正藏》經號1973。

13. 第三十四問再度提及觀音：「普門示現否？」（Yü 1989: 102）。

14. 論及大悲觀音的千手千眼時，萬松行秀表示：「大悲昔爲妙善公主，乃天人爲宣律師說。然三十二應，百億化身，亦隨見不同，各據其說也。」（《萬松老人評唱天童覺和尚頌古從容庵錄》T 48: 261c）

第八章　妙善公主與觀音的女性化

1. 在《杭州上天竺講寺志》的列傳中收錄律師普明如靖的生平，普明以驅鬼和預知未來的神力著稱，例如他曾根據自己夢中所見，預測金兵將於1129年11月攻入杭州（STCC 3: 92-93）。但文中並未提及他是《香山寶卷》的編纂者。另一位作者普明，實際上人稱禪師，而非律師。吉岡義豐（Yoshioka 1971）提出了一項有趣的推測，

他認爲普明其實是蔣之奇晚年採用的名號（Tsukamoto 1955: 266—267），而柳田聖山（Yanagida Seizan）1974）則主張普明即是蔣之奇，他同時認爲這位普明就是創作現存四種《牧牛圖頌》之一的禪僧。近代以來，普明的《牧牛圖頌》已超越十二世紀宋代僧人廓庵所作，且較爲著名的《牧牛圖頌》。袾宏曾爲普明的《牧牛圖頌》作序，卻也表示不知原作者爲何人（1974: 213-217）。

2. 賴瑞和博士提供碑文的前半段，並慨然允諾讓我引用。至於後半段，從「臣既至」開始，見《八瓊室金石補正》收〈大悲成道傳贊〉，Dudbridge 曾英譯（1982: 594-606）。

3. 舉例而言，彭子喬的故事也收錄在陸杲的《繫觀世音菩薩應驗記》（編號 40）。然而在這最初的版本中，並沒有明確交代觀音化現爲女子。更確切地說，和彭子喬同囚一室的另一位男子，在半夢半醒的狀態下看見兩隻白鶴棲止於彭子喬面前的屏風，不久，其中一隻飛至彭子喬身邊，化成「形容至好」之人。我不認爲這等同於《法苑珠林》編纂者所言「如美麗人形」。

4. 感謝 Suzanne E. Cahill 提供她翻譯王奉仙傳的草稿（附引言）："Wang Feng-hsien: A Taoist Woman Saint of Medieval China"，收錄於 Susan Mann 與 Yu-yin Cheng 編輯的 *Under Confucian Eyes: Texts on Gender in Chinese History*（Berkeley: University of California Press, 2001），頁 17-28。

5. 這本經書是 *Latter Days of the Law: Chinese Buddhism, 850—1850* 這場展覽中陳列的第 37 號文物。詳見同名展覽目錄，頁 303-305（Weidner 1994）。

6. 竺沙雅章提供一些圖表以證明他的論點。以蘇州府爲例，南宋最後五十年間（1225—1274）興建了 127 座庵，元朝則有 207 座；相對地，五代以前只興建 10 座，北宋 26 座，南宋初年（1127—1173）56 座，南宋中期（1174—1224）36 座（Chikusa 1987: 12-13）。

7. 雖然劉長久認爲這個石窟和毘盧洞主洞一樣，建於宋代，但其他學者認爲應該是清代。關於其年代，目前仍是懸而未決的問題。參見曹丹與趙玲（Tsao Tan & Chao Ling 1994, 3: 38）。

8. 在此我主要的關切在於追溯「妙善」做爲婦女名字的情形。「妙」字用於比丘尼法名中必定非常普遍。在 895 年前後敦煌靈修寺的一

份比丘尼名冊中，除了一位比丘尼妙福（不知是否和託人抄寫《十王經》的比丘尼爲同一人？），另外十位比丘尼的法名也以妙字爲首（Teiser 1994: 132, n. 13）。著名禪師大慧宗杲門下有幾名女弟子，其中兩位傑出的比丘尼法名也有「妙」字，即妙總（1095—1170）及妙道（活躍於 1134—1155），後者是第一位運用公案而悟道的人，並且成爲大慧的法嗣之一（Lervering 1999）。

9. 感謝大沼玲子（Reiko Ohnuma）惠賜其博士論文。雖然現今取閱此文已不成問題，但當我撰寫這個章節時，尚無法從大學博士論文微卷中心（University Microfilm International）取得她的論文。此論文現已出版，書名 *Head, Eyes, Flesh and Blood: Giving Away the Body in Indian Buddhist Literature*（Columbia University Press, 2007）。

10. 目前學界一致認爲，最早出現以「寶卷」爲書名的著作是羅清（活躍於 1509—1522）的作品。他是「無爲教」的創始人，有六本著作，共五卷，稱爲「五部六冊」，書名皆含有「寶卷」一詞，刊印於正德年間（1506—1522；見 Overmyer 1976: 109-129）。

11. 吉岡義豐認爲他收藏的是元代的版本，但是我同意 Dudbridge（1976: 46）的看法，認爲這個文本和同書後期版本並無重大差異。事實上，我有一份俄羅斯聖彼得堡「東方研究院」的複印本，1872 年刊印於上海，這個文本和 Yoshioka 收藏的寶卷完全相同。

12. 舉例而言，我手邊擁有的 1886 年複印本只包含普明的故事，沒有寶豐的事蹟。然而，不同於 1773 年的版本，這個複印本附有一段長文，說明朗誦寶卷的人應該宣講的內容，聽起來十分類似劇場的演出說明，這是因爲寶卷經常被大聲朗誦，稱作「宣卷」（宣誦寶卷），如今浙江、江蘇一帶仍有這種活動。我 1987 年在杭州訪談的幾位婦女認識自己村裡其他從事宣卷的女性，通常想積功德求取健康、財富或打算舉行婚禮的人，會邀請這些女性到家中宣卷，每場從傍晚開始，持續進行整晚，《香山寶卷》一定包含在宣誦之列。妙善聖誕舉行的宣卷，一開始必須宣讀這段文字，因而將此活動變爲一種宗教儀式。宣卷者必須先沐浴、齋戒、著淨衣，以示對菩薩的尊敬。宣誦者必須先上香，然後站上高台，宣讀：「歲次某年二月十九日，恭遇大悲觀世音菩薩降誕良辰，我今登壇，宣演觀音寶卷，眾等務宜攝心端坐，齊身恭敬，不可言語笑談，切忌高聲混亂，

[鳴尺] 必須諦聽，宣揚清淨耳聞，從聞思修，聖凡不二。經云：觀世音菩薩以何因緣，名觀世音？若有眾生，受諸苦惱，聞是觀世音菩薩，一心稱名，觀世音菩薩即時觀其音聲，皆得解脫。若有持是觀世音菩薩名者，設入大火，火不能燒；乃至若爲大水所漂，稱其名號，即得淺處等。以是因緣，名觀世音。」（《香山寶卷》，頁1a-b）

13. 當妙善終於獲得父王允許加入白雀寺的尼眾時，寺中的住持及尼眾在妙莊王的命令下都勸她打消原意。妙善譏諷她們爲僞君子，並開示道：「方丈和尚智窄錯見，身雖出家，心不染道，未知古聖之行，有捨身餧虎者，有割肉飼鷹者，有燃身爲炬者，有捨頭目髓腦肢節手足者，有捨全身而求半偈者，但捨身心，證無上道。汝惜身養命，貪戀未除，如此修行，名未成道。若能損己利人，是僧門之體也；如利己傷人，非釋子之禮也。」（《香山寶卷》，頁 39a; Yoshioka 1971: 151）

14. 大足南山石刻中出現觀音、地藏並立的龕窟，年代判定爲 896、897、995 至 997 及 1001 年。見《大足石刻研究》，頁 376、378、420。

15. 例如，在「大英博物館」收藏的一幅插圖中，一尊六臂觀音坐在地藏菩薩右邊（Teiser 1994: 圖版 1b），此外保存於法國「國家圖書館」的另一幅圖示中，觀音、地藏二菩薩同列於禮敬佛陀的六位菩薩之中（Teiser 1994：圖版 2）。雖然由於圖畫粗糙之故，難以斷言，但我認爲在第二張圖中，觀音手持楊枝，而非 Teiser 所說的「拂塵」（171），因爲題記標明此像爲「救苦觀世音菩薩」，楊枝是這位菩薩的傳統法器。

16. 書中記載目連曾造十八尊泥塑羅漢像，置於庭院晾乾，他在出門前請母親照料這些塑像。後來下起雨來，目連之母忘了將羅漢像收進屋內，當她想起來時，泥像幾已毀壞殆盡，更糟的是，她竟將泥像棄置廚房的角落。還有一次目連試圖給母親積功德的機會，所以拜託地藏菩薩幫忙，於是地藏化身爲五位比丘來到門前乞食，沒想到目連之母卻爲難前來乞食的比丘，她提出令人費解的問題：「你們想要『長食』、『短食』、『方食』或『圓食』？」眾比丘不甚清楚她所指爲何，以爲她的意思是指「麵條」、「米飯」、「年糕」及「湯

糰」，所以四種食物皆乞取，結果目連之母卻用門栓、棍子、磚塊、磅秤將他們痛打一頓。

17. 佛教在家居士的十齋日是每月 1、8、14、15、18、23、24、28、29 及 30 日，分別敬奉十位不同的佛菩薩。參見 Teiser（1994，附錄 7，頁 234）。

18. 如 Yoshioka 所述（1971: 141），千手觀音十大願為：

（1）青春永駐。
（2）長生不死。
（3）即身證道。
（4）見己真性。
（5）（貪、瞋、癡）三障俱消。
（6）情執根除。
（7）慧超日月。
（8）三界冤親消融。
（9）人、天崇敬。
（10）說法救度一切有情。

19. 產後排出物被認為極端汙穢，因此在生產過程中因為這不可避免的罪過而冒犯神明的婦女，特別是產難身亡者，必須到地獄的「血池」經歷折磨。孝子可以在母親逝世之日舉行「破血池」的法事，藉此幫助亡母減少或免除這項懲罰。

20. 我撰述本文時勞悅強教授（Yuet-keung Lo）即將完成這本傳記的譯註和研究。非常感謝他讓我閱讀他的翻譯初稿。

21. 熱衷關切女性貞節的一項指標是《古今圖書集成》專論「閨節」（女性貞節）的部分卷帙浩繁，共 206 卷，另有 8 卷專論「閨孝」，收錄自地方志中挑出的短篇傳記。割股療親的女性在宋代以後才變得顯著：宋代以前 61 位女性中只有 4 位割股，然而宋代 51 位中有 14 位（大約四分之一），明代 632 位中有 306 位（相當於二分之一），清代 340 位中有 226 位（達三分之二）。

22. 1217 年，真德秀任泉州知府時弘揚當地民眾的孝行，廣徵孝子之名。在回報的孝子名單中有一位平民百姓黃章，以自己的肝臟救

治母親，另一位百姓劉祥同樣割肝救父，還有一位低階地方官劉宗強割股救母。眞德秀認爲儒家經典雖不鼓勵這種行爲，但由於這些人出自一片眞誠孝心，所以這樣的行爲還是值得讚揚的（《文集》40）。1219 年他爲一座牌坊撰寫碑文，頌揚一名十八歲少女呂良子的孝行。這名女子的父親病重，藥石罔效，於是她向祖先祈求，願代父而死，因爲其父嗜書如命，死後到了陰間對於列祖列宗並無多大助益。她接著割股熬粥，其父食用後很快便復原了（《西山先生眞文忠公文集》24）。朱榮貴的博士論文以眞德秀爲研究主題，他向我表示曾經偶然讀到眞德秀大力讚揚割股的類似例子。

23. 邱仲麟正確地指出，「割股」一詞是這類行爲的總稱。他統計《古今圖書集成》提及的割股事例，結果發現捨己身各部位以救父母的情形有 2,470 例，雖然其中大多數是割股（割除大腿肉），但有 140 例割臂肉，85 例割肝，46 例從胸、乳或脅下取肉，10 例割手指，還有數例割心、耳、肺、眼、腦、膝、腸等（Ch'iu 1996: 52）。他也指出，到了明清時期，這種作法已不限於漢族或特定地區，也出現在雲南、貴州、西北、東北等邊陲地區，伊斯蘭教徒、蒙古人、滿族人也有割股療親者（Ch'iu 1996: 91）。

24. 割股以及人肉的醫療用途已由 J. J. M. DeGroot 探討，參見 *The Religious System of China 4:* 357-406（台北：成文出版社，1969 重印）；Robert Des Rotour 的兩篇論文重點是討論食人主義（1963: 486-427; 1968: 1-49）；田汝康在其著作 *Male Anxiety and Female Chastity* 的附錄中討論這個問題（T'ien 1988: 149-161）；最後，桑原騭藏就這個主題撰述兩篇文章（Kuwabara Jitsuzō1919: 121-124），及一篇範圍更廣的文章（1924: 1-61，論人肉醫療用途的章節出現在頁 51-59）。另見 Chong Key-Ray, *Cannibalism in China*（1990）。

25. 感謝吳百益教授提醒我 Jonathan Chaves 在哥倫比亞傳統中國研討會發表這篇文章，也感謝 Jonathan Chaves 寄來他所出版的文章。

26. 例如，至元三年（1266）及七年（1270）朝廷公告百姓不得割肝、割股或剜眼（《元典章》，卷 33）。洪武二十七年（1394），這樣的行爲不僅被抑止，而且有此舉動的人不應獲得任何朝廷的褒獎（《禮部志稿》，卷 24）。

27. 位於北京之東的薊縣獨樂寺，寺中觀音閣供奉的主像是一座年代約

為十世紀的十一面觀音像，參見 Gridley 的敍述（1993: 86-88）。

28. 見《中國美術全集・雕塑編》（1988）第 12 冊，圖版 175，頁 178。

29. 金閣寺的創建可溯及 736 年僧人道義親見文殊菩薩示現（化身爲老人），以及一座金橋通往金色樓閣的景象，這次異象的經歷最後致使 766 年唐代宗下令建立這座寺院。大悲像本身則造於明代。關於此寺歷史，參見 Birnbaum（1983: 14-16, 25-38），Gimello（1992: 133），以及 Weinstein（1987: 77-89）。山西平遙雙林寺的大悲像也有類似金閣寺的一對脅侍，不過主像右側的脅侍被認定是帝釋天（Śakra），左側是梵天（Brahmā），儘管後者看來確實是女性（見《山西佛教彩塑》1991: 332）。

第九章　普陀山：朝聖與中國普陀洛迦山的創造

1. 自古以來，一直有人到此聖地朝聖進香。1986 年 9 月，我訪問山西佛教協會會長徐立功及祕書明達，兩人都是山西本地人，對於當地傳統非常熟悉，稱觀音爲「降龍觀音」。但根據他們的說法，觀音示現爲老婦，而非僧人。以往山腳下有一座聖壽寺，寺中有壁畫描繪觀音的救世之行，徐會長曾於 1940 年代見過。寺院附近有一個山洞，洞口安奉一座塑像，代表觀音的「肉身」。這座寺院及塑像在文化大革命期間遭到毀壞。

   從山腳到山頂台地上的圓光寺，沿路有七十二座小寺，稱爲「湯房廟」，每座寺廟都和某個村莊有關係。每年農曆 5 月 25 日至 6 月 19 日稱爲「大觀音廟會」，在這段朝山季節中，來自這些特定村莊的香會以湯、水供養這些寺廟，而這些寺廟則提供住宿給膳食自理的香客。明達參與 1948 年的朝山進香活動，他回憶當時整個地區擠滿了人潮，香客在鼓樂齊鳴的樂團伴隨下前來，樂團吹奏的旋律不變，但歌詞有所不同，不過最後總是以「人人念佛」作結。山谷中也有苦行者禪修的茅蓬。徐會長表示，從 1980 年代早期開始，雖然上述小廟所剩無幾，朝山香客還是陸陸續續重回南五台山，僧人也開始致力於兩座大寺的重建。

2. 明代觀音畫像中，菩薩身旁總有一隻白鸚鵡伴隨，此鳥是觀音的脅侍，這是典型的南海觀音造像，詳見第十章。

3. 我訪問了四十四個香隊的成員，這些團體的人數從 8 人至 700 人不等，總共 6,262 人。他們來自江蘇南部與浙江北部，依照人數多寡排列，分別來自常熟、宜興、蘇州、平湖、無錫、崑山、桐鄉與嘉興。我與七十位受訪者深入訪談，其中包括香客與「宗教觀光事業」工作者，此處所做的觀察都是根據當時收集的資料。更詳細的資訊可以參考我所導演、製作的數位視訊光碟 *Kuan-yin Pilgrimage*（Columbia University Press, 2004 DVD）。

4. 1979 年這家船運公司在進香旺季期間以三艘船在二十七天內行駛了十五趟。期間搭載 1,959 位香客，每人平均花費 20 元，10.4%的香客是男性，女性佔了 89.6%，平均年齡 55.5 歲。相對地，1987 年同一家船運公司派遣二十艘船，在八十天內行駛七十八次，運送 48,433 位香客，每人所付的船費更高，平均爲 60 元，男性人數的比例也提高了（15%），也有更多年紀較輕的人加入，所以平均年齡 43.4 歲。朝山香客的爆增始於 1981 年，當年人數比前一年成長一倍（14,917 人），此後人數持續上升，每年成長額從 5,000 至 9,000 不等，於 1983 至 1984 年達到巔峰。根據資料提供者所述，這是因爲 1983 年實施的新政策「包產到戶」，這項政策給予農民更多農業生產控制權，也使他們更能自由運用自己的時間。

5. 一位四十五歲，來自蘇州的活菩薩告訴我她的故事。她出身赤貧農戶，本身有四個孩子，且爲病痛所苦。二十年前她突然啞然失聲，說不出話來，三年後她再度恢復說話能力，並發現自己是「上天竺大菩薩」的女兒，於是從 1980 開始，她就一直以佛頭的身分來上天竺寺進香。她經常進出神忘我的狀態，需要五名女弟子的協助，此時她會成爲觀音的代言人（這稱爲「菩薩開口」），在整個過程中，她的神志清醒，知道自己在說什麼，但她無法預知何時會進入這種狀態。在我遇見她的當日，她在回復正常意識狀態後，還治療了幾位病人。

6. 這種觀音足踏大魚的造像常常出現在江、浙一帶的寺院，而且似乎是這個地區偏愛的觀音像，例如杭州靈隱寺的佛像後方供奉一尊巨大的鰲頭觀音像。根據一位朝山香客的解釋，這條大魚形狀如杭州，觀音站在控制大自然狂暴力量的魚頭上，因此保護這座城市免受天災。

7. 1704 年的普陀山志提到這三個傳說，但是更早期的山志只提及梅福。1924 年的山志，對於葛洪的傳說持懷疑態度（PTSC 1924: 525）。

8. 對於五台山、泰山、黃山及武當山的研究而言，山志是非常重要的資料來源，這些討論分別見於 Gimello（1992）、Wu（1992）、Dudbridge（1978, 1982）、Cahill（1992）及 Lagerwey（1992）。

9. 這類普陀洛迦遊記在印度與西藏非常著名。Tucci（1958）提及兩部西藏遊記，其一是 Po ta la'i lam yig，收錄於《丹珠爾》（bsTan-'gyur），一般認為其作者 Spyan ras gzigs dban p'yug 正是觀自在菩薩。另一部年代較晚，作者是多羅那他（Taranatha，生於 1575），記述寂鎧（Śantivarman）的普陀洛（Potala）之旅。盛熙明提到的著作應該是第一部。

另一方面，那也可能是另一份更早期的文獻，因為「玄奘，也就是在目前探討的第一部作品 Po ta la'i lam yig 之前數百年的作者，已經知道有一部普陀洛遊記的存在；事實上，由於我們說的這第一份文獻中摻雜濕婆教（Śaiva）思想（陽具崇拜，the linga），可見成書年代相當晚。」（Tucci 1958: 409—500）在玄奘已知的這份遊記中，普陀洛迦山位於秣剌耶山（Malaya）的東方，人們必須穿越峭壁峻谷間蜿蜒的險徑，才能抵達山頂。山頂有池，從此流下一條大河，周流繞山二十匝。池側有石天宮，觀自在菩薩住在其中，許多虔誠信徒不顧艱險，企圖登上此處，但是成功者寥寥無幾。居住在山腳下虔心祈求禮拜的人，偶爾有幸親睹菩薩聖容，祂有時化現為大自在天（Maheśvara），有時示現為塗灰外道（Pāśupata Tīrthika）（譯註：參見《大唐西域記》，T 51: 932a）。

10. 具體而言即是位於印度塔米南都邦（Tamil Nandu）的波提彝（Potiyil）。感謝 N. Ganesan 提供這項參考意見。

11. 然而到了晚明，普陀山聲名大噪，上天竺寺相形失色，於是宣揚上天竺寺的人便發展出一套新策略，使上天竺寺取代普陀山。雖然大多數朝聖者希望能到普陀山與上天竺寺兩地朝聖，也有一些人的確做到了，但為上天竺寺辯護的人士開始主張，如果一個人曾經到達上天竺寺，就不必前往普陀山，但是去過普陀山的人卻必須再到上天竺寺，這是因為上天竺寺的觀音與普陀山的觀音是相同的，「然

至上天竺者，可以不至普陀而圓，謂小可以該大；至普陀者，必至天竺而偏，謂遠而不可忽近。」（STCC 66）

12. 還有其他區域性觀音信仰中心的存在，但它們並沒有成爲全國性的聖地，盛熙明順帶提及的第三處觀音信仰中心的故事證明這一點。這個觀音道場是北京附近的霧靈山，專奉白衣觀音。盛熙明敍述信徒每年爲了目睹觀音示現而朝聖的習俗，菩薩有時現白衣像，而鮮少露出面容。夜間有「天燈」如群星或火炬般，在天際神祕地閃耀，山間的流水隨著潮汐漲落，傳言此處的水與大海相連，可能也暗示與普陀山的關聯（PTSC 1361/ T 51: 1138c）。若無盛熙明的記載，霧靈山至今仍不爲人知，但必定還有其他類似的地點有待發掘。相似的區域性朝聖中心激增，以及彼此間可能存在的競爭——這是個有趣的研究主題。哪一處聖地留存至今？哪一處聖地湮沒於歷史中？探討這些問題是很有價值的。山志無疑是讓某些聖地免於被遺忘的一種有效途徑。

13. 普陀山志將此事件歸因於觀音的介入。一般認爲康熙皇帝遊浙江時，觀音化身老婦與康熙交談，不久突然消失。當黃大來前來護駕時，康熙詢問他的職位以及舟山群島的狀況，黃大來藉此機會詳盡報告普陀山概況，結果造成康熙賜予千兩黃金建寺。普陀山志還記載另一則類似的故事，描述1690年新任定海總兵藍理在潮音洞前遇見一位提著魚籃的老嫗。黃大來與藍理皆有助於普陀山的重建，心懷感激的僧人爲兩人建「生祠」奉祀。（PTSC 1924: 190-191, 462-466）。

康熙年間，人們開始製造手提魚籃、由善財龍女脅侍的觀音瓷像，這就是「魚籃觀音」像。如第十、十一章所論，清代的寶卷與民俗文學經常將觀音刻畫爲老婦人，稱之爲「老母」，呼應新興教派信奉的「無生老母」；這些新興教徒甚至宣稱觀音是老母的化身，結果讓有些教派相信他們的女性創教者是觀音的化身（Li & Naquin 1988: 180）。觀音與其他女神，以及與女信徒的關係都相當複雜，值得進一步研究。

14. 最晚近的普陀山志於1924年由當地儒者王亨彥纂修，這項計畫在定海縣令與印光大師共同支持下完成。印光大師乃是現代中國最傑出的高僧之一，曾住普陀山三十餘年。王亨彥採用先前的山志中的

資料，再加上實地採訪。從他對資料的取捨，可見其深思熟慮的判斷，他對於南北兩寺也採取中立，沒有偏袒（PTSC 1924）。為了有別於之前編修的山志，王亨彥為自己纂輯的文獻取名為《普陀洛迦新志》。此書於 1980 年重印。

15. 這和 1590 年所發生的事件有關，據聞法雨寺方丈大智曾鼎力相助一位地方官，此人過去因為責罰普陀山僧人而遭業報之苦。1698 年的《增修南海普陀山志》載有此事，但既未讚揚大智，也未譴責真表（PTSC 1698: X/10a-10b）。這篇文章的原作者屠隆卻完全不是如此明智，他以六頁的篇幅撰述〈普陀山靈感記〉一文，專論此事。當時普陀山有兩位方丈，即大智與真表。在屠隆筆下，大智是一位嚴守清規與苦修的楷模，因為謙虛而有耐心，人人愛戴；相反地，真表被形容為傲慢、粗暴又頑固，不守戒律，飲酒食肉，甚至以微不足道的藉口毆打沙彌，經常使他們受傷。屠隆對真表的描述極盡醜化之能事，但在此後編修的山志中，這位住持卻呈現全然不同的面貌，據說他秉性剛直，以嚴守戒律著稱，且禮敬十方賢衲，因而頗受全僧敬愛；他在普陀島上結庵五十三處，當大智抵達此島，創建北寺時，獲得真表大力相助（PTSC 1832: XV/6a-7a, 1924: 353）。

16. 這則故事載於《佛祖統紀》卷 42，發生於開成元年（836），並未直接提及普陀（T 49: 385c）。故事中的惟政禪師據稱來自終南山，這是佛、道皆尊奉的聖山，鄰近此章前文提及的南五台山。在故事的結尾，禪師回到終南山隱居。早期普陀山志提到這個故事，但是並沒有斷定此島的開創與此事同時（PTSC 1589: III/ 20）。

17. 然而，《佛祖統紀》記載此事發生於 858 年，《寶慶四明志》（1225—1227 年編修的寧波地方志）則為 859 年。關於這尊聖像的歷史，《寶慶四明志》記錄較多細節。開元寺是寧波的一座寺院，根據此書「開元寺」這個條目，這座寺院最初建於唐開元年間（740），會昌法難時被毀，但在大中年間（847—859）初期，因刺史奏請，獲准於在另一間寺院的舊址重建該寺。開元寺珍藏的寶物中，有一尊「不肯去觀音」像，文中接著解釋這尊佛像的來源。話說 859 年日本僧人慧鍔至五台山朝聖，在中台一間寺院見到一尊觀音像妙相莊嚴，於是懇求寺僧讓他將這尊聖像帶回日本。獲得應允後，他將聖像安置在轎中，一路運送至寧波，登船準備回國。但此時聖像變得十分

沉重，無法抬起，他只得向所有同船的商人求助，好不容易才將聖像運上船。當他們行經普陀山時，突遇暴風雨，身陷驚濤駭浪，船夫非常害怕。慧鍔夢見一位胡僧告知，若將他安置在此山中，他將讓船隻得以順風而行。慧鍔感激涕零，醒來後將夢境告訴眾人，人人驚訝萬分，他們在島上結廬安奉聖像後才離開。這就是此像為何稱為「不肯去觀音」的由來。

過了一段時間，開元寺僧人道載夢見觀音，表示欲歸其寺，於是他前往普陀迎回這尊聖像，供奉於開元寺中。寧波百姓經常前來祝禱，往往得到靈應，因此這座佛寺最後被稱為「觀音瑞應院」。宋太平興國年間（976—983），此寺院重新整建，改名為「五台觀音院」，意指這尊觀音像原本來自五台山（11/ 10a-b）。

佐伯富（Saeki Tomi）認為 916 年之說不可靠，因為根據記載，慧鍔這個歷史人物於 839 年到中國。如果認為此事發生於 916 年，那麼慧鍔就在中國停留七十七年之久，這是令人難以置信的（Saeki 1961: 383—384）。

18. 紫金色造像是根據《觀世音三昧經》中的觀音像，此經於六朝時期撰述於中土，是當時觀音信仰的文獻依據之一（詳見第三章）。如 Makita 所指出，那個時期關於觀音顯神異的感應故事中，有許多都以這種方式描述觀音的形貌（1976: 111-155）。

19. 史浩曾任多種不同官職，始於 1157 年任國子博士（9A），終至 1165 年官拜右僕射、同中書門下平章事（1A）兼樞密使（1B）。他是張九成的朋友——張九成不但是傑出的大儒，也是佛教在家居士，依止禪師大慧宗杲（1089—1163）修學。史浩曾提攜陸九淵（1139—1193）、葉適（1150—1223）及朱熹（1130—1200）等人。所有記載顯示，他與普陀山的建設關係密切（Davis 1986: 53-75）。

20. 寶慶年間編修的寧波地方志《寶慶四明志》記載史浩的朝聖之旅（XX/ 9b-10a）。另一本元代編著的地方志《昌國州圖志》複述同樣的故事，並增附史浩所作的碑文（VI/ 7a-8a）。當然，這也收錄在普陀山志中。

21. 在普陀山志「靈異門」記載的感應事蹟中，只有一則描述觀音呈如意坐（PTSC 1924: 177）。這或許是今日各大美術館的參觀者最熟悉的觀音造像，因為有許多珍品自宋代留存至今。鑒於當時這種觀音

造像的盛行，竟然沒有更多朝聖者見到觀音以此形象示現，這不免讓人感到奇怪。

22. 宋代已出現善財龍女做為觀音的脅侍，四川石刻中有一些實例。如安岳石刻第 8 號圓覺洞有三間龕窟，安放三尊主像，釋迦牟尼佛居中，兩旁的龕窟皆為觀音像。佛陀右側的觀音手持蓮花，且有銘文記載此龕始刻於 1099 年，完成於 1108 年。左側的觀音手持楊枝淨瓶，善財跪侍於菩薩右邊，龍女（毀於 1983）則在左側，同為孫氏家族的四位功德主之雕像立於善財身旁。此龕的銘文記述孫母生於 1097 年，長子生於 1139 年，次子 1140 年，當時孫母已四十二歲；功德主之像造於主像完成之後，時當 1153 年。學者估計這群石刻完成於 1100 至 1150 年間，如此一來，這個地點就成為善財、龍女成對出現的最早實例。其他例子出現在四川大足北山（133 號窟，無紀年銘文）、石門山（6 號窟，1141 年），以及妙高山（1155 年），然而，這些地點的善財造像和安岳石刻的善財不同，貌似年長的婆羅門。感謝何恩之提供這些資料。

23. 見書中第 17、22、26、42、49、57 與 58 回。另見龔立非（Kung Lieh-fei）及 王道行（Wang Tao-hsing）（50）。

24. 這次遊記題為〈海志〉，張岱對於香船的描述可能嚇退所有原本想前往普陀的朝聖者：「下香船是現世地獄。香船兩檣，上坐善男子，下坐信女人。大篷捆縛，密不通氣，而中藏不鹽不漱，遺溲遺溺之人數百輩。及為之通嗜欲言語、飲食水火之事，皆香頭為人。香頭者何？某寺和尚也。」（Chang 1957: 213）即便採取如此批判的態度，張岱顯然還是遵循一般朝聖者應有的禮節，包括他在普陀山朝聖的一個多月期間全程茹素，好不容易終於到了定海享用他最愛的黃魚時，反而因為不習慣葷腥的味道而嘔吐（212）。這趟海上旅程一定極不舒適，且頗為駭人。1737 年另一位遊歷普陀的文人乘坐的船隻設備應該比張岱當時好得多，但他仍挖苦地表示，自己在船上就像「篩籃中的米粒」，上下顛簸，一路嘔吐（Chi 1987: 152）。感謝吳百益告知張岱的普陀遊記。

25. 至十七世紀之時，隨著普陀洛迦觀音的新造像出現，為了讓兩位脅侍對稱，原來的「善財洞」開始改稱為「龍女洞」，而附近一塊岩石則稱為「善財岩」，也就是一般認為善財童子初次抵達聖島禮拜

觀音的地點。

26. 大智是湖北麻城人，十五歲時剃度，1547 年到南京牛首山，隔年在北京受具足戒之後，前往五台山，住了五年。1558 年，他到峨嵋山朝聖，在山頂一住十二年，不曾離開。1574 年，他到四川北部的鍪華山，該地距離峨嵋八十里，許多朝聖者往來於這兩處聖地，但因一路上沒有任何中途休息站，旅程甚為艱辛，因此大智創建金蓮庵，嘉惠朝山香客。

27. 1705 年的普陀山志記載兩份釋迦佛塔銘文（XI/ 44a-47a; 47a-48a），據載安奉此處的舍利外顯的相狀因人而異，「品行劣者只見一黑色物體，品行稍高者見白色物，中等善根者看見紅色舍利，而聖者見佛妙好身相。」（Johnston 1976: 315）

28. 相較之下，Johnston 對潮音洞印象並不深刻，此外還對觀音示現提供一套理性的解釋：「潮音洞真是令人大失所望，因為它只不過是海岸岩石上一道垂直的裂縫，若不是與聖跡有關，並不會吸引任何人注意。有時潮水衝進洞中，發出轟然巨響，激起大片水花，根據一位編修歷史的僧人所述，波浪拍打在峭壁上，就像野獸飛散的鬃毛。如果挑剔的西方探究者硬要得到一套平實的解釋，說明觀音如鬼魅般的出現，或許可以說事實上在某些時候，當大氣與潮水的條件配合得恰到好處時，一束日光由頂部（俗稱「天窗」）裂縫射入洞中，穿過飛舞的水沫，此時洞穴似乎充滿微顫的霧氣，無信仰的人只看見陽光照耀下的水氣，但對於虔誠的信徒而言，這是一層光明的薄紗，『大慈大悲的菩薩』透過它示現於虔誠祈求者眼前。」（Johnston 1976: 299）

29. 1883 年，為了勸僧人改信基督教，Karl Gätzlaff 遊訪普陀山。他記述有兩座大寺與大約六十間小寺，島上僧人約有 2,000 名（Gätzlaff 1968: 443）。1908 年，Boerschmann 參訪普陀山，根據他的報導，有七十餘座小廟，一百多處茅蓬，島上大約 1,500 名僧人，兩座大寺各占其中兩、三百人（Boerschmann 1911: 11）。1915 年有位中國僧人到普陀山朝聖，他觀察到除了三座大寺之外，還有八十餘座小廟與一百間茅蓬。小廟一般可容納十至二十位僧人，最多可達三、四十人，而一處茅蓬居住數人不成問題。理論上這些不同的寺院可留宿 1 萬至 2 萬名僧人，但是除了二月、六月朝聖旺季約有 6,000

至 7,000 名僧人前來普陀掛單之外，平日島上僧人只有 2,000 名左右；他表示在普陀觀音像與其他神像的數量甚至比僧人多（Hsin-fan 1915: 17）。

第十章　中國中世紀晚期的女性觀音像

1.　例如，小林（Kobayashi）提到白衣觀音與黃帝之妃「素女」有關係（1948: 51），但是沒有說明原因。討論女媧的圖像時，他連結象徵吉祥幸福的雙鯉和魚籃觀音，還將 754 年潼關女媧墓上長出雙柳的傳奇，與楊柳枝觀音相連（115）。不過，他仍然沒有為這種充滿想像力的觀察提出任何證據。

2.　舉例而言，「慈惠堂」是現今新興教派的一支，以扶鸞做為與神明溝通的獨特工具。在慈惠堂的大殿中，女媧被安奉在西王母左側，但是除了西王母與女媧，他們也拜玉皇大帝、觀音、地母、九天神女（Jordan & Overmyer 1986: xviii）。我們只知女媧仍然被包含在這支當代教派供奉的眾神中，除此之外，關於信徒如何想像、了解這位女神，就不得而知了。

3.　遼寧東山嘴出土的「紅山文化」中，有一件小型的女性塑像，1996 年「大英博物館」舉辦的「古中國之謎」展覽中，此像也是陳列的文物之一（Rawson 1996）。根據展覽目錄的描述，這尊女像的胸部和腹部略大——或許代表處於懷孕狀態——這件作品是多產信仰的一部分。大約位於五十公里外的牛河梁，也發現大型女性陶像（Rowson 1996: 44）。雷從雲描述位於內蒙古東部一處文化遺址興隆窪，年代更早，為西元前 6000 至 5000 年，那裡有一尊石像是「女性立像，胸部突出，體態優美，被發現半掩埋於房間中央，離火爐不遠，臉部轉向入口處。有些人認為這尊塑像是女灶神，提供食物與溫暖。」（Lei 1996: 219-220）

　　1979 年 5 月首度發現東山嘴的紅山文化，當時掘出一石砌長方形基址，中央是一座圓型神壇，還有三處圓形石堆，長方形基址中發現一些小型女陶像，上述展覽中的那一尊也包括在內。接著在 1983 年 10 月，另一處遺址牛河梁被發掘，考古學家稱為「女神廟」的地基就是在此處發現的；此外，還發現一尊陶像的殘片，包括鑲

嵌一對眼珠、容貌清秀的女性頭像（Lei 1996: 220-221）。

4. Loewe（1979: 98-101）將現存的三段相關紀錄英譯，做爲此次事件的綜合描述。

5. 感謝蒲慕州提出這兩者間的關聯。

6. 在許多正統佛教史傳中都可以找到這則故事，內容大同小異。其中有三則出現於宋代史傳，包括祖琇的《隆興編年通論》卷 22、志磐的《佛祖統紀》卷 41，以及宗曉的《法華經顯應錄》卷 2。這幾個版本常是後來的文集編纂者仿效的對象，如元代覺岸的《釋氏稽古略》卷 3、明代了圓的《法華靈驗傳》卷 2、清代周克復的《觀世音持驗記》卷 1。此事也收錄在《太平廣記》卷 101。

7. 畫中贊文曰：「遊戲十方界，直開妙法門。認相爲化現，咄這大慈尊。」

8. 這些是宋代葉廷珪《海錄碎事記》卷 13 中所記之言，《太平廣記》卷 101 也記載同樣的故事，只是略去最後一句。在許多宋代禪僧的詩作中，可以發現對於前述情懷的應和。一部宋代作品《叢林盛事》中提到：「金沙灘頭菩薩像，有畫作梵僧肩拄杖，挑髑髏回顧馬郎婦勢，前後所贊甚多，唯四明道全號大同者，一贊最佳。其詞曰：等觀以慈，鉤牽以欲，以楔出楔，以毒攻毒，三十二應，普門具足，只此一機。」（HTC 148: 89b）

9. 例如，陳維崧（1626—1682）爲名伶徐紫雲（又名「雲郎」）畫了一幅貌似觀音的畫像，並將這幅畫送給徐紫雲，當作結婚禮物（這兩名男子相戀十七年）。這幅畫收錄於《中國燕都梨園史料》第 2 冊。感謝 Sophie Volpp 提供這項資料。

10. 如同 Stein 所言，這和透過逆轉而轉化的大乘要旨，亦即所謂的「轉依」（āśraya-paravrtti）有關。他引用《梵網經》（《大正藏》經號 1484）的例子：凡菩薩運用大方便力，將能「以淨國土爲惡國土，以惡國土爲妙樂土；能轉善作惡，轉惡作善；色爲非色，非色爲色；以男爲女，以女爲男；以六道爲非六道，非六道爲六道；乃至地、水、火、風，非地、水、火、風。」（T 24: 1001b-c）他還引用《楞嚴經》舊譯本（《大正藏》經號 645），經中對比必定被調伏的漁人摩羅與菩薩：菩薩能「行於摩羅之境而不染」（Stein 1986: 29—30）。在這所有例證中，菩薩解構愚癡凡夫所執的眞實，並藉由顯

覆一切，振醒世人，讓他們開啓新視野。如 Thurman 所言，就像維摩詰這位大魔術師，禪宗大師與密宗大成就者也樂於使用這些「讓人解脫的善巧方便」。

11. 漢譯本最後以親吻作結束，但是保存在藏譯本中的梵文原典進而提到性交，這應是順著前述一連串進展必然導致的結尾。漢譯本之所以刪除這部分，可能是由於譯者考量中國讀者的感受而含蓄帶過。感謝 Masatoshi Nagatomi 提供此資訊（譯註：參見 T 9: 717a-b, T 10: 365c-366a）。

12. 我研讀的版本是吳曉玲教授的私人收藏，1983 年印行。傅惜華有一份 1909 年上海翼化堂書坊刊印的版本。參見 Fou Si-houa, *Catalogue des Pao-kinan*（Universite de Paris, Center D'etudes Sinologiques de Pekin, 1951），頁 8。

13. 這尊赤陶像是在印度的北方邦（Uttar Pradesh）發現的。然而 Pal 指出，手持雙魚的女性是這段時期赤陶像的普遍造型，而且以秣菟羅（Mathurā）、憍賞彌（Kanśāmbī），以及加爾各答西北方羼德拉克土各爾（Chandraketugarh）等地出產的聞名。他認爲她代表豐饒女神，這種信仰遍布北印度河平原的廣闊區域（Pal 1987: 40）。

14. 除了這齣戲之外，在《宣和遺事》與其他幾齣戲，他也是主角，包括《臨江驛瀟湘秋夜雨雜劇》（《元曲選》冊 1）、《宋上皇御斷金鳳釵雜劇》（《元曲選外編》冊 1），但是在這些戲曲中，他通常被刻畫爲清官一類的定型角色。感謝 Robert Gimello 與我分享這些文學作品中，有關張商英的描述。

15. 一位二十世紀的劇作家顧隨寫了一齣《馬郎婦坐化金沙灘》，收於《苦水作劇三種》一書中。在 1936 年所寫的序文中，他說明這齣戲的創作是根據明代名妓傳《青泥蓮花記》中馬郎婦的故事。感謝吳曉玲，也就是顧隨的學生，於 1986 年讓我看到這齣戲的文本。這是唯一與馬郎婦有關的一齣戲。

16. 在佛寺大殿四壁上方的牆面掛有木匾，繪有寺院創建神話中各種感應事蹟的圖像，這些原本是曾受魚籃觀音救助的人，爲了感恩而訂製奉獻給寺院的。1995 年 5 月我參訪這座寺院，看到這些爲還願而奉獻的匾額，每一幅都有魚籃觀音像與感應事蹟的簡述。這些故事的全文（包括此處引用的這一則），都保存在寺院的木刻版，也

印在宣紙上送給信徒當作紀念品。感謝 Peter Gregory 在 1993 年為我取得一份。因為原稿字體是江戶時期的日文草書，對我來說有閱讀上的困難，感謝 Hiroshi Obayashi 與 Paul Schalow 的幫助，將它譯成英文。

17. 善財、龍女出現於四川大足三組以觀音為主像，且有紀年的石刻，包括石門山第 6 號窟（1141）、北塔第 8 號窟（1148），以及北山第 136 號窟（1142—1146）（《大足石刻研究》544、435、395）。這幾處的善財並非現童子相，而是貌似外國苦行僧或婆羅門的老者，只有安岳圓覺洞（1099—1107）的善財較像年輕人。善財、龍女這對脅侍在其他藝術媒介中更為罕見。《金銅佛造像特展圖錄》（*The Crucible of Compassion and Wisdom catalogue*）第 104 號展品是一組造型優美的金銅像，包括觀音與善財龍女二脅侍（1987: 200），十三世紀的作品。同本圖錄第 102 號是觀音坐於岩石上，左側有淨瓶，一隻鸚鵡棲息在右側，這隻鸚鵡是南海觀音造像的另一項指標，這件作品的年代也是十三世紀（*The Crucible of Compassion and Wisdom*, 1987: 198）。

18. 龍女出現於《法華經》第 12 品〈提婆達多品〉，她年方八歲，文殊師利菩薩預言她將證菩提，但智積菩薩與舍利弗不信她能在短時間內證得無上道。為了回應他們的質疑，龍女將寶珠獻給佛陀，然後問他們：「我獻寶珠，世尊納受，是事疾不？」兩人答言：「甚疾！」龍女便說：「以汝神力觀我成佛，復速於此！」說罷，與會大眾皆見龍女「忽然之間」變成男子，成等正覺（T 9: 35b-c）。

19. 這是營盤坡石刻群第 10 號（《大足石刻研究》432）。

20. 這種動物出現於《西遊記》第 71 回。

21. 白鸚鵡出現於《西遊記》第 42 回、57 回。

22. 這個故事的概要，以 1979 年重印的《明成化說唱詞話叢刊》第 10 卷為根據，原版現藏於「上海博物館」。感謝博物館副館長汪慶正先生慷慨贈予資料。

23. 有關中國宗教中這種過程的理論分析，可以參閱 P. Steven Sangren 以「靈」的社會建構為主題的著作。參見 *History and Magical Power in A Chinese Community*。

第十一章　觀音老母：觀音與明清的民間新興教派

1. 點傳師以手指指向新加入信徒雙眼間的一點（稱爲「竅」），此時就爲信徒開了竅。當這位信徒過世時，靈魂會從這個竅穴離開肉體，因此避免輪迴轉世；否則，靈魂必須經由正常的七孔離體，轉世投胎於痛苦的世界，這是第一寶。第二寶，指象徵三劫三尊佛的正確手勢或手印。第三寶，是啓請彌勒佛的祕傳眞言：「無太佛彌勒！」這一句口訣，絕不能洩露給任何人。

2. 這是每位理教徒一入教就要學習的唯一儀式，那不僅是一種禮敬的方式，還結合禪思和氣功。首先，禮拜者站在神案前略微低頭，雙腳併攏，雙手輕貼大腿，眼睛注視鼻端禪思片刻。接著，雙腳不動，迅速跪在地上，雙手觸地，手的位置盡量靠近膝蓋，並再次禪修片刻。最後，頭頂觸地禮拜，然後起身回復原來的姿勢，進行第三次禪思。剛開始，最好早晚各十二拜。在此期間，禪思片刻時應默誦三次「五字眞言」（即「南無觀世音」）。然而，教徒應逐漸進階到五十三拜，此時還必須誦讀楊祖撰寫的一篇文章，其內容有五十三句，每句含三個短語，在一拜中的三次禪思時念誦。例如，第一拜要念：「第一參，參老母，慈心無量。」顯然對於理教信徒而言，觀音就是老母。有趣的是，南海、普陀洛迦山、鸚鵡和潮音洞也都是禮拜的對象（分別在第二十一、二十二、三十七和五十二拜），這顯示楊來如對普陀的熟悉（Li 1996: 193—195）。

3. 我最初是從李世瑜先生那裡了解理教的，他告訴我有關理教創始人及其主要教義。這些資料在《理教彙編》中得到驗證，此書是有關該教的史料集，由趙東樹編纂，1953年台北中華理教總會出版。感謝李世瑜先生與我分享他對該教的了解，並提供理教儀式的珍貴手抄本。

4. 中文的「老母」這個稱謂，當然可直譯爲 old mother（「老母親」），但既然這是一種尊稱，就應該與另一個尊稱「老師」等同視之。「老師」不能直譯爲 old teacher（「年老的教師」），而應該譯爲 venerable teacher（「可敬的師長」）。因此，「老母」應該英譯爲 Venerable Mother（「可敬的女性長者」）。不過，如果上下文明確顯示作者想強調她的高齡與老態，那麼譯爲 old mother（「老母親」）是比較適當的。

5. 喻松青主張《眞經》的作者是先天道十三祖楊守一（1796—1828，被認爲是觀音古佛所化），刊行者爲十四祖彭德源（1796—1858），他自稱「廣野老人」，這個名號非常類似經中第二篇序文的作者。因此，她認爲雖然序文標示的年代較早，但此書其實完成於十九世紀初（Yü Sung-ch'ing 1993: 116）。

6. 關於這個主題，有不少英、日文參考文獻，參見 Daniel L. Overmyer（1976: 113-129, 1978, 1999）、Shek（1980: 162-166, 第七章）、Sawada Mizuho（1975: 300-342）、馬西沙與韓秉方（Ma & Han 1992: 165-241）。

7. 羅清八次引用《道德經》第一章：「無，名天地之始；有，名萬物之母。」此外，他還說：「母即是祖，祖即是母。」（Ma & Han 1992: 213）。

8. 因爲這本經書提到一位祖師「無爲」，馬西沙與韓秉方因而斷定此書作者是大乘教或聞香教的信徒，理由是聞香教創始者王森（1542—1619）自認是無爲教始祖羅清的繼承人，而且聞香教在清朝也稱爲「無爲教」（Ma & Han 1992: 615）。但這不可能是事實，因爲李世瑜與韓書瑞引用的這本經書屬於吳曉玲收藏的文獻（馬西沙與韓秉方用的是同樣的文獻），而這份文獻中已載明 1523 這個年代。如果是出自聞香教徒之手，這部經怎麼可能在王森未出世前十九年完稿？更不用說刊印了。所以，書中的無爲祖師一定是指 1527 年過世的羅清。

9. 這出現在《弘陽後續燃燈天華寶卷》，同樣的思想也在《混元紅陽臨凡飄高經》中出現。感謝韓書瑞慨然出借以上這兩本沒有頁碼的寶卷影本。

10. 李世瑜訪談對象提供的資料有所不同。他們表示普明有三個女兒，長女是普淨古佛的化身，次女是普賢古佛的化身，三女則是圓通古佛的化身，而「圓通」正是觀音著名的稱號之一（Li 1948: 15）。我不知道這種現代的說法，是否受到妙善傳說的影響？

11. 我認爲此處「菩薩」意指觀音，因此有別於李世瑜和韓書瑞的解讀，他們認爲是呂尼（Li & Naquin 1988: 156）。我是考量文中整個文脈之後，才下此結論；既然呂尼在文中稱爲「老祖」，那麼「菩薩」意指觀音應該較爲合理。

12. 內丹的術語出自二世紀中葉魏伯陽所著的《參同契》與葛洪（283—343）的《抱朴子》，兩者皆是煉丹術的經典之作，但現在已經過重新詮釋。另外，張伯端（卒於 1082）所撰的《悟眞篇》，因爲是內丹派祖師的著作，所以是內丹的基本參考文獻。對於這些術語的確切意義與彼此間關係的了解，會因傳承與指導老師的不同而有所差異，我的摘要是根據「天帝教」的創始者李玉階的詮釋。天帝教是融合不同思想與信仰的新興宗教，1982 年向台灣的政府機關登記註冊，吸引了大批信徒，尤其是知識分子與科學家。李玉階在 1994 年逝世，他一生長期修練內丹，在教學中強調要依內丹的傳統來靜坐。我隨他修學，並且參加 1993 至 1995 年天帝教舉辦的靜坐班，我發覺他的解釋非常清楚且直接，因爲他爲了現代聽眾而將教義變得淺顯易懂。我在天帝教基本教說的英譯本 *The Ultimate Realm: A New Understanding of Cosmos and Life* 的序論中有更詳盡的討論（Yü 1994: 1-18）。另外，我也參考 Berling（1980）與 Lu K'uan Yü（1973）。

在努力試圖了解內丹奇特而難解的術語中，我認爲謹記 Isabelle Robinet 對它們的看法是十分有用的：「任何語詞，除非與另一詞或其他多詞共同作用或相互對照，否則就不具意義，因爲最重要的正是這些相對關係，字詞間的關係連同造成這些關係的結構與作用將語詞統合在一起。……因此一個詞除非在特定的脈絡中，否則無法具有任何意義。我們必須時時將這原則謹記在心，奉爲圭臬，將目標放在有系統地視所有表意符號（也就是依相對關係而使用的字詞或圖象）爲工具，從它們傳達的意義這個角度來看待它們，而非停下來研究它們暫時而偶然的存在。語詞在每個環境中所傳達的意義才是重點，但由於意義必然是『多面性的』（polyvalent），而且這體系的構成要素在於鼓勵修道者掌握這『多面性』及其所有面向，以致詞彙有不穩定的傾向。」（1997: 231）

13. 「明朝統治的最後一世紀中，白蓮教的在家傳教師忽然暴增，龍華與蓮宗經典都企圖將此一形成期的種種傳承系統化，每本經書都列出一長串祖師和教派的名稱，而且往往以數百年前的宗教導師爲鼻祖，如老子、釋迦牟尼佛、菩提達摩等。」（Li & Naquin 1988: 171）

14. 在這部寶卷中，「圓頓門」一詞僅出現一次，而且是在全書結尾。

此書一如所有新興教派寶卷,在最終的感恩迴向「十報」後,緊接著陳述:「留下寶卷傳後世,整理臨寂圓頓門。」(《銷釋白衣觀音菩薩送嬰兒下生寶卷》1994: 543)這個詞並未出現在正文,正文提及的反而是黃天道與弘陽教。

15. 一般民間相信,出現這些跡象,就表示有人想念或談論。這一看法至今依然流行。

16. 例如羅清經常引用原出自《金剛科儀》的一段偈文如下:「佛在靈山莫遠求,靈山就在汝心頭。人人有個靈山塔,好去靈山塔下修。」(Ma & Han 1992: 192)

17. 感謝已故的吳曉玲於 1986 年告知這一解釋。這部經書內文中有大意類似的陳述可證實這一點,例如「日北觀音救四眾 [四眾即比丘、比丘尼、優婆塞、優婆夷],斗南觀音護眾生。」(39a)

18. 圓頓教,也就是與本章論述的第一部觀音寶卷有關的教派,用法名來辨別身分。男信徒的名字都帶有「普」字,女信徒則帶有「妙」字(Ma & Han 1992: 871)。李世瑜和韓書瑞也提到,在保明寺 1679 年所立的石碑上,許多女施主的名字都冠有「妙」字。一位東大乘教信徒 1659 年重印的《蓮宗寶卷》中,也有「男用福,女用妙,以續蓮宮」的敘述(Li & Naquin 1988: 174)。

19. 這是第十六則感應故事。東漢時期(947—950),漢族士兵入侵大理,他們到達感通寺(位於大理以南點蒼山山麓)時,看到一位老婦人背負一塊大圓石,僅以脖子上一條草繩繫住。眾人問她為何背著一塊大石,她說自己年老力衰,只能肩負這麼一塊小石頭,比起族裡年輕力壯的小夥子,她可差得遠了。入侵的漢人一聽此言,驚慌失措,連忙撤退(《白國因由》25b-26a)。這位老婦人當然是觀音的化身,那塊大圓石形成大石庵的地基,大石庵就位於今天的感通寺下。1987 年我參觀這一舊址時,看到記載這則感應事蹟的石碑,和寺中供奉的婦人觀音像。儘管這個故事比何恩之研究的劍川石刻晚了大約一世紀,但兩者或許仍有關聯,可能都引用同一觀念,即觀音化現為老婦人以拯救人們。在劍川這尊觀音像雕刻完成和這則神話被記載下來之前,這樣的民間信仰可能已經存在於人們的口耳相傳中。

20. 此畫有浙江天目山僧人千岩元長(1284—1357)的一段題字,他表

示同樣來自天目山的著名禪師中峰明本（1263—1323）也欣賞過此畫，中峰禪師曾為許多保存下來的觀音像撰寫讚文。這幅畫現存於日本東京的藪本宗四郎藏品，也刊行於 *Sōgen-ga*，是其中第 5 號作品（Cahill 1982: 9）。感謝 James Cahill 提供這項資料。

21. 此處所有引自《善女人傳》的英文資料，皆根據勞悅強的英譯初稿。本書撰述期間，他正準備將翻譯手稿付梓，感謝他與我分享其譯文（譯註：關於賣餅婆傳，另見 HTC 150：218a）。

參考書目

一、藏經文獻（註明文獻所在的藏經及冊別）

HTC.《新編卍字續藏經》，《大日本續藏經》1977年重印本，全150冊，台北：新文豐。

T.《大正新修大藏經》，1924—1935，高楠順次郎、渡邊海旭編，全100冊，東京：大正一切經刊行會。

《千手千眼大悲心咒行法》，讀體。HTC vol.29。

《千手千眼觀世音菩薩廣大圓滿無礙大悲心陀羅尼經》，伽梵達摩譯。T vol.20，no.1060。

《千手眼大悲心咒行法》，知禮。T vol.46，no.1950。

《千手觀音造次第法儀軌》，善無畏譯。T vol.20，no.1068。

《千光眼觀自在菩薩秘密法經》，蘇嚩羅譯。T vol.20，no.1065。

《千眼千臂觀世音菩薩陀羅尼神咒經》，智通譯。T vol.20，no.1057。

《大方便佛報恩經》。T vol.3，no.156。

《大方廣十輪經》。T vol.13，no.410。

《大方廣菩薩藏文殊師利根本儀軌》，天息災譯。T vol.20，no.1191。

《大日經》，善無畏譯。T vol.18，no.848。

《大周刊定眾經目錄》，明佺等撰。T vol.55，no.2153。

《大明仁孝皇后夢感佛說第一稀希有大功德經》。HTC vol.1。

《大阿彌陀經》，王日休校輯編。T vol.12，no.364。

《大乘大集地藏十輪經》，玄奘譯。T vol.13，no.411。

《大乘本生心地觀經》，般若三藏譯。T vol.3，no.159。

《大乘莊嚴寶王經》，天息災譯。T vol.20，no.1050。

《大唐內典錄》，道宣。T vol.55，no.2149。

《大唐西域記》，辯機、玄奘。T vol.51，no.2087。

《大般若波羅蜜多經》，玄奘譯。T vols.5-7，no.220。

《大莊嚴經論》，鳩摩羅什譯。T vol.4，no.201。

《大悲啓請》，T vol.85，no.2843。

《大智度論》，鳩摩羅什譯。T vol.25，no.1509。

《大樹緊那羅王所問經》，鳩摩羅什譯。T vol.15，no.625。

《不空羂索咒經》，闍那崛多譯。T vol.20，no.1093。

《六度集經》，康僧會譯。T vol.3，no.152。

《月燈三昧經》，那連提耶舍譯。T vol.15，no.639。

《比丘尼傳》，寶唱。T vol.50，no.2063。

《出三藏記集》，僧祐。T vol.55，no.2145。

《四明尊者教行錄》，宗曉。T vol.46，no.1937。

《弘明集》，僧祐。T vol.52，no.2102。

《弘贊法華傳》，慧祥。T vol.51，no.2067。

《正法華經》，竺法護譯。T vol.9，no.263。

《地藏菩薩本願經》，實叉難陀譯。T vol.13，no.412。

《如意輪陀羅尼經》，菩提流志譯。T vol.20，no.1080。

《成具光明定意經》，支曜譯。T vol.15，no.630。

《佛祖統紀》，志磐。T vol.49，no.2035。

《佛祖歷代通載》，念常。T vol.49，no.2036。

《佛說十一面觀世音神咒十經》，耶舍崛多譯。T vol.20，no.1070。

《佛說月明菩薩經》，支謙譯。T vol.3，no.169。

《佛說無量清淨平等覺經》，支婁迦讖譯。T vol.12，no.261。

《佛說無量壽經》，康僧會鎧譯。T vol.12，no.360。

《佛鑑鑑禪師語錄》，無准準師範述，宗會、智折錄。HTC vol.121。

《別尊雜記》，心覺。T vol.88，no.3007。

《妙法蓮華經》，鳩摩羅什譯。T vol.9，no.262。

《妙法蓮華經玄義》，智顗。T vol.33，no.1716。

《宋高僧傳》，贊寧。T vol.50，no.2061。

《放光般若經》，無羅叉譯。T vol.8，no.221。

《法苑珠林》，道世。T vol.53，no.2122。

《法華三昧行事運想補助儀》，湛然。T vol.46，no.1942。

《法華三昧懺儀》，智顗。T vol.46，no.1941。

《法華傳記》，僧祥。T vol.51，no.2068。

《法華經論》，菩提留支譯。T vol.26，no.151920。

《金光明經》，曇無讖譯。T vol.16，no.663。

《陀羅尼集經》，阿地瞿多譯。T vol.18，no.901。

《陀羅尼雜集》，T vol.21，no.1336。

《指月錄》，瞿汝稷、嚴道徹。HTC vol.143。

《首楞嚴經》，般剌蜜帝譯。T vol.19，no.954945。

《般舟三昧經》，支婁迦讖譯。T vol.13，no.418。

《般若心經幽贊》，窺基。HTC vol.41。

《高王觀世音經》。T vol.85，no.2898。

《高僧傳》，慧皎。T vol.50，no.2059。

《國清百錄》，灌頂。T vol.46，no.1934。

《常曉和尚請來目錄》，常曉。T vol.55，no.2163。

《從容錄》，萬松行秀。T vol.48，no.2004。

《救拔焰口餓鬼陀羅尼經》，不空譯。T vol.21，no.1313。

《救面燃然餓鬼陀羅尼神州咒經》，實叉難陀譯。T vol.21，no.1314。

《敕修百丈清規》，德輝。HTC vol.111。

《添品妙法蓮華經》，闍那崛多、達摩笈多譯。T vol.9，no.264。

《眾眾經目錄》，法經等編撰。T vol.55，no.2146。

《眾眾經目錄》，彥琮等編撰。T vol.55，no.2147。

《悲華經》，曇無讖譯。T vol.3，no.157。

《景德傳燈錄》，道原。T vol.51，no.2076。

《智覺禪師自行錄》，文沖。HTC vol.111。

《善女人傳》，彭紹升。HTC vol.150。

《華嚴經》，實叉難陀譯。T vol.10，no.279。

《開元釋教錄》，智昇。T vol.55，no.2154。

《隆興編年通論》，祖琇。HTC vol.130。

《集神州三寶感通錄》，道宣。T vol.52，no.2106。

《圓覺經》，佛陀多羅譯。T vol.17，no.842。

《瑜伽集要救阿難陀羅尼焰口軌儀經》，不空譯。T vol.21，no.1318。

《道宣律師感通錄》，道宣。T vol.52，no.2107。

《僧伽和尚欲入涅槃說六度經》。T vol.85，no.2920。

《圖像抄》，T vol.88，no.3006。

《碧巖錄》，雪竇重顯。T vol.48，no.2003。

《維摩詰經》，支謙譯。T vol.14，no.474。

《增修教苑清規》，自慶。HTC vol.101。

《廣弘明集》，道宣。T vol.52，no.2103。

《請觀世音菩薩消伏毒害陀羅尼三昧儀》，遵式。T vol.46，no.1946。

《請觀世音菩薩消伏毒害陀羅尼經》，難提譯。T vol.20，no.1043。

《銷釋金剛科儀會要注解》，宗鏡、覺璉。HTC vol.92。

《歷代三寶記》，費長房。T vol.49，no.2034。

《禪苑清規》，長蘆宗賾。HTC vol.111。

《翻譯名義集》，法雲。T vol.54，no.2131。

《雜寶藏經》，吉迦夜、曇曜譯。T vol.4，no.203。

《藥師琉璃光七佛本願功德經》，玄奘譯。T vol.14，no.451。

《證道歌》，永嘉玄覺。HTC vol.111。

《覺禪鈔》，覺禪。T vol.89，no.3022。

《釋氏要覽》，道誠。T vol.54，no.2127。

《釋氏稽古略》，覺岸。T vol.49，no.2037。

《釋氏稽古略續集》，幻輪。T vol.49，no.2038。

《釋迦方志》，道宣。T vol.51，no.2088。

《續高僧傳》，道宣。T vol.50，no.2060。

《靈巖寺和尚請來法門道具等目錄》，圓行。T vol.55，no.2164。

《觀世音菩薩往生淨土本願經》。HTC vol.87。

《觀世音菩薩授記經》，達摩笈多曇無竭譯。T vol.12，no.371。

《觀世音經咒持驗記》，周克復撰編。HTC vol.134。

《觀自在菩薩隨心陀羅尼經》。智通譯。T vol.20，no.1103。

《觀音玄義》，智顗。T vol.34，no.1726。

《觀無量壽佛經》，畺良耶舍譯。T vol.12，no.365。

二、其他主要及次要參考資料

1. 以縮寫標示的參考文獻：

CKCTC.《昌國州圖志》，1297—1307，馮福京等編，全7卷。

CKFSC.《中國佛寺史志彙刊》，1980，第1輯。台北：明文。

CLFCC.《金陵梵刹志》，1607，葛寅亮編，全5卷。1980年重印入《中國佛寺史志彙刊》第1輯，冊3。台北：明文。

CTSMTC.《乾道四明圖經》，1169，張津等編，全12卷。

DMB. *Dictionary of Ming Biography, 1368-1644.* 1976. Edited by L. Carrington Goodrich and Chaoying Fang, 2 vols. New York: Columbia University Press.

HCFC.《杭州府志》，1924，風俗物產篇，全8卷。

HCLAC.《咸淳臨安志》，1268，潛說友編。

HHYLC.《西湖遊覽志》，1526，田汝成編，全24卷。

PCSMC.《寶慶四明志》，1225—1257，羅濬等編，全21卷。

PTSC.《普陀山志》，八種版本：

——.1《普陀洛迦山志》，1361，盛熙明編，全1卷，T vol.51，no.2101。

——.2《普陀洛迦山志》，1589，侯繼高編，全6卷。東京：內閣文庫。

——.3《重修普陀山志》，1607，周應賓編，全6卷。1980年重印入《中國佛寺史志彙刊》第1輯冊9。台北：明文。

——.4《增修南海普陀山志》，1698，裘璉編，全15卷。

——.5《增修南海普陀山志》，1705，朱瑾、陳璿編，全15卷。

——.6《重修南海普陀山志》，1739，許琰編，全20卷。

——.7《重修南海普陀山志》，1832，秦耀曾編，全20卷。1982年重印入《中國名山勝跡志叢刊》第6輯，冊50-53，沈雲龍主編。台灣：文海。

——.8《普陀洛迦新志》，1924，王亨彥編，全12卷。1980年重印入《中國佛寺史志彙刊》冊10。台北：明文。

STCC.《杭州上天竺講寺志》，明代釋廣賓編。1980年據1897年本重印入《中國佛寺史志彙刊》冊26。台北：明文。

YCFH.《雲棲法彙》，1897，雲棲袾宏，全34冊。南京：金陵刻經處。
　　1973年台北重印。

──.《正訛集》，冊27。

──.《竹窗三筆》，冊26。

──.《法界聖凡水陸勝會修齋儀軌》，冊18、19。

──.《瑜伽集要施食儀軌》，冊20。

YYSMC.《延祐四明志》，延祐年間（1320），袁桷編。

2. 其他參考書目：

《大足石刻研究》，1985，劉長久、胡文和、李永翹編。成都：四川社會
　　科學院出版社。

《山西佛教彩塑》，1991。香港：佛教文化出版社。

《中國石窟·永靖炳靈寺》，1989，甘肅省文物局、炳靈寺文物保管所
　　編。北京：文物出版社。

《中國石窟·敦煌莫高窟》，1987，敦煌文物研究所編，全5卷。北京：
　　文物出版社。

《中國美術全集》，1988，冊2，《隋唐五代繪畫》。北京：文物出版社。

──，冊12，《大足石刻》，李巳生。北京：人民美術出版社。

《五山寶卷》，年代不詳，手抄本。李世瑜私人收藏。

《元史》，1976，宋濂（1310—1381）。北京：中華書局。

《太平御覽》，1951，李昉（925—996）編，全12冊。台北：文星書局。

《太平廣記》，1961，李昉（925—996）編，全5冊。北京：中華書局。

《文苑英華》，1967，彭叔夏編，全20冊。台北：華文書局。

《北史》，1974，李延壽（618—676）。北京：中華書局。

《北京圖書館藏中國歷代石刻拓本匯編》，1991。

《北齊書》，1972，李德林（530—590）、李百藥（565—684）。北京：
　　中華書局。

《古今圖書集成》，1964，陳夢雷等編，全100冊。台北：文星書店。
　　1728年第1版。

《白衣成證寶卷》，年代不詳，手抄本，杭州浙江省圖書館藏。

《白國因由》，1984，雲南大理白族自治州圖書館藏。

《全唐文》，1965，董誥編，全20卷。台北：經緯書局。

《全唐詩》，1960，彭定求編，全12卷。北京：中華書局。

《西瓜寶卷》，1887，手抄本，杭州浙江省圖書館藏。

《佛教朝暮課誦》，1978，台北。

《佛說大慈至聖九蓮菩薩化身度世尊經》，年代不詳，周紹良私人收藏。

《妙英寶卷》，年代不詳，手抄本，杭州浙江省圖書館藏。

《妙善遊十殿》，年代不詳，手抄本。北京：中國社會科學院文學研究所藏。

《宋史》，1974，脫脫（1313—1355）等著。北京：中華書局。

《李太白全集》，1977，王琦編（約1758）。北京：中華書局。

《房山石經題記匯編》，1987，北京圖書館金石組、中國佛教圖書館石經組編。北京：文獻出版社。

《明史》，1974，張廷玉（1672—1755）編著。北京：中華書局。

《保寧寺明代水陸畫》，1988。北京：文物出版社。

《南史》，1974，李延壽（618—678）。北京：中華書局。

《南海觀音全傳》，年代不詳，影本藏於北京圖書館。

《宣和畫譜》，1963，《畫史叢書》冊1。上海：上海人民美術出版社。

《皇極金丹九蓮正信皈眞還鄉寶卷》，《寶卷初集》冊8。

《香山說要》，年代不詳，手抄本。北京中國社會科學院文學研究所圖書館藏。

《香山寶卷》，1886，全2卷，木刻本。

《泰山十王寶卷》，1921，北京重印。

《泰山志》，1802。

《救苦救難靈感觀世音寶卷》，年代不詳，藏於俄羅斯聖彼得堡東方學研究所。

《梁書》，1973，姚察（533—606）、姚思廉（卒於637）。北京：中華書局。

《魚兒佛》，《盛明雜劇》第2集。

《魚籃寶卷》，1919。上海：翼化堂書坊。

《提籃卷》，1891，手抄本。北京大學圖書館藏。

《普明如來無爲了義寶卷》，1994，《寶卷初集》冊4。山西：山西人民出版社。

《普陀寶卷》，1894年版，吳曉玲私人收藏。

《普度新聲救苦寶卷》，杭州浙江省圖書館藏。

《善財龍女寶卷》，年代不詳，手抄本，吳曉玲私人收藏。

《隋書》，1973，魏徵（580—643）監修。北京：中華書局。

《新刊全相鸚哥孝義傳》，1979，《明成化說唱詞話叢刊》卷10。北京：
　　文物出版社。

《新唐書》，1975，歐陽修（1007—1072）、宋祁（998—1061）。北京：
　　中華書局。

《瑜伽焰口施食要集》，1980。台北：佛教出版社重印，一雨定庵初編於
　　1693年。

《漢武帝內傳》，署為班固撰，《百部叢書集成》，卷4361。

《賣魚寶卷》，年代不詳，手抄本，天津南開大學圖書館藏。

《銷釋白衣觀音菩薩送嬰兒下生寶卷》，1994，《寶卷初集》冊12。山
　　西：山西人民出版社。

《銷釋接續蓮宗寶卷》，年代不詳。

《歷代名畫觀音寶相》，1981。南京：金陵書畫出版社。

《應縣木塔遼代密藏》，1991，山西省文物局、中國歷史博物館編。北
　　京：文物出版社。

《戲考》，1923。上海：中華圖書館。

《魏書》，1974，魏收（506—572）。北京：中華書局。

《勸善金科》，張照（1691—1745）等著，重印入《古本戲曲叢刊九集》5
　　（第9集之5），冊1-10。北京：中華書局，出版年不詳。

《觀世音菩薩靈感錄》，1929。上海：中華書局。

《觀音十二圓覺全傳》，1938。

《觀音大士蓮船經》，1906，《道藏集要》，7：2899—2901。台北：新文
　　豐重印。

《觀音妙善寶卷》，1916年手抄本，吳曉玲私人收藏。

《觀音魚籃記》，《古本戲曲叢刊二集》。

《觀音菩薩魚籃記》，1958，《孤本元明雜劇》第4集。北京：中國戲劇
　　出版社。

《觀音濟度本願眞經》，1991，《酒泉寶卷》卷1，頁3-89。蘭州：甘肅
　　人民出版社。

《觀音釋宗日北斗南經》，年代不詳，吳曉玲私人收藏。

《鸚哥寶卷》，年代不詳，手抄本，北京大學圖書館藏。

Ahern, Emily M. 1975. "The Power and Pollution of Chinese Women." In *Women in Chinese Society*, edited by Marjorie Wolf and Roxanne Witke, 193-214. Stanford: Stanford University Press.

Baiei Hemmi 逸見梅榮，1960年，《觀音像》，東京。

Basham, A. L. 1981. "The Evolution of the Concept of the Bodhisattva." In *The Bodhisattva Doctrine in Buddhism*, edited by Leslie Kawamura, 19-59. Waterloo: Wilfried Laurier University Press.

Beal, Samuel, translator. 1884. *Si-yu-ki: Buddhist Record of the Western World*. 2 vols. New York: Paragon Book Reprint, 1968.

Bercholz, Samuel, and Sherab Chodzin Kohn, editors. 1993. *Entering the Stream: An Introduction to the Buddha and His Teachings*. Boston: Shambhala.

Berkowitz, Alan J. 1995. "Account of the Buddhist Thaumaturge Baozhi." In *Buddhism in Practice*, edited by Donald S. Lopez, Jr., 578-585.

Berling, Judith. 1980. *The Syncretic Religion of Lin Chao-en*. New York: Columbia University Press.

Bhattacharyya, Behoytush. 1924. *The Indian Buddhist Iconography*. London: Oxford University Press.

Birnbaum, Raoul. 1983. *Studies on the Mysteries of Mañjuśrī*. Boulder, Colo.: Society for the Study of Chinese Religions.

Bishop, Peter. 1989. *The Myth of Shangri-La. Tibet, Travel Writing and the Western Creation of Sacred Landscape*. Berkeley: University of California Press.

Bodde, Derk. 1961. "Myths of Ancient China." In *Mythologies of the Ancient World,* edited by Samuel N. Kramer, 367-508. Garden City: Doubleday.

Boerschmann, Earnst. 1911. *Die Baukunst und Religiöse Kultur der Chinesen.* Vol.1, *P'u T'o Shan*. Berlin: Druck und Verlag von Georg Reimer.

Boisselier J. 1965. "Precisions sur quelques images Khmeres d'Avalokiteśvara." *Arts Asiatiques* 11 (1) : 75-89.

————. 1970. "Pouvoir royal et symbolisime architectureal: Neak Pean et son importance pour la royaute angkorienne." *Arts Asiatiques* 21: 91-108.

Bokenkamp, Stephen R. 1986. "The Peach Flower Font and the Grotte Passage." *Journal of the American Oriental Society* 106.1: 65-78.

————. 1997. *Early Daoist Scriptures*. Berkeley: University of California Press.

Boucher, Daniel J. 1996. "Buddhist Translation Procedures in Third-Century China: A Study of Dharmarakṣa and His Translation Idiom." Ph.D. dissertation, University of Pennsylvania.

Boucher, Sandy. 1999. *Discovering Kwan Yin, Buddhist Goddess of Compassion: A Woman's Book of Ruminations, Meditations, Prayers, and Chants*. Boston: Beacon Press.

Bray, Francesca. 1997. *Technology and Gender: Fabrics of Power in Late Imperial China*. Berkeley: University of California Press.

Brook, Timothy. 1988. *Geographical Sources of Ming-Qing History*. Ann Arbor: University of Michigan, Center for Chinese Studies.

Brough, John. 1982. "Amitābha and Avalokiteśvara in An Inscribed Gandhāran Sculpture." *Indologia Tanrinensia* 10: 65-70.

Brown, Paula, and Donald Tuzin, editors. 1983. *The Ethnography of Cannibalism*. Washington D.C.: Society for Psychological Anthropology.

Bunnag, Jane. 1984. "The Way of the Monk and the Way of the World: Buddhism in Thailand, Laos and Cambodia." In *The World of Buddhism*, edited by Heinz Bechert and Richard Gombrich, 159-170. London: Thames and Hudson.

Buswell, Robert. 1989. *The Formation of Ch'an Ideology in China and Korea: The Vajrasamādhi Sūtra, A Buddhist Apocryphon*. Princeton: Princeton University Press.

————, editor. 1990. *Chinese Buddhist Apocrypha*. Honolulu: University of Hawaii Press.

Cabezón, Jose Ignacio. 1992. "Mother Wisdom, Father Love" Gender-Based Imagery in Mahāyāna Buddhist Thought." In *Buddhism, Sexuality, and Gender*, edited by Jose Ignocio Cabezón, 181-199. Albany: State

University of New York Press.

Cahill, James. 1982. *Sōgen-ga. 12th—14th Century Chinese Painting as Collected and Appreciated in Japan, Catalogue of March 31, 1982—June 27, 1982 Exhibition at University Art Museum*. Berkeley: University Art Museum, University of California.

——. 1992. "Huang-shan Paintings as Pilgrimage Pictures." In *Pilgrims and Sacred Sites in China*, edited by Susan Naquin and Chün-fang Yü, 246-292. Berkeley: University of California Press.

Cahill, Suzanne E. 1993. *Transcendance and Divine Passion: The Queen Mother of the West in Medieval China*. Stanford: Stanford University Press.

——. 2001. "Wang Feng-hsien: A Daoist Woman Saint of Medieval China." In *Under Confucian Eyes: Texts on Gender in Chinese History*, edited by Susan Mann and Yu-yin Cheng. Berkeley: University of California Press.

Campany, Robert F. 1991. "Notes on the Devotional Uses and Symbolic Functions of Sutra Texts as Depicted in Early Chinese Buddhist Miracle Tales and Hagiographies," *Journal of the International Association of Buddhist Studies* 14 (1) : 28-72.

——. 1993. "The Real Presence." *History of Religion*, 32: 233-272.

——. 1996a. "The Earliest Tales of Bodhisattva Guanshiyin." In *Religions of China in Practice*, edited by Donald S. Lopez, Jr., 82-96. Princeton: Princeton University Press.

——. 1996b. *Strange Writing: Anomaly Accounts in Early Medieval China*. Albany: State University of New York Press.

Cantarella, Eva. 1987. *Pandora's Daughters: The Role and Status of Women in Greek and Roman Antiquity*. Translated by Maureen B. Fant. Baltimore: Johns Hopkins University Press.

Chan, Wing-tsit. 1963. *A Source Book in Chinese Philosophy*. Princeton: Princeton University Press.

Chang, Chia-feng. 1996. "Aspects of Smallpox and Its Significance in Chinese History." Ph.D. dissertation, School of Oriental and African

Studies, University of London, London.

Chang, Cornelius. 1971. "A Study of the Paintings of Water-moon Kuan-yin." Ph.D. dissertation, Columbia University, New York.

Chang, Garma C. C. 1983. *A Treasury of Mahāyāna Sūtras: Selections from the Mahāratnakūta Sūtra*. University Park: Pennsylvania State University Press.

Chang Hsin-min 張新民，1978，《五代吳越刻的印刷》，《文物》12：74-76。

Chang Tai 張岱，1957，〈海志〉，《琅環文記》，收錄於沈啓無編，《近代散文抄》。香港：天虹出版社。

Chang Yen 張演，1970，《續光世音應驗記》，牧田諦亮編，《六朝古逸觀世音應驗記の研究》，頁19-24。京都：平樂寺書店。

Chang Yen-yüan 張彥遠，1963，《歷代名畫記》，847，《畫史叢書》冊1。上海：上海人民美術出版社。

Chao I 趙翼，《陔餘叢考》。1957年上海重印。

Chao Tung-shu 趙東樹編，1953，《理教彙編》。台北：中華理教總會。

Chapin, Helen B. with revision by A. C. Soper. 1970—1971. "A Long Roll of Buddhist Images." *Artibus Asiae* 32 (1)：5-41, (2/3)：157-199, (4)：259-306; 33 (1/2)：75-140.

Chaves, Jonathan. 1986. "Moral Aciton in the Poetry of Wu Chia-chi (1618—84)," *Harvard Journal of Asiatic Studies* 46 (2): 387—469.

Ch'en, Kenneth K. S. 1964. *Buddhism in China: A Historical Survey*. Princeton: Princeton University Press.

Chen Lie. 1996. "The Ancestor Cult in Ancient China." In *Mysteries of Ancient China: New Discovery from the Early Dynasties*, edited by Jessica Rawson, 269-272. New York: George Braziller.

Chen, Thomas S. N., and Peter S. Y. Chen. 1998. "Medical Cannibalism in China: The Case of *Ko-ku*." *The Pharos* 62 (Spring)：23-25.

Cheng Chen-t'o 鄭振鐸，1985，《中國古代木刻選集》。北京：人民美術出版社。

Cheng Kuang-tsu 鄭光祖，1845，《一斑錄雜述》，《舟車所至》。

Ch'i Chou-hua 齊周華，1987，〈遊南海普陀山記〉，《名山藏副本》。上

海：上海古籍出版社。

Chikusa Masaaki 竺沙雅章，1982，《中國佛教社會史研究》。京都：同朋舍。

──，1987，〈宋元時代の於ける庵堂〉，《東洋史研究》46（1）：1-28。

Ch'iu Chung-lin 邱仲麟，1996，〈不孝之孝──唐以來割股療親現象的社會史初探〉，《新史學》6（1）：49-92。

Chong Key-Ray. 1990. *Cannibalism in China*. Wakefield, N. H.: Longwood Academic.

Chou Shao-liang 周紹良，1985，〈略論明萬曆年間爲九蓮菩薩編造的兩部經〉，《故宮博物院院刊》2：37-40。

──，1987，〈明代皇帝貴妃公主印施的幾本佛經〉，《文物》8：8-11。

Chou Yi-liang 1944-1945. "Tantrism in China." *Harvard Journal of Asiatic Studies* 8: 241-332.

Chü His-lung 車錫倫，1992，〈宣卷與民間信仰〉，姜彬編，《吳越民間信仰民俗──吳越地區民間信仰與民間文藝關係的考察和研究》，頁259-341。上海：上海文藝出版社。

Chutiwongs, Nandana. 1984. *The Iconography of Avalokiteśvara in Mainland Southeast Asia*. Ph.D. dissertation, Rijksuniversiteit, Leiden.

Cleary, Thomas, translator. 1986. *The Flower Ornament Scripture, The Avataṁsaka Sūtra*. Boston: Shambala.

Cole, Alan. 1998. *Mothers and Sons in Chinese Buddhism*. Stanford, California: Stanford University Press.

Conze, Edward. translator. 1959. *Buddhist Sculptures*. Penguin Books.

──, translator. 1973. *The Perfection of Wisdom in Eight Thousand Lines and Its Verse Summary*. Berkeley: Four Seasons Foundation.

The Crucible of Compassion and Wisdom, Special Exhibition Catalog of the Buddhist Bronzes from the Nitta Group Collection at the National Palace Museum. 1987. Taipei: National Palace Museum.

D'Argence, Rene-Yvon Lefebre, and Diana Turner, editors. 1974. *Chinese, Korean, and Japanese Sculpture in the Avery Brundage Collection*. San Francisco: Asian Art Museum.

Davidson, Ronald M. 1990. "An Introduction to the Standards of Scriptural

Authenticity in Indian Buddhism." In *Chinese Buddhist Apocrypha*, edited by Robert E. Buswell, Jr., 291-325. Honolulu: University of Hawaii Press.

Davis, Richard L. 1986. *Court and Family in Sung China, 960—1279: Bureaucratic Success and Kinship Fortunes for the Shih of Ming-chou.* Durham, N. C.: Duke University Press.

Dayal, Har. 1970. *The Bodhisattva Doctrine in Buddhist Sanskrit Literature.* Delhi: Motilal Banarsidass. Reprint of 1932 edition by Routledge & Kegan Paul, London.

Dean, Kenneth. 1993. *Taoist Ritual and Popular Cults of Southeast China.* Princeton: Princeton University Press.

deBary, Wm. Theodore. 1970. "Individualism and Humanitarianism in Late Ming Thought," in *Self and Society in Ming Thought*, edited by Wm. Theodore deBary, 175-247, New York: Columbia University Press.

Des Rotours, Robert. 1963. "Quelques notes sur l'anthropophagie en Chine, " *T'oung Pao* 50 (4-5) : 486-527.

——. 1968. "Encore quelques notes sur l'anthropophagie en Chine. " *T'oung Pao* 54 (1-3) : 1-49.

Donnelly, P. J. 1969. *Blanc de Chine: The Porcelain of Tehua in Fukien.* New York.

Donner, Neal, and Daniel B. Stevenson. 1993. *The Great Calming and Contemplation: A Study and Annotated Translation of the First Chapter of Chih-i's Mo-ho chih-kuan.* Honolulu: University of Hawaii Press.

Duara, Prasenjit. 1988. "Superscribing Symbols: The Myth of Guandi, Chinese God of War." *Journal of Asian Studies* 47 (4) : 778-795.

Dudbridge, Glen. 1978. *The Legend of Miao-shan.* London: Ithaca Press for the Board of the Faculty of Oriental Studies, Oxford University.

——. 1982. "Miao-shan on Stone: Two Early Inscriptions," *Havard Journal of Asiatic Studies* 42 (2) : 589-614.

——. 1995. *Religious Experience and Lay Society in T'ang China: A Reading of Tai Fu's Kuang-i chi.* Cambridge : Cambridge University Press.

Dull, Jack L. 1966. "A Historical Introduction to the Apocryphal (*Ch'an-Wei*) Texts of the Han Dynasty." Ph.D. dissertation, University of Washington, Seattle.

Ebrey, Patricia Buckley. 1986. "The Early Stages in the Development of Descent Group Organization." In *Kinship Organization in the late Imperial China*, edited by Patricia Ebrey and James Watson, 16-61. Berkeley: University of California Press.

———. 1993. *The Inner Quarters: Marriage and the Lives of Chinese Women in the Sung Period*. Berkeley: University of California Press.

Edgren, Søren. 1972. "The Printed Dhāraṇī of A. D. 956." *The Museum of Far Eastern Antiquities* 44: 141-152.

———. 1989. "Southern Song Painting at Hangzhou." *Bulletin of the Museum of Eastern Antiquities* 61.

Eliade, Mircea. 1959. *The Sacred and the Profane*. New York: Harper & Row.

Erndl, Kathleen M. 1993. *Victory to the Mother: The Hindu Goddess of Northwest India in Myth, Ritual, and symbol*. New York: Oxford University Press.

Fang Kuang-ch'ang 方廣錩，1997，〈敦煌遺書中的妙法蓮華經及有關文獻〉，《中華佛學學報》10：212-231。

Farqhar, David M. 1978. "Emperor As Bodhisattva in the Governance of the Ch'ing Empire." *Harvard Journal of Asiatic Studies* 38: 5-34.

Faure, Bernard. 1987. "Space and Place in Chinese Religious Traditions." *History of Religions* 26 (4) : 337-356.

———. 1992. "Relics and Flesh Bodies: The Creation of Ch'an Pilgrimage Sites." In *Pilgrims and Sacred Sites in China*, edited by Susan Naquin and Chün-fang Yü, 150-189. Berkeley: University of California Press.

Fields, Rick. 1986. *How the Swans Came to the Lake: A Narrative History of Buddhism in America*. Boston: Shambhala.

Fitch, Robert F. 1929. *Pootoo Itineraries, Describing the Chief Places of Interest with A Special Trip to Lo-chia Shan*. Shanghai: Kelly & Walsh.

Fong, Mary H. 1990. "Dehua Figures: A Type of Chinese Popular Sculpture." *Orientations* 21 (1) : 43-48.

Fontein, Jan. 1967. *The Pilgrimages of Sudhana*. The Hague: Mouton.

Forte, Antonino. 1976. *Political Propaganda and Ideology in China at the End of the Seventh Century*. Napoli: Instituto Universitario Orientale.

──── . 1990. "The Relativity of the Concept of Orthodoxy in Chinese Buddhism: Chih-sheng's Indictment of Shih-li and the Proscription of the *Dharma Mirror Sūtra." In Chinese Buddhist Apocrypha*, edited by Robert E. Buswell, Jr., 239-249. Hawaii: University of Hawaii Press.

Foulk, T. Griffith. 1993. "Myth, Ritual, and Monastic Practice in Sung Ch'an Buddhism." In *Religion and Society in T'ang and Sung China*, edited by Patricia Buckley Ebrey and Peter N. Gregory, 147-208. Honolulu: University of Hawaii Press.

Frédéric, Louis. 1995. *Buddhism: Flammarion Iconographic Guides*. Paris: Flammarion.

Froeschle-Chopard, M. H. 1979. "Iconography of the Sacred Universe in the Eighteenth Century: Chapels and Churches in the Dioceses of Vence and Grasse." In *Ritual, Religion and the Sacred, Selections from the Annales, Economies, Societies, Civilisations*. vol.7, edited by Robert Forster and Patricia M. Ranum, 146-181. Baltimore: Johns Hopkins University Press.

Fu Liang 傅亮，1970，《光世音應驗記》，牧田諦亮編，《六朝古逸觀世音應驗記の研究》，頁 13-18。京都：平樂寺書店。

Fujita Kōtatsu 藤田宏達，1970，《原始淨土思想の研究》。東京：岩波書店。

────，1985，《觀無量壽經講座》。京都：眞宗大谷派宗務所。

──── . 1990. "The Textual Origins of *Kuan Wu-liang-shou ching*: A Canonical Scripture of Pure Land Buddhism," translated by Kenneth K. Tanaka. In *Chinese Buddhist Apocrypha*, edited by Robert E. Buswell, Jr., 149-173. Honolulu: University of Hawaii Press.

Fukui Fumimasa 福井文雅，1987，《般若心經の歷史的研究》。東京：春秋社。

Fukushima Kōsai 福島光哉，1979，〈智顗の感應論とその思想的背景〉，《大谷學報》49 (4): 36-49。

Furth, Charlotte. 1999. *A Flourishing Yin: Gender in China's Medical History, 960–1665*. Berkeley: University of California Press.

Gätzlaff, Karl. 1968. *Journal of Three Voyages Along the Coast of China in 1831, 1832, 1833*. London. Taipei reprint, Originally published 1834.

Gernet, Jacques. 1960. "Les Suicides Par Le Feu chez Les Bouddhistes Chinois du Ve au Xe Siecle." *Melanges publies par l'Institute des Hautes Êtudes Chinoises* 2: 527-558.

———. 1995. *Buddhism in Chinese Society: An Economic History from the Fifth to the Tenth Centuries*, translated by Franciscus Verellen. New York: Columbia University Press.

Getz, Dan. 1994. "Siming Zhili and Tiantai Pure Land in the Sung Dynasty." Ph.D. dissertation, Yale University, New Haven.

Gillman, Derek. 1983. "A New Image in Chinese Buddhist Sculpture of the Tenth to Thirteenth Century," *Transactions of the Oriental Ceramic Society* 47: 33-44.

Gimbutas, Marija. 1989. *The Language of the Goddess*. San Francisco: Harper & Row.

Gimello, Robert M. 1992. "Chang Shang-yin on Wu-t'ai Shan." *Pilgrims and Sacred Sites in China*, edited by Susan Naquin and Chün-fang Yü, 89-149. Berkeley: University of California Press.

Gjertson, Donalds E. 1989. *Miraculous Retribution: A Study and Translation of T'ang Lin's Ming-bao chi*. Berkeley: University of California Press.

Gómez, Lius O., tr. 1996. *The Land of Bliss, The Paradise of the Buddha of Measureless Light: Sanskrit and Chinese Versions of the Sukhāvatīvyūha Sūtras*. Honolulu: University of Hawaii Press.

Gotō Daiyō 後藤大用，1958，《觀世音菩薩の研究》。東京。

Graham, William T., Jr. 1979. "Milteng's 'Rhapsody on A Parrot.'" *Harvard Journal of Asiatic Studies* 39 (1) : 39-54.

Grant, Beata. 1989. "The Spiritual Saga of Woman Huang: From Pollution to the Purification." In *Ritual Opera, Operatic Ritual: "Mu-lien Rescues His Mother" in Chinese Popular Culture*, edited by David Johnson, 224-311. Berkeley: Chinese Popular Culture Project, University of

California.

Gregory, Peter N. 1991. *Tsung-mi and the Sinification of Buddhism*. Princeton: Princeton University Press.

Gregory, Peter N., and Daniel A. Getz, Jr., editors. 1999. *Buddhism in the Sung*. Honolulu: University of Hawaii Press.

Gridley, Marilyn Leidig. 1993. *Chinese Buddhist Sculpture under the Liao*. New Delhi: International Academy of Indian Culture and Aditya Prakashan.

Gyatso, Janet. 1986. "Signs, Memory and History: A Tantric Buddhist History of Scriptural Transmission." *Journal of the International Association of Buddhist Studies* 9 (2) : 7-35.

———. 1996. "Drawn from the Tibetan Treasury: The *gTer* ma Literature." In *Tibetan Literature*, ed. Jose Cabezón and Roger Jackson, 147-169. Ithaca: Snow Lion.

———. 1998. *Apparitions of the Self: The Secret Autobiographies of a Tibetan Visionary*. Princeton: Princeton University Press.

Hansen, Valerie. 1990. *Changing Gods in Medieval China, 1127–1276*. Princeton: Princeton University Press.

Harrison, Paul. 1987. "Who Gets to Ride in the Great Vehicle? Self-image and Identity Among the Followers of the Early Mahāyāna." *The Journal of the International Association of Buddhist Studies* 10 (1) : 67-89.

———. 1990. *The Samādhi of Direct Encounter with the Buddhas of the Present. An Annotated English Translation of the Tibetan Version of the Pratyutpanna-Buddha-Sammukhāvasthita-Samādhi-Sūtra*. Studia Philologica Buddhica, Monograph Series V. Tokyo: The International Institute for Buddhist Studies.

———. 1993. "The Earliest Chinese Translations of Mahāyāna Sūtras: Some Notes on the Works of Lokakṣema." *Buddhist Studies Review* 10 (2) : 135-177.

———. 1995. "Searching for the Origins of the Mahāyāna: What Are We Looking For?" *Eastern Buddhist* (n.s.) 28 (1) : 48-69.

———. 1996. "Mañjuśrī and the Cult of the Celestial Bodhisattvas." Paper presented at the conference on "The Ambiguity of Avalokiteśvra and the Questions of Bodhisattvas in Buddhist Traditions." University of Texas, Austin.

Hayashima Kyōsei 早島鏡正，1964，〈淨土教の清淨業處觀について〉，《干潟龍祥博士古稀紀念論文集》。

Hayashiya Tomojiro 林屋友三郎，1941，《經錄研究》，卷1。東京：岩波書店。

Henderson, Gregory, and Leon Hurvitz. 1956. "The Buddha of Seiryoji: New Finds and New Theory." *Artibus Asiae* 19 (1) .

Henderson, John B. 1984. *Development and Decline of Chinese Cosmology*. New York: Columbia University Press.

Hevia, James. 1993. "Lamas, Emperors, and Rituals: Political Implications in Qing Imperial Ceremonies." *The Journal of International Association of Buddhist Studies* 16. 2.

Hirakawa Akira 平川彰，1984，〈觀經の成立と清淨業處觀〉，《東洋の思想と宗教》1。

Holt, John Clifford. 1991. *Buddha in the Crown: Avalokiteśvara in the Buddhist Traditions of Sri Lanka*. New York: Oxford University Press.

Honda Yoshihide 本田義英，1930，〈觀音釋名考〉，《奈良》13（觀音研究專號）：15-31。

Horney, Karen. 1967. "The Distrust between the Sexes." In *Feminine Psychology*, edited by Harold Kelman, 327-340. New York: W. W. Norton.

Howard, Angela F. 1985. "Royal Patronage of Buddhist Art in Tenth Century Wu Yueh." *The Museum of Far Eastern Antiquities Bulletin* 57: 1-60.

——. 1990. "Tang and Post-Tang Images of Guanyin from Sichuan." *Orientations* 23 (1) : 49-57.

——. 1993. "Highlights of Chinese Buddhist Sculpture in the Freer Collection." *Orientations* 24 (5) : 93-101.

——. 1996a. "Buddhist Cave Sculpture of the Northern Qi Dynasty: Shaping a New Style, Formulating New Iconographies." *Archives of Asian* Art 49: 7-25.

——. 1996b. "Buddhist Monuments of Yunnan: Eclectic Art of a Frontier Kingdom." In *Arts of the Sung and Yüan*, edited by Maxwell K. Hearn and Judith G. Smith, 231-245, New York: Metropolitan Museum of Art.

——. 1999. "The Brilliant Kings of Wisdom of South-West China." Res 35 (Spring) 92-107.

——. 2001. *Summit of Treasures: Buddhist Cave Art of Dazu, China*. New York: Weatherhill.

Howard, Angela F., Wu Hung, Li Song, and Yang Hung. 2006. *Chinese Sculpture*. New Haven: Yale University Press.

Howard, Angela F., Li Kunshang, and Qiu Xuanchong. 1992. "Nanzhao and Dali Buddhist Sculpture in Yunnan." *Orientations* 23 (February) : 51-60.

Hsing Ta-mu 向達木，1991，〈四川平武明報恩寺勘察報告〉，《文物》4：1-17。

Hsiao Teng-fu 蕭登福，1989，《漢魏六朝以降的道教思想》。台北：台灣學生書局。

Hsieh, Ding-hwa E. 1999. "Images of Women in Ch'an Buddhist Literature of Sung Period." In *Buddhism in the Sung*, edited by Peter N. Gregory and Daniel A. Getz, Jr., 148-187. Honolulu: University of Hawaii Press.

Hsieh Kuo-chen 謝國幀，1985，〈普陀遊記〉，《中國古代遊記選》2：239-245。北京：中國旅遊出版社。

Hsin-fan 心梵，1915，〈普陀禮佛歸來的感想〉，《海潮音》11（9）：17-24。

Hsiung Ping-chen 熊秉眞，1995，《幼幼：傳統中國的襁褓之道》。台北：聯經。

Hsü Ming-te 徐明德，1987，〈論十四至十七世紀寧波港在中日經濟文化交流史上的重要地位〉，《當代世界通訊》3，120-141。浙江：浙江當代國際問題研究會。

Hsü Ping-fang 徐萍芳，1995，〈僧伽造像的發現和僧伽崇拜〉，發表於 Franciscus Verellen 在巴黎籌辦的「崇拜與遺跡」研討會。

Hu Ying-lin 胡應麟編，1980，《觀音大士慈容五十三現相贊》。台北：廣文書局重印。

Huang Chi-chiang 黃啓江，1990，〈宋代的譯經潤文官與佛教〉，《故宮

學術季刊》7（4）：13-32。

——，1995，〈宋太宗與佛教〉，《故宮學術季刊》7（1月）：107-134。

Huang Hsiu-fu 黃休復，1963，《益州名畫錄》，《畫史叢書》。上海：上海人民美術出版社。

Huang Yung-wu 黃永武編，1981—，《敦煌寶藏》。台北：新文豐出版公司。

Huang Yü-p'ien 黃育楩，1982，《破邪詳辯》，《清史資料》第3輯，頁1-131，中國社會科學院歷史研究所清史研究室編。北京：中華書局。

Hung Mai 洪邁，1982，《夷堅志》，全4冊。台北：明文書局。

Hung Mei-hua 洪美華，1992，〈清代民間秘密宗教中的婦女〉，台灣師範大學歷史研究所碩士論文。

——，1995，〈清代中期民間秘密宗教中的婦女〉，鮑家麟編，《中國婦女史論集》第4集，頁273-316，台北：稻香出版社。

Hung-tsan 弘贊編，1980，《觀音慈林集》，慧門編，《四大菩薩聖德叢書》冊1，頁435-499。台灣：彌勒出版社重印。初編於1668年。

Huntington, Susan L., with contributions by John C. Huntington. 1985. *The Art of Ancient India: Buddhist, Hindu, Jain*. New York: Weatherhill.

Hurvitz, Leon, translator. 1976. *Scripture of the Lotus Blossom of the Fine Dharma*. New York: Columbia University Press.

Idema, Wilt. 1999. "Guanyin's Parrot, a Chinese Animal Tale and Its International Context." In *India, Tibet, China: Genesis and Aspects of Traditional Narrative*, 103-150, Firenze: Leo S. Olschki Eitore.

James, Jean M. 1995. "An Iconographic Study of Xiwangmu during Han Dynasty." *Artibus Asiae* LV, 1/2: 17-41.

Jan Yun-hua. 1965. "Buddhist Self-Immolation in Medieval China." *History of Religions*, 4 (2): 243-268.

——. 1966—1967. "Buddhist Relations between India and China," *History of Religions*, 6 (1) : 24-42; 6 (2) : 135-168.

Jessup, Helen Ibbitson, and Thierry Zephir, editors. 1997. *Sculpture of Angkor and Ancient Cambodia: Millennium of Glory*. National Gallery of Art, Washington, D. C., and Reunion des musees nationaux, Paris.

Johnston, Reginald Fleming. 1976. *Buddhist China*. London: John Murray, 1913. San Francisco: Chinese Materials Center.

Jordan, David K., and Daniel Overmyer. 1986. *The Flying Phoenix: Aspects of Chinese Sectarianism in Taiwan*. Princeton: Princeton University Press.

Kajiyama Yuichi 梶山雄一、Sueki Fumihito 末木文美士，1992，《淨土佛教の思想》，卷2。東京：講談社。

Kamata Shigeo 鎌田茂雄，1973，〈香港の佛教儀禮：大悲懺法について〉，《印度學佛教學研究》22 (1)：281-284。

——，1986，《中國の佛教儀禮》。東京：講談社。

Kapstein, Matthew. 1989. "The Purificatory Gem and Its Cleansing: A Late Tibetan Polemical Discussion of Apocryphal Texts." History of Religions 28 (3) : 217-244.

——. 1992. "Remarks on the *Mani bKa'-'bum* and the Cult of Avalokiteśvara in Tibet." In *Tibetan Buddhism: Reason and Revelation*, edited by Steven D. Goodman and Ronald M. Davidson, 57-93. Albany: State University of New York Press.

Karashima Seishi 辛嶋靜志，1992, *The Textual Study of the Chinese Versions of the Saddharmapuṇḍarīka Sūtra in Light of the Sanskrit and Tibetan Versions*. Tokyo: Sankibo.

Kasugai Shinya 春日井貞也，1953，〈觀無量經に於ける諸問題〉，《佛教文化研究》3。

K'e Yü-hsien 柯毓賢，1983，〈轉天圖經考〉，《食貨》13（5-6）：197-203。

——，1987，〈轉天圖經續考〉，《食貨》16（9-10）：364-371。

——，1988，〈五公菩薩源流與觀音信仰〉，《東方宗教研究》2：119-137。

Kent, Richard K. 1994. "Depictions of the Guardians of the Law: Lohans Painting in China." In *Latter Days of the Law: Images of Chinese Buddhism, 850-1850*, edited by Marsha Weidner, 183-213. Honolulu: University of Hawaii Press.

Kern, Johan Hendrik. 1963. *The Saddharma-Puṇḍarīka, or the Lotus of the True Law*. New York reprint of 1884 Sacred Books of the East 21. New

York: Colonial Press.

Kieschnick, John. 1997. *The Eminent Monk: Buddhist Ideals in Medieval Chinese Hagiography*. Honolulu: University of Hawaii Press.

Kiriya Shoichi 桐谷征一，1990，〈偽經高王經のテキヌトと信仰〉，《法華文化研究》16：1-67。

Kleeman, Terry. 1993. "Expansion of the Wenchang Cult." In *Religion and Society in T'ang and Sung China*, edited by Patricia Buckley Ebrey and Peter N. Gregory, 45-73. Honolulu: University of Hawaii Press.

——. 1994. *A God's Own Tale: The Book of Transformations of the Divine Lord of Zitong*. Albany: State University of New York Press.

Knapp, Keith N. 1996. "Accounts of Filial Sons: Ru Ideology in Early Medieval China." Ph.D. dissertation, University of California, Berkeley.

Ko, Dorothy. 1994. *Teachers of the Inner Chambers: Women and Culture in Seventeenth Century China*. Stanford: Stanford University Press.

Kobayashi Taichirō 小林太市郎，1948，〈女媧と觀音〉，《佛教藝術》1：5-30；2：38-123。

——，1950，〈晉唐の觀音〉，《佛教藝術》10: 3-73。

——，1953—1954，〈唐代大悲觀音〉，《佛教美術》20（1953）：3-27；21（1954）：89-109；22（1954）：3-28。

——，1982，〈唐代の大悲觀音〉，速水侑編，《觀音信仰》，39-136。東京：雄山閣出版社。

Kohn, Livia. 1998. *God of the Dao: Lord Lao in History and Myth*. Ann Arbor: Center for Chinese Studies, University of Michigan.

Ku Yen-wu 顧炎武，《菰中隨筆》，1967，《海山仙館叢書》卷61。台北重印。

Kung Li-fei 龔立非、Wang Tao-hsing 王道行，《海天佛國普陀山》，年代不詳。浙江：舟山作家協會。

Kuo Li-ying. 1994a. *Confession et contrition dans le bouddhisme chinois du V au X siecle*. Paris: Publications de l'Ecole francaise d'Extreme-Orient.

——. 1994b. "Divination jeux de hasard et purification dans le bouddhisme chinois: autour d'un Sūtra apocryphe chinois, le Zhanchajing." In *Buddhisme et cultures locales: Qulques cas de reciproques adaptations*, edited by Fukui Fumimasa and Gerard Fussman, 145-167. Paris: Ecole francaise d'Extreme-Orient.

——. 1995. "Le recitationdes noms de buddha en Chine et au Japon." *T'oung Pao* 81: 230-268.

——. 1998. "Mandala et rituel de confession a Dunhuang." *Bulletin de l'Ecole francaise d'Extreme-Orient* 85: 227-256.

Kuwabara Jitsuzō 桑原騭藏，1919，〈支那の食人肉風俗〉，《太陽》25（7；6月）：121-124。

——，1924，〈支那の食人肉風俗〉，《東洋學報》14（1）：1-61。

Lagerway, John. 1992. "The Pilgrimage to Wu-tang Shan." In *Pilgrims and Sacred Sites in China*, edited by Susan Naquin and Chün-fang Yü, 293-332. Berkeley: University of California Press.

Lai Swee-fo 賴瑞和，1980，〈妙善傳說的兩種新資料〉，《中外文學》9（2；7月）：116-126。

——，1993，〈萬里尋碑記〉，《中國時報》1993年4月6-8日。

Liang, Ellen Johnston. 1988. "Catalogue Entry on Miss Qiu." In *Views from Jade Terrace: Chinese Women Artists 1300—1912*, edited by Marsha Weidner, 70-72. New York: Indiana Museum of Art and Rizzoli.

Liang, Mary E. D., editor. 1982. *Along the Ancient Silk Routes: Central Asian Art from the West Berlin State Museum.* New York: Metropolitan Museum of Art.

Lawton, Thomas. 1973. "Kuan-yin of the Water Moon." In *Chinese Figure Painting*. 89-90. Washington, D. C.: Smithsonian Institution.

Lee, Sherman E., and Wai-kam Ho. 1959. "A Colossal Eleven-faced Kuan-yin of the T'ang Dynasty." *Artibus Asiae* 22: 121-137.

Legge, James, translator. 1965. *A Record of the Buddhist Kingdoms.* New York: Paragon Book Reprint and Dover Publications. Originally published 1886, Clarendon Press, Oxford.

Lei Congyun. 1996. "Neolithic Sites of Religious Significance." In *Mysteries of Ancient China: New Discoveries from the Early* Dynasties, edited by Jessica Rawson, 219-225. New York: George Braziller.

Lerner, Gerda. 1986. *The Creation of Patriarchy.* New York: Oxford

University Press.

Leung, Angela 梁其姿，1987，〈明清預防天花措施之演變〉，《國史釋論》，239-253，台北。

Levering, Miriam L. 1992. "Lin-chi（Rinzai）Ch'an and Gender: The Rhetoric of Equality and the Rhetoric of Heroism." In *Buddhism, Sexuality and Gender*, edited by Jose Ignacio Cabezón, 137-156. Albany: State University of New York Press.

——. 1999. "Miao-tao and Her Teacher Ta-hui." In *Buddhism in the Sung*, edited by Peter N. Gregory and Daniel A. Getz, Jr., 188-219. Honolulu: University of Hawaii Press.

Lewis, Todd. 1993. "Newar-Tibetan Trade and the Domestication of *Simhalasarthabahu Avadāna*." *History of Religions* 33 (2) : 135-160.

Li Chien 李薦，《畫品》，《寶顏堂祕笈》第3函，卷4。

Li Lin-ts'an 李霖燦，1982，《南詔大理國新資料的綜合研究》。台北：國立故宮博物院。

Li Shih-chen 李時珍，1968，《本草綱目》，《國學基本叢書四百種》冊146。台北：商務印書館。

Li Shih-yü 李世瑜，1948，《現代華北祕密宗教》，專題研究系列，B系列第4種，成都。

——，1959，〈寶卷新研〉，《文學遺產叢刊》4：165-181。

——，1996，〈天津在理教調查研究〉，《民間宗教》2：169-210。

Li, Thomas Shiyu, and Susan Naquin. 1988. "The Baoming Temple: Religion and the Throne in Ming and Qing China," *Harvard Journal of Asiatic Studies* 48 (1) : 131-188.

Li, Wai-yee. 1993. *Enchantment and Disenchantment: Love and Illusion in Chinese Literature*. Princeton: University of Princeton Press.

Lien Li-ch'ang 連立昌，1996，〈九蓮經考〉，《民間宗教》2：113-120。

Lin Wan-ch'uan 林萬傳，1984，《先天大道系統研究》。台南：靝巨書局。

Lindtner, Christian. 1982. *Nāgārjuna: Studies in the Writing and Philosophy of Nāgārjuna*. Copenhagen: Akademisk Forlag.

Ling, Trevor. 1976. *The Buddha*. Harmondsworth: Penguin Books.

Liu Ch'ang-chiu 劉長久，1995，〈也論安岳毘盧洞石窟：兼與曹丹趙玲二君商榷〉，《四川文物》5：37-43。

Liu, Chen-tzu. 1983. "The Iconography of the White-robed Kuan-yin in the Southern Sung Dynasty (1127—1279)." Master's thesis, University of California, Davis.

Lamotte, Étiene. 1949—1980. *Traite de la Grande Vertu de Sagesse de Nāgārjuna.* Louvain: Institute Orientalise.

Lo Ch'ing 羅清，1980，《大乘嘆世無爲寶卷》，《五部六冊》卷2。台中：明德堂重印。

——，《五部六冊》。台中：明德堂重印（重印1596年《開心法要》版）。

Loewe, Michael. 1979. *Ways to Paradise: The Chinese Quest for Immortality.* London: George Allen & Unwin.

Lokesh, Chandra. n.d.. *An Illustrated Japanese Manuscript on Mudras and Mantras.* New Delhi: International Academy of Indian Culture.

Lu Hsün 魯迅，1973，《魯迅全集》。北京：人民文學出版社。

Lu Kao 陸杲，1970，《繫觀世音應驗記》，牧田諦亮編，《六朝古逸觀世音應驗記の研究》，頁24-61。京都：平樂寺書店。

Lu K'uan Yü (Charles Luk), translator. 1966. *The Śūraṅgama Sūtra.* London: Rider.

——. 1973. *Taoist Yoga: Alchemy and Immortality.* New York: Samuel Weiser.

Ma His-sha 馬西沙、Han P'ing-fang 韓秉方，1992，《中國民間宗教史》。上海：上海人民出版社。

Ma Shih-chang 馬世長，1998，〈報父母恩重經寫本與印本〉，發表於1998年4月在台北舉行的「佛教文學藝術」研討會。

MacDonald, Ariane. 1962. *Le mandala du Mañjuśrīmulakalpa.* Paris: Adreien Maisonneuve.

Macy, Joanna. 1977. "Perfection of Wisdom: Mother of All the Buddhas." *Anima* 3: 75-80.

Mair, Victor H. 1986. "Records of Transformation Tableaux." *T'oung Pao* 72 (1-3) : 3-43.

──. 1988. *Painting and Performance: Chinese Picture Recitation and Its Indian Genesis*. Honolulu: University of Hawaii Press.

Makita Tairyō 牧田諦亮編，1970，《六朝古逸觀世音應驗記の研究》。京都：平樂寺書店。

──，1976，《疑經の研究》。京都：京都大學人文科學研究所。

──，1981─1984，《中國佛教史研究》，冊1、冊2。東京：大東。

Mallmann, Marie-Therese de. 1948. *Introduction a l'Etude d'Avalokiteśvara*. Paris: Annales du Musée Guimet.

Mann, Susan. 1997. *Precious Records: Women in China's Long Eighteenth Century*. Stanford: Stanford University Press.

Matoba Yoshimasa 的場慶雅，1980，〈隋唐代於ける觀世音菩薩の信仰形態について〉，《印度學佛教學研究》29：244-246。

──，1982，〈中國に於ける法華經の信仰形態（1）──法華傳記〉，《印度學佛教學研究》31（1）：275-277。

──，1984，〈中國に於ける法華經の信仰形態（2）──法華傳記と弘贊法華傳に於ける法華經の讀誦と靈驗說話について〉，《印度學佛教學研究》32（2）：375-377。

──，1986，〈中國に於ける法華經の信仰形態（3）──秦晉宋を中心として〉，《印度學佛教學研究》34（2）：57-59。

Matsubara Saburo 松原三郎，1995，《中國佛教雕刻史論》，全4冊。東京：吉川弘文 。

Matsumoto, Eiichi 松本榮一，1926，〈水月觀音圖考〉，《國華》36（8）：205-213。

──，1937，《敦煌畫の研究》。東京：東方文化學院東京研究発売所，文求堂書店。

Matsumoto Fumisaburo 松本文三郎，1939。〈觀音の語義と古代印度支那に於ける其信仰に就いて〉，《奈良》13：1-10。

Matsunaga Yūkei 松長永慶，1979，〈雜部密教の特質と其源流〉，《變化觀音の成立と源流》，京都：佛教美術研究上野紀念財團助成研究會報告書。

Mei Ting-tso 梅鼎祚編，1988，《青泥蓮花記》，明代。鄭州：中州古籍

出版社重印。

Mintum, Leigh. 1993. *Sita's Daughters: Coming Out of Purdah*. Oxford: Oxford University Press.

Mironov, N. D. 1927. "Buddhist Miscellanea," 241-279. *The Journal of the Royal Asiatic Society of Great Britain and Ireland* (April, 1927) .

Mochizuki Shinkō 望月信亨，1946，《佛教教典成立史論》。京都：法藏館。

——，編者，1954—1963，《佛教大辭典》，全10冊。東京：世界聖典刊行協會。

Monnika Eleanor. 1996. *Angkor Wat: Time, Space and Kingship*. Honolulu: Hawaii University Press.

Murase, Miyeko. 1971. "Kuan-yin as Savior of Men: Illustration of the Twenty-fifth Chapter of the *Lotus Sūtra* in Chinese Painting," *Artibus Asiae* 37 (1-2) : 39-74.

Murcott, Susan. 1991. *The First Buddhist Women: Translations and Commentaries on the Therigāthā*. Berkeley: Parallax Press.

Nakamura Hajime, 1987, *Indian Buddhism: A Survey with Bibliographical Notes*. Delhi: Montilal Banarsidass.

Naquin, Susan. 1976. *Millenarian Rebellion in China: The Eight Trigrams Uprising of 1813*. New Haven: Yale University Press.

Naquin, Susan and Chün-fang Yü, editors. 1992. *Pilgrims and Sacred Sites in China*. Berkeley: University of California Press.

Nattier, Jan. 1992. "*The Heart Sūtra*: A Chinese Apocryphal Text?" *The Journal of the International Association of Buddhist Studies* 15 (2) : 153-223.

Needham, Joseph. 1956. *Science and Civilisation in China*, vol.2. Cambridge: Cambridge University Press.

Nienhauser, William H., Jr., compiler and editor. 1986. *The Indian Companion to Traditional Chinese Literature*. Bloomington: Indiana University Press.

《女人經》，1982，佚名。台北：大立出版社。

Ohnuma, Reiko 1997. "Dehadana: The 'Gift of the Body' in Indian Buddhist Narrative Literature." Ph.D. dissertation, University of Michigan, Ann

Arbor.

Ohnuma, Reiko 2007. *Head, Eyes, Flesh, and Blood: Giving Away the Body in Indian Buddhist Literature*: New York: Columbia University Press.

Omura Seigai 大村西崖，1918，《密教發達志》。東京。

Overmyer, Daniel L. 1976. *Folk Buddhist Religion: Dissenting Sects in Late Traditional China*. Cambridge: Harvard University Press.

——. 1978. "Boatmen and Buddhas." *History of Religions* 17 (3-4) : 284-302.

——. 1985. "Values in Chinese Sectarian Literature: Ming and Ch'ing *Pao-chüan*." In *Popular Culture in Late Imperial China*, edited by David Johnson, Andrew J. Nathan, and Evelyn S. Rawski, 219-254. Berkeley: University of California Press.

——. 1992. "Women in Chinese Religions: Submission, Struggle, Transcendence." In *From Benares to Beijing: Essays on Buddhism and Chinese Religion in Honour of Prof. Jan Yün-hua*, edited by Koichi Shinohara and Gregory Schopen, 91-120. Oakville, Ontario: Mosaic Press.

——. 1998. "History, Texts and Fieldwork: A Combined Approach to the Study of Chinese Religions." Paper delivered at the Workshop for the Study of Chinese Religions, Sun Moon Lake, Taiwan, July.

——. 1999. *Precious Volumes: An Introduction*. Cambridge, Mass.: Harvard University Press.

Pachow, W. 1987a.〈觀音菩薩與亞洲佛教〉，《中華佛學學報》1（3月）：59-79。

——. 1987b. "The Omnipresence of Avalokiteshvara Buddhisattva in East Asia." *Chinese Culture Quarterly* 28（4; December）: 67-84.

Pal, Pratapaditya. 1987. *Icons of Piety, Images of Whimsy. Asian Terra-cottas from the Walter-Grounds Collection*. Los Angeles: County Museum of Art.

Pan Liang-wen 潘亮文，1996，〈水月觀音圖の就の一考察〉，《佛教藝術》224（1月）：106-116；225（3月）：15-39。

Pas, Julian. 1977. "The Kuan Wu-liang-shou-Fo Ching: Its Origin and

Literary Criticism." In *Buddhist Thought and Asian Civilization*, edited by Leslie Kwamura and Keith Scott, 194-218. Emeryville, California: Dharma Publishing.

——. 1991. "The Human Gods of China: New Perspectives on the Chinese Pantheon." In *From Benares to Beijing: Essays on Buddhism and Chinese Religion in Honour of Prof. Jan Yün-hua*, edited by Koichi Shinohara and Gregory Schopen, 129-160. Oakville, Ontario: Mosaic Press.

——. 1995. *Visions of Sukhāvatī: Shan-tao's Commentary on the Kuan Wu-liang-shou-Fo Ching*. New York: State of New York University Press.

Paul, Diana Y. 1985. *Women in Buddhism: Images of the Feminine in the Mahāyāna Tradition*. Berkeley: University of California Press.

Poo, Mu-chou 1995. "The Images of Immortals and Eminent Monks: Religious Mentality in Early Medieval China（4th-6th c. A. D.）"*Numen* 42: 172-196.

Przyluski, P. 1923. "Les Vidyārāja, contribution a l'etude de la magie dans les sectes Mahāyānistes." *Bulletin de l'Ecole Francaise d'Extreme Orient* 23: 301-318.

Ramanan, K. Venkata. 1966. *Nāgārjuna's Philosophy: As Presented in the Mahāprajñāpāramitāśāstra* . Delhi: Motilal Banarsidass.

Rawson, Jessica, editor. 1996. *Mysteries of Ancient China: New Discoveries from the Early Dynasties*. New York: George Braziller.

Ray, Reginald A. 1994. *Buddhist Saints in India: A Study in Buddhist Values and Orientations*. Oxford and New York: Oxford University Press.

Reed, Barbara E. 1992. "The Gender Symbolism of Kuan-yin Bodhisattva." In *Buddhism, Sexuality, and Gender*, edited by Jose Ignacio Cabezón, 159-180. Albany: The State University of New York Press.

Reis-Habito, Maria Dorothea. 1993. *Die Dhāraṇī des Großen Erbarmens des Bodhisattva Avalokiteśvara mit tausend Händen und Augen: Übersetzung und Untersuchung ihrer textlichen Gundlage sowie Erforschung ihres Kultes in China*. Nettetal: Steyler Verlag.

——. 1991. "The Repentance Ritual of the Thousand-armed Guanyin,"

Studies in Central and East Asian Religions: Journal of the Seminar for Buddhist Studies. Copenhagen & Aarhus 4 (Autumn) : 42-51.

Robinet, Isabelle. 1997. *Taoism: Growth of a Religion*, translated by Phyllis Brooks. Stanford: Stanford University Press.

Robinson, Richard. 1978. *Early Mādhyamika in India and China*. New York: Samuel Weiser.

Robinson, Richard H., and Willard L. Johnson. 1997. The *Buddhist Religion*: A *Historical Introduction*. Belmont: Wadsworth.

Rudova, Maria L. 1993. "The Chinese Style Paintings from Khara Khoto." In *Lost Empire of the Silk Road: Buddhist Art from Khara Khoto(X-XIII Century)* edited by Mikhail Piotrovsky, 89-99. Electa, Milano: Thyssen-Bornemisza Foundation.

Ruegg, David Seyfort. 1981. *The Literature of the Mādhyamika School of Philosophy in India*. Wiesbaden: Otto Harrassowitz.

Saeki Tomi 佐伯富，1961，〈近世中國に於ける觀音信仰〉，《塚本博士頌壽紀念佛教史論集》，頁 372-389。京都：法藏館。

Said, Edward W.. 1978. *Orientalism*. New York: Random House.

Sangren, P. Steven. 1983. "Female Gender in Chinese Religious Symbols: Kuan Yin, Ma Tsu, and the 'Eternal Mother'." *Signs: Journal of Women in Culture and Society* 9 (11) : 4-25.

—— . 1987. *History and Magical Power in a Chinese Community*. Stanford : Stanford University Press.

—— . 1996. "Myths. Gods, and Family Relations." In *Unruly Gods*, edited by Meir Shahar and Robert P. Weller, 150-183. Honolulu: University of Hawaii Press.

Sankar, Andrea. 1978. "The Evolution of Sisterhood in Traditional Chinese Society: From Village Girls' Houses to Chai T'angs." Ph.D. dissertation, University of Michigan, Ann Arbor.

Saunders, E. Dale. 1960. *Mudra: A Study of Symbolic Gestures in Japanese Buddhist Sculpture*. Princeton: Princeton University Press.

Sawada Mizuho 澤田瑞穗，1959，《魚籃寶卷》，《天理大學學報》30: 37-51。

———，1975，《增補寶卷の研究》。東京：國書刊行會。

Schafer, Edward H. 1959. "Parrots in Medieval China." In *Studia Serica Bernhard Karlgren Dedicata*. 271-282. Copenhagen.

———. 1963. *The Golden Peaches of Samarkand: A Study of T'ang Exotica*. Berkeley: University of California Press.

———. 1973. *The Divine Woman: Dragon Ladies and Rain Maidens in T'ang Literature*. Berkeley: University of California Press.

Schipper, K. M. 1965. *L'Empereur Wou des Han dans la legende Taoiste: Han Wou-ti nei-tchouen*. Paris.

Schopen, Gregory. 1987. "The Inscription on the Kusan Image of Amitābha and the Character of the Early Mahāyāna in India." *Journal of the International Association of Buddhist Studies* 10: 99-138.

———. 1997. *Bones, Stones, and Buddhist Monks: Collected Papers on the Archaeology Epigraphy, and Texts of Monastic Buddhism in India*. Honolulu: University of Hawaii Press.

Seidel, Anna. 1989—1990. "Chronicle of Taoist Studies in the West 1950—1990." *Cahiers d'Extrême-Asie* 5: 223-347.

Seijin 成尋，1972，《參天台五台山記》，鈴木學術財團編，《大日本佛教全書》冊72，頁238-302。東京：講談社。

Shahar, Meir. 1992. "Fiction and Religion in the Early History of the Chinese God Jigong." Ph.D. dissertation, Harvard University, Cambridge.

———. 1994. "Enlightened Monk or Arch-Magician: The Portrayal of the God Jigong in the Sixteenth-Century Novel *Jidian yulu*." 《民間信仰與中國文化國際研討會論文集》1：251-303。台北：漢學研究中心。

———. 1996. "Vernacular Fiction and the Transmission of Gods' Cults in Late Imperial China." In *Unruly Gods*, edited by Meir Shahar and Robert P. Weller, 184-211. Honolulu: University of Hawaii Press.

———. 1998. *Crazy Ji: Chinese Religion and Popular Literature*. Cambridge, Mass.: Harvard University Press.

Shahar, Meir, and Robert P. Weller, editor. 1996. *Unruly Gods*. Honolulu: University of Hawaii Press.

Sharf, Robert H. 1991. "The *Treasure Store Treatise* (Pao-tsang Lun) and the

Sinification of Buddhism in Eighth-Century China." Ph.D. dissertation, University of Michigan, Ann Arbor.

Shek, Richard. 1980. "Religion and Society in Late Ming: Sectarianism and Popular Thought in Sixteenth and Seventeenth Century China." Ph.D. dissertation, University of California, Berkeley.

Shiba, Yoshinobu. 1977. "Ningpo and Its Hinterland." In *The City in Late Imperial China*, edited by G. William Skinner, 396-439. Stanford: Stanford University Press.

Shih P'ing-ting 施萍亭，1987，〈敦煌隨筆之三：一件完整的社會風俗史資料〉，《敦煌研究》2：34-37。

Shih Wei-hsiang 史葦湘，1989，〈再論產生敦煌佛教藝術審美的社會因素〉，《敦煌研究》1：1-8。

Shioiri Ryōdō 鹽入良道，1964，〈中國佛教に於ける禮懺と佛名經典〉，《由木教授喜壽紀念佛教思想史論叢》，頁569-590。東京：大藏出版社。

Snellgrove, David. 1986. "Celestial Buddhas and Bodhisattvas." In *The Encyclopedia of Religion*, edited by Mircea Eliade, vol.3, 134-143. New York: Macmillan.

——. 1987. *Indo-Tibetan Buddhism: Indian Buddhists and Their Tibetan Successors*, 2 vols. Boston: Shambhala.

Soper, Alexander C. 1948. "Hsiang-kuo Ssu: An Imperial Temple of Northern Sung." *Journal of the American Oriental Society* 68 (1)：19-45.

——. 1949—1950. "Aspects of Light Symbolism in Gandharan Sculpture," *Artibus Asiae* 12 (3)：252-283; 12 (4)：314-330; 13 (1, 2)：63-85.

——. 1960. "A Vacation Glimpse of the T'ang Temples of Ch'ang-an: *Ssu T'a chi by* Tuan Ch'eng-shih." *Artibus Asiae* 23 (1)：15-40.

Sørenson, Henrik H. 1991—1992. "Typology and Iconography in the Esoteric Buddhist Art of Dunhuang." *Journal of Silk Road Studies* 2: 285-349.

Soymié, Michel. 1965，〈血盆經の史料的研究〉，《道教研究》1（12月）：109-166。

Stein, Rolf A. 1986. "Avalokiteśvara/Kouan-yin, un exemple de transformation d'un dieu en deesse." *Cahiers d'Êxtreme-Asie* 2: 17-77.

Stevenson, Daniel B. 1986. "The Four Kinds of Samādhi in Early T'ien-t'ai Buddhism." In *Traditions of Meditation in Chinese Buddhism*, edited by Peter N. Gregory, 45-97. Honolulu: University of Hawaii Press.

——. 1987. "The T'ien-t'ai Four Forms of Samādhi and Late North-South Dynasties, Sui, and Early T'ang Buddhist Devotionalism." Ph.D. dissertation, Columbia University, New York.

Strickmann, Michel. 1977. "The Mao-shan Revelations: Taoism and the Aristocracy." *T'oung Pao* 64: 1-64.

——. 1990. "The Consecration Sūtra: A Buddhist Book of Spells." In *Chinese Buddhist Apocrypha*, edited by Robert E. Buswell, Jr., 75-118. Honolulu: University of Hawaii Press.

——. 1996. *Mantras et Mandarins: Le Bouddhism Tantrique en Chine*. Paris: Gallimard.

Sueki Fumihito 末木文美士，1986a，〈觀無量壽經の諸本について〉，《東洋文化》66。

——，1986b，〈觀無量壽經研究〉，《東洋文化研究所記要》101。

Sun Chang-wu 孫昌武，1996，《中國文學中的維摩與觀音》。北京：高等教育出版社。

Sun Hsiu-shen 孫修身，1987，〈敦煌壁畫中的法華經觀音普門品探討〉，《絲路論壇》1：61-69。

Sunday, Peggy Reeves. 1986. *Divine Hunger: Cannibalism as A Cultural System*. Cambridge: Cambridge University Press.

Sung Kuang-yü 宋光宇，1983，《天道鉤沉》。台北：元祐出版社。

Sung Lien 宋濂，1968，《宋學士文集》，《國學基本叢書》冊303-304，台北。

Takakusu, J., translator. 1969. *The Amitāyur-dhyāna-Sūtra. In Buddhist Mahāyāna Texts*. New York: Dover, reprint.

Tambiah, Stanley J. 1982. "Famous Buddha Images and the Legitimating of Kings," Res (4) : 5-19.

Tang Changshou. 1997. "Shiziwan Cliff Tomb No.1," *Orientations* 9 (September) : 72-77.

Tay, C. N. 1976. "Kuan-yin: The Cult of Half Asia," *History of Religions* 16

(2) : 147-177. 1987, 單行本。台北：慧炬。

Teiser, Stephen F. 1988. *The Ghost Festival in China*. Princeton: Princeton University Press.

——. 1994. *The Scripture on the Ten Kings and the Making of Purgatory in Medieval Chinese Buddhism*. Honolulu: University of Hawaii Press.

Teng Ssu-yü. 1968. *Family Instructions for the Yen Clan*. Leiden: E. J. Brill.

ter Haar, Barend J. 1992. *The White Lotus Teachings in Chinese Religious History*. Leiden: E. J. Brill.

Thurman, Robert A. F., translator. 1976. *The Holy Teaching of Vimalakīrti, A Mahāyāna Scripture*. University Park: Pennsylvania State University Press.

T'ien Ju-k'ang. 1988. *Male Anxiety and Female Chastity*. Leiden: E. J. Brill.

Tokuno, Kyoko. 1990. "The Evaluation of Indigenous Scriptures in Chinese Buddhist Bibliographical Catalogues." In *Chinese Buddhist Apocrypha*, edited by Robert E. Buswell, Jr., 31-74. Honolulu: University of Hawaii Press.

Topley, Marjorie. 1954. "Chinese Women's Vegetarian Houses in Singapore." *Journal of the Malayan Branch of the Royal Asiatic Society* 27: 51-67.

——. 1958. "The Organization and Social Function of Chinese Women's Chai-t'ang in Singapore." Ph.D. dissertation, University of London, London.

——. 1963. "The Great Way of Former Heaven: A Group of Chinese Secret Religious Sects." *Bulletin of the School of Oriental and African Studies* 26: 362-392.

——. 1968. "Notes on Some Vegetarian Halls in Hong Kong Belonging to the Sect of the Hsien-t'ien Tao: The Way of Former Heaven." *Journal of Royal Asiatic Society Hong Kong Branch* 8:135-148.

——. 1975. "Marriage Resistance in Rural Kwantung." In *Women in Chinese Society*, edited by Margery Wolf and Roxane Witke, 67-88. Stanford: Stanford University Press.

Toshio Ebine 海光根敏郎. 1986. "Chinese Avalokiteśvara Paintings of the Song and Yuan Periods." In *The Art of Bodhisattva Avalokiteśvara—Its*

Cult-images and Narrative Portrayals. International Symposium on Art Historical Studies 5: 94-100. Osaka: Department of the Science of Arts, Faculty of Letters, Osaka University.

Tsai, Kathryn Ann, translator. 1994. *Lives of the Nuns: Biographies of Chinese Buddhist Nuns from the Fourth to Sixth Centuries*. Honolulu: University of Hawaii Press.

Tsao Shih-p'ang 曹仕邦，1990，《中國佛教譯經史論集》。台北：東初出版社。

Tsao Tan 曹丹、Chao Ling 趙玲，1994，〈安岳毘盧洞石窟調查研究〉，《四川文物》3：34-39。

Tsukamoto Zenryū 塚本善隆，1955，〈近世支那大眾の女身觀音信仰〉，《山崎博士還曆記念印度學佛教學論叢》，頁262-280。京都：法藏館。

——. 1985. *A History of Early Chinese Buddhism: From Its Introduction to the Death of Hui-yuan*, vol. 1, translated by Leon Hurvitz. Tokyo: Kodansha.

Tsukinowa Kenryū 月輪賢隆，1971，《佛典の批判的研究》。東京：百華苑。

Tu Kuang-ting 杜光庭，1976a，《道教靈驗記》，《正統道藏》。台北：藝文印書館重印。

——，1976b，《墉城集仙錄》，《正統道藏》冊38。台北：藝文印書館重印。

Tu Wei-ming. 1989. "The Continuity of Being: Chinese Visions of Nature." In *Nature in Asian Traditions of Thought: Essays in Environmental Philosophy*, edited by J. Baird Callicott and Roger T. Ames, 67-68. Albany: State University of New York Press.

Tucci, G. 1948. "Buddhist Notes, I: Àpropos Avalokiteśvara." *Melanges Chinois et bouddhique* 9: 173-219.

——. 1958. *Minor Buddhist Texts*, part II. Rome: Instituto Italiano per il Medio ed Estremo Oriente.

Tulku Thondup Rinpoche. 1986. *Hidden Teachings of Tibet: An Explanation of the Terma Tradition of the Nyingma School of Buddhism*, edited by

Harold Tallbot. London: Wisdom.

Turner, Victor W. 1969. *The Ritual Process: Structure and Anti-structure*. London: Routledge & Kegan Paul.

——. 1973. "The Center Out There: Pilgrim's Goal." *History of Religions* 12: 191-230.

——. 1974. "Pilgrimages as Social Processes." In *Dramas, Fields, and Metaphors*, edited by Victor Turner, 166-230. Ithaca: Cornell University Press.

Vander-Nicholas, Nicole, et al., editors. 1974, 1976. *Banniers et peintures de Touen-houang conservées au Musée Guimet*, vols.14 and 15. Paris: Mission Paul Pelliot.

Verellen, Franciscus. 1992. " 'Evidential Miracles in Support of Taoism': The Inversion of A Buddhist Apologetic Tradition in Late Tang China." *T'oung Pao* 78: 218-263.

Waley, Arthur. 1931. *Catalogue of Paintings Recovered from Tun-huang by Sir Aurel Stein*. London: British Museum and Government of India.

Waltner, Ann. 1987. "T'an-yang-tzu and Wang Shih-chen: Visionary and Bureaucrat in the Late Tang." *Late Imperial China* 8 (1) : 105-127.

Wang Ch'ing-cheng 汪慶正，1973，〈記文學戲曲和版畫史上的一次重要發現〉，《文物》11：58-67。

Wang Ch'ung wen 王重文等，1957，《敦煌變文集》，全2冊，北京。

Wang Hui-min 王惠民，1987，〈敦煌水月觀音像〉，《敦煌研究》1：31-38。

Wang Kuang-kao 王光鎬編，1994，《明代觀音殿彩塑》。台北：藝術圖書公司。

Wang-Toutain, Françoise. 1994. "Une peinture de Dunhuang conservée a la Bibliothéque Nationale de France." *Arts Asiatiques* 49: 53-69.

Warder, A. K. 1970. *Indian Buddhism*. New Dehli: Motilal Banarsidass.

Watson, Burton, translator. 1993. *The Lotus Sūtra*. New York: Columbia University Press.

Watson, William, editor. 1984. *Chinese Ivories from the Shang to the Qing*. London: Oriental Ceramic Society.

Watters, Thomas, translator. 1905. *On Yuan Chwang's Travels in India, 2 vols.* New York: AMS Press. Reprinted in 1971.

Weidner, Marsha, editor. 1994. *Latter Days of the Law: Images of Chinese Buddhism*, 850-1850. Lawrence: Spencer Museum of Art, University of Kansas, in association with University of Hawaii Press.

Weinstein, Stanley. 1987. *Buddhism Under the T'ang.* Cambridge: Cambridge University Press.

Welch, Holmes. 1967. *The Practice of Chinese Buddhism, 1900—1950.* Cambridge, Mass.: Harvard University Press.

Whitfield, Roderick, and Anne Farrer. 1990. *Caves of the Thousand Buddhas: Chinese Art from the Silk Route.* London: British Museum.

Winternitz, Maurice. 1927. *History of Indian Literature*, 2 vols. Calcutta: University of Calcutta Press.

Wood, Donald. 1985. "Eleven Faces of the Bodhisattva." Ph.D. dissertation, University of Kansas, Lawrence.

Wu Hung. 1986. "Buddhist Elements in Early Chinese Art (2nd & 3rd Centuries A. D.)." *Artibus Asiae* 47 (3-4) : 263-352.

——. 1989. *The Wu Liang Shrine: The Ideology of Early Chinese Pictorial Art.* Stanford: Stanford University Press.

——. 1995. *Monumentality in Early Chinese Art and Architecture.* Stanford: Stanford University Press.

Wu, Pei-yi. 1992. "An Ambivalent Pilgrim to T'ai Shan in the Seventeenth Century." In *Pilgrims and Sacred Sites in China*, edited by Susan Naquin and Chün-fang Yü, 65-88. Berkeley: University of California Press.

Yabuki Keiki 矢吹慶輝，1927，《三階教の研究》。東京：岩波書店。

——，1930，《鳴沙餘韻》。東京：岩波書店。

——，1933，《鳴沙餘韻解說》。東京：岩波書店。

Yamada Meiji 山田明治，1976，〈觀經考：無量壽佛と阿彌陀佛〉，《龍谷大學論集》408: 76-95。

Yamamoto Yōko 山本陽子，1989，〈水月觀音圖の成立に関する一考察〉，《美術史》38（1）: 28-37。

Yanagida Seizan 柳田聖山、Kajitani Soni 梶谷宗忍、Tsujimura Koichi 辻

村公一，1974，《信心銘、證道歌、十牛圖、坐禪儀》，東京。

Yang, C. K. 1961. *Religion in Chinese Society.* Berkeley: University of California Press.

Yang, Tseng-wen 楊曾文，1985，〈觀世音信仰的傳入和流行〉，《世界宗教研究》3：21-33。

Yao, Tao-chung. 1980. "Ch'uan-chen: A New Taoist Sect in North China during the Twelveth and Thirteenth Centuries." Ph.D. dissertation, University of Arizona, Tucson.

Yen Chüan-yin 顏娟英，1987，〈武則天與唐長安七寶台石雕佛像〉，《藝術學》1：41-89。

Yoshida, Mayumi. 1998. "Politics and Virtue: The Political and Personal Facets of the *Neixun.*" Ph.D. dissertation, University of California, Berkeley.

Yoshioka Yoshitoyo 吉田義豐，1971，〈乾隆版香山寶卷解說〉，《道教研究》4：115-195。

Young, Katherine K. 1991. "Goddesses, Feminists, and Scholars." *The Annual Review of Women in World Religions.* Albany: State University of New York Press 1: 105-179.

Yu, Anthony C, translator and editor. 1977-1983. *Journey to the West*, 4 vols. Chicago: University of Chicago Press.

Yü Cheng-hsieh 俞正燮，1957，《癸巳類稿》。上海：商務出版社重印。

Yü, Chün-fang 于君方. 1981. *The Renewal of Buddhism in China: Chu-hung and the Late Ming Synthesis.* New York: Columbia University Press.

——. 1989. "Ch'an Education in the Sung: Ideals and Procedures." In *Neo-Confucian Education: The Formative Stage*, edited by Wm. Theodore de Bary and John W. Chaffee, 57-104. New York: Columbia University Press.

——. 1989. "Kuan-yin Pilgrimage"（觀音進香）錄影帶, New York：R.G. Video. 2004 哥大出版社光碟（DVD）。

——. 1991. "Der Guanyin-Kult in Yunnan." In *Der Goldschatz der Drei Pagoden*, edited by Albert Lutz, 28-29. Zurich: Museum Rietberg.

——. Editor. 1994. *The Ultimate Realm: A New Understanding of Cosmos and life.* 台北：帝教出版社。

——. 1998. "Buddhism in the Ming." In Cambridge History of China, edited by Frederick Mote and Denis Twitchett, 893-952. Cambridge: Cambridge University Press.

Yü Sung-ch'ing 喻松青，1993，〈清代觀音濟度本願眞經研究〉，《清史論叢》，頁116-124。遼寧：遼寧古籍出版社。

Yüan Shu-kuang 袁曙光，1991。〈成都萬佛寺出土的梁代石刻造像〉，《四川文物》3：27-32。

Ziegler, Harumi Hirano. 1994. "The *Avalokiteśvarasamādhi-Sūtra Spoken by the Buddha*: An Indigenous Chinese Buddhist Scripture." Master's thesis, University of California, Los Angeles.

Zürcher, Eric. 1959. *The Buddhist Conquest of China: The Spread and Adaptation of Buddhism in Early Medieval China.* Leiden: E. J. Brill. Reprinted 1972. 2 vols.

——. 1977. "Late Han Vernacular Elements in the Earliest Buddhist Translations." *Journal of the Chinese Language Teachers Association* 12 (3) : 177-203.

——. 1980. "Buddhist Influence in Early Taoism." *T'oung Pao* 66: 84-147.

——. 1982. "Prince Moonlight." *T'oung Pao* 68 (1-3) : 1-75.

——. 1991. "A New Look at the Earliest Chinese Buddhist Texts." In *From Benares to Beijing: Essays on Buddhism and Chinese Religion in Honour of Prof. Jan Yün-hua*, edited by Koichi Shinohara and Gregory Schopen, 277-304. Oakville, Ontario: Mosaic Press.

Zwalf, W. ed. 1985. *Buddhism: Art and Faith.* London: British Museum.

國家圖書館出版品預行編目資料

> 觀音：菩薩中國化的演變 / 于君方著；陳懷
> 宇, 林佩瑩, 姚崇新譯. -- 初 版. -- 臺北市
> ：法鼓文化, 2009. 06
> 面；公分
> 參考書目：面
> 譯自：Kuan-Yin: The Chinese
> transformation of Avalokiteśvara
> ISBN 978-957-598-457-1(平裝)
>
> 1. 觀世音菩薩 2. 佛教信仰錄
>
> 225.82   98007324

觀音──菩薩中國化的演變
KUAN-YIN: THE CHINESE TRANSFORMATION OF AVALOKITEŚVARA

著者	于君方（Chün-Fang Yü）
譯者	陳懷宇、姚崇新、林佩瑩
出版	法鼓文化
總監	釋果賢
總編輯	陳重光
編輯	蔡孟璇
潤稿	方怡蓉
封面設計	林世鵬
地址	臺北市北投區11244公館路186號5樓
電話	(02)2893-4646
傳真	(02)2896-0731
網址	http://www.ddc.com.tw
E-mail	market@ddc.com.tw
讀者服務專線	(02)2896-1600
初版一刷	2009年7月
初版六刷	2024年5月
建議售價	新臺幣880元
郵撥帳號	50013371
戶名	財團法人法鼓山文教基金會─法鼓文化
北美經銷處	紐約東初禪寺
	Chan Meditation Center (New York, USA)
	Tel: (718)592-6593 E-mail: chancenter@gmail.com

KUAN-YIN: The Chinese Transformation of Avalokitesvara by Chun-Fang Yu Copyright
© 2001 Columbia University Press
Chinese Complex translation copyright © 2021
by Dongchu Publishing Co., Ltd.
Published by arrangement with Columbia University Press
through Bardon-Chinese Media Agency
博達著作權代理有限公司
ALL RIGHTS RESERVED

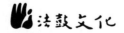